Arturo Pérez-Reverte

Die Seekarte

Roman

Aus dem Spanischen
von Ulrich Kunzmann

List

Die Originalausgabe erschien im Jahr 2000 unter dem Titel
La carta esférica *im Verlag Alfaguara, Grupo Santillana de Ediciones, Madrid.*

Wir danken für die freundliche Genehmigung des Abdrucks der beiden Karten.
Vorsatz: © Carlos Puerta
Nachsatz: © »Carta marina n° 46« © Instituto Hidrográfico de la Marina. Diese Karte eignet sich nicht für die Navigation.

www.list-verlag.de
Der List Verlag ist ein Unternehmen der
Econ Ullstein List Verlag GmbH & Co. KG, München.

ISBN 3-471-78442-X

© 2000 by Arturo Pérez-Reverte
Published by Arrangement with Raquel de la Concha Agencia Literaria S.L., Spain, and Literarische Agentur Thomas Schlück GmbH, Germany.
© der deutschen Ausgabe 2001
Econ Ullstein List Verlag GmbH & Co. KG, München
Alle Rechte vorbehalten.
Printed in Germany.
Lektorat: Bettina Blumenberg
Satz: Franzis print & media, München
Druck und Bindung: GGP Media, Pößneck

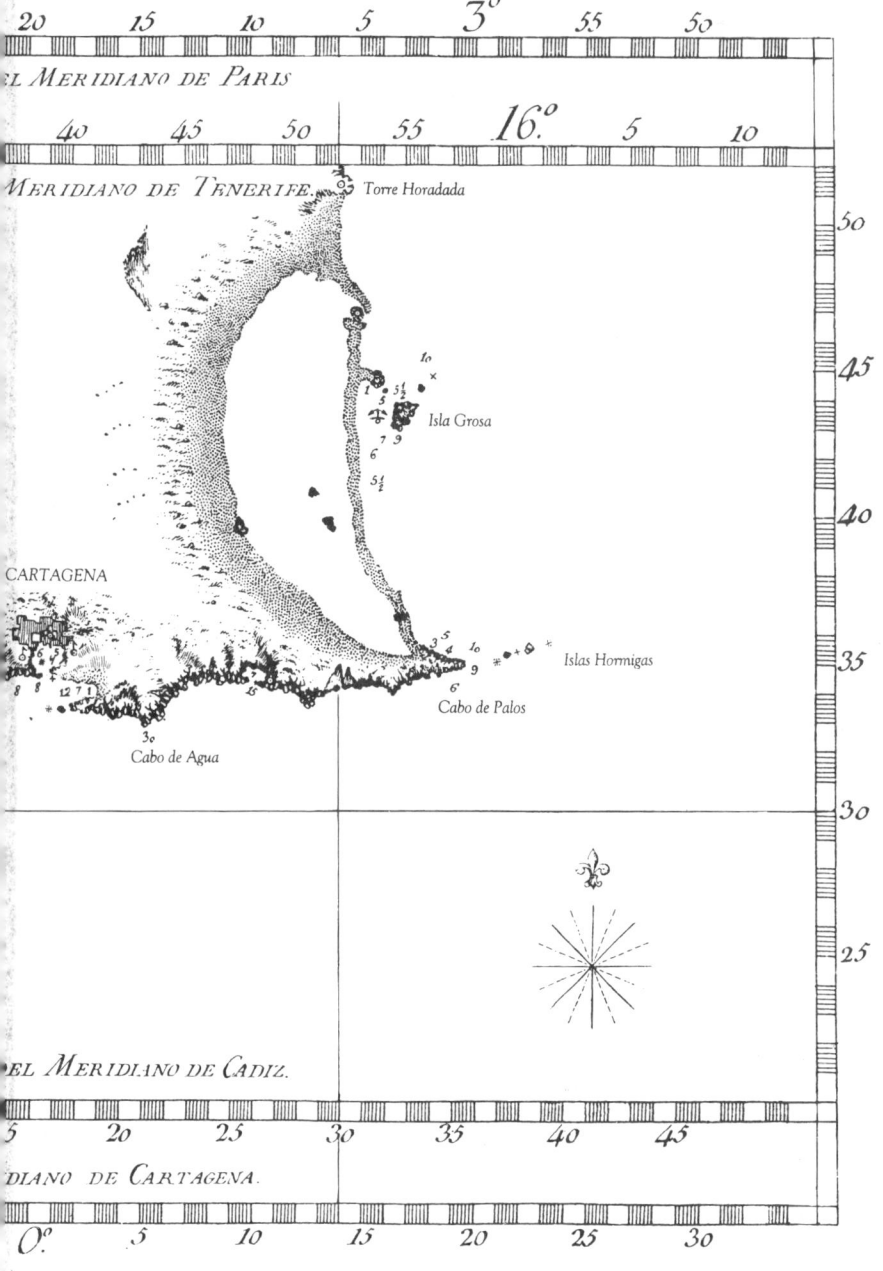

Eine Seekarte ist weitaus mehr als ein unentbehrliches Hilfsmittel, um von einem Ort zu einem anderen zu gelangen; sie ist eine Grafik, ein Blatt der Geschichte, manchmal ein Abenteuerroman.

JACQUES DUPUET. *Der Seemann*

Betrachten wir die Nacht. Sie ist beinahe vollkommen. Man kann den Polarstern genau an seinem Platz erkennen, rechts von der fünffach verlängerten Linie, die Merak und Dubhe bilden. In den nächsten zwanzigtausend Jahren wird der Polarstern an derselben Stelle bleiben; und jeder Seefahrer, der ihn beobachtet, fühlt sich getröstet, wenn er ihn dort oben sieht, weil es gut ist, dass etwas unwandelbar bleibt, während man Kurse auf einer Seekarte oder in der verworrenen Landschaft eines Lebens abstecken will. Geben wir weiter auf die Sterne Acht, so fällt es uns nicht schwer, Orion und danach Perseus und die Plejaden zu finden. Das ist leicht, weil die Nacht klar und wolkenlos ist. Es geht nicht der geringste Lufthauch. Der Südwestwind hat bei Sonnenuntergang aufgehört zu wehen, und das Dock liegt da wie ein schwarzer Spiegel, der die Lichter der Hafenkräne, die angestrahlten Burgen in den Bergen und die – links grünen und rechts roten – Signale der Leuchttürme von San Pedro und Navidad zurückwirft.

Wenden wir uns nun dem Mann zu. Er bewegt sich nicht. Auf die Brüstung einer Mauer gestützt, blickt er in den Himmel, der nach Osten dunkler wird, und denkt, dass morgen wieder Ostwind wehen und dort draußen hohen Seegang bringen wird. Außerdem scheint es, als lächelte er ein sonderbares Lächeln; könnte jemand sein Gesicht genau sehen, das der Widerschein des Hafens von unten erhellt, so gelangte er zu dem Schluss, dass es ein besseres Lächeln als dieses gibt: ein hoffnungsvolleres, weniger bitteres. Doch wir kennen den Grund. Wir wissen, dass in den letzten Wochen – draußen auf dem Meer und wenige Meilen von hier – Wind und Seegang eine entscheidende Rolle im Leben dieses Mannes gespielt haben. Obwohl sie jetzt überhaupt keine Bedeutung mehr haben.

Verlieren wir ihn nicht aus den Augen, denn wir wollen seine Geschichte erzählen. Wenn wir gemeinsam mit ihm zum Hafen hinüberschauen, bemerken wir die Lichter eines Schiffes, das langsam von der Mole fortstrebt. Wegen der Entfernung und der Geräusche der Stadt erreicht uns der Maschinenlärm nur gedämpft, ebenso das Vibrieren der Schiffsschrauben, die das schwarze Wasser durchpflügen, während die Besatzung die letzten Meter Ankertau an Bord holt. Der Mann, der von der Mauer aus das Schiff beobachtet, fühlt zwei verschiedene Arten von Schmerz: den einen in der Magengrube, wie eine tief empfundene Trauer, die bewirkt, dass sich seine Lippen zu einer Grimasse verziehen – doch bald verstehen wir, dass sie nur so wirkt wie ein Lächeln. Und deutlicher, heftiger pocht an seiner rechten Seite ein anderer Schmerz – dort, wo ihm eine kalte Feuchtigkeit das Hemd am Körper festklebt, wo ihm Blut bis zur Hüfte hinabrinnt und die Hose mit jedem Herzschlag und jedem Pulsieren der Venen weiter von innen durchtränkt.

Ein Glück, schießt es dem Mann durch den Kopf, dass mein Herz heute Nacht so langsam schlägt.

I. Das Los Nummer 307

> Ich habe in Bibliotheken gebadet und bin
> auf Ozeanen gesegelt.
> HERMAN MELVILLE. *Moby Dick*

Wir könnten ihn Ismael nennen, doch in Wirklichkeit hieß er Coy. Ich bin ihm im vorletzten Akt dieser Geschichte begegnet, als er beinahe zu einem Schiffbrüchigen geworden wäre, einem jener Männer, die sich an einen Sarg geklammert über Wasser hielten, während der Walfänger *Rahel* nach seinen verlorenen Söhnen suchte. Damals irrte er schon einige Zeit unstet umher, wie an jenem Nachmittag, als er sich im Auktionshaus Claymore in Barcelona einfand, weil er sich die Zeit vertreiben wollte. Er hatte nur wenig Geld in der Tasche, und sein Zimmer in einer Pension, die nicht weit von den Ramblas entfernt lag, beherbergte nichts als ein paar Bücher, einen Sextanten und das Patent eines Ersten Offiziers, den die Generaldirektion der Handelsmarine vier Monate zuvor für zwei Jahre suspendiert hatte, nachdem die *Isla Negra*, ein Containerschiff von vierzigtausend Tonnen, im Indischen Ozean um 4.20 Uhr morgens während seiner Wache auf Grund gelaufen war.

Auktionen von Schifffahrtsgeräten gefielen Coy, obwohl er es sich damals nicht leisten konnte mitzubieten. Aber das in der ersten Etage eines Hauses in der Calle Consell de Cent gelegene Auktionshaus Claymore hatte zumindest eine Klimaanlage, zum Schluss wurde stets etwas zu trinken gereicht, und die Empfangsdame war ein Mädchen mit langen Beinen und einem hübschen Lächeln. Es machte ihm Spaß, die bei der Auktion angebotenen Gegenstände zu betrachten und sich vorzustellen, durch welchen Schiffbruch sie hierhin und dorthin verschlagen worden waren, bis sie an der letzten Küste gestrandet waren. So saß er während der ganzen Veranstaltung da, die Hände in den Taschen seiner dunkelblauen Stoffjacke, und musterte aufmerksam die Leute, die seine Lieblingsstücke ergatterten. Oft empfand er Enttäuschung bei diesem Zeitvertreib: Ein prachtvoller Taucheranzug – sein verbeultes und mit ruhmreichen Schrammen übersätes Kupfer erinnerte an Schiffsuntergänge, Schwammkolonien und die Filme Negulescos mit Riesenkalmaren und Sophia Loren, deren Formen sich unter der feuchten Bluse abzeichneten – wurde von einem Antiquar erworben, dem nicht einmal die Hand zitterte, als er das Schild mit seiner Nummer hochhob. Und ein alter, gut erhaltener und in seinem Originalkasten liegender Peilkompass von Browne & Son, für den Coy damals als Student der Seefahrtschule seine Seele gegeben hätte, erzielte nicht mehr als den Aufrufpreis und wurde einem Kerl zugeschlagen, der aussah, als hätte er nicht die geringste Ahnung vom Meer und wüsste nur, dass sich dieses Stück zehnmal teurer verkaufen ließe, wenn man es ins Schaufenster eines Luxusgeschäfts für Wassersport stellte.

Jedenfalls hatte der Auktionator an diesem Nachmittag gerade die Losnummer 306 zum Aufrufpreis versteigert – ein Ulysse-Nardin-Chronometer der Königlichen Marine Italiens – und prüfte nun seine Notizen, wobei er sich die Brille mit dem Zeigefinger zurechtrückte. Er war ein Mann mit sanften Umgangsformen, fast schon gewagter Krawatte und lachsfarbenem Hemd. Zwischen den einzelnen Geboten trank er kleine Schlucke Wasser aus einem Glas, das er in Reichweite stehen hatte.

»Das nächste Los: *Seeatlas der Küsten Spaniens* von Urrutia Salcedo. Nummer dreihundertsieben.«

Diese Ankündigung verband er mit einem diskreten Lächeln, das er, wie Coy durch seine ausgiebigen Beobachtungen wusste, für solche Stücke aufsparte, deren Bedeutung er hervorheben wollte. »Ein kartographisches Kleinod aus dem 18. Jahrhundert«, setzte er nach einer angemessenen Pause hinzu und gab dem Wort »Kleinod« einen ganz besonderen Klang, als täte es ihm Leid, sich von ihm zu trennen. Sein Assistent, ein junger Mann in einem blauen Staubmantel, hob den Großfolioband etwas in die Höhe, damit man ihn im Saal sehen konnte, und Coy betrachtete ihn mit leiser Wehmut: Im Claymore-Katalog hieß es, ein solcher Band werde nur selten zum Verkauf angeboten, da sich die meisten Exemplare in Bibliotheken und Museen befänden. Dieser hier war noch immer in tadellosem Zustand; höchstwahrscheinlich war er nie an Bord eines Schiffes gelangt, wo Feuchtigkeit, Bleistiftstriche und die Arbeit mit den Seekarten nicht wieder gutzumachende Spuren hinterlassen hätten.

Bereits das Angebot, mit dem der Auktionator die Versteigerung eröffnete, hätte Coy ausgereicht, um ein halbes Jahr gut zu leben. Ein Mann mit kräftigen Schultern, breiter Stirn und sehr langem grauen, zu einem Zopf geflochtenem Haar, der in der ersten Reihe saß und dessen Handy zur Empörung des ganzen Saals dreimal geklingelt hatte, hob ein kleines Schild mit der Nummer 11; auch andere Hände fuhren in die Höhe, während die aufmerksamen Augen des Auktionators, der den kleinen Holzhammer emporhielt, von einem zum anderen wanderten und seine höfliche Stimme jedes Gebot wiederholte, um das nächste mit professioneller Monotonie herauszufordern. Der Aufrufpreis hatte sich schon beinahe verdoppelt, und immer mehr Bewerber um das Los Nummer 307 blieben allmählich auf der Strecke. Auf dem Kampfplatz behaupteten sich der Dicke mit dem grauen Zopf, ein Dünner mit Bart, eine Frau, von der Coy nur eine halblange blonde Haarmähne und die Hand sehen konnte, mit der sie ihr Schildchen in die Höhe reckte, und außerdem ein sehr gut gekleideter Glatzkopf. Als die Frau den ursprünglichen Preis verdoppelte, drehte sich der Kerl mit dem grauen Zopf halb um und blickte verärgert zu ihr hinüber. Coy erkannte grünliche Augen und ein herausforderndes Profil, eine große Nase und eine arrogante Miene. Die Hand, die das Schild hochhob, trug mehrere Goldringe. Es schien, als sei er nicht daran gewöhnt, dass man ihm Auktionsobjekte streitig machte; mit einer ruckartigen Bewegung wandte er sich schließlich nach rechts, und nun bekam eine stark geschminkte, brünette junge Dame, die jedesmal, wenn ihr Handy klingelte, flüsternd hineinsprach, seine schlechte Laune zu spüren, denn er beschimpfte sie grob und leise.

»Bietet jemand mehr?«

Der mit dem grauen Zopf hob die Hand, und die blonde Frau wehrte sich, indem sie ihr Schild hochreckte, es war die Nummer 74. Das ließ Spannung im Saal aufkommen. Der bärtige Dünne zog es vor, sich aus dem Kreis der Bieter zurückzuziehen, und nach zwei weiteren Geboten wurde der gut gekleidete Glatzkopf unsicher. Der Graubezopfte bot mehr und provozierte finstere Mienen in seiner Umgebung, als das Handy abermals klingelte; er nahm es der Sekretärin aus der Hand und klemmte es sich zwischen Schulter und Ohr, während sich die andere Hand rechtzeitig emporreckte, um auf das Gebot zu antworten, das die blonde Frau soeben gemacht hatte. Zu diesem Zeitpunkt der Auktion hatte sich der ganze Saal auf die Seite der Blondine gestellt und wünschte, dass dem Bezopften die Mittel ausgingen oder sich der Akku seines Handys leerte. Der Urrutia erreichte nun die dreifache Höhe des Aufrufpreises, und Coy wechselte einen amüsierten Blick mit seinem Stuhlnachbarn, einem braunhäutigen Männchen mit dickem, dunklem Schnurrbart und sorgfältig nach hinten gekämmtem, pomadisiertem Haar. Der Kleine erwiderte Coys Blick mit einem höflichen Lächeln, während er geruhsam die Hände in den Schoß legte und die Daumen drehte. Er war winzig und wirkte gepflegt, beinahe kokett, trug eine rot getüpfelte Fliege und eine Jacke, deren Stil ein Gemisch aus Prince of Wales und schottischem Tartan war und die ihm das extravagant britische Aussehen eines Türken gab, der sich bei Burberrys eingekleidet hatte. Er hatte melancholische, sympathische, etwas hervorstehende Augen – wie der Frosch im Märchen.

»Möchten Sie das Gebot erhöhen?«

Der Auktionator hielt den Hammer weiter in die Höhe, und sein forschender Blick fixierte den Bezopften, der seiner Sekretärin das Handy zurückgegeben hatte und ihn übel gelaunt anstarrte. Das letzte Gebot, genau das Dreifache des ursprünglichen Preises, wurde von der blonden Frau gehalten; Coy konnte ihr Gesicht immer noch nicht sehen, so angestrengt und neugierig er auch versuchte, es zwischen den Köpfen vor sich zu erspähen. Es ließ sich schwer feststellen, was den Bezopften aus der Fassung brachte: die Höhe des Gebots oder die scharfe Konkurrenz der Frau.

»Meine Damen und Herren, bietet niemand mehr?«, fragte der Auktionator seelenruhig.

Er wandte sich dem Bezopften zu, ohne eine Antwort zu erhalten. Der ganze Saal schaute erwartungsvoll in dieselbe Richtung. Auch Coy.

»Dann steht der Preis also fest, offenbar endgültig, zum Ersten ... Zum Zweiten ...«

Der Grauhaarige riss sein Schild mit einer derart heftigen Geste hoch, als griffe er nach einer Waffe. Während sich Gemurmel im Saal ausbreitete, blickte Coy wieder zu der blonden Frau hinüber. Ihr Schild war schon oben und machte ein höheres Gebot. Das löste neue Spannung aus. Die Anwesenden erlebten in den folgenden zwei Minuten ein rasches Duell, als handelte es sich um einen Kampf auf Leben und Tod, und nicht einmal der Auktionator konnte sich dem intensiven Rhythmus entziehen – noch hatte sich das Schild Nummer 11 nicht gesenkt, da war schon das mit der Nummer 74 oben –, so dass er mehrere Pausen machen musste, um das Wasserglas, das er vor sich auf dem Pult stehen hatte, an die Lippen zu führen.

»Noch ein weiteres Gebot?«

Der *Atlas* Urrutias hatte die fünffache Höhe seines Aufrufpreises erreicht, als die Nummer 11 einen Fehler machte. Vielleicht versagten ihr die Nerven, allerdings konnte auch der Sekretärin ein Irrtum unterlaufen sein. Ihr Handy klingelte hartnäckig, und sie gab es dem Mann schließlich in einem kritischen Moment, während der Auktionator mit dem Hammer in der Luft dastand, weil er auf ein weiteres Gebot wartete. Der Graubezopfte zögerte, als überlegte er sich die Sache noch einmal. Der Fehler, wenn es einen gab, ließ sich auch dem Auktionator zuschreiben, der wohl die ruckartige Geste des Mannes, der sich der

Sekretärin zuwandte, als Verbitterung und Verzicht auf ein Mehrgebot gedeutet hatte. Vielleicht gab es gar keinen Irrtum, denn auch Auktionatoren haben, wie jeder andere, ihre Zu- und Abneigungen; und er fühlte sich wohl veranlasst, die Gegenpartei zu begünstigen. Jedenfalls genügten drei Sekunden, und der Hammer sauste aufs Pult, so dass der *Atlas* Urrutias der blonden Frau zugeschlagen wurde, deren Gesicht sich den Blicken Coys immer noch entzog.

Das Los Nummer 307 gehörte zu den letzten, und der Rest der Veranstaltung verlief ohne weitere Aufregungen und Zwischenfälle, abgesehen davon, dass der Mann mit dem Zopf überhaupt nicht mehr mitbot. Vor dem Ende der Auktion stand er auf und verließ den Saal, nicht ohne der blonden Frau einen wütenden Blick zuzuwerfen. Ihm folgte die hastig mit den Absätzen klappernde Sekretärin. Auch die Blondine erhob ihr Schild nicht wieder. Der magere Bärtige erstand schließlich ein sehr hübsches Schiffsfernrohr, und ein Herr mit finsterer Miene und schmutzigen Fingernägeln, der vor Coy saß, erhielt für etwas mehr als den Aufrufpreis ein beinahe ein Meter langes Modell der *San Juan Nepomuceno* in recht gutem Zustand. Die letzte Losnummer, ein Satz alter britischer Admiralitätskarten, wurde niemandem zugeschlagen. Darauf erklärte der Auktionator die Veranstaltung für beendet; alle standen auf und gingen in den kleinen Salon hinüber, wo Claymore seine Kunden zu einem Glas Champagner einlud.

Coy suchte nach der blonden Frau. Sonst hätte er aufmerksamer auf das Lächeln der jungen Empfangsdame geachtet, die sich mit dem Tablett in der Hand näherte und ihm ein Glas anbot. Die Empfangsdame kannte ihn von anderen Auktionen; obwohl sie wusste, dass er nie mitbot, ließ sie sich gewiss von seinen ausgebleichten Jeans und den weißen Turnschuhen rühren, die er zu der dunkelblauen, mit zwei parallelen Knopfreihen versehenen Seemannsjacke trug; früher einmal waren vergoldete Knöpfe mit dem Anker der Handelsmarine daran gewesen, nun waren sie durch unauffälligere aus schwarzem Kunststoff ersetzt worden. An den Ärmelaufschlägen sah man noch die Spuren der Offiziersstreifen, die er einst getragen hatte. Trotzdem trug Coy diese Jacke sehr gern; vielleicht, weil er sich mit dem Meer verbunden fühlte, wenn er sie anhatte. Vor allem, wenn er am späten Nachmittag in der Umgebung des Hafens umherstreifte und von jenen Zeiten träumte, als es noch möglich war, sich ein Schiff zu suchen, auf dem man anheuern konnte, und als es ferne Inseln gab, die einem Mann Zuflucht gewährten: gerechtigkeitsliebende Republiken, die nichts von zweijährigen Dienstenthebungen wussten und zu denen niemals Vorladungen von Seegerichten oder Haftbefehle gelangten. Fünfzehn Jahre zuvor hatte man ihm die Jacke bei Rafael Valls nach Maß angefertigt, zusammen mit der Mütze und der entsprechenden Hose, nachdem er die Prüfung als Zweiter Offizier bestanden hatte; er nahm sie auf alle seine Fahrten mit und trug sie bei festlichen Gelegenheiten, die im Leben eines Seemanns der Handelsmarine immer seltener wurden. Dieses alte Stück nannte er seine Lord-Jim-Jacke – ein sehr passender Name in seiner jetzigen Situation –, und das seit dem Beginn seiner Conrad-Periode, wie er sie als begeisterter Leser von Seefahrerbüchern nannte. Außerdem hatte Coy vorher eine Stevenson-Periode und eine Melville-Periode durchlebt; von diesen drei Abschnitten, in die er sein Leben einteilte, als er beschloss, auf das Kielwasser zurückzublicken, das jeder Mensch hinterlässt, erwies sich jene Periode als die unglücklichste. Er war gerade achtunddreißig geworden, hatte noch eine zwanzigmonatige Zwangspause vor sich, das Kapitänsexamen war ohne Termin verschoben worden, und er saß an Land mit einer Personalakte fest, bei deren Durchsicht jede Reederei, über deren Schwelle er träte, düster dreinblicken würde. Die Pension bei den Ramblas sowie das tägliche Essen bei Teresa machten seinen letzten Ersparnissen erbarmungslos den Garaus. Noch ein paar Wochen, und er müsste jede Arbeit als einfacher Matrose an Bord eines dieser rostigen Schiffe mit ukrainischer Mannschaft, griechischem Kapitän und antillanischer Flagge annehmen, die von manchem Schiffseigner in den Untergang geschickt wurden, um die Versicherungssumme zu kassieren; Schiffe, die oft eine fingierte Ladung hatten und einem keine Zeit ließen, sein Bündel zu schnüren. Entweder das, oder er musste auf das Meer verzichten und sein Brot an Land verdienen. Eine Vorstellung, bei der ihm schon übel wurde, wenn er nur daran dachte, denn Coy besaß in hohem Maße – auch wenn es ihm an Bord der *Isla Negra* nicht viel genützt hatte – die wichtigste Fähigkeit jedes Seemanns: ein sicheres Gefühl für die mit Misstrauen vorausgesehenen Unsicherheiten; etwas, das nur jemand verstehen kann, der im Golf von Biskaya feststellt, dass das Barometer in drei Stunden um fünf Millibar gefallen ist, oder der sich in der Straße von Hormus befindet und vor dem ein vierhundert Meter langer Tanker von einer halben Million Tonnen herfährt, der einem allmählich den Weg versperrt. Es war das gleiche unbestimmte Gefühl oder der sechste Sinn, der einen nachts aus dem Schlaf riss, weil sich die Laufgeschwindigkeit der Maschinen verändert hatte, der in einem Unruhe aufkommen ließ, wenn fern am Horizont eine schwarze Wolke auftauchte, und der bewirkte, dass plötzlich, ohne ersichtlichen Grund, der Kapitän auf der Brücke erschien, um einen Rundgang zu machen und sich hier und da umzusehen, als wäre es rein zufällig. Andererseits war das etwas Alltägliches bei einem Beruf, zu dessen üblichen Gesten auf Wache es gehörte, in jedem Moment den Kreiselkompass mit dem Magnetkompass zu vergleichen: oder anders gesagt, man ermittelt einen missweisenden Nord mit Hilfe eines Nords, der auch nicht der wahre Nord ist. Coys Gefühl für Unsicherheiten verstärkte sich paradoxerweise, sobald er nicht mehr auf einem Schiffsdeck stand. Er hatte das Pech oder Glück, einer von jenen Männern zu sein, für die der einzige lebenswerte Ort zehn Meilen von der nächsten Küste entfernt lag.

Er trank einen Schluck aus dem Glas, das ihm die Empfangsdame gerade kokett gereicht hatte. Er war kein attraktiver Typ: Seine Statur, die etwas kleiner als der Durchschnitt war, betonte übermäßig die breiten, kräftigen Schultern und die großen, harten Hände. Die hatte er von seinem Vater geerbt, einem wenig erfolgreichen Händler mit Marineartikeln, der ihm statt des fehlenden Geldes auch jenen wiegenden, beinahe schwerfälligen Gang eines Mannes vermacht hatte, der nicht überzeugt ist, dass die von ihm betretene Erde vertrauenswürdig sei. Doch die groben Formen seines breiten Mundes und der starken, aggressiven Nase wurden durch die ruhigen, dunklen und sanften Augen gemildert; sie erinnerten an Jagdhunde, wie sie ihre Herren anblickten. Außerdem zeigte sich manchmal auf seinen Lippen ein schüchternes, aufrichtiges, beinahe kindliches Lächeln, das die Wirkung jenes ehrlichen, ein wenig traurigen Blicks verstärkte, für den er mit dem Glas und der liebenswürdigen Geste der Empfangsdame belohnt wurde. Nun entfernte sie sich, lief an den Gästen vorbei, der sittsame Rock umspielte ihre Beine, und sie glaubte, Coys Blicke darauf zu spüren.

Das glaubte sie nur. Denn in diesem Moment, gerade als er das Glas an die Lippen führte, sah er sich um und suchte nach der blonden Frau. Er verweilte kurz bei dem kleinen Mann mit den melancholischen Augen und der karierten Jacke, der ihm höflich zunickte. Dann durchforschte er weiter den Saal, bis er sie entdeckte: Sie drehte ihm immer noch den Rücken zu, stand inmitten der Leute, hielt ein Glas in der Hand und unterhielt sich mit dem Auktionator. Sie trug eine Wildlederjacke, einen dunklen Rock und flache Schuhe. Langsam und neugierig näherte er sich, betrachtete das glatte, halblange Goldhaar, das im Nacken stufig geschnitten war und auf jeder Seite bis zum Kinn hinabreichte, in zwei asymmetrischen und dennoch vollkommenen diagonalen Linien. Während die Frau plauderte, wippte ihr Haar leicht, und die Spitzen streiften die Wangen, die man von hinten nur teilweise erkennen konnte. Nachdem er zwei Drittel des Abstands zurückgelegt hatte, der ihn von ihr trennte, bemerkte er, dass ihr nackter Hals mit Sommersprossen bedeckt war: Hunderte von winzigen Pünktchen, etwas dunkler als das Pigment der Haut, die trotz des blonden Haars nicht allzu hell war, sondern einen Ton hatte, der auf Sonne, wolkenlosen Himmel, Leben im Freien hindeutete. Doch dann, als er nur noch zwei Schritte von ihr entfernt war und unauffällig um sie herumgehen und ihr Gesicht betrachten wollte, verabschiedete sie sich vom Auktionator und wandte sich ab, wobei sie einige Sekunden vor Coy stehen blieb, so lange, wie sie brauchte, um das Glas, das sie in der Hand hielt, auf einen Tisch zu stellen, ihm mit einer leichten Schulter- und Taillenbewegung auszuweichen und davonzugehen. Ihre Blicke hatten sich in diesem kurzen Moment gekreuzt, und er hatte genug Zeit gehabt, um ein paar ungewöhnliche, dunkle Augen mit bläulichen Reflexen wahrzunehmen. Oder vielleicht war es umgekehrt: blaue Augen mit dunklen Reflexen und einer marineblauen Iris, die über Coy hinwegglitten, ohne ihn zu beachten, während er bemerkte, dass sie auch an Stirn, Gesicht, Hals und Händen Sommersprossen hatte, dass sie mit Sommersprossen übersät war und ihr dies ein einzigartiges, reizvolles und fast jugendliches Aussehen verlieh, obwohl sie schon um die Fünfundzwanzig sein musste. Er konnte sehen, dass sie am rechten Handgelenk eine Männeruhr aus Stahl trug, groß und mit schwarzem Zifferblatt. Und auch, dass sie eine halbe Handbreit größer war als er selbst und sehr hübsch.

Fünf Minuten später ging Coy auf die Straße. Der Widerschein der Stadt beleuchtete Wolken, die über den dunklen Himmel nach Südosten zogen, und er erkannte, dass sich der Wind drehen und es vielleicht in der Nacht regnen würde. Er stand vor dem Eingang und hatte die Hände in die Jackentaschen gesteckt, während er überlegte, ob er nach links oder rechts laufen sollte; das eine bedeutete ein Sandwich in einer nahen Kneipe, das andere einen Spaziergang bis zur Plaza Real und zwei blaue Bombays mit viel Tonic. Oder vielleicht einen, korrigierte er sich schnell, nachdem er sich an den kläglichen Zustand seiner Brieftasche erinnert hatte. Es war wenig Verkehr auf der Straße, und zwischen dem Laub der Bäume sprang eine Ampelreihe, die so weit reichte, wie man sehen konnte, von Gelb auf Rot um. Als er zehn Sekunden nachgedacht hatte, lief er nach rechts los, gerade in dem Augenblick, in dem die letzte Ampel rot wurde und die am nächsten stehende wieder auf Grün umschaltete. Das war sein erster Fehler an diesem Abend.

GKZB: das Gesetz von den KEINESWEGS Zufälligen Begegnungen. Coy stützte sich auf Murphys wohl bekanntes Gesetz – wofür er in letzter Zeit zuverlässige Beweise erhalten hatte – und neigte dazu, für den Eigenbedarf eine Reihe von bizarren Gesetzen aufzustellen, denen er feierliche, technisch klingende Namen gab. Zum Beispiel GSAB: das Gesetz, in den Sauren Apfel zu Beißen – oder GSIBNUF: das Gesetz von der Schnitte, die Immer mit der Butterseite Nach Unten Fällt – und andere Grundsätze, die sich mehr oder weniger genau auf die verhängnisvollen Wechselfälle seines jüngsten Lebensabschnitts anwenden ließen. Das brachte selbstverständlich nicht den geringsten Nutzen, außer, dass er ab und zu lächeln konnte. Über sich selber lächeln. Vom Lächeln abgesehen war Coy jedenfalls überzeugt, dass in der fremdartigen Ordnung des Universums wie im Jazz – er war ein großer Jazzliebhaber – Zufälle und mathematisch exakte Improvisationen auftraten und man sich fragen konnte, ob sie irgendwo geschrieben stünden. Dort ordnete er sein gerade formuliertes GKZB ein. Denn als er sich der Ecke näherte, sah er zunächst einen großen metallicgrauen Wagen, der an der Bordsteinkante parkte und dessen eine Tür offen stand. Im Laternenlicht entdeckte er etwas weiter entfernt einen Mann, der sich mit einer Frau unterhielt. Er erkannte zuerst den Mann, der ihm das Gesicht zuwandte; und als er nach wenigen Schritten dessen wütende Miene wahrnahm, begriff er, dass sich der Mann mit einer Frau stritt, die hinter der Laterne verborgen gewesen war. Sie war blond, hatte im Nacken kurz geschnittenes Haar und trug eine Wildlederjacke und einen dunklen Rock. Er spürte ein Kribbeln im Magen, während er überrascht in sich hineinlachte. Manchmal, sagte er sich, ist das Leben gerade deshalb vorhersehbar, weil es unvorhersehbar ist. Er zögerte kurz, bevor er hinzusetzte: oder umgekehrt. Hierauf schätzte er Kurs und Abtrift. Wenn er an etwas gewöhnt war, so daran, derartige Dinge instinktiv zu berechnen, obwohl der Kurs, den er das letzte Mal abgesetzt hatte – das mit dem Absetzen passte nirgendwo besser als hier –, ihn direkt vors Seegericht gebracht hatte. Jedenfalls änderte er seinen Kurs um zehn Grad, um so nahe wie möglich an dem Paar vorbeizukommen. Das war sein zweiter Fehler: den gesunden Menschenverstand eines Seemanns zu missachten, der besagt, man solle gebotenen Abstand von jeder Küste oder Gefahr halten.

Der Mann mit dem grauen Zopf war offensichtlich wütend. Zunächst konnte Coy seine Worte nicht verstehen, denn er sprach leise; doch er bemerkte, dass der andere eine Hand erhoben hatte und mit einem Finger auf die Frau zeigte, die ihm regungslos gegenüberstand. Schließlich schnellte der Finger nach vorn und klopfte ihr eher zornig als heftig gegen die Schulter. Sie wich einen Schritt zurück, als hätte ihr das Angst gemacht.

»... Die Folgen«, hörte Coy den Bezopften sagen. »Verstehen Sie? ... Alle Folgen.«

Er reckte den Finger empor und wollte ihr wieder gegen die Schulter klopfen. Sie trat noch weiter zurück, und der Kerl schien es sich anders zu überlegen, denn nun packte er sie am Arm, vielleicht gar nicht gewaltsam, sondern um sie zu überzeugen und einzuschüchtern. Allerdings sah er dermaßen ergrimmt aus, dass die Frau, als sie seine Hand an ihrem Arm spürte, erschrocken zusammenzuckte und abermals zurückwich, um sich von ihm zu befreien. Nun wollte der Mann sie wieder packen, konnte das jedoch nicht, weil sich Coy zwischen ihn und sie gestellt hatte und ihn jetzt aus größter Nähe anblickte. Der andere erstarrte mit hochgereckter Hand, einer Hand voller Ringe, die im Laternenlicht glänzten, und mit offenem Mund, weil er gerade in diesem Augenblick der Frau etwas sagen wollte oder weil er nicht wusste, woher auf einmal dieser Typ aufgetaucht war, mit Seemannsjacke, Tennisschuhen, massigen Schultern und breiten, harten Händen, die mit vorgetäuschter Lässigkeit an beiden Seiten der abgetragenen Jeans herabhingen.

»Pardon?«, sagte der Bezopfte.

Er hatte einen unbestimmten, halb andalusischen, halb ausländischen Akzent. Überrascht und neugierig musterte er Coy, als wollte er herausbekommen, welche Rolle der andere in dieser ganzen Geschichte spielte. Seine Miene verriet keinen Zorn mehr, sondern Verblüffung. Vor allem, als ihm klar wurde, dass ihm der Störenfried unbekannt war. Er war größer als Coy – das waren fast alle in dieser Nacht –, und Coy sah, wie er über ihn hinweg zu der Frau blickte, als erwartete er eine Erklärung für diese Programmänderung. Coy konnte sie nicht sehen; sie stand hinter ihm, ohne sich zu bewegen oder ein Wort zu sagen.

»Was zum Teufel …?«, begann der Bezopfte und unterbrach sich sofort mit einem solch finsteren Gesicht, als hätte man ihm soeben eine schlimme Neuigkeit überbracht. Coy stand vor ihm, machte den Mund nicht auf, ließ die

Hände seitlich herabbaumeln und berechnete, welche Möglichkeiten es in dieser Sache gab. Der andere war zwar wütend, doch seine Stimme klang höflich. Er trug einen teuren Anzug, Krawatte und Weste, gute Schuhe, und an der linken Hand mit den Ringen glänzte eine sündhaft teure Uhr aus massivem Gold in hypermodernem Design. Der Kerl stemmt jedesmal mehrere Kilo Gold hoch, wenn er sich den Schlips bindet, dachte Coy. Er machte einen gepflegten und sportlichen Eindruck und hatte kräftige Schultern; aber er gehörte nicht zu diesen Typen, die sich mitten auf der Straße, vor der Tür des Auktionshauses Claymore, herumprügelten, stellte Coy fest.

Er sah die Frau immer noch nicht, denn sie stand weiter hinter ihm, allerdings ahnte er ihren Blick. Ich hoffe wenigstens, sagte er sich, dass sie nicht davonrennt, sondern wenigstens genug Zeit hat, um mir zu danken, wenn ich mir für sie den Schädel einschlagen lasse. Und selbst wenn man ihn mir nicht einschlägt. Der Bezopfte hatte sich inzwischen nach links gedreht und betrachtete das Schaufenster einer Modeboutique, als erwartete er, dass jemand mit einer Erklärung in einer Armani-Tasche herauskäme. Im Licht der Laterne und des Schaufensters erkannte Coy seine braunen Augen; das überraschte ihn etwas, denn er erinnerte sich, dass sie vorhin bei der Auktion grünlich waren. Dann blickte der Mann in die andere Richtung, zur Straße, und Coy konnte feststellen, dass jedes Auge eine andere Farbe hatte, braun das rechte, grün das linke: Backbord und Steuerbord. Außerdem bemerkte er etwas, das ihn mehr als die Augenfarbe beunruhigte: die offene Tür des Wagens, eines riesigen Audi, ließ Licht in das Innere dringen, wo die Sekretärin eine Zigarette rauchte und die Szene verfolgte – und in diesem Licht zeigte sich auch der

Chauffeur, ein kräftiger Bursche mit stark gekräuseltem Haar. Er trug Anzug und Krawatte. In diesem Augenblick stand er von seinem Sitz auf und stellte sich an die Bordsteinkante. Der Chauffeur war nicht elegant und wirkte auch nicht so, als hätte er eine höfliche Stimme wie der Bezopfte: Seine Nase war platt gedrückt wie die eines Boxers, und das Gesicht machte den Eindruck, als hätte man es ihm ein halbes Dutzend Mal wieder zusammengeflickt und dabei ein paar Fetzen draußen gelassen. Er hatte einen gelblichen Teint, beinahe wie ein Berber. Coy erinnerte sich, dass er Zuhälter seines Typs gesehen hatte, die als Türsteher vor Beiruter Bordellen oder in panamaischen Festsälen postiert waren. Gewöhnlich hatten sie ihr Klappmesser in der rechten Socke versteckt.

Das konnte nicht gut ausgehen, überlegte er schicksalsergeben. GVEWA: das Gesetz, Viel Einzustecken und Wenig Auszuteilen. Sie würden ihm ein paar unentbehrliche Knochen brechen, und inzwischen rannte die Kleine davon wie Aschenputtel oder Schneewittchen – Coy brachte diese beiden Märchen immer durcheinander, weil darin keine Schiffe vorkamen –, ohne dass er sie jemals wieder sehen würde. Vorläufig blieb sie aber dort stehen, und er spürte die blauen Augen mit den dunklen Reflexen; oder vielleicht das Gegenteil, erinnerte er sich, dunkle Augen mit blauen Reflexen. Er fühlte, wie sie seinen Rücken anstarrten. Es war nicht ohne hintersinnigen Witz, dass man ihm die Seele aus dem Leib prügeln würde, und das wegen einer Frau, die er gerade mal zwei Sekunden von vorn gesehen hatte.

»Warum mischen Sie sich in etwas ein, das Sie nichts angeht?«, fragte der Bezopfte.

Das war eine gute Frage. Seine Stimme klang nicht mehr

wütend, sondern konzentriert, weitaus ruhiger und voller Neugier. Wenigstens kam es Coy so vor. Aus den Augenwinkeln beobachtete er weiter den Chauffeur.

»Das heißt ... Um Himmels willen«, schloss der andere, als er feststellte, dass Coy nichts sagte. »Hauen Sie ab.«

Jetzt sagt sie das Gleiche, dachte Coy. Jetzt erklärt sie sich mit diesem Kerl einig und fragt, wer hat dich hergerufen, und sie verlangt von dir, dass du deiner Wege gehst und deine Nase nicht in Sachen steckst, die dich nichts angehen. Und du stotterst mit roten Ohren eine Entschuldigung, dann verschwindest du um die Ecke und schneidest dir die Pulsadern auf, weil du ein Trottel bist. Jetzt sagt sie gleich ...

Aber die Frau sagte nichts. Sie war genauso schweigsam wie Coy selbst. So als wäre sie überhaupt nicht mehr da und hätte sich schon vor einer Weile davongemacht. Er blieb weiter still, stand ohne ein Wort zwischen den beiden und beobachtete die zweifarbigen Augen, einen Schritt entfernt von ihm und zwei Handbreit höher als seine eigenen. Ihm fiel auch nichts anderes ein, und wenn er etwas sagte, würde er den winzigen Vorteil einbüßen, den er noch hatte. Aus Erfahrung wusste er, dass ein schweigsamer Mann mehr als ein redseliger einschüchtert, weil sich schwer erraten lässt, was ihm im Kopf herumgeht. Vielleicht meinte der Bezopfte das Gleiche, denn er musterte ihn nachdenklich. Schließlich glaubte Coy, in dessen Dalmatineraugen eine gewisse Unsicherheit wahrzunehmen.

»Na so was«, sagte der andere. »Da haben wir ja ... Nicht wahr? Den Helden eines B-Movie.«

Coy starrte ihn weiter an, ohne einen Mucks zu sagen. Wenn ich mich beeile, dachte er, könnte ich ihm einen Tritt in die Körpermitte versetzen, bevor ich mein Glück bei dem Berber versuche. Das Problem ist sie. Ich frage mich, was sie macht, verdammt noch mal.

Der Bezopfte atmete plötzlich schwer aus und gab dabei so etwas wie einen Seufzer von sich, der wie ein raues, übertriebenes Gelächter klang.

»Das ist lächerlich«, sagte er.

Diese Situation, was sie auch immer bedeuten mochte, schien ihn aufrichtig zu verwirren. Coy hob langsam die linke Hand, um sich die juckende Nase zu kratzen; das tat er immer, wenn er nachdachte. Das Knie, überlegte er. Ich sage irgendetwas, damit ihn das ablenkt, und bevor ich ausgeredet habe, stoße ich ihm mit dem Knie in die Eier. Das Problem ist der andere, der dann gewarnt ist. Und eine Stinkwut haben wird.

Auf der Straße fuhr ein Krankenwagen mit orangerotem Blinklicht vorbei. Coy dachte, dass er bald so einen für sich selbst brauchen würde, und er sah sich unauffällig um, ohne dass er etwas entdeckte, womit er sich bewaffnen konnte. Darum tasteten sich seine Finger zur Hosentasche vor, und der Daumen berührte den Schlüsselbund aus der Pension. Er konnte versuchen, dem Chauffeur mit den Schlüsseln einen Hieb ins Gesicht zu versetzen, wie er es einmal mit einem betrunkenen Deutschen an der Tür des Club Mamma Silvana in La Spezia gemacht hatte, hallo und tschüs, als er sah, dass der auf ihn losstürzte. Denn ganz bestimmt würde ihn dieser Mistkerl angreifen.

Da fuhr sich der Mann, der vor ihm stand, mit der Hand über die Stirn und den Hinterkopf, als wollte er das zu einem Zopf zusammengebundene Haar noch stärker glatt streichen, bevor er wieder den Kopf hin und her bewegte. Seinen Mund umspielte ein sonderbares und bekümmertes Lächeln, und Coy meinte, dass er ihm weitaus besser gefiel, wenn er ernst war.

»Sie hören bald von mir«, sagte er über Coys Schulter zu der Frau. »... Selbstverständlich hören Sie von mir.«

In derselben Sekunde sah er den Chauffeur an, der sich bereits ein paar Schritte auf sie zu bewegte. Der andere blieb stehen, als wäre das ein Befehl. Und Coy, der die Bewegung verfolgt hatte und die Muskeln anspannte, wobei sich sein Adrenalinspiegel erhöhte, beruhigte sich mit heimlicher Erleichterung. Der Bezopfte sah ihn wieder ganz konzentriert an, als wollte er sich dieses Bild einprägen: einen finsteren Blick mit spanischen Untertiteln. Er hob die ringgeschmückte Hand und wies mit dem Zeigefinger auf Coys Brust, genauso, wie er es vorhin bei der Frau gemacht hatte, allerdings berührte er ihn nicht. Er begnügte sich damit, den Finger weiter wie eine Drohung in die Luft zu strecken. Danach drehte er sich auf dem Absatz um und ging, als wäre ihm gerade eingefallen, dass er eine dringende Verabredung hatte.

Nun löste sich alles in einer kurzen Bilderfolge auf, die Coy aufmerksam beobachtete: ein Augenaufschlag der Sekretärin vom Rücksitz des Autos, und ihre Zigarette beschrieb einen Bogen, bevor sie auf den Bürgersteig fiel, das Türknallen des bezopften Mannes, als er sich neben sie setzte, und der letzte Blick des Chauffeurs, der an der Bordsteinkante stand: Er starrte ihn lange und bedeutungsvoll an, was mehr aussagte als die Augen seines Chefs. Dann war wieder ein Türknallen zu hören, und schließlich schnurrte der Anlasser leise. Allein mit dem, was dieses Auto beim Starten verbraucht, dachte Coy traurig, könnte ich ein paar Tage warm essen.

»Danke«, sagte eine Frauenstimme hinter ihm.

Wenn auch der Anschein dagegen sprach, war Coy kein Pessimist; dafür musste man den Glauben an die menschliche Existenz verloren haben – und er war schon ohne diesen Glauben auf die Welt gekommen. Er gab sich damit zufrieden, die Welt an Land als ein unbeständiges, bedauernswertes und unvermeidliches Schauspiel anzusehen; sein einziges Bestreben war, sich fern zu halten, um die negativen Auswirkungen zu begrenzen. Trotzdem bewahrte er sich damals noch eine gewisse Unschuld: eine teilweise Unschuld, und sie betraf jene Dinge und Bereiche, die nichts mit seinem Beruf zu tun hatten. Vier Monate im Trockendock reichten nicht aus, um ihm seine Naivität zu nehmen: die gedankenversunkene, ein wenig abwesende und distanzierte Haltung, die manche Seeleute den Menschen gegenüber einnehmen, die festen Boden unter den Füßen spüren. Damals betrachtete er bestimmte Dinge noch aus der Ferne oder von draußen, mit der Fähigkeit, arglos in Erstaunen zu geraten; es ähnelte dem Gefühl, das er als kleiner Junge hatte, wenn er sich vor Weihnachten die Nase an den Schaufenstern der Spielwarenläden platt drückte. Jetzt aber mit der Gewissheit, die eher der Erleichterung als der Enttäuschung nahe kam, dass keines von jenen aufregenden Wundern für ihn bestimmt war. Er wusste, dass er außerhalb des Verteilungsnetzes stand und dass sein Name auf der Liste der Heiligen Drei Könige fehlte, doch das beruhigte ihn. Es war gut, nichts von den anderen zu erwarten, und der Reisesack musste leicht genug sein, damit man ihn auf die Schulter nehmen und den nächsten Hafen ansteuern konnte, ohne zu bedauern, was man zurückließ. Willkommen an Bord. Seit Jahrtausenden, noch bevor die schön gerundeten Schiffe nach Troja ausliefen, gab es Männer mit Runzeln um den Mund

und Melancholie im Herzen – Männer, deren Natur sie früher oder später dazu brachte, betroffen in das schwarze Loch einer Pistole zu blicken –, für die das Meer eine Lösung bedeutete und die stets errieten, wann es Zeit war, in See zu stechen. Noch bevor Coy wusste, dass er einer von ihnen war, fühlte er sich schon aus Berufung und Neigung zu ihnen hingezogen. Einmal, in einer Kneipe in Veracruz, hatte ihn eine Frau gefragt – immer waren es Frauen, die solche Fragen stellten –, warum er Seemann und nicht Anwalt oder Zahnarzt geworden sei; und er hatte lediglich die Achseln gezuckt, bevor er nach einer Weile antwortete, als die Frau schon keine Reaktion mehr erwartete: »Das Meer ist rein.« Und das stimmte. Auf hoher See war die Luft frisch, die Wunden heilten früher, und es herrschte eine Stille, die tief genug war, um Fragen ohne Antworten erträglich zu machen und das eigene Schweigen zu rechtfertigen. Ein andermal, im Restaurant Sunderland von Rosario, hatte Coy den einzigen Überlebenden eines Schiffbruchs kennen gelernt, einen von neunzehn. Ein Leck um drei Uhr morgens, als sie mitten im Fluss ankerten und alle schliefen, und das Schiff soff in fünf Minuten ab. Gluck, gluck. Wirklich beeindruckt an dem Mann hatte ihn dessen Schweigsamkeit. Jemand fragte, wie das möglich wäre: dass achtzehn Männer untergingen, ohne etwas zu merken. Der andere sah ihn wortlos und unbehaglich an, als wäre alles so offensichtlich, dass es sich nicht lohnte, etwas zu erklären, und setzte seinen Bierkrug an den Mund. In den Städten mit ihren Bürgersteigen voller Menschen, den vielen Lichtern und den Schaufenstern seiner Kindheit fühlte sich Coy ebenfalls unbehaglich, schwerfällig und fehl am Platz gleich einer Ente ohne Wasser oder gleich jenem Burschen in Rosario, der so still wie die anderen achtzehn blieb, die noch stiller waren. Die Welt war ein hochkompliziertes Gebilde, das man allein vom Meer aus richtig betrachten konnte; und das Festland nahm nur nachts während der Wache beruhigende Ausmaße an, wenn der Rudergänger ein stummer Schatten war und aus dem Schiffsinnern das sanfte Stampfen der Maschinen heraufdrang. Wenn die Städte auf kleine, blinkende Lichtansammlungen in der Ferne zusammenschrumpften und die Erde der flackernde Widerschein eines Leuchtturms mitten in den Wellen war. Blinkende Signale, die immer wieder warnend wiederholten: Achtung, Vorsicht, halte dich fern, Gefahr. Gefahr.

Solche Signale sah er nicht in den Augen der Frau, als er mit einem Glas in jeder Hand zu ihr zurückkehrte, zwischen all den Menschen hindurch, die sich an der Theke des Boadas drängten; und das war der dritte Irrtum in dieser Nacht. Denn es gibt keine Leuchtfeuer-, Gefahren- und Signalverzeichnisse, um landeinwärts zu segeln. Es gibt keine besonderen Segelhandbücher oder berichtigten Seekarten, keine Pläne von Untiefen in Metern oder Faden, keine Deckpeilungen zu diesem oder jenem Kap, keine roten, grünen oder gelben Bojen, keine Kollisionsverhütungsregeln oder eine klare Kimm, um eine Peilstandlinie zu berechnen. An Land fährt man immer auf Gissung, blindlings, und du kannst die Riffe erst bemerken, wenn du ihr Tosen eine Kabellänge vor deinem Bug hörst und siehst, dass sich die Dunkelheit in dem weißen Meeresfleck, der sich an den Felsen der Wasserlinie bricht, aufhellt. Oder wenn du den unerwarteten Stein hörst – alle Seeleute wissen, dass es einen Stein mit ihrem Namen gibt, der irgendwo auf sie lauert –, den Mörderfelsen, der kreischend am Schiffsrumpf entlangschrammt, so dass die Schotten erbeben, in jenem schrecklichen Moment, da jeder Mann, der ein Schiff steuert, lieber tot sein möchte.

»Du warst schnell«, sagte sie.

»In Kneipen bin ich immer schnell.«

Die Frau blickte ihn neugierig an. Sie lächelte leicht, vielleicht, weil sie beobachtet hatte, wie Coy zur Theke vorgedrungen war, indem er sich mit der Entschlossenheit eines kleinen und massiven Schleppers einen Weg zwischen den Leuten hindurch bahnte, anstatt dort hinten zu bleiben und den Kellner auf sich aufmerksam zu machen. Er hatte für sich einen blauen Gin mit Tonic und für sie einen trockenen Martini bestellt, und er brachte die Gläser mit geschickten Pendelbewegungen der Hände zurück, ohne einen Tropfen zu verschütten. Was im Boadas und um diese Zeit eine durchaus bemerkenswerte Leistung war.

Sie sah ihn durch das Glas hindurch an. Ein sehr dunkles Blau hinter der Glasfläche und dem durchsichtigen, klaren Martini.

»Und was machst du so im Leben, außer dass du dich geschickt in Kneipen bewegst, zu Auktionen von Schifffahrtsgeräten gehst und wehrlosen Frauen beistehst?«

»Ich bin Seemann.«

»Ach.«

»Seemann ohne Schiff.«

»Ach.«

Sie duzten sich erst seit ein paar Minuten. Eine halbe Stunde zuvor, im Licht der Laterne, als der Mann mit dem grauen Zopf in den Audi stieg, hatte sie hinter ihm danke gesagt und er hatte sich umgedreht, um sie zum erstenmal richtig anzusehen, während er auf dem Bürgersteig stand und im Stillen überlegte, dass damit der leichte Teil vorüber war und es nicht mehr von ihm abhing, jenen nachdenklichen und ein wenig erstaunten Blick zurückzuhalten, der ihn von oben bis unten musterte, als wollte sie ihn in eine ihr bekannte Männerkategorie einordnen. Darum deutete er lediglich ein vorsichtiges, etwas gehemmtes Lächeln an, wie man es auch dem Kapitän zeigt, wenn man auf ein neues Schiff kommt, in jenem ersten Moment, da die Worte nichts bedeuten und man weiß, dass genug Zeit bleibt, um alles richtig zu klären. Doch für Coy bestand das Problem darin, dass ihm niemand garantieren konnte, ob ihm diese unbedingt erforderliche Zeit wirklich zur Verfügung stand. Nichts konnte sie daran hindern, ihm noch einmal zu danken und wegzugehen, als wäre es das Selbstverständlichste auf der Welt, und für immer zu verschwinden. Zehn lange Sekunden prüfte sie ihn mit ihrem Blick, den er schweigend und regungslos ertrug. GOH: das Gesetz des Offenen Hosenschlitzes. Ich hoffe, dass mein Hosenschlitz nicht offen steht, dachte er. Dann sah er, dass sie den Kopf ein wenig zur Seite neigte, gerade so viel, dass die linke Hälfte ihres blonden und glatten, so präzise wie mit einem Skalpell asymmetrisch geschnittenen Haars die sommersprossige Wange streifte. Danach lächelte die Frau nicht und sagte auch nichts, sondern lief lediglich langsam die Straße hinauf, auf dem Bürgersteig, die Hände in den Taschen der Wildlederjacke. Über der Schulter trug sie eine große lederne Handtasche, die sie mit dem Ellbogen an die Hüfte drückte. Von der Seite wirkte ihre Nase weniger schön: ein bisschen platt gedrückt, wie nach einem Bruch. Das beeinträchtigte ihre Attraktivität nicht, entschied Coy; aber es gab ihr ein ungewöhnlich hartes Profil. Beim Laufen schaute sie auf den Boden und leicht nach links, als wollte sie ihm die Möglichkeit geben, diesen Platz einzunehmen. Sie gingen schweigend, in einem gewissen

Abstand voneinander, ohne Blicke, Erklärungen oder Kommentare, bis sie an der Ecke stehen blieb und Coy begriff, dass der Augenblick des Abschieds oder der Worte gekommen war. Die Frau streckte ihm die Hand entgegen, die er mit seiner großen und schwerfälligen Hand drückte, und er spürte einen festen und knochigen Gegendruck, der im Widerspruch zu den jugendlichen Sommersprossen stand und eher zu dem ruhigen Ausdruck der Augen passte. Nun hatte er endgültig entschieden, dass sie marineblau waren.

Diesmal redete Coy. Er tat es mit der ihm eigenen Schüchternheit, die ihn immer überfiel, wenn er mit Unbekannten sprach, wobei er einfach die Achseln zuckte und seine Worte mit einem Lächeln unterstrich, das sein Gesicht erhellte und seine Plumpheit milderte, auch wenn er das nicht wusste. Er redete, fasste sich an die Nase und redete weiter, wobei er keine Ahnung hatte, ob irgendwo jemand auf sie wartete oder ob sie aus dieser Stadt oder irgendeiner anderen war. Er sagte, was er sagen musste, und danach blieb er stehen, wippte leicht hin und her und hielt den Atem an wie ein Kind, das gerade seine Lektion aufgesagt hatte und ohne allzu große Hoffnungen auf das Urteil der Lehrerin wartete. Hierauf blickte sie ihn weitere zehn Sekunden schweigend an, neigte abermals den Kopf zur Seite, und ihr Haar streifte wieder die Wange. Sie sagte ja, warum nicht, auch sie hätte Lust, irgendwo ein Glas zu trinken. Also liefen sie zur Plaza de Cataluña, danach zu den Ramblas und der Calle Tallers. Und als er die Tür des Boadas aufhielt, um sie hineinzulassen, spürte er zum erstenmal ihren unbestimmten und sanften Duft, der so wirkte, als käme er nicht von einem Eau de Cologne oder Parfüm, sondern von ihrer mit Goldtönen getüpfelten Haut, die er sich weich und warm vorstellte, mit einer ähnlichen Struktur wie die Haut der Mispeln. Als er eintrat und zu der Theke an der Wand ging, stellte er fest, dass die Männer und Frauen im Lokal zuerst sie und danach ihn ansahen; er sagte sich, dass die Männer und Frauen aus irgendeinem sonderbaren Grund immer als Erstes eine schöne Frau ansahen und danach taxierend zu ihrem Begleiter hinüberblickten, um herauszubekommen, wer dieser Kerl wohl war. Als wollten sie ermitteln, ob sein Aussehen ihrer würdig und er der Lage gewachsen sei.

»Und was macht ein Seemann ohne Schiff in Barcelona?«
Sie saß auf einem hohen Barhocker, hielt die Tasche auf den Knien, drückte den Rücken an die Holztheke, die sich unter den eingerahmten Fotos und Andenken des Lokals an der Wand entlangzog. Als Ohrschmuck trug sie zwei kleine Goldkugeln und an den Händen keinen einzigen Ring. Sie hatte fast kein Make-up aufgelegt. Aus dem halb offenen Kragen der weißen Bluse, deren oberster Knopf nicht geschlossen war und Hunderte Sommersprossen freigab, sah Coy eine Silberkette hervorleuchten.
»Warten«, sagte er. Dann trank er einen Schluck blauen Gin, und dabei merkte er, dass sie seine alte Jacke musterte und vielleicht etwas länger bei den dunkleren Rändern innehielt, wo an den Ärmelaufschlägen die Offiziersstreifen fehlten. »Auf bessere Zeiten warten.«
»Ein Seemann muss zur See fahren.«
»Das meinen nicht alle.«
»Hast du etwas Schlimmes angestellt?«
Er bejahte mit einem angedeuteten traurigen Lächeln. Sie öffnete die Tasche und holte eine englische Zigarettenschachtel heraus. Ihre Fingernägel waren nicht hübsch,

sondern kurz und breit, mit unregelmäßigen Rändern. Sicher hatte sie früher an ihnen gekaut. Vielleicht machte sie es noch immer. In der Schachtel war nur noch eine Zigarette, und die zündete sie sich mit einem Streichholz an; das Heftchen war mit Werbung einer belgischen Schifffahrtsgesellschaft bedruckt, die er kannte, der Zeeland Ship. Er beobachtete, dass sie mit einer fast männlichen Geste die Flamme mit der hohlen Hand schützte. Ihre Lebenslinie war sehr lang, als hätte sie schon viele Leben auf Erden hinter sich gebracht.

»War es deine Schuld?«

»Vom gesetzlichen Standpunkt aus ja. Es ist während meiner Wache passiert.«

»Hast du jemanden gerammt?«

»Ich habe Grund berührt. Da gab es eine Klippe, die in den Karten nicht verzeichnet war.«

Das stimmte. Ein Seemann sagte nie: »Ich bin gestrandet« oder »ich bin aufgelaufen«. Das übliche Wort lautete »berühren«: Ich habe Grund berührt, ich habe den Kai berührt. Wenn jemand im Ostseenebel einen anderen in zwei Teile spaltete und in den Grund bohrte, sagte er: »Wir haben ein Schiff berührt.« Jedenfalls merkte er, dass auch sie den Seemannsausdruck »Rammen« anstelle von »Zusammenstoß« oder »Kollision« benutzt hatte. Die Zigarettenschachtel lag offen auf der Theke, und Coy sah sich das Bild längere Zeit an: den Kopf eines Matrosen, einen Rettungsring als Randverzierung und zwei Schiffe. Lange hatte er kein Päckchen Players ohne Filter wie dieses hier gesehen, das es schon seit undenklichen Zeiten gab. Sie ließen sich schwer auftreiben, und er hatte nicht gewusst, dass sie in ihrer weißen, beinahe quadratischen Papphülle noch immer hergestellt wurden. Es war seltsam, dass sie diese Marke rauchte: die Auktion von Schifffahrtsgeräten, der Urrutia, er selber. GEZ: das Gesetz der Erstaunlichen Zufälle.

»Kennst du die Geschichte?«

Er zeigte auf die Schachtel. Sie musterte ihn eindringlich, dann blickte sie überrascht hoch.

»Was für eine Geschichte?«

»Die des Helden.«

»Wer ist der Held?«

Er sagte es ihr. Er erzählte ihr von dem Namen auf dem Mützenband des Matrosen mit dem blonden Bart, von seiner Jugend auf dem Segelschiff, das an einer Seite des Bildes erscheint, von dem anderen Schiff, dem Dampfer, der sein letztes war. Wie Mister Player & Sons dessen Porträt kauften, um es auf den Schachteln abzubilden. Dann verstummte er, während sie rauchte und ihn betrachtete – die Zigarette war langsam zwischen ihren Fingern verglimmt.

»Das ist eine gute Geschichte«, sagte sie nach einer Weile.

Coy zuckte die Achseln.

»Sie ist nicht von mir. Domino Vitali erzählt sie James Bond in *Feuerball*. Ich bin auf einem Tanker gefahren, der die Romane von Ian Fleming an Bord hatte.«

Er erinnerte sich auch daran, dass dieses Schiff, die *Palestine*, während einer internationalen Krise anderthalb Monate in Ras Tanura festlag und die Deckplanken unter einer erbarmungslosen Sonne bei sechzig Grad glühten. Die Mannschaft hatte sich in den Kajüten ausgestreckt, bekam vor Hitze und Langeweile keine Luft mehr. Die *Palestine* war ein lausiges Unglücksschiff, eines von denen, wo sich die Leute verfeindeten und verabscheuten und in Wahnvorstellungen verfielen: Der Obermaschinist grummelte und phantasierte in einer Ecke – man hatte den Schlüssel der Bar versteckt, und er trank heimlich Methylalkohol aus der Krankenstube, den er mit Orangeade mischte –, und der Erste Offizier sprach kein Wort mit dem Kapitän, selbst wenn das Schiff beinahe gestrandet wäre. Coy hatte Zeit im Überfluss, um in seinem schwimmenden Gefängnis diese und viele andere Romane zu lesen, während der endlosen Tage, als die glühend heiße Luft, die durch die Bullaugen eindrang, ihn wie einen Fisch auf dem Trockenen nach Atem ringen ließ, und wenn er aufstand, hatte der Schweiß die Umrisse seines nackten Körpers auf den zerknitterten und schmutzigen Laken der Koje abgedrückt. Drei Meilen weiter hatte eine Fliegerbombe einen griechischen Tanker getroffen, und mehrere Tage konnte er aus seiner Kajüte die kerzengerade in den Himmel aufsteigende schwarze Rauchsäule und nachts den Widerschein sehen, der den Horizont rot färbte und die dunklen Silhouetten der ankernden Schiffe hervortreten ließ. In jener Zeit wachte er jede Nacht erschrocken auf, weil er geträumt hatte, dass er in einem Flammenmeer schwamm.

»Liest du viel?«

»Ein bisschen«, Coy fasste sich an die Nase. »Ich lese ein bisschen. Aber immer Geschichten vom Meer.«

»Es gibt andere interessante Bücher.«

»Mag sein. Aber mich interessieren nur die.«

Die Frau blickte ihn an, und er zuckte wieder die Achseln, bevor er anfing, mit den Füßen zu wippen. Da merkte er, dass sie nicht über den Kerl mit dem grauen Zopf gesprochen hatten und auch nicht darüber, was sie eigentlich dort zu suchen hatte. Er wusste nicht einmal ihren Namen.

Drei Tage später lag Coy rücklings auf dem Bett seines Zimmers in der Pension La Marítima und betrachtete einen feuchten Fleck an der Decke. *Kind of Blue.* In *So What* war der Kontrabass sanft dahingeglitten, wie er in den Kopfhörern seines Walkmans verfolgte, und nun hatte die Trompete von Miles Davis gerade das historische Solo aus zwei Noten begonnen – die zweite war eine Oktave tiefer als die erste –, und Coy wartete, während er in diesem leeren Raum schwebte, auf die befreiende Entladung, den einzigen Einsatz des Schlagzeugs, den Nachhall der Becken und die Trommelwirbel, die langsam, unausweichlich und überraschend den Weg für die Trompete freimachten.

Er hielt sich beinahe für einen musikalischen Analphabeten, aber er liebte den Jazz, dessen Kühnheit und Erfindungsgabe. Er hatte sich während der langen Brückenwachen dafür begeistert, in seiner Zeit als Dritter Offizier an Bord der *Fedallah*, eines Fruchtschiffs der Zoeline. Der Erste Offizier, ein Galicier namens Neira, hatte die fünf Kassetten der Smithsonian Collection mit klassischem Jazz besessen. Sie enthielten alles von Scott Joplin und Bix Beiderbecke bis zu Thelonious Monk und Ornette Coleman, und dazu gehörten auch Armstrong, Ellington, Art Tatum, Billie Holiday, Charlie Parker und all die anderen: unzählige Stunden Jazz, mit einer Kaffeetasse in den Händen, während er nachts, unter den Sternen, aufs Meer hinausschaute und sich auf die Brückennock stützte. Auch der Obermaschinist Gorostiola aus Bilbao, den man eher unter seinem Spitznamen Torpedo Tucumán kannte, verehrte diese Musik leidenschaftlich. Jazz und Freundschaft verbanden die drei Männer sechs Jahre lang auf einer Vierecksroute, die das Schiff *Fedallah* – später wechselten die drei gemeinsam auf die *Tashtego* über, ein weiteres Schwesterschiff der Zoeline – mit Obst und Getreide als Stückgut zwischen Spanien, der Karibik, Nordeuropa und dem Süden der Vereinigten Staaten hin und her führte. Das war eine glückliche Zeit in Coys Leben gewesen.

Trotz der Musik in den Kopfhörern drangen über den Hof, der als Trockenplatz diente, die Klänge eines Radios herein. Es gehörte der Tochter der Wirtin, die gewöhnlich sehr lange aufblieb, um zu lernen. Sie war ein mürrisches und wenig reizvolles Mädchen, dem er stets höflich zulächelte, ohne dass es ihm jemals mit einer Geste oder einem Blick antwortete. La Marítima war eine ehemalige Badeanstalt – sie war im Jahr 1844 in der Calle Arc del Teatre eröffnet worden, stand über der Tür zu lesen –, die man zu einer billigen Pension für Seeleute umgebaut hatte. Sie lag an der Grenze zwischen dem alten Hafen und dem Rotlichtviertel Barrio Chino, und die Mutter des Mädchens, eine barsche Dame mit rötlich gefärbtem Haar, hatte ihre Tochter sicher schon in frühen Jahren vor den Gefahren gewarnt, die von ihrer Stammkundschaft drohten, diesen rohen und skrupellosen Männern, die Frauen in jedem Hafen sammelten und nach Alkohol, Drogen und mehr oder weniger jungfräulichen Mädchen gierten, wenn sie an Land gingen.

Durchs Fenster hörte man deutlich Noel Soto, der *Sambanacht in Puerto España* sang und den Jazz aus dem Walkman übertönte. Coy drehte seinen Apparat lauter. Außer einer kurzen Unterhose hatte er nichts an; auf seinem Bauch lag aufgeschlagen und mit dem Rücken nach oben Patrick O'Brians *Kurs auf Spaniens Küste*. Doch seine Gedanken waren ganz weit von den abenteuerlichen Seefahrten Kapitän Aubreys und Doktor Maturins entfernt. Der Fleck an der Decke ähnelte einer Küstenlinie mit ihren Landspitzen und Buchten, und Coys Augen folgten einem imaginären Kurs zwischen zwei Punkten, die auf dem gelblichen Meer der Zimmerdecke am weitesten voneinander entfernt lagen. Natürlich dachte er an sie.

Es regnete, als sie aus dem Boadas kamen. Ein feiner, kaum störender Regen, der Asphalt und Bürgersteige mit glänzenden Punkten überzog und die Lichtkegel der Autoscheinwerfer tüpfelte. Ihr machte es offenbar nichts aus, dass ihre Wildlederjacke nass wurde. Sie waren die Promenade hinuntergelaufen, zwischen Zeitungskiosken und Blumenständen hindurch, die nacheinander zumachten. Ein Schausteller stand unverdrossen im Nieselregen, der ihm Rinnen über das weiß gepuderte, regungslose Gesicht zog, und er sah so traurig aus, dass er alle Passanten im Umkreis von zwanzig Metern deprimierte. Er folgte ihnen mit den Augen, als sich die Frau einen Moment bückte, um eine Münze in seinen Zylinder zu legen. Sie lief genauso weiter wie zuvor, sie bewahrte sich einen kleinen Vorsprung und blickte nach links, auf den Boden, als ließe sie Coy die Wahl, diesen Platz einzunehmen oder sich diskret zurückzuziehen. Heimlich betrachtete er ihr hartes Profil zwischen den glatten Haaren, die beim Laufen hin und her wippten, und die bläulichen Augen, die sich ihm hin und wieder zuwandten, um einen nachdenklichen Blick oder ein Lächeln anzukündigen.

Im Schilling waren nicht viele Leute. Er bestellte wieder blauen Gin mit Tonic, und sie gab sich mit Tonic pur zufrieden. Eva, die brasilianische Kellnerin, starrte die andere herausfordernd an, als sie die Gläser hinstellte, und danach blickte sie zu Coy hinüber und zog eine Augenbraue hoch, während sie mit denselben langen, grün lackierten Fingernägeln, die sie drei Tage zuvor kräftig in seinen nackten Rücken gekrallt hatte, auf die Theke trommelte. Aber Coy fuhr sich mit der Hand durch das nasse Haar und ließ sich nicht von seinem unerschütterlichen, sanften und ruhigen Lächeln abbringen, bis die Kellnerin »Mistkerl« murmelte, nun auch lächelte und sich sogar weigerte, das Geld für sein Glas anzunehmen. Dann setzten sich Coy und die Frau an einen Tisch, dem großen Spiegel gegenüber, der die an der Wand stehenden Flaschen reflektierte. Dort führten sie ihr unterbrochenes Gespräch weiter. Sie war nicht sehr mitteilsam: Bisher hatte sie nur erzählt, dass sie in einem Museum arbeitete, und fünf Minuten später fand er heraus, dass es sich um das Marinemuseum in Madrid handelte. Daraus schloss er, dass sie Geschichte studiert hatte und dass ein Angehöriger, vielleicht ihr Vater, Berufsoffizier war. Er wusste nicht, ob das mit ihrem Aussehen eines Mädchens aus gutem Hause zu tun hatte. Er ahnte auch eine disziplinierte Willensstärke, eine innere, zurückhaltende Sicherheit, die ihn einschüchterte.

Coy kam erst später auf den Kerl mit dem grauen Zopf zurück, als sie unter den Arkaden der Plaza Real spazierten. Sie hatte bestätigt, dass der Urrutia ein wertvolles, wenn auch nicht einzigartiges Stück war; doch es wurde nicht klar, ob sie ihn für das Museum oder für sich selbst erworben hatte. »Das ist ein wichtiger Seeatlas«, erläuterte sie ausweichend, als er auf die Szene in der Calle Consell de Cent anspielte; »und es gibt immer Leute, die sich für solche Sachen interessieren. Sammler«, setzte sie nach einem Augenblick hinzu. »Solche Leute.« Hierauf neigte sie ein wenig den Kopf und fragte, wie sein Leben in Barcelona aussehe, und das auf eine Art, die deutlich ihren Wunsch zeigte, das Thema zu wechseln. Coy erzählte von

La Marítima, von seinen Spaziergängen am Hafen, von den sonnigen Morgenstunden auf der Terrasse von El Universal, gegenüber der Marinekommandantur. Dort konnte er drei oder vier Stunden mit einem Buch und seinem Walkman sitzen bleiben und musste dafür nur den Preis eines Biers bezahlen. Außerdem erzählte er von der Zeit, die noch vor ihm lag, von der ausweglosen Situation, ohne Arbeit und ohne Geld an Land zu bleiben. In diesem Moment glaubte er, am Ende der Arkaden den kleinen Mann mit dem Schnurrbart, dem pomadisierten Haar und der karierten Jacke zu entdecken, der sich am Nachmittag im Auktionshaus aufgehalten hatte. Er beobachtete ihn eine Weile, um sich zu vergewissern, und wandte sich ihr zu, weil er feststellen wollte, ob sie die Anwesenheit des anderen ebenfalls bemerkt hatte; doch ihre Augen waren ausdruckslos, als sähen sie nichts Besonderes. Als sich Coy umdrehte und wieder hinschaute, war das Männchen mit der karierten Jacke immer noch da, lief mit den Händen auf dem Rücken umher und zeigte eine gleichgültige Miene.

Sie standen vor der Tür des Club de la Pipa. Er rechnete schnell durch, was in seiner Brieftasche übrig war, und kam zu dem Schluss, dass er es sich erlauben durfte, sie zu einem weiteren Glas einzuladen, und dass Roger, der Geschäftsführer, ihm schlimmstenfalls Kredit geben würde. Sie reagierte überrascht auf den ungewöhnlichen Ort, die Türklingel, die alte Treppe und das Lokal im zweiten Stock mit seiner sonderbaren Theke, dem Sofa und den an der Wand hängenden Sherlock-Holmes-Bildern. In dieser Nacht gab es keine Jazzmusik, und sie blieben an der leeren Theke stehen, während Roger am anderen Ende ein Kreuzworträtsel löste. Sie wollte den blauen Gin probieren und sagte, ihr gefalle sein Aroma. Dann erklärte sie, dieser Ort fasziniere sie, und sie setzte hinzu, sie hätte sich nie vorgestellt, dass es in Barcelona ein Lokal wie das hier gebe. Coy antwortete, man wolle es bald schließen, weil sich die Nachbarn über den Lärm und die Musik beschwerten; sie hätten ein Schiff betreten, das zur Abwrackwerft unterwegs sei. An ihrem Mundwinkel war ein Tröpfchen Gin Tonic hängen geblieben, und er dachte, zum Glück hatte er nur drei Glas Gin intus, denn mit ein paar mehr hätte er die Hand ausgestreckt, um diesen Tropfen mit den Fingern wegzuwischen; und sie gehörte offenbar nicht zu jenen Frauen, die sich irgendetwas von einem Seemann abwischen ließen, den sie gerade kennen gelernt hatten und den sie mit einer Mischung aus Zurückhaltung, Höflichkeit und Dankbarkeit ansahen. Nun fragte er endlich nach ihrem Namen. Sie lächelte wieder – diesmal erst nach einiger Zeit, als hätte sie sich dafür weit entfernen müssen – und ihre Augen bohrten sich in die Coys; das heißt, sie saugten sich während einer langen und intensiven Sekunde buchstäblich an ihnen fest, und sie sagte ihren Namen. Er überlegte, dass ihr Name ebenso eigenartig wie ihre Erscheinung war, ein Name, der trotzdem gut zu ihr passte und den sie ein einziges Mal laut und langsam aussprach, als das distanzierte Lächeln von ihren Lippen noch nicht ganz verschwunden war. Coy bat Roger um eine Zigarette, damit er sie ihr anbieten konnte, aber sie wollte nicht mehr rauchen. Als er sah, dass sie das Glas an den Mund setzte, und als er hinter dem Glas ihre weißen Zähne bemerkte, die das Eis mit einem feuchten Klirren berührten, blickte er zu der Silberkette hinunter. Sie schimmerte in ihrem offenen Blusenkragen, und ihre Haut wirkte in diesem Licht wärmer als je zuvor. Er fragte sich, ob irgendein Mann all diese Sommersprossen schon einmal bis zum Finisterre gezählt hätte. Ob er sie in aller Ruhe Punkt für Punkt gezählt hätte, in südlicher Fahrtrichtung, wie er es gern getan hätte. Als er nun aufblickte, stellte er fest, dass sie seinen Blick richtig gedeutet hatte, und er spürte, dass sein Herz einmal aussetzte, als sie sagte, es sei Zeit zu gehen.

Aus dem Radio, das die Tochter der Wirtin eingeschaltet hatte, erklang weiter dieselbe Stimme, die nun *Die Königin des Barrio Chino* intonierte. Coy schaltete seinen Walkman aus – Miles Davis monologisierte in *Saeta*, dem vierten Thema von *Sketches of Spain* – und wandte den Blick vom Fleck an der Decke ab. Buch und Kopfhörer fielen auf die Laken, als er aufstand und durch das enge Zimmer lief, das so sehr der Zelle in La Guaira ähnelte, wo er einmal zwei Tage lang gesessen hatte, nachdem Torpedo Tucumán, der Galicier Neira und er selber es satt gehabt hatten, sich von Obst zu ernähren, und an Land gegangen waren, um frischen Fisch für eine Caldeirada-Suppe zu kaufen, und Neira sagte: »Trinkt einen Kaffee und wartet auf mich, fünfzehn Minuten für eine Nummer, und ich bin wieder da.« Kurz darauf hörten sie, dass er aus dem Fenster um Hilfe rief, und sie rannten hinein und schlugen die Kneipe kaputt, sie schlugen alles kaputt, auch die Tische und Flaschen und die Knochen des Zuhälters, der die Brieftasche des Galiciers eingesteckt hatte, und Kapitän Matías Noreña musste übel gelaunt losziehen, um sie herauszuholen, indem er die venezolanischen Polizisten mit einem Packen Dollars bestach, die er danach bis zum letzten Cent von ihrer Heuer abzog.

Er verspürte leise Wehmut, als er sich an das alles

erinnerte. Der Spiegel über dem Waschbecken zeigte seine massigen Schultern und das erschöpfte, unrasierte Gesicht. Er ließ das Wasser so lange laufen, bis es ganz kalt war, und dann spritzte er es sich mit den Händen über Gesicht und Nacken, schnaufte und schüttelte den Kopf wie ein Hund im Regen. Er rieb sich kräftig mit einem Handtuch trocken, und einen Moment lang betrachtete er sich, ohne sich zu bewegen, die kräftige Nase, die dunklen Augen, die groben Züge, als schätzte er die Möglichkeiten ab, die zu seinen Gunsten sprächen. »Absolut null«, entschied er. »Bei dieser Puppe kannst du nie und nimmer landen.«

Er zog die Kommodenschublade auf, holte sie ganz heraus und tastete sie hinten ab, bis er den Umschlag fand, in dem er sein Geld aufbewahrte. Es war nicht viel, und in den letzten Tagen war es gefährlich zusammengeschmolzen. Er blieb eine Weile regungslos stehen, um über seine Idee nachzudenken, schließlich lief er zu dem Schrank und holte den Beutel mit seinen kümmerlichen Habseligkeiten heraus: ein paar zerlesene Bücher, die Offiziersschulterstücke, deren Vergoldung sich allmählich moosgrün verfärbte, Jazzkassetten, ein kleines Fotoalbum im Brieftaschenformat – das Schulschiff *Estrella del Sur*, das beim Wind segelte, Torpedo Tucumán und der Galicier Neira an der Theke einer Rotterdamer Kneipe, er selber mit den Ärmelstreifen eines Ersten Offiziers, der sich auf die Reling der *Isla Negra* stützte und unter der Brücke von Brooklyn durchfuhr – und der Holzkasten, in dem sein Sextant lag. Es war ein guter Sextant: ein Weems & Plath mit sieben Filtern, aus Schwarzmetall und mit einem vergoldeten Messingbogen, den Coy auf Raten gekauft hatte, gleich nachdem er die Prüfung als Erster Offizier bestanden und die erste Heuer erhalten hatte. Die Satellitensysteme zur

Schiffsortsbestimmung bedeuteten das Todesurteil für dieses Instrument, aber jeder Seemann, der stolz auf seinen Beruf war, kannte dessen Zuverlässigkeit, die vor einem Ausfall der Elektronik sicher war, wenn man die Mittagsbreite bestimmen wollte, sobald die Sonne ihren höchsten Stand am Himmel erreichte, oder wenn man nachts einen niedrig stehenden Stern am Horizont beobachtete: nautische Ephemeriden, Tabellen, drei Minuten Berechnungen. Wie Militärs ihre Waffen pflegten und sauber hielten, ebenso hatte Coy in all diesen Jahren dafür gesorgt, dass der Sextant von salzhaltiger Feuchtigkeit und Schmutz frei blieb, hatte die Spiegel geputzt und mögliche Seiten- und Indexfehler überprüft. Selbst jetzt, da er keinen Schiffsboden unter den Füßen hatte, nahm er den Sextanten meistens auf seine Spaziergänge an der Küste mit, um Peilstandlinien zu berechnen, während er auf einem Felsen saß und der Horizont der offenen See vor ihm lag. Diese Gewohnheit stammte aus der Zeit, in der er als Kursant auf der *Monte Pequeño* fuhr, seinem dritten Schiff, wenn er die *Estrella del Sur* mitzählte. Die *Monte Pequeño* war ein 275000-Tonner von Enpetrol, und Kapitän Don Agustín de la Guerra verlieh dem Moment der Mittagshöhe gern eine gewisse Feierlichkeit, indem er die Offiziere zu einem Gläschen Sherry einlud, nachdem sie und die jungen Kursanten ihre Berechnungen verglichen hatten, während sie gemeinsam an der Brückennock standen, der Kapitän die Uhr in der Hand hielt und die anderen die Sonne am Horizont durch die Rauchglasfilter ihrer Instrumente anpeilten. Der Kapitän war einer von der traditionellen Schule, ein bisschen altmodisch, aber ein ausgezeichneter Seemann aus jener Zeit, als die Großtanker mit Ballast durch den Suezkanal zum Persischen Golf fuhren und mit ihrer Ladung rund um Afrika, am Kap der Guten Hoffnung vorbei, zurückkehrten. Einmal warf er einen Obersteward die Treppe hinunter, weil dieser ihm frech geantwortet hatte; und als sich die Gewerkschaft beschwerte, antwortete er, der Obersteward habe Glück gehabt, weil er ihn anderthalb Jahrhunderte früher am Großmast aufgeknüpft hätte. »Auf meinem Schiff«, sagte er eines Tages zu Coy, »ist man mit dem Kapitän einverstanden, oder man hält den Mund.« Das war bei einem weihnachtlichen Festessen, als im Mittelmeer ein äußerst schlimmer Gegenwind blies: ein schwerer Sturm der Stärke 10, der sie zwang, vor Kap Bon die Fahrt zu verlangsamen. Coy, der als Kursant der Seefahrtschule an Bord war, hatte einem beiläufigen Kommentar des Kapitäns widersprochen; sogleich schleuderte dieser die Serviette auf den Tisch und erklärte, auf seinem Schiff ... und so weiter. Dann schickte er ihn auf Wache nach draußen, zur Steuerbord-Nock, wo Coy die nächsten vier Stunden im Dunkeln verbrachte, dem schneidenden Wind, dem Regen und der Gischt ausgesetzt. Don Agustín de la Guerra war ein eigentümlicher Überlebender früherer Zeiten, despotisch und hart an Bord; doch als ihm in einer Nacht, während Regen und Hagel die Radargeräte im Ärmelkanal überforderten, ein panamaischer Frachter mit einem russischen und betrunkenen Wachoffizier den Bug ins Heck rammte, konnte er den Tanker freibekommen und nach Dover bringen, wobei er keinen Tropfen Rohöl verlor und dem Unternehmen die Abschleppkosten ersparte. »Jeder Geistesschwache«, sagte er, »kann jetzt rund um die Welt fahren und braucht dabei bloß auf Knöpfe zu drücken; aber wenn die Elektronik kaputtgeht oder wenn es den Amerikanern einfällt, ihre verfluchten Satelliten, dieses Teufelszeug, abzuschalten, oder wenn dir ein bolschewistischer Schweinehund mitten im Ozean genau in den Arsch fährt, dann bringen dich ein guter Sextant, ein Kompass und ein Chronometer immer noch in die richtigen Fahrwasser. Also übe, Junge. Übe!« Coy gehorchte und hatte Tage, Monate und Jahre unermüdlich geübt; später hatte er mit demselben Sextanten auch schwierigere Beobachtungen in finsteren und gefährlichen Nächten oder bei heftigen Stürmen kennen gelernt, die über den Atlantik von einem Ende zum anderen fegten, während er sich durchnässt an der Reling festhielt. Wenn der Bug wütend stampfte, drückte er ein Auge an den Sucher und lauerte verzweifelt auf das Erscheinen der zarten Goldscheibe inmitten der Wolken, die der Nordwestwind vor sich hertrieb.

Er empfand leise Schwermut, als er das vertraute Gewicht des Sextanten in der Hand hielt, den drehbaren Arm bewegte und hörte, wie dieser an der Zahnstange entlangglitt, auf der die Gradzahlen jedes Erdmeridians von 0 bis 120 angegeben waren. Nun berechnete er, wie viel er dafür von Sergi Solàns verlangen würde, der das Instrument seit Jahren bewunderte; denn Sergi sagte oft, wenn sie zusammen ein Gläschen im Schilling tranken: »Sextanten wie der hier werden nicht mehr hergestellt.« Sergi war ein guter Junge, der beinahe alle Getränke bezahlte, seitdem Coy an Land bleiben musste und kein Geld mehr hatte, und er nahm es ihm nicht übel, dass er in der Nacht damals mit Eva ins Bett gegangen war, als die Brasilianerin ein T-Shirt anhatte, das für ihre BH-Größe 95 wahnsinnig eng war, wobei sie nie einen BH trug, und als Sergi zu betrunken war, um sie ihm auszuspannen. Zusammen mit Coy hatte er die Seefahrtschule besucht und war mit ihm ein paar Monate auf demselben Schiff gefahren; sie waren beide als Kursanten auf der *Migalota*, einem Ro/Ro-Schiff von Rodríguez & Saulnier, und jetzt war er Erster Offizier auf einem Fährschiff der Transmediterránea, das zweimal wöchentlich auf der Strecke Barcelona–Palma fuhr, und bereitete sich auf seine Kapitänsprüfung vor. »Das ist wie Busfahren«, sagte er. »Aber wenn man einen Sextanten wie den hier in der Kajüte hat, fühlt man sich immer noch als Seemann.«

Er stellte den Arm auf die Mitte des Gradbogens ein und legte den Weems & Plath vorsichtig in seinen Kasten zurück. Dann ging er zur Kommode, klappte seine Brieftasche auf und holte die Karte heraus, die ihm die Frau vor drei Tagen gegeben hatte, als sie sich an der Ecke der Ramblas verabschiedete. Auf dem Kärtchen fehlten Adresse und Telefonnummer, es gab nur den Vornamen und einen einzigen Familiennamen: Tánger Soto. Darunter hatte sie in runden und akkuraten Buchstaben mit einem Kreis als Punkt auf dem einzigen *i* die Adresse des Madrider Marinemuseums geschrieben.

Als Coy den Deckel des Sextanten schloss, pfiff er *Sambanacht in Puerto España*.

II. Die Trafalgar-Vitrine

> An Land gibt es nur Probleme.
> DIETRICH VON HAEFTEN.
> *Sturm – was tun?*

Später erfuhr Coy, dass dies gleichsam einen Sprung ins Leere bedeutete; und das war in seinem Fall etwas ganz Ungewöhnliches, denn er erinnerte sich nicht, jemals in seinem Leben irgendeinen Kurs übereilt eingeschlagen zu haben. Er gehörte zu jenem Typ von Männern, die im Kartenhaus eines Schiffes so viel Zeit wie nötig dafür verwendeten, auf der Seekarte gewissenhaft jede einzelne Strecke festzulegen. Bevor er gezwungenermaßen an Land blieb und kein Schiff mehr hatte, war das der wichtigste Grund gewesen, sich in seinem Beruf zufrieden zu fühlen, denn da zählten solche Dinge, wenn es darum ging, einen sicheren Weg zwischen zwei Punkten zu finden, die auf unterschiedlichen geographischen Längen und Breiten lagen. Wenige Freuden ließen sich damit vergleichen, Kurs, Abtrift und Geschwindigkeit ausführlich zu berechnen und dabei vorherzusehen, dass das Kap X oder der Leuchtturm Y zwei Tage später gegen sechs Uhr morgens und etwa dreißig Grad Backbord voraus auftauchen würden, dann genau um diese Zeit auf dem vom Morgentau feuchten Schandeck zu warten und das Fernglas an die Augen zu halten, bis man exakt am vorausberechneten Ort die graue Silhouette oder das Leuchtfeuer auftauchen sah, das, nachdem man die Frequenz von Lichtsignalen mit dem Chronometer gemessen hatte, die Richtigkeit der Berechnungen bestätigte. Immer wenn dieser Moment kam, lächelte Coy im Stillen; das war ein ruhiges und fröhliches Lächeln. Danach genoss er die Bestätigung seiner zuverlässigen Voraussage, die ihm mit Hilfe der Mathematik, der Bordinstrumente und seiner beruflichen Fähigkeiten gelungen war; er stützte sich an ein Ende der Brücke, neben dem schweigenden Schatten des Rudergängers, oder er goss sich einen lauwarmen Kaffee aus der Thermosflasche ein und empfand Genugtuung, dass er dort war, auf einem guten Schiff, und nicht zu jener ungastlichen anderen Welt des Festlands gehörte, die sich glücklicherweise auf einen schwachen Abglanz hinter dem Horizont beschränkte.

Doch diese Prinzipienstrenge, mit der er Routen auf der Seekarte, die sein Leben ordnete, vorausplante, hatte ihn weder vor Fehlern noch vor Misserfolgen bewahrt. Dass man »Land in Sicht« sagte und danach auf greifbare Weise das Vorhandensein ebendieses Landes und die sich daraus ergebenden Folgen feststellte, dazu kam es nicht immer in derselben Reihenfolge. Das Land existierte auf der Karte oder unabhängig von ihr; und mit einemmal tauchte es unverhofft auf, wie solche Dinge oft geschehen, um in das schwache Bollwerk – lediglich ein bisschen Eisen, das auf dem unermesslichen Meer schwamm – einzudringen, wo sich Coy in Sicherheit glaubte. Sechs Stunden, bevor die *Isla Negra*, ein Containerschiff der Reederei Mínguez Escudero, auf halbem Weg zwischen Kapstadt und der Straße von Mosambik während Coys Wache auf Grund lief, hatte er, der Erste Offizier an Bord, den Kapitän gewarnt, dass die britische Admiralitätskarte dieses Gebiets in einem speziellen Feld auf Ungenauigkeiten der

Vermessung hinwies. Aber der Kapitän hatte es eilig, und außerdem war er fünfundzwanzig Jahre ohne jedes Problem mit denselben Karten in diesen Gewässern gefahren. Zudem hatte er sich zwei Tage verspätet, weil er im Golf von Guinea in schlechtes Wetter geraten war, und danach musste er noch mit einem Hubschrauber einen Matrosen ausfliegen lassen, der sich das Schlüsselbein gebrochen hatte, als er vor der Skelettküste auf einer Treppe ausgerutscht war. »Die englischen Karten«, sagte er während des Abendessens, »sind so übergenau, dass man jedes Pünktchen auf ihnen sieht. Die Strecke ist sauber, zweihundertvierzig Faden an den höchsten Untiefen und kein einziger Fliegendreck auf dem Papier. Also fahren wir zwischen den Eilanden Terson und Mowett Grave durch.« So hatte er sich ausgedrückt: jedes Pünktchen, Fliegendreck und genau zwischen den Eilanden durch. Der Kapitän war etwas über sechzig, ein kleiner Galicier mit rötlicher Stirn und grauem Haar. Er hieß Don Gabriel Moa, und bezeichnend für ihn war nicht nur, dass er den Admiralitätskarten blindlings vertraute, sondern auch, dass die Runzeln in seinem Gesicht von vier Jahrzehnten Seefahrt zeugten und niemand in dieser ganzen Zeit erlebt hatte, dass er jemals die Fassung verlor – nicht einmal, als er Anfang der Neunziger, wie es hieß, anderthalb Tage mit einer Schlagseite von zwanzig Grad fuhr, nachdem er bei einem Sturm auf dem Atlantik elf Container verloren hatte. Er gehörte zu den Kapitänen, für die Schiffseigner und Untergebene ihre Hand ins Feuer legten: wortkarg auf der Brücke, ernst in der Kajüte, unsichtbar an Land. Ein Kapitän der alten Schule, einer von denen, die Offiziere und Kursanten mit Sie anredeten, und einer, bei dem man sich niemals hätte vorstellen können, dass er einen Fehler machte. Deshalb behielt Coy den Kurs nach der englischen Karte bei, die Ungenauigkeiten der Vermessung angab; und auch deshalb hörte er nach zwanzig Minuten seiner Wache den stählernen Rumpf der *Isla Negra* an einem Felsen knirschen und unter seinen Füßen beben, bevor er aus seiner Betäubung erwachte, zum Befehlstelegrafen stürzte und die Maschinen stoppte; Kapitän Moa erschien im Pyjama und mit zerzaustem Haar auf der Brücke und starrte mit einem somnambulen und stumpfsinnigen Gesichtsausdruck, den Coy noch nie bei ihm gesehen hatte, in die Dunkelheit hinaus. Der Kapitän hatte lediglich dreimal hintereinander gestottert: »Das kann nicht sein.« Und danach, immer noch so durcheinander, als wäre er nicht richtig wach, murmelte er leise: »Maschinen stopp«, als die Maschinen schon fünf Minuten still standen. Der Rudergänger hatte die Hände weiter am Steuerruder und bewegte sich nicht, er sah abwechselnd ihn und Coy an; und Coy beobachtete mit der schrecklichen Gewissheit eines Mannes, dem auf seine Kosten eine unverhoffte Offenbarung zuteil wurde, diesen ehrenwerten Vorgesetzten, dessen Anweisungen er eine halbe Stunde zuvor bedenkenlos befolgt hätte, selbst wenn sie ihn bei abgeschaltetem Radar durch die Straße von Malakka geführt hätten, und den er auf einmal ertappte, ohne dass dieser Zeit gehabt hatte, die Maske seiner falschen Autorität oder vielleicht – Menschen verändern sich mit den Jahren und in ihrem Herzen – die Maske des tüchtigen Seemanns aufzusetzen, der er früher einmal gewesen war; und darum zeigte er sich nun genau so, wie er in Wirklichkeit war: ein verstörter alter Mann im Pyjama, den die Ereignisse überforderten und der unfähig war, eine geeignete Weisung zu erteilen. Ein armer, eingeschüchterter Mann, der plötzlich sah, wie sich sein Ruhegehalt nach vierzig Dienstjahren in Luft auflöste.

Die Warnung auf der englischen Karte war nicht unbegründet: Es gab wenigstens einen nicht überprüften Kompassstrich auf der Straße zwischen Terson und Mowett Grave, und ein kosmischer Spaßvogel musste wohl irgendwo im Weltall schallend lachen, weil sich dieser einsame Fels mitten im weiten Ozean während der Wache des Ersten Offiziers Manuel Coy auf der *Isla Negra* genau in den Weg gestellt hatte, ebenso genau, wie es dem berühmten Eisberg bei der *Titanic* gelungen war. Auf jeden Fall hatten beide, Kapitän und Erster Offizier, dafür bezahlt. Das Untersuchungsgericht, das aus einem Inspektor der Gesellschaft und zwei Seeleuten der Handelsmarine bestand, berücksichtigte die Personalakte des Kapitäns Moa und löste das Problem mit einer diskreten vorzeitigen Pensionierung. Was nun Coy betraf, so hatte ihn diese britische Admiralitätskarte schließlich sehr weit vom Meer entfernt. Jetzt war er in Madrid, er stand regungslos an einem steinernen Brunnen, auf dem ein steif lächelndes Kind einen Delfin erdrosselte, und er wirkte wie ein Schiffbrüchiger, der gerade einen lärmerfüllten Strand mitten in der Badesaison erreicht hatte. Mit den Händen in den Taschen betrachtete er zwischen Kolonnen von laut und grimmig hupenden Autos aus der Ferne die Bronzegaleone, die den Eingang der Nummer 5 des Paseo del Prado krönte. Er wusste nicht, wie genau die hydrographische Vermessung für den Weg war, dem er folgen wollte, doch in seinem Inneren hatte er schon lange den Punkt hinter sich gelassen, an dem es noch möglich war, ein Wendemanöver zu machen und den Kurs zu ändern. Der Weems-&-Plath-Sextant, den sein Freund Sergi Solàns schließlich zu einem vernünftigen Preis erworben hatte, brachte ihm genug Geld ein, um die Fahrkarte für den Zug von Barcelona nach Madrid zu bezahlen, mit dem er in der letzten Nacht gefahren war, und um sich einen Überlebensfonds anzulegen, mit dem er sich garantiert zwei Wochen über Wasser halten konnte. Ein Teil dieser Summe beulte seine rechte Jeanstasche aus, und der andere steckte in dem Leinenbeutel, den er in der Gepäckaufbewahrung des Bahnhofs Atocha hinterlegt hatte. Nun war es 12.45 Uhr an einem sonnigen Frühlingstag, und der unübersichtliche und ohrenbetäubende Verkehr rollte zur Plaza de la Cibeles, an der sich die Hauptpost und daneben das Hauptquartier der Kriegsmarine sowie die Räume des Marinemuseums befanden. Eine halbe Stunde zuvor hatte Coy die Generaldirektion der Handelsmarine aufgesucht, die ein paar Straßen weiter oben lag, weil er erfahren wollte, ob sein Einspruch erfolgreich gewesen war. Die Abteilungsleiterin, eine reife, liebenswürdig lächelnde Frau, die einen Geranientopf auf dem Tisch stehen hatte, lächelte nicht mehr, nachdem sie auf eine Taste ihres Computers gedrückt hatte und Coys Personalakte auf dem Bildschirm erschien. »Einspruch abgelehnt«, hatte sie hierauf mit unpersönlicher Stimme gesagt. »Die Benachrichtigung geht Ihnen schriftlich zu.« Danach kümmerte sie sich nicht mehr um ihn und beschäftigte sich wieder mit ihren Angelegenheiten. In diesem Büro, dreihundert Seemeilen von der nächsten Küste entfernt, bewahrte sich die Frau wohl eine romantische Auffassung vom Meer, und ihr gefielen keine Seeleute, die mit ihren Schiffen auf Grund liefen. Oder vielleicht traf das genaue Gegenteil zu: Dann war sie eine objektive, unparteiische Beamtin, in deren Augen sich ein Auflaufen im Indischen Ozean kaum von einem Straßenunfall unterschied; und ein vorläufig aus dem Dienst entfernter und auf die schwarze Liste der Schiffseigner gesetzter Seemann war nach ihrer Meinung nichts grundsätzlich anderes als jemand, dem ein strenger Richter den Führerschein entzogen hatte. Das Schlimme war – hatte Coy überlegt, während er die Treppe zur Straße hinunterlief –, dass sich die Frau in diesem Fall gar nicht irrte. In einer Zeit, da die Satelliten Routen und Wegpunkte markierten, das Handy die zu Entscheidungen befähigten Kapitäne von den Brücken verdrängte und jeder höhere Angestellte von einem Büro aus Ozeandampfer oder Tanker von hunderttausend Tonnen dirigieren konnte, unterschied sich der Seemann, der ein Schiff auf Grund setzte, wenig von dem LKW-Fahrer, der von der Straße abkam, weil die Bremsen versagten oder weil er betrunken gefahren war.

Er wartete und konzentrierte sich auf seine nächsten Schritte, bis seine bitteren Gedanken in einer unbestimmten Ferne verschwanden. Nun fasste er endlich einen Entschluss. Er sah sich nach beiden Seiten um und geduldete sich, bis eine nahe Ampel den dichten Verkehr beruhigte, und dann lief er energisch unter den mit jungen Blättern bedeckten Kastanienbäumen weiter, ging über die Straße und kam zur Tür des Museums, wo zwei Marineinfanteristen mit roten Streifen an der Hose, mit weißem Lederzeug und Helm neugierig seine zweireihige Jacke musterten, bevor sie ihn unter dem Bogen des Metalldetektors durchgehen ließen. Ihm grummelte der Magen, als er die breite Treppe hinaufstieg, auf dem Absatz nach rechts abbog und schließlich vor dem Ladentisch der Buchhandlung im Vestibül stand, neben dem gewaltigen doppelten Steuerrad der Korvette *Nautilus*. Links befand sich die Tür zu den Verwaltungs- und Dienstäumen und rechts der Eingang zu den Ausstellungssälen. An den Wänden waren Schiffsbilder und -modelle zu sehen. Ein Matrose in Uniform und mit gelangweilter Miene saß hinter einem Pult, und ein Zivilist stand auf der anderen Seite des Ladentisches, wo Bücher, Grafiken und Souvenirs des Museums zum Verkauf angeboten wurden. Coy fuhr sich mit der Zunge über die Lippen; plötzlich verspürte er einen entsetzlichen Durst. Er sprach den Zivilisten an.

»Ich suche Señorita Soto.«

Der trockene Mund ließ seine Stimme heiser klingen. Er sah sich schnell nach links um, denn er befürchtete, dass sie dort auftauchte, überrascht oder verärgert. ›Was zum Teufel machst du hier‹, und so weiter. Die ganze Nacht hatte er schlaflos dagesessen, den Kopf an sein Spiegelbild im Zugfenster gelehnt, und darüber nachgedacht, was er sagen sollte; nun aber löste sich alles in seinen Gedanken wie achtern zurückbleibendes Kielwasser auf. Also unterdrückte er den Impuls, sich umzudrehen und das Weite zu suchen, stellte sich auf den einen Fuß und danach auf den anderen, während ihn der Mann hinter dem Ladentisch beobachtete. Er war in mittlerem Alter, trug eine Brille mit dicken Gläsern und sah freundlich aus.

»Tánger Soto?«

Er nickte mit dem leisen Gefühl, dass hier etwas Unwirkliches geschah. Es ist eigenartig, dachte er, diesen Namen aus dem Mund eines Dritten zu hören. Schließlich, folgerte er, führte sie ein richtiges Leben. Es gab Leute, die zu ihr »hallo«, »tschüs« und das alles sagten.

»So ist es«, erklärte er.

Diese Fahrt war nicht eigenartig, sondern absurd, dachte er auf einmal, genauso wie sein Beutel in der Gepäckaufbewahrung von Atocha und seine Anwesenheit hier, um eine Frau zu treffen, die er in seinem ganzen Leben nur ein paar Stunden während einer Nacht gesehen hatte. Eine Frau, die ihn nicht einmal erwartete.

»Werden Sie erwartet?«

Er zuckte die Achseln.

»Vielleicht.«

Der Mann am Tisch wiederholte mit nachdenklicher Miene dieses »Vielleicht«. Er beobachtete ihn argwöhnisch, und Coy bedauerte, dass er an diesem Morgen keine Gelegenheit gefunden hatte, sich zu rasieren: Das hatte er zum letzten mal am vorigen Abend getan, kurz bevor er zum Bahnhof Sants gefahren war, und schon wieder lag ein dunkler Schatten über seinem Kinn. Er hob die Hand, um über die Bartstoppeln zu streichen, doch auf halbem Weg unterbrach er diese Geste.

»Señora Soto ist ausgegangen«, antwortete der Mann am Tisch.

Coy nickte beinahe erleichtert. Aus den Augenwinkeln sah er, dass der Matrose am Pult, der sich halb über eine Zeitschrift beugte, Coys Schuhe und abgetragene Jeans musterte. Zum Glück, dachte er, habe ich statt der weißen Turnschuhe die alten Mokassins mit den Gummisohlen angezogen.

»Kommt sie heute zurück?«

Der Mann warf einen flüchtigen Blick auf die Seemannsjacke, um herauszufinden, ob das dunkle Tuch eine gewisse Seriosität seines Gegenübers garantierte.

»Kann sein«, äußerte er, nachdem er kurz darüber nachgedacht hatte. »Wir schließen erst um halb zwei.«

Coy sah auf seine Uhr und zeigte dann zum ersten Saal hinüber. Im Hintergrund waren zwei große Porträts von Alfons XII. und Isabella II. zu beiden Seiten einer Tür zu sehen, die den Blick auf Vitrinen, Schiffsmodelle und Kanonen freigab.

»Dann warte ich da drinnen.«

»Wie Sie möchten.«

»Sagen Sie ihr Bescheid, wenn sie kommt? ... Ich heiße Coy.«

Nun lächelte er. Ihre Abwesenheit bedeutete einen günstigen Aufschub, und das beruhigte ihn. Der Mann am Tisch schien sich zu entspannen, als er dieses müde, offenherzige Lächeln sah, das Resultat von sechs Stunden Zugfahrt und sechs Tassen Kaffee.

»Selbstverständlich.«

Er lief durch den Saal. Die Gummisohlen dämpften seine Schritte auf dem Parkett. Die Angst, die in seinen Eingeweiden gewühlt hatte, wurde von einem unbehaglichen Zweifel verdrängt, der dem Gefühl glich, das man verspürte, wenn das Schiff krängte und man eine Hand ausstreckte, weil man einen Halt suchte, ihn aber nicht dort fand, wo er sein musste, wie man geglaubt hatte. Darum wollte er sich beruhigen, indem er die ihn umgebenden Objekte aufmerksam betrachtete. Er kam an einem riesigen Bild vorbei: Kolumbus und seine Männer standen an Land bei einem Kreuz, im Hintergrund Wimpel und darüber der blaue Himmel der Karibik, die Eingeborenen verneigten sich vor dem Entdecker und wussten nicht, was sie erwartete. Dann bog er nach rechts ab und blieb vor den Vitrinen mit Schifffahrtsinstrumenten stehen. Es war eine großartige Sammlung. Er bewunderte den Jakobsstab, die Quadranten, die Arnold-Chronometer und die ungewöhnliche Auswahl von Astrolabien, Oktanten und Sextanten aus dem 18. und 19. Jahrhundert. Jemand wäre ganz gewiss bereit, für sie weitaus mehr als das zu bezahlen, was er für seinen bescheidenen Weems & Plath erhalten hatte.

Es gab wenige Besucher in dem Museum, das geräumiger und heller war, als er es sich in seinen Erinnerungen vorgestellt hatte. Ein alter Mann studierte eingehend eine große Querformatkarte von Gibraltar, ein junges, ausländisch aussehendes Ehepaar betrachtete die Vitrinen im Saal der Entdeckungen, und eine Schülergruppe lauschte den Erklärungen ihres Lehrers im letzten, der Bergung der Galeone *San Diego* gewidmeten Raum. Das von oben durch die großen Dachfenster einfallende Licht umgab Coy mit Helligkeit, während er über den zentralen Innenhof schlenderte. Hätte ihn nicht die Erinnerung an jene Frau hergeführt, die ihn zwanghaft beschäftigte, so hätte er den Anblick der Modelle von Linienschiffen und Fregatten, die vollständig aufgetakelt oder als Rumpfschnitte ausgestellt waren und den komplizierten inneren Aufbau der Schiffe zeigten, wirklich genossen; so etwas hatte er seit seinem letzten, zwanzig Jahre zurückliegenden Besuch in diesem Museum nicht mehr gesehen. Damals betrat man das Gebäude von der Calle Montalbán aus, und er war noch Student der Seefahrtschule. Trotz der inzwischen vergangenen Zeit erkannte er sofort und freudig sein damaliges Lieblingsstück wieder: ein beinahe drei Meter langes Dreideckschiff aus dem 18. Jahrhundert mit 150 Kanonen, das in einer riesigen Vitrine aufbewahrt wurde – das Modell eines Schiffes, das nie die Wogen durchschnitten hatte, weil es nie gebaut wurde. Das waren richtige Seeleute, sagte er sich, wie er es sich schon so oft gesagt hatte, während er das Takel-, Segel- und Mastenwerk des maßstabsgetreu verkleinerten Schiffes begutachtete und die langen Marssegel bewunderte, an denen sich harte und verzweifelte

Männer hinaufbewegen und das Gleichgewicht an den schwankenden Fußparden halten mussten, um das Segel inmitten von Unwettern und Kämpfen zu beschlagen, während Wind und Kartätschenkugeln pfiffen und unten das unerbittliche Meer toste, dem Deck nahe, das unter den Masten schwankte. Für einen Augenblick ließ sich Coy in den Bann des Schiffes ziehen, er versenkte sich in den Wachtraum von langen Jagden im Zwielicht des Morgengrauens, von Segeln, die am Horizont dahinflohen. Als es kein Radar, keine Satelliten und keine Elektronensonde gab und die Schiffe winzige Nussschalen waren, die im Höllenrachen tanzten, denn das Meer bedeutete eine tödliche Gefahr, doch auch eine uneinnehmbare Zuflucht vor allen Dingen und Problemen, dem schon bewältigten oder noch zu bewältigenden Leben, dem bevorstehenden oder bereits durchlittenen Tod, all dem, was man an Land zurückließ.

»Wir sind zu spät in eine zu alte Welt gekommen«, hatte er einmal in irgendeinem Buch gelesen. Selbstverständlich sind wir zu spät gekommen. Wir sind zu Schiffen, Häfen und Meeren gekommen, die zu alt sind, wenn die sterbenden Delfine vor dem Bug der Schiffe flüchten, Conrad zwanzigmal *Die Schattenlinie* geschrieben hat, Long John Silver eine Whiskymarke ist und Moby Dick zum guten Walfisch eines Zeichentrickfilms wurde.

Bei der originalgetreuen Nachbildung eines Maststücks des Schiffes *Santa Ana* begegnete Coy einem Marineoffizier: Er trug die tadellose Uniform der Seestreitkräfte, sah gut aus und hatte an den Ärmelaufschlägen im dritten goldenen Streifen die Schlinge eines Fregattenkapitäns. Der Seemann musterte Coy eingehend, und dieser hielt dem Blick des anderen stand, bis der die Augen abwandte und sich zum anderen Ende des Saals entfernte.

Danach vergingen zwanzig Minuten. Wenigstens einmal in jeder Minute versuchte er, sich auf die Worte zu konzentrieren, die er sagen wollte, wenn sie auftauchte, falls sie überhaupt kam; und alle zwanzigmal blieb er rettungslos stecken, hatte den Mund halb geöffnet, als stünde sie wirklich vor ihm, und er war unfähig, sich den Beginn eines zusammenhängenden Satzes auszudenken. Er befand sich in dem Saal, der sich mit der Schlacht von Trafalgar beschäftigte, und stand unter einem Ölgemälde, das eine Szene aus einem Seegefecht – die *Santa Ana* gegen die *Royal Sovereign* – darstellte, und plötzlich grummelte ihm wieder der Magen und gab ihm das drängende Bedürfnis ein, genau das war das richtige Wort, von dort zu fliehen. Lichte den Anker, Dummkopf, sagte er sich; damit schien er aus einem Traum zu erwachen, und entsetzt wollte er treppab davonstürmen, den Kopf unter einen kalten Wasserhahn halten und ihn so lange schütteln, bis er das in seinem Inneren herrschende Durcheinander überwunden hätte. Der Teufel soll mich holen, beschimpfte er sich. Der Teufel soll mich gleich zwanzigmal holen, verdammt noch mal. Señora Soto. Ich weiß ja nicht einmal, ob sie mit einem Mann zusammenlebt oder verheiratet ist.

Er drehte sich um und wich unschlüssig zurück. Seine Augen blieben zufällig an der Beschriftung einer Vitrine hängen: *Entersäbel, den Don Carlos de la Rocha bei der Schlacht von Trafalgar getragen hat, als er Kommandant des Schiffes Antilla war* ... Dann blickte er hoch und entdeckte Tánger Soto hinter seinem Rücken, ihr Bild spiegelte sich in der Glasscheibe. Er sah, dass sie regungslos und schweigend dastand; er hatte sie nicht kommen hören, und sie betrachtete ihn mit einer halb überraschten und halb neugierigen Miene, was genauso unwirklich wie das erste Mal war. So undeutlich wie ein Schatten, der in der Vitrine gefangen war und nicht außerhalb von ihr schwebte.

Coy war kein kontaktfreudiger Mensch. Wir haben ja bereits gesagt, dass ihn dies, wie auch die Lektüre einiger Bücher und die frühreife Erkenntnis der menschlichen Schattenseiten, schon in jungen Jahren aufs Meer hinausgetrieben hatte. Trotzdem ließ sich dieser Standpunkt oder diese Haltung durchaus mit einer gewissen Arglosigkeit vereinbaren, die sich manchmal in seinem Auftreten zeigte, in seiner Art, ruhig oder stumm zu bleiben und die anderen anzusehen, in einer gewissen Unbeholfenheit, mit der er sich auf dem Festland bewegte, oder in dem offenherzigen, verlegenen, beinahe schüchternen Ausdruck, den sein Lächeln hatte. Er war sehr jung an Bord gegangen, mehr von Vorahnungen als von Gewissheiten getrieben. Doch das Leben funktionierte nicht so präzise wie ein gutes Schiff, und die Haltetaue versanken allmählich im Meer, verfingen sich manchmal in den Schiffsschrauben oder hinterließen Spuren. Was das betrifft, gab es natürlich auch Frauen. Ein paar von ihnen gingen ihm unter die Haut, drangen zu Fleisch, Blut und Bewusstsein vor, bewirkten die entsprechenden physischen und chemischen Reaktionen, brachten die schmerzstillenden Linderungsmittel und die unerlässlichen Niederlagen. GRPB: das Gesetz, seine Rechnung Pünktlich zu Bezahlen. Nunmehr waren jene Spuren nur noch schmerzlose Stiche im Gedächtnis des Seemanns ohne Schiff. Klare und auch gleichgültige Erinnerungen. Sie glichen eher der wehmütigen Sehnsucht nach den weit zurückliegenden Jahren – acht oder neun waren seit der letzten für Coy wichtigen Frau vergangen – als dem

Gefühl eines tatsächlich handgreiflichen Verlustes oder der Trennung. Im Grunde blieben jene Schatten nur deshalb in seinem Gedächtnis verankert, weil sie zu der Epoche gehörten, da für ihn noch alles in den Anfängen steckte; da an seiner gerade erst eingeweihten blauen Stoffjacke und auf den Schulterstücken seiner Hemden frische Streifen glänzten und er lange Zeit damit verbrachte, sie ebenso zu bewundern, wie er den Körper einer nackten Frau bewunderte, und als das Leben eine neue und knisternde Schifffahrtskarte war, mit allen aktuellen Hinweisen für Seefahrer, eine glatte, weiße Fläche, die noch nicht die Spuren von Bleistift und Radiergummi trug. Als er selber, wenn er die Linie des Festlandes am Horizont erblickte, manchmal noch ein vages Verlangen nach Menschen oder Dingen empfand, die dort warteten. Das andere, Schmerz, Verrat, Vorwürfe, die endlosen, neben stummen Rücken durchwachten Nächte, waren damals lediglich unter Wasser verborgene Klippen, mörderische Untiefen, die auf ihren unabwendbaren Augenblick lauerten, ohne dass eine Karte deren mögliches Vorhandensein anzeigte. Jedenfalls sehnte er sich nicht konkret nach jenen Frauenschatten zurück, sondern nach sich selbst oder vielmehr nach dem Mann, der er selber damals war. Vielleicht war das der einzige Grund, warum diese Frauen oder Schatten, diese letzten bekannten Häfen seines Lebens, sich zuweilen, beinahe ganz im Umkreis der Erinnerungen aufgelöst, zu gespenstischen abendlichen Verabredungen einfanden, wenn er in Barcelona lange Spaziergänge am Meer machte. Wenn Coy über die Holzbrücke des Alten Hafens stieg, während die untergehende Sonne die Höhen von Montjuich, den Turm von Jaime I., die Molen und Laufstege der Transmediterránea rot färbte, und er an den alten Kais und

Pollern die Narben suchte, die auf Stein und Eisen Tausende von Verholleinen und Stahltrossen von nun schon seit Jahrzehnten untergegangenen oder abgewrackten Schiffen hinterlassen hatten. Manchmal dachte er an jene Frauen, wenn er draußen vor dem Einkaufszentrum und den Maremagnum-Kinos umherlief, inmitten von anderen einsamen, isolierten, in die Betrachtung des Abends versunkenen Männern oder Frauen, die auf den Bänken vor sich hin dämmerten oder träumend aufs Meer hinausschauten, während Möwen über das Heck von Fischkuttern schwebten, die unterhalb des Uhrenturms das rote Wasser durchquerten, neben einem uralten Schoner ohne Segel und Takelwerk, der, wie sich Coy erinnerte, immer, ein Jahr ums andere, an derselben Stelle lag, mit seinem rissigen, von Wind, Sonne, Regen und Zeit ausgeblichenen Holz. Bei diesem Anblick hatte er oft schon gedacht, dass Schiffe und Männer in ihrer Schicksalsstunde auf offener See untergehen und verschwinden sollten, anstatt festgebunden an Land zu vermodern.

Nun redete Coy seit fünf Minuten fast ohne Pause. Er saß an einem Fenster im ersten Stock des Marinemuseums, und wenn er sich ein wenig umdrehte, blickte er über die grünen Zweige der Kastanienbäume, die den Paseo del Prado bis zum Neptunsbrunnen säumten. Ihm flossen die Worte aus dem Mund wie jemandem, der eine Lücke auszufüllen hatte, die nur dann unangenehm wird, wenn sich das Schweigen zu sehr in die Länge zieht. Er sprach langsam und lächelte leicht, wenn er einen Moment schwieg, bevor er weitersprach. Seine Unsicherheit war verschwunden, sobald er das Gesicht an der Glasscheibe wahrgenommen hatte; er gab seine Kommentare in ruhigem Ton von sich, hatte sich wieder in der Gewalt, wollte Pausen vermeiden und mögliche Fragen hinauszögern. Manchmal blickte er nach draußen, und danach wandte er sich erneut der Frau zu. Eine Angelegenheit in Madrid, sagte er. Eine offizielle Formalität, ein Freund. Zufällig war da das Museum. Er sagte irgendetwas, ebenso wie er es beim erstenmal in Barcelona getan hatte, mit der ihm eigentümlichen, offenherzigen Schüchternheit; und sie hörte zu und schwieg, hielt den Kopf ein wenig geneigt, und die asymmetrischen Spitzen des blonden Haars streiften ihr Kinn. Die dunklen Augen mit den bläulichen Reflexen wirkten wieder marineblau und waren fest auf Coy gerichtet, auf das leichte, aufrichtige Lächeln, das den beiläufigen Ton seiner Worte widerlegte.

»Das ist alles«, schloss er.

Das war nichts, denn er hatte noch gar nichts gesagt oder getan, außer dass er sich dem Hafenbecken mit äußerster Vorsicht genähert hatte, langsame Fahrt voraus, während er darauf wartete, dass der Lotse an Bord kam. Das war nichts, und Tánger Soto wusste es ebenso gut wie er.

»Na, so was«, sagte sie.

Sie stützte sich auf den Rand ihres Schreibtisches und blickte ihn weiter nachdenklich an, ebenso fest wie zuvor; doch nun lächelte auch sie ein wenig, als wollte sie ihn für seine Mühe oder seine Ruhe belohnen, oder für seine Art, sie anzusehen, ohne die Augen abzuwenden, ohne angeberisches Getue oder vorgetäuschte Ausflüchte. Als schätzte sie dieses Verhalten, sich vor sie hinzustellen, die unerlässlichen Worte auszusprechen, um seine Anwesenheit zu rechtfertigen, und dann mit ehrlichem Blick und Lächeln zu verstummen, ohne die Absicht, sie oder sich selbst zu täuschen, und auf das Urteil zu warten.

Und nun redete sie. Das tat sie, ohne ihre Augen von den seinen abzuwenden, weil sie herausbekommen wollte, welche Wirkung ihre Worte oder vielleicht der Ton hatten, in dem sie diese geruhsam sagte. Sie redete unbefangen, und ein angedeuteter Ausdruck von Zuneigung oder Dankbarkeit umspielte ihre Lippen. Sie sprach über die ungewöhnliche Nacht in Barcelona und über die Freude, ihn wieder zu sehen. Schließlich beobachteten sie einander nur noch, nachdem alles gesagt war, was man vorläufig sagen konnte. Coy erkannte wieder einmal, dass der Moment gekommen war, in dem er entweder gehen oder ein Thema, einen Vorwand suchen musste, irgendetwas, verdammt noch mal, das es ihm erlaubte, diesen Zustand aufrechtzuerhalten. Oder dass sie ihn zur Tür begleitete und ihm für den Besuch dankte oder dass sie zu ihm sagte, er solle noch nicht gehen. Deshalb stand er langsam auf.

»Ich hoffe, dieser Kerl hat dich nicht wieder belästigt.«
»Wer?«
Sie hatte eine Sekunde länger als notwendig gezögert, bevor sie reagierte, und das merkte er.
»Der mit dem Zopf und den zweifarbigen Augen«, er hob zwei Finger zum Gesicht und zeigte auf seine Augen. »Der Dalmatiner.«
»Ach, der.«
Vorläufig verzichtete sie auf jede weitere Erklärung, aber Coy sah, dass sich die Linien um ihren Mund verhärteten.
»Der«, sagte sie noch einmal.
Vielleicht dachte sie über diesen Kerl nach, doch es war genauso möglich, dass sie Zeit gewinnen wollte, um sich aus der Affäre zu ziehen. Coy steckte die Hände in die Jackentaschen und warf einen flüchtigen Blick in die Run-

de. Das Büro war klein und hell, und auf dem Schildchen an der Tür stand: *Abteilung IV. T. Soto. Forschung und Ankäufe.* An der Wand hing ein alter Stich mit einer Meereslandschaft, und auf einem Gestell lehnte eine Tafel mit Grafiken, Plänen und Seekarten. Es gab auch einen Glasschrank voller Bücher und Aktenordner. Auf dem Arbeitstisch lagen Mappen mit Dokumenten. Außerdem stand dort ein Computer; der Bildschirm war mit kleinen Aufklebern umrahmt, die mit den runden Schriftzügen einer fleißigen Gymnasiastin bedeckt waren, Coy erkannte die Schrift mühelos an den großen, kreisförmigen I-Punkten wieder – er hatte ihre Karte noch in der Tasche.

»Er hat mich nicht wieder belästigt«, erklärte sie schließlich, als hätte sie sich erst daran erinnern müssen.

»Wie es aussah, konnte er sich nicht damit abfinden, den Urrutia nicht zu bekommen.«

»Er wird schon ein anderes Exemplar auftreiben.«

Coy betrachtete ihre Halslinie, die bis zur offenen, cremefarbenen Bluse hinabreichte. Die Silberkette glänzte immer noch im Ausschnitt, und er fragte sich, was wohl an deren Ende hing. Wenn es Metall ist, dachte er, wird es sicher verteufelt warm sein.

»Ich weiß noch gar nicht«, sagte er, »ob der Atlas für das Museum oder für dich war. Tatsächlich war diese Auktion ...«

Plötzlich verstummte er, denn er hatte den Urrutia entdeckt. Zusammen mit anderen großformatigen Büchern stand er in dem Glasschrank. Unschwer erkannte Coy den Lederdeckel mit den goldenen Verzierungen wieder.

»Für das Museum«, antwortete sie. Nach einer Sekunde setzte sie hinzu: »Selbstverständlich.«

Sie war Coys Blick gefolgt, und nun sah auch sie den

Atlas an. Das durchs Fenster einfallende Licht ließ ihr getüpfeltes Profil hervortreten.

»Damit beschäftigst du dich? ... Sachen aufzutreiben?«

Er beobachtete, wie sie sich ein bisschen nach vorn beugte, wozu ihre Haarspitzen wippten. Über der Bluse trug sie eine aufgeknöpfte graue Wollweste und dazu einen weiten, dunklen Rock, schwarze Schuhe mit sehr niedrigen Absätzen und ebenfalls schwarze Strümpfe, die sie noch schlanker und größer erscheinen ließen. Ein tolles Mädchen, bestätigte er sich, und ihm wurde nun klar, dass er sie zum ersten Mal bei natürlichem Licht sah. Kräftige Hände und eine geschulte Stimme. Gesund, korrekt. Ruhig. So scheint es wenigstens, dachte er, als er die stumpfen und unregelmäßigen Ränder der Fingernägel betrachtete.

»Das ist gewissermaßen meine Arbeit«, stimmte sie nach einer Weile zu. »Auktionskataloge durchsehen, den Antiquitätenhandel kontrollieren, andere Museen besuchen und eine Dienstreise machen, wenn etwas Interessantes auftaucht ... Danach schreibe ich einen Bericht, und meine Vorgesetzten entscheiden. Der Stiftungsrat verfügt über einen sehr beschränkten Fonds für Forschungen und Neuerwerbungen, und ich gebe mir Mühe, das Geld richtig anzulegen.«

Coy verzog das Gesicht. Er erinnerte sich an das erbitterte Duell bei der Claymore-Auktion.

»Dein Freund, der Dalmatiner, hat also andere mit in den Abgrund gerissen. Der Urrutia hat euch ein riesiges Vermögen gekostet ...«

Er sah, dass sie mit halb fatalistischer und halb belustigter Miene seufzte, dann nickte sie zustimmend und drehte die Handflächen nach oben, um anzudeuten, dass selbst die letzte Münze draufgegangen war. Bei dieser Geste bemerkte Coy wieder die ungewöhnliche Männeruhr aus Stahl, die sie am rechten Handgelenk trug. Sonst war nichts zu sehen, keine Ringe oder Armbänder. Sie hatte nicht einmal die kleinen goldenen Ohrringe angesteckt, die sie drei Tage zuvor in Barcelona getragen hatte.

»Für den haben wir einen ungeheuer hohen Preis bezahlt. Gewöhnlich geben wir nicht so viel aus ... Vor allem, weil wir hier im Museum schon viele Kartenwerke aus dem 18. Jahrhundert haben.«

»Ist er so wichtig?«

Wieder beugte sie sich über den Tischrand, und einen ganz kurzen Moment blieb sie so stehen, mit gesenktem Kopf, bevor sie mit veränderter Miene aufblickte. Das Licht ließ erneut die Goldpunkte auf ihrem Gesicht hervortreten; und Coy dachte, wenn er einen Schritt nach vorn machte, könnte er vielleicht herausfinden, welchen Duft jene getüpfelte und rätselhafte Geographie hatte.

»Gedruckt hat ihn im Jahre 1751 der Geograph und Seemann Ignacio Urrutia Salcedo«, erklärte sie nun, »nach fünfjährigen Vorarbeiten. Der Urrutia war das beste Hilfsmittel für Seefahrer, bis 1789 Tofiños viel genauerer *Hydrographischer Atlas* erschien. Es sind nur wenige Exemplare in gutem Zustand erhalten geblieben, und das Marinemuseum besitzt kein einziges.«

Sie machte die Glastür des Schranks auf, holte den schweren Band heraus und legte ihn geöffnet auf den Tisch. Coy trat heran, und sie betrachteten ihn gemeinsam. Er konnte bestätigen, was er vom ersten Moment an geahnt hatte. Es gab keine Spur von Eau de Cologne oder Parfüm. Sie roch nur nach sauberem und wohlig warmem Fleisch.

»Es ist ein gutes Exemplar«, sagte sie. »Unter den Buchhändlern und Antiquaren gibt es viele skrupellose Leute, und wenn die so etwas in die Finger bekommen, zerlegen sie es, um die Bildtafeln einzeln zu verkaufen. Aber das hier ist unbeschädigt.«

Vorsichtig blätterte sie die großen Seiten um, und zwischen ihren Fingern knisterte das dicke, weiße und trotz der seit dem Druck vergangenen zweieinhalb Jahrhunderte gut erhaltene Papier. *Seeatlas der Küsten Spaniens* las Coy auf dem Titelblatt, das mit einer sorgfältig dargestellten Meereslandschaft, einem Löwen zwischen den Säulen mit der Inschrift *Plus Ultra* und verschiedenen Schifffahrtsinstrumenten geschmückt war: *Unterteilt in sechzehn Seekarten und zwölf Pläne von Bayonne in Frankreich bis zum Kap Creux* ... Es handelte sich um eine Sammlung von Segelkarten und Hafenplänen, die alle im Großformat gedruckt und gebunden waren, um ihre Aufbewahrung und Benutzung zu erleichtern. Der Band war auf der Seite mit der Karte aufgeschlagen, die den mit allen Einzelheiten wiedergegebenen Bereich zwischen dem Kap São Vicente und Gibraltar umfasste und zu dem in Faden gemessene Tiefenzahlen und eine sehr sorgfältige Kennzeichnung der geographischen Angaben, Festpunkte und Gefahrenzonen gehörten. Mit dem Finger folgte Coy den Umrissen der Küste zwischen Ceuta und Kap Spartel, und er hielt an dem Ort inne, der den Namen der neben ihm stehenden Frau trug. Dann bewegte er sich in nördliche Richtung, bis zur Punta de Tarifa, und bog nach Nordwesten ab, um am Felsenriff La Aceitera wieder innezuhalten, das mit seinen auf Gefahren hinweisenden Kreuzchen viel deutlicher als die Durchfahrt zwischen den Inseln Terson und Mowett Grave auf den modernen Kartenaufnahmen der britischen Admiralität wiedergegeben war. Er kannte die Karten der Straße von Gibraltar genau; beinahe alles stimmte damit weitgehend überein, und er musste die äußerst gewissenhafte, für die Seevermessungen der damaligen Zeit überdurchschnittlich gute Darstellung bewundern: Sie war noch meilenweit von den Satellitenbildern und selbst von den technischen Fortschritten des ausgehenden 18. Jahrhunderts entfernt. Er stellte fest, dass jede Karte genau in Graden und Minuten angegebene Breiten- und Längenmaßstäbe hatte, der erste war rechts und links vom Kartenbild, und der zweite zeigte vier Gradeinteilungen, die sich auf vier unterschiedliche Meridiane bezogen: Paris und Teneriffa auf dem oberen Teil, Cádiz und Cartagena auf dem unteren. Damals, erinnerte er sich, hatte man den Greenwicher Meridian noch nicht als allgemeine Bezugslinie der Längengrade anerkannt.

»Er ist sehr gut erhalten«, sagte er erstaunt.

»Er ist in einwandfreiem Zustand. Niemand hat dieses Exemplar jemals an Bord benutzt.«

Coy blätterte einige Seiten weiter: *Seekarte der Küste Spaniens von Águilas und dem Cope-Vorgebirge bis zur Torre Herradora oder Horadada mit all ihren Untiefen, Festpunkten und Buchten ...* Auch diese Gegend kannte er in- und auswendig, denn dort hatte er seine Kindheit verbracht: eine steile, abweisende Küste mit schmalen, steinigen Buchten, wo Klippen zwischen kleinen Felswänden lauerten. Er überprüfte die Entfernungen auf dem kräftigen Papier: Cabo Tiñoso, Escombreras, Cabo de Agua ... Die Darstellung war beinahe so vollkommen wie die Karte der Meerenge.

»Da gibt es einen Fehler«, sagte er plötzlich.

»Bist du sicher?«

»Natürlich.«

»Kennst du diese Küste?«
»Ich bin dort geboren. Ich habe dort sogar getaucht und Amphoren und andere Sachen vom Grund hochgeholt.«
»Du bist auch Taucher?«
Coy schnalzte mit der Zunge und schüttelte den Kopf.
»Das hat nichts mit meinem Beruf zu tun.« Entschuldigend lächelte er leicht. »Das habe ich nur im Sommer und im Urlaub gemacht.«
»Aber du hast Erfahrung ...«
»Nun ja ...« Er zuckte die Achseln. »Vielleicht, als ich jung war. Aber ich springe schon lange nicht mehr ins Wasser.«
Sie hielt den Kopf zur Seite geneigt und beobachtete ihn nachdenklich. Dann blickte sie wieder aufmerksam zu dem Punkt auf der Karte, auf den er immer noch mit dem Finger zeigte.
»Und was für ein Fehler ist das?«
Er sagte es. Die Kartenaufnahme Urrutias verlegte das Cabo de Palos zwei oder drei Meridianminuten weiter nach Süden, als es seinem wirklichen Ort entsprach; Coy hatte diese Landspitze so oft umfahren, dass er sich ganz genau an ihre Kartenposition erinnerte. Die 37°38' der wahren Breite – in diesem Moment konnte er die Sekunden nicht genau angeben – wurden auf der Karte mehr oder weniger zu 37°36'. Ganz sicher hatte man das bei späteren, gründlicheren und mit besseren Instrumenten erarbeiteten Darstellungen korrigiert. »Jedenfalls«, setzte er hinzu, »machte ein Unterschied von ein paar Seemeilen auf einer Seekarte von 1751 nicht allzu viel aus.«
Sie schwieg und blickte aufmerksam auf das Bild. Coy zuckte die Achseln:
»Ich nehme an, dass ihm diese Ungenauigkeiten einen

zusätzlichen Reiz geben ... Hattest du eine Höchstsumme, bis zu der du in Barcelona bieten konntest, oder durftest du unbegrenzt weitermachen?«

Sie stützte sich immer noch mit beiden Händen auf den Tisch und betrachtete die Karte. Sie wirkte geistesabwesend und antwortete erst nach einer Weile auf die Frage.

»Natürlich gab es eine Höchstsumme«, sagte sie endlich. »Das Marinemuseum ist nicht die Spanische Bank ... Zum Glück lag der Preis im Bereich des Möglichen.«

Coy ließ ein kurzes, leises Lachen hören, und sie blickte fragend hoch.

»Bei der Auktion«, erklärte er, »habe ich gedacht, die Angelegenheit wäre für dich etwas Persönliches ... Ich meine, wie hartnäckig du mitgeboten hast.«

»Selbstverständlich war es etwas Persönliches.« Sie wirkte nun ungehalten. Wieder betrachtete sie die Karte, als fesselte etwas ihre Aufmerksamkeit. »Das hier ist meine Arbeit«, sie schüttelte leicht den Kopf, um irgendeinen Gedanken zu verscheuchen, den sie nicht laut äußerte. »Den Ankauf des Urrutia habe ich empfohlen.«

»Und was macht ihr damit?«

»Sobald ich ihn vollständig durchgesehen und katalogisiert habe, lasse ich ein paar Reproduktionen für den Dienstgebrauch anfertigen. Danach kommt er in die Historische Bibliothek des Museums, wie alles Übrige.«

Es klopfte behutsam und diskret an den Türrahmen, und Coy entdeckte den Fregattenkapitän, dem er vorhin in einem Saal begegnet war. Tánger Soto bat um Entschuldigung, ging in den Korridor hinaus und sprach einige Augenblicke leise mit ihm. Der Besucher war ein gut aussehender Mann im reiferen Alter, und die goldenen Knöpfe und Ärmelstreifen gaben ihm eine gewisse Vornehmheit.

Ab und zu drehte er sich um und musterte Coy mit einer Neugier, die nicht frei von Argwohn war. Coy gefielen diese Blicke und das übertriebene Lächeln nicht, das er bei dem Gespräch zeigte. Deshalb stieß Coy einen bitteren, unhörbaren Seufzer aus. Wie viele Seeleute der Handelsmarine schätzte er die Angehörigen der Kriegsmarine nicht: Auf ihn wirkten sie allzu hochnäsig, sie praktizierten die Endogamie und heirateten Töchter von anderen Angehörigen der Seestreitkräfte, sie überfüllten sonntags die Kirchen und hatten meistens viel zu viele Kinder. Außerdem enterten sie keine anderen Schiffe mehr und lieferten auch keine Schlachten oder leisteten sonst etwas, und bei schlechtem Wetter blieben sie zu Hause.

»Ich muss dich ein paar Minuten allein lassen«, sagte sie. »Geh nicht weg.«

Sie entfernte sich auf dem Korridor, und mit ihr der Fregattenkapitän, der Coy einen letzten und wortlosen Blick zuwarf. Coy blieb im Büro stehen und sah sich um. Als Erstes schaute er sich noch einmal die Karte im Urrutia an, und dann musterte er die Gegenstände auf dem Tisch, den Stich an der Wand – *4. Ansicht der Schlacht von Toulon* – und den Inhalt des Schranks. Er wollte sich gerade hinsetzen, als ihm das große Gestell mit Dokumenten, Plänen und Fotos neben dem Tisch auffiel. Er trat näher heran, wobei er sich lediglich die Zeit vertreiben wollte, und entdeckte, dass unter ein paar Bildtafeln, die im oberen Teil lagen, Pläne von Segelschiffen hervorsahen: Es handelte sich um Briggs, stellte er fest, nachdem er einen prüfenden Blick auf die Bemastung geworfen hatte. Weiter unten lagen Luftaufnahmen von Küstenorten, Reproduktionen alter Seekarten und auch eine moderne Karte: die Nummer 463A des Hydrographischen Instituts der Marine – vom Cabo de Gata bis zum Cabo de Palos. Sie entsprach teilweise der Karte in dem Atlas, der geöffnet auf dem Tisch lag.

Coy musste über diesen Zufall lächeln.

Eine Minute später war sie zurück. Sie entschuldigte sich und verzog schicksalsergeben das Gesicht. »Mein Chef«, sagte sie. »Beratungen auf hoher Ebene über den Urlaubsplan. Alles topsecret.«

»Also arbeitest du für die Kriegsmarine.«

»Wie du siehst.«

Er beobachtete sie amüsiert.

»Dann bist du so etwas wie ein Soldat.«

»Überhaupt nicht«, ihr goldenes Haar wippte hin und her, als sie den Kopf schüttelte. »Meine Dienststellung ist die einer Zivilangestellten ... Nach meinem Staatsexamen in Geschichte habe ich mich um eine Stelle beworben. Ich bin seit vier Jahren hier.«

Als sie das gesagt hatte, blieb sie nachdenklich stehen und sah aus dem Fenster. Wieder schloss sie halb die Augen. Danach kam sie ganz langsam an den Tisch zurück, als ginge ihr etwas im Kopf herum, das sie noch nicht richtig verarbeitet hatte. Sie klappte den Atlas zu und stellte ihn in den Schrank.

»Mein Vater war tatsächlich Soldat«, setzte sie hinzu.

In ihren Worten klang ein herausfordernder oder vielleicht stolzer Unterton mit. Coy stimmte ihr im Stillen zu. Das erklärte manche Dinge: eine gewisse Art, sich zu bewegen, einige Gesten. Sogar diese unerschütterliche, etwas hochmütige Disziplin, von der sie sich zuweilen leiten ließ.

»Kriegsmarine?«

»Er hat im Heer gedient. Er ist als Oberst in den Ruhestand gegangen, nachdem er beinahe sein ganzes Leben in Afrika verbracht hatte.«
»Lebt er noch?«
»Nein.«
Sie sprach ohne jede Gemütsbewegung. Es ließ sich unmöglich herausfinden, ob es ihr unangenehm war oder nicht, darüber zu reden. Coy betrachtete forschend die marineblauen Augen, und diese hielten ausdruckslos der Prüfung stand. Dann lächelte er.
»Deshalb heißt du Tánger.«
»Deshalb heiße ich Tánger.«

Ohne Eile liefen sie am Prado-Museum und am Gitter des Botanischen Gartens entlang, bevor sie nach links den Paseo de Claudio Moyano hinaufgingen und den lärmenden Verkehr und die verseuchte Luft des Atocha-Platzes hinter sich ließen. Die Sonne schien auf die grauen Buden und die Bücherstände, die an der Straße aufgereiht standen.
»Warum bist du nach Madrid gekommen?«
Er blickte auf den Boden vor seinen Füßen. Er hatte schon darauf geantwortet, gleich nachdem er sie im Museum wieder gesehen hatte und noch bevor sie diese Frage stellte. Alle Banalitäten und oberflächlichen Vorwände waren ausgesprochen, und darum machte er ein paar Schritte, ohne etwas zu sagen, und fasste sich schließlich an die Nase.
»Ich bin gekommen, weil ich dich sehen wollte.«
Auch jetzt wirkte sie nicht überrascht oder neugierig. Über der Bluse trug sie eine leichte Kordsamtjacke, die sie nicht zugeknöpft hatte, und bevor sie das Büro verließ,

hatte sie sich ein Seidentuch in herbstlichen Farbtönen um den Hals gebunden. Coy drehte sich halb um und betrachtete ihr undurchdringliches Profil.

»Wozu?«, fragte sie in unbeteiligtem Ton.

»Das weiß ich nicht.«

Sie liefen ein Stück, ohne ein Wort zu sagen. Schließlich blieben sie wie zufällig vor einem Büchertisch stehen, auf dem sich gebrauchte Kriminalromane wie Überreste von Schiffbrüchen am Strand häuften. Coys Blicke glitten über die alten Bände, ohne dass er sich allzu sehr für sie interessierte: Agatha Christie, George Harmon Coxe, Ellery Queen, Leslie Charteris. Tánger griff ein Buch heraus – *Der Heilige und die Dame Gill* –, sah es sich mit geistesabwesender Miene an und legte es auf seinen Platz zurück.

»Du bist verrückt«, sagte sie.

Sie gingen weiter. Die Leute bummelten zwischen den Ständen umher, suchten nach Büchern oder blätterten darin herum. Die Buchhändler mischten sich nicht ein, sie saßen mit wachsamen Augen hinter ihrem Tisch oder standen an der Tür ihrer Bude. Sie trugen Staubmäntel, Pullover oder Windjacken, und die Jahre, in denen sie Regen, Sonne und Wind ausgesetzt waren, hatten ihre Haut gegerbt; Coy fühlte sich an Gesichter von Seeleuten erinnert, die in einem seltsamen Hafen inmitten von Dämmen aus Tinte und Papier gestrandet waren. Manche saßen zwischen Haufen von antiquarischen Büchern und lasen, ohne sich um das Publikum zu kümmern. Ein paar von den Jüngeren begrüßten Tánger, die den Gruß erwiderte und sie mit Vornamen ansprach. »Hallo, Alberto.« – »Tschüs, Boris.« Ein Junge mit Husarenzöpfen und kariertem Hemd spielte Flöte, und sie legte eine Münze in die Mütze vor seinen Füßen, wie Coy es schon einmal beobachtet hatte, als sie dem Schausteller auf den Ramblas, dessen Maske vom Regen abgewaschen wurde, Geld hinlegte.

»Jeden Tag komme ich hier vorbei, wenn ich nach Hause gehe. Manchmal kaufe ich etwas ... Ist es nicht merkwürdig, was mit den alten Büchern geschieht? ... Im Unterschied zu den anderen sind sie es, die dich aussuchen. Sie wählen ihren Käufer: ›Hallo, hier bin ich, nimm mich mit.‹ Man könnte meinen, dass sie leben.«

Sie machte ein paar Schritte und blieb vor dem *Alexandria-Quartett* stehen, vier Bänden mit abgenutzten Einbänden zum Sonderpreis.

»Hast du das gelesen?«, fragte sie.

Coy schüttelte den Kopf. Dieser Durrell mit dem nach Batterien klingenden Namen sagte ihm gar nichts. Er hörte zum ersten Mal von ihm. Ein Nordamerikaner, vermutete er. Oder Engländer.

»Hat er etwas über das Meer geschrieben?«, fragte er, eher höflich als interessiert.

»Nein, soviel ich weiß«, sie lachte leise und sanft. »Obwohl Alexandria immerhin ein Hafen ist ...«

Coy hatte die Stadt gesehen, und er erinnerte sich an nichts Besonderes: die Hitze der Tage ohne einen Windhauch, die Kräne, die Schauerleute, die sich in den Schatten der Container ausgestreckt hatten, das schmutzige Wasser, das zwischen dem Schiffsrumpf und dem Hafendamm plätscherte, die Kakerlaken, auf die man trat, wenn man nachts an Land ging. Ein Hafen wie jeder andere, außer wenn der Südwind rötliche Staubwolken brachte, die überall eindrangen. Nichts, was vier Bände rechtfertigte. Tánger berührte den ersten mit dem Zeigefinger, und er las den Titel: *Justine*.

»Alle intelligenten Frauen, die ich kenne«, sagte sie, »wollten einmal Justine sein.«

Coy starrte das Buch verständnislos an und überlegte, ob er es kaufen sollte oder nicht und ob der Buchhändler verlangen würde, alle vier zu nehmen. Daneben lagen andere Bücher, die seine Aufmerksamkeit tatsächlich erregten: *Das Totenschiff* von einem gewissen B. Traven und die *Bounty-Trilogie*: *Die Meuterei, Männer gegen das Meer* und *Die Insel Pitcairn* in einem einzigen Band. Doch Tánger lief weiter; er sah, dass sie wieder lächelte, noch ein paar Schritte machte und sich dann die Zeit damit vertrieb, zerstreut in einem anderen zerlesenen Buch, einer broschierten Ausgabe, zu blättern – *Die allertraurigste Geschichte*, las Coy; dieser Ford Maddox Ford kam ihm allerdings bekannt vor, weil er zusammen mit Joseph Conrad *Ein Abenteuerroman* geschrieben hatte. Schließlich drehte sich Tánger um und sah ihn fest an.

»Du bist verrückt«, sagte sie noch einmal.

Er fasste sich abermals an die Nase und sagte nichts.

»Du kennst mich nicht«, setzte sie etwas später hinzu. »Du weißt überhaupt nichts von mir.«

Wieder lag eine gewisse Härte in ihrer Stimme. Coy sah sich nach einer Seite und dann nach der anderen um. Sonderbarerweise fühlte er sich nicht eingeschüchtert und auch nicht fehl am Platz. Er hatte sie aufgesucht und das getan, was er seiner Meinung nach tun musste. Und er hätte alles dafür gegeben, ein eleganter, wortgewandter Mann zu sein, der etwas zu bieten hatte, und wäre es nur das Geld gewesen, um die vier Bände des *Quartetts* zu kaufen und die Frau noch an diesem Abend zum Essen in ein teures Restaurant einzuladen, wo er sie Justine nennen würde oder so, wie sie von ihm genannt werden wollte. Doch das war nicht sein Fall. Deshalb schwieg er, stand in der unbefangensten Haltung da, deren er fähig war, und lächelte ein wenig auf jene Art, die zugleich aufrichtig und abwesend, fast scheu war. Das war nicht viel, aber es war alles.

»Du hast nicht das Recht, hier einfach so aufzutauchen. Dich mit dem Gesicht eines guten Jungen vor mich hinzustellen ... Ich habe dir schon wegen der Sache in Barcelona gedankt. Was soll ich deiner Meinung nach jetzt tun? ... Dich wie eines von den Büchern hier mit nach Hause nehmen?«

»Die Sirenen«, sagte er auf einmal.

Sie sah ihn überrascht an.

»Was ist mit den Sirenen?«

Coy hob die Hände ein wenig und ließ sie wieder sinken.

»Ich weiß nicht. Sie haben gesungen, sagt Homer. Sie riefen die Seeleute, nicht wahr? ... Und die konnten sich nicht dagegen wehren.«

»Weil sie Dummköpfe waren. Sie fuhren geradewegs auf die Klippen zu und zertrümmerten das Schiff.«

»Dort bin ich schon gewesen.« Coys Gesicht hatte sich verfinstert. »Ich bin schon in die Klippen geraten, und ich habe kein Schiff. Es wird einige Zeit dauern, bis ich wieder eines bekomme, und jetzt habe ich nichts Besseres zu tun.«

Sie drehte sich ruckartig zu ihm um und machte den Mund auf, als wollte sie etwas Unangenehmes sagen. Ihre Augen funkelten herausfordernd. Das dauerte einen Moment, und in dieser Zeit verabschiedete sich Coy innerlich von ihrer getüpfelten Haut und von dem ganzen einzigartigen Traumbild, das ihn zu ihr geführt hatte. Vielleicht hätte ich das Buch mit dieser Justine kaufen sollen, sagte er sich traurig. Aber du hast es wenigstens versucht, Seemann. Schade um den Sextanten. Dann entschied er sich zu lächeln. Ich werde auf jeden Fall lächeln, was auch immer sie sagt, bis sie mich zum Teufel schickt. Wenigstens soll es das Letzte sein, was sie von mir in Erinnerung behält. Hoffentlich kann ich wie ihr Chef lächeln, dieser Fregattenkapitän mit den glänzenden Knöpfen. Hoffentlich bringe ich keine verkrampfte Grimasse zustande.

»Um Gottes willen«, sagte sie nun. »Du bist ja nicht einmal ein gut aussehender Mann.«

III. Das verschwundene Schiff

> Auf dem Meer kannst du alles richtig machen und
> dich an die Regeln halten, und selbst dann tötet
> dich das Meer. Doch wenn du ein guter Seemann
> bist, weißt du wenigstens, wo du dich im
> Augenblick deines Todes befindest.
>
> JUSTIN SCOTT. *Ich töte das Schiff*

Er konnte Kaffee nicht ausstehen. Tausendmal hatte er ihn heiß oder kalt getrunken, bei endlosen Morgenwachen, bei schwierigen oder entscheidenden Manövern, in den untätigen Stunden zwischen dem Löschen und Beladen in den Häfen, in Augenblicken von Überdruss, Spannung oder Gefahr; doch ihm missfiel jener Geschmack, der so bitter war, dass er ihn nur ertragen konnte, wenn er ihn mit Milch und Zucker verdünnte. Er benutzte ihn als Anregungsmittel, so wie andere einen Schnaps trinken oder sich eine Zigarette anstecken. Aber er rauchte schon lange nicht mehr. Und was den Schnaps anging, hatte er an Bord eines Schiffes sehr selten Alkohol getrunken; und an Land ging er beinahe nie über die Plimsoll-Marke hinaus, die Ladelinie von ein paar blauen Gins. Er trank nur vorsätzlich und bewusst, wenn die Umstände, die Gesellschaft oder der Ort große Mengen vorschrieben. In solchen Fällen konnte er wie viele andere Seeleute, die er kannte, Unmengen von allen möglichen Getränken schlucken, was zu den entsprechenden Folgen an solchen Orten führte, wo die Ehemänner über die Tugend ihrer Gattinnen wachten, die Polizisten die öffentliche Ordnung aufrechterhielten und die Rausschmeißer der Nachtclubs dafür sorgten, dass sich die Gäste anständig benahmen und nicht verschwanden, ohne die Rechnung zu bezahlen.

Das galt nicht für diese Nacht. Die Häfen, das Meer und sein übriges früheres Leben lagen in weiter Ferne von dem Tisch, an dem er nun saß, neben der Tür der Pension an der Plaza de Santa Ana. Er beobachtete die Leute, die auf dem Bürgersteig vorüberliefen oder sich auf den Terrassen der Gaststätten unterhielten. Er hatte einen Gin Tonic bestellt, um den Geschmack des Kaffees loszuwerden, der in einer klebrigen Tasse vor ihm stand – immer verschüttete er ungeschickt ein paar Tropfen Kaffee, wenn er ihn mit dem Löffel umrührte –, und er lehnte sich im Stuhl zurück, die Hände in den Jackentaschen und die Beine unter dem Tisch ausgestreckt. Er war müde, doch er zögerte den Moment hinaus, ins Bett zu gehen. »Ich rufe dich an«, hatte sie gesagt. »Heute Abend oder morgen rufe ich dich an. Lass mich ein bisschen nachdenken.« Tánger hatte an diesem Nachmittag eine nicht zu umgehende Verabredung und am Abend ein Essen; also müsste er sich gedulden, bis er sie wieder sehen konnte. Das sagte sie ihm am Mittag, nachdem er sie bis zur Kreuzung der Calle de Alfonso XII mit dem Paseo Infanta Isabel begleitet und sie sich dort verabschiedet hatte, ohne ihm zu erlauben, bis zu ihrer Tür mitzukommen. Sie ließ ihn stehen, nachdem sie sich abrupt zu ihm umgedreht und ihm ihre feste Hand, an die er sich gut erinnerte, zu einem kräftigen Händedruck entgegengestreckt hatte. Coy fragte sie, wo zum Teufel sie ihn anrufen wollte, da er in Madrid keine Wohnung, kein Telefon oder sonst etwas hatte und sich seine Sachen in der Gepäckaufbewahrung des Bahnhofs befanden. Nun sah er Tánger zum ersten Mal, seitdem er sie kennen gelernt hatte, lachen. Ein freimütiges Lachen, das ihre Augen mit winzigen Fältchen umgab, die sie paradoxerweise jünger und schöner wirken ließen. Ein sympathisches Lachen, wie das eines Jungen, dem man sich gern nähern möchte, weil man ahnt, dass er ein guter Spiel- oder Abenteuergefährte sein kann. So hatte sie gelacht, während sie Coys Hand in der ihren hielt. Dann bat sie um Entschuldigung wegen ihrer Zerstreutheit und betrachtete ihn ein paar Sekunden nachdenklich, während das letzte Lachfältchen an ihrem Mund verschwand. Nun nannte sie den Namen der Pension an der Plaza de Santa Ana, wo sie als Studentin zwei Jahre gewohnt hatte, dem Teatro Español gegenüber. Ein sauberes und billiges Haus. »Ich rufe dich an«, sagte sie. »Ob ich dich wieder sehe oder dich nie im Leben wieder sehe, ich rufe dich jedenfalls heute oder morgen an. Ich gebe dir mein Ehrenwort.«

Da saß er also vor der Kaffeetasse und tauchte schon die Lippen in den Gin Tonic – in der Bar der Pension gab es keinen blauen –, den ihm die Kellnerin gerade hingestellt hatte. Er wartete. Er hatte sich den ganzen Nachmittag nicht fortbewegt, und er aß gleich dort zu Abend, ein Sandwich mit zu stark durchgebratenem Kalbfleisch und eine Flasche Mineralwasser, nachdem er gesagt hatte, wo man ihn finden könnte, wenn er am Telefon verlangt würde. Es war auch nicht ausgeschlossen, dass sie persönlich erschien; und diese Möglichkeit veranlasste ihn, den Rand des Platzes zu beobachten, damit er sah, wenn sie von der Calle de las Huertas oder einer anderen Straße, die vom Paseo del Prado heraufführte, kam.

Zwischen den Bänken auf dem Platz, jenseits der auf der Straße parkenden Autos, schwatzten ein paar im Kreis stehende Bettler und ließen eine Weinflasche kreisen. Sie hatten an den Tischen auf den Terrassen gebettelt, und nun nahmen sie die Endabrechnung des Abends vor. Es waren drei Männer und eine Frau, und einer von ihnen hatte ein Hündchen bei sich, das zu seinen Füßen lag. Ein als Robocop verkleideter Wachmann war an der Tür des Hotel Victoria postiert und ließ sie nicht aus den Augen, er hatte die Arme auf dem Rücken verschränkt und hielt die Beine gespreizt, stand genau an der Stelle, von der er kurz zuvor die bettelnde Frau weggejagt hatte. Als Robocop sie verscheuchte, torkelte sie zwischen den Tischen hindurch bis zu der Stelle, wo Coy saß. »Gib mir was, Kumpel«, hatte sie leise gesagt und dabei vor sich hin geschaut, ohne etwas zu sehen. »Gib mir was.« Sie war noch jung, dachte er jetzt, als er sie mit ihren Gefährten und dem Köter dort stehen und abrechnen sah. Als Coy ihr eine Münze gab, bemerkte er trotz ihrer zerfurchten Haut, des aschblonden Haars und der ins Nichts starrenden Augen die Spuren früherer Schönheit in der klaren Linie des Mundes, dem Bogen der Kinnpartie, der Gestalt, den abgezehrten rötlichen Händen mit den langen und schmutzigen Fingernägeln. Das Festland verdirbt die Menschen, sagte er sich wieder einmal. Es beherrscht und verschlingt sie wie den aufgegebenen Schoner im alten Hafen. Er schaute auf seine eigenen Hände, die er auf die Oberschenkel gestützt hatte, und wollte an ihnen die ersten Spuren des Verfalls aufspüren, Spuren jenes unentrinnbaren Aussatzes, den die verseuchten Städte, der scheinbar feste Boden unter den Füßen, der Umgang mit anderen Leuten, die Luft ohne Salz mit sich brachten. Ich hoffe, dass ich bald ein Schiff finde, sagte er sich. Ich hoffe, dass ich etwas finde, das auf dem Wasser schwimmt und das ich besteigen kann, damit es mich weit wegbringt, solange ich noch Zeit habe. Solange ich mich noch nicht mit dem Virus angesteckt habe, der die Herzen zerfrisst, ihren Kompass ablenkt, sie steuerlos im Windschatten an die Küste schleudert und sie vernichtet.

»Sie werden am Telefon verlangt.«

Er sprang so schnell vom Stuhl auf, dass er die Kellnerin verblüffte, und rannte in langen Schritten durch den Korridor zur Rezeption der Pension. Eins, zwei. Um seinen beschleunigten Herzschlag zu beruhigen, zählte er innerlich bis fünf, bevor er antwortete. Drei, vier, fünf. »Hallo.« Sie war am Apparat, und mit ihrer höflichen und ruhigen Stimme bat sie um Verzeihung, weil sie so spät anrief. »Nein«, antwortete er. Es sei überhaupt nicht spät. Er hätte auf ihren Anruf gewartet. Ein Sandwich auf der Terrasse, und gerade habe er sich einen Gin bestellt. Sie fand noch einige weitere entschuldigende Worte, und er bestand darauf, dass diese Zeit ebenso günstig wie jede andere sei. Danach trat am anderen Ende der Leitung ein kurzes Schweigen ein. Coy stützte seine breite Hand auf den Tisch der Rezeption und betrachtete die Linien ihrer Sehnen und Nerven, er hielt die kurzen und kräftigen Finger weit auseinander gespreizt – eine nicht gerade aristokratische Hand – und wartete, dass sie wieder etwas sagte. Sie hat sich auf einem Sofa ausgestreckt, dachte er. Sie sitzt auf einem Stuhl. Sie liegt auf dem Bett. Sie ist angezogen oder nackt, im Pyjama oder im Nachthemd. Sie ist barfuß, hat ein Buch aufgeschlagen oder den eingeschalteten Fernseher vor sich. Sie liegt auf dem Bauch oder auf dem Rücken, und ihre getüpfelte Haut glänzt wie Altgold im Lampenlicht.

»Mir ist etwas eingefallen«, sagte sie endlich. »Mir ist etwas eingefallen, das dich vielleicht interessiert. Ich möchte dir einen Vorschlag machen. Ich habe gedacht, du könntest vielleicht jetzt zu mir nach Hause kommen.«

In seiner Zeit als Dritter Offizier war Coy einmal an einer Frau auf einem Schiff vorbeigefahren. Die Begegnung dauerte ein paar Minuten, genau so lange, wie die Jacht brauchte – die Frau sonnte sich am Heck –, bis sie über die *Otago* hinaus war, das Schiff, an dessen Nock Coy aufs Meer sah. Auf dem ganzen Deck hörte man die monotonen Schläge der Matrosen, die gegen den Rumpf hämmerten, um den Rost abzuklopfen, bevor wieder Mennige und Farbe aufgetragen werden konnte. Das Handelsschiff ankerte zwischen Malamocco und Punta Sabbioni; jenseits des Lidos konnte er den Abglanz der Sonne auf der venezianischen Lagune sehen und im Hintergrund, drei Meilen entfernt, den Campanile, die Kuppeln von San Marco und die Dächer der Stadt, die im Widerschein des Lichtes und des Sandes zu schwanken schienen. Es blies ein leichter Westwind von acht oder zehn Knoten. Er kräuselte ein wenig die ruhige See und drehte den Bug der Schiffe zu den Stränden, die mit Sonnenschirmen und bunten Kabinen für die Badegäste übersät waren. Dieselbe Brise brachte aus dem Kanal den Schoner herbei, der mit der ganzen weißen Eleganz seiner oben aufgezogenen Segel Steuerbord voraus fuhr, und sie ließ das Schiff eine halbe Kabellänge entfernt an Coy vorbeigleiten. Er nahm das Fernglas, um den Schoner deutlicher zu sehen, und bewunderte die feinen Linien des gefirnissten Holzrumpfs, den überschießenden Vordersteven, das in der Sonne leuchtende Takel- und Eisenwerk. Am Ruder stand ein Mann, und hinter ihm, am Heckbord, saß eine Frau und las ein Buch. Er richtete das Glas auf sie: Sie war blond, hatte das Haar im Nacken hochgesteckt, und ihr Aussehen erinnerte an jene weiß gekleideten Frauen, wie man sie sich unschwer an diesem Ort oder an der französischen Riviera zum Jahrhundertbeginn vorstellen konnte. Schöne und lässige Frauen, die sich unter einer breiten Hutkrempe oder einem Schirm vor der Sonne schützten. Sphinxe, die mit halb geschlossenen Augen das blaue Meer betrachteten, lasen oder schwiegen. Begierig folgte Coy jenem Gesicht im doppelten Kreis der Zeiss-Linsen, er studierte das Profil, das geneigte Kinn, die gesenkten, auf die Lektüre konzentrierten Augen, das an den Schläfen straffe Haar. In früheren Zeiten, dachte er, töteten Männer, richteten ihr Vermögen, ihr Leben und ihren Ruf für Frauen wie diese zugrunde. Er wollte die Gesichtszüge des Mannes erkennen, der diese Frau vielleicht verdiente, und er suchte nach dem Mann am Ruder. Dieser hatte sich jedoch zur anderen Bordseite gedreht, und Coy konnte nur einen kleinen Teil des Gesichts, graue Haare und braun gebrannte Haut undeutlich wahrnehmen. Der Schoner entfernte sich; und da Coy befürchtete, die letzten Augenblicke zu verpassen, richtete er das Fernglas wieder auf die Frau. Eine Sekunde später schaute sie auf und sah Coy direkt durch das Glas an, starrte mit ihren Augen in die seinen, durch die Linsen und über die Entfernung hinweg. Sie warf ihm einen Blick zu, der weder flüchtig noch eingehend, weder neugierig noch gleichgültig war. So unerschütterlich und selbstsicher, dass sie gar kein Mensch zu sein schien. Coy fragte sich, wie viele Generationen von Frauen notwendig waren, bis eine von ihnen einen solchen Blick besaß. Nun fühlte er sich schrecklich verwirrt und senkte bestürzt das Glas, weil er sie so nahe beobachtet hatte. Mit bloßem Auge stellte er fest, dass die Frau zu weit entfernt war, um ihn zu sehen, und dass jener Blick, der ihm bis ins Innerste gedrungen war, wie er gespürt hatte, rein zufällig und unachtsam war, sie hatte ihn beiläufig auf das vor Anker liegende Schiff gerichtet, das der Schoner hinter sich ließ, während er in die Adria hinausfuhr. Coy blieb dort stehen, stützte sich auf die Nock und sah, wie sich das Schiff entfernte. Als er endlich reagierte und das Glas neu einstellte, konnte er nur noch den Heckspiegel und den mit schwarzen Buchstaben auf eine Teakholzleiste gemalten Schiffsnamen erkennen: *Riddle*. Rätsel.

Coy war nicht übermäßig intelligent. Er las viel, aber nur über das Meer. Trotzdem hatte er seine Kindheit im Kreis von Großmüttern, Tanten und Cousinen am Ufer eines anderen, abgeschlossenen und alten Meeres verbracht, in einer von jenen Städten am Mittelmeer, wo schwarz gekleidete Frauen seit Jahrtausenden abends zusammenkamen, um leise miteinander zu sprechen oder stillschweigend die Männer zu beobachten. Das alles hatte ihm einen atavistischen Fatalismus, ein paar Anschauungen und viele Vorahnungen vererbt. Und nun, da er Tánger Soto vor sich hatte, dachte er an die Frau auf dem Schoner. Im Grunde, sagte er sich, waren vielleicht beide ein und dieselbe, und das Leben der Männer dreht sich immer um eine einzige Frau: jene, die der Inbegriff aller Frauen der Welt ist, der Mittelpunkt aller Mysterien und der Schlüssel zu allen Antworten. Jene, die wie niemand sonst mit dem Schweigen umzugehen weiß, vielleicht, weil dies eine Sprache ist, die sie seit Jahrhunderten vollendet beherrscht. Jene, die die weise Klarsicht heller Morgenstunden, roter Abenddämmerungen und kobaltblauer Meere besitzt, abgehärtet von stoischer Geduld, unermesslicher Trauer und Erschöpfung. Frauen, denen – dessen war sich Coy auf eigenartige Weise sicher – eine einzige Existenz nicht genügte. Außerdem und vor allem musste man ein richtiges Weib, eine ganze Frau sein, damit man mit einer derartigen Mischung aus Überdruss, Weisheit und Müdigkeit blicken konnte. Damit sie über diesen durchdringenden, wie eine Stahlklinge scharfen Blick verfügte, der sich unmöglich erlernen oder nachahmen ließ und einem langen genetischen Gedächtnis zahlloser Leben entstammte, während sie als Kriegsbeute im Kielraum schwarzer, gerundeter Schiffe mitfuhr, mit blutigen Schenkeln zwischen rauchenden Trümmern und Leichen, in unzähligen Wintern Teppiche knüpfte und auftrennte, Männer für neue Trojas gebar und auf die Rückkehr erschöpfter Helden wartete, jener Götter mit tönernen Füßen, die sie manchmal liebte, oft fürchtete und früher oder später fast immer verachtete.

»Möchtest du mehr Eis?«, fragte sie.

Er schüttelte den Kopf. Es gibt Frauen, folgerte er beinahe eingeschüchtert, die schon einen solchen Blick haben, seitdem sie geboren wurden. Die so blicken, wie man ihn in diesem Moment im kleinen Salon der Wohnung anblickte, deren Fenster zum Paseo Infanta Isabel und zu dem erleuchteten Backstein- und Glasgebäude des Bahnhofs Atocha gingen. »Ich möchte dir eine Geschichte erzählen«, hatte sie gesagt, kaum dass sie die Tür geöffnet, hinter ihm wieder geschlossen und ihn ins Wohnzimmer geführt hatte. Dabei begleitete ihn ein Labradorhund mit kurzem, goldenem Haar, der nun nahe bei Coy saß und die dunklen und traurigen Augen fest auf ihn gerichtet hatte. »Ich möchte dir eine Geschichte von Schiffbrüchen und verloren gegangenen Schiffen erzählen – ich bin sicher, dass dir solche Geschichten gefallen –, und du machst den Mund nicht auf, bis ich fertig bin. Du darfst mich nicht fragen, ob sie wahr oder erfunden ist oder sonst etwas, und du sagst die ganze Zeit kein Wort und trinkst das Tonic hier pur, weil ich dir zu meinem Bedauern mitteilen muss, dass ich in meiner Wohnung keinen Gin habe, keinen blauen oder von irgendeiner anderen Farbe. Danach stelle ich drei Fragen, auf die du mit ja oder nein antwortest. Als Nächstes erlaube ich dir, mir eine Frage zu stellen, eine einzige, die reicht für heute Abend, bevor du zum Schlafen in deine Pension zurückkehrst ... Das ist alles. Abgemacht?«

»Abgemacht«, hatte Coy ohne zu zögern geantwortet, vielleicht etwas verunsichert, doch er nahm die Sache bedächtig und kaltblütig hin. Dann setzte er sich auf den Platz, den sie ihm zuwies: ein mit sandfarbenem Stoff bezogenes Sofa, das auf einem geschmackvollen Teppich stand. In dem Wohnzimmer mit den weißen Wänden befanden sich außerdem eine Kommode, ein maurisches Tischchen unter einer Lampe, ein Fernseher mit Videorecorder, ein paar Stühle, ein gerahmtes Foto, ein Tisch mit einem Computer neben einem Büfett, das mit Büchern und Papieren gefüllt war, und eine Mini-Stereoanlage, aus deren Lautsprechern Pavarotti – womöglich war es gar nicht Pavarotti – etwas Ähnliches wie Caruso sang. Er warf einen flüchtigen Blick auf einige Buchrücken: *Die Jesuiten und der Aufstand gegen Esquilache. Geschichte der Kunst und Wissenschaft der Seefahrt. Die Minister Karls III. Anwendungen der historischen Kartographie. Mediterranean Spain Pilot. Musterbeispiele einer Bibliothek. Seefahrer und Schiffbrüche. Katalog der historischen Kartographie Spaniens im Marinemuseum. Segelhandbuch der spanischen Mittelmeerküsten* ... Es gab auch Romane und sonstige Literatur: Isak Dinesen, Lampedusa, Nabokov, Lawrence Durrell – der mit dem *Quartett* vom Paseo de Claudio Moyano –, ein Buch mit dem Titel *Grünes Feuer*, dessen Autor Peter W. Rainer hieß, Joseph Conrads

Spiegel der See und einige mehr. Coy hatte von alldem absolut nichts gelesen, außer Conrad. Ihm fiel ein englisches Buch auf, das genauso wie der Film hieß: *The Maltese Falcon*. Ein abgenutztes, altes Buch, und auf dem gelben Deckel war neben einem schwarzen Falken eine Frauenhand mit Münzen und Schmuck zu sehen.

»Das ist die Erstausgabe«, sagte Tánger, als sie merkte, dass sein Blick bei diesem Buch innehielt. »… Sie ist in den USA am Valentinstag 1930 erschienen und kostete damals zwei Dollar.«

Coy nahm das Buch in die Hand. *By Dashiell Hammett*, hieß es auf dem Deckel. *Author of The Dain Curse*.

»Ich habe den Film gesehen.«

»Natürlich hast du den gesehen. Den haben alle gesehen.« Tánger zeigte auf ein Bücherbord. »Sam Spade war daran schuld, dass ich Kapitän Haddock zum erstenmal untreu wurde.«

Auf dem Regal stand, etwas von den anderen Sachen abgesondert, eine offenbar vollständige Sammlung von *Tim und Struppi*. Neben den schmalen und hohen Leinenrücken der Bände entdeckte er einen kleinen, verbeulten Silberpokal und eine Postkarte. Er erkannte den Hafen von Antwerpen mit der Kathedrale in der Ferne. Ein Henkel des Pokals fehlte.

»Hast du die als Kind gelesen? …«

Er sah wieder auf den Silberpokal. *Preis im Schwimmwettkampf für Kinder, 19…* Das Datum ließ sich schwer entziffern.

»Nein«, sagte er. »Ich kenne sie, und vielleicht habe ich mal in einem geblättert. Ein Meteorit, der ins Meer fällt.«

»*Der geheimnisvolle Stern.*«

»Das wird es sein.«

Die Wohnung war nicht luxuriös, aber besser als der Durchschnitt, mit teuren Lederkissen und einem echten Gemälde an der Wand, einem alten Ölbild in einem ovalen Rahmen mit einer Flusslandschaft und einer recht gut getroffenen Bark – obwohl sie, wie er meinte, für diesen Fluss und bei diesem Wind zu wenig Segel gesetzt hatte. An den zwei Fenstern, die zur Straße gingen, hingen geschmackvolle Gardinen; und die Küche, aus der sie Tonic, Eis und zwei Gläser geholt hatte, sah sauber und hell aus, es gab einen Mikrowellenherd, einen Kühlschrank, einen Tisch und dunkle Holzschemel. Sie trug beinahe dasselbe wie am Morgen, einen leichten Baumwollpullover anstelle einer Bluse, und sie hatte keine Schuhe an. Die in schwarzen Strümpfen steckenden Füße bewegten sich lautlos wie die einer Ballerina durch die Wohnung, während der Labrador auf jeden ihrer Schritte achtete. Man kann es nicht lernen, sich so zu bewegen, dachte Coy. So etwas lässt sich niemals bewusst erlernen. Man bewegt sich auf die eine oder andere Weise, oder man bewegt sich nicht. Eine Frau setzt sich, redet, läuft, neigt den Kopf oder zündet sich auf diese oder jene Art eine Zigarette an. Manche Umgangsformen lernt man und andere nicht. Es gibt solche und andere Manieren. Niemand kann bestimmte Grenzen überschreiten, mag er sich das auch vornehmen, wenn er nicht die Anlagen dazu in seinem Innern hat. Gewisse Umgangsformen. Gesten. Manieren.

»Weißt du etwas über Schiffbrüche?«

Die Frage lenkte seine Gedanken in eine andere Richtung und entlockte ihm ein leises Lachen, während er die Nase ins Glas hielt.

»Ich habe nie ganz Schiffbruch erlitten, wenn du das meinst ... Aber lass mir Zeit.«

Sie runzelte die Stirn und kümmerte sich nicht um die Ironie.

»Ich rede von früheren Schiffbrüchen.« Sie schaute ihm weiter in die Augen. »Von Schiffen, die vor langer Zeit untergegangen sind.«

Er fasste sich an die Nase, bevor er antwortete, davon wisse er nicht viel. Er hätte einiges gelesen, natürlich. Und er hätte in der Nähe einiger Wracks getaucht. Außerdem wisse er, welche Geschichten die Seeleute gewöhnlich darüber erzählten.

»Hast du einmal von der *Dei Gloria* gehört?«

Er überlegte einen Augenblick. Der Name war ihm unbekannt.

»Ein Segelschiff mit zehn Kanonen«, präzisierte sie. »Es ist am 4. Februar 1767 vor der spanischen Südostküste untergegangen.«

Coy stellte das Glas auf das niedrige Tischchen, und diese Bewegung lockte den Hund an, der zu ihm lief und ihm die Hand ableckte.

»Komm her, Zas«, sagte Tánger. »Geh nicht auf die Nerven.«

Der Hund ließ sich überhaupt nicht beeindrucken. Er blieb weiter bei Coy und schleckte ihn ab, schmatz, schmatz. Sie hielt es für nötig, sich zu entschuldigen. Eigentlich sei es nicht ihrer, sagte sie. Er gehöre einer Freundin, mit der sie die Wohnung geteilt habe; die Freundin habe aber wegen ihrer Arbeit vor zwei Monaten in eine andere Stadt ziehen müssen, und jetzt sei sie die ganze Zeit unterwegs. Sie, Tánger, hätte deren halbe Wohnung und Zas geerbt.

»Das macht nichts«, beschwichtigte Coy. »Ich habe Hunde gern.«

Das stimmte. Besonders gut gefielen ihm Jagdhunde, die

meistens treu und ruhig waren. In seiner Kindheit hatte er eine Zeit lang einen zimtfarbenen Setter besessen, der genau wie dieser Hund hier blickte; und es gab auch einen Köter, der in Málaga auf die *Daggoo IV* geklettert war und an Bord blieb, bis ihn auf der Höhe von Cabo Bojador eine Sturzwelle über Bord spülte. Zerstreut kraulte er Zas hinter den Ohren. Der Hund drückte sich an Coys Hand und wedelte fröhlich mit dem Schwanz. Schmatz.

Nun erzählte Tánger die Geschichte von dem verlorenen Schiff.

Es hieß *Dei Gloria* und war eine Brigg. Am 1. Januar 1767 hatte sie mit einer Besatzung von neunundzwanzig Mann und mit zwei Passagieren den Hafen von Havanna verlassen. Das Ladungsmanifest verzeichnete Baumwolle, Tabak und Zucker, und als Bestimmungshafen wurde Valencia genannt. Obwohl die *Dei Gloria* offiziell einem Reeder namens Luis Fornet Palau gehörte, war sie Eigentum der Gesellschaft Jesu. Wie man später herausfand, war dieser Fornet Palau ein Strohmann der Jesuiten. Unter seinem Namen leiteten sie eine kleine Handelsflotte; diese sollte den Passagier- und Handelsverkehr gewährleisten, den die damals sehr mächtige Gesellschaft mit ihren Missionen, Einrichtungen und Interessenvertretungen in den Kolonien unterhielt. Die *Dei Gloria* war das beste Schiff dieser Flotte: der schnellste Segler, der am besten für solche Routen ausgerüstet war, wo die englischen und algerischen Korsaren lauerten. Der Schiffsführer, ein zuverlässiger Kapitän, hieß Juan Bautista Elezcano: ein erfahrener Biskayer, der den Jesuiten sehr nahe stand, da sein Bruder, Pater Salvador Elezcano, einer der wichtigsten Stellvertreter des Ordensgenerals in Rom war.

Nachdem die Brigg in den ersten Tagen gegen ungünstigen Ostwind kreuzen musste, gelangte sie bald zu den Winden des dritten und vierten Quadranten, die ihr halfen, bei starken Böen und Windstößen den Atlantik zu überqueren. Südwestlich der Azoren frischte der Wind auf, bis er zu einem Sturm wurde, der die Masten beschädigte, so dass schließlich die Lenzpumpen pausenlos arbeiten mussten. So erreichte die *Dei Gloria* den 35. Breitengrad und segelte ohne weitere Zwischenfälle gen Osten. Dann drehte sie zum Golf von Cádiz ab, um sich vor den Ostwinden in der Straße von Gibraltar zu schützen, und ohne einen Hafen anzulaufen, war sie am 2. Februar über Gibraltar hinaus. Am Tag darauf umsegelte sie das Cabo de Gata und fuhr in Sicht der Küste nach Norden.

Von diesem Zeitpunkt an wurde die Lage immer kritischer. Am Nachmittag des 3. Februar hatte man hinter der Brigg ein Segel gesichtet. Es kam schnell näher, da es den Südwestwind nutzte. Bald erkannte man, dass es sich um eine Schebecke handelte, die ihnen folgte. Kapitän Elezcano behielt Fahrt und Kurs der *Dei Gloria* bei, die mit Klüver und Untersegeln fuhr; als die Schebecke nur wenig mehr als eine Meile entfernt war, bemerkte er etwas Verdächtiges an ihrem Verhalten und ließ mehr Segel losmachen. Da strich das andere Schiff die spanische Flagge, gab sich als Korsar zu erkennen und setzte die Verfolgungsjagd offen fort. Es war ein Schiff mit algerischem Kaperbrief, was in diesen Gegenden häufig vorkam, das manchmal die Flagge wechselte und Gibraltar als Stützpunkt nutzte. Wie man später ermitteln konnte, hieß es *Chergui*, und sein Kommandant war ein ehemaliger Offizier der britischen Kriegsmarine, ein gewisser Slyne, den man auch unter dem Namen »Kapitän Mizen« oder »Misián« kannte.

In diesen Gewässern konnte der Korsar einen dreifachen Vorteil nutzen. Zum einen machte er mehr Fahrt als die Brigg, deren Schnelligkeit durch das beschädigte Masten- und Takelwerk eingeschränkt war. Außerdem segelte er vor dem Wind und gewann seinem Opfer die Luv ab, um ihm den Weg zur Küste abzuschneiden. Doch entscheidend wirkte sich aus, dass es sich um ein Kriegsschiff handelte, das größer als die *Dei Gloria* war, eine starke Kampfbesatzung und mindestens zwölf Kanonen hatte, während die Brigg nur über zehn verfügte, die auch noch von kleinerem Kaliber waren und von Matrosen der Handelsmarine bedient wurden. Trotzdem ging die ungleiche Jagd den ganzen restlichen Tag und während der Nacht weiter. Als der Kapitän der *Dei Gloria* nicht das sichere Águilas ansteuern konnte, weil ihm die *Chergui* diesen Weg versperrte, versuchte er offenbar, Mazarrón oder Cartagena zu erreichen, um in den Schutz der Artillerie dieser Festungen zu gelangen oder mit einigem Glück von einem spanischen Kriegsschiff unterstützt zu werden. Jedenfalls hatte die Brigg am Morgen einen Toppmast verloren, der Korsar befand sich in Sichtweite, und ihr blieb keine andere Wahl, als die Flagge zu streichen oder den Kampf aufzunehmen.

Kapitän Elezcano war ein rauer Seemann. Sein Schiff ergab sich nicht, vielmehr eröffnete die *Dei Gloria* das Feuer, sobald der Korsar auf Schussweite herangekommen war. Das Artillerieduell fand wenige Meilen südwestlich vom Cabo Tiñoso statt: Es war kurz und heftig, es wurde beinahe Rahe an Rahe ausgetragen, und obwohl die Männer der Brigg keine Soldaten waren, kämpften sie äußerst entschlossen. Mit einem glücklichen Schuss gelang es, an Bord der *Chergui* einen Brand auszulösen; aber die *Dei*

Gloria hatte den Fockmast eingebüßt, und der Korsar wollte entern. Seine Kanonen richteten große Schäden auf der Brigg an, und diese hatte viele Tote und Verwundete zu beklagen und war rettungslos leckgeschlagen. In diesem Moment geschah es durch einen Zufall, wie er auf dem Meer vorkommt, dass die *Chergui*, die schon beinahe an ihrem Beuteschiff angelegt hatte und deren Männer sich bereitmachten, über Bord zu springen, von vorn nach achtern in die Luft flog. Die Explosion tötete die gesamte Besatzung und zerbrach den zweiten Mast der Brigg, was deren Untergang beschleunigte. Während die Trümmer des Korsaren noch auf dem Wasser rauchten, sank die *Dei Gloria* wie ein Stein auf den Meeresgrund.

»Wie ein Stein«, sagte Tánger noch einmal.

Sie hatte die Geschichte mit klaren Worten, ohne besondere Betonungen oder Ausschmückungen vorgetragen. Ihr Ton, dachte Coy, war so unbeteiligt wie bei einer Fernsehnachricht. Ihm entging nicht, dass sie ihre Geschichte ohne Zögern erzählt und die Einzelheiten geschildert hatte, ohne sich jemals zu besinnen, nicht einmal, wenn es um Zahlen ging. Es wirkte sogar technisch einwandfrei, wie sie die Verfolgung der *Dei Gloria* beschrieb. Also zeigte sich klar: Sie hatte diese Lektion gründlich gelernt, aus welchem Grund auch immer.

»Von der Besatzung des Kaperschiffes rettete sich kein Einziger«, berichtete sie weiter. »Und was die *Dei Gloria* angeht, so war das Wasser kalt und die Küste weit entfernt. Nur ein fünfzehnjähriger Steuermannsjunge konnte zu einem Beiboot schwimmen, das man vor dem Gefecht zu Wasser gelassen hatte ... Er war den Wellen preisgegeben, Wind und Strömungen trieben ihn nach Südosten, und einen Tag später wurde er fünf oder sechs Meilen südlich von Cartagena aufgefischt.«

Tánger machte eine Pause, um sich eine Players-Schachtel wie die in Barcelona zu holen. Coy beobachtete, dass sie die Verpackung sorgfältig aufriss und sich eine Zigarette in den Mund steckte. Sie bot ihm eine an, und er lehnte mit einer Geste ab.

»Man brachte den Überlebenden nach Cartagena.« Sie beugte sich vor, um eine Streichholzschachtel zu nehmen und ihre Zigarette anzuzünden, wobei sie die Flamme mit der hohlen Hand schützte. »Dort erzählte er den Marinebehörden, was sich ereignet hatte. Doch man konnte nicht viel mehr herausbekommen: Der Kampf und der Schiffbruch hatten den Jungen allzu sehr mitgenommen, und als man ihn am nächsten Tag noch einmal befragen wollte, war er verschwunden ... Jedenfalls hatte er wichtige Hinweise geliefert, um die Geschehnisse aufzuklären. Außerdem gab er den Ort des Schiffbruchs genau an, denn der Kapitän der *Dei Gloria* hatte angeordnet, beim ersten Tageslicht die Position zu bestimmen, und ebendieser Junge hatte den Auftrag erhalten, die Position im Logbuch zu vermerken. Er trug sogar das Papier in der Rocktasche und konnte es vorweisen, auf dem er mit Bleistift die Längen- und Breitenangaben notiert hatte ... Er erklärte auch, dass die an Bord benutzten Karten, auf denen der Steuermann des Schiffes die Berechnungen vorgenommen hatte, seit sie sich in Sichtweite der spanischen Küste befanden, die von Urrutia waren.«

Sie machte wieder eine Pause, während sie den Rauch ausstieß und mit einer Hand den Ellbogen des anderen Arms stützte, der emporgerichtet war und die Zigarette in den Fingern hielt. Das tat sie, als wollte sie Coy genug Zeit lassen, die Tragweite dieses letzten Hinweises, den sie in ebenso sachlichem Ton wie alles Übrige vorgetragen hatte, einzuschätzen. Er fasste sich an die Nase, ohne etwas zu sagen. Also das war es, dachte er, das steckte hinter dieser Geschichte: ein untergegangenes Schiff und eine Karte. Dann schüttelte er den Kopf und hätte beinahe laut losgelacht, nicht weil er zweifelte – solche Geschichten konnten ebenso viel Wahrheit wie Phantasie enthalten, wobei das eine nicht das andere ausschloss –, sondern aus reinem Vergnügen. Das war ein beinahe körperliches Gefühl: ein Meer, ein Mysterium. Eine schöne Frau, die davon erzählte, als wäre es nichts weiter, und er saß da und hörte zu. Es kam nicht darauf an, ob die Geschichte der *Dei Gloria* das war, was sie glaubte, oder nicht. Für Coy ging es um etwas anderes: um ein Gefühl, das ihn im Innersten rührte, so als hätte diese ungewöhnliche Frau auf einmal einen Zipfel des Schleiers gelüftet und an dieser Öffnung etwas von dem einzigartigen Stoff gezeigt, aus dem manche Träume gewoben sind. Das hatte möglicherweise viel mit ihr und ihren Absichten zu tun, die er nicht kannte; doch vor allem hatte es viel mit ihm zu tun. Mit den Ursachen dafür, dass manche Männer einen Fuß vor den anderen setzten und auf den Wegen liefen, die zum Meer führten, dort in den Häfen umherschlenderten, während sie davon träumten, Rettung hinter dem Horizont zu suchen. Deshalb lächelte Coy, ohne etwas zu sagen, und er sah, dass sie die Augen etwas mehr zusammenkniff, als störte sie der Rauch ihrer eigenen Zigarette; doch er wusste, dass es gerade dieses Lächeln war, das sie verunsicherte. Er war kein Intellektueller und kein Verführer, ihm fehlten die richtigen Worte. Er war sich auch bewusst, dass sein Äußeres plump wirkte, dass seine Hände und Manieren roh waren. Aber er wäre in diesem Augenblick aufgestanden und zu ihr gegangen, um ihr Gesicht zu berühren, ihr Augen, Mund und Hände zu küssen, wenn er nicht vermutet hätte, dass sie diese Geste übel aufnehmen würde. Um sie auf den Teppich zu werfen, die Lippen an ihr Ohr zu drücken und ihr leise zu danken, weil sie ihm ein Lächeln entlockt hatte wie damals, als er noch klein war. Weil sie eine schöne Frau war und ihn so sehr faszinierte. Weil sie ihn daran erinnerte, dass es immer ein versunkenes Schiff gab, eine Insel, eine Zuflucht, ein Abenteuer, einen Ort irgendwo auf der anderen Seite des Meeres, an der verschwommenen Linie, wo sich die Träume mit dem Horizont vermischten.

»Heute Morgen«, sagte sie, »hast du erklärt, dass du diese Küste gut kennst ... Stimmt das?«

Sie sah ihn fragend an, ohne sich zu bewegen, während die eine Hand immer noch den Ellbogen stützte und die Zigarette zwischen den hochgereckten Fingern steckte. Ich möchte wissen, dachte er, wie man dieses Haar so schneidet, dass es derart asymmetrisch und zugleich so vollkommen wird. Ich möchte wissen, wie zum Teufel sie das anstellt.

»Ist das die erste von den drei Fragen?«

»Ja.«

Er zuckte leicht die Achseln.

»Natürlich stimmt das. Als Kind habe ich dort in den Buchten gebadet, und danach bin ich hundert Mal an dieser Küste entlanggefahren, ganz nahe an ihr vorbei und auch weiter hinaus auf See.«

»Könntest du mit alten Karten einen Schiffsort bestimmen?«

Praktisch. Das war das richtige Wort. Sie war eine praktische Frau: A, B und C. Andere könnten glauben, dachte er belustigt, dass sie ihm gleich eine Stellung anbieten würde.

»Wenn du den Urrutia meinst, so bedeutet jede mögliche Ungenauigkeit von einer Minute Breite oder Länge einen Fehler von einer Meile ...« Er hob eine Hand und schwenkte sie hin und her, als orientierte er sich nach Bezugspunkten auf einer imaginären Karte. »Auf dem Meer ist das immer sehr relativ, aber ich kann es versuchen.«

Er dachte weiter darüber nach. Die Dinge fügten sich allmählich zu einem gewissen Zusammenhang, wenigstens ein paar von ihnen. Zas leckte ihn wieder ab, als er die Hand zum Glas ausstreckte, das auf dem Tischchen stand.

»Schließlich«, er trank einen Schluck, »ist das mein Beruf.«

Sie hatte die Beine übereinander geschlagen und wippte mit einem ihrer unbeschuhten, in den schwarzen Strümpfen steckenden Füße. Sie neigte den Kopf ein wenig zur Seite und betrachtete ihn; inzwischen wusste Coy schon, dass diese Geste auf Nachdenken oder Berechnung hindeutete.

»Würdest du für uns arbeiten?« Sie starrte ihn weiter intensiv durch den Zigarettenrauch an. »Ich meine, gegen Bezahlung, selbstverständlich.«

Er blieb vier Sekunden mit offenem Mund sitzen.

»Meinst du das Museum und dich selbst?«

»Genau das.«

Er stellte das Glas hin, machte den Mund zu und betrachtete den treuen Blick von Zas. Danach wanderten seine Augen durch das Zimmer. Unten, im Freien, jenseits einer Repsol-Tankstelle und des Bahnhofs Atocha, war das in bestimmten Abständen beleuchtete, komplizierte Liniengeflecht zahlreicher Eisenbahngleise zu erkennen.

»Du wirkst unentschlossen«, murmelte sie, bevor sie geringschätzig lächelte.»... Schade.«

Sie beugte sich vor, um die Asche in einen Aschenbecher zu schnippen, und die Bewegung spannte ihren Pullover und ließ ihre Figur hervortreten. Gott im Himmel, dachte Coy. Es tut beinahe weh, sie anzusehen. Ich frage mich, ob sie auch an den Brüsten Sommersprossen hat.

»Darum geht es nicht«, sagte er. »Aber ich bin sprachlos.« Er verzog den Mund. »Ich glaube nicht, dass dieser Fregattenkapitän, dein Chef ...«

»Das ist meine Angelegenheit«, fiel sie ihm ins Wort. »Ich kann mir meine Mitarbeiter aussuchen.«

»Ich denke mir, dass es der Kriegsmarine nicht an Leuten fehlt. An fachkundigen Leuten, die ihre Schiffe nicht auf Grund setzen.«

Er beobachtete sie lange und sagte sich: Bis hierher bist du gekommen, Junge. Steh auf und knöpf dir die Jacke zu, denn die Dame wird dich vor die Tür setzen. Und das hast du verdient, weil du dich als Witzbold und Großmaul aufspielst. Weil du nicht richtig im Kopf und ein Blödmann bist.

»Hör zu, Coy«, zum ersten Mal sagte sie seinen Namen und schaute ihm in die Augen, und er merkte, dass er ihn gern hörte, wenn dieser Mund ihn aussprach. »Ich habe ein Problem. Ich habe Nachforschungen angestellt, ich beherrsche die Theorie, ich verfüge über Angaben ... Aber mir fehlt das, was ich brauche, um das Problem zu lösen. Ich kenne das Meer nur aus Büchern und Filmen, vom Strand ... Durch meine Arbeit. Allerdings gibt es Buchseiten und Ideen, die so intensiv sein können, als hätte man einen Sturm auf hoher See erlebt oder befände sich zusammen mit Nelson in Abukir oder Trafalgar ... Deshalb brauche ich noch jemand, der mir zur Seite steht ... Jemand, der mir praktische Hilfe leistet. Als Verbindung zur Wirklichkeit.«

»Das kann ich sehr gut verstehen. Aber es wäre leicht für dich, alles, was du brauchst, bei der Marine anzufordern.«

»Und genau das habe ich getan: Ich habe dich angefordert. Du bist Zivilist, und du bist allein.« Sie taxierte ihn durch die Rauchspiralen der Zigarette. »Für mich bietest du viele Vorteile. Wenn ich dich anstelle, habe ich dich unter Kontrolle ... Ich führe das Kommando. Verstehst du?«

»Ich verstehe.«

»Mit Militärs wäre das unmöglich.«

Coy nickte. Das war offensichtlich. Sie hatte keine Ärmelstreifen, sondern alle achtundzwanzig Tage ihre Regel. Denn es war sicher, dass sie außerdem zu diesen Frauen gehörte. Keinen Tag später und keinen Tag früher. Man brauchte sie nur anzusehen: eine Blondine wie ein Uhrwerk. Für sie ergaben zwei plus zwei immer vier.

»Trotzdem«, sagte er, »ich denke mir, dass du ihnen gegenüber Rechenschaft ablegen musst.«

»Natürlich. Aber vorläufig entscheide ich selbstständig, ich habe eine Frist von drei Monaten und kann etwas Geld ausgeben ... Es ist nicht viel, doch es reicht.«

Coy blickte wieder aus dem Fenster. Unten, in der Ferne, wie eine lange Schlange, näherten sich die Lichter eines Zugs mit erhellten Fenstern dem Bahnhof. Er dachte an den Fregattenkapitän, an Tánger, wenn sie diesen so anblickte wie jetzt ihn und ihn mit ihren überaus geschickt beherrschten Waffen des Schweigens und der Blicke überzeugte, sich beim zuständigen Admiral für sie einzusetzen. ›Ein interessantes Projekt, Herr Soundso. Eine kompetente junge Frau. Übrigens die Tochter von Oberst Dingsda. Ein prächtiges Mädchen, nebenbei gesagt. Eine von uns.‹ Wie vielen Absolventinnen der Geschichte, die man nach einer Auswahlprüfung in einem Museum angestellt hatte, fragte er sich, ließ man freie Hand, einfach so ein vermisstes Schiff zu suchen?

»Warum nicht«, erklärte er endlich.

Er hatte sich in seinem Sitz zurückgelehnt und kraulte wieder Zas hinter den Ohren. Er lächelte, ihn belustigte die Situation. Drei Monate zusammen mit ihr bedeuteten im Grunde einen phantastischen Gewinn, den er für den Weems-&-Plath-Sextanten erhielt.

»Schließlich«, fügte er hinzu, als dächte er darüber nach, »habe ich nichts Besseres zu tun.«

Tánger wirkte nicht zufrieden und auch nicht enttäuscht. Wie schon früher hatte sie lediglich den Kopf ein wenig vorgebeugt, und die Haarspitzen streiften abermals ihr Gesicht. Sie ließ Coy nicht einmal aus den Augen.

»Danke.«

Das sagte sie zu guter Letzt, beinahe leise, als er sich schon fragte, warum sie schwieg.

»Keine Ursache.« Coy fasste sich an die Nase. »Und jetzt bin ich dran ... Du hast mir versprochen, eine Frage von mir zu beantworten ... Wonach sucht ihr eigentlich?«

»Das weißt du schon. Wir suchen die *Dei Gloria*.«

»Das ist klar. Ich frage nach dem Grund. Ich meine, was du suchst.«

»Unabhängig vom Marinemuseum?«

»Unabhängig vom Marinemuseum.«

Das Lampenlicht fiel schräg auf ihr getüpfeltes Profil und verstärkte die Wirkung der Rauchspiralen ihrer Zigarette. Das Spiel von Licht und Schatten verlieh ihrem Haar mattgoldene Töne.

»Dieses Schiff verfolgt mich seit langem. Und jetzt glaube ich zu wissen, wo es ist.«

Also das war es. Coy hätte sich beinahe mit der Hand vor die Stirn geschlagen, um sich für seine Begriffsstutzigkeit zu bestrafen. Er betrachtete das gerahmte Foto: Tánger als junges Mädchen mit hellen Haaren, Sommersprossen und einem weiten T-Shirt über braunen nackten Schenkeln, das sich an die Brust eines Mannes mittleren Alters mit weißem Hemd, kurzen Haaren und sonnenverbrannter Haut drückte. Der Mann mochte ungefähr fünfzig sein, schätzte Coy, und sie vielleicht vierzehn. Die Landschaft im Hintergrund bestand aus Strand und Meer; und auf dem Foto bemerkte man auch eine offenkundige Ähnlichkeit zwischen dem Mädchen und dem Mann: die Form der Stirn, das eigenwillige Kinn. Tánger lächelte in die Kamera, und ihre Augen hatten auf dem Bild einen helleren und reineren Ausdruck, als er ihn nun von ihr kannte. Sie sah erwartungsvoll aus, als sollte sie gleich etwas entdecken, ein Paket oder ein Geschenk oder eine andere Überraschung. Coy dachte nach. GAL: das Gesetz des Abnehmenden Lächelns. Vielleicht lächelt man dem Leben auf diese Weise zu, wenn man vierzehn ist, und danach lässt die Zeit deinen Mund erstarren.

»Vorsicht. Es gibt keine versunkenen Schätze mehr.«

»Du irrst dich«, sie blickte ihn streng an. »Manchmal gibt es welche.«

Um ihn zu überzeugen, sprach sie einige Zeit über Schatzjäger. Diese Kerle mit ihren uralten Plänen und ihren

Geheimnissen gab es wirklich, und sie suchten hier und da am Meeresgrund nach verborgenen Dingen. Man konnte sie im Westindienarchiv von Sevilla sehen, wie sie sich über historische Aktenbündel beugten, oder sie tauchten wie rein zufällig in den Museen und Häfen auf und wollten die Leute ausfragen, ohne selbst etwas zu verraten oder Verdacht zu erregen. Sie hatte mehrere persönlich kennen gelernt, die zum Paseo del Prado Nummer 5 kamen, sich hartnäckig über ihre Absichten ausschwiegen und diesem oder jenem Hinweis nachjagten; sie baten darum, etwas im Archiv nachprüfen oder Einsicht in alte Seekarten nehmen zu dürfen, wobei sie eine Nebelwand aus falschen Angaben aufrichteten, um ihre wahren Ziele zu verschleiern. Einer von ihnen, ein sehr liebenswürdiger Italiener, war so weit gegangen, eine feste Beziehung mit einer Kollegin von ihr anzufangen, um Zugang zu vertraulichen Dokumenten zu erhalten. Es handelte sich um eigenartige, interessante Leute, die auf ihre Art Abenteurer, Phantasten oder Ehrgeizlinge waren. Die meisten wirkten wie wissbegierige Bücherwürmer, es waren kleine, dicke Brillenträger und andere derartige Typen; sie hatten nichts mit den braun gebrannten und tätowierten Muskelprotzen gemein, die in Filmen und Fernsehreportagen auftraten. Neun von zehn jagten unmöglichen Träumen nach, und nur einer von tausend konnte sein Vorhaben ausführen.

Coy streichelte wieder Zas und betrachtete die treuen Augen des Tieres. Schmatz, schmatz. Am Handgelenk spürte er das dankbare und feuchte Schnaufen des Hundes.

»Dieses Schiff hatte keinen Schatz an Bord, wenn du mich nicht belogen hast. Baumwolle, Tabak und Zucker, hast du gesagt.«

»Das stimmt.«

»Und du hast auch gesagt, einer von tausend, nicht wahr?«

Sie nickte zustimmend durch den Rauchvorhang. Sie zog wieder an ihrer Zigarette und nickte abermals. Ihr Blick ging durch Coy hindurch, als sähe sie ihn nicht.

»Hör zu. Die *Dei Gloria* hatte auch ein Geheimnis. Die zwei Passagiere, das plötzlich auftauchende Piratenschiff ... Verstehst du? Da gibt es etwas mehr. Ich habe die Aussage des Überlebenden im Archiv der Kriegsmarine gelesen ... Ein paar Einzelheiten passen nicht zusammen. Und dann sein plötzliches Verschwinden, rums. Er hat sich in Luft aufgelöst.«

Sie hatte die Zigarette im Aschenbecher gründlich ausgedrückt, bis der letzte kleine Glutrest erloschen war. Sie ist ein unnachgiebiges Mädchen, sagte sich Coy. Keine, die anders wäre, würde sich derart entschlossen auf so etwas einlassen, und eine andere hätte auch nicht diese Augen einer Pokerspielerin und drückte auch nicht ihre Zigarette derart sorgfältig aus, als wollte sie sie ermorden. Die hier weiß ganz genau, was sie will. Und ich bin ihr über den Weg gelaufen, was gut oder schlecht ausgehen kann.

»Es gibt Schätze«, sagte sie, »die sich nicht in Geld ausdrücken lassen.«

Coy blickte wieder aus dem Fenster, zu den fernen, in bestimmten Abständen erleuchteten Bahngleisen hinüber, und danach beobachtete er die Tankstelle auf der anderen Straßenseite, auf halbem Weg zwischen Haustür und Bahnhof. Vor der Tankstelle stand ein Mann, und Coy hatte den Eindruck, dass er nach oben schaute; doch so etwas ließ sich aus der fünften Etage schwer feststellen. Trotzdem kam ihm etwas in seiner Haltung oder Erscheinung wohl bekannt vor.

»Erwartest du jemand?«

Sie musterte ihn überrascht, ohne etwas zu sagen, bevor sie aufstand und langsam auf ihn zuging. Aufmerksam betrachtete sie ihn und nicht das Fenster; und als sie schließlich das Fenster erreicht hatte, blickte sie nach unten. Dabei berührte ihr Haar das Kinn und verbarg das Gesicht. Mechanisch hob sie eine Hand und streifte das Haar zurück, und Coy betrachtete ihr Profil, das wegen der gebrochenen Nase hart erschien und von den Straßenlichtern erhellt wurde. Sie wirkte besorgt.

»Dieser Mann steht schon eine ganze Weile da«, sagte er.

Tánger schaute weiter nach unten, ohne etwas zu antworten. Sie hielt den Atem an, und dann atmete sie ihn auf einmal heftig aus, was klagend oder ärgerlich klang. Ihr Gesicht hatte sich verfinstert.

»Kennst du den?«, fragte Coy.

Das hinhaltende Schweigen einer Bürokratin. Sphinx, venezianische Larve, aztekische Maske. Stumm wie die Phantome der *Chergui* und der *Dei Gloria*.

»Wer war der Kerl mit dem Zopf? ... Warum habt ihr euch neulich Nacht in Barcelona gestritten?«

Zas blickte abwechselnd vom einen zum andern und wedelte vergnügt mit dem Schwanz. Tánger blieb noch ein paar Sekunden ruhig, als hätte sie die Frage nicht gehört. Jetzt presste sie eine Hand an die Scheibe und hinterließ ihren Fingerabdruck. Sie war ganz nahe, und Coy nahm wieder ihren Duft nach warmem und sauberem Fleisch wahr. Eine leichte Erektion drückte an seine linke Hosentasche. Er stellte sie sich nackt vor, an das Fenster gelehnt, und die Straßenbeleuchtung schien auf ihre Haut. Er stellte sich vor, dass er ihr die Sachen herunterriss und sie zu sich umdrehte und dass sie ihn gewähren ließ. Er stellte sich vor, dass er sie in die Arme nahm und zum Sofa oder zum Bett trug, das wohl im Nebenzimmer stand, während Zas an der Schwelle blieb und liebevoll mit dem Schwanz wedelte. Er stellte sich vor, dass er verrückt wurde und dass er sie bis zum Leuchtturm am Ende der Welt verfolgte, inmitten von Stürmen und Schiffbrüchen, und dass sie von ihm etwas mehr wollte, als ihn lediglich zu benutzen. Er stellte sich das alles und noch viel mehr vor, wie in einer aus kleinen Bruchstücken montierten Bildfolge; das tat er schnell, heftig und verzweifelt, bis er auf einmal begriff, dass sie ihn beobachtete und dass der Ausdruck ihrer Augen der gleiche war wie der jener Frau an Bord des Schoners vor Venedig, als er durch das Fernglas nach ihr spähte und glaubte, dass sie trotz der Entfernung seine Gedanken durchschaute.

»Ich habe dir nur eine Antwort versprochen«, sagte sie schließlich, »und für heute Nacht war es schon genug ... Das Übrige muss warten.«

Er wollte mit dieser Frau schlafen, dachte er, während er treppab rannte und dabei jede zweite Stufe übersprang. Und das wollte er nicht einmal, sondern viele, unendlich viele Male. Mit Fingern und Zunge wollte er alle ihre goldenen Sommersprossen zählen und sie dann auf den Rücken legen, sanft ihre Schenkel auseinander biegen, in sie eindringen und sie auf den Mund küssen, während er dies tat. Sie langsam, ohne jede Hast küssen, ohne sie zu bedrängen, bis er jene harten Linien, die ihr manchmal ein so unzugängliches Aussehen gaben, mildern könnte, wie das Meer einen Felsen abschleift. In ihren marineblauen Augen wollte er leuchtende und überraschte Funken entzünden, ihren Atemrhythmus ändern, ihr Fleisch pulsieren und erschauern lassen. Und im Halbdunkel aufmerksam wie ein geduldiger Heckenschütze auf jenen kurzen und vergänglichen, egoistischen und intensiven Moment lauern, in dem sich eine Frau in sich selbst versenkt und das Antlitz aller Frauen hat, die schon geboren sind oder noch kommen werden.

Das war Coys Gemütszustand, als er nach Mitternacht auf die Straße hinaustrat und sich die Erektion lustlos in ihren kalten Junggesellenschlupfwinkel zurückzog. Es war durchaus nicht sonderbar, dass er nicht geradeaus auf dem Bürgersteig weiterging, sondern sich auf dem Paseo Infanta Isabel nach beiden Seiten umsah, unterhalb einer Ampel, die in diesem Moment auf Rot stand, die Straße überquerte und geradewegs auf den Mann zulief, der weiter neben einer beleuchteten Zapfsäule der Tankstelle stand. Im Grunde hatte Coy nichts für Schlägereien übrig. Bei seinen stürmischsten Landgängen in jenen glücklichen Tagen, als es für ihn noch Schiffe gab, von denen er an Land gehen konnte, hatte er sich damit begnügt, ein unfreiwilliger Teilnehmer, Statist und Kamerad zu sein, einer von denen, die mit Freunden zusammen sind, wenn sich die Atmosphäre aufheizt und die mit einem Glas in der Hand denken, hier gibt es gleich Krach, ran geht's, los, los, ran, ran, und ein paar Sekunden später sind sie schon dabei, Faustschläge auszuteilen und einzustecken, ohne dass sie eigentlich mit der Sache zu tun haben. Das passierte vor allem in den Zeiten von Torpedo Tucumán und der Mannschaft Sanders, wenn Coy an jedem zweiten kalten Morgen mit einem blauen Auge vom Hafen aufs Schiff zurückkehrte, wenn er den Kragen hochgeschlagen hatte und an den feuchten Kais entlanglief, auf denen sich gelbliche Lichter bei den

Lagerschuppen, den Kränen und den dunklen Umrissen der vertäuten Schiffe spiegelten: drei, vier, zehn schlaftrunkene, schwankende Männer, manchmal trugen sie Kameraden, die ihre Füße nachschleiften, und immer kam noch ein Nachzügler am Rande des alkoholischen Komas, der die Orientierung verloren hatte und ihnen in größerer Entfernung folgte, dabei gefährliche Zickzacklinien neben den Pollern dicht vor dem Wasser zog. Die Mannschaft Sanders: Jan Sanders zeichnete die humoristischen Illustrationen der Sigma-Kalender mit Schiffsbildern, deren Helden zu einer Mannschaft von versoffenen, verhurten und randalierenden Matrosen gehörten, die ihren Kapitän, einen zwergenhaften Despoten mit großem Schnauzbart, hassten, die ihre Katastrophen, Schlägereien und Schiffbrüche über alle Meere und in alle Bordelle der Welt brachten. Die den Kalendern entstiegene Mannschaft Sanders bestand aus Coy selbst, dem Galicier Neira und dem Obermaschinisten Gorostiola, alias Torpedo Tucumán, als die drei auf Schiffen der Zoeline zwischen Mittelamerika und Nordeuropa fuhren, und gemeinsam brieten sie im Rhythmus der Tropen, wenn sie an den Ankerplätzen und in den Häfen der Karibik waren, wie sie auch in New York, Hamburg oder Rotterdam vor Kälte zitterten, wenn der eisige Wind über Deck und Brücke fegte und das Quecksilber aus den Thermometern verschwand. Diese drei waren Grundlage und Stamm der Mannschaft, wenn sich ihnen auch immer jemand anschloss, je nachdem, welchen Hafen sie gerade besuchten. Neira maß zwei Meter und wog fünfundneunzig Kilo, und Torpedo war nur wenige Zentimeter kleiner und ein paar Kilo leichter. Das wirkte sich an solchen Orten wie Panama nützlich und sogar beruhigend aus, wo man ihnen geraten hatte, sich an Land nicht über den zollfreien Laden am Ende der Pier hinauszuwagen, weil jenseits davon immer Pistolen und Messer auf sie lauerten. Wenn Coy zwischen diesen beiden Teufelskerlen lief, sah er aus wie ein Zwerg: Sie hatten Arme wie zwanzigzöllige Ankertaue, Hände wie Schraubenblätter und einen deutlichen Hang, vom fünften Whisky an Gegenstände, Flaschen, Kneipen und Gesichter zu zerschlagen. Wo sie entlangkamen – mit Coy im Schlepptau –, wuchs kein Gras mehr. Wie in jener Kopenhagener Kneipe voller blonder Männer und Frauen, die, wie sich schließlich herausstellte, auch blonde Männer waren, wo Torpedo Tucumán in Wut geriet, weil er, als er mit seiner Hand zugrapschte, gut fünfhundert Gramm von dem entdeckte, was er nicht erwartet hatte; und er und Neira packten Coy nach ein paar Minuten Handgemenge jeder an einem Arm, stemmten ihn hoch, und während er zwischen den beiden schwebte, machten sie sich im vollen Trab aus dem Staub, Hafen und Schiff entgegen, wobei ihnen ein halbes Dutzend – unvermeidlich blonder – Polizisten auf den Fersen war. »Ich schwör euch, ich hab gedacht, das wär eine Schnalle«, hatte Torpedo immer wieder gesagt, ächz, ächz, ächz, während er mitten im Lauf nach Luft schnappte und Neira sich auf der anderen Seite über die Sache lustig machte, und sogar Coy lachte laut, trotz der gerade aufgeplatzten Lippe und obwohl Torpedo die beiden schief und äußerst übel gelaunt ansah. »Lasst euch nicht einfallen, das jemandem zu erzählen, kapiert? Lasst euch das ja nicht einfallen, ächz, ächz. Ihr Schweinehunde!«

Jedenfalls rührte sich der Kerl an der Tankstelle überhaupt nicht, als er sah, dass Coy näher kam. Mit den Händen in den Jackentaschen lief dieser auf ihn zu, und er spürte eine mächtige innere Erregung, die in ihm das Verlangen weckte, laut zu reden, dröhnend zu singen oder sich zu prügeln, ob er nun mit der Mannschaft Sanders zusammen war oder nicht. Er war verliebt wie ein grüner Junge und sich seiner Lage bewusst, und das beunruhigte ihn nicht, sondern spornte ihn an. Nach seiner Ansicht konnten die Seeleute des Odysseus, die sich die Ohren mit Wachs verstopften, um nicht den Gesang der Sirenen zu hören, gar nicht ermessen, was sie versäumten. Ein untätiger Seemann hält schließlich, wie es in dem alten Sprichwort hieß, nach einem Schiff Ausschau oder nach einer Frau. Eine derartige Rechtfertigung war so viel wert wie jede andere. Bei diesem Abenteuer, oder was zum Teufel das auch immer war, gehörten zu ein und demselben Paket ein Schiff, selbst wenn es untergegangen war, und eine Frau. Was nun die Folgen der einzelnen Schritte, Handlungen und Konflikte betraf, zu denen ihn das Schiff, die Frau und sein eigener Gemütszustand unausweichlich führten, so kümmerte ihn das alles in diesem Augenblick – wenn man seine Gedanken in Worte umsetzte – einen feuchten Dreck.

So kam er zur Tankstelle und ging geradewegs auf den Kerl zu, der an der beleuchteten Zapfsäule wachte, und je mehr er den Abstand verringerte, desto sicherer spürte er wieder, dass der Typ ihm bekannt war, was er schon empfunden hatte, als er ihn vom Fenster aus beobachtete. Als er sich beinahe neben ihm befand und der andere ihn mit offenkundigem Argwohn herankommen sah, zählte er allmählich eins und eins zusammen, und ihm fiel der kleine Kerl von der Auktion ein, derselbe, den er später, wie er glaubte, zwischen den Arkaden der Plaza Real bemerkt hatte und der nun ohne jeden Zweifel wieder vor ihm stand, mit einer dreiviertellangen grünen, rustikalen Joppe, als hielte er sich für die Parodie eines morgendlichen Jagdausflugs in Sussex bereit. Den parodistischen Eindruck verstärkten seine geringe Größe sowie seine Gesichtszüge, an die sich Coy genau erinnerte: die Glotzaugen und der melancholische Ausdruck. Sein eindeutig mediterranes Aussehen bildete einen noch schärferen Gegensatz zu der englischen Kleidung. Die Augen und der Schnurrbart waren tiefschwarz, das pomadisierte Haar glänzte an den Schläfen, und er hatte die gelbliche Haut des Südländers.

»Was, verdammt noch mal, hast du hier zu suchen?«

Er trat etwas von der Seite an ihn heran, man konnte ja nie wissen, er hatte die Hände ein wenig vom Körper abgewinkelt und die Muskeln gespannt; er hatte nämlich mehr als einmal gesehen, wie ganz kleine Kerle lossprangen und sich in schrankgroße Kolosse verbissen oder ein aufgeklapptes Messer in der Hand hielten und es einem in den Oberschenkel jagten, bevor man den Mund aufmachen konnte. Der hier jedenfalls machte überhaupt keinen derartigen Eindruck, vielleicht, weil ihm die Kleidung ein halb förmliches, halb groteskes Aussehen verlieh, so dass er wie eine Kreuzung aus Danny DeVito und Peter Lorre wirkte, der sich gerade bei Barbour eingekleidet hatte, um an einem englischen Regentag aufs Land hinauszufahren.

»Pardon?«

Der Typ lächelte traurig. Coy stellte einen undefinierbaren südamerikanischen Akzent fest. Vielleicht ein Argentinier. Oder Uruguayer.

»Wenn man sich einmal begegnet, kann das Zufall sein«, sagte er. »Beim zweiten Mal kann es an den Umständen liegen. Das dritte Mal geht es mir auf die Eier.«

Der andere schien über die Frage nachzudenken. Coy bemerkte, dass er eine Fliege mit einem sehr sorgfältig gebundenen Knoten trug und dass seine braunen Schuhe tadellos glänzten.

»Ich weiß nicht, wovon Sie reden«, sagte er endlich.

Er hatte etwas stärker gelächelt. Eine höfliche und ein wenig bekümmerte Grimasse. Sein Gesicht war das eines netten Menschen, eines liebenswürdigen Burschen, den der Schnurrbart älter wirken ließ. Seine Glotzaugen lächelten ebenfalls und waren fest auf Coy gerichtet.

»Ich rede davon«, sagte Coy, »dass ich es satt habe, dich überall zu sehen.«

»Ich erkläre Ihnen noch einmal, dass ich nicht verstehe, was Sie meinen«, der Kerl starrte ihn weiter sehr selbstbewusst an. »... Jedenfalls, wenn ich Sie irgendwie gestört habe, so glauben Sie bitte, dass es mir Leid tut.«

»Das wird dir noch mehr Leid tun, wenn du mir nicht sagst, was du hier zu suchen hast.«

Der andere zog die Brauen hoch, als überraschten ihn diese Worte. Die Drohung schien ihn aufrichtig zu betrüben. Das ist unangemessen, sagte seine Miene. Es passt nicht zu einem guten Jungen wie dir, so etwas zu sagen.

»Verhandeln wir, bester Herr«, sagte er.

»Was redest du für eine Scheiße?«

»Ich meine, verehrter Herr, wir sollten nicht unsere Seelenruhe verlieren.«

Er sagte »Härr«, mit einem »ä« anstelle des »e«. Und er veralbert mich, dachte Coy. Dieser Hundesohn lacht mir ins Gesicht. Er zögerte eine Sekunde, ob er ihm gleich einen Hieb auf die Rübe geben oder ihn in eine Ecke stoßen und seine Taschen durchsuchen sollte, um herauszufinden, wer zum Teufel er war. Er wollte sich gerade entscheiden, als er entdeckte, dass der Tankwart aus seinem Häuschen herausgekommen war und sie neugierig beobachtete. Mal sehen, ob ich aus der Rolle falle, sagte er sich. Mal sehen, ob ich Stunk mache und wir uns kloppen, und dann gibt es keine Chance, das kaputte Geschirr zu kitten. Er schaute nach oben, zu den Fenstern des letzten Stockwerks. Alle waren dunkel. Sie kümmerte sich um nichts mehr, oder sie stand weiter da, ohne Licht, das ihre Anwesenheit verraten hätte, und passte auf. Coy fasste sich unschlüssig an die Nase. Eine tolle Situation. Da sah er, dass der melancholische Zwerg sich ein wenig in Richtung Bürgersteig entfernt hatte und ein Taxi anhielt. Wie ein Bauer im Schachspiel, der auf ein anderes Feld sprang.

Er blieb eine Weile vor der Tankstelle stehen und betrachtete die dunklen Fenster im fünften Stock. Sie ziehen mich mächtig über den Tisch, dachte er. In aller Öffentlichkeit und mit allem Tamtam. Und ich lasse mich reinlegen wie ein besoffener Ukrainer. Er stellte sich vor, dass Tánger immer noch da oben war und ihn im Dunkeln belauerte, doch er konnte nicht die geringste Bewegung wahrnehmen. Er blieb weiter ruhig stehen und schaute nach oben, weil er sicher war, dass sie alles mit angesehen hatte, während er die Regung unterdrückte, abermals hochzugehen und Erklärungen von ihr zu verlangen. Rums, bums. Zwei Ohrfeigen mit dem Handrücken, sie stürzt aufs Sofa. ›Ich kann dir alles erklären, und außerdem liebe ich dich.‹ Dann Tränen und eine gute Nummer. ›Entschuldige, dass ich dich für einen Blödmann gehalten habe‹, und so weiter. Bla, bla, bla.

Er blinzelte und kam wieder zu sich, während er seufzte, was beinahe wie eine Klage klang. Ganz bestimmt gibt es Regeln für das alles, vermutete er kühn. Regeln, die ich nicht kenne, dafür aber sie. Oder vielleicht Regeln, die sie selber aufgestellt hat. Und vielleicht gehört dazu, dass gerade jetzt der richtige Moment ist, seinen Weg fortzusetzen oder sich zu verdrücken: ›Tschüs und leben Sie wohl, und machen Sie das Licht aus, wenn Sie rausgehn, aber sagen Sie nicht, dass wir Sie nicht gewarnt haben, Seemann.‹ Die Frage war, wovor man ihn warnte. Vor wem.

Er fühlte sich so durcheinander, dass er bis zum benachbarten Platz lief, und anschließend ging er langsam die Calle de Atocha hoch. In der ersten offenen Kneipe, an der er vorbeikam – dort hatten sie auch keinen blauen Gin –, blieb er ruhig an der Theke stehen und sah das Getränk an, das er bestellt hatte, ohne es anzurühren. Die Kneipe war eine alte Bude mit einem Schanktisch aus Zink, mit Resopalstühlen, einem eingeschalteten Fernsehgerät und Fotos der Fußballmannschaft Rayo Vallecano an der Wand. Außer dem Kellner war niemand da, und das war ein hagerer Mann mit einer Tätowierung auf dem Handrücken. Das fettbespritzte Hemd gab ihm ein abstoßendes Aussehen, während er mit geringschätziger Miene das Sägemehl auf dem Boden zusammenfegte, wo sich zerknüllte Servietten und Garnelenschalen häuften. Coy hatte einen Spiegel vor sich, der mit Bierreklame beklebt war, und sein Gesicht spiegelte sich zwischen der in weißen Buchstaben geschriebenen Liste der Tapas und warmen Gerichte. Er sah seine Augen genau zwischen den Wörtern *Schweinekotelett mit Tomate* und *Tintenfisch in Essigsoße*, was auch nicht dazu angetan war, die Stimmung zu heben. Und diese Augen prüften ihn argwöhnisch und befragten ihn, welche Schritte er in den nächsten Stunden zu unternehmen gedachte.

»Ich möchte mit ihr schlafen«, sagte er zu dem Kellner.

»Das möchten wir alle«, antwortete der andere philosophisch, ohne mit dem Fegen aufzuhören.

Coy nickte und setzte endlich das Glas an die Lippen. Er trank einen kleinen Schluck, besah sich wieder im Spiegel und verzog das Gesicht.

»Das Problem ist«, sagte er, »dass sie nicht ehrlich spielt.«

»Das tun sie nie.«

»Aber sie ist ungeheuer hübsch. Dieses große Miststück.«

»Das sind sie alle.«

Der Kellner hatte den Besen in eine Ecke gestellt, und als er hinter die Theke zurückgekehrt war, goss er sich ein Bier ein. Coy sah ihm zu, wie er langsam ein halbes Glas austrank, ohne abzusetzen, und danach betrachtete er die Fotos des Rayo Vallecano, bis er beim Plakat eines Stierkampfes innehielt, der sieben Jahre zuvor in Las Ventas stattgefunden hatte. Er knöpfte sich die Jacke auf und steckte die Hände in die Hosentaschen. Er holte ein paar Münzen heraus, legte sie in einer Reihe auf den Schanktisch und versuchte sich in dem Spiel, eine Münze zwischen zwei anderen hindurchzuschieben, ohne die eine zu bewegen oder die andere zu berühren.

»Ich kriege gewaltigen Ärger.«

Diesmal antwortete der Kellner nicht sofort. Er betrachtete den Bierschaum am Rand seines Glases.

»Womöglich ist sie es wert«, sagte er nach einer Weile.

»Das weiß ich noch nicht«, Coy zuckte die Achseln. »Da gibt es ein untergegangenes Schiff, wie im Film ... Ich habe den Eindruck, dass sogar ein paar Böse mitspielen.«

Der andere blickte zum ersten Mal hoch. Er schien andeutungsweise interessiert.

»Gefährlich?«

»Ich habe nicht die geringste Ahnung.«

Sie schwiegen wieder einige Zeit. Er setzte sein Spiel fort und nahm ein paar Schlucke, während der Kellner, der sich auf eine Ecke der Theke stützte, sein Glas austrank. Dann holte er ein Päckchen Zigaretten unter dem Schanktisch hervor und rauchte, ohne Coy eine anzubieten. Die Tätowierung seiner Hand zeigte vier blaue Punkte zwischen den Daumen- und Zeigefingerknöcheln: ein typisches Knastsymbol. Er war jung, also konnte er nicht viele Jahre gesessen haben. Zwei oder drei, schätzte Coy. Vier oder fünf.

»Ich glaube«, sagte Coy, »ich mache weiter.«

Der Kellner nickte bedächtig und sagte nichts. Daraufhin ließ Coy zwei Münzen auf der Theke liegen, steckte den Rest ein und ging hinaus auf die Straße.

IV. Länge und Breite

> Du möchtest wissen, welchen Längengrad und Breitengrad ich inzwischen erreicht habe; ich habe keine Ahnung, was Längengrade und Breitengrade sind, doch diese zwei Wörter klingen so imponierend.
>
> LEWIS CARROLL, *Alice im Wunderland*

Zas lag auf dem Boden und wedelte mit dem Schwanz, sein Kopf ruhte auf einem von Coys Schuhen. Ein Sonnenstrahl drang schräg durchs Fenster und ließ das goldene Haar des Labradors glänzen, ebenso den Spitzzirkel, das Parallellineal und den Winkelmesser, die auf dem Tisch lagen und die sie gerade an diesem Morgen in der Buchhandlung Robinson gekauft hatten. Das Parallellineal und der Winkelmesser waren Blundell-Harling-Produkte und der Zirkel ein W & HC aus Messing und rostfreiem Stahl, den Coy verlangt hatte, dazu kamen zwei weiche Stifte, ein Radiergummi, ein Heft mit karierten Blättern und die letzten berichtigten Ausgaben des Leuchtfeuerverzeichnisses und des Seehandbuchs Nummer zwei des Hydrographischen Instituts der Marine, das die spanischen Mittelmeerküsten darstellte. Tánger Soto hatte alles mit ihrer Kreditkarte bezahlt, und nun lagen die Sachen auf dem Tisch im großen Zimmer der Wohnung am Paseo Infanta Isabel. Auch der *Atlas* Urrutias war dort, sie hatten die Karte Nummer zwölf aufgeschlagen, und Coy fuhr mit den Fingern über die leicht raue Fläche des dicken und makellosen weißen Papiers, das einen zweihundertfünfzigjährigen Zeitraum von Kriegen, Katastrophen, Feuersbrünsten und

Schiffbrüchen überlebt hatte. *Vom Cope-Vorgebirge bis zur Torre Herradora oder Horadada.* Die Kartenaufnahme umfasste sechzig Meilen Küste, sie erstreckte sich waagerecht und in Ostrichtung bis zum Cabo de Palos, und senkrecht ging sie von dort nach Norden weiter, als bildete sie zwei Seiten eines Rechtecks. Sie schloss den Salzsee Mar Menor ein, den der schmale, sandige Landstreifen La Manga vom Mittelmeer trennte. Abgesehen von dem Fehler, den er schon erkannt hatte, als er die Karte zum ersten Mal sah – Palos lag ein paar Minuten südlich von seiner wahren Breite –, war die Küstenlinie für die damalige Zeit sehr genau gezeichnet: die weite Sandbucht von Mazarrón westlich vom Cabo Tiñoso, die Felsenküste und die Bucht von El Portús im Osten, der Hafen Cartagena mit dem bedrohlichen Kreuzchen, das die Sandbank an der Einfahrt der Insel Escombreras bezeichnete, und dann wieder Felsen bis zu der Landspitze von Palos und den unheilvollen Hormigas-Inseln, wo die Bucht von Portmán den einzigen Schutz bot. Die Karte zeigte sie noch frei von dem Schlamm aus den Bergwerken, mit dem sie einige Jahre später zugeschüttet werden sollte. Der Stich war von außerordentlich hoher Qualität, er hatte zarte Punktierungen und feine Linien, um die einzelnen geographischen Besonderheiten zu markieren. Außerdem trug er wie die übrigen Illustrationen des Atlas ein Täfelchen: *Unserem Herrn, dem König, von Sr. Exzellenz, Señor Don Zenón de Somodevilla, Marqués de la Ensenada, überreicht und von Herrn Kapitän zur See Don Ignacio Urrutia Salcedo verfertigt.* Dazu enthielt das Täfelchen noch die Jahreszahl – *Anno 1751* – und die Angabe: *Die geloteten Tiefenzahlen sind Faden zu zwei kastilischen Ellen.* Coy hielt mit dem Finger an dieser Linie inne und blickte Tánger forschend an.

»Eine kastilische Elle«, sagte sie, »war das Dreifache des Maßes, das man als Fuß von Burgos bezeichnete. Das heißt dreiundachtzigeinhalb Zentimeter ... Die Hälfte von dem, was ihr Seeleute ›Faden‹ nennt. Sechs Fuß ergaben einen spanischen Faden.«
»Einen Meter und siebenundsechzig Zentimeter.«
»Genau.«
Coy nickte und blickte auf die Karte, um die kleinen Zahlen zu prüfen, die den Rand von Untiefen in der Nähe von Ankerplätzen, Kaps und Riffen bezeichneten. Jetzt hatte man Elektronensonden, und in einer halben Sekunde gaben sie das genaue Relief des Meeresbodens mit seinen Tiefen wieder; doch in der Mitte des 18. Jahrhunderts konnte man diese Daten nur durch mühselige Untersuchungen mit dem Handlot ermitteln, einer langen Schnur mit einem Bleigewicht am Ende. Wenn die Zahlen, die der Urrutia verzeichnete, Faden waren, müsste man jede einzelne von diesen Tiefenangaben in Meter umrechnen, damit sie den modernen spanischen Karten entsprachen. Jeweils zwei Einheiten auf der Urrutia-Karte verwandelten sich so in annähernd dreieinhalb Meter.

An einer Tischseite standen neben den Bleistiften und dem Radiergummi zwei leere Kaffeetassen. Außerdem ein sauberer Aschenbecher und daneben ein Päckchen der englischen Zigaretten, die sie manchmal rauchte. Aus der Mini-Anlage vom Büfett erklang Musik: etwas Altes, sehr Gefälliges, vielleicht etwas Französisches oder Italienisches. Diese Melodie ließ Coy an Gärten mit geometrisch beschnittenen Hecken, an Steinbrunnen und Paläste am Ende schnurgerader Alleen denken. Er betrachtete das Profil der Frau, die sich über die Seekarte beugte. Diese Musik passte zu ihr, dachte er. Sie entsprach ihr ebenso wie das weite khakifarbene Hemd, das sie offen über dem weißen Baumwoll-T-Shirt trug: ein militärisches Männerhemd mit großen Taschen. Die zwanglose Kleidung stand ihr so gut wie die vorschriftsmäßige. An den Jeans bildeten sich schmale Falten in der Leistengegend und um die Knie, und über den Tennisschuhen ließen sie die nackten Knöchel frei – die ebenfalls mit Sommersprossen bedeckt waren, wie er entzückt und verblüfft festgestellt hatte.

Coy beugte sich aufmerksam vor und prüfte die Breiten- und Längenmaßstäbe. Seitdem die Phönizier zum ersten Mal das Mittelmeer überquert hatten, war die ganze Schifffahrtskunde bestrebt, es dem Seemann zu erleichtern, seine Position auf der Karte zu bestimmen; nachdem man den Schiffsort ermittelt hatte, war es möglich, den zu befolgenden Kurs und dessen Gefahren zu erkennen. Karten, Portulane und Segelhandbücher waren lediglich nützliche Anleitungen, Lehrbücher, um die astronomischen, geographischen, chronometrischen Berechnungen und deren Kombination konkret anzuwenden, die es erlaubten, direkt oder durch Gissung die Lage an den Meridianen – die nördliche oder südliche Breite in Bezug auf den Äquator – und an den Parallelkreisen – die östliche oder westliche Länge in Bezug auf den entsprechenden Meridian – zu ermitteln. Breite und Länge halfen dabei, die eigene Position auf einer Seekarte auszumachen, indem man die an deren Rand abgedruckten Maßstäbe benutzte. Diese Maßstäbe waren auf den modernen Karten in Graden, Minuten und Zehntelminuten angegeben, bei denen jede Minute einer herkömmlichen Seemeile von 1852 Metern entsprach. Die Position an den Parallelkreisen wurde ermittelt, indem man den Maßstab benutzte, der sich auf dem oberen und unteren Teil jeder Karte befand, und die Position an den Meridianen ergab sich aus dem Maßstab rechts und links. Dann erreichte man mit Hilfe des Zirkels und des Parallellineals, dass sich die Linien beider Positionen kreuzten, und an ihrem Schnittpunkt, wenn man die Berechnungen korrekt ausgeführt hatte, befand sich das Schiff. Diese Aufgabe wurde durch zusätzliche Faktoren erschwert, wie etwa die magnetische Deklination, die Meeresströmungen und andere Elemente, die weitere Berechnungen erforderlich machten. Es bedeutete auch einen großen Unterschied, ob man mit den in der Antike benutzten Plattkarten fuhr, bei denen Meridiane und Parallelkreise auf dem Papier die gleichen Maße hatten, oder runde Seekarten benutzte, die sich genauer der wirklichen Erdgestalt anpassten und bei denen sich der Abstand zwischen den Meridianen immer weiter verkürzte, je mehr sie sich den Polen näherten. Der Übergang von Ptolemäus zu Mercator war langwierig und kompliziert; und die Seevermessungen gelangten erst am Ende des 18. Jahrhunderts zur Vollkommenheit, als man das Schiffschronometer für die Bestimmung der Länge einsetzte. Die Breite wurde von alters her durch Sternbeobachtungen und die astronomische Deklination ermittelt: mit dem Jakobsstab, dem Oktanten und dem modernen Sextanten.

»Welche Position hatte die *Dei Gloria*, als sie unterging?«

»Vier Grad und einundfünfzig Minuten östlicher Länge ... Die Breite war siebenunddreißig Grad und zweiunddreißig Minuten nördlich.«

Sie hatte ohne Zögern geantwortet. Coy nickte zustimmend und beugte sich etwas weiter vor, um diese Koordinaten auf der auf dem Tisch ausgebreiteten Karte zu ermitteln. Als Zas die Bewegung spürte, regte er sich ein wenig, hob den Kopf und legte ihn wieder auf Coys Schuh.

»Gewiss haben sie ihre Position bestimmt, indem sie sich nach Bezugspunkten an Land richteten«, sagte Coy. »Das ist am wahrscheinlichsten, wenn sie in Sicht der Küste fuhren ... Ich kann mir nicht vorstellen, dass sie verfolgt wurden und dabei mit dem Oktanten die Sonnenhöhe nahmen. Es wäre für uns ein Problem, wenn sie ihren Ort durch Gissung bestimmt hätten ... So etwas ist sehr relativ. Du berechnest Geschwindigkeit, Kurs, Abtrift und zurückgelegte Meilen. Das kann einen großen Fehlerbereich ergeben. In den Zeiten der Segelschifffahrt nannten die Seeleute diesen durch Gissung festgestellten Schiffsort ›Phantasiepunkt‹.«

Sie sah ihn an. Ernsthaft, nachdenklich. Sie achtete auf jedes Wort.

»Bist du viel auf Segelschiffen gefahren?«

»Ja. Vor allem, als ich jung war. Ein Jahr lang bin ich Schüler an Bord der *Estrella del Sur* gewesen, auf einem zum Schulschiff umgebauten Toppsegelschoner. Ich habe auch lange Zeit auf der *Carpanta* verbracht, die einem Freund gehört ... Und natürlich die Bücher. Romane und Geschichtsbücher.«

»Immer über das Meer?«

»Immer.«

»Und das Land?«

»Mir ist es lieber, wenn ich zwanzig Meilen vom Land entfernt bin.«

Tánger nickte, als bestätigten diese Worte etwas.

»Der Kampf fand nach dem Morgengrauen statt«, betonte sie schließlich. »Es war schon hell.«

»Dann ist es am wahrscheinlichsten, dass sie Bezugspunkte an Land suchten. Die haben sie angepeilt. Es hätte ihnen genügt, zwei solche Peilungen zu vergleichen, um ihren Ort zu bestimmen ... Ich nehme an, du weißt, wie man das macht.«

»Mehr oder weniger«, sie lächelte unsicher. »Aber ich habe nie gesehen, wie ein richtiger Seemann das macht.«

Coy nahm den Winkelmesser, ein durchsichtiges Kunststoffquadrat, auf dem rundum die in Zehnerabständen nummerierte 360-Grad-Einteilung der Kreislinie aufgedruckt war. Damit ließen sich die Kurse genau berechnen, indem man die Angaben der Magnetnadel des Schiffes auf das Papier der Seekarten übertrug.

»Das ist leicht: Du suchst ein Kap oder etwas, das du wieder erkennen kannst«, er legte den Radiergummi, der ein imaginäres Schiff darstellen sollte, auf die Karte und verschob den Winkelmesser zur nächsten Küste. »Dann bestimmst du seine Position mit dem Bordkompass, und das ergibt zum Beispiel 45° nördlich. Also gehst du zur Karte und zeichnest von diesem Punkt aus eine entgegengesetzte Linie in Richtung auf 225°. Siehst du? ... Hierauf nimmst du einen anderen Bezugspunkt, der sich in einem deutlichen Winkel vom ersten abhebt: noch ein Kap, einen Berg oder was auch immer. Wenn das zum Beispiel 315° ergibt, zeichnest du die entgegengesetzte Linie auf die Karte, in Richtung 135°. Dort, wo sich beide Linien kreuzen, befindet sich dein Schiff. Wenn die Bezugspunkte an Land eindeutig sind, ist die Methode sicher. Aber noch besser, wenn du das mit einer dritten Peilung vervollständigst.«

Tánger hatte nachdenklich den Mund verzogen. Sie betrachtete den Radiergummi so aufmerksam, als handelte es sich wirklich um ein Schiff, das an dieser auf dem Papier verzeichneten Küste entlangfuhr. Coy nahm einen Bleistift und bewegte ihn an der Kartenzeichnung entlang.

»Die Küste hier hat streckenweise seichte und sandige

Ufer«, erklärte er, »aber vor allem steile Abschnitte mit hohen Felsen. Es gibt reichlich Bezugspunkte, um sich in Sichtweite zu orientieren ... Ich denke mir, der Steuermann der *Dei Gloria* konnte das mühelos. Vielleicht hat er das während der Nacht getan, wenn der Mond schien und die Küste deutlich hervortrat ... Obwohl das schwieriger ist. Damals gab es keine solchen Leuchttürme wie heute. Höchstens irgendeinen Turm mit einem Leuchtfeuer. Aber ich bezweifle, dass es dort überhaupt einen gab.«

Sicher nicht, sagte er sich, als er die Karte ansah. Sicher gab es in jener Nacht vom 3. auf den 4. Februar 1767 kein Licht und keinen anderen ermutigenden Bezugs- oder Orientierungspunkt oder sonst etwas, vielleicht abgesehen von der Küstenlinie, die sich backbords im Mondlicht abzeichnete. Er konnte sich die Szene ausmalen: Mit vollen Segeln eilt das Schiff seewärts, während der Wind durch die Takelage pfeift und das Deck der Brigg nach der Steuerbordseite übergekrängt ist, das Wasser nahe am Schiffsrand braust und das Mondlicht luvwärts in der gekräuselten See funkelt. Ein zuverlässiger Mann am Steuerrad, und die Brückenwache starrt angespannt und beunruhigt in die Dunkelheit. Kein einziges Licht an Bord, und der Kapitän steht auf dem Achterdeck, blickt besorgt nach oben, zu der gespenstischen Pyramide aus flatterndem weißen Segeltuch, lauscht aufmerksam auf die knirschenden Geräusche und fragt sich, ob das vom Sturm auf dem Atlantik beschädigte Masten- und Takelwerk standhalten wird. Er schweigt, damit keiner seiner Leute, die ihm vertrauen, seine Sorgen errät, doch im Kopf berechnet er Abstand, Kurs, Abtrift und Kreuzen gegen den Wind, mit der Angst eines Mannes, der weiß, dass eine falsche Entscheidung das Schiff und seine Mannschaft zum Untergang verurteilt. Gewiss kennt er noch nicht seine genaue Position, und das verschlimmert seine Sorgen. Coy stellte sich vor, wie der Kapitän zur schwarzen Küstenlinie hinüberschaute, die sich in einer Entfernung von zwei oder drei Meilen entlangzog, nah, aber unerreichbar und in der Dunkelheit ebenso gefährlich wie die Kanonen des Feindes: Er blickt wie seine Männer zurück, in die Nacht hinaus, wo die Korsarenschebecke zuweilen unsichtbar und dann wieder als verschwommener Umriss und undeutlicher Schatten die Wogen zerteilt und ihnen nachjagt. Nun sieht er wieder zur Küste, zur Nacht vor ihm und zu dem Meer achtern, dann abermals nach oben, achtet auf die Geräusche dort, wo die Sterne zu schwanken scheinen, auf das Knacken des Takelwerks oder das Knirschen der Toppmasten, das die Herzen der Männer stillstehen lässt, während sie sich in der Dunkelheit als schwarze und schweigende Silhouetten an den Luvwanten zusammendrängen. Männer, die morgen um diese Zeit tot sein werden, wie auch der Kapitän. Alle außer einem.

»Wie schätzt du unsere Chancen ein?«

Coy blinzelte, als wäre er gerade in diesem Augenblick vom Deck der Brigg zurückgekehrt. Tánger sah ihn gespannt an und wartete auf eine Antwort. Offenkundig war, dass sie alles schon von vorn und von hinten bedacht hatte, doch sie wollte es aus seinem Mund hören. Er zuckte die Achseln:

»Das erste Problem ist, dass sich die Männer der *Dei Gloria* nach dieser Karte und nicht nach modernen Karten gerichtet haben. Aber wir müssen uns an moderne Karten halten, selbst wenn wir die hier als Ausgangspunkt benutzen ... Man müsste die Unterschiede zwischen dem Urrutia und den heutigen Karten berechnen. Die exakten

Grade und das alles messen. Wir wissen bereits, dass das Cabo de Palos auf dem Urrutia ein paar Minuten weiter südlich liegt.« Er zeigte mit dem Bleistift auf die Karte. »… Wie du sehen kannst, ist die ganze Küstenlinie von Cabo de Agua an so gezeichnet, als hielte man sie für beinahe waagerecht, während sie sich tatsächlich etwas schräg nach oben bewegt, so, nach Nordosten. Gib Acht, wo sich die Hormiga-Sandbank auf dem Urrutia befindet und wo sie auf der modernen Karte ist.«

Er nahm den Spitzzirkel, stellte die Entfernung vom Cabo de Palos zum nächsten Parallelkreis fest, und danach setzte er den Zirkel auf den senkrechten Maßstab am linken Kartenrand, um den Abstand in Meilen zu messen. Aufmerksam verfolgte sie seine Bewegungen, stützte reglos die Hand auf den Tisch, ganz nahe bei Coys Arm. Die glatt herabfallenden blonden Haare hingen wieder über ihr Gesicht und streiften ihr Kinn.

»Wir wollen genau rechnen …« Coy notierte die Zahlen mit einem Bleistift auf ein Heftblatt. »Siehst du? … Die 37°35' des Urrutia werden bei uns … zur exakten Breite von 37°38'. Eigentlich 37°37' und ungefähr dreißig oder vierzig Sekunden, was 37°37,5' ergibt, wenn man es in den Zahlen einer modernen Seekarte ausdrückt, auf der die Sekunden als Dezimalbruch erscheinen, den man den Minuten hinzufügt. Daraus wird hier, an der Spitze vom Cabo de Palos, ein Fehler von zweieinhalb Meilen. Vielleicht bis zu einer Meile am Cabo Tiñoso. Das ist ein wesentlicher Unterschied, wenn es um ein Wrack geht … um ein untergegangenes Schiff. Es kann sich entweder in der Nähe der Küste befinden, zwanzig oder dreißig Meter tief, wo man leicht zu ihm vordringen kann, oder es liegt zu weit weg, in einer Tiefe, die allmählich zunimmt und sich auf hundert, zweihundert oder mehr Meter erhöht, so dass es unmöglich wird, hinunterzukommen oder es überhaupt zu finden.«

Er machte eine Pause und sah sie an. Sie beugte immer noch den Kopf vor und prüfte die auf der Karte angegebenen Tiefenzahlen. Ganz klar, dass Tánger das alles nur zu gut wusste. Vielleicht hat sie es nötig, dass jemand es ihr laut bestätigt, dachte Coy. Vielleicht will sie, dass jemand ihr sagt, es sei zu schaffen. Folgt die Frage: Warum ich?

»Glaubst du, dass du bis zu fünfzig Meter tauchen kannst?«, fragte sie.

»Ich nehme an, ja. Ich bin etwas tiefer als sechzig hinuntergekommen, obwohl die Sicherheitsgrenze bei vierzig liegt. Aber damals war ich zwanzig Jahre jünger ... Das Problem ist, dass du dich in dieser Tiefe nur sehr kurz aufhalten kannst, wenigstens mit normalen Druckluftgeräten ... Tauchst du nicht?«

»Nein. Davor habe ich entsetzliche Angst. Aber trotzdem ...«

Coy kombinierte weiter. Seemann. Taucher. Kenntnisse im Segeln. Es war sonnenklar, sagte er sich, dass sie ihn nicht geholt hatte, weil es sie faszinierte, mit ihm zu plaudern. Also mach dir keine Illusionen, Junge. Dein hübsches Gesicht interessiert sie nicht. Immer vorausgesetzt, dass dein Gesicht einmal hübsch gewesen ist.

»Wie tief könntest du kommen, was schätzt du?«, wollte Tánger wissen.

»Willst du mich allein hinunterlassen, ohne zu sehen, was ich dort tue?«

»Ich vertraue dir.«

»Gerade das macht mich misstrauisch. Dass du mir so sehr vertraust.«

Als sie »ich vertraue dir« sagte, drehte sie sich endlich zu ihm um. Verdammt noch mal, dachte er. Man könnte meinen, dass sie jede Geste nächtelang vorausplant. Er betrachtete die Silberkette, die im Ausschnitt des weißen T-Shirts verschwand, zu den einladenden Wölbungen hinunter, die sich am offenen Hemd abzeichneten. Nicht ohne Selbstüberwindung beherrschte er den Drang, die Kette herauszuziehen und einen Blick darauf zu werfen.

»Ohne Spezialausrüstung kann ein Taucher nicht problemlos tiefer als achtzig Meter gehen«, erklärte er. »Und das ist schon sehr tief. Wenn du arbeitest, ermüdest du außerdem und verbrauchst mehr Luft, und dann wird alles noch schwieriger ... Man muss ein spezielles Gemisch zum Atmen und genaue Dekompressionstabellen benutzen.«

»Es ist nicht sehr tief. Wenigstens glaube ich das.«

»Hast du es schon ausgerechnet?«

»Soweit ich das kann.«

»Ich merke, dass du ganz sicher bist.«

Coy lächelte. Er deutete das Lächeln nur an, aber ihr schien es nicht zu gefallen.

»Wenn ich ganz sicher wäre, brauchte ich dich nicht.«

Er setzte sich ruckartig gerade auf den Stuhl. Die Bewegung veranlasste Zas aufzustehen und ihm ein paarmal liebevoll den Arm zu lecken.

»In diesem Fall«, vermutete er, »ist es vielleicht möglich, nach unten zu kommen. Obwohl das mit den Positionen immer etwas Relatives ist, sogar mit modernen Karten und GPS. Es fällt nicht leicht, ein Schiff oder Überreste davon zu finden. Und noch viel weniger ein Schiff, das vor zweieinhalb Jahrhunderten untergegangen ist ... Das hängt davon ab, wie der Boden beschaffen ist, und von vielen anderen Dingen. Das Holz ist bestimmt zum Teufel gegangen, oder das Wrack ist von Schlamm bedeckt. Außerdem gibt es Strömungen, die schlechte Sicht ...«

Tánger hatte das Zigarettenpäckchen genommen, doch sie drehte es lediglich zwischen den Fingern hin und her. Sie betrachtete die Gesichtszüge des »Helden«.

»Hast du viel Erfahrung als Taucher?«

»So einige. Ich habe einen Lehrgang in der Tauchschule der Kriegsmarine besucht, und ein paar Sommer habe ich Schiffsrümpfe mit einer Drahtbürste abgekratzt, ohne dass ich über meine Nasenspitze hinaussehen konnte. Im Urlaub habe ich auch zusammen mit Pedro dem Steuermann römische Amphoren heraufgeholt.«

»Wer ist Pedro der Steuermann?«

»Der Schiffsführer der *Carpanta*. Ein Freund.«

»Das ist jetzt verboten.«

»Freunde zu haben?«

»Amphoren heraufzuholen.«

Sie hatte die Schachtel hingelegt und schaute Coy an. Er glaubte, in ihren Augen ein Fünkchen wahrzunehmen, das besondere Aufmerksamkeit verriet.

»Das war es damals auch«, gab er zu. »Aber gerade weil es illegal war, fanden wir es aufregend. Außerdem untersucht keiner von der Küstenwache deine Taschen, wenn du in einem Hafen, wo man dich kennt, vom Tauchen zurückkommst. Du sagst ›hallo‹, der andere sagt ›hallo‹, du lächelst, und das war's. Damals war die Küste vor Cartagena eine riesige Lagerstätte von archäologischen Überresten. Ich habe vor allem Amphorenhälse gesucht, die sind sehr hübsch, und Gefäße ... Ich habe einen Tischtennisschläger benutzt, um im Sand zu wühlen. Dutzende habe ich herausgeholt.«

»Was hast du mit all den Sachen gemacht?«

»Ich habe sie meinen Freundinnen geschenkt.«
Das stimmte nicht, oder wenigstens nicht ganz. Wenn der Steuermann und Coy wieder an Land waren und ihre Beute unter den Augen der Zollwächter diskret weggeschafft hatten, verkauften sie die Amphoren an Touristen und Antiquitätenhändler und teilten sich den Gewinn. Und die Freundinnen? Tánger fragte nicht, ob es viele oder wenige gewesen waren. Tatsächlich erinnerte sich Coy mit besonderer Zuneigung nur an eine aus jener Zeit: Sie hieß Eva und war Amerikanerin, die Tochter eines Technikers aus der Raffinerie von Escombreras. Ein gesundes, blondes und braun gebranntes Mädchen mit weißen Zähnen und den Schultern einer Windsurferin, mit der er einen Sommer zusammen verbrachte, als er schon Student an der Seefahrtschule war. Bei jeder Gelegenheit schüttete sie sich vor Lachen aus; sie hatte schöne Hüften, war passiv und zärtlich, wenn sie sich in kleinen, zwischen dunklen Felsenküsten verborgenen Buchten liebten, während das Meer ihre Beine beleckte und die rote Abenddämmerung mit Salpeter und Sand durchtränkt war. Lange Zeit bewahrte Coy an den Fingern und im Mund den Duft ihres Fleisches und ihres Geschlechts: die Gerüche nach Salz, Jod und Wasser, die in den Sonnenstrahlen auf der warmen Haut trockneten. Ein paar Jahre hob er auch ihr Foto auf: Sie stand am Meer, mit nacktem Busen und feuchtem Haar, hatte den Kopf zurückgeworfen und trank Wein aus einer Lederflasche, wobei ihr Rinnsale wie Blut zwischen den kleinen, herausfordernden Brüsten eines ganz jungen Mädchens hinabliefen. Wie es sich für ein gutes Yankee-Mädchen gehörte, beschränkten sich ihre geschichtlichen Kenntnisse auf zwei oder drei Jahrhunderte, und darum fiel es ihr schwer anzuerkennen, dass das Tonbruchstück mit Hen-

keln, das ihr Coy geschenkt hatte – der elegante Hals einer Ölamphore aus dem ersten Jahrhundert, der aus dem Wrack von El Capitán stammte –, zweitausend Jahre auf dem Boden des Meeres gelegen hatte, an dessen Ufer sie sich in jenem Sommer liebten.

»Also kennst du das Meer dort gut«, sagte Tánger.

Das war keine Frage, sondern eine laut geäußerte Überlegung. Sie machte einen zufriedenen Eindruck, und er wies mit einer vagen Geste auf die Karte.

»An ein paar Stellen, ja. Vor allem zwischen Cabo Tiñoso und Cabo de Palos. Ich habe sogar ein paar Wracks untersucht ... Aber von der *Dei Gloria* habe ich nie gehört.«

»Du nicht und auch sonst keiner. Das lässt sich aus mehreren Gründen erklären. Erstens gab es irgendein Geheimnis an Bord, das beweisen die wenigen Angaben, die man von dem Steuermannsjungen erhalten hat, und auch sein sonderbares Verschwinden. Außerdem die Schiffsposition, die er den Marinebehörden genannt hat ...«

»Vorausgesetzt, dass sie der Wahrheit entsprach ...«

»Das setzen wir einmal voraus, weil wir nichts anderes haben.«

»Und wenn sie nicht stimmt?«

Tánger zog die Augenbrauen hoch und lehnte sich seufzend auf dem Stuhl zurück.

»Dann haben wir, du und ich, unsere Zeit vergeudet.«

Auf einmal wirkte sie erschöpft, als ließe Coys Feststellung sie an einen möglichen Misserfolg denken. Das dauerte nur einen Augenblick, so lange, wie sie sich zurückgelehnt hatte und die Karte ansah; danach stützte sie eine Hand entschlossen auf den Tisch, schob das Kinn vor und erklärte, man habe aus anderen Gründen nicht nach dem

Schiff gesucht. Die Position, die der Steuermannsjunge angegeben hätte, befinde sich in einem Gebiet, das 1767 schwer zugänglich gewesen sei. Später erleichterte die Technik derartige Tauchunternehmen, doch die *Dei Gloria* ruhte schon unter Aktenbündeln und Staub, und niemand erinnerte sich mehr an sie.

»Bis du gekommen bist«, betonte Coy.

»Genau. Es hätte jeder andere sein können, aber ich war es. Ich habe das Dokument entdeckt und mit der Arbeit angefangen. Was hätte ich sonst tun können? ...« Mit den Fingerspitzen berührte sie beinahe liebevoll den »Helden« auf ihrem Zigarettenpäckchen. »Von so etwas träumt man manchmal als Mädchen. Vom Meer, von einem Schatz ...«

»Du hast gesagt, das hätte nichts mit Schätzen zu tun.«

»Und das stimmt; es gibt keine. Wenigstens nicht als Silberbarren, Dublonen oder Taler. Aber die Faszination bleibt ... Ich möchte dir etwas zeigen.«

Sie wirkte anders, jünger, als sie aufstand und zu den Büchern im Regal ging: vielleicht deshalb, weil sie sich so entschlossen und energisch bewegte, dass die Zipfel ihres offenen Soldatenhemds flatterten, oder auch, weil ihre Augen noch marineblauer als je zuvor waren und zu lächeln schienen, als sie mit zwei Alben von *Tim und Struppi* in der Hand zum Tisch zurückkam: *Das Geheimnis der Einhorn* und *Der Schatz Rackhams des Roten*.

»Neulich hast du mir gesagt, du wärest kein Fan dieser Comics, stimmt's?«

Auf diese sonderbare Frage schüttelte Coy den Kopf und wiederholte, dass sie ihn überhaupt nicht interessierten, er kenne sie auch nur ganz oberflächlich. Seine Sache waren *Die Schatzinsel*, *Jerry, der Insulaner* und andere Bücher über das Meer von Stevenson, Verne, Defoe, Marryat und

London, bevor er mit fliegenden Fahnen zu *Moby Dick* übergegangen war. Danach kam ganz selbstverständlich Conrad mit der *Schattenlinie*.

»Stimmt es wirklich, dass du nur Bücher über das Meer liest?«

»Ja.«

»Im Ernst?«

»Im Ernst. Die habe ich alle gelesen. Oder fast alle.«

»Was ist dein Lieblingsbuch?«

»Ich habe kein Lieblingsbuch. Es gibt keine Bücher, die sich von anderen trennen lassen. Alle Bücher, die vom Meer handeln, von der *Odyssee* bis zum letzten Roman von Patrick O'Brian, stehen miteinander in Verbindung, wie eine Bibliothek.«

»Die Bibliothek von Borges ...«

Sie lächelte, und Coy zuckte einfach die Achseln.

»Das weiß ich nicht. Ich habe nie etwas von diesem Borges gelesen. Aber was ich sage, stimmt: Das Meer gleicht einer Bibliothek.«

»Die Bücher, die von den Dingen auf dem Festland handeln, sind auch interessant.«

»Wenn du es sagst ...«

Sie hatte die beiden Alben an die Brust gepresst, und nun brach sie in Gelächter aus, und dabei schien sie eine ganz andere Frau zu sein. Sie lachte offenherzig und fröhlich, und dann sagte sie: »Alle hundert Millionen heulenden und jaulenden Höllenhunde!« Dabei sprach sie mit unnatürlich tiefer Stimme, wie es ein einäugiger und hinkender Pirat mit einem Papagei auf der Schulter tun würde; und während ihr die durchs Fenster einfallenden Sonnenstrahlen die asymmetrischen Haarspitzen noch mehr vergoldeten, setzte sie sich wieder neben Coy, schlug die

Tim-Hefte auf und blätterte darin. »Hier gibt es auch das Meer«, sagte sie. »Schau her. Hier ist das Abenteuer noch möglich. Man kann sich tausendmal mit Kapitän Haddock betrinken – der Whisky Loch Lomond, falls du es nicht weißt, hat für mich keine Geheimnisse. Ich bin auch mit dem Fallschirm über der Geheimnisvollen Insel abgesprungen und hielt dabei die grüne Fahne des Vereins Kluger Forscher in den Armen, unzählige Male habe ich die Grenze zwischen Syldavien und Bordurien überquert, ich habe beim Schnurrbart von Plekszy-Gladz geschworen, bin auf der *Karaboudjan*, der *Ramona*, der *Speedol Star*, der *Aurora* und der *Sirius* gefahren – sicher auf mehr Schiffen als du –, ich habe den Schatz Rackhams des Roten gesucht, immer weiter im Westen, und ich bin auf dem Mond gelaufen, während Schultze und Schulze als Clowns mit grellbunten Haaren im Zirkus von Hipparch auftraten. Und wenn ich allein bin, Coy, ganz, ganz allein, dann stecke ich mir eine Zigarette an, eine von deinem Freund, dem ›Helden‹, dann mache ich Liebe mit Sam Spade, träume von Malteser Falken, während ich im Rauch die alten Freunde herbeirufe: Abdallah, Alcázar, Fridolin Kiesewetter, Chester, Zorrino, Pst, Oliveira de Figueira, aus der Stereoanlage erklingt die Juwelenarie aus *Margarethe* in einer alten Aufnahme von Bianca Castafiore ...«

Während sie redete, hatte sie die beiden Alben auf den Tisch gelegt. Es waren alte Ausgaben, die eine hatte einen blauen Leinenrücken und die andere einen grünen. Das Titelbild des ersten Albums zeigte Tim, Struppi und Kapitän Haddock mit einem Federhut, während eine Galeone mit windgeblähten Segeln dahineilte. Auf dem zweiten Bild fuhren Tim und Struppi in einem haifischförmigen Unterseeboot über den Meeresgrund.

»Das ist das U-Boot von Professor Bienlein«, erklärte Tánger. »Als Mädchen habe ich gespart, um mir diese Bücher zu kaufen, immer wenn ich zum Geburtstag, zum Namenstag und zu Weihnachten Geld bekam, so wie es der leibhaftige Scrooge getan hätte ... Weißt du, wer Ebenezer Scrooge war?«

»Ein Seemann?«

»Nein. Ein Geizhals. Der Chef des guten Bob Cratchit.«

»Keine Ahnung.«

»Das spielt keine Rolle.« Sie erzählte weiter. »Ich habe Münze um Münze zurückgelegt, damit ich in die Buchhandlung gehen und mit einem solchen Band herauskommen konnte. Dabei hielt ich den Atem an, betastete genussvoll den harten Pappdeckel, die Farben der prächtigen Titelbilder ... Dann, wenn ich allein war, schlug ich das Buch auf und atmete den Geruch nach Papier und frischer, guter Druckfarbe, bevor ich mich in die Lektüre vertiefte. So habe ich die dreiundzwanzig Bände zusammengetragen, einen nach dem anderen ... Inzwischen ist ungeheuer viel Zeit vergangen; aber wenn ich ein *Tim*-Album öffne, kann ich immer noch diesen Duft spüren, der für mich seitdem mit Abenteuer und Leben zusammengehört. Mit den Filmen von John Ford und John Huston, mit *Williams Abenteuern* und ein paar anderen Büchern haben diese Alben für immer die Diskette meiner Kindheit formatiert.«

Sie hatte *Der Schatz Rackhams des Roten* auf Seite vierzig aufgeschlagen. In einem großen Mittelbild lief Tim im Taucheranzug auf dem Meeresboden zum beeindruckenden Wrack der untergegangenen *Einhorn*.

»Sieh es dir genau an«, sagte sie feierlich. »Diese Zeichnung hat mein Leben geprägt.«

Äußerst behutsam hatte sie mit den Fingerspitzen die

Seite berührt, als hätte sie Angst, die Farben zu verderben. Coy, der nicht das Album, sondern sie ansah, stellte fest, dass sie weiter abwesend lächelte, mit jenem Gesichtsausdruck, der sie so sehr verjüngte, dass sie fast genauso aussah wie das Mädchen auf dem gerahmten Foto, das von seinem Vater umarmt wird. Ein glücklicher Ausdruck, dachte er. Wie ihn jene haben, deren Zähler noch auf null zeigt. Ein Stück entfernt stand der verbeulte Silberpokal, dem ein Henkel fehlte. »Schwimmwettkampf für Kinder. Erster Preis.«

»Ich stelle mir vor«, setzte sie nach kurzer Zeit hinzu, während ihre Augen immer noch aufs Buch gerichtet waren, »dass du auch einmal geträumt hast.«

»Natürlich.«

Er konnte es verstehen. Es ging nicht um das Album, den Silberpokal, das Foto oder etwas anderes, was mit dem zu tun hatte, woran sie sich erinnern konnte; aber es gab einen Berührungspunkt, einen Bereich, wo man sie leicht wieder erkannte. Vielleicht war Tánger im Grunde doch nicht ganz anders. Vielleicht, dachte er, ist auch sie irgendwie eine von uns, obwohl jeder von uns zwangsläufig allein zur See fährt, jagt, kämpft und untergeht. Schiffe, die in der Nacht vorüberfahren. Ein paar Lichter in der Ferne, einen Augenblick in Sicht, häufig mit entgegengesetztem Kurs. Manchmal ein fernes Getöse, Maschinenlärm. Dann wieder Stille, wenn sie verschwinden, Dunkelheit und der Widerschein, der in der schwarzen Leere des Meeres erlischt.

»Natürlich«, wiederholte er.

Er sagte nichts weiter. Sein Bild, die Zeichnung im Album seiner Erinnerungen, war das eines Mittelmeerhafens mit einer dreitausendjährigen Geschichte in ihren alten Steinen, inmitten von Bergen und Burgen mit Schießscharten, an denen früher einmal Kanonen gestanden hatten. Namen wie »Weihnachtsfort«, »Dock von Curra« oder »Sankt-Petrus-Leuchtturm«. Der Geruch nach ruhigem Wasser, feuchten Schiffstauen, und der Südwestwind, der »Lebeche«, der die Fahnen der festgemachten Schiffe und die Wimpel an den Langleinen der Fischereiboote flattern ließ. Regungslose Männer, untätige Rentner am Meeresstrand, die auf den alten Eisenpollern saßen. Netze in der Sonne, die rostigen Bordwände von Handelsschiffen, die an den Kais angelegt hatten; und dieser Geruch nach Salz, Teer und altem Meer in Häfen, die viele Schiffe und viele Leben haben kommen und gehen sehen. In Coys Erinnerungen gab es ein Kind, das sich inmitten von alldem bewegte, ein braunhaariges, mageres Kind mit einem Ranzen voller Schulbücher auf dem Rücken, das aus dem Unterricht entwischte, um das Meer zu betrachten und an Schiffen entlangzuspazieren, von denen, wie es beobachtete, blonde und tätowierte Männer herunterstiegen, die sich in unverständlichen Sprachen unterhielten. Um zu sehen, wie die Leinen losgemacht wurden, die ins Wasser klatschten und an Bord geholt wurden, bevor sich die eiserne Bordwand vom Kai entfernte und das Schiff zur Hafeneinfahrt wendete, zwischen den Leuchtbaken, dem offenen Meer entgegen, auf der Suche nach jenen Wegen, die außer dem kurz schäumenden Kielwasser keine Spuren hinterließen, und der kleine Junge war sicher, dass auch er einmal hinausfahren würde. Das war sein Traum, das Bild, das sein Leben für immer prägen sollte: die früh einsetzende und früh gereifte Sehnsucht nach dem Meer, zu dem man über die alten und welterfahrenen Häfen gelangte, in denen es von Gespenstern wimmelte, die zwischen den Hafenkränen, im Schatten der Lagerschuppen ausruhen. Die von den Schiffstauen abgeriebenen Eisenklötze. Die Männer, die immer ruhig, stundenlang regungslos dasaßen und für die eine Angelschnur, eine Angelrute oder die Zigarette lediglich Vorwände waren, denn offenbar hielten sie nichts anderes auf Erden für wichtig, als auf das Meer hinauszuschauen. Die Großväter, die ihre Enkel an der Hand führten, und während die Kleinen fragten oder auf Möwen zeigten, schlossen sie, die Alten, halb die Augen, um die festgemachten Schiffe und die Horizontlinie jenseits der Baken zu betrachten, als suchten sie in ihrem Gedächtnis nach etwas, das sie vergessen hatten: eine Erinnerung, ein Wort, eine Erklärung für ein Ereignis, das vor allzu langer Zeit geschehen war, oder für eines, das vielleicht nie geschehen war.

»Die Leute sind maßlos dumm«, sagte Tánger gerade. »Sie träumen nur von dem, was sie im Fernsehen mitbekommen.«

Sie hatte die *Tim*-Hefte auf das Regal zurückgestellt. Sie stand da, die Hände in den Jeanstaschen, und schaute ihn an. Nun wirkte alles sanfter an ihr: der Ausdruck ihrer Augen, das Lächeln, das ihre Lippen umspielte. Coy nickte zustimmend, ohne dass er wusste, warum. Vielleicht, weil er sie zum Weiterreden ermuntern oder bekunden wollte, dass er verstanden hatte.

»Was möchtest du wirklich auf der *Dei Gloria* finden?«

Sie kam langsam auf ihn zu, und für einen Augenblick glaubte er verwirrt, dass sie sein Gesicht berühren würde.

»Das weiß ich nicht. Ich versichere dir, ich weiß es nicht.« Sie stand neben ihm, stützte sich mit beiden Händen auf den Tisch und betrachtete die Seekarte. »Aber als ich die Erklärung des Steuermannsjungen gelesen habe, die ein Beamter in seiner trockenen Ausdrucksweise aufgeschrieben hatte, da habe ich gespürt ... Dieses Schiff, das mit vollen Segeln auf die Flucht ging, und der Korsar, der ihm nachjagte ... Warum hat es sich nicht nach Águilas gerettet? Die Segelhandbücher der damaligen Zeit verzeichnen dort ein Fort und einen Turm mit zwei Kanonen am Cabo Cope, bei denen hätte es Schutz suchen können.«

Coy warf einen Blick auf die Karte. Águilas war nicht mehr verzeichnet, es lag südwestlich von Cope.

»Gestern hast du darauf hingewiesen, als du mir die Geschichte erzählt hast«, sagte er. »Vielleicht hat sich der Korsar zwischen das Schiff und Águilas gedrängt, und die *Dei Gloria* musste nach Osten weitersegeln. Der Wind konnte sich in eine ungünstige Richtung drehen, oder vielleicht fürchtete sich der Kapitän vor den Gefahren eines nächtlichen Anlandens. Dafür gibt es eine Menge Erklärungen ... Jedenfalls ist sie schließlich in der Bucht von Mazarrón untergegangen. Vielleicht wollte sie Schutz beim Turm von La Azohía suchen. Diesen Turm gibt es noch.«

Tánger schüttelte den Kopf. Sie schien nicht überzeugt.

»Kann sein. Aber sie war ein Handelsschiff, eine Brigg; und trotzdem hat sie den Kampf aufgenommen, als sie sich verloren sah. Warum hat sie nicht die Flagge gestrichen? ... War der Kapitän ein starrköpfiger Mann, oder gab es etwas an Bord, das zu wichtig war, um es ohne weiteres preiszugeben? ... Etwas, das so viel wie das Leben aller Männer wert war und wovon nicht einmal der überlebende Junge ein einziges Wort gesagt hat?«

»Vielleicht wusste er nichts davon.«

»Vielleicht. Aber wer waren diese zwei Passagiere, die im Schiffsmanifest nur mit den Anfangsbuchstaben N.E. und J.L.T. genannt sind?«

Coy rieb sich erstaunt den Nacken.

»Du hast das Schiffsmanifest der *Dei Gloria*?«

»Nicht das Original. Aber eine Kopie. Die habe ich mir im Allgemeinen Marinearchiv von Viso del Marqués besorgt ... Dort sitzt eine gute Freundin von mir.«

Sie sagte nichts weiter, doch es ließ sich nicht übersehen, dass ihr etwas im Kopf herumging. Sie verzog den Mund, und ihre Miene wirkte nicht mehr sanft. *Tim* war von der Bühne abgetreten.

»Außerdem gibt es noch etwas.«

Sie stieß diese Worte hervor und verstummte wieder, als wollte sie das andere nie erzählen. Eine ganze Weile blieb sie völlig still.

»Das Schiff«, sagte sie endlich, »gehörte den Jesuiten, erinnerst du dich? ... Einem Reeder aus Valencia, der ihr Strohmann war: Fornet Palau. Andererseits war Valencia der Bestimmungshafen ... Und das alles geschieht am 4. Februar 1767: zwei Monate, bevor die Pragmatische Sanktion Karls III. veröffentlicht wird, die anordnet, ›*die Jesuiten aus den spanischen Ländern zu verweisen und ihnen die Pfründeneinnahmen zu entziehen*‹ ... Kannst du dir überhaupt vorstellen, was das bedeutet hat?«

Coy sagte, nein, die Geschichte Karls III. wäre nicht seine starke Seite. Dann erklärte sie es. Das machte sie sehr gut, mit wenigen Worten, sie nannte Daten und wichtige Ereignisse, ohne sich mit überflüssigen Details abzugeben. Den gegen den Minister Esquilache gerichteten Madrider Volksaufstand von 1766, der die Sicherheit der Monarchie erschütterte und, wie es hieß, von der Gesellschaft Jesu angestiftet wurde. Dass sich der Orden des heiligen Ignatius gegen die Ideen der Aufklärung wehrte, die sich in Europa ausbreiteten. Die Feindschaft des Königs und sein

Bestreben, sich von ihnen zu befreien. Dass er einen geheimen Rat einrichtete, dessen Vorsitz der Graf von Aranda übernahm, der das Ausweisungsdekret vorbereitete. Dann der unerwartete Schlag vom 2. April 1767, die sofortige Verbannung der Jesuiten, die Beschlagnahme ihres Vermögens und die spätere Aufhebung des Ordens durch Papst Clemens XIV. ... In diesem historischen Rahmen kam es zur Fahrt und Tragödie der *Dei Gloria*. Allerdings gab es keinen Hinweis, der erlaubt hätte, eine direkte Verbindung zwischen dem einen und dem anderen herzustellen. Aber Tánger war Historikerin; sie hatte sich daran gewöhnt, Tatsachen zu berücksichtigen und miteinander in Zusammenhang zu bringen, Hypothesen zu formulieren und weiter zu verfolgen. Es konnte eine Verbindung geben oder auch nicht; jedenfalls war die *Dei Gloria* untergegangen. Das war wenigstens ein Faktum, ein versunkenes Schiff war ein versunkenes Schiff – *Stat rosa pristina nomine*, kommentierte sie kryptisch. Und sie wusste, wo.

»Das«, schloss sie, »ist ein ausreichender Grund, um danach zu suchen.«

Ihr Gesichtsausdruck wurde immer härter, je länger sie sprach, als löste sich das Phantom des jungen Mädchens auf, das kurz zuvor die Seiten der *Tim*-Bücher angesehen hatte, sobald sie sich mit konkreten Daten beschäftigte. Nun war das Lächeln von ihren Lippen verschwunden, und ihre Augen funkelten entschlossen und durchaus nicht verträumt. Sie war nicht mehr das Mädchen auf dem Foto. Sie zog sich wieder zurück, und das ärgerte Coy.

»Und was ist mit den anderen?«

»Welchen anderen?«

»Der Dalmatiner mit dem grauen Zopf. Und der melancholische Zwerg, der gestern Nacht dein Haus überwacht hat. Die sehen nicht aus wie Historiker, überhaupt nicht. Denen gehen die Vertreibung der Jesuiten und Karl III. bestimmt glatt am Arsch vorbei.«

Er sah, dass sie zögerte, als sie diese Grobheit hörte. Oder vielleicht suchte sie nur nach einer passenden Antwort.

»Das hat nichts mit dir zu tun«, erklärte sie langsam. »Du irrst dich.«

»Hör zu. Wenn ich für diese Arbeit bezahle ...«

Um Gottes willen, sagte er sich. Das ist ein ganz übler Fehler, meine Hübsche. Ein zu übler Fehler, der deiner unwürdig ist. Wo wir uns schon so weit hinausgewagt haben, kommst du mir damit.

»Bezahlen? ... Von welcher Scheiße redest du da?«

Er sah deutlich, wie Tánger plötzlich verunsichert stockte, dann eine Hand hob und um Ruhe bat: Reg dich nicht auf, ich habe mich danebenbenommen, einverstanden. Reden wir miteinander. Aber er war wütend.

»Glaubst du wirklich, dass ich hier sitze, weil du mich bezahlen willst ...?«

Er sagte, »dass ich hier sitze«, und sofort spürte er, dass er sich lächerlich machte, weil er tatsächlich dasaß. Er sprang auf und warf den Stuhl so brutal nach hinten, dass Zas beunruhigt zurückwich. »Du hast mich nicht richtig verstanden«, sagte sie. »Wirklich nicht. Ich möchte nur erklären, dass diese Leute nichts damit zu tun haben.

»Damit haben sie nichts zu tun«, wiederholte sie.

Sie machte sogar einen erschrockenen Eindruck, als befürchtete sie auf einmal, dass er die Tür aufriss und verschwand. Bisher hatte sie nie mit einer solchen Möglichkeit gerechnet. Das bereitete Coy eine hinterhältige Genugtuung. Schließlich hatte sie Angst, ihn zu verlieren, selbst wenn sie nur an ihren eigenen Vorteil dachte. Darum freute er sich über die Situation. Das war doch schon mal was.

»Das hat so viel damit zu tun, dass du es mir entweder ein für allemal erklärst, oder du musst dir einen anderen suchen.«

Das war wie ein Albtraum, der trotzdem seine Selbstachtung stärkte. Das alles wirkte sehr bitter, denn sie befanden sich am Rande eines Bruchs und kurz vor dem Ende; aber er durfte nicht zurückweichen.

»Das meinst du nicht ernst«, sagte sie.

»Natürlich meine ich es ernst.«

Er hörte sich selbst, als wäre es ein Fremder, der das sagte, ein Feind, der bereitwillig alles über Bord warf und Tánger für immer aus seinem Leben vertrieb. Das Problem war, dass er nur im Schlepptau segeln konnte. Wie wenn Torpedo Tucumán damit anfing, Sachen kaputtzuschlagen, und Coy nichts anderes übrig blieb, als tief und schicksalsergeben einzuatmen, den Hals einer zerbrochenen Flasche zu packen und sich zum Entern bereit zu machen.

»Hör zu«, erklärte er weiter. »Ich kann verstehen, dass ich auf dich einen etwas einfältigen Eindruck mache ... Sogar, dass du mich für einen Blödmann gehalten hast. An Land bin ich nichts Bedeutendes, das stimmt. Plump wie eine lahme Ente. Aber du glaubst, dass ich geistig zurückgeblieben bin.«

»Du bist hier ...«

»Du weißt ganz genau, warum ich hier bin. Aber das ist nicht das Problem, und wenn du willst, können wir ein andermal in Ruhe darüber reden. Tatsächlich hoffe ich, dass ich ein andermal in Ruhe reden kann. Vorläufig verlange ich lediglich, dass du mir sagst, worauf ich mich da einlasse.«

»Du verlangst?« Sie sah ihn auf einmal geringschätzig an. »Erzähle mir nicht, was ich tun oder lassen soll ... Alle Männer, die ich kennen gelernt habe, wollten mir ständig sagen, was ich tun oder lassen soll.«

Sie lachte widerwillig, lustlos, als wäre sie erschöpft; und Coy fand, dass sie mit dem Überdruss einer typischen Europäerin lachte. Etwas, das sich nicht näher bestimmen ließ, das viel mit alten und mit Kalk getünchten Wänden zu tun hatte, mit Kirchen, deren Fresken von Rissen durchzogen waren, und mit schwarz gekleideten Frauen, die zwischen dem Laub der Weinstöcke und Ölbäume aufs Meer hinaussahen. Wenige Amerikanerinnen, dachte er plötzlich, konnten so lachen.

»Ich sage dir nichts. Ich möchte nur wissen, was du von mir willst.«

»Ich habe dir eine Arbeit angeboten ...«

»Ach, scheiß drauf. Eine Arbeit.«

Traurig wippte er auf den Zehenspitzen, als stünde er auf einem Schiffsdeck und wäre bereit, an Land zu springen. Dann nahm er seine Jacke und ging ein paar Schritte auf die Tür zu, wobei sich ihm Zas fröhlich hüpfend an die Fersen heftete. In seine Seele war eisige Kälte eingedrungen.

»Eine Arbeit«, wiederholte er sarkastisch.

Sie war zwischen ihm und dem Fenster stehen geblieben. Es schien ihm, als sähe er ein ängstliches Funkeln in ihren Augen. Das ließ sich in diesem Gegenlicht schwer feststellen.

»Womöglich glauben sie«, sagte sie, und offenbar bedachte sie ihre Worte sorgfältig, »dass es sich um Schätze und solche Sachen handelt ... Doch das ist kein Schatz, sondern ein Geheimnis. Ein Geheimnis, das heute vielleicht bedeutungslos ist, das mich aber fasziniert. Deshalb habe ich mich darauf eingelassen.«

»Wer sind sie?«

»Das weiß ich nicht.«

Coy machte die letzten Schritte zur Tür. Seine Augen verharrten einen Augenblick bei dem kleinen verbeulten Silberpokal.

»Es war mir ein Vergnügen, dich kennen zu lernen.«

»Warte.«

Sie beobachtete ihn sehr aufmerksam. Sie kam ihm vor wie ein Spieler mit mittelmäßigen Karten, der versucht, die Karten des anderen zu erraten.

»Du gehst nicht«, sagte sie nach einem Augenblick. »Das ist eine Lüge.«

Coy zog sich die Jacke an.

»Kann sein. Versuche, es herauszubekommen.«

»Ich brauche dich.«

»Es gibt noch mehr arbeitslose Seeleute. Und Taucher. Viele sind genauso dumm wie ich.«

»Ich brauche aber dich.«

»Du weißt ja, wo ich wohne. Also ist das deine Sache.«

Langsam, todunglücklich öffnete er die Tür. In der ganzen Zeit, bis er sie hinter sich schloss, wartete er, dass sie zu ihm kam und ihn am Arm packte, ihn zwang, ihr in die Augen zu sehen, und irgendetwas erzählte, um ihn zurückzuhalten. Dass sie sein Gesicht in die Hände nahm und ihm einen langen und reinen Kuss auf den Mund drückte; danach wäre es ihm scheißegal gewesen, wer der Dalmatiner und der melancholische Zwerg waren, und er wäre bereit, mit ihr und Kapitän Haddock oder dem leibhaftigen Teufel unterzutauchen, um die *Einhorn* oder die *Dei Gloria* oder das unmöglichste Traumbild zu suchen. Aber sie blieb im goldenen Gegenlicht stehen, tat und sagte nichts. Coy sah sich die Treppe hinuntersteigen, und hinter sich ließ er den wimmernden Zas zurück, der ihn vermisste. In Brust und Magen hatte er eine entsetzliche Leere, seine Kehle war trocken, und in der Leistengegend verspürte er ein unbehagliches Kribbeln. Dazu einen Brechreiz, der ihn zwang, auf dem ersten Treppenabsatz anzuhalten, sich an die Wand zu lehnen und die zitternden Hände vor den Mund zu pressen.

Das Festland, folgerte er, nachdem er ausgiebig hin- und herüberlegt hatte, war nichts weiter als eine große Koalition, die es darauf abgesehen hatte, einen Seemann anzuöden: Es hatte Kompassstriche, die nicht auf den Karten vorkamen, Riffe, Sandbänke und Kaps mit verräterischen Untiefen; außerdem war es von einer Menge Beamter, Zöllner, Lotsen, Hafenmeister, Polizisten, Richter und Frauen mit getüpfelter Haut bevölkert. In derart düstere Gedanken versunken, bummelte Coy den ganzen Nachmittag durch Madrid. Er irrte wie die angeschlagenen Helden in Filmen und Büchern umher, wie Orson Welles in *Die Lady von Shanghai*, wie Gary Cooper in *Die den Tod nicht fürchten*, wie Jim, den das Phantom der *Patna* von Hafen zu Hafen verfolgte. Der Unterschied bestand darin, dass ihn keine Rita Hayworth und kein Kapitän Marlow ansprachen, und er lief unbeachtet und schweigsam zwischen den Leuten umher, die Hände in den Taschen seiner blauen Jacke, hielt vor den roten Ampeln an und ging bei Grün hinüber, so unbedeutend und grau wie jeder andere. Auf einmal fühlte er sich unsicher, fehl am Platz, erbärmlich. Während des Laufens suchte er begierig nach den Molen, dem Hafen, wo ihn der Meeresgeruch und das plätschernde Wasser unter den Eisenrümpfen wenigstens mit Vertrautem trösten könnten; und als er unschlüssig an der Plaza de la Cibeles stehen blieb, ohne dass er wusste, in welcher Richtung er weitergehen sollte, brauchte er eine Weile, bis ihm klar wurde, dass diese große und lärmende Stadt keinen Hafen hatte. Diese Erkenntnis kam mit der Gewalt einer widerwärtigen Offenbarung, ließ ihn schwach werden und beinahe schwanken, so dass er sich auf eine Bank setzen musste, gegenüber einem Gartenzaun, von wo aus ihn zwei Soldaten mit Schnüren an der Uniform, mit roten Baskenmützen und umgehängtem Gewehr misstrauisch beobachteten. Als er später weiterlief – und sich der Himmel im Westen, am Ende der Alleen, allmählich rot färbte, um später, an der anderen Stadtseite, dunkel und grau zu werden und die Gebäude hervortreten zu lassen, in denen die ersten Lichter angingen –, wurde seine Trostlosigkeit von wachsender Gereiztheit verdrängt: einer zurückgehaltenen Wut, die sich aus der Geringschätzung für jenes Bild ergab, das ihn in den Schaufenstern verfolgte, und aus Zorn auf jene, die an ihm vorbeigingen und ihn streiften, ihn anstießen, wenn sie auf den Fußgängerüberwegen anhielten, während sie blödsinnig gestikulierten und in ihre Handys quasselten, ihm mit ihren Tüten aus den großen Kaufhäusern das Vorbeikommen erschwerten, sich plump und unstet bewegten oder in Plaudergruppen zusammenstanden. Ein paarmal antwortete er jähzornig auf die Rempeleien, und in dem einen oder anderen Fall verwandelte sich der empörte Gesichtsausdruck eines Passanten in Verwirrung und Überraschung, wenn er die harte Miene des anderen, den tückischen, drohenden Blick seiner wie ein Urteilsspruch düsteren Augen entdeckte. Nie in seinem Leben, nicht einmal an dem Morgen, als ihn die Untersuchungskommission zu zwei Jahren ohne Schiff verdammte, hatte er so große Ähnlichkeit mit der armen Seele des fliegenden Holländers.

Eine Stunde danach war er betrunken, ohne dass es vorher irgendwelche Zwischenstufen mit der blauen oder einer anderen Farbe gegeben hätte. Er war in einer Kneipe neben der Plaza de Santa Ana gelandet und hatte mit dem Finger auf eine Flasche uralten Centenario Terry gezeigt, die wohl seit einem halben Jahrhundert im Schlaf der Gerechten auf einem Regalbrett geruht hatte. Er zog sich mit der Flasche und einem Glas in eine Ecke zurück. »Wenn du dich mit Cognac voll laufen lässt, ist das so, als würdest du dir mit einem Eispickel auf den Kopf hauen«, sagte Torpedo, wenn er auf die Knie stürzte und all seine Innereien von sich gab, nachdem er genug geschluckt hatte, um zu wissen, wovon er redete. »Das ist rettungslos tödlich.« Einmal, in Puerto Limón, war Torpedo völlig hinüber, weil er so viel Duque de Alba gekippt hatte, und er lag bewusstlos auf einer ganz zierlichen Hure, die um Hilfe schreien musste, damit sie diese hundert Kilo von ihr herunterholten, die sie beinahe erstickt hätten; und als er dann in seiner Kajüte aufwachte – man hatte einen Lieferwagen besorgen müssen, um ihn aufs Schiff zurückzuschaffen –, hatte er drei Tage lang die Möwen mit Galle gefüttert, kalte Schweißausbrüche gehabt und laut gefleht, dass ihm ein Freund den Gnadenstoß geben sollte. Coy hatte in dieser Nacht niemanden, auf dem er bewusstlos liegen bleiben konnte, er hatte auch kein Schiff, zu dem er zurückkehren konnte, und keine Freunde, die ihn mit einem Lieferwagen oder ohne wegschleppten – Torpedo war an irgendeinem unbekannten Ort, und der Galicier Neira hatte sich Leber und Milz zerrissen, als er von der Jakobsleiter eines

Tankers fiel, einen Monat, nachdem er eine Lotsenstelle in Santander bekommen hatte. Dennoch bediente sich Coy reichlich am Cognac, ließ sich immer neue Schlucke durch die Kehle rinnen, bis alles ein wenig von ihm abzurücken schien und Zunge, Hände, Herz und Leistengegend nicht mehr weh taten, bis Tánger Soto schließlich nur noch eine unter Tausenden von Frauen war, die jeden Tag auf der weiten Welt geboren werden, leben und sterben; und er konnte feststellen, dass die Hand, die zwischen Glas und Flasche hin- und herwanderte, sich von Mal zu Mal zeitlupenhafter bewegte.

Die Flasche war halb geleert, der Cognac stand ein wenig unter der Lademarke, als Coy, der einen Rest Vernunft bewahrte, mit dem Trinken aufhörte und sich umsah. Alles schien eine leichte Schlagseite zu haben, bis er mitbekam, dass es an ihm lag, weil sein Kopf auf den Tisch gesunken war. Es gibt nichts Groteskeres, dachte er, als einen Typen, der sich in der Öffentlichkeit allein und gedankenlos besäuft. Er stand ganz langsam auf und ging hinaus auf die Straße. Er wollte seinen Zustand verbergen und strich unauffällig mit der Schulter an den Wänden entlang, um die gerade, parallel zur Bordsteinkante verlaufende Linie beizubehalten. Als er über den Platz lief, tat ihm die frische Luft gut. Er machte eine Pause und setzte sich auf eine Bank unter die Statue Calderóns de la Barca, stützte die Handflächen auf die Knie und beobachtete von dort aus die Leute, die vor seinen verschleierten Augen umherspazierten. Er sah die Bettler mit der Literflasche, die drei Männer und die Frau von neulich, die mit ihrem Hündchen auf dem Boden saßen und tranken, während Robocop sie von der Tür des Hotels Victoria aus beobachtete. Er schüttelte den Kopf, als ihm ein Maghrebiner einen Joint anbot – »als ob ich zum Haschen aufgelegt wäre, Kumpel« –, und endlich, mit klarerem Kopf, lief er bis zu seiner Pension weiter. Nun hatte sich der Centenario Terry weit genug in seiner Lunge, seinem Urin oder sonstwo aufgelöst, dass er die Bilder schärfer wahrnehmen konnte. Deshalb sah er, dass der Dalmatiner, dieser Typ aus Barcelona mit dem grauen Zopf und den beiden Augen von unterschiedlicher Farbe, an einem Tisch der Bar saß, neben der Tür. Er hielt ein Whiskyglas in der Hand, hatte die Beine übereinander geschlagen und wartete auf ihn.

»Denken Sie daran«, erklärte der Kerl schließlich. »Die Frauen wollen, dass wir sie vernaschen. Oder vielmehr wollen sie, dass wir sie vernaschen wollen. Doch vor allem wollen sie, dass wir dafür bezahlen. Mit unserem Geld, unserer Freiheit, unseren Gedanken ... In ihrer Welt, glauben Sie mir, gibt es das Wort gratis nicht.«

Er hockte weiter da, mit dem Whisky in der Hand, in aller Seelenruhe, und Coy saß ihm gegenüber und hörte zu. Er hatte seine Überraschung schon lange überwunden, und nun lauschte er interessiert. Vor ihm stand ein Glas mit Tonic, Eis und Zitrone, das er nicht einmal angerührt hatte. Der Cognac glitt ihm noch sanft durch die Adern. Manchmal klimperte der Dalmatiner mit dem Eis, betrachtete den Inhalt des Glases und führte es nachdenklich zu den Lippen, um einen kleinen Schluck zu trinken, bevor er das Gespräch fortsetzte. Coy fand bestätigt, dass dessen Spanisch einen leichten ausländischen, halb andalusischen und halb englischen Akzent hatte.

»Und lassen Sie sich eines sagen: Wenn eine von denen beschließt, sich auf etwas einzulassen, dann gibt es keinen ... Das sage ich Ihnen. Wenn sie sich endlich entschieden haben, wozu auch immer, werden sie erbarmungslos. Das schwöre ich Ihnen. Ich habe sie lügen sehen ... Weiß Gott. Ich schwöre Ihnen, ich habe gesehen, wie sie auf meinem eigenen Kopfkissen gelogen und mit dem Ehemann telefoniert haben, mit einer Kaltblütigkeit ... Unglaublich.«

Nebenan befand sich ein Laden für Schneiderpuppen, und manchmal blickte Coy zu dem Schaufenster hinüber. Nackte Körper in unterschiedlichen Stellungen, sitzende und stehende, Männer und Frauen ohne die Formen der Geschlechtsteile, manche mit Perücke, andere mit bloßem Schädel, und die Scheinwerfer der Auslage ließen das Kunststofffleisch erglänzen. Mehrere abgetrennte Köpfe lächelten auf einem Regalbrett. Die weiblichen Puppen hatten Brüste mit spitzen Warzen. Ein Schaufensterdekorateur mit Sinn für Humor, einer Spur von Prüderie, einer zufälligen oder bewussten Anlehnung an die Klassik hatte dafür gesorgt, dass eine Puppe den Arm am Ellbogengelenk hochstreckte und die eine Hand schamhaft auf die Brust legte, während sie mit der anderen das vermeintliche Geschlecht zudeckte. Venus, die gerade einer Muschel entstieg und als Replikantin Pris Nexus 6 aus *Blade Runner* getarnt war.

»Haben Sie die auch auf Ihrem Kopfkissen gehabt?«

Der Dalmatiner schaute Coy beinahe vorwurfsvoll an. Er hatte gepflegtes und straff nach hinten gekämmtes Haar, das von einem schwarzen Gummiband zusammengehalten wurde. Sein Hemd war weiß, hatte Knöpfe an den Kragenspitzen, und er trug es offen, ohne Krawatte. Seine Haut war leicht gebräunt. Tadellose, bequeme Schuhe aus gutem Leder. Eine teure, schwere, goldene Uhr am linken Handgelenk. Goldringe. Hände mit sorgfältig manikürten Nägeln. Einen weiteren dicken, ebenfalls goldenen Ring am kleinen Finger der rechten Hand. Ketten aus demselben Metall sahen aus dem Kragen hervor, mit Medaillen und einer alten spanischen Dublone. An den Ärmeln zeigten sich goldene Manschettenknöpfe. Dieser Typ, dachte Coy, wirkte wie ein Schaufenster von Cartier. Aus dem, was er bei sich hatte, konnte man bequem ein paar Goldbarren gießen.

»Nein ... Natürlich nicht.« Der Dalmatiner machte einen aufrichtig schockierten Eindruck. »Ich weiß nicht, warum Sie so etwas sagen. Meine Beziehung zu ihr ...«

Er stockte, als wäre das, worum es sich auch immer handelte, ganz offensichtlich. Nach einer Weile musste er wohl begreifen, dass dies nicht zutraf, denn er klimperte mit dem Eis im Glas und weihte Coy in die Geschichte ein. Oder vielmehr weihte er ihn in die Version der Geschichte ein, wie Nino Palermo sie darstellte. Nino Palermo, so hieß der Typ, und das gab seiner Schilderung einen lediglich relativen Wert. Aber dieser Kerl war der Einzige, der sich anscheinend bereit fand, Coy etwas zu erzählen; er kannte keine andere, glaubwürdigere Version und bezweifelte sehr, so etwas jemals zu erfahren. Deshalb verhielt er sich ruhig, hörte wortlos und aufmerksam zu und schaute nur zu dem Schaufenster mit den Puppen hinüber, wenn der andere ihn bald mit dem grünen, bald mit dem braunen Auge allzu lange musterte – eine unangenehme Zweifarbigkeit, wenn man sie direkt vor sich hatte. So erfuhr er, dass Nino Palermo der Besitzer von Deadman's Chest war, einem Unternehmen, das sich mit der Bergung und Wiedergewinnung von untergegangenen Schiffen beschäftigte und seinen Firmensitz in Gibraltar hatte. Vielleicht hatte Coy, denn Palermo wusste, dass er Seemann war, von Deadman's Chest gehört, als es um die Hebungsarbeiten der

Punta Europa ging, einer Fähre, die im letzten Jahr mit fünfzig Passagieren in der Bucht von Algeciras untergegangen war. Oder in einem anderen Zusammenhang – das setzte er nach einer kurzen Pause hinzu –, als es sich um die Bergung der *San Esteban* handelte, einer Galeone, die vor fünf Jahren vor Florida mit einer Ladung mexikanischen Silbers geborgen worden war. Oder der weniger weit zurückliegende Fall des römischen Schiffes, das man mit einer Ladung von Statuen und Töpferwaren vor dem Felsen von Calpe entdeckt hatte.

In diesem Moment sprach Coy laut das Wort »Schatzsucher« aus, und der andere lächelte auf eine Weise, die an einer Seite des Mundes einen Zahn oder zwei entblößte, bevor er erklärte, ja, gewissermaßen. Das mit den Schätzen sei ein sehr relativer Begriff, das komme darauf an. »Und außerdem, mein Freund, es ist nicht alles Gold, was glänzt. Oder manchmal stellt sich heraus, dass etwas, was nicht glänzt, wirklich welches ist.« Hierauf gab Palermo weitere halbe Sätze von sich, und dabei setzte er die Beine auf die Erde und schlug sie wieder übereinander, klimperte von neuem mit dem Eis in seinem Glas, und diesmal trank er tatsächlich einen langen Schluck, der nur die Eiswürfel auf dem Grund zurückließ.

»Das ist kein Abenteuer, sondern eine Arbeit«, sagte er bedächtig, als wollte er es Coy auf jeden Fall ermöglichen, das zu verstehen. »Eine Sache ist es, wenn man ins Kino geht oder so leben will, als säße man in Reihe vierzehn und äße Popcorn mit der Freundin, und etwas anderes ist es, wenn man Geld investiert und mit professionellem Ernst Untersuchungen und Erkundungsarbeiten durchführt ... Ich arbeite für mich und meine Partner, ich bringe das notwendige Kapital zusammen, komme zu Ergebnissen und verteile Dividenden, und ich gebe dem Kaiser ... Sie wissen schon. Der Staat mit seinen Gesetzen und seinen Steuern. Ich bedenke auch Museen und Institutionen ... Solche Sachen.«

»Etwas bleibt wohl doch in Ihrer Tasche zurück.«

»Selbstverständlich. Und ich gebe mir Mühe, dass es ... Weiß Gott. Ich habe Geld, hören Sie. Ich versuche, das Geld meiner Partner zu riskieren, natürlich; aber ich setze auch meines aufs Spiel. Ich habe Anwälte, Wissenschaftler, erfahrene Taucher, die für mich arbeiten ... Ich bin ein Profi.«

Als er das gesagt hatte, verstummte er für eine Weile und musterte Coy mit seinem zweifarbigen Blick, um die Wirkung abzuwarten. Doch Coy, der weiter mit ausdruckslosem Gesicht dasaß, schien nicht sehr beeindruckt.

»Das Problem«, sprach er weiter, »ist, bei meiner Arbeit muss man ... Man kann nicht weitererzählen, was man im Leben treibt. Darum muss man behutsam vorgehen. Ich rede nicht von illegalen Geschäften, obwohl manchmal ... Nun ja. Sie verstehen. Das entscheidende Wort ist Vorsicht.«

»Und was hat die Frau mit alldem zu tun?«

Palermo sagte es, und während er das tat, wurde seine bisher freundliche Miene hart, und der Zorn blitzte ihm auf einmal aus den Augen und verzog seinen Mund. Coy sah, dass er eine Hand, die mit dem dicken Goldring am kleinen Finger, zur Faust ballte, und er hätte über diesen Wutausbruch laut gelacht, wenn ihn nicht die Geschichte so sehr interessiert hätte, die ihm sein Gegenüber in erbittertem, rauem, zuweilen geradezu aggressivem Ton erzählte. Er hatte einen Hinweis entdeckt. Die Suche nach alten Wracks begann stets mit einfachen, manchmal beinahe albernen Hinweisen, und er hatte ... Weiß Gott. Der Zufall war ihm in Gestalt eines Bücherwurms namens Corso zu Hilfe gekommen. Ein sonderbarer Typ, der ihm Material über Angelegenheiten lieferte, die mit dem Meer zu tun hatten, alte Seekarten, Segelhandbücher und solche Sachen – nebenbei gesagt, ein unverschämter Kerl, der sündhaft teure Preise verlangte; der hatte ihm ein 1803 veröffentlichtes Buch übergeben, das die Seefahrtsunternehmen der Gesellschaft Jesu behandelte. Es hieß *Die schwarze Flotte: die Jesuiten in Ost- und Westindien*, geschrieben von Francisco José González, dem Bibliothekar der Seewarte von San Fernando, und in diesem Buch entdeckte Palermo den Namen *Dei Gloria*.

»Da gab es ... Weiß Gott. Das war mir sofort klar. Man *weiß*, wenn etwas auf jemanden wartet«, er rieb sich die Nase mit dem Daumen. »Das spürt man hier.«

»Ich nehme an, Sie meinen einen Schatz.«

»Ich meine ein Schiff. Ein gutes, altes und schönes untergegangenes Schiff. Das mit dem Schatz kommt später, wenn es kommt. Aber glauben Sie nicht, dass ... Unausbleiblich wäre nicht das richtige Wort. Das ist es nicht.«

Er neigte den Kopf vor und besah sich den großen Ring. In diesem Moment musterte ihn Coy wirklich aufmerksam. Es handelte sich offenbar um eine echte, alte Münze. Vielleicht eine arabische oder türkische.

»Das Meer bedeckt zwei Drittel des Planeten«, sagte Palermo plötzlich. »Können Sie sich vorstellen, was alles in den letzten drei- oder viertausend Jahren auf dem Meeresboden gelandet ist? Fünf Prozent der Schiffe, die auf diesen Routen gefahren sind ... Wie ich es Ihnen sage. Mindestens fünf Prozent liegen unter Wasser. Das außergewöhnlichste Museum der Welt: Ehrgeiz, Tragödien,

Erinnerungen, Reichtum, Tod ... Objekte, die Geld wert sind, wenn wir sie heraufholen, aber auch ... Verstehen Sie? Einsamkeit. Schweigen. Nur der, den ein Schreckensschauer ergriffen hat, wenn er die dunklen Umrisse eines untergegangenen Schiffsrumpfs erblickt ... Ich rede von dem grünlichen Halbdunkel da unten, wenn Sie wissen, was ich meine ... Wissen Sie, was ich meine?«

Das grüne und das braune Auge starrten Coy an, von einem plötzlichen Glanz belebt, der fieberhaft oder gefährlich wirkte, vielleicht sogar beides zugleich.

»Ich weiß, was Sie meinen.«

Nino Palermo widmete ihm ein vages, Achtung bekundendes Lächeln. Zeitlebens hätte er, wie er erzählte, im Wasser gearbeitet, zuerst im Auftrag anderer und dann auf eigene Rechnung. Er hätte korallenbedeckte Wracks im Roten Meer untersucht, vor Rhodos eine Ladung byzantinischen Glases entdeckt, in der *Carnatic* nach Pfund Sterling gesucht und bei Irland zweihundert Dublonen, drei Goldketten und ein Kruzifix mit Edelsteinen von der Galeone *Gerona* geborgen. Er hätte mit den Bergungsmannschaften der Quecksilberschiffe *Guadalupe* und *Tolosa* und mit Mel Fisher bei der *Atocha* zusammengearbeitet. Doch er hätte auch zwischen den phantomhaften Schiffen der achtzig Meter vor Martinique neben dem Mont Pelé untergegangenen Flotte getaucht und den Rumpf der *Yongala* im Schlangenmeer und den der *Andrea Doria* in ihrem Meeresgrab im Atlantik untersucht. Am Meeresgrund von Scapa Flow hätte er die *Royal Oak* kieloben liegen sehen, und die Schraube des Kaperschiffs *Emden* entdeckte er am Kokos-Atoll. Außerdem hätte er in zwanzig Metern Tiefe, in einem gespenstischen goldenen und blauen Licht, das halb zerfallene Skelett eines deutschen Piloten im Cockpit seiner vor Nizza im Meer versunkenen Focke-Wulf gefunden.

»Sie werden nicht bestreiten«, sagte er, »dass das eine ganze Lebensgeschichte ist.«

Er unterbrach sich, winkte den Kellner heran und bestellte für sich einen weiteren Whisky und ein neues Tonic für Coy, der das erste nicht einmal angerührt hatte.

»Das ist bestimmt warm geworden«, erklärte er. Unter Wasser zu suchen wäre seine Art zu leben und seine Leidenschaft, erzählte er weiter und blickte Coy an, als forderte er ihn heraus, das Gegenteil zu beweisen. Aber nicht alle Wracks ergäben etwas Nennenswertes, erläuterte er; schon in der Antike hätten griechische Taucher einiges geborgen. Deshalb wären diejenigen Schiffe am verheißungsvollsten, bei deren Untergang sich niemand gerettet hätte: Da man keine Informationen über den Unglücksort hatte, blieben sie verborgen und unberührt. Und nun hatte Palermo eine neue Spur gefunden. Eine gute und schöne, jungfräuliche Spur in einem alten Buch. Wieder ein Geheimnis oder eine Herausforderung und die Möglichkeit, nach einer Antwort zu suchen.

»Dann«, er hatte das Glas erhoben, als hielte er Ausschau nach jemandem, dem er es ins Gesicht werfen könnte, »habe ich den Fehler begangen und ... Verstehen Sie? Den Fehler, dass ich mich an diese hinterhältige Person gewandt habe.«

Fünfzehn Minuten später stand das zweite Tonic immer noch unberührt auf dem Tisch und war ebenso warm wie der erste. Aus Coys Gehirn hatte sich der Dunst des Centenario Terry etwas weiter verflüchtigt, und er war nun über die Kehrseite der Geschichte unterrichtet. Oder wenigstens über die Darstellung, die Nino Palermo vorgetragen hatte, ein britischer Bürger, der in Gibraltar lebte und dem das Unternehmen Deadman's Chest für Unterwasserarbeiten und Schiffsbergungen gehörte.

Ein halbes Jahr zuvor war Palermo wie schon früher ins Madrider Marinemuseum gegangen und hatte Informationen gesucht. Er erhoffte die Bestätigung, dass eine Brigg, die aus Havanna gekommen und vor der Ankunft im Bestimmungshafen verschwunden war, nahe bei der spanischen Küste Schiffbruch erlitten hatte. Das Schiff transportierte keine Ladung, die als wertvoll bekannt war, aber es gab interessante Indizien: Der Name *Dei Gloria* tauchte zum Beispiel in einem der Briefe auf, die man bei der Auflösung der Gesellschaft Jesu in der Zeit Karls III. beschlagnahmt hatte. Diesen Hinweis entdeckte Palermo im Buch des Bibliothekars von San Fernando über die Schiffe und Seefahrtsunternehmen der Jünger des heiligen Ignatius. Er selber verglich das Zitat »*aber Gottes Gerechtigkeit erlaubte nicht, dass die* Dei Gloria *mit den Leuten und ihrem Geheimnis an Bord zum Ziel gelangte*« mit den Katalogen des Westindienarchivs in Sevilla, mit denen in Viso del Marqués und im Madrider Marinemuseum ... Und kling, kling. Bingo. Im Katalog der Madrider Bibliothek gab es einen auf Februar 1767 in Cartagena datierten Bericht »*über den Verlust der Brigg* Dei Gloria *im Kampf mit der Korsarenschebecke, welche vermutlich die mit dem Namen Serguí ist*«. Das veranlasste ihn, mit dem Marinemuseum und mit Tánger Soto in Verbindung zu treten, denn sie – der Teufel sollte sie holen – war die Leiterin dieser Abteilung. Bei ihrem ersten Treffen aßen sie gemeinsam im Al-Mounia, einem arabischen Restaurant an der Calle Recoletos. Bei einem Lamm-Couscous mit

Gemüse hatte er seine Nummer überzeugend vorgespielt. Er hatte ihr natürlich nicht sein Innerstes offenbart. Als alter Hase kannte er die Risiken. Er brachte die *Dei Gloria* lediglich zusammen mit anderen Angelegenheiten aufs Tapet, beinahe mit spitzen Fingern. Sie, eine wohlerzogene, tüchtige, liebenswürdige und verdammte Hexe, hatte versprochen, ihm zu helfen. Das hatte sie gesagt: ihm zu helfen. Sie wollte ihm eine Kopie der Dokumente besorgen, wenn diese sich noch in dem der Institution anvertrauten Fonds befanden, und so weiter. »Ich rufe Sie an«, hatte dieses Miststück versprochen. Ohne mit der Wimper zu zucken, weiß Gott. Seitdem waren Monate vergangen, und sie hatte nicht nur nie angerufen, sondern hatte auch noch den Einfluss der Kriegsmarine genutzt, um ihm jeden Zugang zu den Archiven des Museums zu versperren. Selbst zu den Dokumenten über das Schiffsmanifest der Brigg in Havanna, die er endlich im Katalog des Marinearchivs von Viso del Marqués entdeckt hatte, jedoch nicht einsehen konnte, weil sie, wie man ihm dort erzählte, gerade vom Verteidigungsministerium offiziell untersucht wurden. Palermo hatte sich weiter umgeschaut, selbstverständlich. Er kannte das Milieu und konnte Geld ausgeben. Seine parallelen Nachforschungen waren recht gut vorangekommen, und nun hatte er guten Grund zu der Annahme, dass die Brigg in der Nähe von Cartagena untergegangen war und dass sie etwas äußerst Wichtiges, Sachen oder Personen, befördert hatte. Vielleicht war das Eingreifen des Korsaren *Serguí* – eine englische *Chergui* mit algerischem Kaperbrief ging in denselben Gewässern und zu demselben Zeitpunkt verloren – überhaupt kein Zufall. Palermo hatte oft versucht, mit Tánger Soto zu sprechen und eine Erklärung von ihr zu verlangen, aber ohne Erfolg:

absolutes Schweigen. Sie stellte es sehr geschickt an, sich zu drücken, oder sie hatte Glück, wie in Barcelona, als ihnen Coy in die Quere kam. Und was für ein Glück sie gehabt hatte. Palermo durchschaute endlich, wie begriffsstutzig er doch gewesen war und dass sie ihn nicht nur ausgetrickst hatte, sondern auch still und heimlich ihre eigenen Schachzüge unternahm. Der Verdacht wurde zur Gewissheit, als er sah, dass sie bei der Auktion auftauchte und den Urrutia ergattern wollte.

»Dieser Unschuldsengel«, schloss Palermo, »hatte sich entschieden ... Weiß Gott. Verstehen Sie? ... Die *Dei Gloria* auf eigene Rechnung zu suchen.«

Coy schüttelte den Kopf, obwohl er tatsächlich über alles nachdachte, was er gerade gehört hatte.

»Soviel ich weiß«, stellte er klar, »arbeitet sie im Auftrag des Marinemuseums.«

Der andere ließ ein kurzes und grobes Lachen hören, das widerwillig klang.

»Das habe ich geglaubt. Aber jetzt ... Sie gehört zu denen, die zubeißen und dabei nicht die Zähne zeigen.«

Coy fasste sich an die Nase. Er fühlte sich immer noch unsicher.

»In diesem Fall«, sagte er, »sollten Sie sich mit ihren Vorgesetzten in Verbindung setzen und ihr die Tour vermasseln.«

Palermo ließ das Eis in seinem neuen Whisky klimpern.

»Damit würde ich auch meine eigene Sache vermasseln ... So blöd bin ich nicht.«

Er hatte das Gesicht wieder kurz zu jener Grimasse verzogen, die ein paar Zähne wie die eines Haifischs entblößte. Dieser Kerl, dachte Coy, lächelt wie ein Hai, der gerade einen zwei Handbreit großen Tintenfisch entdeckt hat.

»Das ist wie ein Langstreckenlauf, verstehen Sie?«, setzte Palermo hinzu. »Ich habe bessere ... Weiß Gott. Sie ist durch mein Versehen mit einem Vorteil gestartet. Aber wenn man sich bei so etwas richtig anstrengt ... Ich habe Boden gutgemacht. Und ich werde noch mehr gewinnen.«

Coy zuckte die Achseln.

»Na, dann wünsche ich Ihnen Glück.«

»Etwas von diesem Glück hängt von Ihnen ab. Ich brauche einem Mann nur ins Gesicht zu schauen, damit ich weiß ...« Palermo zwinkerte mit dem braunen Auge. »Sie verstehen mich schon.«

»Sie irren sich. Ich verstehe Sie nicht.«

»Damit ich weiß, für wie viel er sich verkauft.«

Coy gefiel der Blick nicht, der ihn musterte. Oder vielleicht passte ihm der vertrauliche, komplizenhafte Ton nicht, mit dem sein Gegenüber die letzten Worte ausgesprochen hatte.

»Ich bin draußen«, erklärte er kalt.

»Sagen Sie das nicht.«

Der spöttische Ton des anderen trug nicht dazu bei, die Situation angenehmer zu machen. Coy spürte, dass seine Abneigung wieder zunahm.

»Sie sehen es ja. Sie müssen mit ihr verhandeln.« Er bemühte sich, den Mund so anmaßend wie möglich zu verziehen. »Haben Sie beide nicht versucht, sich zusammenzutun? ... Offenbar sind Sie doch vom selben Schlag.«

Palermo wirkte überhaupt nicht beleidigt. Vielmehr nahm er die Sache gleichmütig auf.

»Das ist eine Möglichkeit«, antwortete er. »Aber ich bezweifle, dass sie ... Sie glaubt, sie hätte alle Asse in der Hand.«

»Sie hat gerade ein paar verloren. Wenigstens einen Buben.«

Wieder sah er das Haifischlächeln vor sich. Jetzt ein hoffnungsvolles, was auch nicht dazu beitrug, es sympathischer zu machen.

»Sprechen Sie im Ernst?« Palermo dachte interessiert nach. »... Ich meine, dass Sie nicht mit ihr weitermachen.«

»Natürlich spreche ich im Ernst.«

»Wäre es indiskret, Sie nach dem Grund zu fragen?«

»Sie haben es vorhin selber gesagt: Sie spielt nicht ehrlich. Mehr oder weniger wie Sie«, plötzlich fiel ihm etwas ein. »... Und Sie können Ihrem melancholischen Zwerg sagen, dass er sich keine Sorgen machen soll. Ich brauche ihm nicht mehr den Schädel einzuschlagen, wenn ich ihm begegne.«

Palermo, der gerade einen Schluck trinken wollte, hielt in seiner Bewegung inne und starrte Coy über den Rand des Glases an.

»Was für ein Zwerg?«

»Spielen Sie nicht auch noch den Überschlauen. Sie wissen, von wem ich rede.«

Während das Glas immer noch auf halbem Weg innehielt, zwinkerten die zweifarbigen Augen verschlagen.

»Sie dürfen das nicht falsch auffassen...«

Palermo setzte an, etwas zu sagen; dann aber dachte er gründlicher darüber nach und verstummte unter dem Vorwand, das Getränk an die Lippen zu setzen und einen Schluck zu nehmen. Als er das Glas auf den Tisch zurückstellte, hatte er das Thema gewechselt:

»Ich kann nicht glauben, dass Sie sich ohne weiteres von ihr trennen.«

Nun reagierte Coy mit einem Lächeln. Bestimmt lächele ich nicht wie dieser Kerl, selbst wenn ich mir das vornehme, sagte er sich. Bestimmt kriege ich kein Haifischgesicht, sondern das eines Stockfischs. Er fühlte sich von allen betrogen, zuallererst von sich selbst.

»Das kann ich auch nicht ganz glauben«, sagte er.

»Fahren Sie zurück nach Barcelona? ... Was ist mit Ihrem Problem?«

»Na, so was.« Er schüttelte angewidert den Kopf. »Wie ich sehe, haben Sie sich auch für meinen Lebenslauf interessiert.«

Der andere reckte die linke Hand in die Luft, als wäre ihm soeben etwas eingefallen. Er zog eine Visitenkarte aus einer dicken, mit Kreditkarten gefüllten Brieftasche und schrieb etwas darauf. Die Lichter aus dem Schaufenster mit den Puppen ließen die Ringe an seinen Händen funkeln. Coy warf einen Blick auf die Karte, bevor er sie in die Tasche steckte: *Nino Palermo. Deadman's Chest Ltd. 42b Main Street. Gibraltar.* Darunter hatte er die Telefonnummer eines Madrider Hotels notiert.

»Vielleicht können Sie es irgendwie in Ordnung bringen.« Palermo machte eine Pause, räusperte sich, trank wieder einen Schluck und starrte ihn plötzlich an. »Ich brauche jemand, der bei Señorita Soto ...«

Er ließ auch diesen Satz unvollendet, lange genug, damit sein Gegenüber ihn richtig vervollständigen konnte. Coy blieb eine Weile ruhig und beobachtete ihn. Dann beugte er sich nach vorn, bis er die Handflächen auf den Tisch stützte.

»Lassen Sie sich in den Arsch ficken.«

»Pardon?«

Palermo blinzelte und verzog das Gesicht, als hätte er etwas anderes erwartet. Coy stand langsam auf, und mit

heimlichem Vergnügen stellte er fest, dass sich der andere leicht im Stuhl zurückwarf.
»Was ich gesagt habe. Arschvögeln. In den Hintern kriechen. Das Arschloch aufreißen. Drücke ich mich deutlich aus?« Seine Hände, die er auf den Tisch stützte, hatten sich nun zu Fäusten geballt. »... Das heißt, Sie können ihnen, dem Zwerg und der *Dei Gloria* den Auspuff polieren. Und ihr genauso.«
Der andere ließ ihn nicht aus den Augen. Das grüne Auge wirkte noch kälter, aufmerksamer und weiter aufgesperrt als das braune, als sei die eine Körperhälfte ein Ebenbild der Angst, während sich die andere in Acht nahm und alles vorausberechnete.
»Überlegen Sie es sich«, sagte Palermo und legte eine Hand an Coys Ärmel, als wollte er ihn überzeugen oder zurückhalten. Das war die Hand mit dem Goldmünzenring, und Coy spürte die unangenehme Berührung auf den gespannten Muskeln seines Unterarms.
»Nehmen Sie Ihre Hand da weg«, sagte er, »oder ich reiße Ihnen den Kopf ab.«

V. Der Nullmeridian

> Nachdem man den ersten Meridian festgelegt hat, muss man die Länge und Breite aller wichtigen Orte bestimmen.
> MENDOZA Y RÍOS, *Abhandlung über die Seefahrt*

Die ganze Nacht und einen Teil des Morgens schlief er durch. Er schlief, als hinge sein Leben davon ab oder als wäre es sein Wunsch, das Leben so lange wie möglich von sich fern zu halten; und nachdem er munter war, versuchte er es hartnäckig weiter. Er wälzte sich im Bett hin und her, hielt sich die Augen zu, um sich vor dem hellen Rechteck an der Wand zu schützen. Sobald er aufgewacht war, hatte er dieses Rechteck traurig beobachtet: Die leuchtende Fläche verharrte scheinbar unbeweglich und wanderte fast unmerklich weiter, während die Minuten vergingen. Auf den ersten Blick wirkte sie so regungslos, wie sich die Dinge an Land gewöhnlich verhielten; und bevor er sich erinnerte, dass er sich vierhundert Kilometer von der nächsten Küste entfernt im Zimmer einer Pension befand, wusste oder ahnte er, dass er auch an diesem Tag nicht an Bord eines Schiffes aufwachte: dort, wo sich das durch die Bullaugen einfallende Licht bewegte und sanft von oben nach unten und von einer Seite zur anderen schwankte, während das leise Vibrieren der Maschinen von den Platten des Rumpfs übertragen wurde, rumrum, rumrum, und dieser im kreisenden Auf und Ab des Seegangs schlingerte.

Er duschte nur kurz, weil ihm das unangenehm war – nach zehn Uhr morgens kam in der Pension nur noch kaltes Wasser aus dem Hahn –, und ging unrasiert auf die Straße, in Jeans und einem sauberen Hemd, die Jacke über den Schultern. Er wollte zu einem Büro der Eisenbahn und sich eine Fahrkarte für die Rückfahrt nach Barcelona besorgen. Unterwegs trank er einen Kaffee und kaufte eine Zeitung, die im Papierkorb landete, nachdem er sie kaum durchgeblättert hatte. Dann lief er ziellos durchs Stadtzentrum, bis er sich schließlich auf einem kleinen Platz in Alt-Madrid hinsetzte, einem jener Orte, wo Bäume in einem ehemaligen Kloster hinter einer Gartenmauer wuchsen, wo es Häuser mit Balkonen voller Blumentöpfe und breite Eingänge mit einer Katze und einer Portiersfrau gab. Die Sonne strahlte mild und begünstigte ein Gefühl angenehmer Trägheit. Er streckte die Beine aus und holte die zerlesene broschierte Ausgabe von Travens *Totenschiff* hervor, die er schließlich doch am Paseo de Claudio Moyano gekauft hatte. Eine Weile versuchte er, sich auf die Lektüre zu konzentrieren, doch gerade in dem Augenblick, als der naive Seemann Pippip am Kai sitzt und sich vorstellt, dass die *Tuscaloosa* auf hoher See fährt und nach Hause zurückkehrt, klappte Coy das Buch zu und steckte es wieder in die Tasche. Seine Gedanken hatten sich von diesen Seiten weit entfernt. Sie waren ganz von Demütigung und Scham erfüllt.

Etwas später stand er auf und lief ohne Eile zur Plaza de Santa Ana zurück. Der Anderthalbtagebart, der sein Kinn dunkel färbte, verdüsterte seinen Gesichtsausdruck noch mehr. Plötzlich verspürte er Magendrücken, und ihm fiel ein, dass er seit vierundzwanzig Stunden nichts gegessen hatte. Er ging in eine Kneipe, bestellte ein kleines Omelett und ein Glas Bier, und nach zwei Uhr war er wieder in der Pension. Der Talgo fuhr anderthalb Stunden später ab, und der Bahnhof Atocha war nahe. Er konnte zu Fuß hinunterlaufen und im Zug zur Station Chamartín fahren; deshalb packte er seine wenigen Habseligkeiten in aller Ruhe zusammen: das Buch von Traven, ein sauberes Hemd und ein schmutziges, das er in einen Plastikbeutel gesteckt hatte, etwas Unterwäsche, einen blauen Wollpullover. Er rollte die Toilettenartikel in eine khakifarbene Arbeitshose und stopfte alles in den Leinenbeutel. Er zog die Tennisschuhe an und packte die alten Decksschuhe ein. Jede dieser Bewegungen führte er mit derselben Präzision aus, mit der er einen Kurs abgesteckt hätte, obwohl ihn der Teufel holen sollte, wenn er in diesem Moment an irgendeinen Kurs denken konnte: Er konzentrierte sich mit aller Kraft darauf, überhaupt nicht zu denken. Danach ging er hinunter, bezahlte und trat mit dem Beutel über der Schulter auf die Straße hinaus. Er blieb stehen und kniff die Augen zusammen, weil die Sonnenstrahlen senkrecht auf den Platz trafen. Verdrossen rieb er sich die Magengegend. Das Omelett war ihm schlecht bekommen. Er sah sich nach beiden Seiten um und lief los. Eine tolle Reise, dachte er. Durch eine sarkastische Gedankenverbindung fielen ihm die Takte von *Sambanacht in Puerto España* ein. »Zuerst ein Lied«, hieß es im Text. »Dann der Schnaps und am Ende nur die klagende Gitarre.« Er pfiff den halben Refrain, was er kaum merkte, bevor er schlagartig verstummte. Denk daran, sagte er sich, dies in deinem ganzen verdammten Leben nicht wieder zu trällern. Er schaute auf den Boden, und der Schatten schien sich bei seinen Schritten vor Lachen zu schütteln. Unter allen geistig Zurückgebliebenen auf der Welt – und bestimmt gab es eine ganze Menge – hatte sie ihn ausgesucht. Obwohl das überhaupt nicht stimmte. Schließlich war er ihr über den Weg gelaufen, zuerst in Barcelona und danach in Madrid. Niemand kann die Maus zu etwas zwingen, hatte er einmal irgendwo gelesen. Niemand zwingt diesen dämlichen Nager, sich herumzutreiben und als stolzes Männchen an den Mausefallen aufzuspielen. Vor allem, wenn er nur zu gut weiß, dass in dieser Welt häufiger Gegenwind als Rückenwind weht.

Er war noch nicht bis zur Ecke gekommen, als die Leiterin der Pension auf die Straße gelaufen kam, ihm nach, und laut seinen Namen rief. »Señor Coy. Señor Coy.« Man verlangte ihn am Telefon.

»Mistkerle«, sagte Tánger Soto.

Sie war ein tapferes Mädchen, und in ihrer Stimme ließ sich kaum ein leichtes Beben wahrnehmen; sie wollte diesen unsicheren Unterton überwinden, indem sie genau die richtigen Worte wählte. Sie trug immer noch ihre Straßenkleidung, Rock und Jacke, und sie lehnte sich an die Wand des kleinen Wohnzimmers, hielt die Arme verschränkt, beugte das Gesicht ein wenig vor und starrte Zas' Leiche an. Coy war auf der Treppe zwei uniformierten Polizisten begegnet, und einen dritten hatte er oben vorgefunden, der in einer Tasche die Instrumente verstaute, die er bei der Suche nach Fingerabdrücken benutzt hatte: Er hatte die Mütze auf den Tisch gelegt, und aus dem an seinem Gürtel hängenden Funkgerät drangen gedämpfte Gesprächsfetzen. Der Polizist bewegte sich vorsichtig zwischen den durcheinander geworfenen Haushaltsgegenständen. Eigentlich herrschte keine große Unordnung: ein paar aufgerissene Schubladen, Papiere und Bücher auf dem

Boden, und das Gehäuse des Computers war aufgeschraubt, die Kabel und Verbindungsstücke hingen in der Luft.

»Sie haben die Zeit genutzt, als ich im Museum war«, murmelte Tánger.

Von dem Beben in ihrer Stimme abgesehen, wirkte sie nicht schwach, sondern finster. Ihre getüpfelte Haut sah nun glanzlos und blass aus, ihre Augen blieben trocken und ihre Miene hart, ihre Finger bohrten sich derart kräftig in die Arme, dass sich die Knöchel weiß verfärbten. Sie wandte die Augen nicht von dem Hund ab. Der Labrador lag immer noch seitlich auf dem Teppich, mit glasigen Augen und halb offenem Maul, aus dem ein dünner weißlicher Speichelfaden rann, der schon zu trocknen begann. Nach Ansicht der Polizei hatten sie die Tür aufgebrochen und erst einen Spalt weit geöffnet, um dem Hund ein Fleischstück hinzuwerfen, das mit einem schnell wirkenden Gift präpariert war, vielleicht Äthylenglykol. Wer sie auch immer waren, sie wussten, was sie suchten und was sie finden würden. Sie hatten nichts unnütz verwüstet und sich darauf beschränkt, ein paar Dokumente aus den Schubladen, alle Disketten und die Festplatte des Computers zu stehlen. Ganz sicher waren das Leute, die sich genau auskannten. Profis.

»Sie hätten Zas nicht umbringen müssen«, sagte sie. »Er war kein Wachhund ... Er hat mit jedem gespielt.«

Die letzten Worte gingen in einer kurzen Gefühlsregung unter, die sie sofort bezwang. Der Polizist mit der Tasche hatte seine Arbeit beendet, und darum setzte er sich nun die Mütze auf, grüßte und verschwand, nachdem er etwas von städtischen Bediensteten gesagt hatte, die vorbeikommen und den Hund abholen würden. Coy machte die Tür zu –

das Schloss funktionierte noch, stellte er fest –, doch nach einem weiteren Blick auf Zas' Körper öffnete er sie wieder und ließ sie angelehnt, als wäre es unangebracht, die Wohnung mit der Hundeleiche von drinnen zu verschließen. Tánger bewegte sich nicht und lehnte weiter an der Wand, als er durchs Wohnzimmer lief und ins Bad ging. Er kam mit einem großen Handtuch zurück und bückte sich zu dem Labrador hinunter. Einige Augenblicke betrachtete er liebevoll die toten Augen des Tiers und erinnerte sich, wie Zas ihn einen Tag zuvor abgeleckt, vergnügt mit dem Schwanz gewedelt und so um eine Liebkosung gebettelt hatte. Er empfand tiefen Kummer, ein Mitleid, das ihn im Innersten aufwühlte und ihn mit beinahe kindlichen Gefühlen beunruhigte, von denen jeder erwachsene Mann glaubte, dass er sie vergessen hatte. Ihm schien es, als hätte er mit Zas einen schweigsamen neuen Freund verloren, einen von denen, die man nicht sucht, weil sie es sind, die uns auswählen. Nach seiner Ansicht wirkte diese Trauer fehl am Platz: Er war nur ein paar Mal mit dem Hund zusammen gewesen und hatte nichts getan, um sich dessen Treue zu verdienen oder dessen Tod bedauern zu müssen. Trotzdem spürte er nun einen sonderbaren Kummer, ein lästiges Kribbeln in Nase und Augen. Er empfand die Verlassenheit, Trostlosigkeit und Unbeweglichkeit des unglücklichen Tiers als etwas, das ihn selbst betraf. Vielleicht hatte es seine Mörder mit vergnügtem Schwanzwedeln begrüßt, weil es ein freundliches Wort oder eine Liebkosung erwartete.

»Armer Zas«, flüsterte er.

Mit den Fingern berührte er kurz den goldfarbenen Kopf des Labradors und verabschiedete sich von ihm. Dann deckte er ihn mit dem Handtuch zu. Als er sich aufrichtete, stellte er fest, dass ihn Tánger ansah. Sie lehnte noch immer an der Wand und hielt die Arme verschränkt, verharrte finster und regungslos.

»Er ist allein gestorben«, sagte Coy.

»Wir alle sterben allein.«

Er blieb an diesem Nachmittag und während eines Teils der Nacht. Zuerst saß er auf dem Sofa, nachdem die städtischen Bediensteten den Hund mitgenommen hatten, und sah zu, wie sie hin und her lief, um die Unordnung zu beseitigen. Er sah zu, wie sie sich bewegte, wobei sie kaum ein Wort sagte, wie sie Papiere stapelte, Bücher auf ihre Regalbretter zurückstellte, Schubladen zumachte, vor dem aufgebrochenen Computer stand und die Hände in die Hüften stemmte, während sie nachdenklich das Zerstörungswerk einschätzte. Nichts Unersetzliches, hatte sie erklärt, um auf eine der wenigen Fragen zu antworten, die er am Anfang gestellt hatte. Danach beschäftigte sie sich weiter mit dem Haushalt, bis alles aufgeräumt war. Als Letztes kniete sie an der Stelle nieder, wo Zas gelegen hatte, und wischte mit einem Scheuerlappen und Wasser die weißlichen Speichelreste weg, die auf dem Teppich eingetrocknet waren. Das alles machte sie diszipliniert und beharrlich, als könnte ihr die Arbeit helfen, ihre Gefühle zu bezwingen und die Finsternis zu überwinden, die ihre Miene bedrohlich verdüsterte. Ihre goldenen Haarspitzen wippten um das Kinn und ließen etwas von der Nase und den sommersprossigen Wangen sehen, als sie endlich aufstand und sich umblickte, um zu prüfen, ob alles so war, wie es sein musste. Sie ging zum Tisch, nahm die Players-Schachtel und steckte sich eine Zigarette an.

»Gestern Abend war ich mit Nino Palermo zusammen«, sagte Coy.

Sie machte überhaupt keinen überraschten Eindruck. Sie sagte nicht einmal etwas. Sie blieb am Tisch stehen, hielt die Zigarette in den Fingern und hob die Hand ein wenig, wobei sie den Ellbogen mit der anderen Hand stützte.

»Er hat mir erzählt, dass du ihn hereingelegt hast«, erklärte er weiter. »Und dass du auch mich hereinlegen willst.«

Er erwartete Entschuldigungen, eine anmaßende oder geringschätzige Reaktion; doch es trat lediglich Stille ein. Der Rauch der Zigarette stieg geradlinig zur Decke auf. Keine einzige Spirale, beobachtete er. Keine Unruhe, kein Zusammenzucken.

»Du arbeitest nicht für das Museum«, setzte er hinzu und legte wohl bedachte Pausen nach jedem einzelnen Wort ein, »sondern für dich selbst.«

Sie glich, wie er auf einmal entdeckte, jenen Frauen, die von manchen Bildern herabsahen. Unerschütterliche Blicke, die das Herz eines jeden Mannes, der sie betrachtete, beunruhigen konnten. Sicherlich wussten sie Dinge, die sie nicht sagten, die man aber, wenn man lange genug vor ihnen stehen blieb, in ihren reglosen Pupillen erahnte. Ein harter, kluger Stolz. Eine uralte Hellsichtigkeit. Der Gedanke, der ihn beschäftigt hatte, als er das erste Mal in dieser Wohnung war, ging ihm wieder durch den Kopf: Es gab Mädchen, die diesen Blick hatten, ohne dass ihre Lebenszeit ihn rechtfertigte, ohne dass sie genug erfahren hätten, um ihn zu erlernen. So musste wohl Penelope geblickt haben, als Odysseus nach zwanzig Jahren wieder erschien und nach seinem Bogen verlangte.

»Ich habe dich nicht gebeten, nach Madrid zu kommen«, sagte sie. »Oder dir und mir in Barcelona das Leben schwer zu machen.«

Coy sah sie noch ein paar Sekunden gedankenversunken an, hatte den Mund auf eine beinahe blödsinnige Art halb geöffnet.

»Das stimmt«, gab er zu.

»Du wolltest mitspielen. Ich habe lediglich ein paar Regeln festgelegt. Ob sie dir passen oder nicht, das ist deine Sache.«

Endlich hatte sie die Hand mit der Zigarette bewegt, und die Glut leuchtete zwischen ihren Fingern, als sie sie zum Mund führte. Danach verharrte sie wieder regungslos, und der Rauch bildete erneut eine feine und vollkommen senkrechte Linie.

»Warum hast du mich belogen?«, fragte Coy.

Tánger seufzte leicht. Lediglich ein verärgerter Atemzug.

»Ich habe nicht gelogen«, widersprach sie. »Ich habe dir die Version erzählt, die mir für dich am zweckmäßigsten erschien ... Denk daran, dass du dich eingemischt hast und dass es mein Abenteuer ist. Du darfst nichts von mir verlangen.«

»Diese Männer sind gefährlich.«

Die gerade Rauchlinie zerfaserte zu sanften Spiralen. Tánger ließ ein ruhiges, zurückhaltendes Lachen hören.

»Man braucht nicht sehr intelligent zu sein, um darauf zu kommen, nicht wahr? ...«

Sie lachte noch einen Augenblick, hörte aber plötzlich auf, als sie den feuchten Fleck auf dem Teppich ansah. Das dunkle Blau ihrer Augen war noch düsterer geworden.

»Was willst du jetzt tun?«

Sie antwortete nicht sofort. Sie hatte sich bewegt, um die Zigarette im Aschenbecher auszumachen. Das tat sie äußerst gewissenhaft, ohne allzu kräftig aufzudrücken, bis die Glut erloschen war. Erst dann deutete sie mit Kopf und

Schultern eine Geste an. Sie hatte keinen Blick für Coy übrig.

»Ich mache weiter wie bisher. Ich suche nach der *Dei Gloria*.«

Langsam lief sie durch die Wohnung, um sich zu vergewissern, dass alles wieder der ursprünglichen Ordnung entsprach. Sie stellte einen *Tim*-Band zu den übrigen auf das Regalbrett und rückte das gerahmte Foto gerade, an dem Coys Blick schon oft hängen geblieben war: das blonde Mädchen mit dem braun gebrannten, lächelnden Militär in Hemdsärmeln. Sie handelte, wie er feststellte, als hätte sie kaltes Wasser in den Adern. Doch auf einmal bemerkte er, dass sie stockte, die Luft in der Lunge zurückhielt und dann ausstieß, und das war weniger ein Stöhnen als ein wütendes Schnaufen, während sie mit der flachen Hand grob auf den Tisch schlug, mit einer unerwarteten Heftigkeit, die sie wohl selber überraschte oder die ihr sehr Leid tat, denn sie erstarrte, hielt wieder den Atem an und betrachtete verwirrt die Hand, als wäre es gar nicht ihre.

»Verdammt sollen sie sein«, sagte sie ganz leise.

Sie beherrschte sich, und Coy bemerkte, wie viel Anstrengung sie das kostete. Ihre Kiefermuskeln waren angespannt und der Mund zusammengepresst, während sie durch die Nase tief einatmete und nach weiteren Sachen suchte, die sie in Ordnung bringen konnte, als wäre zehn Sekunden zuvor überhaupt nichts geschehen.

»Was haben sie mitgenommen?«

»Nichts Unentbehrliches.« Sie schaute weiter in die Runde. »Den Urrutia habe ich heute Morgen ins Museum zurückgebracht, und ich besitze zwei gute Reproduktionen der Seekarte, mit denen ich arbeiten kann... Die modernen Karten haben sie alle dagelassen, außer einer, die Bleistiftnotizen an den Rändern hatte. Auf der Festplatte des Computers waren auch Daten gespeichert, aber die sind nicht wichtig.«

Coy rutschte unbehaglich hin und her. Er hätte sich wohler gefühlt, wenn es ein paar Tränen, empörte Klagen oder etwas Ähnliches gegeben hätte. In solchen Fällen, dachte er, weiß ein Mann, was er zu tun hat. Oder er glaubt wenigstens, es zu wissen. Jeder übernimmt seine Rolle, wie im Film.

»Das solltest du vergessen.«

Er hatte sich außerordentlich langsam umgedreht, als hätte er sich plötzlich in einen Gegenstand des Wohnzimmers verwandelt, dessen Stellung korrigiert werden musste.

»Hör zu, Coy. Ich habe dich nicht gebeten, dich in meine Angelegenheiten einzumischen. Ich habe dich auch jetzt nicht gebeten, mir Ratschläge zu geben ... Verstehst du?«

Sie ist gefährlich, dachte er auf einmal. Vielleicht sogar noch gefährlicher als diejenigen, die ihre Wohnung auf den Kopf gestellt und den Hund umgebracht haben. Schlimmer als der melancholische Zwerg und der dalmatinische Schatzjäger. Das alles geschieht, weil sie gefährlich ist, und sie wissen das, und sie weiß, dass sie es wissen. Sie ist sogar für mich gefährlich.

»Ich verstehe.«

Halb ausweichend und halb resigniert schüttelte er den Kopf. Dieser Frau fiel es erstaunlich leicht, ihm das Gefühl zu geben, verantwortlich zu sein, und ihn gleichzeitig daran zu erinnern, wie unberechtigt seine Anwesenheit hier war. Coys knappe Antwort schien Tánger allerdings nicht zufrieden zu stellen. Sie beobachtete ihn weiter wie ein Boxer, der die Glocke oder die Ermahnung des Ringrichters überhört.

»Als ich klein war, habe ich für Cowboyfilme geschwärmt«, sagte sie unvermittelt.
Ihr Ton war nicht verträumt oder zärtlich. Es schien sogar eine leise Selbstironie mitzuschwingen. Aber sie klang todernst.
»Haben dir solche Filme gefallen, Coy?«
Er starrte sie an und wusste nicht, was er sagen sollte. Für eine Antwort hätte er eine halbe Minute Zeit gebraucht, doch sie ließ ihm keine Ruhe, nach einer Antwort zu suchen. Anscheinend machte ihr das auch nichts aus.
»Als ich diese Filme gesehen habe«, fuhr sie fort, »habe ich erkannt, dass es zwei Arten von Frauen gibt: Die einen fangen laut an zu schreien, wenn die Apachen angreifen, und die anderen nehmen ein Gewehr und schießen aus dem Fenster.«
Ihr Ton war nicht aggressiv, sondern entschieden; und trotzdem fühlte Coy, dass diese Entschiedenheit verteufelt aggressiv war. Sie verstummte, und offenbar wollte sie nichts weiter hinzufügen. Einen Moment später blieb sie jedoch vor dem gerahmten Foto stehen und schloss halb die Augen. Ihre Stimme klang jetzt rau und tief:
»Ich wollte Soldat werden und ein Gewehr tragen.«
Coy fasste sich an die Nase. Dann rieb er sich den Nacken und führte nacheinander alle Gesten aus, mit denen sich seine Verwirrung gewöhnlich äußerte. Ich frage mich, ob diese Frau meine Gedanken ahnt oder ob gerade sie mich auf diese Gedanken bringt, die sie danach durcheinander mischt und wie ein Kartenspiel auf den Tisch legt.
»Dieser Palermo«, sagte er schließlich, »hat mir eine Arbeit angeboten.«

Er hielt den Atem an. Er hatte die Visitenkarte mit der Telefonnummer des Mannes aus Gibraltar hervorgezogen. Er hob sie mit zwei Fingern hoch und wedelte mit ihr hin und her. Sie achtete nicht auf die Karte, sondern auf ihn. Sie musterte ihn so aufmerksam, als wollte sie sein Gehirn durchbohren.

»Und was hast du zu ihm gesagt?«

»Dass ich darüber nachdenken will.«

Er sah, dass sie ein schwaches Lächeln andeutete. Eine Sekunde Berechnung und zwei Sekunden Ungläubigkeit.

»Du lügst«, sagte sie. »Wenn es so wäre, würdest du jetzt nicht hier sitzen und mich ansehen.« Ihre Stimme schien sanfter zu werden. »... Du gehörst nicht zu dieser Sorte.«

Coy wandte den Blick ab und schaute zum Fenster, blickte nach draußen, nach unten und in die Ferne. »Du gehörst nicht zu dieser Sorte.« In einem staubbedeckten Winkel seines Gedächtnisses wollte Brutus von Popeye wissen, ob er ein Mensch oder eine Maus sei, und dieser antwortete: »Ich bin Seemann.« Ein Zug näherte sich langsam der riesigen Sichtblende, die sich über die Bahnsteige von Atocha spannte; seine lange Gliederung folgte einem geheimnisvollen, im Labyrinth der Gleise und Signale vorgezeichneten Weg. Coy verspürte einen Groll, der so scharf wie eine Messerschneide war. Du hast keine Ahnung, dachte er, zu welcher Sorte ich gehöre. Er schaute auf die Uhr an seinem Handgelenk. Der Talgo, für den er eine Zweiter-Klasse-Fahrkarte in der Innentasche der Jacke trug, war schon seit einer Weile nach Barcelona unterwegs. Er saß wieder hier, als hätte sich nichts verändert. Er starrte auf den Teppich, zu der Stelle, wo Zas gelegen hatte. Oder vielleicht, überlegte er, war er gerade deshalb wieder hier, weil sich einige Dinge verändert hatten. Oder weil er verdammt sein sollte, wenn er davon die geringste Ahnung hatte. Auf einmal zuckte er innerlich zusammen, etwas fuhr ihm wie ein Feuerblitz durch den Kopf; und ihm wurde klar, dass er hier war, weil er dieser Frau eines Tages etwas zeigen würde. Der Gedanke beunruhigte ihn so sehr, dass er sich an seinem Gesicht ablesen ließ, denn sie musterte ihn eindringlich, von der Veränderung überrascht, die sich in seiner Miene abzeichnete. Coy hätte beinahe gestottert und sein Schweigen gebrochen. Er wollte ihr etwas zeigen, das sie zu wissen glaubte und doch nicht wusste, etwas, das sie nicht so leicht wie die Gesten, Worte, Situationen und anscheinend ihn selbst beherrschen konnte. Doch es galt abzuwarten, bis dieser Augenblick kam. Darum war er hier, und ihm blieb nur das Warten. Darum wussten beide, dass er diesmal nicht wieder fortgehen würde. Darum saß er in der Falle und schluckte das Käsestückchen bis zur Drahtschlinge hinunter. Kling. Zack. Mensch oder Maus. Wenigstens tat es nicht weh, tröstete er sich. Vielleicht wird es am Ende wehtun, wenn ich an der Reihe bin. Aber noch nicht. Er setzte die Beine auf den Boden, schlug sie wieder übereinander und lehnte sich auf dem Sofa zurück, während die Hände an den Seiten herabgesunken waren. Er spürte, dass sein Blut langsam und kräftig in der Leistengegend pulsierte. Ich vermute, sagte er sich, das richtige Wort dafür ist Angst. Man weiß, dass man Klippen vor sich hat, und das ist alles. Man fährt hinaus, betrachtet das Meer, spürt die Brise im Gesicht und den Salpeter auf den Lippen, aber man lässt sich nicht hereinlegen. So etwas weiß man.

Ich muss etwas sagen, dachte er. Irgendetwas, das nichts mit dem zu tun hat, was ich fühle. Etwas, das sie veranlasst, sich wieder ans Steuerruder zu stellen, oder das mir vielmehr ermöglicht, sie wieder dort zu sehen. Schließlich hat sie das Kommando, und wir sind noch weit von meiner Wache entfernt.

Er riss die Karte in zwei Stücke und legte sie auf den Tisch. Das wurde nicht weiter kommentiert. Die Angelegenheit war erledigt.

»Ich sehe immer noch nicht klar«, sagte Coy. »Wenn es keinen Schatz gibt, weshalb sollte sich Nino Palermo dann für ein 1767 untergegangenes Schiff interessieren?«

»Wracksucher sind nicht nur hinter Schätzen her.« Tánger war näher gekommen und setzte sich auf einen Stuhl, Coy gegenüber, sie beugte den Kopf nach vorn, um die Entfernung zu verringern, die sie von ihm trennte. »Ein vor zweieinhalb Jahrhunderten untergegangenes Schiff kann von größtem Interesse sein, wenn es gut erhalten ist. Der Staat bezahlt für die Bergung ... Man organisiert Wanderausstellungen ... Das Gold der Galeonen ist nicht alles. Es gibt Dinge, die beinahe ebenso viel wert sind. Denk zum Beispiel an die orientalische Keramiksammlung, die sich an Bord der *San Diego* befand ... Sie ist von unschätzbarem Wert.« Sie brach ab und schwieg eine Weile mit halb geöffneten Lippen, bevor sie weitersprach. »Außerdem gibt es da noch etwas. Die Herausforderung. Verstehst du? ... Ein untergegangenes Schiff ist ein Rätsel, das viele fasziniert.«

»Ja. Palermo hat davon erzählt. ›Das Halbdunkel da unten‹, hat er gesagt. Und alles Übrige.«

Tánger nickte sehr ernst und feierlich, als wüsste sie, was diese Worte bedeuteten. Aber Coy war derjenige, der versunkene Schiffe gesehen hatte, er war an Bord von schwimmenden und auf Grund gelaufenen Schiffen gewesen. Nicht sie.

»Andererseits weiß niemand«, stellte Tánger fest, »was sich an Bord der *Dei Gloria* befunden hat.«
Coy stieß unwillkürlich einen Seufzer aus.
»Vielleicht gibt es trotz alledem einen Schatz.«
Sie ahmte Coys Seufzer nach, obwohl sie dafür möglicherweise nicht denselben Grund hatte. Mit geheimnisvoller Miene zog sie die Augenbrauen hoch wie jemand, der ein Paket vorzeigte, in dem eine Überraschung verborgen war.
»Wer weiß?«
Sie hatte sich weiter nach vorn geneigt, ganz nahe zu ihm, ihr getüpfeltes Gesicht strahlte und zeigte den komplizenhaften Ausdruck eines wagemutigen Jungen, was ihm einen elementaren, eindeutig körperlichen Reiz verlieh. Dieser bestand aus Fleisch und lebendigen, jungen Zellen wie auch aus goldenen Tönen und sanften Farben, die gebieterisch nach der Nähe, der Berührung und dem Reiben der Haut an einer anderen Haut verlangten. In Coys Leistengegend pulsierte abermals das Blut, und diesmal geschah es nicht aus Angst. Wieder der Feuerblitz. Also ließ er sich ganz bewusst treiben, ohne sich mit Sorgen oder Gewissensbissen abzugeben. Auf dem Meer waren alle Wege weit. Außerdem – und das war sein Vorteil – hatte er keine Mannschaft, deren Ohren er mit Wachs verstopfen musste, und auch niemanden, der ihn am Mastbaum festband, damit er dem von den Klippen zu ihm herüberdringenden Gesang widerstand, ebenso wenig gab es Götter, die ihn mit ihrem Hass oder ihrer Gunst übermäßig belästigen konnten. Er fühlte sich, wie er in einer schnellen Bilanz feststellte, abgewrackt, überwältigt und allein. Unter solchen Umständen war diese Frau ein ebenso guter Kurs wie jeder andere.

Das Abendrot war erloschen, und das gelbe Licht, das zuerst die niedrigen Wolken gefärbt hatte, kroch über den Bahnhof Atocha, überzog die verworrenen Reflexe auf dem Gleislabyrinth mit langen, waagerechten Schatten, erfüllte nun die Wohnung und ließ Tángers über den Tisch gebeugtes Profil hervortreten. Ihre dunklen Umrisse zeichneten sich neben denen Coys ab, und beide blickten auf die Seekarte Nummer 463A des Hydrographischen Instituts der Marine.

»Gestern haben wir eine Breite bestimmt, die 37°32' nördlich beträgt«, fasste er zusammen. »Das ermöglicht uns, eine ungefähre Linie zu ziehen, denn wir wissen, dass sich die *Dei Gloria* bei ihrem Untergang an einem Punkt dieser imaginären Linie zwischen Punta Calnegre und Cabo Tiñoso befand, in einer Entfernung von der Küste, die zwischen einer und drei Meilen schwanken kann ... Vielleicht mehr. Wahrscheinlich ergibt das Tiefenzahlen von dreißig bis hundert Metern.«

»Tatsächlich sind es weniger«, betonte Tánger.

Aufmerksam verfolgte sie Coys Erläuterungen der Karte. Alles war jetzt so professionell, als stünden sie im Kartenhaus eines Schiffes. Mit Bleistift und Parallellineal hatten sie eine horizontale Linie gezeichnet, die von der Küste, anderthalb Meilen oberhalb von Punta Calnegre, ausging und bis zum Cabo Tiñoso reichte, unterhalb des großen Sandbogens, den der Golf von Mazarrón bildete. Die Tiefe war auf der Westseite gering und gleichmäßig, und sie nahm zu, je mehr sich die Linie auf die weiter im Osten gelegene Felsenküste zubewegte.

»Wenn das Schiff sehr tief unten liegt«, stellte Coy klar, »können wir es mit unseren beschränkten Mitteln weder entdecken noch bis zu den Überresten vordringen.«

»Gestern habe ich dir gesagt, ich rechne damit, dass es höchstens fünfzig Meter tief ist ...«

Kälte und Stille, erinnerte sich Coy. Und jenes grünliche Halbdunkel, das Nino Palermo erwähnt hatte. Auf seiner Haut hatte er das Gefühl bewahrt, das zwanzig Jahre zuvor sein erster tiefer Tauchgang hinterlassen hatte, als er den silbernen Reflex der Wasserfläche, den bläulichen und dann grünen Kreis von unten gesehen hatte, bis die Farben allmählich verblassten: das Manometer an seinem Handgelenk, dessen Nadel die stufenweise Druckzunahme inner- und außerhalb seiner Lunge angab, und das Geräusch des eigenen Atems in Brust und Trommelfellen, wenn er Luft durch den Druckregler einzog und ausstieß. Kälte und Stille, natürlich. Und auch Angst.

»Fünfzig Meter sind schon zu viel«, sagte er. »Dafür haben wir keine Ausrüstung, oder man muss kurze Tauchgänge mit langen Dekompressionsphasen kombinieren: Das ist unbequem und gefährlich. Sagen wir, die vernünftige Sicherheitsgrenze beträgt in unserem Fall vierzig Meter. Keinen Meter mehr.«

Nachdenklich beugte sie sich weiter über die Karte. Er sah, dass sie sich auf einen Daumennagel biss. Sie warf prüfende Blicke auf die Wassertiefen, die an der von Coy gezeichneten und beinahe zwanzig Meilen weiter reichenden Bleistiftlinie angegeben waren. Manche dieser Tiefenzahlen waren mit Großbuchstaben verbunden: *S*, *SCH*, *K* ... Sand- und Schlickböden mit einigen Klippen. Zu viel Sand und zu viel Schlick, dachte er. In zweieinhalb Jahrhunderten konnte dieser Boden vieles zudecken.

»Ich glaube, das reicht aus«, sagte sie. »Vierzig sind genug.«

Ich möchte wissen, woher sie ihre Sicherheit nimmt,

dachte er. Auf See war das einzig Sichere – Coy sagte manchmal *die See*, wie viele Seeleute, wenn sie von den natürlichen Eigenschaften des Meeres sprachen, doch es war ihm niemals eingefallen, dem Meer deshalb ein weibliches Wesen zuzuschreiben –, dass es dort nichts Sicheres gab. Wenn man die Dinge gut machen und die Ladung ordnungsgemäß stauen konnte, wenn man bei schlechtem Wetter richtig wendete, die Fahrt verminderte und keine Brecher oder schwereren Wind als Stärke 9 auf der Beaufort-Skala abbekam, dann duldete die launische Alte sogar Eindringlinge; doch man durfte sie auf keinen Fall herausfordern. Wenn es hart auf hart ging, behielt sie immer die Oberhand.

»Ich glaube nicht, dass es viel weiter unten ist«, sagte Tánger nachdrücklich.

Sie hatte Zas und ihre auf den Kopf gestellte Wohnung anscheinend vollkommen vergessen, registrierte Coy erstaunt. Konzentriert betrachtete sie die Maßstäbe mit den Graden, Minuten und Zehntelminuten an den Kartenrändern, und wieder einmal bewunderte er diese augenscheinliche Willensstärke. Er hörte, dass sie sich ganz präzise, ohne große Worte oder überflüssige Umschweife ausdrückte. Man soll mir die Eier abkneifen, wenn das normal ist, sagte er sich. Ich kenne niemanden, weder Mann noch Frau, der sich so sehr beherrschen kann, wie sie es vorspielt. Man hat sie in die Enge getrieben und ihr gerade eine schlimme Warnung zukommen lassen, und sie macht weiter, als wäre nichts passiert, und kritzelt auf einer Seekarte herum. Entweder ist sie schizophren oder sie ist eine einzigartige Frau. Jedenfalls zeigt sich deutlich, dass sie damit klarkommt. Dass sie nach allem, was geschehen ist, Bleistift und Spitzzirkel so kaltblütig benutzen kann wie ein Chirurg sein Skalpell. Es liegt vielleicht daran, dass in Wirklichkeit sie diejenige ist, die andere in die Enge treibt. Womöglich sind Nino Palermo, der melancholische Zwerg, der berberische Chauffeur, die Sekretärin und ich selbst nichts weiter als Komparsen oder Opfer. Möglich.

Er wollte sich auf die Karte konzentrieren. Nachdem die Breite mit dem sie bezeichnenden horizontalen Parallelkreis festgelegt war, musste er nun die Länge ermitteln: den Punkt, an dem dieser Parallelkreis den entsprechenden Meridian schnitt, der erst noch herausgefunden werden musste. Wie die Äquatorlinie den Null-Parallelkreis bildete, um die nördliche oder südliche Breite zu berechnen, galt für den Nullmeridian die Vereinbarung, dass es jener von Greenwich war. Die nautische Länge wurde ebenfalls in Graden, Minuten und Sekunden oder Zehntelminuten festgelegt, wobei man für die westliche Länge bis 180° links von Greenwich und für die östliche Länge bis 180° nach rechts zählte. Das Problem war, dass Greenwich nicht immer als allgemeiner Bezugspunkt gegolten hatte.

»Die Länge scheint klar zu sein«, antwortete Tánger. »4°51' östlich.«

»Das sehe ich nicht so eindeutig. Im Jahre 1767 benutzten die Spanier nicht Greenwich als ersten Meridian ...«

»Natürlich nicht. Zuerst war es die Insel Hierro, aber danach benutzte jedes Land seinen eigenen Ausgangsmeridian. Erst 1884 entschied man sich einheitlich für Greenwich. Darum enthält die 1751 gedruckte Karte Urrutias vier unterschiedliche Längenmaßstäbe: Paris, Teneriffa, Cádiz und Cartagena.«

»Na, so was.« Coy sah sie voller Respekt an. »Davon weißt du eine ganze Menge. Beinahe mehr als ich.«

»Ich habe mich bemüht, das zu studieren. Das ist meine Arbeit. Wenn man richtig sucht, kann man in den Büchern alles finden.«

Coy bezweifelte es, ohne etwas zu sagen. Sein ganzes Leben hatte er Bücher über das Meer gelesen, und nie hatte er darin etwas gefunden, das vom Angstschrei eines Tümmlers erzählte, der aus dem Wasser springt, nachdem ihm der Biss eines Schwertwals die Seite aufgerissen hat. Oder von der kürzesten Nacht seines Lebens, wenige Meilen vom nördlichen Polarkreis entfernt, wo das Morgengrauen am rötlichen Horizont der Reede von Oulu unmittelbar aus der Abenddämmerung hervorgeht. Oder vom Gesang der Kroomen, der schwarzen Schauerleute, auf dem Vordeck in einer Mondnacht vor dem kongolesischen Pointe-Noire, wenn die Laderäume und das Deck mit Okoumé- und Acajou-Stämmen voll gestapelt sind. Oder vom schrecklichen Getöse des Kantabrischen Meeres, wo Himmel und See hinter einem grauen Schaumschleier verschmelzen, mit 14 Meter tiefen Wellentälern und einem Wind von achtzig Knoten, wenn die Brecher die an Deck festgezurrten Container verformen, als wären sie aus Papier, und sie dann losreißen und über Bord spülen; die schreckensstarren Männer der Wache sind irgendwo auf der Brücke festgebunden, und die Übrigen rollen auf dem Kajütenboden an die Schotten und speien alles aus wie Schweine. Im Grunde war es wie beim Jazz: bei den Improvisationen von Duke Ellington, dem Tenorsaxophon von John Coltrane oder dem Schlagzeug von Elvin Jones. Auch das konnte man nicht in den Büchern lesen.

Tánger hatte eine Karte mit kleinerem Maßstab ausgebreitet, die einen allgemeineren Überblick als die anderen bot, und sie zog darauf imaginäre senkrechte Linien.

»Paris kann es nicht sein«, sagte sie. »Dieser Meridian

geht durch die Balearen, dann wäre das Schiff auf halbem Weg zwischen Spanien und Italien untergegangen ... Auch nicht Teneriffa, dann befände es sich mitten im Atlantik. Nach dem ersten Eindruck bleiben also Cádiz und Cartagena übrig ...«

»Cartagena ist es nicht«, sagte Coy.

Das konnte er mit einem flüchtigen Blick feststellen. Wenn die *Dei Gloria* beinahe fünf Grad östlich von diesem Meridian untergegangen wäre, hätte das ihre Position zu weit ins offene Meer hinaus versetzt, beinahe zweihundertfünfzig Meilen entfernt, wo der Meeresboden – er beugte sich etwas weiter über die Karte – dreitausend Meter tief war.

»Dann kann es also nur Cádiz sein«, stellte sie klar. »Den Steuermannsjungen hat man am nächsten Tag ungefähr sechs Meilen südlich von Cartagena entdeckt. Wenn man von dort aus die Länge berechnet, stimmt alles überein. Die Verfolgung. Die Entfernung.«

Coy betrachtete die Karte und versuchte, den Weg des auf dem Meer in seinem Boot treibenden Schiffbrüchigen zu schätzen. Er berechnete die Entfernung, den Wind, die Strömungen und die Abtrift, bevor er zustimmend nickte. Sechs Meilen waren eine logische Strecke.

»In diesem Fall«, folgerte er, »hätte sich der Wind nach Nordwesten gedreht.«

»Das ist möglich. In seiner Aussage hat der Steuermannsjunge erklärt, bei Tagesanbruch hätte der Wind die Richtung geändert ... Ist das normal in diesem Gebiet?«

»Ja. Die Südwestwinde, die wir dort ›Lebeches‹ nennen, kommen häufig am Nachmittag auf und wehen manchmal die ganze Nacht über, wie es nach deiner Meinung während der Verfolgung der *Dei Gloria* geschah. Im Winter springt der Wind gewöhnlich nach Nordwesten um und kommt am Morgen vom Land her ... Ein Westwind oder ein Mistral konnte ihn nach Südosten treiben.«

Er beobachtete sie aus dem Augenwinkel. Sie biss wieder auf den Daumennagel, während sie die Karte anstarrte. Coy ließ den Bleistift aufs Papier rollen. Er lächelte.

»Außerdem«, sagte er, »müssen wir alles verwerfen, was nicht zu deiner Hypothese passt ... Nicht wahr?«

»Es geht nicht um meine Hypothese. Die Länge wurde normalerweise nach dem Meridian von Cádiz berechnet. Sieh her.«

Das Papier knisterte, als sie die Reproduktion der Urrutia-Karte auseinander faltete, die sie an diesem Morgen aus dem Marinemuseum mitgebracht hatte. Ihre Finger mit den stumpfen Nägeln zeigten auf die senkrechten Linien der verschiedenen Meridiane, während sie Coy erklärte, dass zunächst das Observatorium von Cádiz und danach das von San Fernando den Hauptmeridian bezeichnet hätte, den die spanischen Seeleute in der zweiten Hälfte des 18. Jahrhunderts und in einem großen Teil des 19. Jahrhunderts benutzten. Aber den Meridian von San Fernando habe man erst seit 1801 verwendet; also habe man sich im Jahr 1767 noch nach der Linie von Pol zu Pol, die durch das Observatorium im Kastell der Seekadetten von Cádiz ging, gerichtet.

»Daraus ergibt sich, dass der Kapitän der *Dei Gloria* Cádiz als Meridian benutzt hat, um die Länge zu messen. Schau her. Auf diese Weise passen alle Zahlen zusammen und besonders die 4°51', die der Steuermannsjunge als letzte bekannte Position der *Dei Gloria* genannt hat. Wenn wir vom Cádizer Meridian aus nach Osten zählen, befindet sich der Ort des Schiffbruchs hier, siehst du? ... An dieser Stelle, östlich von Punta Calnegre und südlich von Mazarrón.«

Coy betrachtete die Karte aufmerksam. Dieses Gebiet gehörte nicht zu den besonders gefährlichen: relativ windgeschützt und in Küstennähe.

»So sieht es auf dem Urrutia aus«, sagte er. »Aber auf den modernen Karten?«

»Da werden die Dinge komplizierter, weil man in der Zeit, als Urrutia die Vermessungen für seinen *Seeatlas* vorgenommen hat, die Länge weniger genau bestimmte als die Breite. Man hatte das Schiffschronometer noch nicht so weit verbessert, dass man die Länge exakt berechnen konnte. Darum sind die Fehler bei der Länge beträchtlicher ... Das Cabo de Palos, wo du sofort einen Fehler von ein paar Minuten bei der Breite festgestellt hast, liegt auf der Länge von 0°41,3' westlich vom Greenwicher Meridian. Um seine Position zum Cádizer Meridian auf den modernen Karten zu ermitteln, muss man diese Zahl vom Längenunterschied zwischen Cádiz und Greenwich abziehen ... Das stimmt doch?«

Coy nickte amüsiert und abwartend. Tánger hatte ihre Lektion nicht nur gut gelernt, sondern konnte auch Grade und Minuten so geschickt wie ein Seemann ausrechnen. Er selber hätte sich all diese Angaben nicht merken können. Er begriff: Sie brauchte ihn eher für die praktische Seite und die Bestätigung ihrer Berechnungen als für etwas anderes. Es war nicht das Gleiche, in einer Wohnung im fünften Stock gegenüber dem Bahnhof Atocha auf dem Papier zu segeln oder auf dem Meer zu sein, auf einem schwankenden Schiffsdeck. Er wurde auf die Notizen aufmerksam, die sie mit dem Bleistift auf einen Block schrieb.

»Damit erhalten wir für Palos eine Position von 5°50'«,

erklärte Tánger, »nach dem Cádizer Meridian auf den modernen Karten. Auf der Urrutia-Karte ist die Position 5°34', siehst du? ... Also haben wir einen Fehlerbereich von zwei Minuten Breite und sechzehn Minuten Länge. Pass auf. Ich habe die Korrekturtafeln benutzt, die Néstor Perona in seinen *Anwendungen der Historischen Kartographie* anführt ... Wenn man sie für den Bereich längs der Küste, von Cádiz bis zum Cabo de Palos, benutzt, ist es möglich, jede Position des Urrutia gegenüber Cádiz in heutige Positionen gegenüber Greenwich umzurechnen.«

Das Dämmerlicht tauchte die Wände und die Zimmerdecke in Dunkelheit und überzog den Tisch mit eckigen Schatten. Tánger unterbrach sich und schaltete eine Lampe ein, deren Licht Reflexe auf die weiße Karte warf. Mit verschränkten Armen betrachtete sie das Liniengeflecht.

»Wenn wir von den Korrekturen ausgehen, wäre die Position östlich des Cádizer Meridians, die der Steuermannsjunge für die *Dei Gloria* nannte, auf den modernen Karten 1°21' westlich von Greenwich. Selbstverständlich ist diese Angabe nicht exakt, und bei dieser Position hätten wir einen vertretbaren Fehlerbereich: ein Rechteck, das eine Meile hoch und zwei Meilen breit ist. Unser Suchgebiet.«

»Ist es nicht zu klein?«

»Du hast es neulich selber gesagt: Ganz gewiss haben sie sich nach Orientierungspunkten an Land gerichtet. Mit derselben Karte wie sie und einem Kompass können wir das genauer bestimmen.«

»So leicht ist es nicht. Ihr Mutterkompass kann fehlerhaft gewesen sein, wir wissen nicht, ob damals die magnetische Deklination groß war, womöglich las man vorschnell etwas Falsches ab ... Vieles kann deine Berechnungen durcheinander bringen. Nichts garantiert, dass deine Ergebnisse mit ihren übereinstimmen.«

»Man muss es probieren, nicht wahr? ... Darum geht es.«

Coy studierte die Position auf der Karte und versuchte, sich das auf dem Meer vorzustellen. Das bedeutete einen Suchbereich von sechs bis zehn Quadratkilometern; eine schwierige Aufgabe, wenn das Wasser trüb war oder sich im Lauf der Zeit allzu viel Schlick und Sand auf den Trümmern der *Dei Gloria* abgelagert hatten. Wenn sie diesen Bereich durchkämmten, konnte sie das mindestens einen Monat kosten. Er benutzte den Spitzzirkel, um auf dem Urrutia die östliche Länge in Bezug auf Cádiz zu berechnen, danach übertrug er sie auf die moderne Karte 463A und setzte sie in die westliche Greenwicher Länge um, und schließlich wendete er die Schätzung wieder auf den Urrutia an. Er sah in den von Tánger erarbeiteten Korrekturtafeln nach. Alles blieb weiter in einem vertretbaren Bereich.

»Vielleicht lässt es sich machen«, sagte er.

Tánger hatte seine Bewegungen keinen Moment aus den Augen gelassen. Sie nahm einen Bleistift und zeichnete ein Rechteck auf die 463A.

»Wir gehen davon aus, dass sich die *Dei Gloria* an einer Stelle dieses Streifens befindet. In einer Tiefe, die von zwanzig bis fünfzig Meter reicht.«

»Wie ist der Boden dort beschaffen? ... Ich nehme an, du hast dir das schon angesehen.«

Sie lächelte, bevor sie eine Karte in größerem Maßstab auseinander faltete, die 4631, die den Golf von Mazarrón – von Punta Calnegre bis Punta Negra – zeigte. Coy stellte fest, dass es sich um eine neuere Ausgabe handelte. Sie enthielt Korrekturen, die auf den diesjährigen Nachrichten für Seefahrer beruhten. Der Maßstab war sehr groß und detailliert, und jede Tiefenzahl wurde von einer entsprechenden Angabe über die Bodenbeschaffenheit begleitet. Das war der genaueste Plan, den man für dieses Gebiet finden konnte.

»Sandiger Schlick und ein paar Klippen. Den Hinweisen zufolge einigermaßen sauber.«

Coy setzte den Spitzzirkel an den seitlichen Maßstab und berechnete das Gebiet noch einmal. Gegenüber Punta Negra und der »Wolfshöhle« eine Meile mal zwei. Wenn man berücksichtigte, dass eine Längenminute an dieser Stelle 0,8 Meilen entsprach, war der Bereich zwischen 1°19,5' und 1°22' westlich sowie zwischen 37°31,5' und 37°32,5' nördlich festgelegt. Mit innerer Freude betrachtete er die vertraute ockerfarbene Küste und die blauen Streifen, die an den Untiefen heller wurden, je weiter sie sich stufenweise von der Küste entfernten. Er verglich diese Zeichnungen mit seinen Erinnerungen und orientierte sich innerlich an Festpunkten, landeinwärts liegenden Bergen und Höhenlinien, die sich an den Gipfeln des »Vipernbergs«, des »Vogelbergs« und der »Weißen Felskuppe« verdichteten.

»Das ist alles relativ«, sagte er nach einer Weile. »Wir haben nicht die geringste Sicherheit, bis wir auf dem Meer sind und uns nach den Karten und den Bezugspunkten richten, die wir an Land entdecken ... Es bringt nichts, wenn wir hier am Tisch den Suchbereich festlegen. Bis jetzt haben wir lediglich ein imaginäres Rechteck auf einem Stück Papier.«

»Wie lange würden wir brauchen, um das abzusuchen?«

»Wir?«

»Natürlich.« Sie legte eine Pause von angemessener Länge ein. »Du und ich.«

Wieder dieses »Du und ich«. Coy lächelte nur andeutungsweise. Er schüttelte den Kopf.

»Wir brauchen noch jemand«, sagte er. »Wir brauchen den Steuermann.«

»Deinen Freund?«

»Genau den. Es ist mehr Wasser aus seinen Unterhemden getropft, als ich in meinem ganzen Leben befahren habe.«

Sie bat ihn, ihr von ihm zu erzählen, und Coy beschränkte sich auf ein paar allgemeine Angaben und behielt dabei jenes angedeutete Lächeln bei. Er sprach kurz über seine Jugend, über den Friedhof der Namenlosen Schiffe, die erste Zigarette und den sonnenverbrannten, hageren Seemann mit dem früh ergrauten Haar, das Tauchen nach Amphoren, die Ausfahrten zum Fischen im Morgengrauen und das Lauern auf Tintenfische in der Abenddämmerung, wenn sich die Kalmare landwärts zu ihren Schlafplätzen an der Punta de la Podadera bewegten. Und er sprach über den Steuermann, dessen lederne Weinflasche, die schwarze Zigarre und das Schiff, das im Seegang schaukelte. Oder vielleicht redete er gar nicht so viel, wie er glaubte, und schilderte lediglich kurz ein paar unzusammenhängende Episoden, während seine Erinnerungen, die sich in dem angedeuteten Lächeln verdichteten, für alles Übrige sorgten. Tánger blickte ihn aufmerksam an, um keine Geste, kein Wort zu verpassen, und sie begriff, was dieser Name für Coy bedeutete.

»Du hast gesagt, dass er ein Schiff hat.«

»Die *Carpanta*: ein Segelschiff von vierzehn Metern, mit Mittelcockpit, Achterdeck, einem sechzig-PS-Motor und einem Kompressor für Druckluftflaschen.«

»Ob er die ausleihen würde?«
»Das macht er ab und zu. Er muss leben.«
»Ich meine an uns. An dich und mich.«
»Natürlich. Er würde das Schiff sogar versenken, wenn ich es von ihm verlangte.« Coy dachte einen Moment nach. »Nun ja, versenken würde er es vielleicht nicht. Aber sonst alles.«
»Hoffentlich verlangt er nicht zu viel.« Sie wirkte besorgt. »In dieser ersten Phase ist das Geld knapp. Es handelt sich um meine Ersparnisse.«
»Das regeln wir.« Coy beruhigte sie. »Wenn das Wrack so tief liegt, wie du sagst, brauchen wir nur ganz wenige Suchgeräte ... Eine gute Fischlupe und ein Wassergleitbrett im Schlepp könnten genügen: Das stellt man aus einem Holzbrett und einer fünfzig Meter langen Leine her.«
»Hervorragend.«
Sie fragte nicht, ob sein Freund zuverlässig sei. Sie sah ihn lediglich an, als wären seine Worte eine ausreichende Garantie.
»Außerdem«, sagte Coy, »war der Steuermann Berufstaucher. Wenn du ihm eine angemessene Bezahlung versprichst, damit er die Kosten decken kann, und dazu einen vernünftigen Anteil, wenn es Gewinne gibt, können wir mit ihm rechnen.«
»Natürlich verspreche ich das. Und für dich ...«
Er sah ihr in die Augen und wartete, dass sie weitersprach, doch sie schwieg und hielt seinem Blick stand. Da drinnen funkelt auch ein Lächeln, sagte er sich. Auch sie lächelt, vielleicht weil sie jetzt zwei Seeleute, ein Schiff und ein Rechteck von einer mal zwei Meilen hat, das mit dem Bleistift auf einer Seekarte eingezeichnet ist. Oder vielleicht ...
»Selbstverständlich«, sagte sie.

Er beschloss, zum Schlafen bei ihr zu bleiben, und darüber verlor keiner der beiden allzu viele Worte. Sie arbeiteten bis spät in die Nacht, und schließlich reckte sie die Ellbogen nach hinten und drehte den Hals hin und her, als täten ihr die Halsmuskeln weh. Erschöpft und distanziert widmete sie Coy ein leichtes Lächeln, als interessierte sie das alles nicht mehr, was im Lichtkegel der Lampe auf dem Tisch lag, die Seekarten, Notizen und Berechnungen. Dann sagte sie: »Ich bin müde und kann nicht mehr.« Sie stand auf und blickte sich verwundert um, als hätte sie vergessen, wo sie sich befand; ihre Augen erstarrten und verfinsterten sich auf einmal, als sie an der Stelle innehielten, wo der tote Zas gelegen hatte. Sie schien sich zu erinnern, und plötzlich entdeckte Coy wie jemand, der aus Versehen eine Tür öffnet, dass sie schwankte, wenn auch nur ein paar Millimeter, und er bemerkte, dass ein Schauer über ihre Haut lief, als wäre gerade ein kalter Luftzug durchs Fenster eingedrungen: Sie stützte sich mit der Hand auf eine Tischecke, ihr hilfloser Blick irrte durchs Zimmer und suchte nach einer Zuflucht, bis er sich beruhigte, kurz bevor er bei Coy angelangt war. Nun hatte sie sich offenbar wieder in der Gewalt; doch er hatte schon den Mund aufgemacht, weil er vorschlagen wollte: ›Ich kann hierbleiben, wenn du möchtest.‹ Oder: ›Vielleicht ist es besser, dich heute Nacht nicht allein zu lassen.‹ Oder etwas Ähnliches. So, mit offenem Mund, blieb er stehen, denn in diesem Augenblick zuckte sie beinahe fragend die Achseln und schaute ihn an. Deshalb schwieg er etwas länger, und sie wiederholte ihre Geste, zuckte ganz bewusst die Achseln, eine Bewegung, die sie offenbar für Fragen reserviert hatte, deren Antwort ihr gleichgültig war. Dann sagte er: »Vielleicht sollte ich dableiben«, und sie antwortete: »Ja, natürlich« – mit leiser Stimme und der üblichen Gefühlskälte, und dazu nickte sie, als hielte sie den Vorschlag für angemessen. Schon ging sie ins Schlafzimmer und holte einen Soldatenschlafsack: einen echten grünen Armeeschlafsack, den sie auf dem Sofa ausbreitete, und darunter legte sie ein Sofakissen für seinen Kopf. Dann erklärte sie mit wenigen Worten, wo sich die Tür des Badezimmers und ein sauberes Handtuch befanden, bevor sie sich zurückzog und die Tür zumachte.

Unten, in der Ferne, in der Dunkelheit, die sich jenseits des Bahnhofs ausdehnte, bewegten sich trügerisch langsam die weit auseinander gezogenen Lichter der Züge. Coy ging zum Fenster und blieb dort ruhig stehen, betrachtete den gedämpften Widerschein der in größerer Entfernung liegenden Stadtviertel, die Straßenbeleuchtung zu seinen Füßen, die Scheinwerfer der wenigen Autos, die auf der menschenleeren Allee entlangfuhren. Die Reklametafel der Tankstelle war angeschaltet, doch er entdeckte niemanden außer dem Tankwart, der aus seiner Bude kam, um einen Autofahrer zu bedienen. Kein melancholischer Zwerg und auch kein Wrackjäger waren zu sehen.

Sie hatte die Musik angelassen. Es war eine sehr geruhsame und traurige Melodie, die Coy niemals gehört hatte. Er ging zur Stereoanlage und schaute sich die Plattenhülle an: *Après la pluie*. Er kannte nichts von diesem Erik Satie – vielleicht war er ein Freund Justines –, aber der Titel schien ihm durchaus angemessen. Die Musik ließ ihn an das feuchte Deck eines bewegungslosen Schiffes auf einem grauen, stillen Meer denken, während auf dem Wasser noch die konzentrischen Kreise der letzten Regentropfen zu erkennen waren, kleine Wellenbewegungen, als streiften Quallen die Wasseroberfläche, und sie erinnerten auch an jemanden, der das alles betrachtete und sich mit den Händen auf eine nasse Reling stützte, während unheimliche Wolken, schwarz und tief hängend, an der Horizontlinie davontrieben.

Er spürte ein wehmütiges Gefühl, als er die Augen hob und vergebens nach einem Stern suchte. Der Widerschein der Stadt verschleierte den Himmel. Er beschattete seine Augen mit einer Hand, und als sich seine Pupillen an das Dunkel gewöhnten, konnte er ein paar Sterne als schwach leuchtende Punkte in der Ferne entdecken. Die Sterne über den Städten, wenn man überhaupt den einen oder anderen wahrnehmen konnte, wirkten immer gedämpft, anders, ohne Glanz und Bedeutung. Auf dem Meer aber waren sie nützliche Bezugspunkte, Wege und Begleiter. In seinen langen Wachstunden auf hoher See hatte sich Coy auf die Brückennock gestützt und im Frühling zugesehen, wie Sirius und die sieben Plejaden am westlichen Abendhimmel verschwanden und dann im Sommer an der anderen Nachtseite, am östlichen Morgenhimmel, auftauchten. Er verdankte den Sternen sein eigenes Leben; in einer kurzen und intensiven Zeit seiner Jugend hatten sie ihm sogar geholfen, dem Gefängnis in Haifa zu entgehen. Denn an einem unheilvollen Augustmorgen, als er gerade in libanesische Gewässer einfahren wollte und sich an Bord der *Otago* befand, eines kleinen Frachters, der von Larnaca nach Sidon fuhr und keine Lichter gesetzt hatte, um die israelische Blockade zu durchbrechen, und bevor das Leuchtfeuer von Ziri auftauchte – alle drei Sekunden ein auf sechs Meilen sichtbares Blinken –, hatte Coy, während er das Erscheinen von Kastor und Pollux am östlichen Horizont erwartete, die schwarzen Umrisse eines Patrouillenboots entdeckt, das im Schutz der dunklen Linie lauerte, vor der

Küste, der sie entgegenfuhren. Das Schiff, ein in Monrovia registrierter Dreitausendtonner mit spanischem Reeder, norwegischem Kapitän und griechisch-spanischer Mannschaft, das offiziell als Salztransporter zwischen Torrevieja, Triest und Piräus verkehrte, hatte kurze Zeit gestoppt, bis Kapitän Raufoss, mit dem Nachtglas vor den Augen und leise auf wikingisch fluchend, die Anwesenheit des Patrouillenboots bestätigte. Daraufhin ließ er langsam wenden, hart steuerbord und langsame Fahrt voraus, und nicht eine Zigarette durfte an Bord brennen, damit man sich diskret in der Dunkelheit entfernen konnte, als ein anonymes Echo auf dem israelischen Radar, auf Kurs zurück nach Cape Greco. Der Scharfblick, den Coy – damals ein junger Zweiter Offizier mit einem Patent, dessen Tinte noch frisch war – bewiesen hatte, wurde von Raufoss mit einer Flasche Balvenie-Malzwhisky und einem Schlag auf die Schulter belohnt, den er noch eine ganze Woche spürte. Sigur Raufoss war sein erster Kapitän, unter dem er als Offizier diente: stämmig, sanguinisch, rothaarig, ein ausgezeichneter Seemann. Wie den meisten Angehörigen seines Volkes fehlte ihm die Arroganz der englischen Kapitäne, doch er übertraf sie an beruflicher Kompetenz. Er traute keinem Lotsen ohne graues Haar, er konnte sein Schiff durch ein Nadelöhr steuern, und nie war er nüchtern, wenn er sein Schiff vertäut hatte, und nie betrunken, wenn er auf See fuhr. Coy verbrachte mit ihm dreihundertsieben Tage im Mittelmeer, und danach wechselte er gerade rechtzeitig das Schiff, zwei Fahrten bevor Kapitän Raufossens Glück endete. Die *Otago* brachte Schrott als Stückgut von Valencia nach Marseille, und bei einem winterlichen Mistral, bei Windstärke 10 im Golf von León, war ihre Ladung verrutscht. Sie kenterte und versank mit fünfzehn Mann Besatzung, und die einzige Spur, die sie hinterließ, war ein Notruf, den die Küstenfunkstelle von Mont Saint-Loup auf dem UKW-Kanal 16 empfing: »*Otago* auf 42°25' N und 3°53,5' O. Haben starke Schlagseite. Mayday, Mayday.« Kein Stück blieb von ihr übrig, kein schwimmendes Trümmerstück, kein Rettungsring, keine Boje. Nichts. Nur Schweigen und das unerschütterliche Meer, das seit Jahrhunderten seine Geheimnisse bewahrt.

Coy sah auf die Uhr: Es war noch nicht Mitternacht. Tángers Zimmertür war geschlossen und die Musik verstummt. Er spürte die Stille, die nach dem Regen kam. Er machte ein paar ziellose Schritte durchs Zimmer, betrachtete die *Tim*-Alben auf dem Regal, die gerade ausgerichteten Bücher, die Postkarte aus Antwerpen, den Silberpokal, das eingerahmte Foto. Wir haben schon an anderer Stelle gesagt, dass er keine brillante Persönlichkeit war und dass er es wusste; genauso wie ihm sein Gemütszustand bewusst war, der mit seiner Beziehung zu Tánger Soto zu tun hatte. Trotzdem bewahrte er sich seinen Humor, jene natürliche Fähigkeit, über sich selbst oder über seine Ungeschicklichkeit zu spotten: ein mediterraner Fatalismus, der es ihm erlaubte, seine Hände an jedem Feuer zu wärmen. Dieses Bewusstsein oder diese Gewissheit machten ihn unter Umständen weniger begriffsstutzig, als jeder andere in einer ähnlichen Lage es gewesen wäre. Außerdem hatte die Gewohnheit, Himmel, Meer und den Radarschirm auf der Suche nach auszuwertenden Zeichen zu beobachten, in ihm bestimmte Instinkte oder taktische Vorahnungen verstärkt. In diesem Zusammenhang schienen ihm die in dieser Wohnung sichtbaren Indizien überaus bedeutungsvoll. Es waren, wie er entschied, Wegmarken, die einen scheinbar geradlinigen, soliden Lebenslauf ohne Brüche offenbarten. Dennoch zeigten einige von diesen Gegenständen die schwache Seite ihrer Besitzerin wie den hervortretenden Teil eines Eisbergs und konnten auch rührend wirken. Aber ganz anders als bei den Haltungen, Worten und Manövern, deren sie sich bediente, um ihre Ziele zu erreichen, fehlte bei den winzigen, in der Wohnung verstreuten Spuren, bei ihrer zweifelhaften Bedeutungslosigkeit, bei allen Umständen, die Coy als Zeugen, Handelnden und Opfer einbezogen, ganz offensichtlich jede Berechnung. Diese Indizien wurden nicht absichtlich vorgeführt. Sie gehörten zu einem gelebten Leben, und sie hatten viel mit einer Vergangenheit, mit ein paar Erinnerungen zu tun, die sich nicht klar äußerten, die aber ganz gewiss das Übrige absicherten, die heimlichen Machenschaften und den äußeren Schein: das Mädchen, den Soldaten, die Träume und das Gedächtnis. Auf dem gerahmten Foto lächelte das blonde Mädchen im schützenden Arm des braun gebrannten Mannes mit dem weißen Hemd; ihr Lächeln hatte offenkundige Ähnlichkeit mit ihrem jetzigen, wie Coy es von ihr kannte, selbst dann, wenn es etwas Gefährliches bedeutete; doch er entdeckte auf dem Bild auch eine unverkennbare Frische, die sie anders erscheinen ließ. Etwas Leuchtendes, Strahlendes, wie ein Leben voller noch nicht offenbarter Chancen, voller Wege, die man beschreiten konnte, wie ein mögliches und vielleicht wahrscheinliches Glück. Als lächelte sie auf diesem Foto zum ersten Mal, so wie der erste Mensch am ersten Tag erwachte und ringsum die neu geschaffene Welt erblickte, als das ganze Leben noch vor ihm lag, als man noch von einem einzigen Nullmeridian ausging und es noch keine

Handys, keine Ölpest, kein Aids-Virus, keine japanischen Touristen und keine Polizisten gab.

Das war im Grunde das Problem. Ich habe auch einmal so gelächelt, dachte er. Und diese bescheidenen, in der Wohnung verteilten Gegenstände, der verbeulte Pokal, das Foto des sommersprossigen Mädchens waren die Überreste des Schiffbruchs, den jenes Lächeln erlitten hatte. Etwas rann durch seinen Körper, weil er das erriet, als glitte die Musik, die nicht mehr erklang, langsam durch sein Inneres, um sein Herz zu erfrischen. Nun fühlte er sich hilflos, als wäre er es und nicht Tánger, der auf dem Foto mit dem Mann im weißen Hemd lächelte. Niemand kann allezeit einen anderen beschützen. Er erkannte sich auf diesem Bild wieder, und das gab ihm das Gefühl, verwaist, solidarisch, melancholisch und wütend zu sein. Zuerst war es ein Gefühl persönlicher Verzweiflung, maßloser Einsamkeit, das in seiner Brust bis zu Kehle und Augen hochstieg, und dann ein klarer, heftiger Zorn. Er betrachtete die Stelle, wo Zas gelegen hatte, und danach entdeckten seine Augen auf dem Tisch die in zwei Teile zerrissene Karte von Nino Palermo. So blieb er einige Zeit regungslos stehen. Dann schaute er wieder auf die Uhr, fügte die Stücke zusammen und nahm den Telefonhörer auf. Er wählte ohne Eile die Nummer, und kurz darauf hörte er die Stimme des Wracksuchers. Er sei in der Bar seines Hotels und selbstverständlich würde es ihn sehr freuen, sich in einer Viertelstunde mit Coy zu treffen.

Der uniformierte Portier musterte argwöhnisch die weißen Turnschuhe und die fadenscheinigen Jeans unter der Seemannsjacke, als er ihn durch die doppelte Glastür in die Lobby des Palace treten sah. Coy war noch nie dort gewesen, und darum stieg er die Stufen hoch, lief über die Teppiche und den weißen Marmorfußboden und blieb einen Augenblick unschlüssig stehen. Rechts hing ein großer alter Gobelin, und links befand sich die Bartür. Er lief zur zentralen Rotunde weiter und blieb abermals unter den Säulen stehen, die den Raum umgaben. Ein unsichtbarer Pianist im Hintergrund spielte *Cambalache*, und die Musik wurde vom diskreten Geräusch der Unterhaltungen gedämpft. Es war spät, doch an fast allen Tischen und auf den Sofas saßen Leute: gut gekleidete Herrschaften mit Jackett und Krawatte, schmuckbehängte Damen, attraktive Frauen, tadellose Kellner, die sich unhörbar bewegten. Auf einem Servierwagen kühlten mehrere Champagnerflaschen in Eiskübeln. Alles sehr elegant und korrekt, urteilte er. Wie im Film.

Er machte ein paar Schritte durch die Rotunde, kümmerte sich nicht um den Kellner, der ihn fragte, ob er einen Tisch wünsche, und steuerte geradewegs auf Nino Palermo zu, dessen Profil er soeben auf einem Sofa entdeckt hatte, unter dem großen zentralen Kronleuchter, der von der Glaskuppel herabhing. Er war in Begleitung derselben Sekretärin wie auf der Auktion in Barcelona. Jetzt war sie dunkel gekleidet, trug einen kurzen Rock, und ihre Beine waren bis zum halben Oberschenkel zu sehen; sie presste die schräg zur Seite geneigten Knie wohlanständig zusammen und hatte hochhackige Schuhe an. Handbuch der perfekten Sekretärin bei einem gemütlichen Abend mit dem Chef, Abteilung Kleidung, Seite fünf. Sie saß zwischen Palermo und zwei nordisch aussehenden Typen. Der Wracksucher entdeckte Coy erst, als dieser ganz nahe war. Erst dann stand er auf und knöpfte sich die zweireihige Jacke zu. Seinen Zopf hielt ein schwarzes Band zusammen.

Er trug einen marengograuen Anzug und eine Seidenkrawatte über einem lichtblauen Hemd, und die schwarzen Schuhe, die Goldketten und die Uhr leuchteten weitaus heller als sein Lächeln. Auch der Ring mit der antiken Münze leuchtete, als er die Hand ausstreckte, um Coy zu begrüßen. Dieser ignorierte die Hand des anderen.

»Ich freue mich, dass Sie vernünftig geworden sind«, sagte Palermo.

Mitten im Satz erstarb der liebenswürdige Ton auf seinen Lippen, während er die Hand vergebens ausstreckte. Er besah sie einen Augenblick, überrascht, dass sie leer blieb, und danach zog er sie langsam, verunsichert zurück und musterte den Neuankömmling forschend mit seinen zweifarbigen Augen.

»Sie sind zu weit gegangen«, sagte Coy.

Die verwirrte Grimasse des anderen verhärtete sich plötzlich und wurde arrogant.

»Sie sind immer noch mit ihr zusammen?«, fragte er kalt.

»Das geht Sie nichts an.«

Palermo schien zu überlegen. Flüchtig blickte er zu den beiden Männern hinüber, die auf dem Sofa warteten.

»Gestern haben Sie gesagt, Sie wären ... Nicht wahr? Draußen. Und als Sie vorhin anriefen ... Weiß Gott. Ich habe gedacht, Sie wollten für mich arbeiten.«

Coy hielt die Luft in der Lunge zurück. Der andere war mehr als einen Kopf größer als er, und er beobachtete ihn von unten, seine breiten Hände hingen drohend an beiden Seiten herab. Er wippte ein wenig auf den Fußspitzen.

»Sie sind zu weit gegangen«, wiederholte er.

Die grünliche Pupille hatte sich mehr als die braune ausgedehnt, aber beide schienen aus dickem Eis zu sein. Palermo beobachtete wieder seine Begleiter aus den Augenwinkeln. Nun verzog er geringschätzig den Mund.

»Ich hatte mir nicht vorgestellt, dass Sie mir auf die Nerven gehen wollen«, sagte er. »Sie sind ... Ein Clown, genau. Sie benehmen sich wie ein Clown.«

Ganz langsam nickte Coy zweimal. Er hatte die Hände etwas weiter vom Körper abgewinkelt, und er spürte, dass sich die Muskeln der Schultern, der Arme und des Magens wie fest angezogene Schifferknoten spannten. Palermo hatte sich halb umgedreht, als wollte er das Gespräch beenden.

»Wie ich sehe«, erklärte er, »hat diese Schlaubergerin Sie hervorragend eingewickelt.«

Mit dem letzten Wort setzte er an, zum Sofa zurückzukehren; doch er machte sich lediglich dazu bereit, während Coy schon seine Berechnungen angestellt hatte und wusste, dass der andere größer und überhaupt nicht schwach oder allein war und dass es besser war, einen Mann zu schlagen, solange er noch redete, weil seine Reflexe dann weniger ausgeprägt waren. Deshalb wippte er wieder auf den Fußspitzen, verschlang in seiner Phantasie eine Büchse Spinat, zeigte ein flüchtiges Lächeln, um Palermo vertrauensselig zu stimmen, und mit demselben Schwung rammte er ihm das Knie schnell und so brutal in die Hoden, dass er ihn eine Sekunde später, als sich der andere mit hochrotem Gesicht und atemlos über seinem Unterleib krümmte, ohne allzu große Mühe mit dem zweiten Schlag erwischen konnte, mit einem Kopfstoß auf die Nase, die unter Coys Stirn krachte, als hätte jemand ein Möbelstück zerschlagen. Das hatte er mit choreographischer Präzision bei einem Handgemenge im Hamburger Hafenviertel gelernt: Die dritte Bewegung – in dem unwahrscheinlichen

Fall, dass sich der Gegner noch rührte – bestand darin, ihm einen weiteren Kniestoß ins Gesicht zu versetzen, und als krönenden Abschluss hatte er noch eine Spezialität parat, die er vom Maschinisten gelernt hatte. Doch er stellte fest, dass diese nicht notwendig war: Palermo war auf die Knie gesunken, er sah weiß und schlaff wie ein Sack Kartoffeln aus, lehnte das Gesicht gegen Coys Oberschenkel und besudelte ihm die Jeans mit dem anstößig roten Blut, das ihm aus der Nase triefte.

Innerhalb von fünf Sekunden geriet alles verteufelt durcheinander. Die Sekretärin begann zu kreischen und fiel aufs Sofa zurück, sie büßte ihre wohlanständige Haltung ein und zappelte mit den Beinen, bis ihr Slip zu sehen war, ein schwarzer. Die beiden Ausländer reagierten zunächst verblüfft und sprangen schließlich hoch, um dem Gestürzten beizustehen. Coy sah aus den Augenwinkeln, dass sich alle Kellner im Saal und einige Gäste auf ihn warfen. Er wurde hin und her gestoßen, von mehreren kräftigen Händen festgehalten, hochgestemmt und zur Tür geschleppt, als wollten sie ihn unter den empörten oder bestürzten Blicken der Angestellten und Gäste lynchen. Die Glastüren gingen auf, jemand schrie, man müsse die Polizei rufen, und in diesem Moment sah Coy nacheinander die beleuchtete Fassade des Parlamentsgebäudes, die grünen Lichter der an der Tür parkenden Taxis und auch den melancholischen Zwerg, der ihn von der nächsten Ampel aus überrascht beobachtete. Mehr konnte er nicht sehen, weil sie ihn am Kopf gepackt hielten, doch er erspähte noch das harte Gesicht des berberischen Chauffeurs – in dieser Nacht schienen sich alle im Palace versammelt zu haben –, bevor er spürte, dass ihn jemand wütend an den Haaren zog und ihm den Kopf nach hinten stieß, und dann folgten ein, zwei, drei, vier professionelle Fausthiebe auf den Solarplexus, die ihm mit einemmal den Atem nahmen. Nun stürzte er zu Boden, mit leerer Lunge und wie ein Fisch außerhalb des Wassers nach Luft schnappend. GFL: das Gesetz der Fehlenden Luft oder: Nie bist du da, wenn ich dich brauche. Von dort unten hörte er eine Polizeisirene und sagte sich: Da hast du was Schönes angestellt, Seemann. Dafür verpassen sie dir sechs Jahre und einen Tag, und das Mädchen muss allein tauchen. Dann, nach mehreren erfolglosen Versuchen, konnte er endlich etwas besser atmen, obwohl ihm die Luft beim Eindringen in die Lunge und beim Austreten wehtat. Die unteren Rippen schienen sich selbstständig zu bewegen, er musste sich eine gebrochen haben. Ein Hundeleben. Er ruhte weiter auf der Erde, mit dem Mund nach unten, und jemand legte ihm Handschellen an, die an seinen Handgelenken auf dem Rücken klickten. Ihn tröstete der Gedanke, dass sich Nino Palermo immer an Tánger Soto, an ihn und den armen Zas erinnern würde, wenn er sich während der nächsten Tage im Spiegel ansah. Dann zerrte man ihn plötzlich hoch, und ein blaues Blinklicht strahlte ihm ins Gesicht. Er vermisste den Galicier Neira, Torpedo Tucumán und den Rest der Mannschaft Sanders. Aber das waren andere Zeiten und andere Häfen.

VI. Über Ritter und Knappen

> Es gibt eine ganze Reihe von Rätseln, in denen eine Insel vorkommt, auf der manche Bewohner stets die Wahrheit sagen und andere stets lügen.
>
> RAYMOND SMULLYAN. *Wie heißt dieses Buch?*

Die Zigeunerin entfernte sich, nachdem sie noch eine Weile auf ihn eingeredet hatte, und Coy dachte, als er sie fortgehen sah, er hätte ihr wohl doch erlauben sollen, ihm die Zukunft aus der Hand zu lesen. Sie war eine Frau mittleren Alters mit braunem, von unzähligen Runzeln durchfurchtem Gesicht, und sie hatte sich das Haar mit einem Silberkamm aufgesteckt. Eine große Frau mit dickem Hintern, über dem der Rock wogte, wenn sie sich anmutig in den Hüften wiegte und stehen blieb, um den Passanten auf dem Weg zu der palmengesäumten Allee, die sich in Cádiz hinter der Festung Santa Catalina entlangzog, Rosmarinsträußchen anzubieten. Die Zigeunerin ärgerte sich über Coys Ablehnung, ihr einen kleinen Rosmarinstrauß für ein paar Münzen abzunehmen oder ihr zu erlauben, ihm aus der Hand zu wahrsagen, und bevor sie davonlief, murmelte sie eine halb scherzhafte und halb ernst gemeinte Verwünschung, über die Coy jetzt nachdachte: *Du wirst nur eine Fahrt umsonst machen.* Er war kein abergläubischer Seemann – in den Zeiten von Meteosat und GPS waren das nur noch wenige seines Standes –, doch er hielt an gewissen Befürchtungen fest, die typisch für das Leben auf See waren. Als die Zigeunerin unter den

Palmen der Avenida Duque de Nájera verschwand, betrachtete Coy leicht beunruhigt seine linke Handfläche, bevor er verstohlen zu Tánger hinüberblickte, die an demselben Terrassentisch saß und sich mit Lucio Gamboa unterhielt. Er war Direktor des Observatoriums von San Fernando, wo die drei einen Teil des Tages verbracht hatten, und Kapitän zur See der Kriegsmarine, trug jedoch Zivil: kariertes Hemd, khakifarbene Hose und uralte, verblichene Leinenschuhe. Nichts an ihm verriet seine Armeezugehörigkeit; er war rundlich, glatzköpfig und redselig, mit ungepflegtem, angegrautem Bart und hellen Normannenaugen und benahm sich ungezwungen und herzlich. Er sprach seit Stunden, ohne dass er erschöpft wirkte, während Tánger ihm Fragen stellte, zustimmend nickte oder sich Notizen machte.

Du wirst nur eine Fahrt umsonst machen. Coy betrachtete wieder seine Handlinien und sagte sich abermals, er hätte der Zigeunerin wohl doch erlauben sollen, ihm aus der Hand zu lesen. Sollte ihm die Vorhersage nicht gefallen, könnte er immer noch die Linien mit einer Rasierklinge korrigieren, wie es ihm gefiel, dachte er, und wie es Corto Maltese getan hatte, jener große und stattliche Seemann aus Tinte und Papier, der einen Goldring am Ohr trug. Immer wenn Coy bemerkte, dass Tánger ihn musterte, hätte es ihm nichts ausgemacht, dem anderen ähnlich zu sehen. Ihre Augen schweiften manchmal von Gamboas Erklärungen ab und verweilten einen Moment ausdruckslos und gleichmütig bei Coy, um festzustellen, dass er noch immer da war und nichts ihrer Kontrolle entging.

Er spürte ein Stechen an der linken Seite, in der unteren Rippengegend, die ihm noch von den Fausthieben des berberischen Chauffeurs wehtat. Der Zwischenfall war mit zweiunddreißig Stunden in einer Zelle des Polizeireviers von Retiro und einer Anzeige der Hotelleitung wegen Erregung öffentlichen Ärgernisses und Tätlichkeiten beigelegt worden, was in den nächsten Monaten ein gerichtliches Nachspiel haben würde. Nichts hinderte ihn also daran, zusammen mit Tánger nach Cádiz zu fahren. Was Nino Palermo betraf, so hatte er inzwischen die Klinik verlassen, wo man sich sofort um seine Nase gekümmert hatte, die das ärztliche Gutachten als verletzt, jedoch nicht gebrochen bezeichnete; er hatte sich großzügig gezeigt und sich nicht an seine Anwälte gewandt, um ein Gerichtsverfahren einzuleiten. So etwas wirkte keineswegs beruhigend; denn, wie Tánger sagte, als sie Coy an der Tür des Reviers traf, wo sie ihn erwartet hatte, gehörte Palermo zu den Leuten, die keine Polizisten und Gerichte brauchten, um ihre Angelegenheiten zu regeln.

Wieder prüfte er seine Hand. Im Unterschied zu Tánger, über deren Handfläche sich eine lange und klare Linie zog, liefen seine Lebens-, Todes- und Liebeslinien und dazu alles Übrige, was zum Teufel es bedeuten mochte, wirr durcheinander wie die Fallleinen eines Segelschiffes nach einem schwierigen Manöver bei starkem Wind und hohem Seegang, als hätte jemand sie in einem Würfelbecher durcheinander geschüttelt und sie dann irgendwie dort hingeworfen. Also lächelte er andeutungsweise in sich hinein: Nicht einmal die hellsichtigste Zigeunerin der Welt hätte darin etwas Klares entdeckt. Die Erklärung für die Fahrt, ob sie nun umsonst war oder ob man ihren Preis pünktlich bezahlen musste, verbarg sich nicht in diesen Linien, sondern in dem Blick, den er ab und zu auf sich gerichtet fühlte. Das, schloss er schicksalsergeben, war die wirkliche Seereise, die Athene für ihn ausersehen hatte.

Er schaute unter den Tisch. Tánger hatte ihre Beine in dem weiten blauen Rock übereinander geschlagen und wippte langsam mit einem Fuß, der in einer Ledersandale steckte. Er betrachtete die getüpfelten Fußknöchel und danach das Profil der Frau, die sich in diesem Augenblick über das Heft beugte, in das sie mit ihrem silbernen Bleistift Notizen machte. Die Sonne hinter ihr – sie vergoldete ihre kurz geschnittenen Haarspitzen so stark, dass sie beinahe weiß aussahen – hatte um halb zwei den Zenit am Horizont über dem Atlantik überschritten, dem Strand von La Caleta gegenüber, genau zwischen den Festungen, die ihn auf beiden Seiten begrenzten. Er betrachtete die alten Mauern mit den leeren Schießscharten, die an den Ecken stehenden Schilderhäuschen mit ihren runden Kuppeln und die schwarze Spur des Wassers, das mit seinen Flutwellen die ausgewaschenen Steine beleckte. In sicherem Abstand zum San-Sebastián-Riff glitt ein Segelschiff langsam und fern nach Norden dahin, von dem recht frischen Südwestwind getrieben. Stärke 5 auf der Beaufort-Skala, schätzte er, als er die niedrigen Wellen ansah, die das Meer ein wenig kräuselten und kleine Schaumspritzer über den Isthmus emporwirbelten, der das Landesinnere mit der Festung verband. Hinter den mit Zinnen besetzten Mauern der alten Geschützstände ragte der gewaltige Leuchtturm empor. Himmel und Wasser waren vollkommen blau, und ihr kräftiger Glanz blendete die Augen. Bald würden sie von den rötlichen Farbtönen überzogen, die den Sonnenuntergang ankündigten.

»In eurer Geschichte gibt es ein paar ziemlich ungewöhnliche Einzelheiten«, sagte Gamboa.

Coy sah nicht mehr aufs Meer hinaus, sondern hörte aufmerksam zu. Tánger und der Observatoriumsdirektor hatten aus beruflichen Gründen miteinander telefoniert und sich dadurch kennen gelernt. Tánger und Coy hatten ihn gleich nach ihrer Ankunft in San Fernando aufgesucht, nachdem sie mit dem Zug von Madrid nach Sevilla und von dort mit einem Mietauto bis Cádiz gefahren waren. Er sollte ihnen Unterlagen über die *Dei Gloria* und das Korsarenschiff *Chergui* besorgen und sie über einige zweifelhafte Punkte aufklären. Gamboa begleitete sie danach in die Altstadt und lud sie zu einem Omelett mit Garnelen im Ca Felipe ein, einem Lokal in der Calle de La Palma, wo die frischen Fische unter dem Ladenschild angeboten wurden: *Diese Fische haben als Statisten in den Filmen von Kommandant Cousteau mitgespielt.* Zum Schluss waren sie hier auf dieser Terrasse von La Caleta gelandet.

»Hoffentlich geht es nur um ein paar Einzelheiten«, seufzte Tánger.

Gamboa lachte. Er rauchte eine Zigarette, und seine nordischen Augen gaben dem bärtigen Gesicht ein kindliches Aussehen. Er hatte ungleichmäßige, vom Nikotin gelblich verfärbte Zähne, und die Schneidezähne standen weit auseinander. Er lachte leicht, aus allen möglichen Gründen, als wäre ihm jeder Vorwand recht, und dabei bewegte er den Kopf von oben nach unten. Gamboa gefiel Coy, trotz seiner Vorurteile, die er als Seemann der Handelsmarine gegen die Seestreitkräfte hegte. Sogar dessen liebenswürdige, ungezwungene Art, mit Tánger zu flirten – eine Handbewegung, ein Blick, die Geste, mit der er ihr Zigaretten anbot, die sie ablehnte –, wirkte harmlos und sympathisch. Als sie Gamboa am späten Morgen in seinem Büro im Observatorium besuchten, war er angenehm überrascht, wie er freimütig bekannte, dass seine Madrider Kollegin, mit der er bisher zu seinem Pech nur telefonisch und brieflich in Verbindung gestanden hatte, so hübsch sei. Dann beobachtete er Coy sehr eingehend, bevor er ihm lange die Hand drückte, als erlaubte ihm die Berührung einzuschätzen, welche Beziehung zwischen seiner Kollegin vom Marinemuseum und diesem unerwarteten und schweigsamen, kleingewachsenen und breitschultrigen Kerl mit den großen Händen und dem plumpen Gang, der sie begleitete, bestehen konnte. Sie hatte ihn lediglich als einen Freund vorgestellt, der ihr bei der technischen Seite des Problems helfe. Ein Seemann mit viel freier Zeit.

»Diese Brigg«, erzählte Gamboa weiter, »kam ohne Geleitschiff aus Amerika ... Und das ist merkwürdig, weil es Verordnungen gab, die wegen der Engländer, Korsaren und Piraten bestimmten, dass jedes Handelsschiff den Atlantik im Konvoi überqueren sollte.«

Er sprach beinahe immer die Frau an, obwohl er sich manchmal Coy zuwandte, vielleicht, um zu vermeiden, dass dieser sich fehl am Platz fühlte. Ich nehme an, das macht dir nichts aus, sagte seine Miene. Mir ist nicht klar, was für eine Rolle du in dieser Geschichte spielst, Kollege, aber ich vermute, es stört dich nicht, dass ich mit ihr rede und sie anlächle. Denk daran: Ihr seid nur eine Weile zu Besuch, und sie ist attraktiv. Ob du ein Seemann mit viel freier Zeit oder vollbeschäftigt oder was auch immer bist, ich weiß nicht, was es zwischen euch gibt, ich möchte nur ein bisschen Spaß mit ihr haben. Ein paar Bier und ab und zu ein Lachen, das kennst du ja, um die Batterien aufzuladen. Haha. Das möchte ich von euch für meine Dienste verlangen. Bald gehört sie wieder dir allein, oder wie es dann auch kommen mag, und du kannst immer noch dein Glück versuchen. Schließlich ist das Leben kurz, und es schickt dir nur manchmal Frauen wie die hier über den Weg. Wenigstens mir schickt es sie nicht vorbei.

»Damals gab es Frieden mit England«, betonte Tánger. »Vielleicht war eine Eskorte nicht notwendig.«

Gamboa, der sich gerade seine x-te Zigarette angesteckt hatte, ließ den Rauch zwischen den Schneidezähnen entweichen und machte dann eine zustimmende Geste. Er hatte nicht nur einen militärischen Dienstgrad, sondern war auch Marinehistoriker. Bevor man ihn ins Observatorium versetzte, hatte er das historische Erbe der Kriegsmarine in Cádiz betreut.

»Das kann eine Erklärung sein«, gab er zu. »Aber es kommt mir weiter merkwürdig vor ... 1767 hatte Cádiz das Monopol für den Amerikahandel. Erst elf Jahre später hob Karl III. mit seiner Verordnung zur Liberalisierung des Handels die Vorschrift auf, die Cádiz als einzigen Hafen bestimmt hatte, den man von Amerika aus direkt anlaufen durfte ... Deshalb hatte die Fahrt dieser Brigg von Havanna aus etwas Illegales, wenn wir es mit den königlichen Verordnungen genau nehmen. Oder sie hatte wenigstens etwas Außergewöhnliches.« Nachdenklich zog er zweimal lange an der Zigarette. »Normalerweise hätte sie hier einlaufen müssen, bevor sie nach Valencia weiterfuhr, oder welchen endgültigen Bestimmungshafen sie auch immer hatte.« Wieder zog er an der Zigarette. »Und offensichtlich hat sie das nicht getan.«

Darauf hatte Tánger eine Antwort. Tatsächlich wusste sie, wie Coy inzwischen klar geworden war, auf fast alles eine Antwort. Als suchte sie weniger nach neuen Angaben, sondern vielmehr nach der Bestätigung von alten.

»Die *Dei Gloria*«, erklärte sie, »hatte einen Sonderstatus. Vergiss nicht, dass sie den Jesuiten gehörte, und die hatten sich bestimmte Privilegien gesichert. Ihre Schiffe genossen besondere Freiheiten, sie fuhren mit Kapitänen, Steuerleuten, Segelhandbüchern und Seekarten der Gesellschaft Jesu nach Amerika und zu den Philippinen, und sie schirmten ihre Geschäfte so ab, dass sie gewissermaßen Steuerimmunität erreichten, wie wir es heute nennen würden ... Bei dem Ausweisungsprozess, den man insgeheim vorbereitete, war das ein wichtiges Argument gegen sie.«

Gamboa hörte ihr aufmerksam zu.

»Also die Jesuiten, nicht wahr?«

»Richtig.«

»Das würde mehrere Sachen erklären, die sonst unerklärlich sind.«

In der Wohnung, die ich kenne, sagte sich Coy, den Gleisen des Bahnhofs Atocha gegenüber, hat sie viele Stunden damit zugebracht, über diese Geschichte nachzugrübeln. Sie hat sich Tage und Monate auf dieses Bett gelegt, das ich einmal von weitem gesehen habe, sie hat an dem mit Büchern und Dokumenten überladenen Tisch gesessen und mit ihrem kühlen Verstand die einzelnen Hinweise kombiniert, wie ein Schachspieler, der schon die nächsten Züge vorausgeplant hat. Sie hat Kurse abgesteckt, zu denen wir alle gehören. Ich bin überzeugt, dass sie dieses Gespräch, diesen bärtigen und lächelnden Typ, diese Landschaft von La Caleta und vielleicht sogar die Tageszeiten von Ebbe und Flut vorher berechnet hat. Jetzt zieht sie lediglich die Segel des Schiffes fest an und stellt selbst die letzte Kleinigkeit sicher, bevor sie aufs Meer hinausfährt. Denn sie ist eine von denen, die nichts an Land vergessen. Vielleicht ist sie niemals zur See gefahren, aber ich weiß, dass sie in ihrer Phantasie bestimmt schon viele Dutzend Male zum Wrack der *Dei Gloria* hinabgetaucht ist.

»Jedenfalls ist es schade«, sagte Gamboa, »dass wir keine weiteren Unterlagen haben.« Er wandte sich etwas zu Coy um. »... Das Cádizer Archiv ist das einzige, das nicht in das Allgemeine Marinearchiv von Viso del Marqués eingegliedert wurde, wo man beinahe alle wichtigen Dokumente zusammengefasst hat, die in El Ferrol und Cartagena lagerten und jünger sind als das, was im Westindienarchiv von Sevilla aufbewahrt wird ... Hier hat es ein dickköpfiger Admiral abgelehnt, sich von dem Archiv zu trennen. Die Folge: Der ganze Dokumentenbestand ging bei einem Brand in Flammen auf. Dazu gehörten alle Schriftstücke aus dem 18. und 19. Jahrhundert, selbst ein paar Originalplatten von Tofiños Kartenwerk.«

In diesem Moment zog Gamboa wieder an seiner Zigarette und ließ ein für Tánger bestimmtes joviales Lachen hören.

»Das durfte nicht fehlen, stimmt's? Die übliche Feuersbrunst. Haha. Aber ich nehme an, das gibt deiner Arbeit die Faszination eines Abenteuers.«

»Nicht alles ist verloren gegangen«, entgegnete sie.

»Alles nicht, das stimmt. Manches ließ sich retten, weil man es woanders hingebracht hatte. Aber niemand weiß, was da noch alles herumliegt. Die Pläne der *Dei Gloria* hatte man zum Beispiel an einer unglaublichen Stelle vergessen: unter Haufen von staubigen Papieren, in der Kammer für Navigationsinstrumente des Schiffszeughauses von La Carraca ... Mitten unter dem Material aus abgewrackten Schiffen, Logbüchern, Karten und zahllosen nicht katalogisierten Sachen. Die habe ich zufällig vor ungefähr einem Jahr entdeckt, als ich nach etwas anderem suchte. Als du mich anriefst, habe ich mich daran erinnert ... Es war ein Glücksfall, dass sie dieses Schiff hier gebaut haben.«

Eigentlich, wurde Coy von Gamboa aufgeklärt, handelte es sich nicht um die Pläne der *Dei Gloria* selbst, sondern um die der *Loyola*, ihres Schwesterschiffes, denn beide wurden in Cádiz kurz hintereinander, zwischen 1760 und 1762, gebaut. Das Schicksal war jedoch keinem von beiden gnädig. Noch vor ihrer aus derselben Werft stammenden Schwester ging die *Loyola* im Jahr 1763 während eines heftigen Sturms vor Sancti Petri unter. Wie das Leben so spielte: ganz nahe bei dem Ort, wo sie erst ein Jahr zuvor vom Stapel gelaufen war. Manche Schiffe hätten ein ganz schlimmes Schicksal, was Coy sicher aus Berufserfahrung wisse. Und diese zwei Briggs wären vom Unglück verfolgt gewesen.

Er besorgte Tánger eine Kopie der Pläne, nachdem er ihnen die Räumlichkeiten des Observatoriums gezeigt hatte: die weiße Fassade mit den Säulen und der in der Sonne glänzenden Kuppel, die gekalkten Gänge mit den alten Instrumenten in den Vitrinen, die Bücher über Nautik und Astronomie, die Linie auf dem Boden, die den genauen Ort des Cádizer Meridians angab, und die großartige, mit dunklem Holz getäfelte Bibliothek mit den voll gestellten Regalen. In einer Vitrine befanden sich die Werke von Kepler, Newton und Galilei sowie die *Reise ins südliche Amerika* und die *Astronomischen Beobachtungen* von Jorge Juan und Antonio de Ulloa und weitere Bücher über die im 18. Jahrhundert durchgeführten Expeditionen, bei denen ein Meridiangrad gemessen werden sollte. Dort hatte Gamboa mehrere Pläne und Dokumente auf einem Tisch ausgebreitet. Einige Kopien waren für Tánger bestimmt, und die übrigen, Originale, die sich schwer vervielfältigen ließen, fotografierte sie Blatt für Blatt mit einem kleinen Apparat, den sie aus ihrer Lederhandtasche hervorgeholt hatte. Zwei Filme mit sechsunddreißig Bildern hatte sie verbraucht. Das Blitzlicht spiegelte sich an den Wandbildern und Vitrinenscheiben, während Coy aus beruflicher Neugier einen Blick auf die alten Tabellen der nautischen Ephemeriden und die Präzisionsinstrumente warf, die überall ausgestellt waren, Überreste aus jener Zeit, als das Observatorium von San Fernando ein unerlässlicher Bezugspunkt im Europa der Aufklärung war: ein Spencer-Oktant, eine Berthoud-Seeuhr, ein Jensen-Chronometer, ein Dollond-Teleskop. Jetzt endlich bekam Coy auch die *Dei Gloria* zu sehen, als Gamboa nach einer wohl berechneten, theatralischen Pause vier Pläne im Maßstab 1:55 hervorholte, die er für Tánger fotokopiert hatte. Eine schlanke, 30 Meter lange und acht Meter breite Brigg mit zwei Masten, Rahsegeln und einem Gaffelsegel am Großmast, bestückt mit zehn Kanonen, eisernen Vierpfündern. Jetzt lagen diese Kopien vor ihnen auf dem Terrassentisch.

»Das war ein gutes Schiff«, sagte Gamboa und sah zu dem fernen Segelboot hinüber, das gerade jenseits des Santa-Catalina-Kastells verschwand. »Wie ihr an den Plänen erkennen könnt, hatte es ganz klare Linien und war sehr seetüchtig. Ein für seine Zeit modernes Schiff, das aus Eichenkernholz und Teak gebaut worden war, mit dem üblichen Glattdeck und den Kanonen darauf, mit fünf Geschützpforten an jeder Seite. Schnell und zuverlässig. Wenn eine Schebecke es einholen konnte, dann deshalb, weil es während der Atlantiküberquerung stark beschädigt wurde. Haha. Sonst ...«, der Observatoriumsdirektor sah nun Tánger lächelnd und aufmerksam an. »Das ist ein anderer Teil des Mysteriums, nicht wahr? ... Warum hat es nicht Cádiz als Nothafen angelaufen?«

Tánger antwortete nicht. Sie spielte mit ihrem Silberbleistift und schaute gedankenversunken nach links zu den weißen Kuppeln der auf Pfählen am Strand errichteten Badeanstalt hinüber.

»Und die *Chergui*?«, fragte Coy.

Gamboa, der die Frau beobachtete, drehte sich langsam um. Das mit dem Korsarenschiff sei ganz klar, antwortete er. Und sie beide hätten großes Glück gehabt, denn zur neuen Dokumentation gehöre wertvolles Material. So etwa die Kopie einer Beschreibung der *Chergui*, deren Original er in der Abteilung Kapergut und Prisen von Viso del Marqués entdeckt hätte. Leider nicht die Pläne von diesem Schiff, wohl aber die einer Schebecke mit vergleichbaren technischen Daten, der *Halconero*, deren Länge, Bestückung und Takelung ganz ähnlich waren.

»Wir wissen nicht, wo und wann sie gebaut wurde«, erklärte Gamboa und holte einen zusammengefalteten Zettel aus der Hemdtasche. »Klar ist allerdings, dass sie Algier und Gibraltar als Stützpunkte für ihre Operationen benutzt hat. Doch es gibt ausführliche Beschreibungen ihres Aussehens. Sie stammen von den Opfern oder von Leuten, die mit ihr zu tun gehabt haben, wenn sie in einen Hafen eingelaufen war und die britische Flagge führte, die sie dann gegen eine andere tauschte, wie es für sie am nützlichsten war, denn ein in Gibraltar ansässiger Malteser und ein algerischer Kaufmann waren die gemeinsamen Eigentümer ... Ihre Fahrten zwischen 1759 und 1766 sind aus Dokumenten bekannt; aber den genauesten Bericht«, der Observatoriumsdirektor sah in den Notizen auf seinem Zettel nach, »hat Don Josef Mazarrasa gegeben, der Kapitän des Küstenschiffes *Podenco*. Im September 1766, nach einem Scharmützel auf der Höhe von Fuengirola, gelang es ihm, einer Schebecke zu entkommen, die er als die *Chergui* erkannte; da die ihn beinahe geentert hätte, konnte er sie ganz gegen seinen Willen aus größter Nähe beobachten. Auf dem Achterdeck stand ein Europäer, und diese Beschreibung trifft möglicherweise auf den als Slyne oder Kapitän Mizen bekannten Engländer zu. Die sehr zahlreiche Mannschaft bestand offenbar aus Mauren und Europäern, und diese waren bestimmt Engländer.« Gamboa studierte wieder seine Notizen. »... Die *Chergui* war eine Schebecke mit einem Auslegerbaum und dem klassischen hohen Achterdeck, der Groß- und der Besanmast trugen Klüversegel und der Fockmast ein Lateinsegel. Sie war für ihren Schiffstyp recht schnell, ungefähr fünfunddreißig Meter lang und acht oder neun Meter breit. Wie Kapitän Mazarrasa berichtet, dessen Besatzung bei dem Kampf fünf Tote und acht Verletzte zu beklagen hatte, war sie mit vier langen Sechspfündern, acht Vierpfündern und wenigstens vier Steinstücken ausgerüstet. Offenbar hatte sie sich in Algier zusätzlich mit guten Bronzekanonen versorgt, die alt, aber wirksam waren und von einer gekaperten französischen Korvette stammten, der *Flamme* ... Diese Bewaffnung machte sie bedrohlich für weniger stark bestückte und kleinere Schiffe wie die *Podenco* oder die *Dei Gloria* ... sofern sie tatsächlich mit ihr zusammengetroffen ist.«

»Da bin ich mir ganz sicher«, sagte Tánger. »Sie sind sich begegnet.«

Sie betrachtete nicht mehr die Badeanstalt und machte ein etwas eigensinniges und finsteres Gesicht. Gamboa faltete den Zettel zusammen und gab ihn an sie weiter. Dann hob er eine Hand, als hätte er nichts einzuwenden.

»In diesem Fall war der Kapitän der *Dei Gloria* bestimmt ein sehr kaltblütiger Mann. Die Verfolgung durchzuhalten, sich nicht nach Cartagena in Sicherheit zu bringen und mit der *Chergui* einen Kampf Rahe an Rahe zu führen, so etwas hätte nicht jeder getan. Und diese Fahrt von Havanna aus, ohne einen Zwischenhafen anzulaufen ...« Prüfend beobachtete er Coy und dann die Frau, und dazu lächelte er viel sagend. »Ich nehme an, darum geht es, stimmt's?«

Coy drückte den Rücken an die Stuhllehne, über der seine Jacke hing. Was erzählst du mir das, sagte seine Miene. Sie führt das Kommando.

»Es gibt ein paar Sachen, die ich aufklären will«, erläuterte Tánger nach einem kurzen Schweigen. »Das ist alles.«

Sorgfältig steckte sie den Zettel mit den Notizen in ihre Handtasche. Gamboa musterte sie mit einem durchdringenden Blick. Für einen Augenblick wirkte der joviale Gesichtsausdruck des Observatoriumsdirektors nicht mehr so harmlos.

»Jedenfalls eine hübsche Arbeit«, betonte er zurückhaltend. »Vielleicht gab es außerdem an Bord ... Ich weiß nicht.«

Er suchte in der Hosentasche nach seinem Zigarettenpäckchen. Coy beobachtete, dass er dafür mehr Zeit als notwendig brauchte, als ginge ihm etwas durch den Kopf und er wüsste nicht recht, ob er es erzählen sollte.

»Eigentlich«, sagte er schließlich, »passen das Schiff, der Kurs und die damalige Zeit nicht zu irgendwelchen Schätzen.«

»Niemand redet von Schätzen«, antwortete sie ganz ruhig.

»Natürlich nicht. Auch Nino Palermo hat mir nichts davon erzählt.«

Es trat Stille ein. Zu ihnen drangen die Rufe der Fischer

herüber, die unterhalb der Terrasse, am Kai, auf den am Strand liegenden Booten arbeiteten oder zwischen den kleinen, mit dem Bug gegen den Wind ankernden Schiffen ruderten. Ein Hund rannte am Ufer entlang und verfolgte bellend eine Möwe, die unerschütterlich dahinschwebte, bevor sie aufs offene Meer hinausflog.

»Nino Palermo ist hier gewesen?«

Tánger sah der Möwe nach, und sie stellte die Frage erst, als der Vogel schon weit fort war. Gamboa beugte sich vor, um sich eine neue Zigarette anzuzünden, und schützte die Flamme des Feuerzeugs mit den Handflächen. Die Brise riss den zwischen seinen Fingern hervorquellenden Rauch mit sich, während seine hellen Augen amüsiert funkelten.

»Natürlich ist er hier gewesen. Haha. Er wollte mich ausfragen, wie ihr.«

Der Südwestwind hatte um ein paar Knoten aufgefrischt, schätzte Coy. Gerade so viel, dass er Schaumspritzer an dem Wellenbrecher hochwirbelte, der sich unterhalb der alten Südmauer der Stadt erstreckte. Gamboa erzählte in aller Ruhe seine Geschichte und freute sich über sein Glück. Ganz offenkundig genoss er das Zusammensein und hatte keine Eile. Er ging zwischen seinen beiden Begleitern und rauchte, blieb manchmal stehen, um einen Blick aufs Meer, auf die Häuser des Viña-Viertels oder die Angler zu werfen, die regungslos bei ihren zwischen den Steinen befestigten Angeln saßen und den Atlantik betrachteten.

»Er hat mich vor ungefähr einem Monat aufgesucht … Er ist so aufgetreten, wie sie es immer tun, alles ganz undurchsichtig, als bewegten sie sich hinter einem dichten Rauchvorhang. Sie fragen nach dem Schiff X und dem Dokument Y, nach ganz unterschiedlichen Sachen, damit man sich keine genaue Vorstellung machen kann, was sie wirklich suchen.« Gamboa lächelte ab und zu Tánger an, und seine auseinander stehenden Schneidezähne verstärkten noch den heiteren Gesichtsausdruck. »Er hatte eine sehr umfangreiche Einkaufsliste mitgebracht; darauf stand an achter oder neunter Stelle, zwischen anderen Punkten getarnt, die *Dei Gloria* ... Ich wusste, dass du hinter der her warst, weil wir schon ein paarmal miteinander telefoniert hatten. Es ließ sich nicht übersehen, dass Palermo einer frischen Spur nachjagte.«

Er verstummte und beobachtete einen Fisch, der am Ende einer Angelschnur zappelte. Ein Silberling. Der Angler, ein magerer Kerl mit langen Koteletten, der ein weißes Unterhemd mit Trägern anhatte, machte den Fisch behutsam vom Haken los und warf ihn in einen Eimer, wo er zwischen anderen silbern glänzenden Fischen schwach mit dem Schwanz schlug.

»Sobald Palermo die *Dei Gloria* erwähnte, habe ich eins und eins zusammengezählt.« Gamboa lief weiter. »... Ich habe mich von ihm ins Faro einladen lassen und ihm aufmerksam zugehört, zustimmend genickt und drei oder vier Andeutungen gemacht, ihm ein paar Angaben zu dem geliefert, was ich für das Unwichtigste auf seiner Liste hielt, und dann habe ich ihn mir vom Hals geschafft.«

»Was hast du ihm über die *Dei Gloria* erzählt?«, fragte Tánger.

Der Wind presste ihr den leichten Stoff des Rocks an die Oberschenkel und ließ den Kragen ihrer halb offenen Bluse flattern. Sie sah sehr gut aus, doch sie spielte sich nicht als attraktives Mädchen auf, stellte Coy fest. Und auch nicht als hilflose Kleine. Sie machte einen ruhigen und kompetenten Eindruck. Gamboa gegenüber zeigte sie sich offenherzig und vertraulich: Wozu sollen wir uns untereinander anlügen, Kollege, wir kommen aus demselben Beruf. Wir sind Beamte in einer feindseligen Umwelt und so weiter, was kann ich schon erzählen, wovon du nichts weißt. Das Leben ist hart, und jeder schlägt sich so gut durch, wie er kann. Natürlich halte ich dich auf dem Laufenden. Das bin ich dir schuldig.

Sie war schlau, urteilte er. Sie war sehr schlau oder erfasste vielleicht alles mit einer solchen Intuition, dass es schon krankhaft war, sie besaß einen messerscharfen Sinn für die Prinzipien, nach denen sich die Menschen richteten. Er erinnerte sich an den Fregattenkapitän im Madrider Marinemuseum und an dessen Gesichtsausdruck, als er sich mit ihr auf dem Korridor vor ihrem Büro unterhielt. Ganz sicher eine von uns, Admiral. Und man konnte überdeutlich sehen, dass die Sache bei dem Observatoriumsdirektor genauso funktionierte. Eine von uns.

Nun lächelte Gamboa wieder, als wäre die Frage, die sie gestellt hatte, überflüssig.

»Ich habe ihm so viel wie nötig erzählt«, erklärte er. »Das heißt nichts. Ob er mir geglaubt hat, weiß ich allerdings nicht ... Jedenfalls hat er sich dabei sehr vorsichtig benommen«, er drehte sich ein wenig zu Coy um, als erwartete er eine Bestätigung seiner Worte. »Ich nehme an, dass Sie Nino Palermo kennen.«

»Den kennt er genau«, sagte sie.

Das hatte sie allzu schnell klargestellt, dachte Coy. Er beobachtete Tánger, und sie wusste, dass er es tat, denn sie wandte die Augen ab und blickte übertrieben aufmerksam aufs Meer hinaus. Mag sein, dass ich Palermo kenne, sagte er sich wieder, doch nicht besonders gut; aber du bist etwas voreilig damit herausgeplatzt, mein Schätzchen. Du hast es vielleicht eine Sekunde vor der richtigen Zeit gesagt. Und das ist nicht in Ordnung. Nicht bei einem so klugen Mädchen wie dir. Schade, dass du immer noch solche Fehler machst. Oder dass du mich für einen Trottel hältst.

»So genau nicht«, antwortete Coy. »Tatsächlich kenne ich diesen Typen nicht so gut, wie ich möchte.«

»Na, dann sind Sie bestimmt der Einzige in diesem Beruf.«

»Er gehört nicht zu diesem Beruf«, erklärte Tánger.

Der Observatoriumsdirektor sah beide eindringlich an. Wieder überlegte er, welche Art von Beziehung die zwei wohl hatten. Schließlich sprach er Coy an:

»Er kommt aus Gibraltar und hat einen maltesischen Vater und eine englische Mutter, das heißt: eine komplette Piratentradition. Ich kenne Palermo schon lange, seit der Zeit, als ich das Archiv des Cádizer Museums geordnet habe ... Er war einer von denen, die versucht haben, die *Santísima Trinidad* zu bergen, und sein Versuch war vielleicht der ernsthafteste. Die *Trinidad* war in ihrer Zeit das größte Kriegsschiff der Welt, ein Vierdecker mit hundertvierzig Kanonen, und sie ist während der Schlacht von Trafalgar gesunken, als die Engländer sie nach Gibraltar schleppen wollten.« Er zeigte in südöstliche Richtung, auf einen unbestimmten Punkt im Meer. »Sie liegt genau dort, nicht weit von Punta Camarinal. Man wollte es so machen wie die Schweden mit der *Wasa* oder die Engländer mit der *Mary Rose*; aber das Vorhaben fand wie die meisten derartigen Projekte keine Gegenliebe bei den spanischen Behörden, die sind ...«

»Wie der sprichwörtliche Hund des Gärtners«, ergänzte Tánger.

»Genau. Der frisst selber nichts und lässt auch keinen anderen ran.«

Gamboa warf die Zigarettenkippe in den Schaum, der an die Felsen des Wellenbrechers traf, und er erzählte weiter. Palermo sei in dieser Gegend eine wohl bekannte Gestalt. Er habe etwas von einem Mafioso, Coy würde schon verstehen, was er meine, und das sei ja ganz typisch für die Mittelmeerküste: Marokko war nicht weit, ein paar Meilen, und von Gibraltar und Tarifa aus konnte man es an klaren Tagen sehen. Das war die Grenze Europas. Palermo hatte vor sechs oder acht Jahren Deadman's Chest gegründet, und er war wegen seiner Skrupellosigkeit berüchtigt. Er hatte Interessen in Ceuta, Marbella und Sotogrande, und er arbeitete mit gefährlichen Leuten auf beiden Seiten der Meerenge zusammen. Er ließ sich von einer Kanzlei beraten, die sich auf Schleichhandel und Scheinfirmen spezialisiert hatte und ihm die Kastanien aus dem Feuer holte, wenn er zu weit gegangen war.

»Man konnte es nicht beweisen; aber man schreibt ihm neben anderen üblen Streichen zu, dass er die Trümmer der *Nuestra Señora de Cillas* heimlich geplündert habe, eine Veracruzaner Galeone, die 1675 in der Bucht von Sanlúcar mit einer Landung Silberbarren untergegangen ist.« Gamboa verzog das Gesicht. »Das war kein großer Schatz; doch als seine Taucher ihn herausholten, haben sie das Schiff zerstört und es für jede ernsthafte archäologische Bergung unbrauchbar gemacht ... Wir nehmen an, dass er mehrere solche Gaunereien auf dem Kerbholz hat.«

»Ist er erfolgreich?«, wollte Coy wissen.

»Palermo? ... Außerordentlich erfolgreich.« Gamboa sah Tánger an, als erwartete er, dass sie seine Worte bestätigte, aber sie sagte nichts. »Vielleicht ist er der Beste von allen, die sich hier damit abgeben. Er hat Wracks auf der ganzen Welt untersucht und Geld gemacht, indem er diese Arbeit mit der Hebung und Abwrackung gesunkener Schiffe kombinierte ... Vor einiger Zeit wollte er sich einem Bergungsversuch der Fisher-Mannschaft anschließen; mit Fisher hat er als Taucher bei der Rettung der *Atocha* zusammengearbeitet. Sie planten eine Operation an der Guadalquivir-Mündung, wo es nach ihren Berechnungen achtzig Wracks von Schiffen gab, die nach Sevilla unterwegs waren und mehr Gold im Bauch hatten, haha, als die Spanische Bank. Aber wir sind nicht in Florida: Die offizielle Genehmigung fehlte ... Es gab auch andere Probleme. Palermo gehört zu denen, die die klassische Lehre der Schatzjäger vertreten: Weil sie die ganze Arbeit leisten und der Staat lediglich die Genehmigungen erteilt, sollen acht Zehntel des Gewinns an den Berger gehen. Aber in Madrid haben sie gesagt, davon könne keine Rede sein, und beim Regionalrat von Andalusien hatten sie auch kein Glück.«

Gamboa genoss das Gespräch. Er redete gern, und dies war sein Fachgebiet. Ausführlich klärte er Coy über die Rolle auf, die Cádiz in der Geschichte der Schiffbrüche gespielt hatte. Von 1500 bis 1820 waren dort zwei- oder dreihundert Schiffe untergegangen, die zehn Prozent aller aus Amerika hergebrachten Edelmetalle transportierten. Problematisch waren aber das trübe Wasser, der Sand und der Schlick, der sie bedeckte, und außerdem das Misstrauen des spanischen Staates. Sogar die Kriegsmarine, setzte er mit einer Grimasse hinzu, hatte eine große Zahl von Wracks zweifelsfrei geortet. Doch manche alten Admiräle sahen Wracks als Gräber an, die man nicht schänden dürfte.

»Wie war das Gespräch mit Palermo?«, wollte Coy wissen.

»Von beiden Seiten herzlich und vorsichtig.« Der Observatoriumsdirektor musterte Tánger einen Augenblick, bevor er sich wieder ihm zuwandte. »Kennen Sie ihn tatsächlich?«

Coy, der mit den Händen in den Taschen lief, zuckte die Achseln.

»Sie hat ein bisschen übertrieben. Eigentlich hat es sich um einen oberflächlichen Kontakt gehandelt.«

Gamboa beobachtete ihn aufmerksam und interessiert.

»Einen Kontakt, wie?«

»Ja.«

»Und wieso oberflächlich?«

»Na, genau das.« Coy zuckte wieder die Achseln. »Auf die Oberfläche beschränkt.«

»Er hat ihm einen Kopfstoß auf die Nase versetzt«, sagte Tánger.

Sie deutete ein Lächeln an, während ihr goldenes Haar von der Meeresbrise zerzaust wurde und ihr Gesicht einrahmte. Gamboa war stehen geblieben und musterte die beiden abwechselnd.

»Auf die Nase? ... Na, so was.« Nun wandte er sich mit größerer Hochachtung an Coy. »Das müssen Sie mir erzählen, Kollege. Das möchte ich unbedingt wissen.«

Coy schilderte den Vorfall mit wenigen Worten, ohne Ausschmückungen. Hund, Hotel, Nase, Polizeirevier. Als er fertig war, betrachtete ihn Gamboa nachdenklich und belustigt. Er kratzte sich am Kinn.

»Donnerwetter. Und trotzdem ist Palermo ein gefährlicher Mann, selbst für jemanden, der seine Geschichte nicht kennt ... Außerdem hat er diesen beunruhigenden Blick, weil man nicht weiß, um welches Auge man sich kümmern soll.« Er musterte wieder Coy, als taxierte er dessen Fähigkeit, anderen die Nase einzuschlagen. »Also ein oberflächlicher Kontakt, nicht wahr? ... Haha. Oberflächlich.«

Er lachte noch ein bisschen länger, während Coy prüfend zu Tánger hinübersah und sie, immer noch lächelnd, seinem Blick standhielt.

»Ich freue mich, dass jemand diesem arroganten Dreckskerl eine Lektion erteilt hat«, sagte Gamboa schließlich, als sie weitergingen. »Ich habe euch ja schon erzählt, dass er hier auf einmal aufgetaucht ist, wie sie es immer machen. Nebelvorhänge und falsche Fährten: Inseln vor Florida, Zahara de los Atunes, Sancti Petri, die Sandbänke El Chapitel und El Diamante ... Sogar die Bucht von Vigo und ihre berühmten Galeonen ...«

Sie hatten sich vom Meer entfernt und durchquerten die alten Straßen bei der Kathedrale, neben dem Backsteinturm und den Mauern der Santa-Cruz-Kirche. Der Platz lag an einem Abhang. In einer Nische stand ein Christusbild, außerdem gab es dort Laternen, und Geranien und Fensterläden an den Balkonen uralter Häuser. Der Wind und die Feuchtigkeit des nahen Meeres sorgten dafür, dass der Kalkbewurf abblätterte, wie es beinahe in der ganzen Stadt geschah. Es herrschte fast überall Schatten, und das Licht der untergehenden Sonne zog sich an den Dächern zurück. Der Boden dieses Platzes, erzählte Gamboa, wobei er sich Coy zuwandte, war mit amerikanischen Steinen gepflastert: dem Ballast der Schiffe, die auf der Westindienroute fuhren.

»Wie ich gesagt habe«, erzählte er weiter, »bei Nino Palermo war ich schon gewarnt ... Also ließ ich ihn herumsuchen und gab ihm keine Tipps, die sich gelohnt hätten.«

»Dafür bin ich dir dankbar«, sagte sie.

»Das war nicht nur deinetwegen. Dieses Schlitzohr hat mir schon vor längerer Zeit einen schlimmen Streich gespielt, als er auf der Spur der vierhundert Gold- und Silberbarren war, obwohl andere von einer halben Million Taler reden, die die *San Francisco Javier* an Bord hatte ... Aber in solchen Fällen soll man keinen Skandal machen, der niemand nützt, sondern am besten so tun, als ginge es einen nichts an, und auf eine günstige Gelegenheit warten. Haha. Wie du mir, so ich dir.«

Sie liefen zwischen den parkenden Autos, die das Vorwärtskommen behinderten, und sie begegneten ein paar übel aussehenden Typen. In der Gegend gab es viele armselige Kneipen, in denen es von arbeitslosen Fischern, Lebenskünstlern und Bettlern wimmelte. Ein junger Mann mit Sportschuhen, der so aussah, als sei er ein sehr schneller Hundertmeterläufer, verfolgte sie ein ganzes Stück und starrte wie gebannt auf Tángers Handtasche, bis Coy sich umdrehte, sich mitten auf der Straße aufpflanzte und ein drohendes Gesicht zog, so dass der Junge es vorzog, sich aus dem Staub zu machen. Aus Vorsicht nahm Tánger die Tasche unter den Arm und presste sie sich in die Seite.

»Was hat Palermo genau von dir gewollt?«

Gamboa blieb stehen und zündete sich die Zigarette an, die sie und Coy soeben abgelehnt hatten. Der Rauch strömte aus der Räucherpfanne seiner Finger.

»Dasselbe wie du. Er suchte nach Plänen.« Gamboa steckte das Feuerzeug ein und wandte sich zu Coy um. »Immer wenn man sich mit gesunkenen Schiffen beschäftigt, sind Pläne ungeheuer wichtig. Mit ihnen kann man den Aufbau des Schiffes untersuchen, Maße berechnen und alles Übrige ... Es ist nicht leicht, sich unter dem Wasser zu orientieren, denn ganz anders als in Filmen findest du meistens einen Haufen verfaulter Holztrümmer, die oft mit Sand bedeckt sind. Wenn man weiß, wo der Bug oder der Längsbalken des Mitteldecks ist oder wo sich der Laderaum befunden hat, bedeutet das schon einen beträchtlichen Fortschritt. Mit den Plänen und einem Messband kann man da unten ganz vernünftig durchkommen.« Er blickte Tánger viel sagend an. »Natürlich hängt das davon ab, was man zu finden hofft.«

»Es geht eigentlich nicht darum, dort unten etwas zu suchen«, sagte sie. »Das hier ist nur eine Forschungsaufgabe. Die operative Phase kommt danach, wenn sie überhaupt kommt.«

Gamboa ließ einen Rauchfaden zwischen seinen gelben Schneidezähnen entweichen.

»Natürlich. Haha. Die operative Phase.« Schalkhaft kniff er die Augen zusammen. »Was für eine Ladung hatte die *Dei Gloria*?«

Auch Tánger lachte etwas und legte eine Hand auf seinen Arm.

»Baumwolle, Tabak und Zucker aus Havanna. Das weißt du ganz genau.«

»Schon gut.« Gamboa kratzte sich am Kinn. »Jedenfalls, wenn jemand das Schiff entdeckt und zur ... Wie hast du gesagt? Zur operativen Phase übergeht, hängt alles davon ab, was man sucht. Wenn es um Dokumente oder vergängliches Material geht, ist nichts zu machen.«

»Selbstverständlich«, antwortete sie, so unerschütterlich, als spielte sie Poker.

»Papier wird nass, und futsch ist es. Arrivederci.«

»Natürlich.«

Gamboa kratzte sich noch einmal am Kinn, bevor er wieder an der Zigarette zog.

»Also Baumwolle, Tabak und Zucker aus Havanna, nicht wahr? ...«

Sein Ton klang spöttisch. Wie ein unschuldiges Mädchen hob sie beide Hände:

»So steht es im Ladungsmanifest. Das ist nichts Großartiges, aber damit kann man sich eine weitgehend zutreffende Vorstellung machen.«

»Du hattest Glück, dass du es gefunden hast.«

»Großes Glück. Als Kuba 1898 geräumt wurde, kam es zusammen mit den anderen Papieren nach Spanien – nicht nach Cádiz, wo der Brand es vernichtet hätte, sondern nach El Ferrol. Von dort wurde es nach Viso del Marqués geschickt, und dort konnte ich es in der Abteilung Handelsmarine einsehen.«

»Du hattest großes Glück«, wiederholte Gamboa.

»Ich habe nachgesehen, ob es etwas für mich zu entdecken gab, und auf einmal tauchte es vor meinen Augen auf. Schiff, Datum, Hafen, Ladung, Passagiere ... Alles.«

Gamboa musterte sie eindringlich.

»Oder fast alles«, sagte er ironisch.

»Was bringt Sie auf den Gedanken, dass es da noch etwas gibt?«, fragte Coy.

Der andere lächelte geruhsam. Er schüttelte den Kopf.

»Ich denke nicht, Kollege. Ich beobachte lediglich diese junge Dame ... Und stelle fest, dass sich Nino Palermo für dieselbe Angelegenheit interessiert. Ich merke auch, weil ich solche Geschichten jahrelang verfolgt habe und nicht von gestern bin, dass diese Fahrt Havanna–Valencia ohne eine Zwischenlandung in Cádiz nach einer verdeckten Operation riecht, selbst wenn das Manifest aus Havanna in Viso del Marqués liegt und ganz einwandfrei ist ... Wenn wir den Zeitpunkt berücksichtigen und dazu noch den Reeder, der das Schiff befrachtet hat, ist die Schlussfolgerung offensichtlich: Mit der *Dei Gloria* stimmte etwas nicht. Der Korsar hat ein Schiff versenkt, das alles andere als harmlos war.«

Nachdem der Observatoriumsdirektor das gesagt hatte, zwinkerte er mit einem Auge und lachte wieder, während er den Zigarettenrauch zwischen seinen ungleichmäßigen Zähnen hervorstieß.

»Das ist auch sie nicht«, setzte er hinzu.

Er blickte Tánger an. Und nun sah Coy, dass auch sie lachte, ebenso wie zuvor, in aller Ruhe: mit verständnisinniger, geheimnisvoller und komplizenhafter Miene. Gamboa wirkte überhaupt nicht ärgerlich, sondern amüsiert, als übte er Nachsicht mit einem bösen Mädchen, das aus irgendeinem Grund seine Sympathie genoss. Coy stellte fest, dass sie es fertig brachte, auf die genau richtige Art zu lachen, ebenso wie sie so vieles andere beherrschte. Deshalb empfand er wieder einmal einen unbestimmten Groll, fühlte sich von alldem ausgeschlossen, fehl am Platz und unbehaglich. Wenn wir doch schon dort wären, dachte er. Auf dem Meer, fern von allen, an Bord eines Schiffes, wo mir nichts anderes übrig bliebe, als mich die ganze Zeit auf meine Augen zu verlassen. Sie und ich. Um Gold- oder Silberbarren zu suchen, oder was dabei auch immer zum Vorschein käme, verdammt noch mal.

Gamboa schien Coys Unbehagen zu ahnen, denn er betrachtete ihn mit einer freundlichen Grimasse.

»Ich weiß nicht, was sie sucht«, sagte er. »Ich weiß nicht einmal, ob Sie es wissen. Aber auf jeden Fall überstehen wenige Sachen zweieinhalb Jahrhunderte im Wasser. Die Bohrwürmer zerfressen das Holz, Eisen verrostet und wird von Organismen überwuchert ...«

»Und was passiert mit Gold und Silber?«
Gamboa beobachtete ihn spöttisch.
»Sie sagt, so etwas suche sie nicht.«
Tánger hörte schweigend zu. Für einen Augenblick nahm Coy ihren unerschütterlichen Blick wahr: Es schien, als wäre ihr das Gespräch gleichgültig.
»Was passiert damit?« Er ließ nicht locker.
»Der Vorteil bei Gold und Silber ist«, erklärte Gamboa, »dass das Meer ihnen recht wenig anhaben kann. Silber wird dunkel, und Gold ... Nun ja. Gold hat bei Schiffbrüchen ganz ausgezeichnete Eigenschaften. Es oxidiert nicht, läuft nicht grün an, es verliert weder Glanz noch Farbe. Du holst es genau so heraus, wie es auf den Grund gesunken ist.« Er zwinkerte erneut, unterbrach sich und sprach dann Tánger an. »Aber da reden wir ja von Schätzen, und das sind allzu große Worte. Nicht wahr?«
»Niemand hat etwas von Schätzen gesagt«, widersprach sie.
»Selbstverständlich. Niemand. Auch Palermo nicht. Aber ein Aasgeier wie er tut nichts aus Liebe zur Kunst.«
»Das ist Palermos Sache, nicht meine.«
»Selbstverständlich. Haha.« Nun wandte sich Gamboa jovial an Coy. »Ganz klar.«
»Piratengasse«, las Coy auf einmal an einer Hausfassade. Diese schmale Straße mit den zerbröselnden weißen Mauern trug also den stolzen Namen Piratengasse. Immer noch ungläubig las er zum zweiten Mal den Text auf den Wandfliesen und stellte fest, dass er sich nicht geirrt hatte. Er war früher schon in Cádiz gewesen und kannte das Hafengebiet, besonders die inzwischen verschwundenen Kneipen der Calle Plocia, die in den Zeiten der Mannschaft Sanders viele Gäste anzogen – aber diesen Teil der Stadt

kannte er nicht. Natürlich auch nicht die Gasse hier, deren skurriler Name ihn beinahe zum Lachen gebracht hätte. Obwohl der eigentlich gar nicht so skurril war. Nichts passte besser, überlegte er, zu einem Ort wie dem hier und zu einer Gruppe wie seiner: ein Seemann ohne Schiff und eine Wracksucherin im alten phönizischen Gadir: der jahrtausendealten Stadt, von der so viele Schiffe und so viele Männer Jahr für Jahr in allen Jahrhunderten abgefahren waren, um nie zurückzukehren. Im Grunde hatte das einen Sinn. Wenn die Schritte von Piraten und Korsaren auf diesen runden, dunklen Steinen, ehemaligem Ballast von Schiffen, die Gold aus Amerika brachten, nachhallten, so beschworen das Phantom der gesunkenen *Dei Gloria* und ihrer Mannschaft, Tánger und er selber vielleicht auch ein entsprechendes Echo herauf. Es konnte sein, dass Dinge, die man auf Buchseiten und Bilder, ins Reich der Kindheit, in eine ausschließliche Traumsphäre verbannt hatte, doch auf irgendeine Weise möglich waren. Vielleicht traf das zu, weil eine bestimmte Art von Träumen weiter im Geraune von Steinen und Papier lauerte, in Grabmalen und alten, von der Zeit zerfressenen Mauern, in Büchern, die wie zum Abenteuer geöffnete Tore waren, in vergilbten Aktenbündeln, die den Anfang von faszinierenden, gefahrvollen Fahrten bedeuteten und ein Leben vertausendfachen konnten, mit Stevenson- und Melville-Perioden und einer unvermeidlichen Conrad-Periode. *Ich bin auf Ozeanen gesegelt und habe in Bibliotheken gebadet*, hatte er vor langer Zeit einmal gelesen. Es könnte auch sein, dass all das nur auf einem bestimmten Weg zugänglich war, weil eine Frau dabei war, die dem einen Sinn gab. Weil von einem gewissen Moment an, wenn man diese oder jene Landspitze umsegelt und einen gewissen Teil seines Manneslebens hinter sich gelassen hatte, weil dann eine Frau, *die* Frau, vielleicht als einziger Grund übrig blieb, um zurückzuschauen. Als die einzige mögliche Versuchung.

Er beobachtete Tánger, die an Gamboas anderer Seite ging. Sie hatte die Tasche unter den Ellbogen geklemmt, hielt die Augen niedergeschlagen und schaute auf den Boden vor ihren Ledersandalen. Sie kümmerte sich nicht um das Straßenschild, weil sie so etwas nicht nötig hatte – sie ging auf ihren eigenen Straßen –, und ihr Haar war immer noch von der Meeresbrise zerzaust. Das Problem ist, sagte er sich, dass sich die nautische Wissenschaft überhaupt nicht gebrauchen lässt, wenn man an Land segelt oder mit einer Frau zu tun hat. Es gibt keine platten oder runden Karten, die deren Bild wiedergeben. Dann fragte er sich, nach welchem Gold Tánger suchte: ob es das verwunschene Gold der Träume oder das handgreiflichere gelbe Metall war, das Zeiten und Schiffbrüche unwandelbar überlebte.

»Auf alle Fälle«, sagte Gamboa gerade zu Coy, »ist jede Bergung von Gegenständen aus dem Meer ohne eine Genehmigung der Behörden illegal.«

Die Gesetze über gesunkene Schiffe, erklärte er dann, beschäftigten sich mit ganz unterschiedlichen Aspekten: dem Eigentum am Schiff und an seiner Ladung, den historischen Rechten, den territorialen oder internationalen Gewässern, dem Kulturerbe und anderen Einzelheiten. Großbritannien oder die Vereinigten Staaten waren der Privatinitiative gegenüber meistens großzügig und kümmerten sich mehr um das Geschäft als um die Kultur. Der angelsächsische Grundsatz, fasste er zusammen, bestand darin: Suche, finde und bezahle mich. Aber in Spanien wie in Frankreich, Griechenland oder Portugal verhielt sich der

Staat sehr restriktiv und hatte Gesetze, die auf das römische Recht und auf die »Sieben Gesetzbücher« Alfons' des Weisen zurückgingen.

»Praktisch ist es ein Vergehen«, schloss er, »wenn man das Bruchstück einer Amphore ohne Genehmigung heraufholt. Schon die bloße Tatsache, danach zu suchen, ist gegen das Gesetz.«

Sie waren zum Platz der Kathedrale gelangt. Die zwei weißen Türme und die klassizistische Fassade beherrschten das freie Gelände. Unter den Palmen promenierten Paare in mittlerem Alter, Mütter mit Kinderwagen und Kleinkindern, die zwischen den Tischen der benachbarten Straßencafés herumtobten. Während das letzte Tageslicht verblasste, flogen immer mehr Tauben zu den Vordächern und suchten sich eine Stelle, wo sie die Nacht zwischen ionischen Pilastern verbringen konnten. Eine flatterte ganz nahe an Coys Gesicht vorbei.

»In dieser Phase gibt es kein Problem«, erklärte Tánger. »Nachforschungen verstoßen gegen kein Gesetz.«

Gamboa ließ die gelben Zähne sehen, als er wieder einmal jovial lächelte. Offenkundig genoss er die Geschichte. Mich wollt ihr hinters Licht führen, sagte seine Miene. In meinem Alter, wo ich Kapitän zur See bin.

»Selbstverständlich nicht«, stimmte er zu.

»Ganz und gar nicht.«

»Genau das habe ich gesagt.«

Unbeirrbar machte Tánger ein paar Schritte. Sie starrte weiter auf den Boden vor ihren Füßen. Coy betrachtete die leicht geneigte Linie ihres Nackens. Ihr nur scheinbar zartes Äußeres. Als er zu Gamboa hinübersah, stellte er fest, dass dieser ihn interessiert musterte.

»Später vielleicht«, sagte sie, ohne den Kopf zu heben,

»wenn wir zu Ergebnissen gekommen sind, können wir einen ernsthaften Erkundungsplan ausarbeiten ...«

Coy hörte, dass Gamboa leise lachte. Er schaute ihn weiter an.

»Wenn Palermo nicht schneller ist.«

»Der ist bestimmt nicht schneller.«

Sie kamen an einem alten Haus mit baufälligen Mauern vorüber, über dessen Haupteingang ein verrosteter Eisenbalkon prangte. Coy las den Text einer in die Wand geschraubten Marmorplatte: *In diesem Haus starb Don Federico Gravina y Nápoli, der Großadmiral der Königlichen Kriegsflotte, an der Verwundung, die er an Bord der Príncipe de Asturias während der denkwürdigen Schlacht von Trafalgar erhalten hatte ...*

»Mich begeistern selbstsichere Mädchen«, sagte Gamboa gerade.

Coy drehte sich zu ihm um und beobachtete ihn. Gamboa hatte ihn angesprochen, nicht sie. Die freundliche Ironie, die aus den Normannenaugen hervorleuchtete, gefiel Coy nicht. Du wirst schon wissen, worauf du dich eingelassen hast, sagten sie. Ob du es nun weißt oder nicht, wenn ich in deiner Haut steckte, würde ich jedenfalls die Augen offen halten, Kollege. Das heißt: langsame Fahrt voraus und das Lot werfen. Hier gibt es wenige Faden Wasser unter dem Kiel und überall Riffe, und es ist nicht zu übersehen, dass diese Frau weiß, was sie sucht, aber ich bezweifle, dass es dir genauso klar ist. Man braucht nur ihre Worte und dein Schweigen zu vergleichen. Man braucht nur ihr Gesicht und deines anzusehen.

Sie hatten sich von Gamboa verabschiedet, liefen durch die Altstadt und suchten nach einem Lokal, in dem sie eine

Kleinigkeit essen konnten. Die Sonne war schon eine ganze Weile untergegangen, nur ein Lichtstreif im Westen war von ihr übrig geblieben, hinter den Dächern, die sich bis zum Atlantik hinab aneinander reihten.

»Das hier war die Stelle«, sagte Tánger.

Seit sie wieder allein waren, hatte sich ihr Benehmen verändert. Sie wirkte entspannter und natürlicher, als verzichtete sie auf einen imaginären Wachdienst. Nun plauderte sie und blieb ab und zu stehen, um auf die eine oder andere Sehenswürdigkeit hinzuweisen. Sie hatte die Tasche über die Schulter gehängt und unter dem Ellbogen eingeklemmt. Der weite blaue Rock wippte im Takt ihrer Schritte, während sie durch Gassen mit verfallenem Mauerwerk lief. Als er sich zu ihr umdrehte, entdeckte er, wie sich das schwankende Laternenlicht in ihrer dunklen Iris spiegelte.

»Hier war das Kastell der Seekadetten«, sagte sie.

Sie waren auf einer abschüssigen Straße stehen geblieben, die zu dem römischen Theater und der alten Stadtmauer emporführte, an ein paar baufälligen Gemäuern entlang, auf die sich mehrere Steinsäulen und zwei Spitzbogen stützten, die überhaupt kein Dach mehr trugen. Etwas weiter oben erhob sich ein Rundbogen, der als Zugang zu einer schmalen Gasse diente. Man schmeckte die salzige Luft des nahen Meeres – das die Mauern hinter den Gebäuden bespülte –, und es roch nach morschen Steinen, Urin und Schmutz. Ein Geruch, sagte sich Coy, wie in den alten Winkeln der heruntergekommenen Häfen, die noch nicht von ganzen Batterien von Halogenlampen erhellt wurden und an denen Technologie und Plastik scheinbar spurlos vorübergegangen waren, wo es Katzen und Mülleimer gab, rötliche Laternen, Zigarettenstummel im Schatten, Flaschenscherben auf dem Boden, preiswertes Kokain, Frauen, die soundso viel für eine Viertelstunde kosteten, das Bett extra. Nicht einmal der Cádizer Hafen an der anderen Seite der Stadt hatte noch etwas mit alldem zu tun. Kneipen und wohlanständige Gasthöfe hatten inzwischen die einstigen Bordelle und Pensionen verdrängt. Bei den Schuppen und Kränen lagen keine Bananenschalen herum, und man sah auch keine betrunkenen Seeleute mehr, die am Morgen nach ihrem Schiff suchten, ebenso wenig Streifen der Schifffahrtspolizei oder niedergestoßene amerikanische Matrosen in einer Ecke. Solche Szenen hatten sich an andere Ecken der Welt verlagert, und selbst dort waren die Dinge nun anders. Es blieben Orte wie Buenaventura mit seinen schmalen Gassen, den Obstständen, der Bar Bamboo, den Bordellen und den Mestizinnen, deren Kleider so hauteng und leicht waren, als hätte man sie ihnen auf den Körper gemalt. Oder Guayaquil mit seinen Langustinencocktails und den Leguanen, die im Stadtzentrum auf den Bäumen herumkletterten und dem Rhythmus der Glockenschläge der vier Uhren an der Kathedrale zu gehorchen schienen; dazu kamen die langweiligen Nachtwachen mit einer Taschenlampe und einer Signalpistole im Gürtel, mit der sie sich für Piratenüberfälle wappneten. Doch das waren die Ausnahmen. Jetzt befanden sich die meisten Häfen weit von den Stadtzentren entfernt und waren zu freien Plätzen geworden, auf denen Lastwagen parkten; die Schiffe machten gerade so lange fest, dass sie Container löschen konnten, und die philippinischen und ukrainischen Seeleute blieben an Bord und sahen fern, weil sie Geld sparen wollten.

»Wir stehen jetzt genau an der Stelle, wo der erste Cádizer Meridian verlief«, erklärte Tánger. »Offiziell befand er sich nur zwanzig Jahre hier, seit 1776, bevor man ihn nach

San Fernando verlegte. Aber seit der Mitte des Jahrhunderts nahm er auf den spanischen Seekarten mehr oder weniger amtlich die Stelle des traditionellen Meridians ein, der durch die Insel Hierro ging und den die Franzosen schon durch Paris und die Engländer durch Greenwich ersetzt hatten ... Wenn sich die Länge, die man an dem Morgen damals an Bord der *Dei Gloria* bestimmt hatte, auf diesen Ort bezog, so bedeutet das, dass die Brigg vier Grad und einundfünfzig Minuten von der Stelle untergegangen ist, an der wir uns jetzt befinden. Wenn wir die Korrekturtafeln Peronas anwenden, genau fünf Grad und zwölf Minuten östlicher Länge.«

»Zweihundertfünfzig Meilen«, sagte Coy.

»So ist es.«

Sie machten ein paar Schritte und liefen durch den Bogen. Eine Laterne, deren Scheibe zerbrochen war, tauchte ein vergittertes Fenster in gelbliches Licht. Auf der anderen Seite entdeckte Coy Säulenstümpfe und weitere Ruinen, die keine Dächer hatten. Alles sah öde und verwahrlost aus.

»Jorge Juan hat hier die erste Sternwarte gegründet«, sagte sie. »In einem Turm, der dort stand und heute verschwunden ist, an der Ecke, wo sich diese Schule befindet ...«

Sie hatte leise gesprochen, als schüchterte der Ort sie ein. Oder vielleicht lag es an der Dunkelheit, die von der ramponierten Laterne kaum erhellt wurde.

»Der Bogen hier«, erzählte sie weiter, »ist alles, was von dem alten Kastell übrig geblieben ist. Das hatte man über einem ehemaligen römischen Amphitheater errichtet, und darin war die Kompanie der Seekadetten untergebracht ... Seine Lehrer und die Mitarbeiter des Observatoriums waren gebildete Seeleute und Wissenschaftler: Jorge Juan und Antonio de Ulloa hatten ihre Arbeiten über die Messung eines Meridiangrads am Äquator veröffentlicht, Mazarredo war ein ausgezeichneter Seekriegstaktiker, Malaspina sollte bald zu seiner berühmten Fahrt aufbrechen, Tofiño bereitete sich auf die Vermessungen für seinen endgültigen Hydrographischen Atlas der spanischen Küsten vor.« Sie drehte sich einmal im Kreis und betrachtete aufmerksam die Umgebung. Ihre Stimme klang traurig. »Alles ging in Trafalgar zu Ende.«

Sie liefen ein Stück in die Gasse hinein. Oben, zwischen den Balkonen, war Wäsche zum Trocknen aufgehängt, reglose Grabtücher in der Nacht.

»Aber im Jahr 1767«, erläuterte Tánger weiter, »bedeutete dieser Ort etwas. Damals schloss man die Seefahrtschule der Jesuiten, und die nautische Bibliothek des Observatoriums erhielt nun zusätzlich deren Bücher und weitere, die man in Paris und London gekauft hatte.«

»Die Bücher von heute Morgen«, sagte Coy.

»Genau die. Du hast sie ja gesehen, in den Vitrinen. Abhandlungen über Nautik und Astronomie, Reisebeschreibungen. Großartige Bücher, die immer noch Geheimnisse enthalten.«

Ihre Schatten berührten sich an der Mauer, zwischen den nackten Ziegeln und den alten Steinen. Ein Wassertropfen aus einem aufgehängten Laken traf Coys Gesicht. Er blickte hoch und entdeckte einen einsamen Stern, der intensiv am schwarzblauen Rechteck des Himmels glänzte. Aus Zeit und Ort schloss er, dass es sich wohl um Regulus handelte, um die Vorderpranken des Löwen, der in dieser Jahreszeit schon die Nord-Süd-Achse überquert haben musste.

»Die Seekadetten«, berichtete Tánger weiter, »waren im Kastell untergebracht, bis sie in ein anderes Gebäude und danach auf die Isla de León umzogen, die heute San Fernando heißt. Aber das Observatorium blieb noch ein paar Jahre an dieser Stelle, bis 1798. Danach führte der Cádizer Meridian nicht mehr hier entlang, sondern wurde zwanzig Kilometer nach Osten verlegt.«

Coy berührte eine Mauer. Der Gips zerbröckelte zwischen seinen Fingern.

»Was ist aus dem Kastell geworden?«

»Man hat es in eine Kaserne und dann in ein Gefängnis umgewandelt. Am Ende haben sie es abgerissen, nur ein paar alte Mauern und ein Bogen sind übrig geblieben ... Der Bogen hier.«

Sie waren denselben Weg zurückgegangen und betrachteten wieder die dunkle, niedrige Wölbung.

»Was suchst du?«, fragte er.

Er hörte ihr sanftes, leises Lachen. Die Schatten verbargen ihr Gesicht.

»Das weißt du schon. Die *Dei Gloria*.«

»Das meine ich nicht. Und ich rede auch nicht von Schätzen oder solchen Sachen ... Ich möchte wissen, was du suchst.«

Er wartete auf eine Antwort, doch es kam keine. Sie schwieg und rührte sich nicht. An der anderen Seite des Bogens erhellten die Scheinwerfer eines Autos ein Stück der Straße, dann entfernten sie sich wieder. Der Widerschein ließ ihr Profil einen Augenblick auf der finsteren Mauer hervortreten.

»Du weißt, was ich suche«, sagte sie schließlich.

»Ich weiß überhaupt nichts«, seufzte er.

»Doch, du weißt. Ich habe gemerkt, wie du dich in meiner Wohnung umgesehen hast. Ich habe gemerkt, wie du mich angeschaut hast.«

»Du spielst nicht mit offenen Karten.«

»Wer tut das schon?«

Sie hatte sich bewegt, als wollte sie plötzlich davonlaufen; doch schließlich blieb sie ruhig stehen. Sie war einen Schritt entfernt, beinahe konnte er ihre warme Haut spüren.

»Es gibt ein altes Rätsel«, setzte sie nach einer Pause hinzu. »... Bist du gut im Lösen von Rätseln, Coy?«

»Nicht besonders.«

»Ich ja. Das gehört zu meinen Lieblingsbeschäftigungen ... Es geht um eine Insel. Einen Ort, an dem nur zwei Arten von Leuten leben: Ritter und Knappen. Die Knappen lügen und betrügen immerzu, und die Ritter nie ... Begreifst du die Situation?«

»Natürlich. Ritter und Knappen. Das verstehe ich.«

»Gut. Also, ein Insulaner sagt zu einem anderen: *Ich werde dich belügen und betrügen* ... Begreifst du? Ich werde dich belügen und betrügen. Die Frage ist, ob es ein Ritter oder ein Knappe ist, der das sagt ... Was meinst du?«

Er fasste sich verlegen an die Nase.

»Ich weiß nicht. Darüber müsste ich in Ruhe nachdenken.«

»Ganz klar.« Sie musterte ihn eindringlich. »Denk darüber nach.«

Immer noch war sie ganz nahe. Coy spürte, dass es ihm in allen Fingern juckte. Seine Stimme klang heiser:

»Was willst du von mir?«

»Dass du das Rätsel löst.«

»Darüber rede ich nicht.«

Tánger neigte den Kopf ein wenig zur Seite. Sie zuckte die Achseln.

»Ich brauche Hilfe.« Sie wandte die Augen ab. »Ich kann es nicht allein schaffen.«
»Es gibt andere Männer auf der Welt.«
»Vielleicht.« Sie machte eine lange Pause. »Aber du hast gewisse Vorzüge.«
»Vorzüge?« Das Wort beunruhigte ihn. Er wollte etwas antworten, doch ihm fiel nichts ein. »Ich glaube, dass ...« Weiter kam er nicht. Sein Mund stand halb offen, er runzelte die Stirn. Ringsum war es dunkel. Dann sagte Tánger:
»Du bist nicht schlechter als die meisten Männer, die ich kenne.«
Nach einer kurzen Pause setzte sie hinzu:
»... Und du bist besser als manch einer von ihnen.«
Darum geht es nicht, dachte er wütend. Nicht darüber wollte er in diesem Augenblick sprechen. Das wollte er ganz und gar nicht; und eigentlich, beschloss er, wollte er überhaupt kein Gespräch führen. Es war besser, wortlos mit ihr zusammen zu sein und ihr warmes, getüpfeltes Fleisch zu ahnen. Es war besser, sich im Windschatten des Schweigens zu schützen, obwohl Tánger diese Sprache, die des Schweigens, weitaus besser beherrschte als er. Eine Sprache, die sie seit Jahrtausenden benutzte.
Er drehte sich um und stellte fest, dass sie ihn anstarrte. Mitten in ihrem Gesicht, unter der hellen Haarsträhne, funkelten zwei marineblaue Reflexe.
»Und was willst du, Coy?«
»Vielleicht will ich dich.«
Es trat eine lange Pause ein, und er entdeckte, dass es leichter fiel, es so zu sagen, in diesem Halbdunkel, das die Gesichter und anscheinend auch die Stimmen verbarg. Es fiel ihm derart leicht, dass er seine eigenen Worte hörte,

bevor er sie gedacht hatte, und danach empfand er eine gewisse Bestürzung über sich selbst. Er errötete leicht, was Tánger sicher nicht sehen konnte.

»Du bist zu leicht zu durchschauen«, flüsterte sie.

Das sagte sie, ohne zurückzuweichen. Sie rührte sich nicht einmal, als er etwas an sie herantrat und langsam eine Hand auf ihr Gesicht zu bewegte. Da sprach sie seinen Namen wie eine Warnung aus, so dass er einem Kreuzchen oder einem blauen Fleck auf dem weißen Grundton einer Seekarte glich. »Coy«, sagte sie. Und noch einmal: »Coy.« Aber er schüttelte sanft den Kopf, bewegte ihn hin und her, ganz bedächtig und tieftraurig.

»Ich gehe mit dir bis zum Ende«, sagte er.

»Das weiß ich.«

In diesem Augenblick, als er schon ihr Haar berühren wollte, schaute er über ihre Schulter und hielt inne. Eine kleine, irgendwie bekannte Silhouette trat unter dem Bogen hervor, am Ende der Gasse. Sie stand dort ruhig und wartete. Die Scheinwerfer eines weiteren Autos erhellten kurzzeitig die Straße. Der Schatten schwankte unter dem Bogen von Mauer zu Mauer, und Coy erkannte mühelos den melancholischen Zwerg wieder.

VII. Ahabs Dublone

> Und genauso werden sie bei der Auferstehung sagen, wenn sie den alten Mast auffischen und eine goldene Dublone darin finden.
> HERMAN MELVILLE, *Moby Dick*

Der Kellner des Barrestaurants Terraza stellte das Bier auf den Tisch, und Horacio Kiskoros setzte das Glas gleich an die Lippen und nahm einen Schluck, wobei er Coy aus den Augenwinkeln beobachtete. Der Schaum färbte ihm den Schnurrbart weiß.

»Ich hatte Durst«, sagte er.

Er warf einen zufriedenen Blick auf den Platz. Die Kathedrale war jetzt beleuchtet, ihre weißen Türme und die große Kuppel des Kreuzschiffes zeichneten sich vor dem dunklen Himmel ab. Ein paar Leute spazierten immer noch unter den Palmen, andere saßen in den nahen Straßencafés. Eine Gruppe Jugendlicher trank Bier und spielte Gitarre auf der Freitreppe, unter der Statue des Bischofs Domingo de Silos. Kiskoros schien sich für die Musik zu interessieren, denn ab und zu betrachtete er die Gruppe mit wehmütigem Gesicht und schüttelte den Kopf.

»Eine großartige Nacht«, setzte er hinzu.

Erst seit einer Viertelstunde kannte Coy den Namen des anderen, und er konnte es kaum glauben, dass sie dort zu dritt saßen und wie alte Freunde miteinander tranken. In dieser kurzen Zeitspanne hatte der melancholische Zwerg einen Namen, eine Heimat und eine Persönlichkeit bekommen. Er hieß Horacio Kiskoros, war argentinischer Staatsbürger und musste, so schnell wie möglich, wie er sagte, der Dame und dem Herrn eine dringende Angelegenheit mitteilen. Alle diese Einzelheiten wurden nicht sofort klar, denn sein unverhofftes Auftauchen unter dem Bogen der Seekadetten ging einer Reaktion Coys voraus, die selbst der gutmütigste Zeuge als heftig bezeichnet hätte. Um genau zu sein, als ihm das Licht der Autoscheinwerfer zeigte, wer der unstete Schatten war, ging er geradewegs, ohne Umschweife und ohne Zögern auf den anderen zu. Er blieb nicht einmal stehen, als er hörte, dass Tánger hinter ihm seinen Namen sagte.

»Coy, bitte«, rief sie. »Warte.«

Er wartete nicht. Im Grunde wollte er nicht warten und auch nicht wissen, warum zum Teufel er warten sollte, vielmehr wollte er genau das tun, was er tat: acht oder zehn Schritte laufen und den Adrenalinspiegel erhöhen, auf dem Weg ein paarmal tief einatmen, den anderen am Revers packen und ihn zur nächsten Mauer, in den gelben Lichtkreis einer Laterne zerren. Das und nichts anderes musste er dringend tun. Er musste ihm das Gesicht mit den Fäusten bearbeiten, bevor sich der andere in Luft auflöste wie an der Madrider Tankstelle. Deshalb kümmerte er sich nicht um Tángers Worte und zwang ihn, sich auf die Zehenspitzen zu stellen, so dass er beinahe den Kontakt mit dem Boden verlor, und während Coy ihn mit einer Hand an die Wand drückte, hob er die andere, die er zur Faust geballt hatte, und war bereit, sie ihm ins Gesicht zu schmettern. Ein Gesicht, über dem das mit Pomade nach hinten gekämmte Haar lag, das einen dichten schwarzen Schnurrbart trug und dessen dunkle Glotzaugen ihn aufmerksam musterten. Sie wirkten nicht mehr wie die eines sympathischen Fröschleins. In diesen Augen zeigte sich Überraschung, dachte er. Sogar ein bekümmerter Vorwurf.

»Coy!«, rief sie wieder.

Unten links hörte er das Klicken des Klappmessers, und als er hinsah, entdeckte er den glänzenden, entblößten Stahl unter seinen Rippen. Ein unangenehmes Kitzeln lief ihm über die Leistenbeuge: Aus dieser Entfernung war ein nach unten geführter Messerstoß die schlimmste Variante für das Ende der Geschichte. In einer solchen Position wäre es das unwiderruflich letzte Argument, die Anker zu einer Reise ohne Wiederkehr zu lichten. Schon bei anderen Gelegenheiten hatte man Coy erstechen wollen, so dass er instinktiv, noch bevor er darüber nachdachte, mit dem Körper auswich und den Arm des anderen mit seiner Hand traf, als wäre eine Kobra aus seiner Tasche geschnellt.

»Komm her, du Mistkerl«, sagte er.

Mit bloßen Händen gegen ein Messer; das klang gut. Natürlich spielte er die Rolle des Stierkämpfers mit der Capa, doch er war wütend genug, um ihm standzuhalten. Er hatte die Jacke ausgezogen, wie es ihm Torpedo Tucumán einmal in Puerto Príncipe beigebracht hatte: Er rollte sie sich ein paarmal um den linken Arm, und mit leicht nach vorn gebeugtem Körper wartete er auf den Gegner, den umwickelten Arm hielt er vorgestreckt, um seinen Unterleib zu schützen, mit dem anderen war er bereit zuzuschlagen. Er war zornig und spürte, dass sich seine Schulter- und Rückenmuskeln heftig anspannten, hart und fest von dem Blut, das rasch und rhythmisch pulsierte. Wie in alten Zeiten.

»Komm her«, wiederholte er. »Damit ich dir die Fresse poliere.«

Der andere hielt das Messer fest und verlor ihn nicht aus den Augen, doch er machte einen verunsicherten Eindruck. Mit seiner geringen Größe, seinen bei dem Handgemenge in Unordnung geratenen Haaren und Kleidern und seiner in diesem gelben Licht blassen Haut wirkte er halb unheimlich und halb grotesk. Ohne Messer, urteilte Coy, hätte er nicht die geringste Chance. Er sah, dass sich der Kerl ein wenig die Jacke zurechtzupfte und sie nach unten zog, bevor er sich mit einer Hand durchs Haar fuhr und es nach hinten strich. Er stützte sich auf einen Fuß, dann auf den anderen, richtete den Körper ein wenig auf und ließ die bewaffnete Hand sinken.

»Verhandeln wir«, sagte er.

Coy berechnete die Entfernung. Wenn er nahe genug herankommen konnte, um dem Zwerg einen Tritt zwischen die Beine zu versetzen, könnte der mit seiner verdammten Mutter verhandeln. Er bewegte sich etwas seitwärts, und der andere wich vorsichtig einen Schritt zurück. Die Metallklinge glänzte weiter in seiner Hand.

»Coy«, sagte Tánger.

Sie war von hinten auf ihn zugetreten und stand nun neben ihm. Ihre Stimme klang ruhig.

»Ich kenne ihn«, setzte sie hinzu.

Coy bestätigte das mit einem kurzen Kopfnicken, ohne seinen aufmerksamen Blick von dem anderen abzuwenden, und in demselben Moment landete er den Fußtritt, den er geplant hatte und den der andere mit dem Messer nur teilweise abwehren konnte; er kam der Bewegung halb zuvor und wandte sich ab, um ihr auszuweichen. Trotzdem wurde er am Knie getroffen und taumelte, bevor er sich drehte und an die Wand lehnte. Das nutzte Coy aus, um auf ihn loszugehen, zuerst mit dem eingewickelten Arm, dann mit einem Faustschlag, der den Gegner am Halsansatz traf und ihn auf die Knie fallen ließ.

»Coy!«

Der Ruf verschlimmerte seinen Zorn. Tánger wollte ihn an einem Arm packen, und er riss sich heftig los. Verdammt noch mal. Jemand musste dafür büßen, und dieser Typ war genau der Richtige. Später könnte sie so viel erklären, wie sie wollte: Er war überhaupt nicht sicher, dass er diese Erklärungen hören wollte. Solange er kämpfte, gab es keine Chance für Worte. Also versetzte er dem Kerl einen zweiten Fußtritt, doch der andere bewegte sich zur Seite, und Coy spürte, wie das Messer blitzschnell seinen eingewickelten Arm streifte. Er hatte den Zwerg unterschätzt, das begriff er auf einmal. Dieser Bursche war schnell. Und sehr gefährlich. Deshalb wich er zwei Schritte zurück, um zu verschnaufen und die Lage einzuschätzen. Ruhig, Seemann. Beherrsche dich, sonst holt dich hier nicht einmal die berühmte Spinatdose heraus. Es kommt nicht auf die Größe an: So klein ein Kerl auch sein mag, jeder ist groß genug, um eine Pulsader aufzuschneiden. Außerdem hatte er einmal einen richtigen Zwerg, einen Schotten, gesehen, der mit den Zähnen am Ohr eines riesigen Schauermanns festhing. Dieser rannte schreiend an der Mole von Aberdeen umher und konnte ihn nicht abschütteln, als wäre er eine Zecke. Also gut aufgepasst, sagte er sich. Es gibt keinen zu kleinen Feind und keinen Messerstich, der einen nicht erledigen könnte. Er schnappte mühsam nach Luft, und während er ein- und ausatmete, hörte er das erregte Schnaufen des anderen. Da sah Coy, dass er das Messer hob, als wollte er es ihm zeigen, und langsam auch die ausgestreckte Linke mit versöhnlicher Geste hochnahm.

»Ich bringe eine Botschaft«, sagte der Zwerg.

»Na, die kannst du dir in den Arsch stecken.«

Der andere schüttelte ein wenig den Kopf. Du hast mich nicht richtig verstanden, sagte seine Miene.

»Eine Botschaft von Señor Palermo.«

Also darum ging es. Ein Treffen alter Bekannter. Der vollzählige Verein der Wracksucher. Das erklärte ein paar Sachen und machte ein paar andere unverständlich. Einmal, zweimal atmete er ein und trat einen Schritt auf seinen Gegner zu, die Hand wieder schlagbereit zur Faust geballt.

»Coy.«

Plötzlich stellte sich Tánger zwischen sie, hinderte ihn am Weitergehen und blickte ihn starr an. Sie war sehr ernst; derart hart und entschlossen, wie er sie nie zuvor gesehen hatte. Coy öffnete den Mund und wollte protestieren; aber er blieb so stehen und betrachtete sie begriffsstutzig. Plötzlich überfordert. Er konnte sich zu nichts entschließen, denn sie berührte sein Gesicht wie jemand, der ein wütendes Tier oder ein außer sich geratenes Kind beruhigen will. Über die Schulter der Frau hinweg, an ihren goldenen Haarspitzen vorbei, sah er, wie der melancholische Zwerg das Messer zuklappte.

Coy rührte sein Bier nicht an. Mit der Jacke über den Schultern, den Händen in den Taschen und dem Rücken an die Stuhllehne gedrückt, sah er dem Mann zu, der ihm gegenüber saß und trank.

»Ich hatte großen Durst«, wiederholte der andere.

Tánger hatte Coy festgehalten, bis sie ihn beruhigen konnte und er am Ende mechanisch nachgab, wobei er das Gefühl hatte, sich in einem unwirklichen Nebel zu bewegen. Auf dem Weg von der Gasse bis zum Platz hatte sich der melancholische Zwerg wieder das Haar glatt gestrichen und die Sachen zurechtgezupft. Abgesehen von einem kleinen Riss an der oberen Jackentasche, den er mit betrübtem Blick und einer anklagenden Grimasse entdeckt hatte, machte er mit seiner südlichen und zugleich sonderbar englischen Erscheinung doch wieder einen anständigen und stets auch ein wenig exzentrischen Eindruck.

»Ich habe einen Vorschlag von Señor Palermo zu überbringen. Einen vernünftigen Vorschlag.«

Sein den Bürger von Buenos Aires, den *Porteño*, verratender Akzent war so stark, dass er künstlich wirkte. »Horacio Kiskoros«, hatte er sich vorgestellt, nachdem sich die Wogen geglättet hatten. »Horacio Kiskoros, ich stehe Ihnen zu Diensten.« Das unterstrich er mit einer leichten Verbeugung. Sein Ton war höflich und ohne jede Ironie, als er und Coy nach dem Gerangel wieder zu Atem kamen. Er drückte sich in dem akkuraten und etwas altmodisch wirkenden Spanisch aus, das manche Hispanoamerikaner sprechen, denn er benutzte Wörter, die auf dieser Seite des Atlantiks längst unüblich geworden waren. Häufig sagte er: »Señor«, »entschuldigen Sie« und »wären Sie so liebenswürdig und …«. Jedenfalls hatte er sich so ausgedrückt: »Ich stehe Ihnen zu Diensten.« Dabei überprüfte er seine mitgenommene Kleidung und zog sich die Fliege gerade, die ihm bei der Rauferei an eine Seite des Halses gerutscht war. Unter der Jacke trug er erstaunliche Hosenträger mit senkrechten Streifen: zwei blauen an den Seiten und einem weißen in der Mitte.

»Señor Palermo will zu einer Einigung kommen.«

Coy drehte sich zu Tánger um. Sie war die ganze Zeit schweigend neben ihnen hergelaufen, und nun sagte sie immer noch kein Wort. Sie vermied es, wie er feststellte, ihm ins Gesicht zu schauen, während sie es noch vor wenigen Minuten zum ersten Mal berührt hatte; vielleicht, damit sie nicht gezwungen war, unvermeidliche Erklärungen abzugeben.

»Eine Einigung«, erläuterte Kiskoros näher, »die für alle vernünftig ist.« Er sah Coy prüfend an, deutete mit dem Daumen nach oben und zeigte auf seine Nase, um ihn an die Szene im Palace zu erinnern. »Ohne etwas übel zu nehmen.«

»Es gibt keinen Grund, sich mit irgendjemand über irgendetwas zu einigen.«

Endlich hatte sie etwas gesagt. Derart kalt, stellte Coy fest, als käme ihre Stimme aus dem Eis. Sie blickte direkt in Kiskoros' traurige Glotzaugen, wobei sie die linke Hand auf den Tisch stützte; die Stahluhr gab den langen Fingern mit den unregelmäßigen und kurzen Nägeln ein ungewöhnlich männliches Aussehen.

»Das glaubt er nicht«, widersprach der Argentinier. »Er verfügt über Ressourcen, die Ihnen fehlen: technische Mittel, Erfahrung ... Geld.«

Ein Kellner brachte eine Schüssel mit Tintenfischen nach römischer Art und mit gebratenem Fischrogen. Der melancholische Zwerg bedankte sich höflich.

»Ziemlich viel Geld«, betonte er und prüfte interessiert den Inhalt der Schüssel.

»Und was erwartet er als Gegenleistung?«

Kiskoros nahm eine Gabel zur Hand und spießte behutsam einen Tintenfischring auf.

»Sie haben viele Nachforschungen angestellt.« Genussvoll zerkaute er den Bissen, bis sich sein Mund geleert hatte. »Sie verfügen über wertvolle Angaben, nicht wahr? ... Sie kennen Einzelheiten, die Señor Palermo überhaupt nicht zugänglich sind. Das hat ihn auf die Idee gebracht, eine Zusammenarbeit könnte für beide Seiten höchst vorteilhaft sein.«

»Ich traue ihm nicht«, sagte Tánger.

»Er traut Ihnen auch nicht. Sie können sich zusammentun.«

»Er weiß nicht einmal, was ich suche.«

Kiskoros hatte offenbar großen Appetit. Er hatte von dem Rogen probiert, und nun genoss er abermals Tintenfischringe, zu denen er immer wieder einen Schluck Bier trank. Er drehte sich einen Augenblick halb um und lauschte der Gitarrenmusik, die von der Vortreppe der Kathedrale herüberdrang. Dann lächelte er zufrieden.

»Vielleicht kennt er mehr, als Sie glauben«, erklärte er. »Aber solche Einzelheiten müssen Sie mit ihm besprechen. Wie Sie wissen, bin ich nur ein Bote.«

Coy, der bisher keinen Laut von sich gegeben hatte, wandte sich an Tánger.

»Seit wann kennst du diesen Typ?«

Sie wartete genau drei Sekunden, bis sie ihn anblickte. Die Hand auf dem Tisch hatte sich geballt. Sie zog die Hand langsam zurück und ließ sie in den Rockschoß sinken.

»Seit einiger Zeit«, sagte sie ganz ruhig. »Als mich Palermo zum ersten Mal bedroht hat, war er dabei.«

»Das ist richtig«, bestätigte Kiskoros.

»Er hat ihn benutzt, um mich unter Druck zu setzen.«

»Das ist auch richtig.«

Coy kümmerte sich nicht um den Argentinier. Er konzentrierte sich weiter ganz auf sie.

»Warum hast du mir das nicht gesagt?«

Tánger stieß einen kaum hörbaren Seufzer aus.

»Du warst einverstanden, nach meinen Regeln zu spielen.«

»Was hast du mir sonst noch alles verschwiegen?« Nachdenklich betrachtete sie den Tisch und dann den Platz. Schließlich wandte sie sich wieder zu Kiskoros um.

»Was schlägt Palermo vor?«

»Ein Treffen.« Der Argentinier beobachtete Coy, bevor er weitersprach, und Coy glaubte, in dessen Froschaugen ein spöttisches Funkeln wahrzunehmen. »Dass man verhandelt. Unter den Bedingungen, die Sie für angemessen halten. In diesen Tagen ist er in Gibraltar, in seinem Büro.« Er zog eine Karte aus der Tasche und reichte sie ihr über den Tisch. »Dort können Sie ihn erreichen.«

Coy stand auf. Er ließ die Jacke über der Stuhllehne hängen, und ohne sich nach ihm oder ihr umzudrehen, lief er über den Platz zur Treppe der Kathedrale. Ihm rauchte der Kopf, und wütend ballte er die Fäuste in den Taschen. Ohne es beabsichtigt zu haben, traf er auf eine Gruppe Jugendlicher, die Gitarre spielten. Sie ließen eine Bierflasche kreisen. Es waren zwei ganz junge Mädchen und vier Jungen, die wie Studenten aussahen. Der mit der Gitarre war mager und hübsch, ein Zigeuner, dessen Zigarette im Mundwinkel verglühte. Ein Mädchen stützte sich auf seine Schulter, wiegte sich in den Hüften und folgte dem Takt der Musik. Das zweite Mädchen bemerkte Coy und lächelte ihm zu. Die übrigen jungen Leute beobachteten ihn misstrauisch, als die Kleine ihm die Flasche reichte. Er trank einen Schluck, bedankte sich und blieb in der Nähe stehen. Er wischte sich den Mund mit dem Handrücken ab, setzte sich auf eine Treppenstufe und hörte der Musik zu. Der Gitarrist war ungeschickt, doch die Melodie klang angenehm in dieser Abendstunde, auf dem halb leeren Platz mit den Palmen und der erleuchteten Kathedrale über ihren Köpfen. Er blickte nach unten. Tánger und Kiskoros waren inzwischen aufgestanden und kamen näher. Sie hatte Coys Jacke zusammengefaltet und trug sie über dem Arm. Eine schöne Scheiße, dachte er. Bis zum Hals stecke ich in dieser Scheiße.

»Eine hübsche Stadt«, sagte Kiskoros und betrachtete lächelnd die jungen Leute. »Sie erinnert mich an Buenos Aires.«

Tánger stand schweigend neben Coy. Er blieb sitzen.

»Ich glaube, Sie sind Seemann, nicht wahr?«, fragte der andere. Und er fuhr fort: »Das war ich auch. Argentinische Kriegsmarine. Unteroffizier a. D. Horacio Kiskoros.« Wehmütig runzelte er die Stirn, als hörte er einen fernen und vertrauten Klang, den er fast vergessen hatte. »Ich war auch auf den Malvinen dabei, als Froschmann.«

»Und was zum Teufel hast du so fern von zu Hause auf den Falklandinseln zu suchen?«

Die Glotzaugen bekamen ein noch melancholischeres Aussehen. Der Typ hatte eine Hand in die Tasche gesteckt und entblößte ein wenig die Hosenträger. Auf einmal begriff Coy, was die blauweißen Streifen zu bedeuten hatten: die argentinische Fahne. Dieser Mistkerl trug Hosenträger mit der argentinischen Fahne.

»In meiner Heimat hat sich einiges verändert.«

Er setzte sich neben Coy auf dieselbe Treppenstufe; vorher hatte er sorgfältig die Hosenbeine über den Knien nach oben gezogen, um die Bügelfalte nicht auszubeulen.

»Haben Sie vom schmutzigen Krieg gehört?«

Coy verzog das Gesicht zu einer sarkastischen Grimasse.

»Natürlich. Die Tupamaros und das alles.«

»Die Montoneros.« Kiskoros hob einen Finger, um das richtig zu stellen. »Die Tupamaros waren in Uruguay.«

Er hörte, dass der andere viel sagend seufzte. Es ließ sich unmöglich feststellen, ob er das bedauerte oder ihm nachtrauerte.

»Jedenfalls«, setzte er nach einer Weile hinzu, »hat es einen Krieg in Argentinien gegeben, auch wenn er nicht offiziell erklärt wurde. Verstehen Sie? ... Ich habe meinen Job gemacht. Das wollen manche nicht anerkennen.«

»Wozu erzählst du das ausgerechnet mir«, sagte Coy.

Kiskoros ließ sich von der Haltung seines Gegenübers nicht entmutigen.

»Ich war zur Abreise gezwungen«, erzählte er weiter. »Ich habe ja schon gesagt, dass ich praktische Erfahrungen als Taucher hatte ... Señor Palermo habe ich während der Bergungsarbeiten der *Agamemnon* kennen gelernt, sie war das Schiff von Kapitän Nelson, das im Río de la Plata untergegangen ist.«

Coy drehte sich heftig zu ihm um.

»Dein Leben ist mir scheißegal.«

Die Fröschleinaugen blinzelten betrübt.

»Nun gut, Señor. Vorhin, in der kleinen Straße, hätte ich Sie beinahe umgebracht. Ich dachte, dass ...«

»Hau ab und lass dir einen blasen.«

Kiskoros saß stumm da und verdaute die Grobheit. Coy sprang auf. Tánger stand ihm gegenüber und beobachtete ihn.

»Er hat Zas umgebracht«, sagte sie.

Es trat ein langes Schweigen ein, während sich Coy an den Labrador erinnerte, dessen warmer Atem seinen Arm gestreift hatte. Er sah die feuchte Schnauze und den treuen Blick des Tiers vor sich – seitdem war kaum eine Woche vergangen. Dann drängte sich das düstere Bild des Hundes mit den glasigen und halb offenen Augen dazwischen, der reglos auf dem Teppich lag. Das wühlte ihn innerlich auf; er verspürte einen sonderbaren Kummer und blickte sich unwillig um, betrachtete die Lichter der Kathedrale und die angezündeten Laternen. Die Gitarrentöne schienen auf den Treppenstufen an ihm vorbeizugleiten. Das Mädchen, das zuvor gelächelt hatte, küsste einen Jungen. Ein anderer stellte die Bierflasche auf den Boden.

»Nun ja.« Auch Kiskoros stand auf und schüttelte sich die Hose ab. »Glauben Sie mir, Señor, ich bedaure es. Ich habe Hochachtung ... Das versichere ich Ihnen. Ich habe Hochachtung vor Haustieren. Ich hatte sogar einen Dobermann.«

Wieder trat eine Pause ein. Der Argentinier machte ein bekümmertes Gesicht.

»Auf meine Art«, betonte er, »bin ich weiter Soldat, verstehen Sie? ... Ich hatte meine Befehle. Auch in Bezug auf die Wohnung der Señora.«

Er lachte traurig, als wollte er bekunden, dass sie das bedenken sollten. »Mendieta«, stieß er auf einmal hervor. »Mein Hund hieß Mendieta.« Coy warf einen Blick auf die Flasche, die weiter neben seinen Füßen auf der Treppe stand. Eine Sekunde lang berechnete er die Möglichkeiten, sie dem anderen auf dem Schädel zu zerschlagen. Als er aufsah, blickte er direkt in die melancholischen Augen des Argentiniers.

»Sie sind impulsiv, wie mir scheint«, sagte Kiskoros in liebenswürdigem Ton. »Das führt zu Problemen. Die Señora hat offenbar einen sanfteren Charakter. Auf jeden Fall ist es nicht gut für eine Dame, sich in dieser üblen Gegend sehen zu lassen ... Das erinnert mich an eine Geschichte in Buenos Aires. Eine Montonera brachte zwei von meinen Kollegen um, als wir sie abholen wollten. Die Kleine hat sich wie eine Wölfin verteidigt, und wir konnten sie nur mit Handgranaten erledigen. Dann hat sich herausgestellt, dass sie einen Säugling unter der Matratze versteckt hatte ...«

Er machte eine Pause und schnalzte viel sagend mit der Zunge. Unter dem Porteño-Schnurrbart erschien eine Grimasse, die vielleicht ein Lächeln war.

»Es gibt sehr mannhafte Frauen, das versichere ich Ihnen«, erzählte er weiter. »Obwohl sie dann, in der SMK, sehr viel nachgiebiger wurden: Sie wissen schon, was ich meine.« Aufmerksam musterte er Coy. »... Nein, ich glaube, Sie wissen es nicht. Großartig. Vielleicht ist es besser so.«

Coy blickte in Tángers Augen, doch diese schauten, ohne etwas zu sehen, als hätten sie soeben weit entfernte Schrecken wahrgenommen. Etwas später schienen sie sich erneut auf die Wirklichkeit einzustellen, sie kam wieder zu sich, aber in den Augen blieb eine dunkle Leere zurück. Er sah, dass sie seine Jacke an die Brust drückte, als wäre ihr auf einmal kalt.

»Die SMK«, sagte sie, »war die Schule für Maschinenbau der Kriegsmarine ... Während der Militärdiktatur das Folterzentrum der Seestreitkräfte.«

»Ja«, gab Kiskoros zu und beobachtete alles ringsum. »Ich befürchte, dass ein paar Trottel das so nennen.«

Das Schlagzeug von Shelly Manne hatte *Man in Love* sanft eingeleitet, und Eddie Heywood begann schon mit seinem ersten Solo auf dem Klavier. Coy stand mit nacktem Oberkörper da und stützte sich auf das Fensterbrett am offenen Fenster seines Zimmers im Hotel de Francia y París. In seinen Gedanken eilte er den Takten der Melodie voraus. Er hatte die Kopfhörer aufgesetzt und bewegte ein wenig den Kopf hin und her, um eine schon erwartete und angenehme Passage zu unterstreichen. Der kleine Platz drei Stockwerke tiefer lag im Dunkel, nachdem die beiden großen Laternen in der Mitte erloschen waren. Die Wipfel der Orangenbäume ragten in die Nacht, die Markise des Café Parisien war eingerollt. Alles wirkte verlassen und öde, und Coy fragte sich, ob Horacio Kiskoros immer noch dort herumstreunte. Aber im wirklichen Leben ruhen sich auch die Bösen aus, dachte er. Im wirklichen Leben läuft es nicht so wie in den Romanen und Filmen. Vielleicht schnarchte der Argentinier gerade jetzt nach Herzenslust in einem Hotel oder einer nahen Pension, während seine Hosenträger sorgfältig an einem Bügel aufgehängt waren, und träumte von glücklichen Zeiten, von Spießbraten, dem Tangosaal Corrientes 348 und elektrischem Strom mit 1500 Volt und fünfzig Zyklen in den Kellern der SMK.

Ding-dong, dong. Das zweite Solo endete, es war der Bass, und Coy wartete gespannt auf den Beginn des dritten: das Tenorsaxophon von Coleman Hawkins, der beste Teil dieses Stücks mit seinen mittleren und schnellen Takten, kräftig-leicht, kräftig-leicht, und den entsprechenden rhythmischen Überraschungen, wenn diese Kadenz auf erwartet unerwartete Art durchbrochen wurde. *Man in Love*. Gerade war ihm klar geworden, was der Titel bedeutete, und darum lächelte er zu den Schatten des Platzes hinüber, bevor er zur Decke schaute. Dort, in der vierten Etage, war Tánger, in dem Zimmer, das genau über seinem lag. Vielleicht schlief sie, vielleicht nicht. Vielleicht stand sie wie er wach am Fenster, oder sie saß am Tisch über ihren Notizen und prüfte die Informationen, die ihnen Lucio Gamboa gegeben hatte. Oder sie dachte über das Für und Wider des Vorschlags nach, den ihnen Nino Palermo gemacht hatte.

Vorher hatten sie miteinander gesprochen. Ausführlich sogar, nachdem sich Horacio Kiskoros mit einem »Auf Wiedersehen« von ihnen verabschiedet hatte, das freundlich geklungen hätte, wenn man nicht den Teil seiner Vorgeschichte kannte, über den Coy nun Bescheid wusste. Sie hatten ihn verlassen, und er hatte ihnen mit seinen unergründlichen und melancholischen Froschäuglein nachgeschaut. Als sie den Rand des Platzes erreicht hatten, blieb er immer noch an derselben Stelle stehen, regungslos vor der Kathedrale, wie ein harmloser Tourist und Nachtschwärmer. Coy hatte sich umgeblickt und dann nach oben geschaut, um das Straßenschild zu lesen, an dem sie vorbeikamen: »Straße der Gesellschaft«. In dieser Stadt, sagte er sich, waren überall Zeichen, Symbole und Merkmale, genau wie auf den Seekarten. Der Unterschied bestand darin, dass diejenigen, die das Meer betrafen, mit ihren farbigen Gefahrengrenzen und ihren in Meilen berechneten Maßstäben an den Rändern weitaus genauer waren. Stattdessen gab es hier alte Steine, scheinbar unerwartete Begegnungen und Schilder mit sonderbaren Straßennamen an den Ecken. Ganz gewiss ließen sich an ihnen Zeichen und Gefahren ablesen, wie auf den gedruckten Karten aus Papier; hier fehlten jedoch Codes, um sie richtig zu deuten.

»Straße der Gesellschaft Jesu«, hatte sie erklärt, als sie merkte, dass er den Namen las. »Dort stand die Seefahrtschule der Jesuiten.«

Nie sagte sie etwas zufällig, und darum sah sich Coy

genau um, er betrachtete das alte Gebäude links und das baufällige Haus des Großadmirals Gravina hinten rechts. Er ahnte, dass es später für ihn aus irgendeinem Grund wichtig wäre, etwas davon im Gedächtnis zu behalten. Sie waren ein Stück gelaufen, ohne etwas zu sagen, und langsam zur Plaza de las Flores hinaufgestiegen. Er drehte sich zweimal um, um sie zu betrachten, und sie lief unbeirrt weiter, blickte fest auf den Boden vor sich und hatte die Tasche an die Seite gedrückt, das Wippen des weiten blauen Rocks und die um das eigenwillige Kinn hoch- und niederflatternden Haarspitzen wie auch der schweigsame Mund waren aufeinander abgestimmt, bis er sie am Arm packte und zum Stehenbleiben zwang. Zu seiner Überraschung wehrte sie sich nicht; auf einmal hatte er sie nahe vor seinem Gesicht, nachdem sie sich leicht gedreht hatte, als hätte sie nur auf diesen Vorwand gewartet.

»Kiskoros überwacht mich schon seit einiger Zeit im Auftrag von Nino Palermo«, sagte sie, ohne dass er ihr irgendeine Frage stellen musste. »Er ist ein böser und gefährlicher Mann ...«

Sie schwieg einen Moment, als fragte sie sich, ob es noch etwas zu sagen gab.

»Vorhin, am Bogen der Seekadetten«, setzte sie hinzu, »hatte ich Angst um dich.«

Das sagte sie einfach so, ohne jede Gemütsbewegung. Nach diesen Worten verstummte sie abermals, blickte über Coys Schulter zum Platz hinüber, zu den geschlossenen Blumenständen und dem Postgebäude, den Cafétischen an den Ecken, wo sich noch die letzten Kunden des Tages aufhielten.

»Seit dieser Mensch mit Palermo bei mir war«, erklärte sie schließlich, »ist er für mich ein Albtraum.«

Sie wollte kein Mitleid erregen; vielleicht konnte es Coy gerade deshalb nicht vermeiden, sich gerührt zu fühlen. Er urteilte, dass es immer noch etwas Kindliches in dieser eigensinnigen Erwachsenenhaltung gab, in dieser Selbstsicherheit, mit der sie den Folgen ihres Abenteuers entgegensah. Wieder das eingerahmte Foto. Wieder der Silberpokal, das Mädchen, das vom schützenden Arm des verschwundenen Mannes umschlungen wurde und dessen wehrlose Augen von der Schwelle jener Zeit her lachten, in der noch alle Träume möglich waren. Trotz alledem erkannte er sie wieder. Oder um genauer zu sein, je länger er mit ihr zusammen war, desto deutlicher erkannte er sie.

Er unterdrückte den Drang, sie zu streicheln, der ihm in den Fingerspitzen juckte, und mit derselben Hand zeigte er auf die Kneipe, die hinter ihm lag. Sie hieß »Los Gallegos Chico«. Landwein, Liköre, guter Kaffee, Essen darf von der Straße mitgebracht werden: Das alles verkündeten die Schilder über Tür und Fenster; doch in diesem Augenblick genügte Coy das Wort Likör, und er begriff, dass sie genauso wie er ein Gläschen brauchte. Deshalb gingen sie hinein; und sobald sie drinnen waren und die Ellbogen auf die Zinktheke gestützt hatten, bestellte er einen Gin mit Tonic für sich – er sah nirgendwo einen blauen – und noch einen für sie, ohne zu fragen. Der Gin zeichnete feuchte Reflexe auf ihre Lippen, als sie ihn ansah und wieder sprach, ihm ausführlich von Palermos erstem Besuch, der entspannt und freundschaftlich war, und von dem späteren zweiten erzählte, bei dem er schon die Karten auf den Tisch legte und den unheimlichen Kiskoros als Zugabe mitbrachte, sie unter Druck setzte und bedrohte. Palermo wollte, dass sie sich den Argentinier gut einprägte, dass sie seine Geschichte erfuhr, sich sein Äußeres und sein Gesicht merkte, damit sie dann, wenn sie ihn unter ihrem Fenster entdeckte und er auf der Straße umherspazierte oder wenn sie die Augen schloss und ihn in ihren schlimmen Träumen wieder fand, immer daran dachte, in welch üble Lage sie sich brachte. Damit sie erfuhr, hatte der Schatzjäger gesagt, dass böse Mädchen nicht ungestraft durch den Wald laufen durften, ohne gefährliche Begegnungen zu riskieren.

»Das hat er gesagt.« Das vage, ein wenig bittere Lächeln verhärtete ihren Mund. »Gefährliche Begegnungen.«

Coy, der schweigend zuhörte und trank, unterbrach sie in diesem Moment mit der Frage, warum sie nicht zur Polizei gegangen sei. Da ließ sie ein leises, gedämpftes und etwas heiseres Lachen hören, das voller Geringschätzung und ohne jeden Humor war. »Tatsächlich«, sagte sie, »ich bin wirklich ein böses Mädchen. Ich habe versucht, Palermo zu täuschen, und dem Museum gegenüber handle ich auf eigene Faust. Wenn du das bis jetzt nicht gemerkt hast, bist du naiver, als ich gedacht habe.«

»Ich bin nicht naiv«, hatte er unwillig hervorgestoßen und dabei das kalte Glas zwischen den Fingern gedreht.

»Einverstanden.« Sie achtete auf seine Augen, und ihr Mund lächelte nicht, wirkte jedoch weniger hart. »Das bist du nicht.«

Sie ließ ihr halb volles Glas stehen. »Es ist spät«, sagte sie, nachdem sie auf die Uhr geschaut hatte. Coy trank seinen Gin aus, winkte einen Kellner heran und legte einen Geldschein auf den Tisch. Einen der letzten, wie er betrübt feststellte.

»Sie müssen für alles bezahlen, was sie getan haben«, erklärte er.

Er hatte nicht die geringste Vorstellung, wie diese Vorhersage in Erfüllung gehen sollte und wobei er helfen konnte; doch er hielt es für angemessen, das zu verkünden. Sachen gibt es, dachte er. Schmerzstillende Sätze, Trostworte, Banalitäten, wie man sie in Filmen und Romanen findet und die man vielleicht sogar für das wahre Leben hält. Beunruhigt sah er sie aus den Augenwinkeln an, weil er befürchtete, dass sie sich über ihn lustig machte; sie aber hielt den Kopf weiter zur Seite geneigt und war ganz in ihre eigenen Gedanken versunken.

»Mir ist es egal, ob sie dafür bezahlen oder nicht. Das hier ist ein Wettlauf, verstehst du? ... Wichtig ist für mich nur, eher dort anzukommen als sie.«

Gleich würde das Saxophon einsetzen. Tánger war wie der Jazz, dachte Coy. Eine Grundmelodie und unerwartete Variationen. Sie bewegte sich die ganze Zeit im Bannkreis einer fixen Idee, wie eine thematische Struktur AABA; wenn man aber die Bewegungen genau verfolgen wollte, so verlangte das ständige Aufmerksamkeit, die trotzdem nicht vor Überraschungen bewahrte. Auf einmal erklang AABACBA, und es setzte ein zweites Thema ein, das niemand an dieser Stelle vorausgeahnt hätte. Es gab nur eine Möglichkeit, ihr zu folgen, die Improvisation, wohin auch immer das führte. Ihr ohne Partitur zu folgen. Blindlings.

Eine nahe Uhr auf dem Platz schlug dreimal. Coy hörte die von den Kopfhörern und der Musik gedämpften Schläge und spürte endlich, wie das Saxophon von Hawkins loslegte: das dritte Solo, das die ganze Nummer von Anfang bis Ende vereinte. Er schloss halb die Augen, genoss die Kadenz der vertrauten Noten, die beruhigend wirkten, wie dies gewöhnlich geschah, wenn sich etwas Erwartetes wiederholte. Aber Tánger hatte sich in die

Melodie hineingedrängt und deren komplexe Struktur verändert. Er konnte sich nicht mehr konzentrieren, und einen Augenblick später drückte er auf den Knopf des Walkmans und nahm den Kopfhörer ab; er war verunsichert. Für einen Moment glaubte er, oben Schritte zu hören, genauso wie die Mannschaft der *Pequod* auf das Stampfen des künstlichen Beins, des Walknochen-Beins ihres Kapitäns lauschte, während dieser nachts auf Deck allein über seine Zwangsvorstellungen nachgrübelte. Genauso, reglos und aufmerksam, blieb er stehen und horchte. Dann warf er den Walkman wütend auf das ungemachte Bett. Das war absurd, damit gerieten unterschiedliche Dinge schamlos durcheinander. Die Melville-Periode gehörte wie die vorherige – die Stevenson-Periode – seit langem der Vergangenheit an. Theoretisch befand sich Coy eindeutig in der Conrad-Periode; alle Protagonisten, die in diesem Bereich auftreten durften, waren erschöpfte, mehr oder weniger hellsichtige Helden, die genau wussten, dass man sich einer Gefahr aussetzte, wenn man mit der Hand am Steuerruder träumte.

Und trotzdem, das konditionale »Wenn ...« am Eingang des Orakels von Delphi, das Coy aus Melvilles Buch kannte, das dieser aber wohl aus anderen Büchern übernommen hatte, die er nicht gelesen hatte, vibrierte weiter in der Luft, ebenso wie der Sturm auf der Harfe des Takelwerks spielte, selbst nachdem sich das Meer über dem von Hammer und Flagge gefangenen Albatros geschlossen hatte und die *Rahel* einen anderen Verwaisten rettete. Auf einmal entdeckte Coy zu seiner tiefsten Überraschung, dass die den Büchern nachempfundenen oder realen Lebensperioden, wie sie auch immer heißen mochten, niemals vollständig abgeschlossen wurden und dass das Meer – selbst wenn die Helden ihre Unschuld verloren hatten und allzu entkräftet waren, um noch an Gespensterschiffe und versunkene Schätze zu glauben – unwandelbar blieb, von seiner eigenen Erinnerung erfüllt, die wirklich an sich selbst glaubte. Dem Meer ist es gleich, dass die Menschen den Glauben an Abenteuer, Jagd, untergegangene Schiffe und Schätze verlieren. Die Rätsel und die Geschichte, die es in sich birgt, leben aus eigener Kraft, sie genügen sich selbst und werden dort weiter bestehen, selbst wenn das Leben für immer erloschen ist. Darum wird es bis zum letzten Augenblick immer Männer und Frauen geben, die den sterbenden Pottwal befragen, während er das Gesicht der Sonne zuwendet und sein Leben aushaucht.

Da war er nun, so hellsichtig er auch sein mochte, und nannte sich wieder Ismael, nachdem er Schiffbruch erlitten und sich Jim genannt hatte; in seinen Jahren härtete er wieder die Harpune im eigenen Blut und stieß den altgewohnten Schrei aus: »Den Letzten soll der Schnaps oder der Teufel holen, so mag denn das Boot zerschmettert und der Körper zerschmettert sein!« Und so weiter. Von der Gewissheit eines unausweichlichen Schicksals geblendet – das hatte er hundertmal gelesen –, erblickte er die Frau mit der getüpfelten Haut, die ihre spanische Golddublone an den Mast nagelte: poch, poch. Es hämmerte nicht nur in seiner Einbildung. Er war abermals ans Fenster getreten, um sich von der Brise des nahen Meeres erfrischen zu lassen, und als er das Geräusch hörte, sah er wieder zur Zimmerdecke empor. Jetzt glaubte er wirklich, oben, auf Deck, unruhige Schritte zu vernehmen. Klipp, klapp. Klipp, klapp. Offenbar schlief auch sie nicht und verfolgte ihre eigenen weißen Phantome, Leichengefährte mit alten, verkrümmten Eisenteilen auf dem Rücken. Nie zuvor hatte er auf einem seiner Schiffe, in den Büchern, Häfen und früheren und unschuldigen Leben von einem derart verführerischen Ahab geträumt, der ihn mit sich fortriss und über sein Grab segeln ließ.

Er ging zum Bett und legte sich auf den Rücken. Bis zum letzten Hafen, erinnerte er sich, bevor er einschlief, sind wir alle zeitlebens in Harpunenleinen eines Walfängers eingeschnürt.

»Es gibt einen direkten Zusammenhang zwischen der Fahrt der *Dei Gloria* und der Ausweisung der Jesuiten aus Spanien«, sagte Tánger. »Einen Zusammenhang, der sich überhaupt nicht bezweifeln lässt.«

Es war Sonntag, und sie frühstückten unter der Markise des Café Parisien, dem Hotel gegenüber. Das Frühstück bestand aus warmem Weißbrot, Kakao, Kaffee und Orangensaft. Es wehte eine sanfte Brise, die Sonne schien hell, und die Tauben trippelten über das helle Rechteck des Platzes, zwischen den Füßen der Leute, die aus der Kirche kamen. Coy hielt ein halbes, mit Olivenöl beträufeltes Brötchen in der Hand, und zwischen den einzelnen Bissen betrachtete er manchmal die rotweiße Fassade und den Glockenturm der San-Francisco-Kirche.

»1767 herrschte Karl III. in Spanien, der vorher König von Neapel war ... Seitdem er die Herrschaft übernommen hatte, bekundeten die Jesuiten ihre Abneigung gegen ihn, unter anderem, weil damals in Europa die Schlacht um die neuen Ideen tobte und die Gesellschaft des heiligen Ignatius der einflussreichste religiöse Orden war ... Das brachte ihr überall Feinde ein. 1759 hatte man die Jesuiten aus Portugal und 1764 aus Frankreich vertrieben.«

Sie trank einen Colacao aus einem großen Glas, und immer wenn sie das Glas an die Lippen setzte, blieb ein Schaumstreifen an ihrer Oberlippe zurück. Sie war auf die Straße hinuntergegangen, gleich nachdem sie sich geduscht hatte, ihr Haar war noch feucht, und es tropfte auf das blaurot karierte Hemd, das sie über den Jeans trug und über den Handgelenken aufgekrempelt hatte. Das trocknende Haar wellte sich nun leicht und verlieh der Haut ein frisches Aussehen. Ab und zu betrachtete Coy den Kakaostreifen an ihrem Mund und zuckte innerlich zusammen. Süß, dachte er. Süße Lippen, und zusätzlich hatte sie das Getränk mit dem Inhalt einer Tüte Zucker gesüßt. Er fragte sich, wonach wohl diese Lippen auf seiner Zunge schmecken würden.

»In Spanien«, erzählte sie weiter, »verschärften sich die Spannungen zwischen den Jüngern des Ignatius und den aufgeklärten Ministern Karls III. Das vierte Gelübde des Gehorsams gegen den Papst rückte die Gesellschaft Jesu in den Mittelpunkt der Polemik zwischen der religiösen Macht und der Königsherrschaft. Man beschuldigte sie auch, dass sie über viel Geld verfügte und einen allzu großen Einfluss auf die Universitäten und die Staatsverwaltung ausübte. Außerdem lagen der Konflikt mit den Missionen Paraguays und der Guaraní-Krieg noch nicht lange zurück.« Mit dem Glas in der Hand beugte sie sich zu Coy über den Tisch. »Hast du *Mission* gesehen, diesen Film von Roland Joffé? ... Die Jesuiten, die gemeinsame Sache mit den Eingeborenen machen.«

Coy erinnerte sich undeutlich an den Film: ein Videoband an Bord, eines von denen, die man sich auf einer langen Fahrt schließlich drei- oder viermal ansah, immer häppchenweise. Robert De Niro, wie er sich zu erinnern glaubte. Und vielleicht Jeremy Irons. Er hatte sich nicht einmal gemerkt, dass es Jesuiten waren.

»Aus allen diesen Gründen«, fügte Tánger hinzu, »saßen die spanischen Jesuiten auf einem Pulverfass, und nun brauchte nur noch jemand die Lunte anzuzünden.«

Von Horacio Kiskoros war nichts zu sehen, stellte Coy fest, als er sich umblickte. An den Nebentisch setzte sich ein junges Ehepaar: Touristen mit zwei blonden Kindern. Sie hatten die Karte ausgebreitet und einen Fotoapparat dabei. Die Kleinen spielten mit Plastikschleudern, die denen ähnelten, wie er sie selber in seiner Kindheit, wenn er aus der Schule entwischte und sich an den Molen herumtrieb, aus behelfsmäßigem Material hergestellt hatte: einem V-förmigen Holzstück, von Altreifen abgeschnittenen Streifen, einem Lederrest und etwas Draht. Jetzt, dachte er wehmütig, wurde solches Zeug im Laden verkauft und kostete eine Stange Geld.

»Diese Lunte«, erzählte Tánger weiter, »war der Aufstand gegen Esquilache. Obwohl es nicht bewiesen ist, dass die Jesuiten in den Aufruhr direkt eingegriffen haben, steht doch fest, dass sie in derselben Zeit versucht haben, die aufgeklärten Minister Karls III. zu boykotieren ... Esquilache war Italiener – er hieß eigentlich Squillace –, und er schlug unter anderem vor, die breitkrempigen Hüte und die langen Mäntel zu verbieten, mit denen sich die Spanier vermummten, und das lieferte den Vorwand für sehr schwere Tumulte. Dann trat wieder Ruhe ein, der Minister wurde entlassen, aber man bezeichnete die Jesuiten als Anstifter. Der König beschloss, die Gesellschaft Jesu auszuweisen und ihre Güter zu beschlagnahmen.«

Coy nickte mechanisch. Tánger redete mehr als sonst, als hätte sie sich in der Nacht auf diese Sache vorbereitet.

Das wirkte logisch, sagte er sich. Nachdem Kiskoros aufgetreten war und Nino Palermo ein Treffen angeboten hatte, blieb ihr nichts anderes übrig, als ihn mit weiteren Informationen zu entschädigen. Sie begriff, dass er sich immer weniger mit Brosamen zufrieden geben würde, je näher sie dem Ziel kamen. Trotzdem hielt sie sich im Grunde zurück und teilte ihr Kapital tröpfchenweise zu. Vielleicht konnte Coy deshalb und zu seiner Enttäuschung an diesem Morgen nicht das gleiche Interesse wie sonst empfinden. Auch er hatte eine lange, mit Grübeleien verbrachte Nacht hinter sich. Allzu viele Angaben, dachte er. Sie ist allzu weitschweifig, und trotzdem gibt sie wenig Konkretes preis. Alles, was du mir erzählst, meine Hübsche, habe ich vor über zwanzig Jahren auf der Penne gelernt. Du willst mich mit diesem Geschichtskram hinters Licht führen, ohne zur Sache zu kommen. Du tust so, als zeigtest du mit einer Hand, was du in der Faust versteckt hältst.

Er hatte es satt, und er nahm es sich übel, dass er weiter dort ausharrte. Trotzdem, dieser Schaumstreifen an der Oberlippe, der Reflex der hellen Morgensonne in ihrer marineblauen Iris, die feuchten blonden Haarspitzen, die ihre Sommersprossen einrahmten, das alles übte eine sonderbare, beinahe beruhigende Wirkung aus. Immer wenn Coy diese Unbekannte ansah, hatte er das sichere Gefühl, er wäre zu weit gegangen und so tief in den dunklen Teil der Seekarte ihres Lebens eingedrungen, dass es bereits unmöglich war umzukehren, bevor er die Antworten kannte. Ritter und Knappen: Ich werde dich belügen und betrügen. Eigentlich kümmerte ihn das Geheimnis des versunkenen Schiffes überhaupt nicht. Vielmehr war sie es, die ihn auf Kurs hielt, ihre Hartnäckigkeit, ihre Suche, alles, was sie für ihren Traum einsetzen wollte – obwohl er das unmissverständliche Tosen des Meeres an den gefährlich nahen Felsen hörte. Er wollte ihr so nahe kommen, wie er konnte, ihren Gesichtsausdruck beobachten, wenn sie schlief, er wollte spüren, dass sie aufwachte und ihn anblickte, diese wohlig warme Haut anfassen und in ihr, in den Tiefen dieser Haut und des von ihr bedeckten Fleisches, das lächelnde Mädchen auf dem Foto in dem silbernen Rahmen wieder erkennen.

Sie hatte mit dem Reden aufgehört und musterte ihn argwöhnisch, fragte ihn wortlos, ob er weiter auf das hörte, was sie sagte. Nicht ohne Mühe verscheuchte Coy seine Grübeleien, weil er befürchtete, sie könnte sie ihm am Gesicht ablesen, und er blickte wieder einmal zu den Tauben hinüber. In der Schar befand sich ein höchst selbstsicherer und stattlicher Täuberich. Er plusterte sich inmitten der gefiederten Schönen auf, die Gruppen bildeten, ihn verstohlen beobachteten und dabei girrten oder gurrten, oder wie das hieß, was die Tauben machten. In diesem Augenblick stürzten sich die Kinder vom Nachbartisch mit Kriegsgeschrei auf die friedlichen Vögel. Coy beobachtete den Vater, der sich in aller Ruhe mit seiner Zeitung beschäftigte. Dann sah er die Mutter an, und er stellte fest, dass sie einen wehmütigen Blick über den Platz gleiten ließ. Schließlich wandte er sich wieder zu Tánger um. Diese drehte der Szene den Rücken zu und setzte ihren Bericht fort:

»In Madrid hatte man alles unter strengster Geheimhaltung geplant. Auf direkte Anweisung des Königs wurde eine kleine Gruppe gebildet, die jeden ausschloss, der Anhänger der Jesuiten oder lediglich unparteiisch war. Das Ziel bestand darin, Beweismaterial zusammenzutragen und das Vertreibungsdekret vorzubereiten ... Das Ergebnis der so genannten Geheimuntersuchung war ein Gutachten des Kronfiskals, worin man die Jesuiten als Verschwörer und Anhänger der Lehre vom Tyrannenmord, als sittenlos, besitz- und machtgierig beschuldigte und ihnen illegale Umtriebe in Amerika vorwarf.«

Das mit der Geheimuntersuchung klang gut, und Coy spürte, dass sein Interesse erwachte, während er wieder die Kinder beobachtete. Gerade hatten sie den Täuberich mitten bei seinem Liebeswerben erwischt. Mit einem Steinwurf beendeten sie jählings seine Idylle und die Verdauung der an den Tischen aufgepickten Krumen. Die vom Erfolg angespornten Kleinen schossen nun auf die Tauben wie Heckenschützen.

»Im Januar 1767«, erzählte Tánger weiter, »kam der Rat von Kastilien zu einer streng geheimen Sitzung zusammen und beschloss die Ausweisung. In einer erfolgreichen Militäroperation, die in der Nacht des 31. März begann und am Morgen des 2. April endete, wurden die einhundertsechsundvierzig Häuser der Jesuiten in Spanien umstellt ... Man verbrachte sämtliche Männer auf Schiffe. Rom musste sich um sie kümmern, und sechs Jahre danach löste Clemens XIV. die Gesellschaft Jesu auf.«

Sie machte eine Pause, trank ihren Colacao aus und wischte sich den Mund mit der Hand ab. Sie hatte sich halb umgedreht und verfolgte gleichmütig den Tumult der Kinder und Tauben, bevor sie wieder Coy anblickte. Ich kann sie mir nicht zusammen mit Kindern vorstellen, sagte er sich. Außerdem weiß ich, dass ich niemals mit ihr zusammen alt werde, was auch immer geschieht. Ich kann sie mir nur vorstellen, wie sie zwischen Büchern und Papieren alt wird, schlank und trotz der abgekauten Fingernägel elegant. Eine distinguierte alte Jungfer mit Krähenfüßen um die Augen, die Souvenirs aus ihrer Truhe holt: einen langen, roten Handschuh, eine alte Seekarte, einen kaputten Fächer, ein Gagatkollier, eine Schallplatte mit italienischen Schlagern aus den Fünfzigern, das Foto eines ehemaligen Liebhabers. Mein Foto, vermutete er kühn. Hoffentlich wird es ein Foto von mir sein.

Er konzentrierte sich, denn sie erzählte weiter. Was nach der Vertreibung der Jesuiten aus den Ländern der spanischen Krone geschehen sei, interessierte sie und ihn nicht weiter, sagte sie. Der Zeitraum, auf den es ankomme, sei das Jahr zwischen dem Palmsonntag 1766, an dem der Aufstand gegen Esquilache ausbrach, und der Nacht des 31. März 1767, als das Dekret in Kraft trat, das die Ausweisung der spanischen Jesuiten verfügte. In diesem Jahr verlor die Gesellschaft Jesu ihre angesehene, furchteinflößende und mächtige Stellung und wurde auf eine Weise geächtet und unfrei, die daran erinnerte, was mit den Templern im 14. Jahrhundert geschehen war ...

»Hältst du das nicht für interessant?«

»Doch, sehr.«

Sie musterte ihn prüfend, als hätte sie die Ironie seines Kommentars durchschaut. Coys Miene blieb undurchdringlich. Irgendwann, dachte er, erzählt sie mir endlich etwas, das wirklich die Mühe wert ist. Er blickte über Tángers Schulter. Verschwitzt und triumphierend kehrten die Kinder zurück; als Trophäen brachten sie ein paar Federn aus dem Schwanz des Täuberichs mit, der inzwischen, wie Coy schätzte, mit einer Geschwindigkeit von hundertachtzig Stundenkilometern nach Kapstadt unterwegs war. Vielleicht, sagte er sich, waren es nicht nur Unschuldige, die Herodes ermordet hat.

Tánger war wieder verstummt, als überlegte sie, ob es

sich lohnte weiterzusprechen. Sie beugte den Kopf vor, und ihre Finger bewegten sich leise trommelnd am Tischrand entlang, was vielleicht Ungeduld verriet.

»Interessiert dich wirklich, was ich dir erzähle?«

»Natürlich interessiert es mich.«

Die Gereiztheit, die sie ihm gegenüber zeigte, versöhnte ihn aus irgendeinem Grund mit sich selbst. Er setzte sich im Stuhl zurecht, und seine Miene bekundete, dass er aufmerksam zuhörte. Nachdem Tánger noch einmal gezögert hatte, fuhr sie mit ihrem Bericht fort. Als Karl III. beschlossen hatte, den Rat für die Geheimuntersuchung zu bilden, setzte er Pedro Pablo Abarca de Bolea, den Grafen von Aranda, als Präsidenten ein: einen Aragonier aus Huesca mit dem doppelten Titel eines spanischen Granden, der schon als Militär und Diplomat gewirkt hatte. Er war Generalkapitän von Valencia, als der König ihn mitten im Esquilache-Aufstand nach Madrid rief und ihm die Regierung, den Vorsitz des Rates von Kastilien und das Amt des Generalkapitäns von Neukastilien übertrug. Er war klug, gebildet und aufgeklärt. Er ging als Freimaurer in die Geschichte ein, obwohl man nie eine Logenmitgliedschaft nachweisen konnte, und moderne Historiker haben bestritten, dass er sich je dieser Bewegung angeschlossen habe. Andererseits steht fest, dass er ein Eklektiker war. Von allen Mitgliedern des Geheimkabinetts war er vielleicht derjenige, der die Jesuiten am besten kannte. Er hatte eine ihrer Schulen besucht und bewahrte sich unter ihnen viele Freunde, er hatte sogar einen Bruder, der Jesuit war. Im Vergleich mit erbitterten Jesuitenfressern wie dem Kronfiskal Campomanes, dem Justizminister Roda und José Moniño, dem späteren Grafen von Floridablanca, konnte man Arandas Haltung der Gesellschaft Jesu gegenüber als gemäßigt bezeichnen. Trotzdem erklärte er sich einverstanden, das Kabinett zu leiten und dessen Beschlüsse zu bestätigen. Die Untersuchung begann am 8. Juni 1766 in Madrid und wurde von Aranda geführt. Ihn unterstützten Roda, Moniño und andere zuverlässige Jesuitenfeinde oder, wie man damals sagte, *Thomisten*, um ihren Gegensatz zu den Anhängern des heiligen Ignatius oder *Freunden des vierten Gelübdes* zu veranschaulichen. Die Ermittlungen wurden derart vorsichtig durchgeführt, dass nicht einmal der Beichtvater des Königs davon erfuhr.

»Trotzdem«, berichtete Tánger weiter, »gab es eine wichtige Verbindung zwischen einem Mitglied des Geheimkabinetts und einem führenden Jesuiten ... Paradoxerweise war einer der besten Freunde des Grafen von Aranda ein Jesuit aus Murcia: Pater Nicolás Escobar. Ihre Beziehungen hatten sich etwas abgekühlt; jedenfalls waren sie enge Vertraute, bis Aranda das Amt des Generalkapitäns von Valencia niederlegte, weil ihn der König gerufen hatte. Aranda ließ zwar seine Korrespondenz mit Pater Escobar vernichten, doch es haben sich einige Briefe erhalten, die diese Beziehung beweisen.«

»Hast du die Briefe gesehen?«

»Ja. Es sind drei, sie befinden sich in der Universitätsbibliothek von Murcia und sind von Aranda eigenhändig unterschrieben. Durch die Hilfe von Néstor Perona, dem Professor für Kartographie, konnte ich mir Kopien besorgen. Ich hatte ihn damals angerufen und gefragt, welche Korrekturen wir bei dem Urrutia anwenden müssten.«

Noch einer, den sie verführt hat, dachte Coy. Er stellte sich vor, wie Tánger auf einen Professor wirken musste, selbst am Telefon. Überwältigend.

»Ich muss zugeben, dass du gründlich gearbeitet hast.«

»Du wirst nie erfahren, wie gründlich. Darum bin ich nicht bereit, mir irgendetwas aus den Händen reißen zu lassen.«

Das, gab Coy zu, lieferte nun allerdings interessante Einsichten. Die Geschichte befreite sich von den Lehrbüchern und drang in den Bereich des Kleingedruckten vor. Es gab Briefe von diesem Kerl, diesem Aranda. Immerhin wollte sie ihn vielleicht mit ihrer langweiligen Geschichte von Geheimkabinetten und unerbittlichen Königen wirklich auf irgendetwas aufmerksam machen.

»Nicolás Escobar«, erzählte Tánger weiter, »war ein angesehener Jesuit. Er hatte Beziehungen zu den herrschenden Kreisen und dem Adligenseminar, und er reiste zwischen Rom, Madrid, Valencia und Salamanca hin und her. Zwanzig Jahre zuvor war er Direktor der Jesuitenschule in Salamanca, der Bastion des Ordens, und in ihrer Druckerei, das ist nur ein merkwürdiger Zufall, erschien ...«

Sie verstummte. Rate mal, was für eine Überraschung, und so weiter. Coy konnte ein Lächeln nicht unterdrücken. Sie hatte es ihm allzu leicht gemacht, und er durfte sie auf keinen Fall enttäuschen. Ein Team, einverstanden. Du und ich, wir sind ein Team. Du sagst es und ich glaube es.

»Der Urrutia«, stellte er fest.

Zufrieden stimmte sie zu.

»Genau. Der *Seeatlas* Urrutias wurde 1751 in der Jesuitenschule von Salamanca gedruckt. Das Projekt hatte ein anderer befreundeter Minister befürwortet, der Marqués de la Ensenada, der Förderer der Marine und der nautischen Studien in Spanien. Als das Geheimkabinett gebildet wurde, befand sich Pater Escobar, der Freund solcher hervorragenden Seeleute wie Jorge Juan und Antonio de Ulloa, in Valencia. Errätst du, wo? ...«

»Nein. Ich fürchte, dass ich diesmal nichts erraten kann.«

»Im Haus eines alten Bekannten von dir und mir. Vor allem von mir: Luis Fornet Palau, *ein Freund des vierten Gelübdes*, der Strohmann der Jesuitenflotte und Eigentümer der *Dei Gloria*.«

Sie zeigte sich über Coys Gesichtsausdruck erfreut. Sie machte eine Pause, und dann beugte sie sich ganz langsam über den Tisch und sah ihm tief in die Augen. Er konnte in ihrem Blick ein ehrgeiziges Verlangen wahrnehmen, das hart und scharf wie ein dunkles, poliertes, stark glänzendes Steinstück war. Das war schon lange kein bloßer Traum mehr, wurde ihm klar. Es war inzwischen zu einer starken, konkreten Zwangsvorstellung geworden. Während sie eine Hand vorstreckte und auf seine legte, suchte er verzweifelt nach dem angemessenen Wort, um sie zu beschreiben. Er spürte das Gewicht der warmen Hand, die Finger, die sich mit seinen verflochten. Eine sanfte, kraftvolle Wärme, die so selbstsicher wirkte, dass die Geste wie die natürlichste der Welt erschien. Diese Hand suchte keinen Trost, sie wollte nicht ermuntern oder täuschen. In diesem Augenblick war sie aufrichtig: Sie nahm Anteil. Aber das Wort »Zwangsvorstellung«, das er endlich gefunden hatte, war unerbittlich.

»Die *Dei Gloria*, Coy«, sagte sie leise, über den Tisch gebeugt, seine Hand in der ihren. »Wir reden über die Brigg, die am 2. November aus Valencia nach Amerika ausläuft, als das Geheimkabinett seit fünf Monaten zusammengetreten ist. Wenige Wochen, bevor man den Jesuiten den letzten Schlag versetzt, kehrt sie zu den spanischen Küsten zurück.« Ihre Finger drückten fester zu. »Kannst du dir etwas zusammenreimen? ... Das Übrige, also, was oder wer an Bord fahren konnte und wozu, das erzähle ich dir auf der Fahrt nach Gibraltar. Oder wie es in alten Fortsetzungsromanen heißt, im nächsten Kapitel.«

VIII. Der Besteckpunkt

> Besteckpunkt nennt man den Punkt, an welchem sich
> das Schiff befindet, wie sich durch ein
> sachverständiges Urteil oder anhand von Angaben
> herausstellt, bei denen große Unsicherheiten
> möglich sind.
>
> GABRIEL CISCAR. *Navigationslehrgang*

Die kleinen, blank geputzten Kanonen auf dem Platz glänzten. Die Terrasse des Ungry Friar war voll besetzt. Gruppen angelsächsischer Touristen fotografierten die Wachablösung am Convent und waren offenkundig entzückt, dass Britannien immer noch Kolonien hatte, von denen aus es die Meere beherrschte. Unter der Fahne, die träge am Mast baumelte, stand ein Wachposten mit seinem Enfield-Gewehr starr wie eine Statue in der gotischen Arkade. Er passte sich getreulich dem Schauplatz und der Dekoration an, während ihm der mit der Wachablösung beauftragte Sergeant die vorschriftsmäßigen Befehle laut im Militärjargon zubrüllte, eine Handbreit vom Gesicht des anderen entfernt: Losung, Parole oder Ähnliches: Bis zum letzten Blutstropfen. Und: England erwartet, dass du deine Pflicht tust, nahm Coy an, der die beiden beobachtete. Er streckte die Beine unter dem Tisch aus und beugte sich vor, um sein Bierglas leer zu trinken und blinzelnd nach oben zu blicken. Die Sonne hatte beinahe den Zenit erreicht, und es war sehr heiß, doch allmählich löste sich der Wolkenkranz oben am Felsen auf: Der Wind hatte sich von Ost nach West gedreht, in ein paar Stunden würde die Temperatur erträglicher sein. Er bezahlte das Bier und stand auf, lief inmitten der vielen Leute über den Platz bis zur Ecke der Main Street. Der schwitzende Sergeant, auf den Dutzende von Videokameras und Fotoapparaten gerichtet waren, schrie immer noch mit martialischer Stimme auf den unerschütterlichen Wachposten ein. Coy zog eine spöttische Grimasse, während er sich entfernte. Heute Morgen, sagte er sich, ist ein Tauber auf Wache.

Er lief durch die Hauptstraße Gibraltars, im Strom der Menge, die an den zahlreichen Geschäften vorbeipromenierte: chinesische Pyjamas, T-Shirts mit Bildern vom Affenfelsen, Mantillen, Radiogeräte, Schnaps, Fotoapparate, Parfüm, Lladró- und Capodimonte-Porzellan, kleine Bossom-Keramikbüsten. Coy war schon früher in Gibraltar an Land gegangen, als die britische Kolonie noch ein herkömmlicher, altmodischer Hafen war, ein Stützpunkt von Tabak- und Haschischschmugglern, die aus Marokko über die Meerenge kamen. Damals war es noch nicht zu einem touristischen Ameisenhaufen und zum finanziellen Hinterland der großen Drogenhändler und Tausender an der Costa del Sol ansässiger Engländer geworden. Tatsächlich zeigte nun jeder Ort in Mittelmeernähe die schändlichen Auswirkungen des Tourismus; doch an der Main Street in Gibraltar wechselten sich Frikadellenbuden, Fastfood-Restaurants sowie Läden in indischem oder hebräischem Besitz mit den Fassaden von Banken und solchen Gebäuden ab, die mit diskreten Schildern neben der Tür geschmückt waren: Anwaltskanzleien, Immobiliengesellschaften, Export-Import-Firmen, Aktiengesellschaften, Gesellschaften mit beschränkter Haftung, Scheinfirmen – mehr als zehntausend waren dort registriert –, wo spanisches und englisches Geld gewaschen und alle möglichen Geschäfte gemacht wurden. An der Grenze wehte die blaue, sternenbesetzte Fahne der Europäischen Gemeinschaft. Der Tourismus und die für ein Steuerparadies typischen, trickreichen Operationen hatten den Schmuggel als Haupteinnahmequelle verdrängt. Junge Winkeladvokaten, die perfekt Englisch mit andalusischem Akzent sprachen, lösten die örtlichen Mafiabosse ab, und der altgewohnte Pöbelhaufen, Seebären mit Goldringen an den Ohren und tätowierten Armen, der letzte erbärmliche Rest der Piraten des westlichen Mittelmeers, schmachtete in spanischen oder marokkanischen Gefängnissen, servierte Hamburger bei McDonald's oder lungerte im Hafen herum, schaute wehmütig auf den fünfzehn Meilen weiten Zwischenraum, der Europa von Afrika trennte. Diese Entfernung hatten sie noch vor zehn Jahren in mondlosen Nächten mit einem 90 PS starken Außenbordmotor überquert, der ihre schwarz gestrichene *Phantom* mit vierzig Knoten zwischen Punta Carnero und Punta Ziris auf den Wellen dahingleiten ließ.

Coy lief auf der Gehsteigseite, die den meisten Schatten bot. Vom Schweiß klebte ihm das Hemd am Rücken fest. Er sah die Hausnummern an. Tánger hatte Wort gehalten, wenigstens teilweise. Während er den gemieteten Renault durch die Kurven und Biegungen der Straße zwischen Cádiz und Gibraltar lenkte, die auf die Höhen von Tarifa und über die Steilküste an der Meerenge hinaufstieg, erzählte sie den Rest der Geschichte von den Jesuiten und der *Dei Gloria*. Oder zumindest den Teil der Geschichte, von dem sie glaubte, er müsse ihn kennen: warum die Brigg nach Amerika fuhr und warum sie von Havanna zurückkehrte.

»Sie wollten den Angriff abwehren«, fasste sie zusammen.

Dann blickte sie starr auf die Straße hinaus und trug Coy ihre Theorie vor. Das Kabinett der Geheimuntersuchung blieb trotz alledem nicht völlig geheim. Es gab eine undichte Stelle, einen Hinweis, was man vorbereitete. Vielleicht hatten die Jesuiten dort einen Informanten, oder sie ahnten das Manöver voraus.

»Von allen Kabinettsmitgliedern«, erklärte Tánger, »war nur einer kein rigoroser Thomist: der Graf von Aranda. Man konnte ihn zwar nicht als einen *Freund des vierten Gelübdes* ansehen, doch er verhielt sich den Jüngern des Ignatius gegenüber wohlwollender als die radikalen Roda, Campomanes und die Übrigen. Vielleicht raunte er selbst seinem guten Freund Pater Nicolás Escobar die erforderlichen Andeutungen ins Ohr ... Das war gewiss nicht mehr als eine vertrauliche Mitteilung oder ein Wort. Aber diese Leute, die an Tricks und diplomatische Kniffe gewöhnt waren, konnten sogar ein Schweigen als eine Botschaft deuten.«

Tánger schwieg einige Zeit und überließ es Coy, sich die damalige Epoche und die Personen vorzustellen. Ihre linke Hand lag auf dem linken Knie und dem blauen Baumwollrock, nur wenige Zentimeter von der Gangschaltung entfernt. Coy streifte manchmal ihre Hand, wenn er auf den geraden Strecken vom vierten in den fünften Gang umschaltete oder wenn er herunterschaltete, bevor er in eine Kurve ging.

»Dann hat sich die Leitung der spanischen Jesuiten einen Plan einfallen lassen.«

Sie verstummte von neuem und ließ diese Feststellung nachwirken. Sie sollte Romane schreiben, dachte er erstaunt. Sie beherrscht die Auslassungspunkte wie kein anderer. Außerdem weiß ich nicht, was von ihren festen

Überzeugungen wirklich stimmt, aber ich habe nie jemanden erlebt, der derart selbstsicher eine Behauptung aufstellt. Ganz zu schweigen von der Art, wie sie nach und nach ihre Angelschnur abrollt: Sie lässt sie gerade so locker, damit der Fisch nicht entwischt, und gerade so straff, damit er am Haken hängen bleibt, bis sie ihm eine Harpune in die Kiemen stößt.

»Einen gefährlichen Plan«, sprach Tánger endlich weiter, »der durchaus nicht den Erfolg garantierte ... Aber er beruhte auf ihrer Kenntnis der menschlichen Natur und der politischen Lage in Spanien. Und selbstverständlich kannten sie auch Pedro Pablo Abarca, den Grafen von Aranda.«

Tánger berichtete mit wenigen Worten, in einem objektiven Ton, als zählte sie Daten auf. Sie ließ das Asphaltband vor ihnen, das sich durch die Hitze zu wellen schien, nicht aus den Augen. Sie beschrieb den Charakter des Ministers Karls III.: ein Aristokrat mit den Privilegien des Geburtsadels, eine brillante militärische und diplomatische Karriere, durch seine Geisteshaltung und seine soziale Herkunft ein Bewunderer Frankreichs, pragmatisch, aufgeklärt, willensstark, ungestüm, etwas anmaßend. Ein großer Denker an der Spitze des Rates von Kastilien und des Kabinetts für die Geheimuntersuchung. Auch ein Freund von Luxus, von teuren Karossen mit einem prächtigen Gespann und Lakaien in Livree; zum Theater und zum Stierkampf fuhr er in einer offenen Kutsche. Volkstümlich, ehrgeizig, ein Verschwender und Freund seiner Freunde. Er war reich und brauchte ständig mehr Kapital, um seinen aufwändigen Lebensstil, der manchmal geradezu ausschweifend wirkte, aufrechtzuerhalten.

»Darum ging es«, schlussfolgerte Tánger, »um Geld und

Macht. Dafür war Aranda empfänglich, und das wussten die Jesuiten. Nicht ohne Grund hatte er ihre Schule besucht und war mit ihren Leitern eng befreundet.«

Der Plan, berichtete sie, wurde gründlich und kühn ausgearbeitet. Das beste Schiff der Gesellschaft, das schnellste und sicherste, lief mit dem besten Kapitän insgeheim nach Amerika aus. Es hatte Pater Escobar als Passagier an Bord. Für seine Abfahrt von Valencia gab es keine offizielle Bestätigung, denn die Schiffspapiere der *Dei Gloria* waren für diesen Fahrtabschnitt nicht erhalten geblieben; aber der Jesuit befand sich bei der Rückfahrt tatsächlich an Bord. Seine Initialen standen zusammen mit denen von Pater José Luis Tolosa, seinem Begleiter, im Schiffsmanifest der Brigg – N.E. und J.L.T. –, als sie am 1. Januar 1767 von Havanna abfuhr. Sie hatten einige Dinge bei sich: Dokumente, Gegenstände. Entscheidende Mittel, um die Haltung des Grafen von Aranda zu beeinflussen.

Coy hielt die Hände am Lenkrad und lachte leise vor sich hin.

»Kurz gesagt: Sie wollten ihn kaufen.«

»Oder ihn erpressen«, entgegnete sie. »Auf jeden Fall hatte die *Dei Gloria*, Kapitän Elezcano und die beiden Jesuiten, den Auftrag, etwas zu befördern, das den Lauf der Ereignisse ändern sollte.«

»Aus Havanna?«

»Richtig.«

»Und was hat Kuba mit alldem zu tun?«

»Das weiß ich nicht. Aber dort haben sie etwas an Bord genommen, das Aranda überzeugen konnte, die Geheimuntersuchung zu manipulieren ... Etwas, das den Sturm aufhalten würde, der sich gegen die Gesellschaft Jesu zusammenbraute.«

»Vielleicht war es Geld«, meinte Coy. »Der berühmte Schatz.«

Er lächelte, um die Bedeutung seiner Worte herunterzuspielen, doch er spürte, dass er zusammenzuckte, als er das Wort »Schatz« aussprach. Tánger starrte weiter wie eine Sphinx vor sich hin.

»Das könnte sein, tatsächlich«, sagte sie nach einer Weile. »Aber dabei geht es nicht immer um Geld.«

»Und das möchtest du herausbekommen.«

Manchmal drehte er sich zu ihr um und beobachtete sie, ohne dabei die Straße ganz aus den Augen zu lassen, und dann blickte er wieder nach vorn. Sie hielt ihre Augen fest auf den Asphalt gerichtet.

»Erstens möchte ich die *Dei Gloria* finden. Und danach herausbekommen, was sie an Bord hatte ... Etwas, das durch einen Zufall oder durch einen Plan der Jesuitenfeinde niemals ans Ziel gelangte.«

Coy schaltete vor einer scharfen Kurve herunter. Hinter einem Zaun, unter einem Plakat mit einem unwirklichen, riesigen Stier, weideten echte Stiere.

»Willst du damit sagen, dass diese Korsarenschebecke dort nicht zufällig aufgetaucht ist?«

»Möglich ist alles. Vielleicht hatte die andere Partei von der Operation erfahren und wollte ihr zuvorkommen. Vielleicht trieb Aranda selber ein doppeltes Spiel ... Wenn die *Dei Gloria* etwas beförderte, was sich gegen ihn verwenden ließ, konnte es auch sein, dass er das unschädlich machen wollte.«

»Also, je nachdem, was es ist, es hat möglicherweise nicht zweieinhalb Jahrhunderte auf dem Meeresgrund überstanden. Lucio Gamboa hat gesagt ...«

»Ich erinnere mich ganz genau, was er gesagt hat.«

»Na, dann weißt du ja Bescheid. Vielleicht waren es Schätze. Etwas anderes kannst du vergessen.«

Die Straße verlief nun zwischen erstaunlich grünen Wiesen bergab, bevor sie wieder hinaufkletterte. Oben rechts lag ein weißes Dorf, das sich an eine Bergspitze klammerte. »Vejer de la Frontera«, las Coy auf einem Hinweisschild. Ein weiterer Pfeil zeigte zum Meer: »Kap Trafalgar, 16 Kilometer.«

»Hoffentlich ist es ein Schatz«, sagte er. »Spanisches Gold. Silberbarren ... Vielleicht war dieser Aranda wirklich bestechlich.« Er dachte nach und biss sich auf die Unterlippe. »Wie könnten wir den herausholen, ohne dass jemand etwas merkt?«

Er lächelte. Ihn belustigte diese Idee. Der Schatz der Jesuiten. Goldbarren, die in einem Laderaum gestapelt waren. Nachts lädt man an einem Strand aus. Steine werden von der Brandung mitgerissen und knirschen. Dublonen, Deadman's Chest und eine Buddel Rum. Schließlich lachte er laut. Tánger sagte nichts, und er blickte sich wieder ein paarmal zu ihr um, ohne die Straße aus den Augen zu verlieren.

»Sicher hast du schon einen Plan«, setzte er hinzu. »Du gehörst zu der Art von Menschen, die immer einen Plan haben.«

Er hatte zufällig ihre Hand gestreift, als er in einen anderen Gang schaltete, und diesmal zog sie die Hand zurück. Sie wirkte verärgert.

»Du weißt nicht, zu welcher Art von Menschen ich gehöre.«

Er lachte wieder. Der Einfall mit dem Schatz war so absurd, dass er gute Laune bekam. Das machte ihn dreißig Jahre jünger: Im Wirtshaus »Admiral Benbow« blinzelte ihm Jim Hawkins aus einem voll gestellten Bücherbrett zu.

»Manchmal glaube ich, dass ich es weiß«, sagte er aufrichtig. »Und manchmal weiß ich es nicht. Auf jeden Fall lasse ich dich nicht aus den Augen ... Mit Schatz oder ohne. Ich hoffe, du hast daran gedacht, mir meinen Teil zu reservieren. Partnerin.«

»Wir sind keine Partner. Du arbeitest für mich.«

»Ach, verdammich. Das hatte ich vergessen.«

Coy pfiff ein paar Takte aus *Body and Soul*. Alles war in Ordnung. Sie arrangierte den Gesang der Sirenen, die spanische Golddublone war an den Mast genagelt und funkelte vor den Augen des Seemanns ohne Schiff. Der gemietete Renault ließ inzwischen Tarifa, seinen ewigen Wind und die gespenstischen Drehflügel an den Türmen der Windkraftanlagen hinter sich. In den Steigungen lief der Motor heiß, und darum hielten sie an einem Aussichtspunkt über der Meerenge. Es war ein wolkenloser Tag. Auf der anderen Seite des blauen Meeresstreifens entdeckten sie die marokkanische Küste und links, etwas weiter entfernt, den Monte Hacho und die Stadt Ceuta. Coy beobachtete, wie ein Tanker langsam auf den Atlantik hinausfuhr: Er hatte sich etwas von dem Verkehrstrennungssystem entfernt, das die Durchfahrt in beiden Richtungen regelte; ganz sicher müsste er seinen Kurs ändern, um einem Frachter auszuweichen, der sich in der entgegengesetzten Richtung von vorn näherte. Er stellte sich den wachhabenden Offizier auf der Kommandobrücke vor – um diese Zeit musste es der Dritte Offizier an Bord sein –, wie er aufmerksam den Radarschirm beobachtete und bis zur letzten Minute überlegte, ob er Glück hätte und der andere rechtzeitig abdrehte.

»Außerdem bist du voreilig, Coy. Ich habe nie etwas von einem Schatz erzählt.«

Wenigstens fünf Minuten lang hatte sie nichts gesagt. Nun war sie ausgestiegen, stand neben ihm und betrachtete das Meer und die nahe Küste Afrikas.

»Das stimmt«, gab er zu. »Aber deine Zeit wird knapp. Du musst mir den Rest der Geschichte erzählen, wenn wir dort sind.«

Unten, in der Meerenge, zog die weiße Kielspur des Tankers eine leichte Kurve zum europäischen Ufer. Der wachhabende Offizier hatte es für angebracht gehalten, Abstand von dem nahen Handelsschiff zu gewinnen. Zehn Grad nach Steuerbord, schätzte Coy auf den ersten Blick. Kein Offizier rührte die Maschinen an, wenn es ihm der Kapitän nicht gestattete; aber es schien vernünftig, den Kurs um zehn Grad zu korrigieren und dann weiterzufahren.

»Noch sind wir nicht da«, sagte sie leise.

Die Geschäftsräume von Deadman's Chest Ltd. befanden sich in der Nummer 42b der Main Street, im Erdgeschoss eines Gebäudes im Kolonialstil mit weißen Wänden und blau gestrichenen Fensterkreuzen. Coy las das Türschild, und nach einem kurzen Zögern drückte er auf die Klingel. Dabei fühlte er sich nicht ganz wohl, aber Tánger hatte sich geweigert, Nino Palermo in seinem Büro aufzusuchen. Also wurde er mit der Erkundung beauftragt und sollte, wenn sich die Sache gut anließ, ein späteres Treffen für denselben Tag vereinbaren. Tánger hatte ihm genaue Anweisungen gegeben, die so ausführlich wie für eine Militäroperation waren.

»Und wenn sie mir den Schädel einschlagen?«, hatte er gefragt und sich an die Rotunde des Palace erinnert.

»Palermo stellt das Geschäft über persönliche Probleme«, antwortete sie. »Ich glaube nicht, dass er mit dir abrechnen will. Noch nicht.«

Also stand er nun dort, betrachtete sein schlecht rasiertes Gesicht, das sich in der Messingplatte spiegelte, und atmete tief ein, als bereitete er sich auf einen gefährlichen Kopfsprung vor.

»Señor Palermo erwartet mich.«

Der Berber, der in der offenen Tür erschien, hatte im Tageslicht eine noch üblere Visage. Seine finsteren Augen durchbohrten Coy und erkannten ihn wieder. Er trat zur Seite und gab ihm den Weg frei. Der Vorraum war klein, mit Edelhölzern getäfelt und enthielt einige Gegenstände, die zum Meer und zur Seefahrt gehörten: ein riesiges Steuerrad, einen Taucheranzug, das Modell eines römischen Dreiruderers in einem Glaskasten. Außerdem einen modern gestalteten Tisch, an dessen anderer Seite die Sekretärin saß, die Coy von der Auktion in Barcelona und der Rotunde des Palace her kannte. Es gab auch einen Sessel, ein niedriges Tischchen mit den Zeitschriften *Yachting* und *Bateaux* und einen Stuhl in einer Ecke. Auf dem Stuhl saß Horacio Kiskoros.

Das war keine Gesellschaft, der man lächelnd guten Tag sagen konnte. Darum lächelte Coy nicht und sagte auch nicht guten Tag; er blieb lediglich ruhig im Vorraum stehen und wartete ab, während der Berber die Tür hinter ihm schloss. Die drei Augenpaare, die ihn anstarrten, strahlten keine übermäßige menschliche Wärme aus. Der Berber trat mit stumpfsinniger Miene, doch ohne drohende Gesten von hinten auf ihn zu. Er bückte sich zu Coys Fußknöcheln hinab und durchsuchte ihn schnell, mechanisch und effizient.

»Er hat nie Waffen dabei«, erklärte Kiskoros in beinahe liebenswürdigem Ton von seinem Stuhl aus.

Jetzt verprügeln sie mich gleich, dachte Coy und erinnerte sich, wie wirkungsvoll der Berber seine Rippen bearbeitet hatte. Jetzt schlagen sie mich gleich grün und blau, rums, rums, bis sie mich fertig gemacht haben, und dann schmeißen sie mich raus, wenn ich überhaupt rauskomme, und meine Zähne schmeißen sie mir in einer Tüte aus Zeitungspapier hinterher. GWDMSID: das Gesetz, Wie Du Mir, So Ich Dir. Bestimmt hat es sogar die mit dem schwarzen Slip auf mich abgesehen.

»Na, so was«, sagte eine Stimme.

Nino Palermo stand in der Tür, die soeben an der anderen Seite aufgegangen war. Braune Hose, blau gestreiftes Hemd mit aufgekrempelten Ärmeln, keine Krawatte. Teure Mokassins.

»Ich muss zugeben ...«, sagte er und musterte Coy überrascht. »Weiß Gott. Sie haben vielleicht die Ruhe weg.«

»Hatten Sie die Frau erwartet?«

»Natürlich habe ich die erwartet.«

Der zweifarbige Blick des Wrackjägers wirkte abweisend und starr wie der einer Schlange. Coy stellte fest, dass die Nase des anderen immer noch leicht geschwollen war und dass er schwache dunkle Ringe unter den Augen hatte. Er spürte, dass sich der Berber behutsam von hinten näherte und ihm Palermo über Coys Schulter einen Blick zuwarf. Unwillkürlich spannte er die Muskeln an. Ins Genick, dachte er. Dieser Dreckskerl wird mich ins Genick schlagen.

»Kommen Sie rein«, sagte Palermo.

Er trat ein. Sein Gastgeber schloss die Tür und stützte die Hände auf den Rand eines Mahagonitisches, der mit

Büchern, Papieren und Seekarten bedeckt war. Auf diesen waren viele Bleistiftnotizen zu sehen, und diskret schob er ein Exemplar des *Gibraltar Chronicle* darüber. Als Briefbeschwerer diente ein alter, mehrere Kilo schwerer Silberbarren. Coy blieb stehen und betrachtete, damit er nicht Palermo ins Gesicht sehen musste, das Ölbild an der Wand: eine Seeschlacht zwischen einem nordamerikanischen und einem englischen Schiff. Zwei Fregatten, deren Takelwerk zerfetzt war und die sich mit Kanonen beschossen. Unten am Rahmen befand sich ein Schild. *Gefecht zwischen der* Java *und der* Constitution, las er. Der Rauch der Kanonade bewegte sich in die Richtung, die mit den Wolken, den Wellen und der Segelstellung übereinstimmte. Es war ein gutes Bild.

»Warum sind Sie in ihrem Auftrag gekommen? ... Eigentlich sollte sie hier sein.«

Das grüne und das braune Auge beobachteten ihn eher neugierig als rachsüchtig. Coy zögerte, auf welches Auge er sich konzentrieren sollte, und schließlich entschied er sich für das braune. Es schien ihm weniger unheimlich.

»Sie traut Ihnen nicht. Darum bin ich gekommen. Bevor sie sich mit Ihnen trifft, möchte sie wissen, was Sie wollen.«

»Ist sie in Gibraltar?«

»Sie ist dort, wo sie sein muss.«

Palermo schüttelte langsam den Kopf. Er hatte einen kleinen Gummiball vom Tisch genommen und drückte ihn immer wieder zusammen.

»Ich traue ihr auch nicht.«

»Hier traut niemand einem anderen.«

»Sie sind ein ... Weiß Gott.« Die mit den Ringen und der riesigen Golduhr beschwerte linke Hand spannte die

Unterarmmuskeln bei jeder Geste. »Ein Idiot, das sind Sie. Sie springt mit Ihnen um wie mit einer Marionette.«

Coy konzentrierte sich weiter auf das braune Auge. »Kümmern Sie sich um Ihre Angelegenheiten«, sagte er.

»Das ist meine Angelegenheit. Das war sie, und meine ganz allein, bis sich dieses durchtriebene Biest eingemischt hat. Mein guter Wille ...«

»Gehen Sie mir nicht mehr mit Ihrem guten Willen auf die Eier.« Coy beschloss, sich dem grünen Auge zuzuwenden. »Ich habe gesehen, was Ihr Zwerg dem Hund der Frau angetan hat.«

Palermo hörte auf, die Hand mit dem Gummiball abwechselnd zu öffnen und zur Faust zu ballen. Er änderte seine Stellung am Tischrand. Auf einmal sah er peinlich berührt aus.

»Ich versichere Ihnen, dass ich nie ... Weiß Gott. Horacio ist zu weit gegangen. Er ist an Manieren gewöhnt ... Dort, in Argentinien ... Nun ja.« Er starrte den Ball an, als wäre der ihm plötzlich unangenehm, und legte ihn auf den Tisch zurück, neben einen Brieföffner aus Elfenbein, dessen Griff eine nackte Frau darstellte. »Ich glaube, in seiner Heimat ist ihm ein bisschen die Hand ausgerutscht ... Dann gab es diese Geschichte auf den Falklandinseln. Horacio war auf dem Titelbild der Zeitschrift *Time* mit englischen Gefangenen zu sehen. Er ist sehr stolz auf dieses Titelbild, und immer trägt er eine Farbkopie davon bei sich ... Als die Demokratie kam, musste er ... Stellen Sie sich nur vor. Zu viele Leute hatten ihn auf dem verflixten Foto als den erkannt, der ihnen Elektroden an den Genitalien angeschlossen hatte.«

Er schwieg und zuckte dann leicht mit den Achseln, um anzudeuten, dass er damals nichts mit Kiskoros zu tun hatte. Coy nickte. Der andere hatte ihm keinen Platz angeboten, und er blieb weiter stehen.

»Und Sie haben ihm Arbeit gegeben.«

»Er war ein guter Taucher«, gab Palermo zu. »Immerhin ist dieser kleine Kerl bei bestimmten Sachen sehr erfolgreich ... Nun ja.« Er änderte wieder seine Stellung am Tischrand. Die Goldketten und die Medaillen klimperten. »Was kann ich Ihnen erzählen, worüber Sie nicht schon Bescheid wüssten. Außerdem war es mir immer lieber, tüchtige Lohnarbeiter und keine begeisterten Freiwilligen einzustellen ... Ein Söldner, den du gut bezahlst, lässt dich nicht im Stich.«

»Es kommt darauf an, wer mehr bezahlt.«

»Ich bezahle mehr.«

Er machte eine Pause und betrachtete die Goldmünze auf dem Ring an der rechten Hand. Danach rieb er sie mechanisch mit dem Hemd sauber.

»Horacio ist ein richtiger Dreckskerl«, erklärte er. »Ein ehemaliger argentinischer Militär mit einem griechischen Vater und einer italienischen Mutter, der Spanisch spricht und sich für einen Engländer hält ... Aber er ist ein sehr pflichtbewusster Dreckskerl. Pflichtbewusste Leute gefallen mir. Er hat seine alte Mutter in Río Gallegos, und jeden Monat schickt er ihr Geld, der kleinen Alten. Wie in den Tangos, nicht wahr? ... Was es für Sachen gibt.«

Er streckte die Hand ein paar Millimeter hoch, als wollte er sich ans Gesicht fassen, doch er hielt in der Geste inne.

»Und was Sie betrifft ...«

Nun funkelte Rachsucht aus dem braunen Auge und eine Drohung aus dem grünen. Doch das dauerte nur einen Moment.

»Hören Sie zu«, betonte er. »Das alles ist auf absurde Weise aus dem Ruder gelaufen. Wir sind zu weit gegangen, einverstanden? ... Alle. Die Frau. Ich selber, vielleicht. Horacio bringt sogar Hunde um, das ist ja schon ... Weiß Gott. Der Gipfel. Und Sie, selbstverständlich. Sie ...«

Der Wracksucher hielt wieder mitten im Satz inne und versuchte, einen Ausdruck zu finden, der für Coys Rolle in diesem ganzen Durcheinander passend war.

»Sehen Sie.« Er hatte einen Schlüssel genommen und eine Schublade aufgeschlossen. Er holte eine glänzende Silbermünze heraus, die er auf den Tisch warf. »Wissen Sie, was das ist? ... Das nennen wir in meinem Beruf einen Säulentaler: eine Acht-Reales-Silbermünze. Sie wurde 1739 auf Anordnung König Philipps V. in Potosí geprägt ... Vorn hat sie ... Passen Sie auf. Das ist eines von den berühmten ›Acht-Reales-Stücken‹, die eine Hauptrolle in allen Piraten- und Schatzgeschichten spielen ...«

Er holte eine weitere, größere Münze hervor und warf sie neben die andere. Diesmal war es eine Denkmünze: drei Gestalten, von denen eine niederkniete, und dazu die Inschrift: *The pride of Spain humbled by A. Vernon.* Der gedemütigte Stolz Spaniens, übersetzte Coy, als er sie in die Hand nahm. Auf der Vorderseite gab es mehrere Schiffe und eine weitere Inschrift: *They took Carthagena April 1741.* Sie eroberten Cartagena – das in Westindien, vermutete Coy – im April, und so weiter. Er legte die Medaille neben die Acht-Reales-Münze auf den Tisch.

»Das war ein Bluff, weil sie die Stadt überhaupt nicht eingenommen haben«, erklärte Palermo. »Admiral Vernon zog sich geschlagen zurück, ohne dass er die Stadt plündern konnte, wie er es geplant hatte ... Die Gestalt, die auf der Medaille angeblich niederkniet, ist der Spanier Blas de

Lezo, den man schließlich nie auf die Knie gezwungen hat, unter anderem deshalb, weil er nur einen Arm und ein Bein hatte. Trotzdem verteidigte er die Stadt mit Klauen und Zähnen und brachte den Engländern große Verluste bei: sechs Schiffe und neuntausend Mann ... Man musste die Medaillen verschwinden lassen, die Vernon schon für das Ereignis geprägt und mitgenommen hatte ... Außer denen, die in der Bucht versanken. Die waren schwer zu finden.«

Er griff in die Schublade und holte eine ganze Menge unterschiedlicher Münzen hervor, die er in der Hand abwog, bevor er sie mit metallischem Klimpern auf den Tisch fallen ließ. Gold und Silber funkelten, als sie aus seinen ringbesetzten Fingern hervorquollen.

»Die hier habe ich von einem untergegangenen englischen Schiff geholt«, sagte der Schatzjäger. »Die hier, die dort und viele andere: Vier- und Acht-Silberreales-Stücke, Säulentaler, glatt geränderte Gold- und Silbermünzen, Golddublonen, Barren, Schmuck ... Ich bin ein Profi, verstehen Sie? ... Ich kenne jede Handbreit von den neun Kilometer langen Regalreihen im Westindienarchiv, und ich kenne auch die Archive der englischen Admiralität und des Palastes der Inquisition in Cartagena de Indias, die von Simancas, Viso del Marqués und Medina Sidonia ... Ich lasse nicht zu, dass mich ein paar Amateure ... Weiß Gott. Dass sie mein ganzes Lebenswerk kaputtmachen ...«

Er nahm das Acht-Reales-Stück und die Vernon-Medaille und legte sie in die Schublade zurück. Sein Lächeln war so sympathisch wie das eines weißen Hais, dem man gerade einen Witz über Schiffbrüchige erzählt hatte.

»Deshalb gehe ich bis zum Ende weiter«, verkündete er schließlich. »Unerbittlich und rücksichtslos. Ich halte durch bis ... Das schwöre ich Ihnen. Wenn ich damit fertig bin, wird diese Frau ... Sie werden schon sehen. Sie dagegen, Sie müssen verrückt sein.« Er schloss die Schublade ab und steckte den Schlüssel in die Tasche. »Sie haben nicht die geringste Ahnung, welche Folgen das hat.«

Coy kratzte sich am unrasierten Gesicht.

»Haben Sie diesen verdammten Zwerg nach Cádiz geschickt, um uns herzuholen und uns das zu sagen?«

»Nein. Ich habe Sie gerufen, um Ihnen eine letzte Vereinbarung vorzuschlagen. Die letzte Chance. Aber Sie ...«

Er ließ den Satz unvollendet, obwohl er eindeutig war. Er hielt ihn für ungeeignet, diese Verhandlungen zu führen. Auch Coy hielt sich nicht für geeignet, und das wussten beide.

»Ich bin nur gekommen, weil ich sehen wollte, wie die Sache steht«, sagte er. »Sie ist einverstanden, sich mit Ihnen zu treffen.«

Palermo kniff die Augen zusammen. Ein interessiertes Funkeln tauchte hinter seinen lauernden Lidern auf.

»Wann und wo?«

»Sie hat nichts gegen Gibraltar. Aber sie kommt nicht ins Büro. Ihr ist ein neutraler Platz lieber.«

Das angedeutete Lächeln entblößte nun ein paar kerngesunde weiße Zähne. Der Hai schwamm im eigenen Gewässer, dachte Coy. Und er nahm Witterung auf.

»Was versteht sie unter einem neutralen Platz?«

»Den Aussichtspunkt auf dem Felsen, dem Flughafen gegenüber, der wäre in Ordnung.«

Palermo dachte nach.

»Old Willis? ... Warum nicht. Um welche Zeit?«

»Heute um neun.«

Der andere schaute auf die Uhr und überlegte noch einen Moment. Wieder zeigte sich das grausame Lächeln.

»Sagen Sie ihr, ich werde dort sein ... Kommen Sie auch?«

»Das erfahren Sie, wenn Sie dort sind.«

Die nicht gerade wohlwollenden Augen musterten Coy von oben bis unten, und der Schatzjäger lachte unangenehm. Er wirkte überhaupt nicht beeindruckt.

»Du hältst dich für einen harten Jungen, stimmt's? ...« Das plötzliche Duzen machte seinen Ton noch weitaus widerwärtiger. »Weiß Gott. Du bist eine Marionette, wie alle. Genau das bist du. Die Frauen benutzen uns als ... Sie benutzen uns und werfen uns weg, so ist es. So machen sie es. Und du ... Ich weiß, in welcher Lage du bist. Ich habe Mittel und Wege für Nachforschungen ... Nun ja. Du verstehst mich schon. Ich kenne dein Problem. Nach Madrid habe ich mich damit beschäftigt. Dieses Schiff im Indischen Ozean. Zwei Jahre Zwangsurlaub sind eine lange Zeit, nicht wahr? Ich dagegen ... Damit meine ich, dass ich Freunde mit Schiffen habe, die Offiziere brauchen. Ich könnte dir helfen.«

Coy machte ein finsteres Gesicht. Das alles wirkte auf ihn, als stöberte ein Eindringling in seinen Schubladen. Als schaute man zum Fenster hinaus und stellte fest, dass uns da draußen jemand beschattete.

»Ich brauche keine Hilfe.«

»Hm. Ich merke schon.« Palermo beobachtete ihn aufmerksam. »Aber du legst niemanden rein, weißt du? ... Du hältst dich vielleicht für einen originellen Kerl, trotzdem ... Weiß Gott ... Jemanden wie dich habe ich schon hundertmal vorher gesehen. Das musst du kapieren. Du glaubst wohl, du bist der Einzige, der Bücher gelesen hat und ins Kino gegangen ist. Doch das hier sind nicht die Häfen Asiens, und du bist auch nicht ... Du wärest nicht einmal gut genug für einen mittelmäßigen Film. Peter O'Toole hatte viel mehr Klasse. Wenn sie ... Nun ja. Sie überlässt dich danach Wind und Wellen, wie diese Gespensterschiffe ohne Mannschaft, die man ausgeplündert hat ... In diesem Roman gibt es keine zweite Chance. Mal sehen, ob du das kapierst. Bei dieser geheimnisvollen Geschichte vom verschwundenen Schiff verliert der Kapitän endgültig sein Patent. Und das Mädchen ... Verdammich. Diese Hündin spuckt einem ins Gesicht ... Nein, du brauchst mich nicht so anzustarren. Ich habe keine Begabung zum Hellseher. Deine Geschichte ist nur derart primitiv, dass sie zum Lachen reizt.«

Er lachte allerdings nicht. Er zog ein finsteres Gesicht, stand immer noch am Tischrand und stützte sich an beiden Seiten mit den Händen auf. Das braune und das grüne Auge blickten gedankenversunken über Coy hinweg.

»Solche wie sie kenne ich genau«, sagte er. »Durchtriebene Biester.«

Nun schüttelte er den Kopf. So blieb er eine Weile stehen, ohne den Mund aufzumachen. Dann schaute er sich um, als entdeckte er den Ort wieder, an dem er sich befand. Sein eigenes Büro.

»Sie spielen mit Waffen«, setzte er hinzu, »von denen wir nicht einmal wissen, dass es sie gibt. Sie sind ... Weiß Gott. Sie sind viel schlauer als wir. Während wir jahrhundertelang laut geredet und Bier getrunken haben, auf Kreuzzüge oder mit den Kumpeln zum Fußball gegangen sind, blieben sie zurück, sie nähten, kochten und sahen zu ...«

Das Gold an ihm klimperte, als er zu einem kleinen Schrank ging und eine Flasche Cutty Sark und zwei breite, flache und schwere Kristallgläser herausholte. Er kippte Eis in einen Eiskübel, goss eine großzügige Portion Whisky in jedes Glas und kam damit zurück.

»Ich verstehe, was mit dir los ist«, sagte er.

Er behielt ein Glas in der Hand und stellte das andere vor Coy auf den Tisch.

»Sie waren und sind immer noch unsere Geiseln, verstehst du?« Er trank einen Schluck und dann noch einen, wobei er Coy ständig über den Glasrand hinweg beobachtete. »Deshalb sind ihre Moral und unsere ... Ich weiß nicht. Unterschiedlich. Du und ich, wir können aus Ehrgeiz, aus Geilheit, Blödheit oder Unwissenheit grausam sein ... Für sie dagegen ... Nenn es Berechnung, wenn du willst. Oder ein Bedürfnis ... Eine Verteidigungswaffe, mal sehen, ob du mich verstehst. Sie sind schlecht, weil sie alles aufs Spiel setzen, und sie müssen überleben. Darum kämpfen sie auf Leben und Tod, wenn sie sich darauf einlassen. Diese Huren haben kein Hinterland.«

Er hatte sein Haifischlächeln wieder gefunden. Er hielt den Zeigefinger der einen Hand auf das andere Handgelenk gerichtet.

»Stell dir eine Uhr vor ... Eine Uhr, die man anhalten muss. Du und ich, wir würden sie wie jeder Mann zum Halten bringen: indem wir mit dem Hammer auf sie einschlagen. Nicht die Frau. Wenn sie die Chance hat, nimmt sie die Uhr Stück für Stück auseinander. Sie holt alles heraus, damit niemand in der Lage ist, sie noch einmal zusammenzusetzen. Damit sie nie wieder die Zeit angibt ... Weiß Gott. Die habe ich erlebt ... Ja. Mit einer Geste, einem Blick oder einem einfachen Wort nehmen sie das Uhrwerk von erwachsenen Männern für immer auseinander.«

Er trank abermals und verzog dabei den Mund. Ein rachsüchtiges, blutdürstiges Haiweibchen.

»Sie bringen dich um, und du läufst weiter und weißt nicht, dass du tot bist.«

Coy beherrschte den Drang, die Hand zum Glas auszustrecken, das weiter unberührt auf dem Tisch stand. Es ging nicht nur ums Trinken, sondern darum, mit dem Mann zu trinken, der vor ihm stand. Die Mannschaft Sanders war zu weit weg, und das alte Männerritual führte ihn in Versuchung. Das war schließlich logisch, überlegte er. In diesem Moment dachte er wieder einmal sehnsüchtig und verzweifelt an Kneipen voller Kerle, die mit der vom Alkohol gelähmten Zunge unzusammenhängende Worte stammelten, an leere Flaschen, die verkehrt herum in den Eiskübeln standen, an Frauen, die nicht von versunkenen Schiffen träumten oder nicht mehr an sie glaubten. Blondinen, die nicht jung, aber dreist waren, wie im Lied vom Seemann und vom Kapitän, die allein tanzten und denen es nichts ausmachte, wenn man um sie loste. Eine Zuflucht und ein Vergessen für soundso viel pro Stunde. Frauen ohne silbern gerahmte Mädchenfotos, wenn das Festland als ein Zwischenhafen kurzzeitig zu einem bewohnbaren Ort wurde, solange man auf den Augenblick wartete, in dem man am Morgen zwischen Kränen und grauen Schuppen zu irgendeinem Schiff zurücklief, das bald die Anker lichten würde, während Katzen und Ratten an der Mole »Bäumchen wechsle dich« spielten. »Ich bin an Land gegangen«, hatte Torpedo Tucumán einmal in Veracruz gesagt, »und bloß bis zur ersten Kneipe gekommen.«

»Um neun, am Aussichtspunkt«, sagte Coy.

Er empfand eine trostlose, lästige, gegen sich selbst gerichtete Wut. Er biss die Zähne zusammen und spürte, dass sich seine Kiefermuskeln anspannten. Er drehte sich auf dem Absatz um und ging zur Tür.

»Glaubst du, dass ich dich belüge?«, fragte Palermo hinter ihm. »Weiß Gott. Das wirst du bald merken ... Verdammt soll sie sein. Du hättest auf dem Meer bleiben müssen. Das hier ist kein Platz für dich. Du wirst dafür bezahlen, natürlich.« Nun klang seine Stimme gereizt. »Früher oder später bezahlen wir alle, und du kommst auch an die Reihe. Du bezahlst für die Sache im Palace und dafür, dass du nicht auf mich hören wolltest. Du bezahlst, weil du an diese verlogene Hure geglaubt hast. Dann geht es nicht mehr darum, ein Schiff zu finden, sondern um ein Mauseloch, in dem du dich verkriechen kannst ... Wenn sie und ich mit dir fertig sind.«

Coy öffnete die Tür. *Du wirst nur eine Fahrt umsonst machen*, erinnerte er sich. Ruhig und bedrohlich stand dort der Berber und versperrte ihm den Weg. Neugierig äugte die Sekretärin von ihrem Tisch aus, und im Hintergrund saß Kiskoros auf seinem Stuhl und polierte sich die Fingernägel, als ginge ihn das alles nichts an. Nachdem der Berber einen fragenden Blick auf seinen Chef geworfen hatte, trat er zur Seite. Während Coy durch den Vorraum zur Straße lief, hörte er noch die letzten Worte des Schatzjägers:

»Du glaubst mir immer noch nicht, stimmt's? ... Na, dann frag sie nach den Smaragden der *Dei Gloria*. Du Blödmann.«

Man machte die Besteckrechnung, hieß es in den Lehrbüchern der Seefahrt, wenn alle Bordinstrumente zum Teufel gingen, wenn es keinen Sextanten, weder Mond noch Sterne gab und man den Schiffsort mit Hilfe der letzten bekannten Position, des Kompasses, der Geschwindigkeit und der zurückgelegten Meilenzahl bestimmen musste.

Dick Sand, der von Jules Verne ersonnene fünfzehnjährige Kapitän, war gezwungen, auf diese Weise den Schoner *Pilgrim* während seiner abenteuerlichen Fahrt von Auckland nach Valparaíso zu steuern. Aber der Verräter Negoro versteckte ein Eisenstück im Kompasshaus, das die Nadel ablenkte; und so war der junge Dick in wütenden Stürmen an Kap Hoorn vorbeigefahren, ohne es zu sehen, und weil er Tristan da Cunha mit der Osterinsel verwechselte, strandete er schließlich an der Küste Angolas und glaubte, in Bolivien zu sein. Für eine derartige Fehleinschätzung gab es nichts Vergleichbares in den Annalen des Meeres; und Jules Verne, folgerte Coy, der dieses Buch als Student der Seefahrtschule gelesen hatte, besaß nicht die geringsten Kenntnisse von der praktischen Schifffahrt. Jetzt erinnerte sich Coy vage an dieses Buch, und das wirkte wie eine Warnung. Wenn man blindlings fuhr und sich dabei auf das Besteck verließ, bereitete das keine allzu großen Probleme, sofern ein Steuermann in der Lage war, sich, ausgehend von der zurückgelegten Entfernung und der Abtrift, zu orientieren und diese auf die Karte zu übertragen, um den Ort zu bestimmen, an dem man sich vermutlich befand. Ein auf hoher See relatives Problem wurde ernst, wenn man sich dem Land näherte: die Ansteuerung der Küste. Manchmal gingen Schiffe auf dem offenen Meer unter, doch viel häufiger scheiterten Schiffe und Männer nahe dem Land. Man hielt den Bleistift auf einen Punkt der Karte und sagte: »Hier bin ich.« Aber in Wirklichkeit war man ganz woanders, an einer Sandbank, einem Riff, einer Küste in Lee, und plötzlich hörte man, dass der Schiffsrumpf knirschte und unter den Füßen aufriss. Krach. Damit war alles zu Ende.

Selbstverständlich gab es einen Verräter an Bord: Sie hatte ein Eisenstück im Kompasshaus versteckt, und er hatte wieder einmal die Anhaltspunkte, über die er verfügte, schlecht kombiniert. Was vorher weniger wichtig gewesen war und sogar das Spiel aufregender machte, wirkte nun beunruhigend, da die Ansteuerung der nahen Küste zu Unsicherheiten führte. Coys Seemannsinstinkt ließ alle Alarmlichter blinken, während er über die Mole von Marina Bay lief, zwischen den Jachten, die in der Nähe der Rollbahn des Flughafens ankerten. Über die Landenge blies ein leichter Ostwind, und von den Masten und Tauen der Segelschiffe kam ein sirrendes Geräusch herüber, Hintergrundmusik für Tángers ruhige Stimme. Sie sprach über Smaragde, und dabei zeigte sie eine unglaubliche Gelassenheit. Sie war so kaltblütig, als ginge es um ein alltägliches Thema, das sie bei einer beliebigen Gelegenheit zur Sprache gebracht hätten. Schweigend hatte sie sich Coys Vorwürfe angehört, ohne auf seine sarkastischen Bemerkungen einzugehen, die er sich auf seinem langen Spaziergang von Nino Palermos Büro zum Jachthafen, wo sie auf Informationen von ihm wartete, ausgedacht hatte. Er hatte alle seine Argumente vorgetragen und sie angestarrt, wobei er sich kaum beherrschen konnte und vor Wut kochte. Er verlangte nach einer Erklärung, die ihn daran hindern könnte, sein Bündel zu schnüren und auf der Stelle zu verschwinden, und Tánger hatte angefangen, von Smaragden zu reden, als wäre es die natürlichste Sache auf der Welt und als hätte sie in diesen Tagen nur auf Coys Frage gewartet, um ihm alles zu erzählen. Allerdings, wer weiß, dachte er, ob dieses alles nun wirklich alles war.

»Smaragde«, hatte sie nachdenklich begonnen, als erinnerte sie das Wort an etwas. Dann schwieg sie eine Weile und sah aufs Meer hinaus, das sich in der Bucht von

Algeciras wie ein Halbkreis von derselben Farbe wie Smaragde ausbreitete. Schließlich, bevor Coy zum dritten Mal fluchte, begann sie, von diesen kostbarsten und zartesten Edelsteinen zu erzählen. Sie waren die empfindlichsten, die alle erforderlichen Eigenschaften am seltensten vereinten: Farbe, Reinheit, Glanz und Größe. Ihr blieb noch Zeit, ihm zu erklären, dass der Smaragd neben dem Diamanten, dem Saphir und dem Rubin zu den vier begehrtesten Edelsteinen gehörte und dass er wie die anderen ein Mineral in kristallisierter Form sei; während der Diamant eine weiße Farbe, der Saphir eine blaue und der Rubin eine rote habe, sei die Farbe des Smaragds ein derart außergewöhnliches und einzigartiges Grün, dass man sich für seine Bezeichnung seines eigenen Namens bedienen müsse.

Nachdem sie das alles erzählt hatte, blieb Coy stehen und fluchte zum dritten Mal. Er stieß einen groben, unmissverständlichen und kurzen Seemannsfluch aus, der den Namen Gottes missbrauchte.

»Du bist eine verdammte Lügnerin«, setzte er hinzu.

Sie sah ihn starr und aufmerksam an. Sie schien diese fünf Worte nacheinander zu analysieren. Ihre Augen waren wieder hart, nicht wie der zarte Stein, den sie gerade so kaltblütig beschrieben hatte, sondern wie jener dunkle Stein, der scharf wie ein Dolch ist und in den Klippen lauert. Sie sah zur Seite, zum Ende der Mole, wo der Mast der *Carpanta* zwischen den übrigen emporragte. Ihr Großsegel war sorgfältig am Giekbaum festgemacht. Als sich ihre Augen wieder Coy zuwandten, hatten sie sich verändert. Die Brise zerzauste ihr Haar über dem getüpfelten Gesicht.

»Die Brigg hat Smaragde befördert. Man hatte sie in den Minen ausgesucht, die die Jesuiten in den kolumbianischen

Lagerstätten von Muzo und Coscuez kontrollierten ... Sie wurden von Cartagena de Indias nach Havanna geschafft und danach unter strengster Geheimhaltung an Bord dieses Schiffs gebracht.«

Coy blickte auf seine Füße hinunter und dann zum Bretterboden des Schwimmstegs. Er machte ein paar planlose Schritte, bevor er wieder ruhig stehen blieb. Er betrachtete das Meer. Die Buge der in der Bucht ankernden Schiffe drehten sich langsam in der vom Atlantik kommenden Brise. Er schüttelte den Kopf, als verneinte er etwas. Er war so verblüfft, dass er sich immer noch weigerte, seine eigene Begriffsstutzigkeit anzuerkennen.

»Der Smaragd«, redete sie weiter, »hat zwei Nachteile: seine Empfindlichkeit, die ihn beim Schleifen leicht zersplittern lässt, und die Einschlüsse: trübe Stellen, nicht kristallisierte Kohlenstoffpunkte, die manchmal in seinem Inneren auftauchen und den Stein verunstalten ... Das bedeutet zum Beispiel, dass ein Stück von einem Karat mehr wert sein kann als ein zweikarätiges mit schlechteren Eigenschaften.«

Nun sprach sie behutsam, beinahe sanft. Wie jemand, der einem unbeholfenen Jungen etwas Kompliziertes erklärt. Ein Militärflugzeug startete von der nahen Rollbahn des Flughafens und erfüllte die Luft mit betäubendem Motorenlärm. Die Geräusche überlagerten kurzzeitig Tángers Worte.

»... Für den Facettenschliff, den danach gut ausgebildete Edelsteinschleifer vornehmen. Deshalb ist ein zwanzigkarätiger Smaragd ohne Einschlüsse einer der wertvollsten und meistgesuchten Edelsteine, die es gibt.« Sie machte eine Pause und fügte hinzu: »Er kann eine Viertelmillion Dollar kosten.«

Coy sah immer noch aufs Meer hinaus, über dem das Flugzeug allmählich hochstieg. Auf der anderen Seite der bogenförmigen Bucht rauchten die Schornsteine der Raffinerie von Algeciras.

»Die *Dei Gloria*«, sagte Tánger, »beförderte zweihundert makellose Smaragde, von denen jeder zwanzig bis dreißig Karat hatte.«

Sie legte wieder eine Pause ein, machte ein paar Schritte und stellte sich vor ihn. Nun sah sie ihn aus größter Nähe an.

»Ungeschliffene Smaragde«, betonte sie. »Walnussgroß.«

Coy hätte schwören können, dass ihre Stimme diesmal leicht bebte. »Walnussgroß.« Das war nur ein flüchtiger Eindruck, denn als er genau hinhörte, stellte er fest, dass sie so selbstbeherrscht wie immer war. Sie ging überhaupt nicht auf seine Vorwürfe ein und hielt es nicht für nötig, ein einziges Wort zu ihrer Entlastung vorzubringen. Es war ihr Spiel, sie bestimmte die Regeln. Das galt von jeher, von Anfang an, und sie wusste, dass Coy es wusste. Ich werde dich belügen und betrügen. Auf dieser Insel mit den Rittern und Knappen hatte niemand versprochen, ehrlich zu spielen.

»Diese Ladung«, erklärte sie, »war so viel wert wie das Lösegeld eines Königs ... Oder, um es genauer zu sagen, wie das Lösegeld der spanischen Jesuiten. Pater Escobar wollte den Grafen von Aranda kaufen. Vielleicht auch das Kabinett der Geheimuntersuchung ... Vielleicht sogar den König.«

Beinahe widerwillig spürte Coy, dass Neugier seine Wut verdrängte. Er platzte mit einer Frage heraus, noch bevor er richtig daran gedacht hatte, sie auszusprechen.

»Die liegen da unten auf dem Meeresboden?«
»Vielleicht.«
»Woher weißt du das?«
»Ich weiß es nicht. Wir müssen zur Brigg hinunter, um das herauszufinden.«

Wir müssen. Dieser Plural wirkte wie Balsam auf einer Wunde, Coy spürte es ganz deutlich.

»Ich wollte es dir erzählen, wenn wir dort sind ... Verstehst du das nicht?«
»Nein. Das verstehe ich nicht.«
»Hör zu. Du kennst die Gefahren. Mit all diesen Kerlen im Nacken wusste ich nicht, was mit dir passieren würde ... Das weiß ich nicht einmal jetzt. Das darfst du mir nicht vorwerfen.«
»Nino Palermo weiß es. Anscheinend wissen das alle.«
»Du übertreibst.«
»Ich übertreibe nicht das kleinste bisschen. Ich erfahre es als letzter, wie ein Ehemann.«
»Palermo glaubt, dass es Smaragde gibt, aber er weiß nicht, wie viele. Er weiß auch nicht, welche Qualität sie haben und warum sie auf der Brigg waren. Er hat bloß etwas gewittert.«
»Ich habe den Eindruck, dass er sehr gut Bescheid weiß.«
»Pass auf. Dieses Schiff ist mir jahrelang im Kopf herumgegangen, noch bevor ich bestätigen konnte, dass es die *Dei Gloria* gibt. Palermo oder irgendein anderer weiß nicht, was ich darüber weiß ... Soll ich dir meine Geschichte erzählen?«

Ich möchte nicht, dass du mir wieder einen Haufen Lügen erzählst, wäre Coy beinahe herausgeplatzt. Aber er schwieg, weil er wirklich zuhören wollte. Er brauchte weitere Einzelheiten, neue Noten, damit die sonderbare Melodie genauer hervortrat, die sie in der Stille komponierte. Deshalb blieb er unbeweglich auf der Mole stehen, während hinter ihm die Brise von Osten her blies und weiter das Haar der Frau zerzauste, und er machte sich bereit, Tánger Sotos Geschichte anzuhören.

Es gab einen Brief, sagte sie. Einen einfachen Brief, ein vergilbtes, auf beiden Seiten beschriebenes Blatt. Ein Jesuit hatte ihn an einen anderen geschickt. Danach vergaßen ihn alle, und er blieb mitten unter einem Haufen Papiere liegen, die man bei der Auflösung der Gesellschaft Jesu beschlagnahmt hatte. Der Brief war chiffriert, und dabei lag der entschlüsselte Text, den ein anonymer Autor geschrieben hatte, vielleicht ein Beamter, der den Auftrag hatte, in den Dokumenten, die man der Gesellschaft abgenommen hatte, Nachforschungen anzustellen. Zusammen mit vielen anderen Briefen über verschiedene Themen und mit ähnlichen entschlüsselten Texten hatte dieser Brief zweihundert Jahre tief unten in einem Archiv geruht und war im Katalog als *Klerus/Jesuiten/Varia Nr. 356* erfasst. Das entdeckte sie zufällig, als sie im Nationalen Geschichtsarchiv forschte, weil sie eine Hochschularbeit über den Baskenaufstand in Guipúzcoa von 1766 vorbereitete. Den Brief hatte Pater Nicolás Escobar unterzeichnet, ein Name, der ihr damals nichts sagte, und der Adressat war Pater Isidro López, ebenfalls ein Jesuit:

Ehrwürdiger Vater!
Unserer Hilfsmittel beraubt, bei dem König und dem Heiligen Vater verleumdet und jenen Fanatikern verhasst, die Euer Hochwürden nur zu gut kennt, sind wir der sorgfältig geplanten Katastrophe ganz nahe, welche man unter

größter Geheimhaltung für uns vorbereitet. Selbst die unserer Gesellschaft feindlichen Geistlichen scheuen sich nicht, als Ausrufer und Marktschreier der falschen, straflos verbreiteten Anschuldigungen aufzutreten. Folglich sind wir nun allein auf unsere eigenen Kräfte angewiesen, wozu uns jene zwingen, welche alles für erlaubt halten, um ihre Ziele zu erreichen, und sie überwältigen nicht nur den Willen Unseres Herrschers, der uns schlechter Ratschläge wegen misstraut, sondern auch den unserer einstigen Freunde.

Alles, Ehrwürdiger Vater, lässt einen Schlag gegen unseren Orden voraussehen, wie er dem unheilvollen Verbrechen entspricht, das in Frankreich und im Portugal des gottlosen Pombal begangen ward. Auf sicherem und ganz unmittelbarem Wege hat uns der Abate G. bestätigt, welche Namen die Euer Hochwürden bekannte Liste jener Personen enthält, die das Ränkespiel aushecken, und wie ihre Umtriebe ins Werk gesetzt werden. Doch bei diesem weit reichenden, als Geheimuntersuchung getarnten Unternehmen bleibt ein kleiner Hoffnungsschimmer. Ich schreibe Euch diese Epistel, die Euch auf dem unfehlbaren, uns wohl vertrauten Wege erreichen wird, um Euch zum Widerstand zu ermutigen, indessen wir das Vorhaben zustande bringen, welches vielleicht den Willen der Mächtigsten bewegt, uns Gerechtigkeit widerfahren zu lassen.

Nachdem ich mit unseren Oberen beratschlagt haben werde, will ich, um den Euer Hochwürden bereits bekannten Vorsatz auszuführen, auf die Reise gehen und hoffe, dass Ad Maiorem Dei Gloriam (mit diesem Namen und unter diesem Schutz gedenke ich, an Bord zu gehen) der Wind aus günstigen Richtungen bläst. Zweihundert Argumente in Gestalt von grünen, ungeschliffenen Feuerflammen, makellos und walnussgroß (Regenbogen des Teufels nennt sie der gute Abate) erwarten uns in Cartagena de Indias unter der Obhut von Pater José Luis Tolosa, der ein vertrauenswürdiger und höchst zuverlässiger junger Mann ist. Mit Gottes Hilfe werde ich am Ende des Monats in Havanna sein; gleichermaßen hoffe ich, gar bald in unseren Hafen zurückzukehren, unter solcher Geheimhaltung und so geradewegs, wie es uns die Privilegien der Gesellschaft erlauben, indem ich gefährliche Zwischenhäfen vermeide. Unser teurer Don P.P. hat dem Abate versprochen zu warten, und trotz alledem, ungeachtet seiner neuen Haltung und seines Ehrgeizes, dürfen wir ihn immer noch als eine wohlmeinende Person ansehen, denn der Gewinn ist groß, welchen er aus diesem Handel zieht.

Zusätzlich teile ich Euer Hochwürden eine frohe Botschaft mit: Gestern habe ich von unserem lieben Abate erfahren, dass einige Freunde, die dem Kreis der tief betrauerten Königinmutter nahe stehen, uns so wohlgesonnen bleiben, wie dies auch der ehrenwerte V. und ebenso H. sind, wiewohl wir dem Letzteren seines ränkesüchtigen Wesens wegen niemals ganz trauen dürfen. Was nun den Abate betrifft, so erfreut er sich weiter der Gunst der königlichen Familie, und er hält die Fäden in der Hand, um die Sache zu unserem Vorteil zu wenden. Er lässt uns wissen, dass Don P.P. weiter höchst empfänglich für unser Anliegen ist. Bis zu meiner Rückkunft bleibt also nur übrig: Tacere et Fidere. Möge Gottes Vorsehung alles ordnen.

Empfangt, Euer Hochwürden, den ehrerbietigsten Gruß Eures Bruders in Christo
Nicolás Escobar Marchamalo, S.J.
Im Hafen Valencia,
am ersten November, A.D. 1766

Im Lauf der Zeit hatte Tánger alle im Brief angeführten Personen identifiziert. Die der Gesellschaft Jesu wohlgesonnene Königinmutter Elisabeth Farnese war ein halbes Jahr zuvor verstorben. Der Empfänger des Schreibens war Pater Isidro López: der einflussreichste spanische Jesuit, der am Hofe Karls III. eine angesehene Stellung innehatte und der achtzehn Jahre nach der Aufhebung der Gesellschaft Jesu in Bologna starb, ohne dass er je aus der Verbannung zurückkehren durfte. Was die Initialen betraf, so bereiteten sie keine Schwierigkeiten, wenn man an die Erforschung historischer Texte gewöhnt war: *P.P.* war Pedro Pablo Abarca, der Graf von Aranda. Hinter dem Anfangsbuchstaben *H.* verbarg sich ein kaum verhüllter Hinweis auf Lorenzo Hermoso: So hieß ein aus Caracas stammender und ins Mutterland heimgekehrter reicher Spanier, ein Intrigant und Verschwörer, der in den Esquilache-Aufstand verwickelt war. Nach dem Sturz der Jesuiten wurde er verhaftet und später verbannt, und der Kronfiskal hatte für ihn zuvor die Folter *tanquam in cadavere* verlangt. Die als *V.* bezeichnete Person war Luis Velázquez de Velasco, der Marqués de Valdeflores, ein Literat und enger Vertrauter der Gesellschaft, der für diese Freundschaft mit einer zehnjährigen Kerkerhaft in den Zuchthäusern von Alicante und Alhucemas büßen musste. Der Anfangsbuchstabe *G.* bezog sich auf den Abate Gándara, der am Hofe Karls III. als der wichtigste Beistand der Jesuiten beim König bekannt war, den er auf dessen Jagdpartien als Schütze begleitete. Eigentlich hieß er Miguel de la Gándara, und das unglückliche Schicksal dieser Person hätte zu solchen Werken wie *Der Graf von Monte Cristo* oder *Der Mann in der Eisernen Maske* inspirieren können: Er wurde kurz vor der Vernichtung des Ordens verhaftet, verbrachte seine letzten achtzehn Lebensjahre im Gefängnis und starb im Kerker von Pamplona, ohne dass man eindeutig wusste, aus welchen Gründen er verurteilt worden war.

Die Persönlichkeit des Abate Gándara hatte Tánger so sehr fasziniert, dass sie über ihn ihre Staatsexamensarbeit in Geschichte schrieb. Deshalb prüfte sie alle Dokumente über seine Prozesse und seine Haft, die in der Abteilung Gnaden- und Rechtssachen des Nationalarchivs von Simancas aufbewahrt wurden. Sie fand sogar den Namen des Jesuitenschiffes heraus, das in dem Brief nur andeutungsweise erwähnt wurde: *Dei Gloria*. Auf diese Weise konnte sie feststellen, dass der Abschiedsbrief, den Pater Nicolás Escobar an Pater López geschrieben hatte und in dem er Gándara erwähnte, einen Tag vor dessen Verhaftung am 2. November 1766 verfasst worden war: Genau an diesem Tag reiste Escobar an Bord jener Brigg nach Amerika ab, mit der er auf der Rückfahrt im Meer versinken sollte. Tángers Abschlussarbeit hieß *Der Abate Gándara, ein Verschwörer und Opfer*, und für ihr Staatsexamen brachte sie ihr eine ausgezeichnete Note ein. Ihre Arbeit enthielt zahlreiche Angaben über die lange Haft, die Verhöre und die Gerichtsverfahren des Abate, der in Batres und dann bis zu seinem Tod in Pamplona eingesperrt wurde, ohne dass jemand aufklären konnte, warum Aranda und die übrigen Minister Karls III. ihn mit solchem Hass verfolgten – es sei denn, der Grund wäre seine Freundschaft mit der Gesellschaft Jesu gewesen, deren Mitglieder, darunter auch der Adressat des berühmten Briefes, fünf Monate nach der Verhaftung des Abate festgenommen und nach Italien verbannt wurden, als man den Orden auflöste. Was nun Pater Escobars Fahrt nach Havanna und die zweihundert grünen Feuerflammen betraf, auf die er mit verschleierten Worten anspielte, so konnte man von Gándara niemals eine Antwort erhalten, obwohl man dieses Thema in einigen Verhören angeschnitten hatte. Das Geheimnis der *Dei Gloria* starb mit ihm.

Danach ging das Leben weiter, und Tánger beschäftigte sich mit anderen Dingen. Die Bewerbung im Marinemuseum und die berufliche Arbeit beanspruchten ihre ganze Aufmerksamkeit, und neue Probleme tauchten in ihrem Leben auf. Bis Nino Palermo eines Tages erschien. Der Schatzjäger hatte in Büchern und Katalogen herumgeschnüffelt und einen Hinweis auf eine gerichtliche Untersuchung des Seedepartements von Cartagena entdeckt, die auf den 8. Februar 1767 datiert war und den Untergang der *Dei Gloria* im Gefecht mit einem Korsarenschiff behandelte. Die Angabe bezog sich auf Dokumente, die man dem Madrider Marinemuseum übermittelt hatte. Darum wandte sich Palermo dorthin, um weitere Informationen zu erhalten, und der Zufall brachte ihn mit Tánger zusammen. Sie war die Verantwortliche, die sich die Bitten des Mannes aus Gibraltar anhörte. Er hatte das Thema auf die in seinem Gewerbe übliche Art angesprochen, indem er als Tarnung falsche Fährten legte und der Sache scheinbar keinerlei Bedeutung beimaß. Doch auf einmal, mitten in der Unterhaltung, hörte sie den Namen *Dei Gloria*. »Eine Brigg«, sagte Palermo, »die auf dem Weg von Havanna nach Cádiz untergegangen ist.« Das frischte Tángers Erinnerungen auf und stellte konkrete Zusammenhänge zwischen einzelnen, bisher isolierten Tatsachen her. Sie hatte ihre Erregung verborgen und sich so gut verstellt, wie sie konnte. Nachdem sie sich den Wrackjäger mit vagen Versprechungen vom Halse geschafft hatte, stellte sie fest, dass man das betreffende Dokument vor längerer Zeit ins Allgemeine Marinearchiv von Viso del Marqués geschickt hatte. Schon am nächsten Tag war sie dort, und in der Abteilung Kapergut und Prisen entdeckte sie den Namen des Schiffes: *Bericht über den Untergang der Brigg* Dei Gloria *am 4. Februar 1767 bei einem Gefecht mit einer Korsarenschebecke, bei der es sich vermutlich um die* Serguí *handelte* ... Dort war alles verzeichnet, was man offiziell über den Schiffbruch wusste, einschließlich der Aussage des einzigen Überlebenden. Daraus ergab sich die Lösung des Rätsels, der Ausgang des Abenteuers, von dessen Beginn sie Jahre zuvor in dem Brief des Jesuiten andeutungsweise erfahren hatte. Aus diesem Grund kam die Brigg also nie in einem Hafen an, und darum verhörte man den Abate Gándara bis zu seinem Tod im Gefängnis. Nun klärte sich das Schicksal der zweihundert grünen Feuerflammen auf, die wohl die Mitglieder des Kabinetts der Geheimuntersuchung und vielleicht sogar den König überzeugt hätten, die Jünger des Ignatius nicht zugrunde zu richten.

Sie war verblüfft, fasziniert und wütend zugleich. Schon lange zuvor hatte ihr alles vorgelegen, und sie hatte es nicht erkennen können. Sie war nicht vorbereitet. Doch unerwartet, wie bei einem komplizierten Puzzle, dessen Kernstück man entdeckt, nahm nun alles seinen Platz im Gesamtzusammenhang ein. Tánger beschäftigte sich wieder mit ihren Heften und ihren alten Notizen für das Staatsexamen und kombinierte sie mit ihren neuen Einsichten. Nun war klar, was hinter der Tragödie des Abate Gándara steckte – während das nicht einmal der römische Nuntius in seinen damaligen Briefen an den Papst erklären konnte. Der Abate wusste, welche Ladung die *Dei Gloria* beförderte. Da er dem König nahe stand und sich bei Hofe aufhielt, machte ihn das zum geeigneten Vermittler bei der ungeheuren, von den Jesuiten geplanten Bestechungsoperation: Er erhielt den Auftrag, mit dem Grafen von Aranda zu verhandeln. Doch jemand wollte das Manöver verhindern oder sich die Beute direkt aneignen, und Gándara wurde festgenommen und verhört. Dann tauchte das Kaperschiff *Chergui* zufällig oder absichtlich auf, und alles endete schlecht für alle. Die Jesuiten wurden vertrieben, das Schiff versank unter ungeklärten Umständen, und nun war Gándara der entscheidende Faktor, um diese Angelegenheit aufzuklären. Deshalb hielten sie ihn achtzehn Jahre lang in ihrer Gewalt und verhörten ihn pausenlos. Vereinzelte Hinweise in den verschiedenen Prozessakten bekamen damit einen Sinn: Bis zu seinem Ende wollten sie ihn zwingen zu verraten, was er über die Brigg wusste. Aber der Abate schwieg und nahm das Geheimnis mit ins Grab. Nur bei einer Gelegenheit lüftete er einen Zipfel des Schleiers: 1778, elf Jahre nach den Ereignissen, schrieb er an den im italienischen Exil lebenden Jesuitenmissionar Sebastián de Mendiburu einen Brief, der abgefangen wurde: »*Man fragt nach großen und vollkommenen Regenbogen des Teufels, die makellos sind wie mein Gewissen. Aber ich schweige, und obwohl ich gepeinigt werde, ist es das, was sie in ihrem ehrgeizigen Streben peinigt.*«

Mit all diesem Material konnte Tánger die Geschichte der Smaragde und die Fahrt der *Dei Gloria* beinahe Schritt für Schritt nachvollziehen. Pater Escobar segelte am 2. November von Valencia ab und erfuhr paradoxerweise nicht, dass der Abate Gándara an demselben Tag in Madrid festgenommen wurde. Die Brigg, die unter dem Kommando von Kapitän Elezcano stand – er war der Bruder eines

Superiors der Gesellschaft Jesu –, überquerte den Atlantik und kam am 16. Dezember in Havanna an. Dort traf Escobar den Jesuitenpater Tolosa, den »*vertrauenswürdigen und höchst zuverlässigen jungen Mann*«, den man mit dem Auftrag vorausgeschickt hatte, insgeheim zweihundert Smaragde aus den von der Gesellschaft in Kolumbien kontrollierten Minen zusammenzutragen. Es handelte sich um ungeschliffene Steine, die größten, reinsten und mit der besten Farbe. Tolosa hatte seinen Auftrag erfüllt und war in Cartagena de Indias an Bord eines anderen Schiffes gegangen. Seine Reise dauerte länger als vorausgesehen, weil widrige Winde die Fahrt zwischen Grand Cayman und der Isla de Pinos behinderten, und als er endlich das Cabo de San Antonio umsegeln und an den Kanonen der Festung Castillo del Morro vorbeifahren konnte, lag die *Dei Gloria* schon in der Bucht von Havanna und wartete an einem unauffälligen Ankerplatz zwischen der Bai von Barrero und Cayo Cruz. Die Fracht wurde wahrscheinlich in der Nacht umgeladen, oder man versteckte sie unter den im Schiffsmanifest erklärten Waren. Die Patres Escobar und Tolosa waren als Passagiere verzeichnet. Die Mannschaft bestand aus neunundzwanzig Leuten, und zu ihr gehörten Kapitän Don Juan Bautista Elezcano, der Steuermann Don Carmelo Valcells, der fünfzehnjährige Steuermannsjunge Don Miguel Palau, Student der Seefahrtschule und Neffe des Valencianer Reeders Fornet Palau, sowie sechsundzwanzig Matrosen. Am 1. Januar lichtete die *Dei Gloria* in Havanna die Anker, segelte an der Küste Floridas entlang bis zum 30. Breitengrad, wendete sich fünf Grad weiter nach Norden und fuhr südlich der Bermudas und der Azoren ostwärts. Auf dieser Strecke geriet sie in einen Sturm, der das Mastenwerk beschädigte und die Mannschaft dazu zwang, das Wasser aus dem Schiff zu pumpen. Die Brigg blieb weiter auf Ostkurs und wich dem Hafen von Cádiz aus, denn noch galten die Privilegien der Gesellschaft Jesu, so dass sie von der Pflicht befreit war, diesen Hafen anzulaufen. Zwischen dem 1. und 2. Februar fuhr sie an Gibraltar vorüber. Am nächsten Tag, als sie schon das Cabo de Gata hinter sich gebracht hatte und auf Nordostkurs ging, um Cabo de Palos und Valencia anzusteuern, nahm die *Chergui* die Verfolgungsjagd auf.

Das Eingreifen der Korsarenschebecke war ein Rätsel, das sich wohl niemals aufklären ließ. Dass sie in einer versteckten Bucht der andalusischen Küste auf der Lauer gelegen hatte oder vielleicht direkt von Gibraltar ausgelaufen war, konnte Zufall sein. Aus Dokumenten ging hervor, dass die *Chergui* den jeweiligen Umständen entsprechend mit englischen oder algerischen Kaperbriefen segelte und dass Gibraltar einer ihrer üblichen Stützpunkte war, obwohl damals zwischen Spanien und England noch ein unsicherer Frieden herrschte. Vielleicht suchte sie sich die *Dei Gloria* zufällig als Beute aus. Aber sie zeigte sich derart hartnäckig bei der Verfolgung und war genau zum richtigen Moment am richtigen Ort, was allzu gut zusammenpasste, um ein Zufall zu sein. Es ließ sich unschwer annehmen, dass der Korsar einen Platz im komplizierten Interessengeflecht und im Intrigenspiel der damaligen Zeit hatte. Graf von Aranda selbst oder alle anderen Mitglieder des Kabinetts der Geheimuntersuchung, die die Festnahme des Abate Gándara anordneten – der eine oder andere von ihnen war sogar ein politischer Gegner Arandas –, wussten möglicherweise etwas über diese Angelegenheit und wollten sich, um zwei Fliegen mit einer Klappe zu schlagen, den Schatz der Jesuiten aneignen, noch bevor er ihnen angeboten wurde.

Die Verfolger hatten jedenfalls nicht mit dem Starrsinn Kapitän Elezcanos gerechnet; zu dieser Haltung trug wohl auch die Anwesenheit der zwei energischen Jesuiten an Bord bei. Es kam zu einem Gefecht. Beide Schiffe versanken, und die Smaragde landeten auf dem Meeresgrund. Der überlebende Steuermannsjunge lieferte zufrieden stellende Auskünfte, und die mit der ersten Untersuchung beauftragten Marinebehörden hatten keinen Grund, übertrieben gewissenhaft zu ermitteln: Ein von einem Korsaren versenktes Schiff war damals etwas Alltägliches. Als dann die Anordnung aus Madrid eintraf, sorgfältiger zu untersuchen, war der Zeuge untergetaucht: ein mysteriöses und rechtzeitiges Verschwinden, das die Jesuiten arrangiert hatten – damals konnten sie in den Ortsbehörden noch mit Helfershelfern rechnen. Ganz sicher prüfte die Gesellschaft Jesu, ob sich die Brigg heimlich bergen ließ, aber es war schon zu spät: Es folgten die Geheimoperation gegen sie und schließlich Festnahme und Exil. Alles ging in der Apathie unter, die auf den Sturz des Ordens und seine spätere Auflösung folgte. Das Schweigen des Abate Gándara, die Verbannung und der Tod der Männer, die in das Geheimnis eingeweiht waren, machten das Mysterium noch undurchdringlicher. Belegt waren zwei offizielle Pläne der Marinebehörden, das Wrack zu suchen, als der Graf von Aranda noch an der Macht war; aber beide Unternehmen blieben ergebnislos. Neue Ereignisse erschütterten Spanien und Europa, und schließlich geriet die *Dei Gloria* in Vergessenheit. Abgesehen von einem kurzen Hinweis in dem Buch *Die schwarze Flotte*, das der Bibliothekar von San Fernando im Jahre 1803 geschrieben hatte, ist nur ein letzter und sonderbarer Vorschlag belegt, den man zwei Jahre später Manuel Godoy, dem ersten Minister König Karls IV., unterbreitete, »*ein bestimmtes Schiff zu suchen, das mit Smaragden aus Kuba untergegangen sein soll*«, wie Godoy selbst in seinen *Memoiren* schrieb. Doch dieser Idee war kein Erfolg beschieden, und in den handgeschriebenen Randbemerkungen zu diesem Vorschlag – Tánger hatte das Original im Nationalen Geschichtsarchiv eingesehen – äußerte Godoy seine Skepsis »*über die Haltlosigkeit dieses Plans, zumal es auf Kuba niemals Smaragde gegeben hat, wie allgemein bekannt ist*«. Danach versank die *Dei Gloria* für beinahe zwei Jahrhunderte in der Vergessenheit, und niemand sprach mehr von ihr.

Tánger und Coy waren an einem Ende der Mole stehen geblieben, vor dem Bug eines kleinen Schoners. Sie betrachtete die Bucht, an deren einem Ende sich die Gebäude von Algeciras deutlich abzeichneten. Das Wasser war ruhig und blaugrün, und es wurde vom leichten Westwind kaum gekräuselt. Nun hatte sich der Himmel mit mehr Wolken bedeckt, die langsam in Richtung Mittelmeer zogen. Dem Hafen gegenüber, unter dem riesigen Felsblock, traten die ankernden Schiffe als Punkte hervor. Vielleicht war die *Chergui* gerade von dort zu ihrer letzten Fahrt ausgelaufen, nachdem sie im Schutz der englischen Batterien von Gibraltar gewartet hatte. Ein Ausguckposten mit einem Fernglas oben im Mastkorb, ein am Horizont gesichtetes Segel, das sich in weströstlicher Richtung bewegte, und der Anker wurde schnell und in aller Stille gelichtet. Die Jagd begann.

»Nino Palermo weiß, dass es Smaragde gibt«, schloss Tánger. »Er hat keine Ahnung, wie viele es sind und welche Qualität sie haben, aber er weiß es. Er hat ein paar von den Dokumenten gesehen, die ich geprüft habe. Er ist intelligent, er kennt sich in seinem Gewerbe aus und kann eins und eins zusammenzählen ... Aber er hat nicht alles erfahren, was ich weiß.«

»Jedenfalls weiß er, dass du ihn betrogen hast.«

»Mach dich nicht lächerlich. Solche Kerle wie ihn betrügt man nicht. Du schlägst sie mit ihren eigenen Waffen.«

Sie drehte sich zum anderen Ende der Mole um, wo die *Carpanta* festgemacht hatte. Coy konnte zwischen den Masten und dem Takelwerk der daneben liegenden Schiffe den Kopf des Steuermanns sehen, der an Deck hin und her lief. Verschlafen und unrasiert war er am Morgen angekommen. Seine Haut war sonnenverbrannt und schrundig, er hatte raue Hände, was man spürte, wenn man sie drückte, und seine Augen schienen stets die Farbe des winterlichen Meeres zu haben. Eine dreitägige Fahrt von Cartagena aus. Die Dampfer, erzählte er – der Steuermann nannte die Handelsschiffe immer »Dampfer« – hätten verhindert, dass er auf der ganzen Strecke die Augen zumachte. Allmählich wurde er zu alt, um allein auszufahren. Viel zu alt.

»Ich habe es herausgefunden, verstehst du?«, meldete sich Tánger wieder. »Palermo hat nur zufällig dafür gesorgt, dass es in meinem Kopf klick machte und alles seinen richtigen Platz einnahm. Dass die Dinge in Ordnung kamen, die ich schon kannte und die nur darauf warteten ... Diese Fakten, von denen du aus irgendeinem Grund ahnst, dass sie eines Tages etwas zu bedeuten haben, und die du bis dahin in einem Winkel deines Gedächtnisses ablegst.«

Jetzt war sie aufrichtig, und das merkte Coy. Jetzt hatte sie ihre wahre Geschichte erzählt, und darüber redete sie noch weiter. Wenigstens bei den konkreten Tatsachen blieb nichts mehr verborgen. Er hatte schon die Schlüssel des Geheimnisses, kannte die Darstellung der Ereignisse, das, was am Grund des Meeres und des Mysteriums ruhte. Trotzdem fühlte er sich überhaupt nicht beruhigt oder erleichtert. *Ich werde dich belügen und betrügen.* Ein unbekannter, nicht zu identifizierender Ton vibrierte irgendwo wie die beinahe unmerklich veränderte Drehzahl eines Dieselmotors oder ein einsetzendes Musikinstrument, wobei sich nicht sofort feststellen ließ, ob das zur richtigen Zeit erfolgte, wohl überlegt oder improvisiert war und geheimnisvoll blieb, bis das Finale kam und man es angemessen beurteilen konnte. Das erinnerte ihn an ein Musikstück vom Thelonious Monk Quartet, einen klassischen Blues, der genau so hieß: *Misterioso*.

»Intuition, Coy«, sagte sie. »Das ist das richtige Wort ... Träume, von denen du sicher weißt, dass sie eines Tages feste Gestalt annehmen.« Sie schaute weiter aufs Meer hinaus, als vergegenwärtigte sie sich diesen Traum. Ihr Rock flatterte in der Brise. Die Sandalen an ihren Füßen, das Haar über ihrem Gesicht ... »Ich habe daran gearbeitet, noch bevor ich wusste, zu welchen Ergebnissen ich gelangen würde. Ich habe mich nie beirren lassen, das kannst du dir gar nicht vorstellen. Bis spät in die Nacht habe ich gesucht und gesucht. Und plötzlich, eines Tages, klick. Dann hat alles einen Sinn bekommen.«

Sie drehte sich um, und ihren Mund umspielte ein Lächeln. Ein nachdenkliches, beinahe erwartungsvolles Lächeln, als sie ihn ansah und die Augen wegen des hellen Lichts ein bisschen zusammenkniff. Das Lächeln trat aus der getüpfelten Haut rund um den Mund und an den Wangenknochen hervor, und von ihrer Haut ging eine solche Wärme aus, dass man wahrnehmen konnte, wie sie sich über Hals, Schultern, Arme und unter der Kleidung verbreitete.

»Wie es einem Maler ergeht«, setzte sie hinzu, »auf dessen Schultern eine ganze Welt lastet, und ein Mensch, ein Satz oder ein flüchtiger Eindruck entwerfen auf einmal ein ganzes Gemälde in seinem Kopf.«

Sie lächelte mit dem Gesichtsausdruck einer schönen und wissenden Frau, die gleichmütig ist, weil sie sich selbst kennt. Hinter diesem Lächeln verbargen sich Fleisch und Blut, dachte er beunruhigt. Da gab es einen Bogen, der sich mit anderen vollkommenen Linien verband, ein Wunderwerk komplizierter genetischer Kombinationen. Die Taille. Schenkel, die das einzige wahre Mysterium verbargen.

»Das war meine Geschichte«, schloss Tánger. »Das Schicksal hat sie für mich bestimmt, und mein ganzes Leben, mein Studium, meine Arbeit im Marinemuseum haben mich auf sie vorbereitet, bevor ich es selber wusste ... Darum ist Palermo nichts weiter als ein Eindringling. Für ihn geht es nur um ein Schiff, um einen von allen möglichen Schätzen.« Sie wandte die Augen von Coy ab und betrachtete wieder das Meer. »Für mich ist es der Traum meines ganzen Lebens.«

Unbeholfen kratzte er sich am unrasierten Kinn. Dann kratzte er sich im Nacken, und schließlich fasste er sich an die Nase. Er suchte nach Worten. Nach etwas Gewöhnlichem, Alltäglichem, das die Wirkung jenes Lächelns von seinem eigenen Fleisch fern hielt.

»Selbst wenn du den Schatz entdeckst«, sagte er, »darfst du ihn nicht behalten. Es gibt Gesetze. Niemand darf so ohne weiteres ein Wrack bergen.«

Tánger blickte weiter aufmerksam auf die Bucht hinaus. Die Wolken wanderten immer noch nach Osten und tauchten das Meer allmählich in ein dichteres Grau. Ein heller Sonnenfleck glitt über ihnen dahin und entfernte sich dann über dem Wasser an den Molen, wobei er Smaragdtöne annahm.

»Die *Dei Gloria* gehört mir«, sagte sie. »Niemand wird sie mir wegnehmen. Sie ist mein Malteser Falke.«

IX. Frauen auf dem Vorschiff

> Nichts liebe ich so sehr, wie ich dieses Spiel hasse.
>
> JOHN MCPHEE
> *Ein Schiff wird gesucht*

»Es ist so weit«, sagte Tánger.

Er öffnete die Augen und sah, dass sie neben ihm wartete. Sie saß auf einer Teakholzbank im Cockpit der *Carpanta* und betrachtete ihn so aufmerksam, als hätte sie ihn schon eine ganze Weile beobachtet, bevor sie seine Schulter berührte. Coy hatte sich auf der anderen Bank ausgestreckt. Er war mit seiner Jacke zugedeckt. Sein Kopf lag in Bugrichtung, und die Füße befanden sich neben Steuerrad und Kompasshaus. Es war windstill, man hörte nur, wie der schwache Seegang leise um die Rümpfe der an der Mole von Marina Bay ankernden Schiffe plätscherte. Am Himmel, jenseits des Mastes, der ganz sanft schwankte, waren die höchsten Kumuluswolken rosenfarben getönt.

»In Ordnung«, antwortete er heiser.

Er hatte sich die Gewohnheit bewahrt, auf der Stelle hellwach zu sein. Das hatte er bei vielen Wachablösungen gelernt. Er richtete sich auf, legte die Jacke beiseite und bewegte sich etwas, um den schmerzenden, verkrampften Hals zu lockern. Er ging nach unten, warf sich Wasser in Gesicht und Haare und stieg wieder hoch, während er sich das Haar mit den Händen nach hinten strich und sich dabei wie ein begossener Pudel schüttelte. Der Bart kratzte ihn am Kinn. Wegen des langen Mittagsschlafs – dafür gab es einen guten Grund, denn sie wollten in der Nacht ausfahren – hatte er vergessen, sich zu rasieren. Sie saß weiter auf ihrem Platz. Nun blickte sie mit der sorgenvollen Miene eines Alpinisten, der sich zum Aufstieg bereit machte, zur Spitze des Felsens empor. Sie hatte sich umgezogen und trug Jeans und ein T-Shirt anstelle des langen blauen Baumwollrocks, und um die Taille hatte sie sich einen schwarzen Pullover geschlungen. Als Coy an Deck kam, empfingen ihn die Schreie der Möwen in der Abenddämmerung. Dort sah er den Steuermann, der die Bronze- und Messingteile der Schiffsbeschläge mit einem Tuch blank rieb. Seine Hände waren schwarz von Sidol. »Sorge dich um dein Schiff«, sagte er oft, »und es sorgt für dich.« Die *Carpanta* war ein klassisches Segelschiff mit einem Mittelcockpit und einem einzigen Mast. Sie war in La Rochelle gebaut worden, als der Kunststoff noch nicht die Iroko- und Teakhölzer oder das Kupfer verdrängt hatte.

»Steuermann«, sagte er.

Seine grauen, von Hunderten brauner Runzeln umgebenen Augen musterten ihn unter den buschigen Brauen und zwinkerten ihm wohlwollend und ruhig zu. Nach seinen eigenen Worten, allerdings redete er nicht viel, segelte er mit dem Wind gerade von achtern auf sein sechzigstes Lebensjahr zu. Früher war er Horngast auf dem Kreuzer *Canarias* gewesen, als man auf den Kreuzern die Befehle noch mit einem Horn gab, und außerdem hatte er als Fischer, Matrose, Schmuggler und Taucher gearbeitet. Sein Haar hatte die gleiche Bleifarbe wie die Augen, es war gelockt und sehr kurz. Die Haut sah gegerbt aus wie altes Leder, und seine Hände waren rau und geschickt. Noch vor weniger als zehn Jahren wirkte er so stattlich, dass er in einem Abenteuerfilm über Schwammfischer und Piraten mit Gilbert Roland und Alan Ladd einen Liebhaber hätte spielen können. Inzwischen war er etwas dicker geworden, doch er hatte sich seine breiten Schultern, seine recht schmale Taille und seine kräftigen Arme bewahrt. In seiner Jugend war er ein ausgezeichneter Tänzer gewesen, und damals wetteiferten die Frauen in den Kneipen von El Molinete miteinander, um mit ihm einen Bolero oder Paso doble zu tanzen. Den reiferen Touristinnen, die die *Carpanta* mieteten, um zu angeln, zu baden oder eine kleine Exkursion in der Umgebung des Hafens von Cartagena zu machen, zitterten immer noch die Beine, wenn er etwas vom Steuerrad zurücktrat und die Arme ausbreitete, damit eine Frau hineinschlüpfen und das Ruder übernehmen konnte.

»Alles in Ordnung?«

»Alles in Ordnung.«

Sie kannten sich, seit Coy ein kleiner Junge war und manchmal aus der Schule entwischte, um sich an den Molen herumzutreiben, Schiffe mit ausländischen Flaggen zu bestaunen und Seeleuten zuzuhören, die sich in unverständlichen Sprachen ausdrückten. Den Steuermann, der Sohn und Enkel von Seeleuten war, die sich ebenfalls »Steuermann« genannt hatten, konnte man am Morgen in irgendeiner Hafenkneipe entdecken, ein ehrlicher Lohnarbeiter des Meeres, der auf Kunden für sein altes Segelschiff wartete. Damals fuhr der Steuermann nicht nur Touristinnen spazieren, denen er einen Klaps auf den Hintern gab, um ihnen an Bord zu helfen, sondern er tauchte auch, um Trossen von Schiffsschrauben zu entwirren, schmutzige Schiffsrümpfe abzukratzen und ins Wasser gestürzte Außenbordmotoren zu bergen; in seiner freien Zeit beschäftigte er sich wie alle damals mit kleinen Schmuggelfahrten. Nun eigneten sich seine Knochen nicht mehr dafür, dass er sie lange durchweichte, und er verdiente sich seinen Lebensunterhalt, indem er Familien bei sonntäglichen Exkursionen beförderte, außerdem Mannschaften der vor Escombreras ankernden Tanker, Lotsen an stürmischen Tagen und ukrainische Seeleute, die mehr als genug geladen hatten und im Windschatten an der Reling die Möwen fütterten, nachdem man ihnen in den Kneipen der Stadt die Fresse poliert hatte. Die *Carpanta* und er hatten schon alles erlebt: die senkrecht stehende Sonne, die die Poller im Hafen zum Glühen brachte, ohne dass der leiseste Windhauch wehte. Das Meer, das ernsthaft wütete, wenn Gott in Zorn geriet. Den Lebeche, der das Takelwerk wie die Saiten einer Harfe vibrieren ließ. Und die langen roten Abenddämmerungen auf dem Mittelmeer, wenn das Wasser wie ein Spiegel wirkte und der Frieden auf dem Erdenrund einem selber den Frieden zu bringen schien und man begriff, dass man nichts weiter als ein winziges Tröpfchen im dreitausendjährigen, ewigen Meer war.

»Wir sind in ein paar Stunden zurück.« Coy blickte zur Felsenspitze hinauf, die auch Tánger nicht aus den Augen ließ. »Dann legen wir gleich ab.«

Der andere nickte zustimmend, während er weiter eine Bronzeklampe polierte. Als junger Mann hatte Coy bei ihm einiges über die Menschen, das Meer und das Leben gelernt. Gemeinsam holten sie römische Amphoren hoch, um sie unter der Hand zu verkaufen, abends fischten sie Kalmare an der Punta de la Podadera, mit Legangeln fingen sie Schwertfische, Heringshaie und Blauhaie vor Cope, und zwischen den schwarzen Klippen des Cabo de Palos jagten sie zehn Kilo schwere Riesenzackenbarsche mit der

Schussharpune, als es am Cabo de Palos noch Barsche gab. Auf dem Friedhof der Namenlosen Schiffe, wo die alten Schiffe ihre letzte Fahrt antraten, um abgewrackt und verschrottet zu werden, hatte ihm der Steuermann beigebracht, alle Einzelteile zu erkennen, aus denen ein Schiff bestand, während sie Miesmuscheln und rohe Seeigel mit Zitronensaft zubereiteten, lange bevor Coy die Schifffahrtschule besuchte, um Seemann zu werden. In jener trostlosen Landschaft aus verrosteten Platten, gestrandeten Aufbauten, für immer erloschenen Schornsteinen und wie tote Walfische in der Sonne liegenden Schiffsrümpfen hatte der Steuermann aus einem Celtas-Päckchen ohne Filter die erste Zigarette in Coys Leben herausgeholt und mit einem Messingfeuerzeug angezündet, das einen beißenden Geruch nach verbranntem Docht ausströmte.

Er nahm die Jacke und sprang auf die Mole. Tánger kam hinter ihm her. Sie hatte sich ihre Tasche umgehängt.

»Wie wird das Wetter heute Nacht?«, fragte sie.

Coy prüfte Meer und Himmel. Vereinzelte Wolken lösten sich allmählich auf und zerfaserten in mehrere Richtungen.

»Gutes Wetter. Mit wenig Wind. Vielleicht ein bisschen Seegang, wenn wir um Punta Europa herumfahren.«

Belustigt ertappte er sie bei einer kurzen, verärgerten Geste, als sie das Wort »Seegang« hörte. Es wäre komisch, dachte er, wenn sie auf einem Schiff seekrank würde. Bisher hatte er nie an die Möglichkeit gedacht, sie betäubt wie einen Thunfisch vor sich zu sehen, mit gelblicher Haut, während sie sich entkräftet an die Reling stützte.

»Hast du Biodramin? ... Vielleicht solltest du eine Tablette nehmen, bevor wir ablegen.«

»Das ist nicht deine Sache.«

»Du irrst dich. Wenn du an Bord seekrank wirst, bist du für nichts zu gebrauchen. Und das ist tatsächlich meine Sache.«

Es kam keine Antwort, und Coy zuckte die Achseln. Sie liefen über die Mole zu dem Renault, der auf dem großen freien Platz von Marina Bay geparkt war. Die untergehende Sonne war noch hinter den über Algeciras schwebenden Wolken zu sehen, sie färbte die senkrechte Felswand rot und ließ die dunklen Löcher der aus dem Stein gehauenen ehemaligen Schießscharten hervortreten. Zwei morsche, außer Dienst gestellte Schmugglerboote, deren blaue und schwarze Farbe scheibchenweise abblätterte, verfaulten auf Gestellen, inmitten von rostigen Motoren und leeren Kanistern. Die Geräusche der Stadt wurden immer lauter, je näher sie dem Parkplatz kamen. Ein gelangweilter Zöllner saß in seinem Kontrollhäuschen und sah fern. In einer langen Reihe warteten Autos, um die Grenze nach La Línea de la Concepción zu überqueren.

Sie setzte sich ans Steuer. Sie fuhr vorsichtig, mit der Tasche auf dem Schoß, sicher und ohne übertriebene Eile. Sie benutzte die Straße, die sich hinter den Bastionen der Bucht gegenüber entlangzog, dann bog sie nach links zur Rotunde des Friedhofs von Trafalgar ab. Bisher hatte sie kein einziges Wort gesagt. Nun hielt sie den Wagen an, zog die Handbremse, sah auf die Uhr und schaltete den Motor aus.

»Was für einen Plan hast du?«

Sie habe keinen Plan, antwortete sie. Sie würden zum Aussichtspunkt Old Willis hinauffahren und sich anhören, was Nino Palermo zu sagen hätte. Genau das wollten sie tun und danach zum Hafen zurückkehren, den Wagen auf dem Parkplatz abstellen und die Schlüssel in den Brief-

kasten von Avis werfen, um wie vorgesehen mit dem Schiff loszufahren.
»Und wenn es Schwierigkeiten gibt?«
Coy dachte an Horacio Kiskoros und den Berber. Palermo war nicht der Typ, der sich damit zufrieden gab, einen Vorschlag zu machen, um dann die Antwort zu bekommen: Wir werden schon sehen und bis bald. Bevor er an Land ging, hatte er sich mit diesem Hintergedanken ein sehr scharfes Wichard-Seglermesser mit einer etwa zehn Zentimeter langen Klinge und einem Schäkelschlüssel eingesteckt, das der Steuermann verwahrte, um im Notfall Leinen zu kappen. Er spürte, dass es in der Gesäßtasche der Jeans zwischen der rechten Hinterbacke und dem Sitz steckte. Es war nichts Besonderes, aber immer noch besser, als einer gewissen Gesellschaft mit bloßen Händen entgegenzutreten.
»Ich glaube nicht, dass es Schwierigkeiten geben wird«, sagte sie.
Sie sah zum geschlossenen Tor des Friedhofs hinüber. Nach dem Essen hatten sie einen Spaziergang gemacht und waren einige Zeit dort herumgelaufen. Tánger war lange vor einem Grabstein stehen geblieben: dem des Hauptmanns der Marineinfanterie Thomas Norman, der am 6. Dezember 1805 den Verletzungen erlegen war, die er sich an Bord des Segelschiffes *Mars* in Trafalgar zugezogen hatte. Danach waren sie zu dem Aussichtspunkt hochgefahren, um die Stelle zu prüfen, wo sie sich am Abend mit Palermo treffen wollten. Dort beobachtete Coy sie weiter, während er an den alten Betonaufbauten ohne Kanonen entlanglief. Tánger betrachtete alles sehr aufmerksam, die Zugangsstraße und die andere Straße, die zu den Tunneln der Großen Belagerung hinaufstieg, die ge-

kalkten und leeren Militärbaracken, die britische Fahne über der Maurenburg, dem *Moorish Castle*, die Landenge, auf der sich der Flughafen befand, den weiten Strand von La Atunara, der sich auf spanischem Territorium nach Nordosten erstreckte. Sie sah aus wie ein Heerführer, der vor dem Kampf das Gelände erkundete. Coy ertappte sich selbst dabei, wie er Möglichkeiten, Verteidigungschancen und Risiken abschätzte, als studierte er auf Karten und in Seehandbüchern eine gefährliche Küste, die er nachts ansteuern wollte.

»Was auch immer passiert«, sagte Tánger, »du greifst nicht ein.«

Nun stützte sie die Hände aufs Lenkrad, ohne die Augen von dem Friedhofstor abzuwenden. Das ist leicht gesagt, dachte Coy. Darum schwieg er weiter. Er hatte überlegt, den Steuermann zu bitten, sie zu begleiten. Egal für welches Problem, drei waren besser als zwei. Als er und sie allein. Aber er wollte seinen Freund nicht zu sehr in die Sache hineinziehen. Noch nicht.

Tánger schaute wieder auf die Uhr. Dann holte sie das Players-Päckchen aus der Handtasche. Seit Madrid hatte er sie nicht mehr rauchen sehen, womöglich war es noch immer dieselbe Schachtel, denn es waren nur vier Zigaretten darin. Sie drückte auf den Anzünder am Armaturenbrett und rauchte geruhsam, hielt den Rauch lange in der Lunge zurück, bevor sie ihn ausstieß.

»Bist du dir ganz sicher?«, wollte er wissen.

Sie nickte wortlos. Der Minutenzeiger der Uhr an ihrem rechten Handgelenk war von drei Viertel neun auf zehn vor neun vorgerückt. Die Glut streifte schon ihre übertrieben kurzen Fingernägel. Dann drehte sie das Fenster herunter und warf die Kippe auf die Straße.

»Fahren wir hin.«

Das war wie in diesen Filmen, die ihr gefielen, stellte Coy erstaunt fest: Henry Fonda, auf einen Zaun gelehnt, während schwarzweiß der Tag heraufzieht, macht sich bereit, zum O.K. Korral aufzubrechen. Doch in ihrer Haltung lag etwas verteufelt Reales, und die Art, wie sie den Motor startete und den Berghang hinauffuhr, zeigte große Willensstärke. Sie kam am Hotel Rock vorbei und schaltete immer weiter herunter, je steiler die Straße anstieg. Das nahm der Sache alles Unwirkliche. Das hier war ganz und gar real, und Tánger spielte ihm überhaupt keine Rolle vor. Sie wollte ihn nicht beeindrucken. Sie selbst steuerte ja den Wagen und bemühte sich, ihn von dem gefährlichen Straßenrand und dem Abgrund fern zu halten. Kaltblütig und sicher nahm sie die engen Kurven, die eine Hand am Lenkrad und die andere am Schalthebel, und manchmal schaute sie aufmerksam zur Bergspitze hinauf. Als sie schließlich oben auf dem kleinen Platz am Aussichtspunkt ankam, parkte sie den Wagen so, dass er nach unten, zur Straße stand. Bereit, um schnellstens zu verschwinden, dachte Coy unruhig, während sie die Tür aufmachte und ausstieg. Den Pullover hatte sie um die Taille geschlungen, ihre Tasche hielt sie in der Hand.

In der Nähe, an der Mauer der alten Bastion, parkte ein Rover. Es war das Erste, was Coy entdeckte, als er ausstieg: den Rover und den Berber, der sich an die Motorhaube lehnte. Dann wanderte sein Blick in einem Bogen nach links zur Tunnelstraße und zu dem steilen Hang, der sich zum Gipfel des Felsens hinaufzog, zu den unbenutzten Kasematten und dem Aussichtspunkt über dem Flughafen mit der Landenge und Spanien im Hintergrund, den dunklen Bergen, dem düsteren Himmel, dem im Westen grauen und im Osten schwarzen Meer. In der Dämmerung ging unten in La Línea die Straßenbeleuchtung an. Ein übler Platz für ein Gespräch, sagte er sich. Dann schaute er zum Geländer des Aussichtspunkts hinüber, wo Nino Palermo auf sie wartete.

Tánger war bereits dort. Er lief ihr nach und atmete den Duft ein, der das Mittelmeer ankündigte – Salz, Thymian und Harz – und den die Brise herantrug, die die Büsche und Baumwipfel sanft schüttelte. Er blickte sich noch einmal um, sah aber Horacio Kiskoros nirgendwo. Palermo lehnte am Geländer, er hatte die Hände in die Taschen seiner leichten, kragenlosen Windjacke gesteckt. Dieses Kleidungsstück ließ ihn korpulenter erscheinen, als er tatsächlich war.

»Guten Abend«, begrüßte er sie.

Coy antwortete mit einem mechanisch gemurmelten »guten Abend«, und Tánger sagte nichts. Sie stand regungslos vor dem Schatzsucher und beobachtete ihn.

»Was schlagen Sie vor?«, fragte sie.

Palermo wandte sich an Coy, als wäre sie überhaupt nicht da.

»Manche gibt's, die kommen einfach direkt zur Sache, stimmt's?«

Coy schwieg. Er lehnte es ab, sich zum Komplizen machen zu lassen. Er blieb etwas entfernt stehen, hörte aber aufmerksam zu. Sie war die Chefin, und seine Aufgabe beschränkte sich an diesem Abend eher auf die eines Leibwächters. Er spürte das Gewicht des Messers in der Gesäßtasche und sagte sich, dass der Berber eigentlich nicht besonders tüchtig war, wenn er sie nur von weitem überwachte. Er hatte ihn durchsucht, als er mit leeren Händen kam, und das tat er gerade nicht, als er es hätte tun sollen. Vielleicht richtete er sich jetzt nach Anweisungen Palermos, der es für angebracht hielt, diplomatisch aufzutreten.

Der Schatzjäger blickte wieder Tánger an. Das schwächer werdende Licht verwischte seine Gesichtszüge.

»Es ist lächerlich, Versteck zu spielen«, sagte er. »Wir verschießen unser Pulver umsonst, wo wir doch am Ende alle an derselben Stelle wieder zusammenkommen.«

»Was ist das für eine Stelle?«, fragte Tánger.

Ihre Stimme klang gleichmütig, weder provozierend noch beunruhigt. Palermo lachte kurz und leise.

»Natürlich das Wrack. Und wenn ich nicht komme, kommt die Polizei. Die geltenden Gesetze ...«

»Ich kenne die geltenden Gesetze.«

Palermo zuckte die Achseln, um anzudeuten, dass es in diesem Fall nicht mehr viel zu sagen gab.

»Sie haben einen Vorschlag«, sagte Tánger.

»Richtig. Den habe ich ... Weiß Gott. Natürlich habe ich einen Vorschlag. Ich meine: Was gewesen, ist vorbei, Señorita. Sie haben mich angeschissen, und ich habe Sie angeschissen.« Er machte eine Pause. »Das ist selbstverständlich bildlich gemeint. Wir sind quitt.«

»Ich weiß nicht, wie Sie auf die Idee kommen, dass wir quitt seien.«

Sie hatte so leise gesprochen, dass sich der andere ein wenig nach vorn bewegte und den Kopf leicht beugte, um besser zu hören. Diese Geste ließ ihn unerwartet höflich wirken.

»Ich verfüge über Mittel, die Sie niemals haben können«, erklärte er. »Erfahrung. Technologie. Die richtigen Kontakte.«

»Aber Sie wissen nicht, wo die *Dei Gloria* ist.«
Diesmal hatte sie laut und deutlich gesprochen. Palermo ließ ein Schnaufen hören.
»Das wüsste ich schon, wenn Sie es nicht darauf abgesehen hätten, mir Steine in den Weg zu legen. Wenn Sie nicht den Zugang zu dieser Mafia von Archivaren und Bibliothekaren blockiert hätten ... Verdammt noch mal. Sie haben meine Gutgläubigkeit ausgenutzt.«
»Sie sind nicht mehr gutgläubig, seitdem man Ihnen in der Wiege die Flasche weggenommen hat.«
Der Wrackjäger wandte sich zu Coy um.
»Hörst du sie?«, sagte er. »... Dieses Weib könnte mir gefallen, das schwöre ich dir. Ich ... Weiß Gott. Habt ihr schon ...? Verflixt noch mal.« Er kicherte zwischen den Zähnen, was wie das Japsen einer Bulldogge klang, die nach einem langen Lauf nach Luft rang. »Nutz es aus, mein Freund, bevor sie auch dich wie eine Zitrone auspresst und wegwirft.«
Allmählich leuchteten die Sterne am Himmel auf, als hätte sie jemand eingeschaltet. Immer dichtere Schatten bedeckten das Gesicht des Schatzjägers, und der Widerschein der von unten und hinter ihm glänzenden Lichter von La Línea ließ seine Umrisse auf dem Geländer als dunkle Masse erscheinen.
»Smaragde, das musst du kapieren«, sagte er, weiter zu Coy gewandt. »Der Schatz der Jesuiten. Ich nehme an, dass ihr inzwischen nichts anderes übrig geblieben ist, als es dir zu erzählen ... Eine Ladung Smaragde, die hat einen Wert ... Mein Gott. Überall, selbst auf dem Schwarzmarkt, ein Vermögen. Natürlich nur, wenn sie sich die unter den Nagel reißen und aus den spanischen Gewässern wegbringen kann, ohne dass ihr der Staat auf die Schliche kommt.«

Dieselbe Helligkeit, die auf die breiten Schultern Palermos fiel, beleuchtete auch Tángers Gesicht vom Kinn her. Das verhärtete ihre Züge und ließ ihr Profil aus dem hellen Vorhang ihrer Haare hervortreten.

»Wenn das stimmt«, sagte sie anmaßend, »hätte ich keinen Grund, mit Ihnen irgendetwas zu teilen.«

»Sie vergessen, dass ich Sie auf die Spur gebracht habe«, protestierte der andere. »Und dass ich schon lange daran arbeite. Sie vergessen, dass ich Mittel habe, um einen Zusammenschluss durchzusetzen, der für alle vorteilhaft ist ... Und Sie vergessen, dass auch das klügste Mäuschen in die Falle geht, wenn es den ganzen Speck für sich allein haben will.«

Der Himmel über ihnen war nun vollkommen dunkel und sah aus wie ein von leuchtenden Stecknadelköpfen durchbohrter Vorhang. Die Sonne stand ungefähr fünfzehn Grad unter dem Horizont, schätzte Coy, als er den Kleinen Bären über Palermos Kopf und den Großen Bären über dessen rechter Schulter erscheinen sah.

»Hören Sie«, sagte der Wracksucher. »Ich möchte etwas vorschlagen ... Weiß Gott. Etwas Vernünftiges. Wenn man Schätze sucht, kommt man nicht einfach und macht die Truhe auf: Mel Fisher hat zwanzig Jahre gebraucht, bis er die *Atocha* entdeckte ... Ich setze meine Mittel und meine Kontakte ein. Dazu gehören die richtigen Verbindungen und Schmiergelder, damit sich niemand einmischt ... Ich habe sogar einen Absatzmarkt für die Smaragde. Das bedeutet ... Ist Ihnen das klar?« Jetzt wandte er sich nur an Tánger. »Ungeheuer viel Geld für uns. Für uns alle.«

»Unter welchen Bedingungen?«

»Fünfzig Prozent. Die Hälfte für mich und die andere für Sie.«

Sie drehte sich halb zu Coy um.
»Und er?«
»Er ist ... Nun ja. Ihre Sache, nicht wahr? ... Es ist nicht meine Angelegenheit, ihn zu bezahlen.«
Wieder lachte er leise, und wieder klang es wie das Japsen eines großen, erschöpften Hundes. Er blieb unbeweglich am Geländer stehen, während hinter ihm unten die fernen Lichter glühten.
»Sie brauchen mir nur zwei Angaben mitzuteilen: Länge und Breite, damit ich sie auf Urrutias Seekarten finden kann ... Natürlich zusammen mit dem Schiffsmanifest und dem offiziellen Bericht über den Schiffbruch.«
Tánger blieb einen Moment stumm. Sie schien den Vorschlag zu überdenken.
»Das können Sie alles in den Archiven nachschlagen«, sagte sie.
Palermo fluchte ohne die geringste Zurückhaltung.
»Sie wissen genau ... Verdammt sollen Sie sein. Man hat mir den Zugang zu den Archiven verboten, genauso, wie Sie mir in Barcelona den Urrutia vor der Nase weggeschnappt haben. Trotzdem konnte ich mir eine Reproduktion der Karte besorgen. Ich habe mich auch über diese verdammten Archive informiert, und sie haben mir gesagt ...« Er hielt die Luft an und seufzte geräuschvoll. »Sie wissen schon. Die Dokumente sind verschwunden ... ›Zu Forschungszwecken entnommen‹, steht auf den Karteikarten. Und Schluss.«
»Das ist bedauerlich.«
Palermo würdigte diese Beileidsbekundung nicht im Geringsten.
»Nein«, stieß er wütend hervor. »Hier geht es um ein schmutziges Manöver, und Sie sind dafür verantwortlich.«

»Haben Sie das bei mir zu Hause gesucht?«

»Genau das sollte Horacio besorgen.« Der Wrackjäger zögerte einige Zeit. »Was den Hund betrifft, so versichere ich Ihnen ...«

»Vergessen Sie den Hund.«

Jede Silbe war ein eiskalter Tropfen. Coy sah, dass Palermo unbehaglich hin und her trippelte. Nun ließ die von unten kommende Helligkeit seine mürrischen Züge deutlich hervortreten. Ein Stoß, dachte er. Ein Stoß würde genügen, damit dieser Kerl einen Spazierflug von hundert oder zweihundert Metern bergab machte. Plumps. Etwas, das man als GPS bezeichnen könnte: das Gesetz der Positiven Schwerkraft. Dann fiel ihm der Berber ein, der sich am Wagen postiert hatte, und er dachte über die Möglichkeit nach, dass der Stoß von denen käme. GNS: das Gesetz der Negativen Schwerkraft.

»Wenn Sie Ihre Kenntnisse mit meinen kombinieren«, sagte Palermo gerade, »und wir uns nicht mehr gegenseitig anöden, dann verpflichte ich mich, dieses Wrack in weniger als einem Monat zu durchsuchen ... Deadman's Chest hat ein Spezialschiff mit Seitensichtsonar, Erdbohrer, Sonden, Magnetometern, Metalldetektoren, Tauchgeräten und allem, was man braucht ... Sobald man unten ist, muss man mit Plänen arbeiten, markieren, messen und in Planquadrate einteilen, Sand und Schlick entfernen ... Davon haben Sie überhaupt keine Ahnung. Außerdem zersplittern Smaragde leicht ... Stellen Sie sich das vor: Man muss den Bewuchs entfernen, alles richtig säubern ... Sie wissen ja nicht einmal, was ein Elektrolysebad ist, mit dem man eine einfache Silbermünze reinigt ... Ich will gar nicht an die möglichen Zerstörungen denken. Sie würden alles verpfuschen. Sie sind Amateure.«

Wieder lachte er leise, ohne jede Spur von Humor. Auf einmal wurde Coy von einer unerwarteten Erleuchtung geblendet, während seine Gedanken noch ganz mit auszuteilenden und einzusteckenden Stößen beschäftigt waren. Das ließ ihn hochfahren.

»Außerdem braucht man Kontakte.« Palermo hielt die Flamme des Feuerzeugs an die Zigarette. »Man muss den grauen Markt kennen, um den Fund unterzubringen ... Und ich kontrolliere ...« Die Zigarette zwischen den Lippen entstellte seine Stimme. »Weiß Gott. Achtzig Prozent des Smaragdhandels auf der Welt ist illegal und wird von den jüdischen Mafias in Belgien und Italien organisiert ... Glauben Sie, ich weiß nicht, warum Sie nach Antwerpen gefahren sind?«

Antwerpen. Coy war dort gewesen, wie an vielen anderen Orten: ein riesiger Hafen, kilometerlange Reihen von Kränen, Schuppen und Schiffen. Dass sich auch Tánger dort aufgehalten hatte, war eine weitere Überraschung, dachte er; allerdings fiel ihm auf einmal diese Postkarte neben dem Silberpokal ein, die in der Wohnung am Paseo Infanta Isabel stand. Deshalb hörte er nun sehr aufmerksam zu, ohne sich allzu viele Illusionen zu machen. Bei dieser Frau gab es keine einzige Neuigkeit, die beruhigend oder angenehm wirkte.

»Sag mir nicht, dass sie dir nichts von Antwerpen erzählt hat.« Die Glut funkelte wie ein ironisches Auge, das aus dem Mund des Schatzsuchers auf Coy zeigte. »Wirklich nicht? ... Na, dann pass auf: Bevor ihr euch in Barcelona kennen gelernt habt, hat sie eine diskrete kleine Reise unternommen. Ein paar Besuche, die ... Nun ja.« Er sprach leiser, damit ihn der Chauffeur nicht hörte. »Dazu gehörte eine bestimmte Adresse in der Rubensstraat: Sherr und

Cohen. Edelsteinschleifer, die darauf spezialisiert sind, das Aussehen von Steinen zu ändern und Spuren zu verwischen ... Ich kenne auch Leute, die mir einiges erzählen.«

Coy roch das Aroma des Tabaks. Der hellgraue Rauch glitt im Gegenlicht dahin, bevor er sich auflöste und aus Palermos Dunstkreis verschwand.

»Das hat sie dir also auch nicht erzählt. Unglaublich ist das.«

Ich habe meine Seele verkauft, dachte Coy. Ich habe meine Seele an dieses Weib verkauft, und sie werden mir alle kräftig eins reinwürgen. Sie, der da. Sogar der Berber wird es mir besorgen. Das ist so, als wollte man inmitten von heißhungrigen Haien schwimmen. Wenn ich schlau wäre, und inzwischen ist klar, dass ich es nicht bin, würde ich jetzt gleich den Berg runterrennen, an Bord der *Carpanta* springen, dem Steuermann zurufen, dass er den Anker lichten soll, und ganz schnell von hier abhauen.

Das rötliche Auge zeigte wieder auf Coy.

»Hat sie dir noch nicht von den Smaragden erzählt? ... Hat sie dir nicht gesagt, dass er der einträglichste Edelstein ist? ... Ich habe schon viele gesehen. In meiner Zeit mit Fisher habe ich mehrere herausgeholt. Ich versichere dir, dass sie in Antwerpen jede Menge für einen Posten dieser alten, ungeschliffenen Steine bezahlen. Deine kleine Freundin ... Die weiß das ganz genau.«

»Und wenn ich nicht annehme?«

Tánger presste die Handtasche an die Brust, und ihre Umrisse zackten das Halbdunkel mit männlichen Kanten aus. Es würde mich nicht wundern, dachte Coy, wenn sie eine Pistole in der verdammten Tasche hätte.

»Dann hängen wir uns an Sie, als wären wir Ihre Schatten.« Die Glut bewegte sich, während Palermo in objektivem Ton informierte, wie jemand, der einen Leitfaden heruntberbetet. »Das Gebiet zwischen dem Cabo de Gata und dem Cabo de Palos ... Na gut. Das ist nicht allzu groß – und sobald ich Ihr Schiff dort entdecke, kann ich einen Hubschrauber einsetzen ... Und Sie mitten bei der Arbeit erwischen, verstehen Sie? Wenn wir das Geschäft für verloren halten, richte ich es so ein, dass Sie den Besuch eines Patrouillenboots der Guardia civil erhalten.«

Zum dritten Mal ließ er ein schnaufendes, hundeartiges Lachen hören. In der Ferne stürzten Sternschnuppen vom Himmel. Sie sahen aus wie gefallene Engel, arme Seelen oder flügellahme Raketen. Jetzt komme ich, dachte Coy. Macht Platz.

»Wenn ich nicht mit dabei bin«, setzte Palermo hinzu, »dann haben Sie keine Chance. Ganz zu schweigen von bestimmten handgreiflichen Risiken.«

Es trat ein langes Schweigen ein, dann sagte sie:

»Sie schüchtern mich ein.«

Sie wirkte überhaupt nicht eingeschüchtert. Das klang ganz im Gegenteil arrogant. Es klang kalt wie ein Eissplitter und auch gefährlich. Palermo hatte die glühende Zigarette aus dem Mund genommen und wandte sich an Coy.

»Sie hat Rasse, nicht wahr? ... Sie ist ein durchtriebenes Stück mit viel Rasse. Es wundert mich nicht, dass sie dich an den Eiern hat.«

Er führte sich die Glut an die Lippen, und das Rot leuchtete noch intensiver. Dieser Kerl, überlegte Coy beinahe dankbar, besaß die seltene Gabe, ihm im richtigen Moment ein Ventil zum Dampfablassen zu liefern und ihm die Dinge leicht zu machen. Er empfand diese Welle der Dankbarkeit immer noch, als er Anlauf nahm und ihm den ersten

Faustschlag ins Gesicht versetzte. Damit er ihn richtig treffen konnte, denn Palermo war ein ganzes Stück größer, hob er ein bisschen den Ellbogen und stieß mit dem Arm aus Leibeskräften zu, von unten nach oben und etwas schräg, so dass er ihm die Zigarettenglut in den Mund drückte. Von rechts hörte er den erstickten Schrei Tángers, die ihn zurückhalten wollte. Aber in diesem Moment traf er den Mann aus Gibraltar schon mit dem nächsten Hieb, der ihn mit dem Kreuz ans Geländer schleuderte. Abstürzen musst du allerdings nicht, dachte er mit einem Rest klaren Verstandes. Ich will dich nicht umbringen, also spiele mir keinen üblen Streich und lass dich jetzt nicht den Berg runterfallen. Deshalb wollte er ihn an den Sachen packen, damit er nicht den Abflug machte. Er wollte ihn zu sich heranziehen und ihm den dritten Hieb verpassen, ohne dass er den Hang hinabsauste und »aaaaaach!« schrie wie alle Bösen im Film; doch inzwischen hatte sich Palermo offenbar aufgerappelt, er hob die Fäuste, und Coy spürte, dass etwas zwischen seinem Hals und seinem linken Ohr explodierte. Die Sterne des Himmels vermischten sich mit denen, die seine gemarterten Sinne unverzüglich produzierten. Das wirkte wie ein Starfinder, und er taumelte zurück.

»Scheißkell!«, grunzte Palermo. »Scheißkell!«

Seine Aussprache zeigte, dass die Zigarette wohl im Zahnfleisch des Schatzjägers stecken musste. Das war einigermaßen tröstlich für Coy; doch während er sich Mühe gab, das Gleichgewicht zu halten, hörte er die Schritte des Berbers, der über den Betonboden rannte, und er begriff, dass seine Chancen in diesem Augenblick gleich null waren, ob der andere nun »l« oder »r« sagte, und dass er bald selber ernste Ausspracheprobleme bekommen würde.

GSH: das Gesetz der Schläge aus dem Hinterhalt. Also weg mit Schaden. Er atmete tief, zog den Kopf ein, und mit seinem kleinen, massigen Körper und mit der Wut eines blinden Stiers stürzte er sich wieder auf Palermo. Wenn ich schneller als dein schwuler Kameltreiber bin, dachte er, fliegst du mit mir vom Geländer nach unten, so wahr es einen Gott gibt. Und wenn es keinen gibt, merkst du bald, wie witzig das ist.

Er war nicht schneller. Wer zuerst austeilt, teilt doppelt aus. Aber das Sprichwort besagte nichts darüber, dass man nach den beiden ausgeteilten Hieben immer noch zweihundert einstecken konnte. Der Berber erwischte ihn auf halbem Weg von hinten. Coy hörte, dass eine Naht seiner Jacke aufplatzte, und nun hatte Palermo schon die Faust geballt. Also würde er in wenigen Sekunden keine Luft mehr bekommen, auf dem Boden knien, mit einem Sausen in den Schläfen, mit vibrierenden Trommelfellen und einem blauen Auge. Er war auf sich selber wütend und fragte sich, warum die Knie und Arme nicht seinen Befehlen gehorchten, aufzustehen und zu kämpfen. Er wollte es immer wieder versuchen, und stets versagte er, bevor es ihm gelang. Doppelseitige Lähmung, dachte er. Diese Dreckskerle haben mich gelähmt. Sein Mund hatte einen Geschmack, als wäre er mit der Zunge über Eisenschrott gefahren. Er spuckte aus und wusste, dass er Blut von sich gab. Die machen mich ganz schön fertig, verdammich, sagte er sich.

Ihm wurde schwindlig, und alles drehte sich vor seinen Augen. Nun hörte er Tángers Stimme, und er dachte: Die Ärmste, jetzt ist sie an der Reihe. Immer noch wollte er aufstehen, wieder einmal, um dieser verlogenen Hexe zu helfen. Um zu verhindern, dass man ihr ein Haar krümmte, solange er noch genug Kräfte hatte, die Fäuste zu ballen. Das Problem war, dass er nicht mehr die Fäuste ballen konnte, er brachte es nur noch fertig, wie ein kampfunfähiger Boxer das zerquetschte Auge zu schließen und auf den Rücken zu fallen. Aber er durfte sie nicht so einfach im Stich lassen. Sie Palermo und dem Berber ausliefern, obwohl sie in ihrer Art schlimmer als die beiden zusammen war. Darum unterdrückte er ein Stöhnen, als er schicksalsergeben und verzweifelt mit einer letzten und äußersten Kraftanstrengung endlich auf die Beine kam. Da fiel ihm das Messer des Steuermanns ein, er tastete die Gesäßtasche ab und suchte danach, gleichzeitig sah er sich mit dem Gesichtsausdruck eines ausgeknockten Boxers um und erkannte, dass sich die beiden Kerle zusammengestellt hatten. Sie starrten Tánger an, die weiter ruhig am Geländer stand, und die zwei waren auch vollkommen ruhig, als beanspruchte etwas ihre Aufmerksamkeit. Coy blickte mit dem gesunden Auge genauer hin. Ein Gegenstand zog das Interesse der beiden auf sich. Tánger hielt ihn in der Hand, als zeigte sie ihn vor. Er sagte sich, es müsse ihm bestimmt ganz übel gehen, denn dieser Gegenstand funkelte metallisch und sah aus wie – er wagte es nicht, etwas derart Ungeheuerliches für völlig sicher zu halten – eine bedrohliche, riesige Pistole.

Sie sagte nichts, bis sie wieder durch die einsame Rotunde fuhren, vorbei am Friedhof der Opfer von Trafalgar. Zumindest sagte sie nichts, das sich ausdrücklich an Coy richtete, nach den wenigen Worten, die sie oben auf dem Aussichtspunkt geäußert hatte, während sie zusammen mit ihm zum Auto lief und die beiden anderen wie zwei Hirten in einer Weihnachtskrippe am Geländer zurückließ, wie versteinert beim Anblick des Schießeisens, das Tánger am Ende beinahe widerwillig vorgeführt hatte. »Durch deine Schuld«, teilte sie Coy mit, weniger in vorwurfsvollem Ton, sondern als einfache Information, während sie mit der Handtasche im Schoß den Wagen bergab lenkte und die Gänge einlegte. Die Scheinwerfer beleuchteten die Haarnadelkurven am Hang des Felsens. Coy hustete wie die Schwindsüchtigen im Film, keuch, keuch; er hustete wie Marguerite Gautier, und ein paar Blutströpfchen, die in seinem Mund gerannen, flogen am Papiertaschentuch vorbei und landeten an der Windschutzscheibe. Ein Idiot. Er sei ein Idiot, und das alles wäre nicht notwendig gewesen, hatte sie hinzugefügt. Es wäre überhaupt nicht notwendig gewesen, und außerdem komplizierte es die Dinge. Coy runzelte verdrossen die Stirn, soweit es ihm die Blutergüsse erlaubten. Was den letzten Teil des Gesprächs betraf, das Tánger mit Nino Palermo geführt hatte, während der finstere und schweigsame Berber daneben stand, so ging es vor allem darum, dass der Schatzjäger meinte, dieser Kerl sei verrückt, während sie sich bemühte, die emotional aufgeladene Situation zu entspannen. »Coy ist ein impulsiver Typ, er handelt meistens unüberlegt.« Und so weiter.

»Und Sie, Palermo, sind ein Dummkopf.«

Der Revolver, eine schwere und flache 357er Magnum, die Coy nie zuvor in Tángers Hand gesehen hatte, trug dazu bei, dass der andere diese Mitteilung verdaute, ohne das Gesicht allzu sehr zu verziehen. »Was ist mit unserer Abmachung?«, fragte er dann. »Ich muss darüber nachdenken«, antwortete sie. »In diesem Moment könnte ich weder ja noch nein sagen, sondern eher das genaue Gegenteil.« Nun sagte Palermo, der offenbar »r« und »l« wieder aussprechen konnte, sie sollte bitte abhauen, und sie und ihre Mutter sollten sich das Loch ausbohren lassen. Genau das sagte er: sie und ihre Mutter, und diesmal machte er einen wirklich wütenden Eindruck. »Mich legst du nicht aufs Kreuz, du Hündin«, fauchte er vom Geländer aus und fiel zusehends aus der Rolle, was offenbar die Zustimmung seines stummen Chauffeurs fand. Dass Palermo so etwas hervorstieß, während er ein paar Meter von einem Ballermann mit sechs eichelgroßen Kugeln in der Trommel entfernt stand, ließ seinen Todesmut bewundernswert, beinahe würdig erscheinen. Coy mit seinem übel zugerichteten Gesicht war zwar noch ziemlich weggetreten, doch aus einem einfachen Reflex männlicher Solidarität empfand er durchaus Hochachtung für diese Geste. »Trotzdem teile ich Ihnen meine Antwort mit«, hatte sie gesagt, ganz untadelig mit ihrem seriösen schwarzen Pullover um die Taille. Sie hätte so gewirkt, als könnte sie keiner Fliege etwas zuleide tun, wenn sie nicht weiter diese bedrohliche Wumme in der Hand gehalten hätte. Sie war eine von denen, die mit geschlossenem Mund zubeißen, das hatte er einmal von Palermo gehört, wie er sich erinnerte. Sie hielt diese achthundert Gramm Eisen, ohne zu zielen, mit herabhängendem Arm, so dass der Lauf auf den Boden zeigte, und zog ein beinahe widerwilliges Gesicht; seltsamerweise ließ das ihre Haltung glaubwürdiger erscheinen, als wenn sie die Posen eines Kriminalfilms vorgespielt hätte. »Ich sage Ihnen schon noch, ob es zu einer Abmachung kommt oder nicht«, betonte sie. »Seien Sie so gut und lassen Sie mir ein paar Tage Zeit.« Palermo, der ihr immer noch nicht glaubte und ihr vielleicht nie mehr glauben würde oder womöglich einen bestimmten Unterton herausgehört hatte, stieß eine ganze Reihe von sehr barocken und sehr mediterranen Verwünschungen aus, die gewiss mit seiner maltesischen Herkunft zu tun hatten. Die gutmütigste war, dass er ihrem verrückten Seemann den Apparat abschneiden werde. Das alles blieb hinter Tánger in der Luft hängen, während sie zum Renault lief, nachdem sie Coy eine Hand auf die Schulter gelegt hatte und als Antwort auf ihre Frage, wie er sich fühle, ein Grunzen zu hören bekam.

»Wie ein Stück Scheiße«, sagte er später, als Tánger ihn zum zweiten Mal fragte, während sie schon auf der Straße bergab fuhren. In dem Moment hatte sie ihren Ernst eingebüßt und laut aufgelacht. Ein zurückhaltendes und fröhliches, beinahe glückliches, jungenhaftes Lachen, das er sich erstaunt anhörte, während er mit dem gesunden Auge ihr vom Abglanz der Scheinwerfer erleuchtetes Profil betrachtete.

»Du bist ein unglaublicher Typ«, sagte sie. »Beinahe hast du alles verdorben, aber du bist ein unglaublicher Typ.« Sie lachte wieder, und sie lachte immer noch verwundert, als sie zur Seite sah und ihm einen flüchtigen, Mitgefühl bekundenden Blick zuwarf. »Manchmal glaube ich, dass es mich begeistert, wenn ich dich kämpfen sehe.«

Die Reflexe der Scheinwerfer überzogen ihre Augen mit einer Stahlfolie, doch dieser Stahl glänzte, als beleuchtete ihn das Sonnenlicht. Sie nahm die Hand von der Gangschaltung und legte sie an Coys Hals. Sie berührte ihn mit dem Handrücken und den Knöcheln, als wollte sie das unrasierte Kinn streicheln, das von den Schlägen Palermos und des Berbers gefühllos geworden war. Erschöpft und verwirrt lehnte Coy den Nacken an die Kopfstütze. Er spürte eine angenehme, leichte Wärme an der Stelle, auf die sie ihre Hand hielt, und auch dort, wo man das Herz hat, wie die Seifenopern behaupten. Er hätte wie ein unbeholfenes Kind gelächelt, wenn sein geschwollener Mund ihm das erlaubt hätte.

Nachdem das letzte Ankertau gelöst war, legte die *Carpanta* langsam von der Mole ab. Das Deck bebte leicht, während das Schiff ruhig durch die Lichtreflexe auf dem Wasser glitt und sich die Drehzahl des Motors erhöhte, als der am Ruder stehende Steuermann die Maschine auf langsame Fahrt voraus brachte. Die Blinkfeuer des Hafens zogen langsam vorüber und blieben immer schneller zurück, je höher die Geschwindigkeit des Schiffes wurde, dessen Bug aufs offene Meer gerichtet war, während die Lichter von La Línea, der Raffinerie von San Roque und der Stadt Algeciras die Umrisse der Bucht in der Ferne sichtbar machten. Coy hatte das Tau am Bug zusammengerollt, zog nun das Tauende fest an und ging zum Mittelcockpit. Er hielt sich an den Wanten fest, als das Schiff schon den geschützten Hafenbereich verlassen hatte und im leichten Seegang stampfte. Die Lichter Gibraltars beschienen noch den Segler und ließen die Umrisse des Steuermanns am Ruder hervortreten. Der untere Teil seines Gesichts wirkte rötlich im Widerschein des Kompasshauses, in dem sich die Kompassnadel allmählich nach Süden drehte.

Voller Wonne atmete Coy die leicht bewegte Luft ein und witterte die Nähe der offenen See. Seitdem er zum erstenmal das Deck eines Schiffes betreten hatte, empfand er im Moment der Abfahrt stets eine einzigartige, dem Glück sehr nahe kommende Ruhe. Das Land blieb zurück, und alles, was er brauchte, war mit ihm an Bord, war auf die engen Schiffsgrenzen beschränkt. Auf dem Meer, dachte er, fahren die Männer mit ihrem Zuhause auf dem

Rücken, wie der Rucksack auf dem Rücken eines Forschers oder das Gehäuse, das mit der Schnecke hin und her wandert. Ein paar Liter Diesel und Öl, einige Segel und der richtige Wind genügten, um alles, was das Festland bot, überflüssig und entbehrlich zu machen. Rufe, Geräusche, Leute, Gerüche, die Tyrannei des Minutenzeigers der Uhr hatten hier keinen Sinn mehr. Wenn man sich bewegte, bis man die Küste achtern, ganz weit entfernt wahrnahm, so war das schon ein Ziel. Angesichts des bedrohlichen und magischen, allgegenwärtigen Meeres lösten sich Leiden und Sehnsüchte, Gefühlsbindungen, Hass und Hoffnung im Kielwasser auf und verblassten, bis sie weit weg und sinnlos wirkten, denn das Meer machte die Menschen egoistisch und verschloss sie in sich selbst. An Land gab es unausstehliche Dinge, Gedanken, Trennungen und Ängste, die man nur auf dem Deck eines Schiffes ertragen konnte. Kein anderes Schmerzmittel wirkte jemals so stark wie dieses. Er hatte gesehen, dass Männer an Bord überlebten, die woanders ihre Vernunft und ihre Ruhe für immer verloren hätten. Kurs, Wind, Seegang, Position, Geschwindigkeit, Überleben: Nur diese Wörter bedeuteten dort etwas. Denn es stimmte, dass die wahre, die einzig mögliche Freiheit und der wahre Gottesfrieden fünf Meilen von der nächsten Küste entfernt begannen.

»Alles in Ordnung, Steuermann?«

»Alles in Ordnung. In einer halben Stunde umfahren wir Punta Europa.«

Tánger stand regungslos am Achterdeck und blickte zu den Lichtern hinüber, die sie hinter sich ließen. Sie hatte den Pullover angezogen und hielt sich an einem Backstag fest, neben der Flagge, die in der Brise leicht flatterte. Sie schaute nach oben, zum Gipfel der dunklen Felsmasse, als käme sie nicht über bestimmte Dinge hinweg, die ihr Sorgen bereiteten oder die sie vielleicht gern mitgenommen hätte. Die *Carpanta* zeigte nun mit dem Bug direkt nach Süden, und backbords entfernten sich die Lichtkränze des Haupthafens, die an den Molen festgebundenen Schiffe, die schwarze Linie des Hafendamms und die weißen Blinklichter – jede zweite Sekunde eines – des größten Leuchtfeuers am Süddock.

Der Steuermann manövrierte, um einem vor Anker liegenden Handelsschiff auszuweichen, dann stellte er die Drehzahl des Motors auf zweitausendfünfhundert ein. Auf dem Kompasshaus gab die Nadel des Elektrologs an, dass die Geschwindigkeit fünf Knoten betrug, und das Stampfen wurde heftiger. Coy stieg in die Kajüte hinunter, schaltete das Sailor-Radio auf UKW ein, stellte die Kanäle 9 und 16 auf Doppelempfang und stieg zum Achterdeck hinauf, zu Tánger. In phosphoreszierenden Tönen erhellte das Blinkfeuer die gerade Kielspur, die das Schiff im Wasser zurückließ.

»Palermo hat Recht«, sagte Coy.

»Geh mir nicht auf die Nerven«, entgegnete sie.

Sie sagte nichts weiter. Aufmerksam starrte sie zum Gipfel des riesigen dunklen Felsens empor, der wie eine gefährliche, über der Stadt schwebende Wolke aussah.

»Er kann uns fertig machen, wenn er will«, erklärte Coy nachdrücklich. »Es stimmt, er hat tatsächlich die Mittel, um die *Dei Gloria* zu orten. Sein Angebot ...«

»Hör zu.« Endlich hatte sie sich umgedreht und schaute ihn an. Ihr Profil trat in der Helligkeit hervor, die sie backbords hinter sich zurückließen. »Ich habe die ganze Arbeit gemacht. Mal sehen, ob du das ein für allemal kapierst. Das Schiff gehört mir.«

»Uns. Dieses Schiff gehört uns. Dir und mir.« Er zeigte auf den Steuermann. »Und jetzt gehört es auch ihm.«

Tánger schien darüber nachzudenken.

»Selbstverständlich«, sagte sie nach einer Weile. »Er muss sich um seine Angelegenheiten kümmern, und du um deine ... Aber Palermo ist nicht eure Sache.«

»Wenn es Probleme gibt, ist Palermo die Sache von uns allen.«

»Du als Einziger hättest beinahe Probleme gemacht. Du und deine männlichen Triebe.« Nun lachte sie lustlos, aber Coy konnte ihren Gesichtsausdruck nicht erkennen. »Du scheinst dich nur wohl zu fühlen, wenn man dir den Schädel einschlägt.«

Na, so was, dachte er. OGGN: das Offenkundige Gesetz des Gebens und Nehmens. Zuckerbrot und Peitsche. Jetzt legst du mir nicht die Hand an den Hals und lächelst auch nicht, meine Hübsche. Nicht in diesem Augenblick. Nicht, wenn du einen kühlen Kopf bekommst, nachdenkst und entdeckst, dass deine Pläne von meinen Ungeschicklichkeiten gestört werden.

»Ich verstehe schon«, sagte er. »Du glaubst weiter, dass du alle um den Finger wickeln kannst, stimmt's?«

»Ich glaube weiter, dass ich ganz genau weiß, was ich tue.«

Sie hielt die Augen immer noch nach oben gerichtet, zu einem Punkt an der Spitze des schwarzen Felsens. Coy sah ebenfalls hin. Er hatte den Eindruck, dass unten am Hang ein winziger blauer Schimmer aufstieg. Ein wenig weiter oben gab es einen rötlichen Widerschein, etwas wie einen Scheiterhaufen. Hoffentlich, dachte er, ist der Berber mit dem Auto abgestürzt, und die beiden rösten jetzt wie Puffmais.

»Und was ist mit dieser Pistole?« Als er das Wort *Pistole* aussprach, spürte er ein wütendes Kribbeln. »Damit kannst du nicht so ohne weiteres herumlaufen.«

»Du siehst ja, dass ich es kann.«

Coy rieb sich das schmerzende Auge. Er hatte sich zur leuchtenden Kielspur der *Carpanta* umgedreht und suchte nach einer passenden Antwort. Bei der ersten günstigen Gelegenheit, beschloss er, würde dieses Schießeisen über Bord fliegen. Plumps. Ihm gefielen keine Pistolen, keine Gewehre und überhaupt keine Waffen. Ihm gefielen nicht einmal Messer, obwohl er immer noch das nutzlose Wichard des Steuermanns in der Gesäßtasche seiner Jeans trug. Wer solche Geräte bei sich hat, dachte er, tut das in der eindeutigen Absicht, zu durchlöchern, zuzustoßen oder zu erstechen. Das bedeutet, dass dieser Mensch große Angst hat oder ein hundsgemeiner Kerl ist.

»Waffen«, erklärte er laut, »bringen immer Probleme.«

»Sie helfen dir auch aus der Klemme, wenn du dich wie ein Idiot benimmst.«

Beleidigt wandte er sich halb um.

»Hör zu. Du hast gesagt, du würdest gern zusehen, wenn ich kämpfe.«

»Habe ich das gesagt?«

Nun offenbarten die Helligkeit der fernen Stadt und das Blinkfeuer auf der Kielspur ein angedeutetes Lächeln zwischen den zerzausten Haarspitzen. Coy spürte, dass sich seine Wut mit vielen anderen Dingen vermischte.

»Beruhige dich.« Sie lachte laut. »Ich habe nicht vor, diese Pistole gegen dich zu gebrauchen.«

Der südliche Leuchtturm war schon an Backbord zu sehen: fünf Sekunden Licht und fünf Sekunden Dunkelheit. Der leichte Seegang des offenen Meeres ließ die *Carpanta* heftiger stampfen, und oben am Mast, vom Motorfahrtlicht schwach erhellt, drehten sich träge die Windfahne und der Schalenstern des Anemometers, wie es das Schwanken des Schiffes und der fehlende Wind bestimmten. Unwillkürlich berechnete Coy, wie weit sie vom Land entfernt waren, dann blickte er zur Steuerbord-Nock, wo ein Handelsschiff, das sich von Osten her genähert hatte, bereits seeklar war. Der Steuermann stand am Ruder – es war ein klassisches Holzsteuerrad mit sechs Handspeichen und einem Durchmesser von beinahe einem Meter, das sich im Cockpit hinter einer kleinen Kabine mit Windschutz und Sonnensegel befand – und änderte allmählich den Kurs, er steuerte nach Osten und beobachtete das Licht des Leuchtturms weiter aus den Augenwinkeln. Ohne dass Coy den GPS-Empfänger überprüfen musste, der auf dem Kompasshaus neben dem Autopiloten, dem Log und der Sonde eingeschaltet war, erkannte er klar, dass sie sich 36°6' nördlich und 5°20' westlich befanden. Auf den Seekarten – vier von der britischen Admiralität und zwei spanischen – hatte er zu oft Kurse zu oder von diesem Leuchtturm abgesetzt, als dass er Länge und Breite der Punta Europa vergessen könnte.

»Was hältst du von ihr?«, fragte er den Steuermann.

Er sah sich nicht nach ihr um. Sie blieb weiter am Heck stehen, ohne sich zu rühren, hielt sich an den Backstagen fest und betrachtete den schwarzen Felsen, den sie hinter sich zurückließen. Der Steuermann antwortete eine ganze Weile nicht. Coy wusste nicht, ob er über die Frage nachdachte oder die Antwort absichtlich hinauszögerte.

»Ich nehme an«, sagte er schließlich, »dass du weißt, was du tust.«

Im Halbdunkel verzog Coy den Mund.

»Ich frage dich nicht nach mir, Steuermann. Ich frage dich nach ihr.«

»Sie gehört zu denen, die besser an Land bleiben sollten.«

Coy hätte beinahe das Naheliegendste gesagt: Sie ist aber nicht an Land geblieben. Er hätte auch hinzufügen können: Sie ist genau die Frau, von der alle Seeleute ihren Kameraden erzählen oder die sie in der Kajüte oder auf einem alten Vorschiff erfinden. Die Frau, die sie alle kennen oder die wir in diesem oder jenem Hafen kennen gelernt haben. Er war nahe daran, es zu sagen, doch er sagte es nicht. Stattdessen betrachtete er den schwarzen Himmel über dem schwankenden Mast. Die meisten Sterne müssten eigentlich zu sehen sein, obwohl der Widerschein der nahen Küste sie überstrahlte.

»Es kann Probleme geben, Steuermann.«

Der andere antwortete nicht. Mit jedem Ausschlag der Handspeichen korrigierte er weiter den Kurs und hielt guten Abstand von der Landspitze. Erst nach einer Weile beugte er den Kopf ein wenig vor, als wollte er die Sonde kontrollieren.

»Auf dem Meer gibt es immer Probleme«, sagte er.

»Diesmal ist nicht nur das Meer daran schuld.«

Es war deutlich zu merken, dass der Steuermann schwieg, weil er sich Sorgen machte.

»Besteht die Gefahr, das Schiff zu verlieren?«

»Ich glaube nicht, dass es so schlimm kommt«, beruhigte ihn Coy. »Ich meine Probleme ganz allgemein.«

Der Steuermann schien zu überlegen.

»Du hast gesagt, dass dabei auch etwas Geld rausspringen kann«, betonte er schließlich. »Das wäre mir ganz recht ... Es gibt jetzt wenig Arbeit.«

»Wir suchen nach einem Schatz.«

Diese Offenbarung regte den Steuermann nicht auf. Er kümmerte sich weiter um das Ruder und das Licht des Leuchtturms.

»Ein Schatz«, wiederholte er gleichmütig.

»So wie ich's dir sage. Alte Smaragde. Die sind eine Stange Geld wert.«

Der Steuermann nickte und gab zu verstehen, dass alle alten Smaragde sicher eine Stange Geld wert waren, er jedoch an etwas anderes dachte. Dann ließ er das Ruder gerade so lange los, um den am Kompasshaus hängenden ledernen Weinschlauch zu nehmen, den Kopf nach hinten zu werfen und einen ausgiebigen Schluck zu trinken. Er griff wieder in die Speichen, nachdem er sich den Mund mit dem Handrücken abgewischt hatte, während er mit der anderen Hand die Flasche an Coy weiterreichte.

»Erinnere mich daran«, sagte er, »dass ich dir die Schatzgeschichten erzähle, die ich in meinem Leben gehört habe.«

Coy trank ebenso wie der Steuermann; er hielt die Flasche hoch und gab sich Mühe, sich nicht mit Wein zu begießen, weil das Schiff schwankte. Er kannte den Geschmack. Es war ein aromatischer, frischer Rosé aus der Gegend von Cartagena.

»Diese Geschichte ist überhaupt nicht unwahrscheinlich«, entgegnete er vor dem letzten Schluck. »Ich glaube, wir können das Wrack finden.«

»Wann ist das Schiff untergegangen?«

»Vor zweihundertfünfzig Jahren.« Er verschloss die Flasche und hängte sie an ihren Platz. »In der Bucht von Mazarrón. Nicht tief.«

Der Steuermann schüttelte skeptisch den Kopf.

»Sicher ist es auseinander gefallen. Die Fischer sind mit

ihren Netzen bestimmt ständig in den Trümmern hängen geblieben, der Sand hat alles zugedeckt ... Was es da rauszuholen gab, das hat man schon rausgeholt, oder es ist verloren.«

»Du bist ein misstrauischer Mensch, Steuermann. Wie deine Kollegen vom See Tiberias. Ehe sie den anderen nicht über das Wasser haben laufen sehen, haben sie ihn nicht ernst genommen.«

»Ich kann mir nicht vorstellen, dass du auf dem Wasser läufst.«

»Nein. Ich nicht. Und von ihr glaube ich es auch nicht.«

Die beiden wandten sich ihr zu und beobachteten sie. Sie stand immer noch unbeweglich am Achterdeck; ihre Umrisse zeichneten sich in der vom Land kommenden Helligkeit ab. Der Steuermann hatte eine Zigarette aus der Jacke geholt und sie in den Mund gesteckt, ohne sie anzuzünden.

»Außerdem«, sagte er, ohne dass es in den Zusammenhang passte, »ich werde allmählich alt.«

Vielleicht passte es doch hierher, dachte Coy. Der Steuermann und die *Carpanta* wurden alt, genauso, wie jener Schoner im Hafen von Barcelona vermoderte oder wie die Aufbauten der abgewrackten Handelsschiffe auf dem Friedhof der Namenlosen Schiffe in Regen und Sonne verrosteten, vom Salpeter zerfressen, vom Wasser im schmutzigen Ufersand beleckt. Ebenso wie sich Coy selber verzehrt hatte, als er im Hafen herumlungerte, nachdem er von einem Felsen aus an Land geworfen worden war, der auf den Karten im Indischen Ozean nicht eingezeichnet war. Trotzdem verhielt es sich so, wie ihm der Steuermann selbst vor über zwanzig Jahren gesagt hatte – oder vielleicht war er nicht mehr derselbe –, dass die Männer und die Schiffe für immer auf hoher See bleiben und dort würdig untergehen sollten.

»Ich weiß es nicht«, sagte er aufrichtig. »Ich weiß es wirklich nicht. Vielleicht stehen wir am Ende mit leeren Händen da. Du und ich, Steuermann. Womöglich sogar sie.«

Der andere nickte zustimmend und bedächtig, als hielte er das für die logischste Schlussfolgerung. Dann nahm er das Feuerzeug aus der Tasche, betätigte das Rädchen mit der Handfläche, blies auf den Docht und hielt die Flamme an die Zigarette, die er im Mund hatte.

»Aber es geht nicht um Geld, oder?«, murmelte er. »Wenigstens du bist nicht deshalb hier.«

Coy roch den Tabak, der sich mit dem beißenden Dochtrauch vermischte. Diesen trieb die Brise, die hinter Punta Europa allmählich auffrischte, schnell nach Westen.

»Sie braucht ...« Plötzlich schwieg er und fühlte sich lächerlich. »Nun ja. Vielleicht ist Hilfe nicht das richtige Wort.«

Der Steuermann zog lange an seiner Zigarette.

»Womöglich brauchst du sie.«

Die Nadel im Kompasshaus zeigte auf 70°. Der Steuermann drückte auf die entsprechende Verstärkertaste des Autopiloten und übertrug den Kurs auf ihn.

»Ich habe solche Frauen gekannt«, setzte er hinzu. »... Hm. Ein paar habe ich gekannt.«

»Eine solche Frau ... Was heißt das? ... Du weißt nichts von ihr, Steuermann. Ich selber weiß viele Dinge nicht.«

Der andere antwortete nicht. Er hatte das Steuerrad losgelassen und überprüfte, wie der Autopilot reagierte. Unter ihren Füßen spürten sie die Geräusche des Steuersystems, das im leichten Seegang den Kurs gradweise berichtigte.

»Sie ist schlecht, Steuermann. Verdammt schlecht.«

Der Führer der *Carpanta* zuckte die Achseln und setzte sich auf die Teakholzbank, damit er geschützt vor der Brise, die am Bug weiter auffrischte, rauchen konnte. Er wandte sich der reglosen Gestalt am Heck zu.

»Und genauso friert sie, wo sie nur den Pullover anhat.«

»Sie wird sich schon wärmer anziehen.«

Der Steuermann rauchte eine Weile schweigend. Coy lehnte sich weiter an das Kompasshaus. Er hielt die Beine etwas gespreizt und hatte die Hände in die Taschen gesteckt. Die Nachtluft überzog allmählich das Deck mit Feuchtigkeit, sie drang durch die aufgeplatzten Nähte am Rücken seiner Jacke ein; er hatte Kragen und Aufschläge hochgestellt. Trotz alledem genoss er das vertraute Schwanken des Schiffes, er bedauerte nur, dass der Wind von vorn kam und sie daran hinderte, die Segel beizusetzen. Das hätte das Geschaukel vermindert und das lästige Tuckern des Motors unnötig gemacht.

»Es gibt keine schlechten Frauen«, sagte der Steuermann plötzlich. »Genauso wenig gibt es schlechte Schiffe ... Es sind die Männer an Bord, durch die sie so oder so werden.«

Coy antwortete nicht, und der Steuermann schwieg wieder einige Zeit. Ein grünes Licht glitt schnell zwischen ihnen und dem Land hindurch und näherte sich an der Backbord-Nock. Als Coy sich im Gegenlicht des Leuchtturms befand, erkannte er die lange und niedrige Silhouette eines Hache-Jota-Motorboots der spanischen Zollaufsicht. Es hatte seinen Stützpunkt in Algeciras und unternahm eine Routinefahrt, um nach Haschisch aus Marokko und Schmugglern aus Gibraltar zu suchen.

»Was willst du von ihr?«

»Ich will ihre Sommersprossen zählen, Steuermann.

Hast du das gemerkt? ... Sie hat Tausende, und ich will sie alle zählen, eine nach der anderen, ich will mit den Fingern auf ihr entlangfahren, als wäre sie eine Seekarte. Ich will Kurse festlegen, von einem Ende zum andern, in den Buchten ankern, ihre Haut wie eine Küste ansteuern ... Verstehst du?«

»Ich verstehe. Du willst sie vernaschen.«

Auf dem Zollboot flammte ein Lichtkegel auf, der den Namen der *Carpanta*, ihre an die Bordwände geschriebene Registernummer und ihr Kennzeichen suchte. Vom Heck aus fragte Tánger, was das zu bedeuten hätte, und Coy erklärte es.

»Scheißkerle«, murmelte der Steuermann und beschattete seine geblendeten Augen mit der Hand.

Nie fluchte er, und Coy hatte selten von ihm ein grobes Wort gehört. Er war mit den herkömmlichen Normen der einfachen und ehrlichen Leute aufgewachsen. Aber Zöllner konnte er nicht vertragen. Zu oft hatte er mit ihnen Katz und Maus gespielt, und das schon seit den fernen Zeiten, als er auf der *Santa Lucía*, seinem kleinen Boot mit Lateinsegel, ruderte und Kisten mit hellem Tabak auffischte, um seinen Tagelohn aufzubessern. Man warf ihm die Kisten von vorüberfahrenden Handelsschiffen zu, denen er mit einer Taschenlampe zublinkte, während er sich jenseits der Insel Escombreras versteckte. Ein Teil für ihn, ein zweiter für die Polizisten der Guardia civil an der Mole, und der Löwenanteil ging an seine Auftraggeber, die nie etwas riskierten. Der Tabak hätte den Steuermann reich machen können, wenn er auf eigene Rechnung gearbeitet hätte. Aber er gab sich immer damit zufrieden, dass seine Frau am Palmsonntag ein neues Kleid einweihte oder er sie aus der Küche holte und zu einem gegrillten Fisch in eine Hafenkneipe einlud. Manchmal, wenn ihm die Freunde sehr zusetzten, wenn das Blut zu wild pulsierte und man sich zu viele Teufel vom Halse schaffen musste, wurde der Ertrag einer gefährlichen, arbeitsreichen Nacht, in der er sich auf einem hinterhältigen Meer abgemüht hatte, binnen weniger Stunden mit Musik und Alkohol, mit ein paar käuflichen, die Hüften schwingenden Frauen in den berüchtigten Kneipen von El Molinete durchgebracht.

»Darum geht es nicht, Steuermann.« Coy blickte weiter zu der am Heck stehenden Tánger hinüber, die nun vom Scheinwerfer der Zöllner angestrahlt wurde. »Wenigstens geht es nicht nur darum.«

»Natürlich geht es darum. Du hast nicht klar Schiff gemacht, bevor du sie nicht vernascht hast ... Vorausgesetzt, du schaffst das überhaupt.«

»Die ist eine Draufgängerin. Das schwöre ich dir.«

»Das sind sie alle. Schau mich an. Wenn mir etwas wehtut, schleppt mich meine Frau zum Arzt: ›Setz dich hin, Pedro, jetzt kommt gleich der Doktor‹ ... Du kennst sie ja. Aber sie selber kann kaputtgehen und sagt kein Wort. Wenn manche Frauen Kühe wären, würden sie wilde Stiere zur Welt bringen.«

»Es geht nicht nur darum. Ich habe ein altes Foto gesehen, weißt du? ... Und einen verbeulten Silberpokal. Außerdem einen Hund, der mir die Hand abgeleckt hat und der jetzt tot ist.«

Der Steuermann nahm die Zigarette aus dem Mund und schnalzte mit der Zunge.

»Hier ist alles fehl am Platz, was man nicht in einem Logbuch eintragen kann«, sagte er. »Den Rest muss man an Land zurücklassen. Sonst gehen die Schiffe und die Männer zugrunde.«

Nachdem das Zollboot die Inspektion beendet hatte, änderte es den Kurs. Das grüne Seitenlicht verschwand, es wurde durch ein weißes Hecklicht und dann durch ein rotes ersetzt, als es abdrehte und die Backbordseite zeigte, bevor es alle Lichter löschte, um die nächtliche Jagd unauffälliger fortzusetzen. Einige Augenblicke später war es nur noch ein Schatten, der sich schnell nach Westen bewegte, auf Punta Carnero zu.

Das Schiff krängte, und Tánger kam ins Cockpit. Bei dem lebhaften Seegang bewegte sie sich ungeschickt wie ein kleines Mädchen und war eifrig bemüht, sich vor jedem Schritt sorgfältig festzuhalten, um das Gleichgewicht zu bewahren. Als sie an den beiden vorüberkam, stützte sie eine Hand auf Coys Schulter. Er fragte sich, ob sie seekrank wurde. Aus irgendeinem perversen Grund amüsierte ihn diese Vorstellung ungeheuer.

»Mir ist kalt«, sagte sie.

»Unten liegt eine Windjacke«, bot der Steuermann an. »Die können Sie überziehen.«

»Danke.«

Die beiden sahen zu, wie sie in der Kajütenluke verschwand. Der Steuermann rauchte noch einige Zeit, ohne etwas zu sagen. Wortlos beobachtete er Coy, und schließlich sagte er, als setze er ein unterbrochenes Gespräch fort:

»Du hast immer zu viele Bücher gelesen ... Das konnte nicht gut gehen.«

X. Die Korsarenküste

> Man setzt das Leben aufs Spiel, drei oder vier
> Fingerbreit vom Tod entfernt, denn so dick ist
> das Plankenwerk des Schiffes.
> GARCÍA DE PALACIO. *Schifffahrtskunde*

Der Ostwind sprang vor Tagesanbruch zum Land um, aber er blies wieder von vorn, sobald die Sonne etwas über dem Horizont erschien. Er war nicht sehr stark, lediglich zehn oder zwölf Knoten, doch das genügte, um den lebhaften Seegang des Mittelmeers in kurze, aufgeregte und unangenehme Wellen zu verwandeln. Deshalb stampfte die mit Motorkraft fahrende *Carpanta* durch niedrige, spritzende Meereswogen, die manchmal Salzspuren auf dem Windschutz des Cockpits hinterließen. Sie fuhr südlich an Málaga vorbei, erreichte die Breite von 36°30' und steuerte von dort aus direkt nach Osten.

Zunächst verriet Tánger keine Anzeichen von Übelkeit. Coy hatte sie in der Dunkelheit lange beobachtet, wie sie regungslos auf einem der Holzstühle saß, die an der Laufplanke des Achterdecks befestigt waren. Sie hatte sich in die Seemannsjacke des Steuermanns eingemummt, deren hochgestellte Aufschläge ihr halbes Gesicht verdeckten. Als der Seegang kurz nach Mitternacht heftiger wurde, brachte ihr Coy eine aufblasbare Rettungsweste und einen Sicherheitsgurt, dessen Karabinerhaken er selber am Backstag einhängte. Er fragte, wie sie sich fühlte, und sie antwortete: »Danke, ausgezeichnet.« Er lächelte in sich hinein, weil er an das Biodramin dachte: Als er kurz zuvor hinuntergestiegen war, um die Westen und Gurte zu holen, hatte er die offene Schachtel auf der Koje liegen sehen, die ihr der Steuermann in einer Heckkajüte zugewiesen hatte. Wenn sie dort saß und sich von der nächtlichen Brise das Gesicht erfrischen ließ, würde sie sich jedenfalls weniger unwohl fühlen. »Trotzdem«, sagte er, »selbst wenn du dich ausgezeichnet fühlst, ich an deiner Stelle würde mich auf die andere Seite setzen, auf die Backbord-Nock, weit weg vom Auspuffrohr des Motors, das sich genau unter dir befindet.« Tánger entgegnete, sie fühle sich dort wohl. Er zuckte die Achseln und kehrte zum Cockpit zurück. Sie hielt es noch zehn Minuten aus, bevor sie den Platz wechselte.

Um vier Uhr morgens hatte der Steuermann die Wache übernommen, und Coy ging hinunter, um auszuruhen. Er legte sich in seine schmale Heckkajüte, in der lediglich Platz für eine Koje und einen Spind war. Er behielt seine Sachen an und streckte sich auf einem Schlafsack aus. Ein paar Minuten später schlief er, vom Schlingern des Schiffes eingewiegt. Es war ein tiefer, traumloser Schlaf, in dem nur verschwommene, schiffsähnliche Schatten umherirrten, die in einem gespenstischen grünen Halbschatten untergetaucht waren. Schließlich weckte ihn ein Sonnenstrahl, der durchs Bullauge einfiel und im Hin und Her des Seegangs auf- und abwanderte. Coy blieb auf der Koje sitzen, rieb sich den Hals und das schmerzende Auge und spürte, dass der Bart an der Handfläche kratzte. Besser, du rasierst dich endlich einmal, sagte er sich. Deshalb lief er über den engen Korridor zum Bad, und auf dem Weg schaute er in die andere Heckkajüte, deren Tür und Bullauge offen standen, damit die Luft zirkulieren konnte. Tánger schlief noch in der Koje. Sie lag auf dem Bauch, Weste und Gurt hatte sie anbehalten. Ihr Gesicht war nicht zu erkennen, weil ihr zerzaustes blondes Haar darüber lag. Die in Tennisschuhen steckenden Füße ragten über die Koje hinaus. Coy lehnte sich an den Türrahmen und hörte zu, wie sie atmete. Manchmal zuckte sie zusammen oder stöhnte leise. Er ging weiter, um sich zu rasieren. Das geschwollene Auge sah nicht übel aus, und die Kinnlade tat nur weh, wenn er gähnte. Trotz alledem, tröstete er sich grübelnd, war er bei dem Zusammenprall in Old Willis noch glimpflich davongekommen. Von dieser Vorstellung ermuntert, stellte er die Wasserpumpe an, um sich zu waschen. Er machte Kaffee im Mikrowellenherd heiß und trank eine Tasse, wobei er sich Mühe gab, nichts zu verschütten, obwohl das Schiff schlingerte. Dann brachte er auch dem Steuermann eine Tasse hinauf. Als er den Kopf aus der Kajütenluke steckte, sah er den anderen im Cockpit sitzen, mit einer Wollmütze auf dem Kopf. Sein kupferfarbenes Gesicht war von grauen Barthaaren eingerahmt. Im Frühnebel konnte man die andalusische Küste ahnen, zwei Meilen an Backbord vorbei.

»Du warst gerade erst schlafen gegangen, da hat sie schon über die Reling gespuckt«, teilte ihm der Steuermann mit und nahm die heiße Tasse entgegen. »Sie hat alles rausgebracht. Selbst den ersten Brei, den sie als Kind gegessen hat.«

Diese eingebildete Hündin, dachte Coy. Er bedauerte, dass er das Schauspiel verpasst hatte: wie sich die Königin der Meere und Schiffbrüche mit ihrem ganzen Überlegenheitsgefühl ans Manntau klammerte und die Möwen fütterte. Wunderbar.

»Das kann ich gar nicht glauben.«

Es war klar, dass er es doch glaubte. Der Steuermann beobachtete ihn nachdenklich.

»Offenbar hatte sie nur darauf gewartet, dass du verschwindest ...«

»Daran darfst du überhaupt nicht zweifeln.«

»Aber sie hat nicht einmal gejammert. Als ich sie gefragt habe, ob sie etwas brauchte, hat sie mich zum Teufel geschickt. Nachdem sie sich etwas beruhigt hatte, ist sie nach unten gegangen und hat sich wie eine Schlafwandlerin hingelegt.«

Der Steuermann trank ein paar Schluck Kaffee und schnalzte mit der Zunge, wie immer, wenn er eine Überlegung abschloss.

»Ich weiß nicht, warum du lächelst«, sagte er. »Dieses Mädchen hat Rasse.«

»Sogar zu viel, Steuermann.« Coy ließ ein leises, bitteres Lachen hören. »Zu viel Rasse.«

»Ich habe sogar gesehen, dass sie aufgestanden ist und sich zur Leeseite vorgetastet hat, bevor sie alles rausbrachte ... Sie hat sich nicht beeilt, sondern ist ganz langsam hingegangen, ohne ihre guten Manieren zu verlieren. Als sie an mir vorbeikam, habe ich ihr Gesicht im Kajütenlicht beobachtet: Es war blass, und trotzdem konnte sie mir noch gute Nacht sagen.«

Nach diesen Worten verstummte der Steuermann eine Weile. Er schien zu überlegen.

»Bist du sicher, dass sie weiß, was sie tut?«

Er bot Coy die halb ausgetrunkene Tasse an. Dieser trank einen kleinen Schluck und gab sie zurück.

»Sicher bin ich mir nur bei dir.«

Der andere kratzte sich unter der Mütze, und kurz danach nickte er. Er wirkte nicht allzu überzeugt. Er kniff die Augen zusammen, um die verschwommene Küstenlinie zu betrachten, einen lang gestreckten, graubraunen Flecken, den man im Nebel, nach Norden zu, nur schwer erkennen konnte.

Sie begegneten nur wenigen Segelschiffen. An der Costa del Sol hatte die Touristensaison noch nicht begonnen, und die einzigen Sportboote, die sie zu Gesicht bekamen, waren ein französischer Einmaster und später eine holländische Ketsch. Beide segelten mit raumem Wind der Meerenge entgegen. Am Nachmittag, in der Höhe von Motril, fuhr ein Schoner in entgegengesetzter Richtung an ihnen vorbei, eine halbe Kabellänge entfernt. Er trug die englische Flagge an der Gaffelsegelspitze des Großmastes. Außerdem sichteten sie noch Fischer bei der Arbeit, denen die *Carpanta* oft Platz machen musste. Die Kollisionsverhütungsregeln schrieben jedem Schiff vor, sich von einem Fischereifahrzeug mit ausgeworfenen Netzen weit entfernt zu halten, deshalb musste Coy während seiner Wachen – der Steuermann und er wechselten sich alle vier Stunden ab – den Autopiloten ausschalten und das Ruder nehmen, um Langleinern und Trawlern auszuweichen. Das tat er sehr ungern, denn er empfand keine Sympathie für Fischer. Sie waren schuld an stundenlangen, ungewissen Wartezeiten auf der Brücke der Handelsschiffe, auf denen er gefahren war, wenn ihre Lichter nachts den Horizont mit Punkten überzogen, die Radarschirme und die von Regen oder Nebel verschleierten Gewässer überfüllten. Außerdem hielt er sie für mürrisch und egoistisch, weil sie entschlossen waren, skrupellos jeden ihnen zugänglichen Meereswinkel leer zu räumen. Ihr gefährliches und entbehrungsreiches Dasein machte sie übel gelaunt, sie lebten in den Tag hinein und rotteten eine Fischart nach der anderen aus, ohne sich um die Zukunft zu kümmern, die für sie nicht weiter als der Ertrag jedes Arbeitstages reichte. Die schonungslosesten von allen waren die Japaner: Mit der heimlichen Beihilfe spanischer Geschäftsleute – wobei die Marine- und Fischereibehörden sich auf verdächtige Weise passiv verhielten – vernichteten sie im Mittelmeer den roten Thunfisch mit hochmodernen Sonargeräten und Kleinflugzeugen. Jedenfalls waren die Fischer nicht allein schuld. Coy hatte in denselben Gewässern Finnwale gesehen, die erstickt waren, weil sie umherschwimmende Plastikbeutel verschluckt hatten; die Umweltverschmutzung trieb ganze Gruppen von Delfinen in den Wahnsinn, so dass sie sich an den Küsten selber umbrachten, während Kinder und freiwillige Helfer ohnmächtig weinten und sie in das Meer zurückstießen, in das sie nicht heimkehren wollten.

Es war ein langer Tag voller Ausweichmanöver, inmitten von Fischereifahrzeugen, deren Verhalten sich nicht voraussagen ließ, die entweder volle Fahrt voraus segelten oder genauso gut auf einmal nach Backbord oder Steuerbord wendeten, um die Netze auszuwerfen oder einzuholen. Coy steuerte zwischen ihnen hindurch und änderte mit professioneller Geduld den Kurs, während er überlegte, dass sich die Seeleute an Bord eines Handelsschiffes, auf hoher See oder in Ländern, deren Gewässer weniger sorgfältig überwacht wurden, kaum derart rücksichtsvoll verhielten. Segelschiffe und Fischereiboote bei der Arbeit hatten theoretisch ein Vorfahrtsrecht; doch in der Praxis war es für sie besser, sich von einem Handelsschiff in voller Fahrt fern zu halten, dessen aus Indern, Filipinos oder Ukrainern bestehende, von wahllos zusammengesuchten Offizieren geführte Mannschaft der Schiffseigner aus Sparsamkeitsgründen auf ein Mindestmaß beschränkt hatte, einem Schiff, das eine Billigflagge führte und einen möglichst geraden Kurs einhielt, um mit Zeit und Kraftstoff zu knausern, und das nachts häufig ohne Brückenwache fuhr: Die Maschinen waren unbeaufsichtigt, und ein schläfriger Offizier verließ sich fast vollständig auf die Bordanlagen. Auch wenn es tagsüber nicht häufig vorkam, dass man die Maschinen oder das Ruder bedienen musste, um Geschwindigkeit oder Kurs zu ändern, so wurde ein Schiff nachts zu einer tödlichen Bedrohung für jedes kleine Boot, das seinen Weg kreuzte, ob es das Vorfahrtsrecht hatte oder nicht. Mit einer Geschwindigkeit von zwanzig Knoten, das bedeutete eine Strecke von zwanzig Meilen in einer Stunde, konnte dich ein hinter dem Horizont verborgenes Handelsschiff in zehn Minuten überrollen. Auf der Route von Dakar nach Teneriffa war das Schiff, auf dem Coy als Zweiter Offizier fuhr, einmal auf ein Fischereiboot losgestürmt. Es war fünf nach vier Uhr früh. Er war gerade von der Wache auf der Brücke der *Hawaiian Pilot* – eines Stückgutfrachters von 7000 Tonnen – gekommen, und während er die Treppe zu seiner Kajüte hinunterstieg, schien es ihm, als hörte er auf der Steuerbordseite ein gedämpftes Geräusch, wie wenn etwas von vorn nach achtern knirschte. Er schaute gerade rechtzeitig über Bord, um einen verschwommenen Schatten zu entdecken, der in der Bugwelle des Schiffes mit einem schwachen Licht unterging. Es glich einer glimmenden Glühbirne und tanzte wie wahnsinnig, bevor es schlagartig erlosch. Er lief schnell auf die Brücke zurück, wo der Erste Offizier gerade in aller Seelenruhe auf dem Tochterkompass den Kurs der Kreiselkompassanlage kontrollierte. »Ich glaube, wir haben einen Fischer überfahren«, erklärte Coy. Der Erste, ein phlegmatischer und trübsinniger Hindu namens Gujrat, starrte ihn an, ohne ein Wort zu sagen. »Bei deiner Wache oder bei meiner?«, fragte er endlich. Coy sagte, fünf nach vier hätte er das Geräusch gehört und gesehen, dass das Licht erlosch. Der Erste starrte ihn noch eine Weile nachdenklich an, bevor er an die Brückennock ging, kurz nach achtern blickte und den Radar beobachtete, auf dem die Echos der Wellen nichts Besonderes anzeigten. »Auf meiner Wache gibt es nichts Neues«, sagte er schließlich und beschäftigte sich wieder mit dem Kreiselkompass. Als der Erste Offizier den Kapitän – einen arroganten Engländer, der Mannschaftslisten anlegte, auf denen die britischen Untertanen von den Ausländern, selbst den Offizieren, getrennt erschienen – über Coys Verdacht informierte, war der Kapitän damit einverstanden, dass man den Zwischenfall nicht im Bordbuch verzeichnete. »Wir sind auf offener See«, sagte er. »Wozu sollen wir uns das Leben schwer machen.«

Um zehn Uhr nachts erreichten sie 3° westlicher Greenwicher Länge. Tánger erschien nur ab und zu kurz an Deck und sah dabei immer noch wie eine Schlafwandlerin aus. Beinahe ständig schloss sie sich in ihrer Kajüte ein. Coy ging ein paarmal zu ihr, fand sie aber schlafend. Er stellte fest, dass der Inhalt der Biodramin-Schachtel rasch abnahm. In der übrigen Zeit, wenn sie wach war, setzte sie sich wieder ruhig und schweigsam ans Heck, der Küstenlinie gegenüber, die an der Backbordseite langsam vorbeiglitt. Sie rührte kaum einen Bissen von dem Essen an, das der Steuermann kochte, beim Abendbrot langte sie allerdings etwas mehr zu, als er sagte, das werde ihrem Magen gut tun. Sobald es dunkel wurde, ging sie schlafen, und die beiden Männer blieben im Cockpit und sahen zu, wie die Sterne auftauchten. Der Wind blies die ganze Nacht von vorn und zwang sie, mit Motorkraft zu fahren. Deshalb entschlossen sie sich, den Hafen von Almerimar am nächsten Morgen um sechs Uhr anzulaufen, um Diesel zu tanken, ein wenig an Land auszuruhen und Vorräte aufzunehmen.

Um zwei Uhr nachmittags legten sie mit günstigem Wind ab: ein recht frischer Südsüdost, der es ihnen endlich erlaubte, sobald sie die Bake von Punta Entinas hinter sich gelassen hatten, den Motor auszuschalten, zuerst das Großsegel und dann die am Steuerbord festgebundene Genua loszumachen. Mit guter Geschwindigkeit gewannen sie das offene Meer. Der Seegang hatte abgenommen, und Tánger fühlte sich viel besser. Als sie in Almerimar neben einem uralten Ostseefischerboot festmachten, das die Umweltschützer umgebaut hatten, um Walen im Mar de Alborán zu folgen, hatte sie dem Steuermann geholfen, das Deck mit dem Schlauch abzuspülen. Offenbar vertrug sie sich gut mit ihm, und er behandelte sie halb aufmerksam und halb respektvoll. Nachdem sie im Jachtclub gegessen hatten, tranken sie Kaffee in einer Fischerkneipe, und dort erklärte ihm Tánger die abenteuerliche Fahrt der *Dei Gloria*, die, wie sie sagte, eine ähnliche Route wie nun die *Carpanta* zurückgelegt hatte. Der Steuermann erkundigte sich nach den Segel- und Manövriereigenschaften der Brigg, und sie antwortete auf alle seine Fragen mit der Selbstsicherheit eines Menschen, der sich sogar mit den kleinsten Einzelheiten dieser Angelegenheit beschäftigt hatte. »Ein kluges Mädchen«, meinte der Steuermann flüsternd, als sie zum Schiff zurückgingen, mit Essenspaketen und Wasserflaschen bepackt. Coy stimmte ihm zu, während er sie in ihren Jeans, einem T-Shirt und Sportschuhen, mit ihrer schmalen Taille, ihrem von der Brise zerzausten Haar und einer Plastiktüte vom Supermarkt in jeder Hand vor ihnen über die Mole laufen sah. Vielleicht zu klug, hätte er beinahe gesagt. Aber das behielt er lieber für sich.

Sie wurde nicht wieder seekrank. Die Sonne versank allmählich am Horizont, achtern, und die *Carpanta* fuhr mit vollen Segeln und mit vier Knoten am Log um den Golf von Adra. Der Wind sprang quer nach Süden um. Coy überwachte den Bug. Sein verletztes Auge war schon einigermaßen abgeschwollen. Der Steuermann saß im Cockpit. Mit seinen im Flicken von Netzen und Segeln erfahrenen Händen besserte er mit Nadel und Faden die Nähte der Jacke aus, die beim Zwischenfall in Old Willis aufgeplatzt waren, und trotz des Schlingerns machte er nicht einen falschen Stich. Tánger schaute aus der Kajütenluke und fragte nach der Position. Coy nannte sie. Kurz darauf kam sie und setzte sich zwischen die beiden. Sie hatte eine Seekarte in der Hand. Als Tánger sie im Schutz der kleinen Kabine auseinander faltete, sah Coy, dass es die 774 der britischen Admiralität war: von Motril bis Cartagena, einschließlich der Insel Alborán. Bei längeren Entfernungen waren die englischen Karten in kleinerem Maßstab bequemer als die spanischen: Alle hatten dieselbe Größe, und man konnte sich auf ihnen gut zurechtfinden.

»Es war hier und ungefähr um die gleiche Zeit, als man die Segel des Korsaren von der *Dei Gloria* aus gesichtet hat«, erklärte Tánger. »Das Kaperschiff folgte ihrer Kielspur und verringerte allmählich den Abstand. Das konnte irgendein Schiff sein, aber Kapitän Elezcano war ein misstrauischer Mann, und es kam ihm verdächtig vor, dass sich der andere näherte, nachdem er Almería hinter sich gelassen hatte und nun eine lange Küste ohne Zufluchtsorte für die Brigg vor ihnen lag ... Darum befahl er, mehr Segel zu setzen und wachsam zu bleiben.«

Auf der Karte zeigte sie die ungefähre Position, acht oder zehn Meilen südwestlich vom Cabo de Gata. Coy konnte sich mühelos vorstellen, was dann geschehen war: Vom geneigten Deck aus spähten die Männer nach hinten, am Achterdeck beobachtete der Kapitän seinen Verfolger durchs Fernglas, die Patres Escobar und Tolosa machten besorgte Gesichter, das Kästchen mit den Smaragden stand abgeschlossen in der Offizierskajüte. Plötzlich ein Ruf, der Befehl, Segel zu pressen. Er jagte die Matrosen an den Webeleinen hinauf, um mehr Segel beizusetzen. Die Klüver flatterten über das Bugspriet, bevor sie sich im Wind strafften, das Schiff krängte ein paar Plankenreihen höher, als oben die zusätzlichen Segel ihre Wirkung taten. Die gerade Schaumspur auf dem blauen Meer; achtern, kurz vor dem Horizont, die weißen Segel der *Chergui*, die schon offen die Verfolgung aufgenommen hatte.

»Es fehlte nicht mehr viel bis zur Abenddämmerung«, erzählte Tánger weiter, nachdem sie zur Sonne emporgeblickt hatte, die langsam hinter dem Heck der *Carpanta* versank. »Mehr oder weniger wie jetzt. Der Wind blies von Süden und dann von Südwesten.«

»Genauso ist es heute«, sagte der Steuermann. Er hatte die Jacke fertig genäht und betrachtete das gekräuselte Meer und den Himmel. »Er dreht noch ein paar Strich nach achtern, bevor die Nacht anbricht, und wenn wir um das Kap kommen, weht ein frischer Lebeche.«

»Großartig«, sagte sie.

Die marineblauen Augen wanderten erwartungsvoll von der Karte zum Meer und zu den Segeln. Ihre Nasenflügel waren gebläht, stellte Coy fest. Sie atmete tief durch den halb offenen Mund, als musterte sie in diesem Augenblick das Segelwerk an den Masten der *Dei Gloria*.

»Der überlebende Steuermannsjunge hat berichtet«, sagte Tánger, »dass Kapitän Elezcano am Anfang zögerte, ob er mehr Segel setzen sollte. Der Sturm bei den Azoren hatte dem Schiff übel mitgespielt, und man konnte sich nicht auf die Obermasten verlassen.«

»Du meinst die Stengen«, warf Coy ein. »Die Obermasten heißen Stengen. Wenn sie beschädigt waren, wie du sagst, konnten sie zerbrechen, sobald sie zu viel Segel hatten. Wenn die Brigg den Wind wie wir querschiffs hatte, dann nehme ich an, dass man Klüver, Unterstagsegel, Gaffel- und Focksegel und vielleicht auch das Mars- und Vortoppsegel losmachte, die man in Lee scharf abbrasste, während man die Obersegel – die Toppsegel – ausnahm, um kein Risiko einzugehen ... Wenigstens vorläufig.«

Tánger nickte zustimmend. Sie betrachtete das Meer achtern, als lauerte dort der Korsar.

»Sie muss über das Meer geflogen sein. Die *Dei Gloria* war ein schnelles Schiff.«

Coy blickte ebenfalls zurück.

»Offenbar das andere auch.«

Nun versetzte er sich in seiner Phantasie auf das Deck des Korsaren. Wie es den Seeeigenschaften des Schiffes entsprach, die ihnen Lucio Gamboa in Cádiz beschrieben hatte, fuhr die *Chergui*, eine als Polacker getakelte Schebecke, gewiss mit vollen Segeln. Das riesige Lateinsegel des Fockmastes war vom Wind ganz gebläht und am Bugspriet angespannt, beigesetzt waren die Segel des Großmastes, das Latein- und Marssegel am Besanmast. Mit ihren scharfen Linien eines für das Mittelmeer gebauten Schiffes durchschnitt sie das Wasser. Die Geschützpforten waren geschlossen, doch die Kampfbesatzung richtete die Kanonen her und war gefechtsbereit, und dieser merkwürdige Engländer, Kapitän Slyne oder Misián, dieser große Hurensohn, stand auf dem hohen, geneigten Achterdeck, ohne die Augen von seiner Beute abzuwenden. Wenn ein Schiff einem anderen nachjagte, dauerte das gewöhnlich lange. Auch die verfolgte Brigg war schnell, und die Korsarenmannschaft musste wohl die Sache ruhig angehen, weil sie wusste, dass sie ihr Opfer erst nach dem Morgengrauen erreichen würde, außer wenn dieses beschädigt wurde. Coy konnte sich die Mannschaft gut vorstellen: Renegaten, der gefährliche Abschaum der Häfen. Malteser, Männer aus Gibraltar, Spanier und Nordafrikaner. Das Schlimmste, was alle Familien, Bordelle und Kneipen zu bieten hatten: altbewährte Piraten, die unter einem formal rechtmäßigen Deckmantel fuhren und kämpften: dem Kaperbrief, der sie theoretisch davor bewahrte, an einem Strick zu baumeln, wenn man sie gefangen nahm. Ein beherzter und grausamer Pöbelhaufen, Desperados, die nichts zu verlieren und alles zu gewinnen hatten, unter dem Befehl von skrupellosen Kapitänen. Sie fuhren auf Kaperei mit Freibriefen, die ihnen je nach den Umständen die maurischen Zwergkönige oder Ihre britische Majestät ausgestellt hatten. Sie zählten auf Komplizen in jedem Hafen, wo man jemanden mit Geld kaufen konnte. Auch in Spanien hatte es solche Leute gegeben: aus der Kriegsmarine ausgestoßene Offiziere, denen man ihr Patent aberkannt hatte oder die in Ungnade gefallen waren, wagemutige Glücksritter, die unbedingt auf ein Schiff wollten und sich von jedem Beliebigen anheuern ließen. Handelsgesellschaften rüsteten oft Schiffe aus und verkauften die Beute der Raubzüge, wobei sie seelenruhig an der Börse spekulierten. Früher, überlegte Coy mit tiefem Sarkasmus, wäre er als entehrter und unbeschäftigter Offizier vielleicht selber auf einem Korsarenschiff gelandet. Durch die Wechselfälle des Meeres hätte er sich zweieinhalb Jahrhunderte zuvor ebenso gut an Bord des Opfers wie des Verfolgers befinden können, wenn er in denselben Gewässern mit vollen Segeln gefahren wäre, während sich die graubraune Silhouette des Cabo de Gata am Horizont abzeichnete.

»Wir werden nie erfahren, ob es ein zufälliges Zusammentreffen war«, sagte Tánger.

Nachdenklich sah sie aufs Meer hinaus. Der Angriff eines Korsaren, der auf gut Glück nach einer Beute suchte, oder die Schwarze Hand aus Madrid, die den Weg der *Chergui* so lenkte, dass sie die *Dei Gloria* abfangen, das Manöver der Jesuiten vereiteln und sich die Smaragdladung aneignen konnte: Jemand trieb im Kabinett der Geheimuntersuchung womöglich ein doppeltes Spiel. Aber das war das einzige Mysterium, das sich wohl niemals aufklären ließe.

»Vielleicht hat der Korsar sie schon von Gibraltar an verfolgt«, sagte Coy und fuhr mit dem Finger waagerecht über die Karte.

»Oder er hatte sich in einer Bucht versteckt und wartete«, betonte sie. »Mehrere Jahrhunderte lang war hier die ganze Küste von Korsaren verseucht ... Sie kamen sehr nahe ans Land heran und zogen sich in Schlupfhäfen zurück, um sich vor den Winden zu schützen oder Wasser einzunehmen, und vor allem, um auf Beute zu lauern. Seht ihr?« Sie zeigte auf eine Stelle der Karte zwischen der Punta de los Frailes und der Punta de la Polacra. »Die Bucht, die sich hier befindet und die jetzt Ensenada de los Escullos heißt, war noch am Anfang des 19. Jahrhunderts als Bucht von Mahomet Arráez bekannt, und so erscheint sie damals auf den Karten und in den Segelhandbüchern. Einen Arráez nannte man unter anderem den Kapitän eines maurischen Korsarenschiffs ... Seht euch die andere Stelle da an: Noch heute heißt sie Maureninsel. Aus diesem Grund, damit man sich vor den Piratenüberfällen schützen konnte, hat man alle Ortschaften im Landesinneren oder auf den Höhen errichtet ...«

»Mauren an der Küste: Gefahr im Verzug«, erklärte der Steuermann.

»Ja. Darum sagt man das in Spanien noch heute. Darum gibt es auch so viele alte Wachtürme am Strand, deren Besatzungen den Auftrag hatten, die Einwohner zu alarmieren.«

Die Sonne stand achtern immer niedriger und bedeckte Tángers getüpfelte Haut mit rötlichen Tönen. Die Brise ließ die Seekarte in ihrer Hand flattern. Voller Ungeduld schaute sie zur nahen Küste hinüber, als könnten ihr die Besonderheiten des Geländes uralte Geheimnisse offenbaren.

»Am Abend des 3. Februar«, sagte sie, »musste niemand Kapitän Elezcano alarmieren. Er kannte die Gefahren nur zu gut und nahm sich ganz sicher in Acht. Deshalb konnte ihn der Korsar nicht überrumpeln, und es gab eine lange Verfolgungsjagd.« Nun fuhr Tánger mit dem Finger auf der Karte an der aufsteigenden Küstenlinie entlang. »Sie dauerte die ganze Nacht, mit Wind von achtern, und der Korsar konnte erst angreifen, als die *Dei Gloria* mehr Segel setzen wollte und ihr Fockmast zerbrach.«

»Sicher deshalb«, betonte Coy, »weil sie schließlich beschloss, die Toppsegel loszumachen. Wenn sie das tat, obwohl das Mastenwerk beschädigt war, dann hatte sie den Korsaren bestimmt schon auf dem Hals. Ein verzweifeltes letztes Mittel, nehme ich an.« Er wandte sich Rat suchend an den Steuermann. »Zu viele Segel.«

»Sie hat wohl versucht, nach Cartagena zu kommen«, meinte der andere.

Neugierig sah Coy seinen Freund an. An die Stelle des üblichen Phlegmas trat bei ihm offenbar ein Interesse, das Coy bisher selten an ihm beobachtet hatte. Als ließe auch er sich von der gemeinsamen Stimmung anstecken, dachte Coy erstaunt. Je faszinierender das nahe Mysterium wirkte, desto enger schloss Tánger sie zu einer sonderbaren Mannschaft zusammen, die das Phantom eines in grünes Halbdunkel gehüllten Schiffes verblendete. Die an den morschen Maststumpf genagelte Golddublone Kapitän Ahabs leuchtete für alle.

»Ganz klar«, stimmte Coy zu. »Aber sie kam nirgends an.«

»Warum hat sie sich nicht ergeben, anstatt zu kämpfen?«

Wie gewöhnlich hatte Tánger auch dafür eine Erklärung: »Wenn die Korsaren aus den Barbareskenstaaten kamen, wäre es das Schicksal der gefangenen Seeleute gewesen, den Rest ihres Lebens als Sklaven zu verbringen. Wenn es Engländer waren, dann verschlimmerte sich durch den damaligen unsicheren Frieden zwischen Spanien und England die Lage für die Mannschaft der *Dei Gloria* nur noch mehr ... Derartige Operationen endeten gewöhnlich mit der Ermordung aller Zeugen, damit man keine Beweise hinterließ. Außerdem gab es die Smaragde ... Also ist es kein Wunder, dass Kapitän Elezcano und seine Männer bis zum Äußersten kämpften.«

Der Steuermann hielt den ledernen Weinschlauch in der Hand, während er die Karte studierte. Er trank einen Schluck und schnalzte mit der Zunge.

»Seeleute wie die gibt es keine mehr«, sagte er.

Auch Coy meinte das. Außer mit dem grausamen und unbarmherzigen Meer und mit den schmählichen Lebensbedingungen an Bord mussten die Seeleute mit den Gefahren des Krieges, mit Kanonaden und Überfällen rechnen. War es schon schrecklich, einem Sturm zu trotzen, so war ein feindliches Schiff zweifellos noch schlimmer. Er erinnerte sich an sein Praktikum als Kursant auf der *Estrella del Sur*, und er schüttelte sich, wenn er nur daran dachte, wie man am schwankenden Takelwerk eines Schiffes hochkletterte, um ein Segel zu beschlagen, während Kartätschen und Kanonenkugeln pfiffen, die Taue zerrissen und überall Splitter umherflogen.

»Was es nicht mehr gibt«, murmelte Tánger, »das sind Männer wie sie.«

Sie betrachtete das Meer und die windgeblähten Segel der *Carpanta*, und in ihrer Stimme schwang die Sehnsucht nach alldem mit, was sie nicht kennen gelernt hatte, nach dem Rätsel, das sie in alten Büchern und auf Seekarten entdeckt hatte und das ihr wie ein aus der Ferne durch die Wellen blinkender Leuchtturm zu erkennen gab, dass sich noch neue Meere befahren und versunkene Schiffe entdecken ließen, dass Verfolgungsjagden mit vollen Segeln, Smaragde und Träume übrig blieben, die man ans Tageslicht holen konnte. Zwischen den Haarspitzen, die ihr Gesicht peitschten, wirkten ihre Augen weltentrückt, als erinnerten sie sich an krängende Decks, an Meeresrauschen und schäumende Kielspuren. Jene dramatische Jagd schien auf einmal vor ihren Augen wieder zu erstehen und zog auch die zwei anderen in ihren Bann: den Seemann ohne Schiff und den Seemann ohne Träume. Plötzlich begriff Coy, dass Tánger Soto an jenem fernen Abend des 3. Februar 1767 gern auf einem der beiden Schiffe gewesen wäre. Sicher war allerdings nicht, ob an Bord des Opfers oder des Verfolgers. Obwohl das vielleicht gleich war.

Wie der Steuermann vorausgesagt hatte, drehte der Wind vor dem Dunkelwerden etwas nach achtern, und das noch mehr, als die Sonne hinter dem Horizont verschwunden war und sie das Cabo de Gata schon im Zwielicht umsegelten. Das Strahlenbündel des Leuchtturms erhellte in regelmäßigen Abständen die Felsen des Gebirges. Darum zogen sie das Großsegel ein und fuhren mit Nordostkurs weiter, während nun die Genuaschot locker am Backbord befestigt war. Bevor es ganz dunkel wurde, machten die beiden Seeleute das Schiff für die Nachtfahrt bereit: Signalleinen an den Seiten, aufblasbare Rettungswesten mit Sicherheitsgurten, Nachtgläser, Taschenlampen und weiße Signalraketen in Reichweite. Danach stellte der Steuermann ein schnelles Abendessen zusammen, das vor allem aus Obst bestand. Er schaltete das Radar, die rote Lampe des Kartentischs und die Segelfahrtlichter ein, dann ging er eine Weile schlafen und überließ Coy die Wache im Cockpit.

Tánger blieb bei ihm. Sie ließ sich von dem schlingernden Schiff wiegen. Sie trug die Jacke des Steuermanns, hatte die Hände in die Taschen gesteckt und den Kragen hochgestellt. Sie betrachtete die Lichter, die manchmal in der Ferne auftauchten und die Küste von Almería mit Punkten überzogen. Deren steil ansteigende Umrisse ließen sich in der vorübergehenden Helligkeit des westlichen Himmels erahnen. Wenig später zeigte sich Tánger erstaunt, dass sie so wenige Lichter entdeckte, und Coy erklärte, dieses Gebiet vom Cabo de Gata bis zum Cabo de Palos sei das einzige an der spanischen Mittelmeerküste, das noch nicht von dem alles mit einer Betonschicht überziehenden Krebsschaden der Touristensiedlungen heimgesucht worden sei. Zu viele Berge, ein felsiger Strand und wenige Straßen bewirkten das Wunder, diese Region beinahe jungfräulich zu erhalten. Vorläufig.

Auf dem offenen Meer, an der vom Land abgewandten Schiffsseite, verrieten kleine helle Punkte hinter dem Horizont, dass sich dort Handelsschiffe befanden, die parallelen Kursen zur *Carpanta* folgten. Ihre Routen verliefen weiter draußen auf hoher See als die des Seglers, und das hielt sie fern. Coy bemühte sich jedoch, sie nicht aus den Augen zu verlieren, und in gewissen Abständen berechnete er durch geschätzte Peilungen, wo ihre jeweiligen Positionen lagen: Nach dem alten Grundsatz der Seeleute bedeutete eine stehende Peilung bei sich verkürzendem Abstand eine sichere Kollision. Er beugte sich über das Kompasshaus, um Kurs und Log zu kontrollieren. Die *Carpanta* segelte mit dem Bug voran, sie hatte eine Geschwindigkeit von vier Knoten und zeigte auf 40° des Kompasses. Der sanfte Lebeche trieb das Schiff vorwärts, das Wasser rauschte am Rumpf entlang, und die *Carpanta* glitt ganz gemächlich durchs gekräuselte Meer, unter dem dunklen Gewölbe, an dem man schon die ersten Sterne erkennen konnte. Als unerschütterlicher Wachposten des Nordens stand der Polarstern an seiner Stelle, der Senkrechten Backbord voraus. Tángers Augen folgten Coys Blick nach oben.

»Wie viele Sterne kennst du?«, fragte sie.

Coy zuckte mit den Achseln, bevor er antwortete, er kenne dreißig oder vierzig. Diejenigen, die er für seine Arbeit unbedingt brauchte. Der dort sei der Hauptstern, der Polarstern, sagte er. Links davon könne man den Großen Bären mit seiner Gestalt eines umgedrehten Kometen sehen, und etwas weiter oben befinde sich Kepheus. Die ein W bildende Gruppe sei Kassiopeia. W wie Whisky.

»Wie kannst du die unter so vielen anderen herausfinden?«

»In einem bestimmten Augenblick, das hängt von der Jahreszeit ab, sind manche deutlicher sichtbar als andere ... Wenn du den Polarstern als Ausgangspunkt nimmst und imaginäre Linien und Dreiecke zeichnest, kannst du die wichtigsten entdecken.«

Tánger schaute interessiert nach oben. Ihr Gesicht war nur spärlich von dem rötlichen Schein erleuchtet, der aus der Kajütenluke drang. Das Licht der Sterne spiegelte sich in ihren Augen, und Coy erinnerte sich an ein Lied aus seiner Jugend:

> *Einem Mädchen hab' ich gezeigt,*
> *wie man singt ...*

Er lächelte im Halbdunkel. Wer hätte ihm das vor über zwanzig Jahren vorausgesagt?

»Wenn du mit den beiden unteren Sternen des Großen Bären und dem Polarstern ein Dreieck bildest«, erklärte er, »findest du im dritten Schnittpunkt, siehst du? ... Capella. Dort, über dem Horizont. Um diese Zeit sieht man sie noch weit unten, bald steigt sie allerdings höher, weil sich diese Sterne in westlicher Richtung um den Polarstern drehen.«

»Und das leuchtende Häufchen da? ... Das sieht aus wie eine Weintraube.«

»Das sind die Plejaden. Sie strahlen heller, wenn sie oben stehen.«

Sie wiederholte leise: die Plejaden, und betrachtete sie lange. Die Fünkchen auf ihren Pupillen, dachte Coy, ließen sie überraschend jung erscheinen. Wieder fielen ihm das gerahmte Foto und der verbeulte Pokal ein, die sich nun mit dem alten Lied vereinten:

Wissen wollt' es
den Namen der Sterne.

»Der dort, der ganz helle, ist Andromeda«, zeigte er. »Sie befindet sich neben dem Quadrat von Pegasus. Ihn stellten sich die Astronomen des Altertums als ein umgekehrt erscheinendes, geflügeltes Pferd vor ... Und genau dort, wenn du richtig aufpasst, etwas weiter rechts, ist der Orionnebel ... Siehst du ihn?«

»Ja ... Den sehe ich.«

In ihrer Stimme klang sanfte Erregung mit, die Entdeckung von etwas Neuem. Etwas Unnützem, Unerwartetem und Schönem.

Welch wunderschöne Nacht,
da ich jedem Stern
tausend Namen gab.

Das trällerte Coy ganz leise, zwischen den Zähnen. Das schwankende Schiff, die immer tiefere Nacht und Tángers Nähe versetzten ihn in einen Zustand, der dem Glück sehr nahe kam. Man fährt zur See, dachte er, um solche Momente zu erleben. Er hatte ihr das 7x50er Nachtglas gegeben. Sie beobachtete den Himmel, die Plejaden und den Orionnebel und suchte nach den Lichtpunkten, die er ihr mit dem Finger zeigte.

»Orion selbst kann man noch nicht erkennen, der ist mein Liebling ... Orion ist der Jäger mit dem Schild, dem Gürtel und der Schwertscheide ... Seine Schultern heißen Beteigeuze und Bellatrix, und ein Fuß heißt Rigel.«

»Warum ist er dein Liebling?«

»Er beeindruckt mich am meisten von allen, die es da oben gibt. Mehr als die Milchstraße. Und einmal hat er mir das Leben gerettet.«

»Na, so was. Das musst du mir erzählen.«

»Da gibt es nicht viel zu erzählen. Ich war ungefähr dreizehn oder vierzehn und mit einem kleinen Segelboot zum Fischen rausgefahren. Es kam schlechtes Wetter auf, und es wurde ganz dunkel. Die Nacht überraschte mich mitten auf dem Meer. Ich hatte keinen Kompass dabei und konnte mich nicht orientieren ... Auf einmal teilten sich die Wolken, und ich erkannte Orion. Ich habe den Kurs bestimmt und in den Hafen zurückgefunden.«

Tánger sagte eine Weile nichts. Vielleicht stellt sie sich vor, wie ich damals war, vermutete Coy. Ein auf dem Meer verirrtes Kind, das nach einem Stern sucht.

»Der Jäger und das Pferd Pegasus.« Sie sah sich wieder am Himmel um. »Bringst du es wirklich fertig, alle diese Gestalten da oben zu sehen?«

»Natürlich, ja. Das ist leicht, wenn du ein Jahr ums andere hinaufschaust ... Jedenfalls hat es bald keinen Nutzen mehr, dass die Sterne über dem Meer leuchten, weil die Menschen sie nicht mehr brauchen, um ihren Weg zu suchen.«

»Ist das schlecht?«

»Ich weiß nicht, ob es schlecht ist. Ich weiß, dass es traurig ist.«

Vor ihnen, Backbord voraus, blinkte ganz weit entfernt ein Licht, das im dichten Schatten des Segels erschien und verschwand. Coy beobachtete es aufmerksam. Vielleicht war es ein Fischer oder ein Handelsschiff, das in Küstennähe fuhr. Tánger betrachtete den Himmel, und er dachte eine Weile über Lichter nach: weiße, rote, grüne, blaue oder in irgendeiner anderen Farbe. Keiner, dem das Meer fremd war, konnte ahnen, was sie für einen Seemann bedeuteten. Wie eindringlich sie Gefahren, Warnungen und Hoffnungen ausdrückten. Was es bedeutete, sie bei schwierigen Nachtfahrten zu suchen und zu identifizieren, inmitten von sturmgepeitschten Wellen, beim ruhigen Einlaufen in einen Hafen, während man das Glas an die Augen presste und sich bemühte, das Blinken eines Leuchtturms oder einer Bake aus Tausenden von widerwärtigen, albernen, absurden Lichtern an Land herauszufinden. Es gab freundliche Lichter und mörderische Lichter und sogar solche, die mit Gewissensbissen zu tun hatten, wie etwa einmal, da Coy als Zweiter Offizier an Bord des Tankers *Palestine* auf der Route von Singapur zum Persischen Golf fuhr und um drei Uhr morgens glaubte, zwei rote, in großer Ferne abgeschossene Signalraketen zu erkennen. Obwohl er nicht ganz sicher wusste, ob es Notsignale waren, hatte er den Kapitän geweckt. Dieser kam halb angezogen und verschlafen auf die Brücke, um sich zu vergewissern. Doch es stiegen keine weiteren Raketen auf, und der Kapitän, ein wortkarger und tüchtiger Baske, der Etxegárate hieß, hielt es nicht für richtig, vom Kurs abzuweichen. Wie er sagte, hätten sie schon zu viel Zeit verloren, als sie den Raffles-

Leuchtturm und die Straße von Malakka mit ihrem wahnsinnigen Verkehr hinter sich lassen mussten. In dieser Nacht verbrachte Coy den Rest seiner Wache damit, aufmerksam dem Kanal 16 des Funkgeräts zu lauschen, um womöglich den Notruf eines Schiffes zu hören. Es kam nichts; aber er konnte nie die zwei roten Signalraketen vergessen, vielleicht die Notreserve, die ein verängstigter Seemann in der Dunkelheit als letzte Hoffnung abgeschossen hatte.

»Erzähl mir«, sagte Tánger, »was in der Nacht damals an Bord der *Dei Gloria* passiert ist.«

»Ich dachte, das wüsstest du ganz genau.«

»Es gibt Dinge, die ich nicht wissen kann.«

Ihr Ton unterschied sich völlig von dem, den ihre Stimme sonst hatte. Überrascht stellte er fest, dass er ganz vertraut, beinahe sanft klang. Deshalb rutschte er unbehaglich auf der Teakholzbank hin und her und wusste zuerst nicht, was er antworten sollte. Sie wartete geduldig.

»Nun ja«, sagte er endlich. »Wenn der Wind ebenso wie heute war, beinahe genau von achtern, dann ist es logisch, dass der Kapitän ...«

»Kapitän Elezcano«, warf sie ein.

»Ja ... Genau ... Dass Kapitän Elezcano die Klüver und die Stagsegel streichen ließ, wenn er sie geführt hat. Bestimmt hat er auch die Segel am Großmast eingezogen, damit das große Gaffelsegel nicht auf das Ruder drückte und nicht den Wind aus dem Vortopp- und dem Focksegel nahm. Vielleicht zog er nur das Gaffelsegel ein und ließ das Marssegel beigesetzt. Er konnte auch das vordere und hintere Leesegel losmachen, allerdings bezweifle ich, dass er so etwas in der Nacht getan hat ... Jedenfalls hat er sein Schiff gekannt und es so besegelt, dass es möglichst viel

Fahrt machte und ihm andererseits nicht zu viel Segelfläche einen Mast zerbrach.«

Der weiter von achtern kommende Wind frischte etwas auf und führte zu leichtem Seegang. Coy prüfte das Anemometer, und dann betrachtete er den riesigen Schatten des Segels. Er steckte die Handkurbel in die Buchse der Steuerbordwinsch und zog die Schote etwas an. Die *Carpanta* krängte ein paar Grad und legte einen halben Knoten zu.

»Wie du erzählt hast«, erklärte er, nachdem er die Kurbel weggeräumt und das Tauende der Schote zusammengelegt hatte, »war der Wind sicher etwas stärker als bei uns heute. Wir haben sechzehn Knoten wahren Wind, was der Stärke 4 auf der Beaufort-Skala entspricht ... Sie hatten möglicherweise etwas über zwanzig und unter dreißig Knoten, was der Stärke 5 bis 6 entspricht. Damit konnten sie natürlich gut vorankommen. Sie waren gewiss schneller als wir. Sie krängten leicht nach Steuerbord und hatten raumen Wind von achtern.«

»Was haben die Männer getan?«

»Gewiss haben sie wenig geschlafen, besonders deine beiden Ordensbrüder. Bestimmt hielten alle Ausschau nach dem Verfolger, den sie in der Nacht kaum wahrnehmen konnten. Wenn der Mond um diese Zeit schien, sichteten sie achtern vielleicht manchmal den Schatten des Segels ... Die zwei Schiffe fuhren sicher ohne Licht, um ihre Position nicht zu verraten. Die Männer der Wache hatten sich an den Masten versammelt, schlummerten ein bisschen oder blickten sorgenvoll über die Reling, während sie auf den Befehl warteten, wieder hinaufzuklettern und die Segel umzubrassen ... Die Übrigen standen an den Kanonen. Sie wappneten sich gegen einen plötzlichen Überfall des Korsaren. Der Kapitän blieb die ganze Zeit auf dem Achterdeck; er beobachtete das Heck, das knirschende Mastenwerk und die flatternden Segel. Ein Rudergänger am Steuerrad, der den Kurs hielt ... In dieser Nacht steuerte ganz bestimmt der beste Rudergänger.«

»Und der Steuermannsjunge?«

»Der war bei Kapitän und Steuermann und hörte auf ihre Befehle. Er verzeichnete die Vorkommnisse, die Glasen und Manöver im Bordbuch ... Er war noch sehr jung, nicht wahr?«

»Fünfzehn.«

Coy nahm einen mitleidigen Ton in Tángers Stimme wahr. Fast ein Kind, wollte sie sagen. Wenigstens hat er überlebt und konnte davon erzählen, dachte Coy.

»Damals fuhr man schon mit zehn oder zwölf Jahren zur See, um den Beruf zu erlernen ... Ich nehme an, dass ihn das Abenteuer reizte. In diesem Alter lässt man sich nicht leicht einschüchtern. Und der Junge hatte sich schon auf dem Meer bewährt. Er hatte den Atlantik wenigstens einmal in beiden Richtungen überquert.«

»Er hat einen sehr genauen Bericht geliefert. Er war ein aufgeweckter Junge ... Es ist sein Verdienst, dass wir die Ereignisse einigermaßen rekonstruieren können. Und dein Verdienst.«

Coy verzog das Gesicht.

»Ich kann mir nur vorstellen, wie das geschehen ist, was du mir erzählst.«

Das rötliche Licht aus der Kajütenluke erhellte weiter Tángers Gesicht. Begierig hörte sie den Erklärungen Coys zu, so aufmerksam, wie er sie ihm gegenüber an Land noch nie erlebt hatte.

»Und der Korsar?«, fragte sie.

Coy versuchte, sich die Lage an Bord der Schebecke auszumalen. Professionelle Jäger mitten bei der Arbeit.

»Bei diesem Kurs und diesem Wind«, vermutete er, »war er mit seinem großen Lateinsegel am Fockmast vielleicht im Vorteil. Ein solches Schiff war dafür gebaut, auf dem Mittelmeer zu fahren, und es konnte sich den wechselnden Winden und auch geringem Wind anpassen ... Das Segel vor ihm trieb ihn in der damaligen Nacht ganz gewiss zu sehr schneller Fahrt. Die Polacker-Takelage ermöglichte ihm außerdem, ein Marssegel und vielleicht das Toppsegel des Großmastes beizusetzen. Ich nehme an, dass er einem Kurs folgte, der ihn nach und nach zwischen die *Dei Gloria* und die Küste brachte, um der Brigg die Möglichkeit zu nehmen, Schutz in Águilas zu suchen, als sich der Wind am Morgen drehte.«

»Das musste beängstigend sein.«

»Natürlich war es das.«

Er betrachtete die etwas dunklere Küstenlinie, hinter der sich bereits das Licht des Leuchtturms von Gata verbarg. Querschiffs gab eine dunkle Landspitze allmählich den Blick auf die helle Bucht von San José frei. Mit diesen beiden Bezugspunkten nahm er im Kopf ein paar Peilungen vor und bestimmte seine Position auf einer imaginären Karte. Er dachte an die Mannschaft der Brigg, die blindlings an den Masten hinaufkletterte, um Segel einzuziehen oder beizusetzen, wie es den Windverhältnissen und den notwendigen Manövern entsprach. Das raue Segeltuch in den steifen Fingern, den Unterleib an die Rahen gedrückt, die im Leeren schwankenden Füße, deren einzige Stütze die Parden waren.

»Ich glaube, das hat sich mehr oder weniger so abgespielt«, stellte er fest. »Kapitän Elezcano hatte die ganze Nacht über gehofft, der Schebecke zu entkommen. Vielleicht versuchte er irgendein Ausweichmanöver, indem er zum Beispiel den Kurs änderte, um den Verfolger in der Dunkelheit irrezuführen, aber dieser Misián musste alle Tricks kennen ... Bei Tagesanbruch verloren die Männer der *Dei Gloria* gewiss den Mut, als sie sahen, dass die *Chergui* immer noch da war, zwischen ihnen und dem Land, und den Abstand weiter verkürzte ... Das war vielleicht der Zeitpunkt, zu dem der Kapitän der Brigg einen verzweifelten Entschluss fasste, während der Steuermann den Schiffsort berechnete: Er befahl, noch mehr Segel zu setzen und die Toppsegel loszumachen. Daraufhin zersplitterte der Toppmast, und der Korsar fiel über sie her.«

Als Coy gerade von einem Überfall redete, stellte er fest, dass sich das manchmal von der Genua verborgene Licht vor ihnen nun offenbar näher befand und auf seiner vorherigen Position geblieben war. Darum nahm er das Steiner-Nachtglas und lief an der Luvseite zu der Laufplanke des Vorschiffs und dem an seiner Talje festgezurrten Anker, wobei er sich an den Wanten festhielt. Das Licht hatte eine sonderbare Form, es war zu groß für ein einfaches Fischerboot, doch er konnte es keiner bestimmten Gestalt zuordnen. Wenn es ein in der entgegengesetzten Richtung fahrendes Schiff war, wegen der Zahl und der Stärke der einzelnen Lichter vielleicht ein Handelsschiff, müsste er dessen rotes Backbord- oder grünes Steuerbordlicht oder auch alle beide entdecken, falls es ihnen den Bug zuwandte. Doch er konnte nichts davon sehen. Trotzdem, schloss er besorgt, war es anscheinend zu nahe.

Eine Nachtfahrt ist eine gottverdammte Scheiße, sagte er sich missmutig, als er ins Cockpit zurückkam. Tánger warf ihm einen fragenden Blick zu.

»Zieh die Rettungsweste an«, befahl er.

Etwas stimmte nicht, und sein Seemannsinstinkt schlug allmählich Alarm. Er stieg in die Kajüte hinunter und schaltete den Radar ein, der sich im Wartezustand befand, und auf dem grünen Schirm tauchte ein schwarzes Echo auf. Er ermittelte die Entfernung und den Ort des Objekts. Er stellte fest, dass es sich in einer Entfernung von zwei Meilen befand und dass es direkt auf sie zuhielt. Ein großes und bedrohliches Echo.

»Steuermann!«, rief er.

Er wusste nicht, was zum Teufel das war, doch bald würden sie es auf dem Hals haben. Während er die Treppe zur Kajütenluke hinaufstieg, nahm er eine schnelle Berechnung vor. Beim Cabo de Gata schrieb das Verkehrstrennungssystem den nach Süden fahrenden Handelsschiffen vor, sich in einem Fünfmeilenabstand von der Küste zu halten. Die *Carpanta* segelte fast an dieser Grenze, also musste das andere Schiff in noch größerer Landnähe fahren. Seine Geschwindigkeit mochte ungefähr fünfzehn Knoten betragen; wenn man die fünf der *Carpanta* hinzuzählte, so ergab das eine Strecke von zwanzig Meilen in sechzig Minuten. Zwei Meilen in sechs Minuten: Diese Zeit blieb ihnen, damit entweder der eine oder der andere vor der Kollision auswich. Sechs Minuten. Vielleicht weniger.

»Was ist los?«, fragte Tánger.

»Es gibt Probleme.«

Er registrierte, dass sie die aufblasbare Rettungsweste angelegt hatte. Die Weste war mit einem Seenotsignallicht ausgerüstet, das bei Wasserberührung aufleuchten sollte. Er zog sich seine halb an, nahm die Taschenlampe und ging zum Bug zurück. Dabei beleuchtete ihn das rote Backbordlicht, das sich in den Wanten befand. Die bedrohlichen anderen Lichter kamen immer näher, ohne ihre Richtung zu ändern. Er machte die Lampe an und blinkte zu den Lichtern hinüber, dann wiederholte er das Blinken und strahlte das losgemachte große Segel der *Carpanta* an. Das musste jeder Seemann auf der Brücke eines Handelsschiffes sehen. Kurz beleuchtete er das Zifferblatt seiner Uhr. Fünf vor zwölf. Das war die schlimmste Zeit der Welt. An Bord des sich nähernden Schiffes würde gleich die Wachablösung stattfinden. Der Offizier verließ sich gewiss auf den Radar, saß am Kartentisch und notierte die besonderen Vorkommnisse im Bordbuch, bevor er abgelöst wurde; der Verantwortliche der nächsten Wache war noch nicht auf der Brücke. Vielleicht gab es außerdem einen verschlafenen philippinischen, ukrainischen oder indischen Rudergänger, der irgendwo faulenzte oder auf dem Klo saß. Diese dicken Drecksäcke.

Schnell lief er zum Cockpit zurück. Der Steuermann war schon dort und fragte, was es gäbe. Coy zeigte auf die Lichter vor dem Bug.

»Herrje«, murmelte der Steuermann.

Tánger sah sie verblüfft an. Der dicke rote Streifen der Rettungsweste lag eng an der Jacke an.

»Ist das ein Schiff?«

»Das ist ein Schweinehund, und er kommt direkt auf uns zu.«

Sie hielt den Karabinerhaken des Sicherheitsgurts in der Hand und starrte beide an, als wüsste sie nicht, was sie tun sollte. Auf Coy machte sie einen ungewöhnlich hilflosen Eindruck.

»Hak dich nirgendwo fest«, riet er. »Für alle Fälle.«

Es war nicht gut, an ein Schiff gefesselt zu sein, das in zwei Teile auseinander brechen konnte. Er ging wieder durch die Kajütenluke hinunter und beobachtete eindringlich den Radarschirm. Sie segelten, und theoretisch hatten sie das Vorfahrtsrecht, aber so etwas war so gut wie nichts wert. Andererseits waren sie schon zu nahe, um zu manövrieren und sich von der Route des anderen zu entfernen. Es bestand kein Zweifel, dass es sich um ein großes Schiff handelte. Ein zu großes. Er verwünschte sich selber wegen seiner Nachlässigkeit, weil er die Gefahr nicht eher erkannt hatte. Er sah immer noch keine roten oder grünen Lichter, und trotzdem war dort ein Handelsschiff, das geradewegs auf sie zulief und eine knappe Meile entfernt war. Er spürte, dass der Motor der *Carpanta* vibrierte, als er ansprang. Der Steuermann hatte ihn gerade eingeschaltet. Coy ging wieder nach draußen.

»Der sieht uns nicht«, sagte er.

Trotzdem hatten sie ihre Fahrtlichter eingeschaltet, sie hatten dem anderen Blinksignale gegeben, außerdem trug die *Carpanta* oben am Mast einen guten Radarsignalverstärker. Coy hatte sich endlich die Rettungsweste ganz angeschnallt. Er war wütend und verunsichert. Auf sich selber wütend, denn er hatte sich von den Sternen und dem Gespräch ablenken lassen und die Gefahr nicht vorausgesehen. Verunsichert, weil er immer noch kein rotes und grünes Licht an dem Schiff entdeckte, das auf sie zustürmte.

»Könnt ihr ihn nicht über Funk warnen?«, fragte Tánger.

»Keine Zeit mehr.«

Der Steuermann hatte den Autopiloten ausgeschaltet und steuerte mit der Hand, aber Coy wusste, was das Problem war. Das logischste Ausweichmanöver war nach Steuerbord, wenn das Handelsschiff sie nämlich im letzten Moment sichtete, müsste es auch seinen Kurs nach Steuerbord ändern. Das Problem war dann, weil es so nahe an der Küste fuhr, dass sein Steuerbordkurs es in zu große Landnähe brachte; möglich war, dass der Offizier auf der Brücke deshalb das entgegengesetzte Manöver unternahm, also nach Backbord und aufs offene Meer hinaus steuerte. GSPK: das Gesetz des Schlimmsten, was Passieren Kann. Wenn die *Carpanta* so von der Route des anderen wegkommen wollte, würde sie ihm schließlich genau über den Weg fahren.

Sie mussten sich bemerkbar machen. Coy nahm eine von den weißen Signalraketen, die im Cockpit lagen, und lief zum Bug zurück. Die Lichter wirkten wie bei einem Volksfest, überall Lichter, eine Helligkeit, die nur noch etwa eine halbe Meile entfernt war. Vom Meer drang nun ein dumpfes, ununterbrochenes und Unheil verheißendes Geräusch heran: der Maschinenlärm des Handelsschiffes. Er klammerte sich an die Planke des Vorschiffs, prüfte alles mit einem letzten Blick und bemühte sich, wenigstens zu verstehen, was da gerade vor sich ging, bevor der andere sie über den Haufen fuhr. Und nun, nur zwei Kabellängen entfernt, wie ein düsteres Phantom im Glanz seines eigenen Lichts hervortretend, konnte er eine schwarze, hohe und schreckliche Masse wahrnehmen: den Bug des Handelsschiffes. Seine Lichter ließen jetzt zahlreiche an Deck gestapelte Container erkennen; und auf einmal, endlich, begriff Coy, was geschehen war. Von weitem wurden das rote und grüne Licht von den helleren anderen überstrahlt. Von nahem, aus der tieferen Position des Seglers, verhinderten der Bug und der breite Rumpf des Handelsschiffes, diese Lichter zu sehen.

Es blieb nicht einmal eine Minute. Mit den Knien stemmte er sich gegen die Planke des Vorschiffs, streckte den Körper über das Genuastag hinaus, nahm den oberen Deckel der Rakete ab, drehte an der Unterlage, hielt sie sorgfältig vom Körper weg, indem er den Arm so weit, wie er konnte, in den Windschatten reckte, und schlug mit der flachen anderen Hand kräftig auf den Abzug. Hoffentlich ist sie nicht unbrauchbar geworden, dachte er. Es zischte heftig, von der Rakete sprang eine Rauchwolke hoch, und eine überwältigende Helligkeit erleuchtete Coy, das Segel und einen großen Teil des Meeres rund um die *Carpanta*. Er klammerte sich ans Stag und hielt die andere Hand hoch. Der grelle Schein blendete ihn, doch er sah, wie der Bug des Handelsschiffes noch einige Augenblicke seinen Kurs beibehielt und dann, in einer Entfernung von weniger als hundert Metern, nach Steuerbord abdrehte. Im bereits erlöschenden Licht der Rakete erkannte er die riesige Bugwelle des Schiffes: einen weißen Wellenkamm, der auf den Segler zurollte. Er warf die Rakete ins Meer und hielt sich mit beiden Händen fest, während der Steuermann das Ruder der *Carpanta* ganz nach Steuerbord einschlug. Nun glitt die schwarze Schiffsseite, die oben wie für ein Fest erleuchtet war, mit dröhnenden Maschinengeräuschen ganz nahe vorbei, und der von der Bugwelle erreichte Segler tanzte wie wahnsinnig. Da neigte sich plötzlich die riesige Genua, die der Wind von der anderen Seite packte, und das Coy entgegenschlagende Segeltuch traf ihn, so dass er über die Bugplanke geschleudert wurde und im Meer untertauchte.

Es war kalt. Es war viel zu kalt, dachte er verwirrt, während das schwarze Wasser über ihm zusammenschlug. Er spürte die Wirbel, die die Schiffsschraube des Seglers hervorbrachte, als dessen Rumpf an ihm vorbeifuhr und sich entfernte, und dann kamen weitere, größere Wirbel, die den dunklen Kreis brodeln ließen, in dem er zappelte: die großen Schrauben des Handelsschiffes. Das Wasser übertrug dröhnend den Maschinenlärm, und in diesem Augenblick begriff er, dass er rettungslos ertrinken würde, denn die Wirbel zogen seine Hose und Jacke nach unten, und bald müsste er den Mund aufmachen, um einzuatmen und sich die Lunge mit Luft zu füllen, und dann würde ihm keine Luft in den Mund dringen, sondern das ganze Gegenteil: ein reichlicher Schwall Salzwasser. An seinem inneren Auge zog nicht sein ganzes Leben in einer raschen Bildfolge vorbei, vielmehr verspürte er eine blinde Wut, dass es mit ihm auf diese absurde Weise zu Ende ging, und das Verlangen, nach oben zu schwimmen, um jeden Preis zu überleben. Das Problem war, dass ihn die Wirbel in dem verdammten schwarzen Kreis hin und her trieben, und oben und unten waren allzu relative Begriffe, falls er überhaupt in der Lage war, in eine Richtung zu schwimmen. Das Wasser lief ihm nun in die Nase. Das empfand er als ein lästiges und äußerst unangenehmes Stechen, und er sagte sich: Jetzt ist es aus, ich ertrinke schon. Gleich gebe ich den Löffel ab. Darum riss er den Mund auf und wollte fluchen, während er den letzten Schluck trinken musste. Zu seiner Überraschung entdeckte er reine Luft und Sterne am Himmel, und an seiner aufblasbaren Rettungsweste blitzte neben seinem Ohr das Notsignallicht, dessen weißes Blinken ihn im rechten Auge blendete. Mit dem linken Auge, mit dem er etwas besser sehen konnte, erblickte er den Widerschein des sich entfernenden Handelsschiffes und auf der anderen Seite, eine halbe Kabellänge entfernt, die dunkle Silhouette der *Carpanta*, deren grünes Steuerbordlicht hinter dem riesigen Schatten der im Wind flatternden Genua auftauchte und verschwand.

Er bemühte sich, in ihre Richtung zu schwimmen, aber die Rettungsweste behinderte seine Bewegungen. Er wusste nur zu gut, dass ein Schiff nachts hundertmal an einem Menschen im Wasser vorbeifahren und ihn nicht finden kann.

Er suchte nach der Signalpfeife, die eigentlich neben dem Signallicht sein musste, doch da war sie nicht. Aus dieser Entfernung zu schreien hatte keinen Zweck. Unangenehm war der leichte Seegang mit den kleinen Wellen, die ihn nach oben und unten warfen und ihm die Sicht auf das Segelschiff nahmen. Sie verbargen auch ihn, dachte er verzweifelt. Dann schwamm er langsam los, in Brustlage. Er wollte sich nicht überanstrengen und doch die Entfernung zum Schiff verkürzen. Er hatte die Sportschuhe an den Füßen, die ihn kaum störten; deshalb entschied er, sie anzubehalten. Er wusste nicht, wie viel Zeit er im Wasser zubringen müsste, und sie würden ihn ein bisschen warm halten. Im Mittelmeer gab es keine niedrigen Temperaturen, und zu dieser Jahreszeit konnte ein bekleideter und gesunder Schiffbrüchiger nachts mehrere Stunden überleben.

Er sah immer noch die Lichter der *Carpanta*, auf der sie gerade die Genua einzogen. Aus der Position des Seglers zu ihm und dem Handelsschiff schloss Coy, dass der Steuermann die Segel rundum losgemacht hatte, um nicht weiter abzutreiben. Nun wollte er offenbar die Strecke zurückfahren und versuchen, sich dem Punkt zu nähern, an dem Coy ins Wasser gefallen war. Ganz sicher stand der Steuermann an der einen Seite und Tánger an der anderen, um ihn in dem aufgewühlten Meer zu entdecken. Vielleicht hatten sie den Rettungsring mit der Leuchtboje an ein Reep gebunden und ins Wasser geworfen, und nun hielten sie darauf zu, um nachzuprüfen, ob er den Ring finden konnte. Der Seegang verbarg sicher nach wie vor sein eigenes Licht, das sich an der Rettungsweste befand.

Das grüne Steuerbordlicht fuhr nahe an ihm vorbei, und Coy schrie und schwenkte nutzlos den Arm. Durch diese Bewegung tauchte er in einem Wellental unter; als er den

Kopf hervorstreckte und das Salzwasser ausschnaubte, das ihm in Nase, Augen und Mund brannte, war aus dem grünen Licht das weiße Blinklicht geworden: Der Segler drehte ihm das Heck zu und entfernte sich.

Das alles ist viel zu absurd, dachte er. Allmählich fror er, und dieses Licht, das an seiner Schulter funkelte, schien für alle außer ihm unsichtbar zu sein. Die um seinen Nacken aufgeblasene Weste hielt seinen Kopf während der meisten Zeit über Wasser. Er sah nicht mehr das Licht der *Carpanta*, nur den Widerschein des Handelsschiffes in weiter Ferne. Es ist durchaus möglich, sagte er sich, dass sie mich nicht entdecken. Es ist durchaus möglich, dass dieses verdammte Licht die Batterien verbraucht und ausgeht und ich hier im Dunkeln zurückbleibe. GLAS: Das Gesetz Licht Aus und Schluss. Einmal, beim Kartenspiel, hatte ein alter Maschinist gesagt: »Immer gibt es einen Dummen, der verliert. Wenn du dich umsiehst und keinen entdeckst, dann bist du der Dumme.« Er sah sich um auf dem dunklen Meer, das gegen den aufgeblasenen Kragen der Rettungsweste plätscherte. Er entdeckte niemanden. Manchmal gibt es auch jemanden, der stirbt, fügte er im Stillen hinzu. Und wenn du keinen andern entdeckst, bist vielleicht du es, der draufgeht. Er betrachtete die punktförmigen Sterne am Himmel. Mit ihrer Hilfe konnte er feststellen, in welcher Richtung sich die Küste befand, aber das nützte nichts: Sie war zu weit weg, um sie schwimmend zu erreichen. Wenn der Steuermann, der wahrscheinlich die Stelle verzeichnet hatte, an der er ins Meer gefallen war, über Funk den Mayday-Notruf »Mann über Bord« verbreitete, würde die eigentliche Suche erst am Morgen beginnen, und um diese Zeit war er möglicherweise schon fünf oder sechs Stunden durchgeweicht, mit allen Garantien für eine gefährliche Unterkühlung. Er konnte gar nichts tun, außer seine Kräfte zu schonen und sich zu bemühen, den Wärmeverlust so langsam wie möglich eintreten zu lassen. Die HELP-Position, erinnerte er sich. *Heat Escape Lessening Posture*, hieß es in den Lehrbüchern. Oder so ähnlich. Er sollte eine fötale Stellung einnehmen, indem er die Oberschenkel an den Bauch heranzog und die Arme vor der Brust kreuzte. Das ist lächerlich, dachte er. Eine tolle Haltung in meinen Jahren. Doch solange das Signallicht weiter blinkte, gab es Hoffnung.

Lichter. Coy ließ sich treiben und wurde vom Seegang hin und her geworfen. Er hielt die Augen geschlossen und bewegte sich nur manchmal, um seine Körperwärme zu bewahren und gleichzeitig Energie zu sparen, während ihn die weißen Blitze an der Schulter in regelmäßigen Abständen blendeten. Dabei dachte Coy weiter an alle möglichen Lichter, bis es zu einer Zwangsvorstellung wurde. Freundliche und feindliche Lichter, Blink- und Ankerlichter, Backbord- und Steuerbordlichter, grüne, blaue, weiße Leuchtfeuer, Baken, Sterne. Die den Unterschied zwischen Leben und Tod bedeuteten. Ein neuer Wellenkamm drehte ihn wie eine Boje im Wasser um sich selbst und tauchte abermals seinen Kopf unter. Ruckartig trieb er wieder nach oben und zwinkerte, um das Salz loszuwerden, das ihm die Augen verbrannte. Der nächste Wellenkamm drehte ihn noch einmal im Kreis; und nun, gerade in diesem Moment, weniger als zehn Meter entfernt, sah er zwei Lichter: ein rotes und ein weißes. Das rote war das Backbordlicht der *Carpanta* und das weiße der Strahl der Taschenlampe, mit der ihn Tánger vom Bug aus anleuchtete, während der Steuermann langsam manövrierte, um luvwärts heranzukommen.

Coy lag auf der Koje in seiner Kajüte und hörte, wie das Wasser um den Rumpf rauschte. Die *Carpanta* segelte wieder mit günstigem Wind nach Nordosten, und der Schiffbrüchige, der kein Schiffbrüchiger mehr war, wurde vom Schaukeln eingeschläfert. Warme Decken und der Schlafsack schützten ihn. Sie hatten ihn über das Heck an Bord gehievt, nachdem sie ihm einen Stropp unter den Achseln durchgezogen hatten. Er war erschöpft und wegen der Rettungsweste und der durchnässten Kleidung schwerfällig. Das Licht an seiner Schulter blinkte weiter. Auf Deck riss er sich die Weste vom Leib und schleuderte sie ins Meer. Ihm versagten die Beine, sobald er das Cockpit betrat: Nun zitterte er heftig, und der Steuermann und Tánger brachten ihn gemeinsam zu seiner Kajüte hinunter, nachdem sie ihm eine Decke übergeworfen hatten. Benommen und fügsam wie ein kleines, kraft- und willenloses Kind hatte er sich ausziehen und mit Handtüchern abtrocknen lassen; allerdings hatte sich der Steuermann bemüht, ihn nicht allzu stark abzureiben, um zu verhindern, dass die Kälte, die seine Arme und Beine lähmte, über die Blutgefäße bis zum Herzen und zum Kopf vordrang. Während sie ihm die letzten Kleidungsstücke auszogen, lag er auf dem Bauch in der Koje, ihn umfing der Nebel eines sonderbaren Dämmerzustands, und er spürte die rauen, reibenden Hände des Steuermanns und auch, dass Tángers Hände seine nackte Haut berührten. Er nahm wahr, dass ihre Finger zuerst seinen Puls fühlten, der schwach und langsam schlug. Sie stützte seinen Oberkörper, während ihm der Steuermann das Unterhemd herunterzog, dann fasste sie seine Füße an, um die Socken abzustreifen, und schließlich seine Lendengegend und Schenkel, als sie ihm die durchgeweichte Unterhose auszogen. In diesem Augenblick hatte sich ihre flache Hand kurz an Coys Hüfte und Oberschenkel gedrückt, und dort blieb sie ein paar Sekunden leicht und warm liegen. Dann schlossen sie den Schlafsack und schichteten Decken über ihm auf, knipsten das Licht aus und ließen ihn allein.

Er irrte durch das grünliche Zwielicht, das ihn von unten rief, und das tat er während endloser Wachen voller Schnee, Nebel und Echos auf dem Radarschirm. Mit einem Wachsstift markierte er geradlinige Kurse auf der Winkelübertragungstafel, während Pferde auf Deck standen und Holzcontainer auffraßen, die, wie sie sagten, auch Pferde enthielten, und schweigsame Kapitäne liefen ober- und unterhalb der Brücke, ohne ihn anzusprechen. Das graue und ruhige Wasser schien wellenförmiges Blei. Es regnete auf das Meer und die Häfen, auf Kräne und Frachter. An den Pollern saßen regungslose Männer und Frauen, die vom Wolkenbruch durchnässt wurden, und selbstvergessen gaben sie sich ozeanischen Träumen hin. Da unten, neben einer stillen Bronzeglocke inmitten eines blauen Kreises, schlummerten friedliche Wale mit einer Falte am Maul, die wie ein Lächeln wirkte; sie senkten den Kopf und reckten den Schwanz steil in die Höhe, schwebten im schwerelosen Schlaf der Walfische auf und nieder.

Die *Carpanta* schlingerte ein wenig und krängte stärker. Coy schlug in der dunklen Kajüte die Lider halb auf. Ihn umfing eine behagliche Wärme. Sie gab seinem erstarrten Körper, der durch die Neigung des Schiffes zwischen Koje und Rumpf steckte, allmählich das Leben zurück. Dort war er nun in Sicherheit und hatte dem Rachen des Meeres entkommen können, das in seinen Launen ebenso erbarmungslos war, wie es auch manchmal eine unvorhersehbare Milde zeigte. Er befand sich an Bord eines guten Schiffes, das ein Freund steuerte, und er durfte so lange schlafen, wie er wollte, ohne sich um irgendetwas Sorgen machen zu müssen, weil andere Augen und andere Hände über seinen Schlaf wachten und ihn führten, während er dem Phantom des versunkenen Schiffes nachjagte, das in dem Dunkel wartete, in dem er beinahe für immer untergetaucht wäre. Später spürte er wieder die Hände der Frau, die ihn berührt hatten, als sie ihm die Sachen auszogen. Nun deckten sie ihn etwas weniger warm zu, bevor sie sich auf seine Stirn legten und ihm den Puls an den Handgelenken fühlten. Die Erinnerung an diese Berührung, an die Handfläche, die zum erstenmal reglos an seiner nackten Hüfte ruhte, bewirkte jetzt, dass er im Schutz der Oberschenkel, die ihre Wärme zurückgewannen, eine langsame, heiße Erektion bekam. Im Stillen entlockte ihm das ein ruhiges und schläfriges, beinahe überraschtes Lächeln. Es war gut, am Leben zu sein. Dann schlief er wieder ein und runzelte die Stirn, denn die Welt war nicht mehr groß und weit und das Meer schrumpfte zusammen. Er träumte, dass er sich verzweifelt nach verbotenen Meeren, barbarischen Küsten und Inseln sehnte, zu denen keine Haftbefehle, Plastikbeutel oder leere Blechdosen gelangten. Nachts lungerte er durch Häfen ohne Schiffe; ihn umgaben Frauen, die von anderen Männern begleitet wurden. Frauen, die ihn ansahen, weil sie nicht glücklich waren, als wollten sie ihn mit ihrem Unglück anstecken.

Er weinte lautlos, mit geschlossenen Augen. Um sich zu trösten, lehnte er den Kopf an die Holzseite des Schiffes und spürte das Meeresrauschen auf der anderen Seite der drei Zentimeter dicken Planken, die ihn von der Ewigkeit trennten.

XI. Das Sargassomeer

> Auf dem Sargassomeer, wo die Knochen auftauchen, ausbleichen und die vorbeifahrenden Schiffe täuschen und irreführen.
>
> THOMAS PYNCHON. *Die Enden der Parabel*

Als er zum Deck hochstieg, lag das Schiff still da. Es war früher Morgen. Nicht das leiseste Lüftchen wehte. Die schroffe Küstenlinie war sehr nahe, und im Westen färbte sich der schwarzgraue, wolkenlose Himmel allmählich blau. Rot war der Fels, rot das Meer im Osten, und über das ruhige Wasser schickte die Sonne rote, waagerechte Strahlen zum Mast der *Carpanta*.

»Das war hier«, sagte Tánger.

Sie hatte eine Seekarte auf den Knien ausgebreitet. Neben ihr rauchte der Steuermann eine Zigarette und hielt eine Tasse Kaffee in der Hand. Coy ging zum Achterdeck. Er hatte eine trockene Hose und ein T-Shirt angezogen. In seinem zerzausten Haar und auf den Lippen klebten noch Salzreste vom nächtlichen Sturz ins Wasser. Er blickte sich um, sah durch einen Schwarm von Möwen, die kreischend dahinglitten, bevor sie zum Wasser hinabstießen. Die Küste war im Westen nicht viel mehr als eine Meile entfernt, und weiter oben öffnete sie sich zu einer Bucht. In der Ferne erkannte er Punta Percheles, Punta Negra, das Riff und die Insel Mazarrón und noch weiter entfernt, etwa acht Meilen östlich, die düstere Masse des Cabo Tiñoso.

Er ging ins Cockpit zurück. Der Steuermann war hinuntergegangen, um eine Tasse lauwarmen Kaffee für ihn zu holen. Coy trank sie mit einem einzigen Schluck aus. Er verzog das Gesicht, als er die letzten Tropfen des bitteren Gebräus hinunterschluckte. Tánger zeigte auf der Karte die Landschaft, die vor ihnen lag. Sie hatte noch immer den schwarzen Pullover an und war barfuß. Unter der Wollmütze des Steuermanns, die sie sich übergezogen hatte, traten einige blonde Haarsträhnen hervor.

»Das hier ist die Stelle«, sagte sie, »wo der Mast der *Dei Gloria* zerbrach und sie sich dem Kampf stellen musste.«

Coy nickte und ließ die nahe Küste nicht aus den Augen, während sie die Einzelheiten des Dramas erklärte. Alles, was sie erforscht hatte, die Angaben, die sie hier und da in vergilbten Aktenbündeln und Manuskripten und auf den alten Seekarten des Urrutia zusammengetragen hatte, nahm eine feste Ordnung an, während sie mit ruhiger und sicherer Stimme sprach, als wäre auch sie dabei gewesen. Nie hatte er jemanden gehört, der so felsenfest von dem überzeugt war, was er erzählte. Coy hörte ihr zu und hielt die Augen weiter auf den graubraunen Küstenbogen gerichtet, der in nordöstlicher Richtung zurückwich. Dabei versuchte er, seine eigene Version der Ereignisse auszugestalten: So, wie es war, oder, genauer gesagt, wie es hätte sein können. Er dachte an die Bücher, die er gelesen hatte, an seine Erfahrungen als Seemann, an die Tage und Nächte in seiner Jugend, als ihn stille Segel durch dieses Meer trugen, zu dem sie ihn zurückgebracht hatte. Darum konnte er sich leicht vorstellen, was geschehen war; als Tánger ihren Bericht unterbrach und ihn ansah und sich ihm auch die blauen Augen des Steuermanns zuwandten, zuckte Coy ein wenig mit den Achseln, fasste sich an die Nase und ergänzte das, was in ihrer Darstellung lückenhaft geblieben war. Er nannte Details, malte sich Situationen aus, beschrieb Manöver und bezog sie auf jenen Morgen des 4. Februar 1767, als der Lebeche bei Sonnenaufgang nach Norden umsprang und den Verfolger und das Opfer veranlasste, mit halbem Wind zu segeln. Unter diesen Umständen, erklärte er, kam der scheinbare Wind zum wahren Wind hinzu, so dass Brigg und Schebecke mit sieben oder acht Knoten möglichst Lee steuern mussten, die *Dei Gloria* mit Gaffel- und Großsegel, Klüvern und Marssegeln und scharf abgebrassten Rahen, der Korsar mit Lateinsegeln am Fockmast und mit Besansegeln, die zum Zerspringen hart gespannt waren, wobei dieser besser als seine Beute kreuzen konnte. Beide waren stark nach Steuerbord gekrängt, das Wasser lief durch die Speigatten in Lee, und die Rudergänger achteten auf die Steuerpinne, die Kapitäne prüften aufmerksam Wind und Segel – bei einem Wettrennen, bei dem der erste, der einen Fehler machte, das Spiel verlieren würde.

Fehler. Auf dem Meer wie beim Fechten hing alles davon ab – das hatte Coy irgendwo gelesen –, den Gegner auf Distanz zu halten und dessen Bewegungen vorauszusehen. Die schwarze Wolke, die sich flach und niedrig in der Ferne abzeichnete, der leicht dunkle Bereich im gekräuselten Wasser, der fast überhaupt nicht wahrnehmbare Schaum, der an der Wasseroberfläche auf den Felsen traf, sagten tödliche Stöße voraus, denen man nur durch ständige Aufmerksamkeit entgehen konnte. Das machte aus dem Meer ein vollkommenes Gleichnis für das Leben. Der Augenblick, ein Segel zu reffen, lautete der kluge Grundsatz der Seeleute, war genau dann, wenn man sich fragte, ob es nicht der richtige Augenblick wäre, das Segel zu reffen. Im Meer verbarg sich ein alter, gefährlicher und hinterhältiger Schurke, der sich nur scheinbar kameradschaftlich zeigte, während er darauf lauerte, bei der geringsten Unachtsamkeit mit seinen Klauen zuzuschlagen. Mühelos und unbarmherzig tötete er die Leichtsinnigen und Dummen; selbst der beste Seemann konnte sich allenfalls bemühen, auf dessen Wellen geduldet zu werden, ohne zu stören. Damit er unbemerkt durchkam. Denn das Meer hatte keine Gefühle, und wie der biblische Gott kannte es keine Vergebung, außer durch einen Zufall oder eine Laune. Die Worte Barmherzigkeit und Mitleid blieben zusammen mit vielen anderen an Land zurück, wenn man die Anker lichtete. In bestimmter Hinsicht, meinte Coy, war es ganz richtig so.

Den ersten Fehler hatte schließlich Kapitän Elezcano begangen, zu diesem Schluss kam Coy. Vielleicht gab es aber auch keinen Fehler, sondern das Gesetz des Meeres hatte sich bei dieser Gelegenheit ganz einfach zugunsten des Korsaren entschieden. Die Brigg geriet immer näher an den Feind heran, der sie daran hinderte, sich in Reichweite der Kanonen des Festungsturms von Mazarrón in Sicherheit zu bringen. Gewiss hatte sie trotz des schlechten Zustands der Stengen die Toppsegel beigesetzt. Es fiel nicht schwer, sich den Rest vorzustellen: Kapitän Elezcano sieht ängstlich nach oben, während die Matrosen, die auf den Parden schwanken und steuerbords über dem Meer schweben, die Beschlagseisinge der Obersegel lösen. Diese schlagen kurz hin und her und entfalten sich; sie spannen sich und gleiten die Rahen hinauf, als man die Schoten anzieht. Der Steuermannsjunge kommt zum Achterdeck mit den Längen- und Breitenangaben, die er vom Steuermann erhalten hat, und der Kapitän weist ihn zerstreut an, sie im Bordbuch zu notieren, das er ihm gibt, während er unverwandt weiter nach oben starrt. Der Steuermannsjunge steht neben ihm, blickt ebenfalls nach oben und steckt sich das Papier mit der Bleistiftnotiz der Koordinaten in die Tasche. Plötzlich, krach, das unheilvolle Knirschen des zersplitternden Holzes. Die Leinen und das Segeltuch verheddern sich im Wind und fallen in Lee auf das Vormarssegel, und das Schiff giert auf selbstmörderische Weise. Alle Männer an Bord stehen Todesängste aus, denn in diesem Augenblick begreifen sie, dass ihr Schicksal besiegelt ist.

Oben mussten noch Matrosen sein. Sie schnitten das unnütze Takelwerk durch und warfen die Reste der Stenge und des Segels ins Meer, während Kapitän Elezcano unten den Feuerbefehl gab. Die Geschützpforten waren sicher seit dem ersten Tageslicht geöffnet und die Kanonen geladen. Die Kanoniere standen bereit. Vielleicht beschloss der Kapitän, das Schiff nach einer Seite abfallen zu lassen, um den nahen Verfolger zu überrumpeln, und gewiss wendete er ihm die Steuerbordseite mit den Männern zu, die sich hinter den Kanonen bückten und darauf warteten, dass der Rumpf und die Segel vor ihnen erschienen. Ein Kampf beinahe Rahe an Rahe, hieß es im schriftlichen Bericht der Marinebehörden, der die Zeugenaussage des Steuermannsjungen enthielt. Das bedeutete, dass die Schiffe einander ganz nahe sein mussten. Die Männer des Korsarenschiffs waren zur Kanonade und zum Entern bereit, als die *Dei Gloria* ihre Steuerbordseite mit den offenen Geschützpforten zeigte, hinter denen die Lunten qualmten. Aus nächster Nähe feuerte sie eine Breitseite ab, fünf Kanonen spuckten vierpfündige Kugeln. Das musste schlimme Folgen haben; doch in diesem Moment drehte das Kaperschiff wohl nach Steuerbord, außerdem ermöglichten ihm seine Lateinsegel, auf seinem Kurs weiterzufahren, Lee zu steuern und die Kielspur der Brigg zu schneiden, um nunmehr als Vergeltung eine tödliche Breitseite abzufeuern, die das Deck der *Dei Gloria* von vorn nach achtern leer fegte. Zwei Sechspfünder-Langrohrgeschütze und vier Vierpfünder: fünfzehn bis zwanzig Kilo Eisen und Kartätschen, die Taue, Holz und Menschenfleisch zerfetzten. Während die Kanoniere an Bord des Korsaren laut jubelten, weil sie Verletzte und Sterbende über das blutgetränkte, schlüpfrige Deck kriechen sahen, waren die zwei Schiffe einander langsam näher gekommen, bis sie sich fast überhaupt nicht mehr bewegten, das eine neben dem anderen lag und sich beide grimmig beschossen.

Kapitän Elezcano war ein starrköpfiger Baske. Entschlossen, seinen Hals nicht ohne Gegenwehr dem Schlächterbeil darzubieten, lief er wohl auf der Brigg von oben nach unten und ermunterte die verzweifelten Kanoniere. Sicher waren einige Geschütze unbrauchbar geworden. Splitter, Kanonen-, Musketen- und Kartätschenkugeln flogen überall umher, Stücke von Tauen, Masten und Segeln stürzten von oben herab. Um diese Zeit lebten die beiden Jesuiten gewiss nicht mehr, vielleicht waren sie in die Offizierskajüte hinuntergestiegen, um das Kästchen mit den Smaragden bis zum letzten Atemzug zu verteidigen oder ins Meer zu werfen. Die nächsten Breitseiten des Kaperschiffs wirkten ganz sicher verheerend. Der Fockmast mit seinen wie Leichentücher zerrissenen Segeln krachte, bevor er aufs Deck stürzte und ein Blutbad auf der Brigg anrichtete. Vielleicht war Kapitän Elezcano nun schon tot. Das Schiff trieb auf den Wogen, es war zerstört und steuerlos. Wahrscheinlich kauerte der verängstigte fünfzehnjährige Steuermannsjunge zwischen Taurollen, hielt einen Säbel in der zitternden Hand und wartete auf das Ende. Er verfolgte, wie sich die Masten der *Chergui* im Rauch näherten und dass diese zum Entern bereit war. Doch an Bord war ein Feuer ausgebrochen, wie man beobachten konnte: Die aus nächster Nähe abgefeuerten Kanonenschüsse der Brigg oder die der Schebecke selbst hatten ein Untersegel in Brand gesteckt, und man hatte keine Zeit, es einzuziehen, weil man überhaupt nicht mit einem solchen Manöver gerechnet hatte. Nun brannte dieses Segeltuch und stürzte auf das Deck des Korsaren; womöglich geriet es in die Nähe einer Pulverladung oder der offenen Luke der Pulverkammer. Die Wechselfälle des Meeres. Plötzlich sprang eine Stichflamme hoch, und es gab einen heftigen Donnerschlag, der die mit dem Tode ringende Brigg wie ein aus der Luft kommender Fausthieb traf und ihren zweiten Mast zerbrach. Er erfüllte den Himmel mit schwarzem Rauch, Splittern, Asche und Fetzen von Menschenfleisch, die überall herabstürzten. Nun richtete sich der Steuermannsjunge am Rand des blutbeschmierten Decks auf. Die Explosion hatte ihn betäubt, und seine Augen waren weit aufgerissen vor Entsetzen. Er konnte sehen, dass dort, wo sich das Kaperschiff befunden hatte, nur ein paar rauchende Holztrümmer übrig blieben, die Funken sprühten, wenn sie im Meer versanken. In diesem Moment bekam die *Dei Gloria* starke Schlagseite, das Wasser strömte in das Innere ihres aufgeschlitzten Rumpfes, und der Steuermannsjunge hielt sich inmitten von Holz- und Tauresten über Wasser. Er war allein, und neben ihm schwamm das Boot, das man auf Befehl Kapitän Elezcanos einige Minuten vor Eröffnung des Kampfes ins Wasser geworfen hatte, um das Deck frei zu räumen.

»Das hat sich wohl mehr oder weniger so abgespielt«, sagte Tánger.

Die drei schwiegen und sahen aufs Meer hinaus, das starr wie eine Grabplatte dalag. Unten, irgendwo im Sand des Bodens halb verborgen, ruhten die Knochen von fast hundert toten Männern, die Trümmer zweier Schiffe und außerdem Smaragde, die ein Vermögen wert waren.

»Am logischsten ist«, sagte sie schließlich, »dass die *Chergui* bei der Explosion auseinander brach und sich ihre Trümmer weit verstreut haben. Die Brigg aber ging unbeschädigt unter, wenn man von den zersplitterten Masten absieht. Weil das Wasser nicht sehr tief ist, müsste sie eigentlich auf dem Kiel oder auf einer Seite liegen.«

Coy studierte die Karte. Er berechnete Entfernungen und Tiefen. Hinter sich spürte er allmählich die wärmenden Sonnenstrahlen.

»Der Boden besteht aus Schlick und Sand«, sagte er. »Und aus ein paar Steinen. Möglicherweise ist das Schiff so tief eingesunken, dass wir es nicht ausgraben können.«

»Das ist möglich.« Tánger beugte sich über die Karte, so nahe, dass sich ihre Köpfe leicht berührten. »Aber das bekommen wir erst heraus, wenn wir unten sind. Der verschüttete Teil ist sicher besser erhalten geblieben als der, der dem Wellengang und den Strömungen ausgesetzt ist. Die Bohrwürmer haben bestimmt ihre Arbeit geleistet und das Holz zerfressen ... Was der Sand nicht geschützt hat, ist zerfallen. Das Eisen ist verrostet. Das hängt auch von der Wassertemperatur ab ... Bei niedrigen Temperaturen kann sich ein Schiff unbeschädigt erhalten, in warmen Gewässern verschwindet es innerhalb kurzer Zeit.«

»Hier ist das Wasser nicht sehr kalt«, bemerkte der Steuermann. »Außer, wenn es irgendeine Strömung gibt.«

Er hatte sein Interesse nicht verloren, hielt sich jedoch etwas abseits, und sein von Wind, Sonne und Salpeter gegerbtes Gesicht blieb ausdruckslos. Mit seinen schwieligen Händen, deren Nägel ebenso kurz und brüchig waren wie die Tángers, knüpfte und löste er mechanisch Knoten an einem Leinenstück. Seine leicht getrübten Pupillen wanderten ruhig vom einen zum anderen. Coy kannte diesen stoischen Blick genau: den des Fischers und Seemanns, der nichts weiter erwartet, als seine Netze einigermaßen zu füllen und mit gerade so viel in den Hafen zurückzukehren, dass er überleben kann. Er gehörte nicht zu denen, die sich Illusionen machten. Der Meeresalltag ließ die Trugbilder verschwinden; im Grunde war das Wort *Smaragde* für ihn so unbestimmt wie die Stelle, an der sich ein Regenbogen aus dem Meer erhebt.

Tánger hatte die Wollmütze abgenommen. Nun stützte sie achtlos eine Hand auf Coys Schulter.

»Bis wir mit unseren Plänen nicht den Rumpf geortet haben und wissen, wo sich jeder Teil befindet, sind wir bei gar nichts sicher ... Es kommt darauf an, ob der Heckbereich zugänglich ist. Dort befand sich die Kapitänskajüte, und darin waren die Smaragde.«

Ihre Haltung unterschied sich immer stärker von der, die sie an Land gezeigt hatte. Sie wirkte natürlicher und weniger anmaßend. Coy spürte den leichten Druck ihrer Hand auf der Schulter und die Nähe ihres Körpers. Sie roch nach Meer, nach einer Haut, die sanft von der gemächlich am Himmel aufsteigenden Sonne gewärmt wurde. Jetzt brauchst du mich, dachte er. Jetzt brauchst du mich mehr, und das merkt man.

»Vielleicht haben sie die Smaragde ins Meer geworfen«, vermutete er.

Sie schüttelte den Kopf. Der Schatten verkürzte sich ganz langsam auf der Karte 463A. Sie verstummte eine Weile und sagte dann: »Vielleicht.« Das könne man noch nicht wissen. Jedenfalls gab es eine genaue Beschreibung des Kästchens: eine zwanzig Zoll lange Schatulle aus Holz, Eisen und Bronze. Eisen hielt sich nicht lange unter Wasser, und wahrscheinlich hatte es sich in eine schwärzliche, nicht wieder zu erkennende Masse verwandelt; Bronze widerstand besser, aber das Holz war sicherlich ganz verschwunden. Der Bewuchs hätte die Smaragde im Inneren miteinander verschmolzen. Sie sahen wohl mehr oder weniger wie ein dunkler, etwas rötlicher Steinblock aus, den die Bronze mit grünlichen Adern überzogen hätte. Den müssten sie in den Trümmern suchen, es würde nicht leicht sein.

Natürlich nicht. Coy hielt es sogar für außerordentlich schwierig. Eine Stecknadel im Heuhaufen, wie Lucio Gamboa in Cádiz zwischen zwei Lachsalven und zwei Zigaretten angedeutet hatte. Wenn das Wrack eingesunken war, würde man Absaugschläuche für Schlick und Sand brauchen. Alles andere als unauffällig.

»Zuerst einmal«, schloss Tánger, »müssen wir es überhaupt finden.«

»Was ist mit der Fischlupe?«, fragte Coy.

Der Steuermann knüpfte einen doppelten Kabeltauknoten fertig.

»Kein Problem«, sagte er. »Die bauen sie uns heute Nachmittag in Cartagena ein, und außerdem einen GPS-Empfänger für die Kabine.« Argwöhnisch und ernst musterte er Tánger. »Aber das muss alles bezahlt werden.«

»Natürlich«, sagte sie.

»Es ist die beste Fischlupe, die ich finden konnte.« Der

Steuermann wandte sich an Coy. »Eine Pathfinder Optic mit drei Strahlen, wie du es verlangt hast ... Den Wandler kann man ohne viel Arbeit am Heckspiegel einbauen.«

Tánger warf ihm einen prüfenden Blick zu. Coy erklärte, mit dieser Lupe könnten sie einen 90-Grad-Bereich unter dem Rumpf der *Carpanta* kontrollieren. Eigentlich benutzte man sie, um Fischschwärme zu orten, doch sie gab auch ein deutliches Bild des Meeresbodens wieder und zeigte dessen Oberflächenprofil sehr genau. Wichtig war, dass die Pathfinder mehrere Farben auf dem Bildschirm benutzte, damit die unterschiedliche Dichte, Härte und Struktur des Bodens veranschaulichte und jede Unregelmäßigkeit nachwies. Ein einzelner Stein, ein versunkener Gegenstand, sogar Temperaturveränderungen traten eindeutig hervor. Das galt selbst für Metall: Wenn das Eisen oder die Bronze der Kanonen aus dem Sand herausragte, sah man sie in einer intensiven, dunkleren Farbe. Die Fischlupe war nicht so genau wie die professionellen Systeme, die Nino Palermo wahrscheinlich einsetzte; doch in einer Tiefe von zwanzig bis fünfzig Metern genügte sie für die Arbeit. Wenn sie langsam fuhren, bis sie den Suchbereich durchkämmt und jeden auffälligen versunkenen Gegenstand in ein Koordinatensystem eingeordnet hatten, konnten sie auf diese Weise eine Karte des Gebiets mit den Stellen zeichnen, wo sich das Wrack möglicherweise befand. In einer zweiten Phase würden sie jeden Punkt mit einem Wassergleitbrett erkunden: einem Brett im Schlepptau, das einen Taucher trug, wenn er den Boden untersuchte.

»Das ist merkwürdig«, sagte der Steuermann.

Er hatte den ledernen Weinschlauch aus dem Kompasshaus genommen und trank mit zurückgeworfenem Kopf, die weit geöffneten Augen zum Himmel gerichtet. Coy wusste, was er dachte. Wenn das Wrack in so geringer Tiefe läge, hätten die Fischer ihre Netze an ihm verhakt. Man hätte davon erfahren müssen. Inzwischen hätte sich schon jemand dort unten neugierig umgesehen. Das konnte jeder Amateurtaucher tun.

»Ja. Ich frage mich, warum kein Fischer jemals von einem Wrack hier in der Gegend gesprochen hat. Gewöhnlich kennen sie den Meeresgrund besser als den eigenen Hausflur.«

Tánger zeigte ihm die Karte: *S, SCH, K*. Die winzigen Anfangsbuchstaben waren neben den Tiefenzahlen überall verstreut.

»Es gibt auch Felsen, seht ihr? ... Die haben womöglich das Wrack geschützt.«

»Vor den Fischern haben sie es vielleicht geschützt«, meinte Coy. »Aber ein in den Felsen untergegangenes Holzschiff hält sich nicht lange. In derart geringer Tiefe zerstören der Wellengang und die Strömungen den Rumpf. Keines überlebt so gut wie auf deinem Bild in *Der Schatz Rackhams des Roten*.«

»Kann sein«, sagte sie.

Mit eigensinnigem Gesichtsausdruck schaute sie aufs Meer hinaus. Die Blicke des Steuermanns und Coys trafen sich. Auf einmal, wieder einmal, wirkte das alles absurd. Wir werden nichts entdecken, sagte die Miene des Seemanns, während er Coy die Flasche reichte. Ich bin hier, weil ich dein Freund bin, und außerdem bezahlst du mich – oder sie macht das, was schließlich auf dasselbe herauskommt. Aber diese Frau hat deine innere Kompassnadel abgelenkt. Und das Beste an der Sache ist, dass du sie nicht einmal vernascht hast.

Sie waren in Cartagena. Sie hatten sich in Küstennähe gehalten, unterhalb der steilen Wand des Cabo Tiñoso, und nun glitt die *Carpanta* in die Einfahrt jenes Hafens, den schon Griechen und Phönizier benutzt hatten. Quart-Hadashat: das Neu-Karthago der Ruhmestaten Hannibals. Coy saß zurückgelehnt auf einem Teakholzstuhl am Heck des Segelschiffs und betrachtete die Insel Escombreras. Dort, unter dem Einschnitt an der Südseite, hatte er als junger Mann römische Amphoren heraufgeholt, Vinarii und Olearii mit elegantem Hals, weiten Henkeln und den lateinischen Warenzeichen ihrer Hersteller. Ein paar trugen noch das Siegel aus der Zeit, als sie im Meer versanken. Zwanzig Jahre früher war dieses Gebiet eine unermesslich reiche Fundstätte mit den Trümmern von Schiffbrüchen und auch, wie es hieß, mit den Weihgeschenken, die Seefahrer ins Meer geworfen hatten, wenn sie einen Tempel des Merkur erblickten. Coy hatte dort oft getaucht, war allerdings, ohne jemals schneller als seine eigenen Luftbläschen zu sein, bald wieder nach oben gekommen, zur dunklen Silhouette der an der glatten Oberfläche wartenden *Carpanta* mit dem in die Tiefe gebogenen Ankertau. Als Coy zum ersten Mal sechzig Meter erreichte – zweiundsechzig zeigte der Tiefenmesser an seinem Handgelenk –, war er langsam hinabgestiegen und hatte Pausen eingelegt, um die Druckerhöhung in den Trommelfellen auszugleichen, und er ließ sich in jenen grünlichen Kreis sinken, wo die Farben allmählich verblassten, bis sie zu einem gespenstischen, diffusen Licht wurden und nur unterschiedliche Grüntöne übrig blieben. Er hatte die Oberfläche aus den Augen verloren und war dann, immer noch ganz langsam, mit den Knien auf den reinen Sandboden gefallen. Die Kälte aus der Tiefe stieg ihm an den Oberschenkeln und dem Unterleib in die Neopren-Jacke hoch. Sieben Komma zwei atü, dachte er und staunte über seinen eigenen Wagemut; aber er fühlte sich wie ein Achtzehnjähriger. Ringsum sah er, so weit seine Augen in dem grünlichen Kreis reichten, auf dem glatten Sand durcheinander geworfen, halb darin vergraben oder in kleinen Häufchen zusammengeschart, Dutzende zerbrochener oder unbeschädigter Amphoren, Hälse und spitze Böden, jahrtausendealte Tonwaren, die niemand in zwanzig Jahrhunderten angefasst oder ans Licht geholt hatte. Längliche, runde, breite und schmale Öffnungen, zwischen denen hässliche Muränen den Kopf hervorstreckten und dunkle Fische schwammen. Vom Meerwasser auf seiner Haut berauscht, von jenem Halbdunkel und dem weiten Feld der reglos verharrenden Tongefäße fasziniert, nahm sich Coy die Tauchmaske vom Gesicht. Er behielt das Atemmundstück fest zwischen den Zähnen und genoss die ihn umgebende düstere Größe vor seinen Augen. Plötzlich beunruhigt setzte er sich die Maske wieder auf, und mit der durch die Nase ausgestoßenen Luft befreite er sie vom Wasser. In diesem Augenblick schwamm der Steuermann auf ihn zu. Seine Gestalt wirkte durch die Gummiflossen länger und wurde zu einer weiteren dunkelgrünen Silhouette, als er am Ende einer langen und geradlinigen Bläschenwolke von oben in den Kreis hinabtauchte. Er bewegte sich so langsam, wie es Menschen in der Tiefe tun, und zeigte mit strenger Miene auf seinen Tiefenmesser am Handgelenk und dann mit einem Finger an seine Schläfe, als er ihn wortlos fragte, ob er den Verstand verloren hätte. Sie schwammen gemeinsam nach oben, ganz langsam, folgten den medusenähnlichen Luftgebilden, die vor ihnen aufstiegen, und jeder hielt eine Amphore in der Hand. Als Coy schon beinahe die Oberfläche erreicht hatte und die Sonnenstrahlen durch den türkisfarbenen Spiegel über ihren Köpfen glitten, hob er seine Amphore hoch und drehte sie um. Ein feiner Sandstreifen rieselte heraus und funkelte wie Goldstaub im Gegenlicht des Wassers, hüllte ihn in eine Wolke ein, die wie ein goldener Traum erschien.

Er liebte dieses Meer, das so alt, skeptisch und klug war wie die unzähligen Frauen, die im genetischen Gedächtnis Tánger Sotos nachwirkten. Dessen Ufer waren von den Jahrhunderten geprägt, dachte er, als er die Stadt betrachtete, über die Vergil und Cervantes geschrieben hatten. Am Ende des Naturhafens drängte sie sich zwischen hohen Felsmauern zusammen. Diese hatten sie dreitausend Jahre lang für Feinde und Winde beinahe uneinnehmbar gemacht. Trotz ihres Verfalls, ihrer ramponierten, schmutzigen Fassaden und der öden Flächen, auf denen man Häuser abgerissen und keine neuen gebaut hatte, was ihr manchmal das merkwürdige Aussehen einer Stadt im Krieg gab, bot sie einen schönen Anblick, wenn man sie vom Meer aus betrachtete, und in ihren schmalen Gassen hallten die Stimmen von Männern nach, die wie Trojaner gekämpft, wie Griechen gedacht und den Tod wie Römer gefunden hatten. Schon konnte man das alte Kastell auf einer Anhöhe über der Mauer wahrnehmen, auf der anderen Seite der Wellenbrecher, die die Bucht und die Einfahrt zum Marinearsenal schützten. Die ehemaligen, verlassenen Forts Santa Ana und Navidad glitten langsam an Backbord und Steuerbord der *Carpanta* vorbei. Ihre leeren Schießscharten, die wie blinde Augen aufs Meer gerichtet waren, zeigten immer noch eine krampfhafte Drohgebärde.

Hier wurde ich geboren, dachte Coy. Von diesem Hafen aus bin ich das erste Mal zu den Büchern und den Ozeanen gelangt. Hier hat mich die Herausforderung der Ferne und die frühe Sehnsucht nach dem Unbekannten gepeinigt. Hier habe ich davon geträumt, mit dem Messer zwischen den Zähnen dem Wal entgegenzurudern, während sich der Harpunier am Bug bereithält. Hier habe ich, bevor ich Englisch lernte, das vorausgeahnt, was das *Mariner's Weather Log* als ESW bezeichnet: *Extreme Storm Wave*. Extreme Sturmwelle. Und ich habe erfahren, dass jeder Mensch eine ESW hat, die ihn irgendwo erwartet, ob er auf sie trifft oder nicht. Hier, auf leeren Gräbern, habe ich Gedenktafeln für tote Seeleute gesehen und verstanden, dass die Welt ein ausfahrendes Schiff ist und dass diese Reise keine Wiederkehr kennt. Hier habe ich, bevor ich so etwas brauchte, den Ersatz für das Schwert Catos und den Schierlingsbecher des Sokrates entdeckt. Für Pistole und Kugel.

Er lächelte über sich selbst und über seine Grübeleien, während er Tánger betrachtete. Sie stand aufrecht neben dem Anker und hielt sich mit einer Hand an der Genua fest, die um ein Stag gerollt war. Das Schiff fuhr mit Motorkraft in den Hafen ein. Der Steuermann stand im Cockpit und steuerte mit der Hand durch ein Gewässer, in dem er sich mühelos blind bewegen konnte. Eine graue Korvette der Kriegsmarine fuhr vom San-Pedro-Dock aufs Meer hinaus und glitt an der Steuerbordseite vorbei. Die jungen Matrosen beugten sich über die Reling und starrten die Frau an, die unbeweglich wie eine goldene Galionsfigur am Bug des Segelschiffes stand. Der leichte Landwind trug den Geruch der nahen Berge zur *Carpanta*: Sie waren nackt, von der Sonne verdorrt und ausgeglüht. Zwischen ihren graubraunen Felsen wuchsen Thymian, Rosmarin, Zwergpalmen und Feigenkakteen, und an den ausgetrockneten Flussbetten gab es Feigen- und Mandelbäume auf Terrassen, die von kleinen Steinmauern begrenzt wurden. Zement, Glas, Stahl, Bagger und die endlose Folge täuschender Lichter, die seine Ufer von Küste zu Küste besudelten, konnten nicht verhindern, dass sich dort das ganze Mittelmeer weiter erhielt, wenn man nur ein wenig auf das leise Raunen der Erinnerung hörte: Öl und Rotwein, Islam und Talmud, Kreuze, Pinien, Zypressen, Gräber, Kirchen, blutrote Sonnenuntergänge, weiße Segel in der Ferne, von den Menschen und der Zeit behauene Steine, jene einzigartige Nachmittagsstunde, in der alles außer den zirpenden Zikaden ruhte und schwieg, Nächte im Licht eines Lagerfeuers, das man aus Treibholz aufgeschichtet hatte, während der Mond über einem Meer aus Inseln ohne Wasser gemächlich aufstieg. Da gab es auch Sardinen am Spieß, Lorbeer und Oliven, Melonenschalen, die langsam im leichten abendlichen Wellengang an der Küste schaukelten, knirschende Kieselsteine in der morgendlichen Brandung, blau, weiß und rot gestrichene Boote, die an Küsten gestrandet waren, wo zerfallene Mühlen und graue Ölbäume standen und sich die Trauben an den Weinlauben gelb färbten. In ihrem Schatten gab es reglose Männer, deren Augen sich im tiefen, weit nach Osten reichenden Blau des Meeres verirrten. Die sonnenverbrannten und bärtigen Helden wussten von Schiffbrüchen in kleinen Buchten, die grausame Götter vorherbestimmt hatten. Diese verbargen sich im Scheinbild verstümmelter Statuen, die mit offenen Augen in einem Jahrhunderte währenden Schweigen schliefen.

»Was ist das?«, fragte Tánger.

Sie war ans Heck gegangen und zeigte nach Backbord, auf das Gelände hinter dem Navidad-Dock, neben den großen Doppeltunneln aus Beton, in denen früher U-Boote untergebracht waren. Dort lag der schwarze, mit den Trümmern abgewrackter Schiffe übersäte Strand der Abbruchwerft.

»Das ist der Friedhof der Namenlosen Schiffe.«

Der Steuermann drehte sich zu Coy um. Er hatte eine halb aufgerauchte Zigarette im Mund. Seine Augen sprachen von wieder erwachten Erinnerungen und spiegelten ein lebhaftes Gefühl, doch er hütete sich, es zu äußern. An der Küste verrotteten Schiffe, die wie große Walfische aufgeschlitzt waren. Ihre rostigen Rümpfe waren inmitten von Aufbauten, Brücken, Decks und Schornsteinen halb im Wasser versunken. An ihnen ragten Metallspanten und nackte Schotten empor. Die Stahlplatten waren zerschnitten und am Strand, unterhalb der Kräne gestapelt. Dort traten die zum Tode verurteilten Schiffe, die schon keinen Namen, keine Registriernummer und Flagge mehr hatten, ihre letzte Fahrt an, bevor sie unter dem Schneidbrenner endeten. Die neuen Bebauungspläne sahen vor, diese Stätte zu beseitigen, doch es würde Monate dauern, bis man mit den letzten Abwrackungen fertig würde und diesen Ort von den überall verstreuten Trümmern gesäubert hätte. Coy entdeckte einen alten Bulkcarrier, von dem nur das halb im Meer versunkene Heck übrig geblieben war und dessen vordere zwei Drittel schon in einem chaotischen Eisengewirr am Strand verschwunden waren. Man sah alle möglichen zerlegten Teile. Von einem Dutzend großer Anker blätterte Rost in den dunklen Sand, drei Schornsteine hatten sich widersinnigerweise nebeneinander erhalten, noch ließen sich Farbreste von der Flagge ihrer Reeder erkennen. Etwas weiter entfernt lagen, so lange sich Coy erinnern konnte, neben dem Wachturm die fast hundertjährigen Aufbauten eines ehemaligen russischen oder polnischen Passagierdampfers, der *Korzenjowski*: eine verrostete Eisenbrücke mit weißen Farbresten, verfaulten Brettern und einer beinahe vollständig erhaltenen Kabine, wo er als Junge davon geträumt hatte, die Bewegungen eines Schiffes unter den Füßen und das offene Meer vor den Augen wahrzunehmen.

Das war viele Jahre lang sein Lieblingsort, der sich gut für ozeanische Träume eignete, wenn er mit einer Angelrute oder der Schussharpune und den Flossen zum Wellenbrecher spazierte oder wenn er später dem Steuermann half, den Rumpf der *Carpanta* zu säubern, die im flachen Wasser an der Abbruchwerft lag. Dort, während der endlosen Abende im Hafen, wenn sich die Sonne allmählich hinter den leblosen Skeletten der alten Schiffe verbarg, hatten sich der Steuermann und er mit Worten oder stillschweigend über den beiden gemeinsamen Glauben verständigt, dass Schiffe und Männer stets würdig auf dem Meer enden müssten und dass man sie nicht an Land abwracken dürfte. Später, sehr weit von dort entfernt, auf Deception Island, südlich von Kap Hoorn und der Drakestraße, hatte sich Coy in einem ähnlichen Gemütszustand befunden, als er auf einen Strand sprang, der schwarz war wie dieser hier, inmitten Tausender Walknochen, die den Sand bis zum Horizont mit weißen Streifen überzogen. Sehr lange vor seiner Geburt hatte man Öl aus dem Walrat gewonnen und in Lampen verbrannt; aber wie zum Hohn überdauerten die Knochen dort, an jenem fremdartigen antarktischen Sargassomeer. Zwischen den Überresten lag das uralte verrostete Eisen einer Harpune, und Coy stand vor ihm und betrachtete es angewidert. Im Grunde war Deception Island – Insel der Enttäuschung – ein passender Name für diesen Ort. Ausgeschlachtete Wale, ausgeschlachtete Schiffe. Ausgeschlachtete Männer. Die Harpune stieß immer in ein und dasselbe Fleisch, weil es sich immer um ein und dieselbe Geschichte handelte.

Sie machten im Jachthafen fest und liefen an den Molen entlang. Wie immer, wenn sie das Land betraten, spürten sie, dass es unter ihren Füßen leicht schwankte. An der Mole des Handelshafens, jenseits des Jachtklubs, lag ein Stückgutfrachter: die *Felix von Luckner* von der Zeeland Ship, die Coy kannte, weil sie gewöhnlich auf der Route Cartagena–Antwerpen fuhr. Ihr Anblick erinnerte ihn sofort an lange Wartezeiten in Regen und Wind, im fahlgelben Licht des Winters, wenn die gespenstischen Umrisse der Kräne über das flache Land hinausragten. Die Schleuse und die endlosen Manöver auf der Schelde. Obwohl Coy weitaus annehmlichere Weltgegenden kennen gelernt hatte, fühlte er doch einen wehmütigen Schmerz.

Die drei gingen auf die Terrasse der Bar Valencia. Daneben, unten an der Mauer, die Karl III. gebaut hatte, als die *Dei Gloria* erst seit drei Jahren auf dem Meeresgrund lag, befand sich die hundertjährige Wandfliese mit den Versen, die Miguel de Cervantes der Stadt in seiner *Reise zum Parnass* gewidmet hatte. Sie tranken kaltes Bier aus großen Krügen. Sie sahen die Uhr des Rathauses und die Palmen, die der gegen Mittag auffrischende Lebeche schüttelte, die Spitze des Denkmals für die in Kuba und Cavite gefallenen Seeleute. Dutzende von Namen waren in Marmorplatten eingemeißelt und standen neben den Namen von

Schiffen, die wie ihre Besatzungen seit hundert Jahren durch die stummen Tiefen fuhren. Danach kümmerte sich der Steuermann um die Fischlupe, und Tánger begleitete Coy durch die schmalen, menschenleeren Gassen der Altstadt. Sie liefen vorbei an Balkonen mit Geranien und Basilikumtöpfen und an verglasten Erkern, in denen man manchmal noch eine Frau entdecken konnte, die irgendetwas nähte und ihnen neugierig nachsah. Jetzt waren die meisten Balkone verschlossen, und die Erker standen leer. An den Glasscheiben fehlten die Gardinen, die Fenster dieser Häuser waren zugemauert, und vor den Türen häufte sich der Schmutz. Coy suchte vergebens nach einem bekannten Gesicht, einer vertrauten Musik hinter den grünen Jalousien, nach einem Jungen, der an der Ecke oder auf dem nächsten Platz spielte und in dem er jemanden oder sich selbst wieder erkennen könnte.

»Hier war ich glücklich«, sagte er auf einmal.

Sie standen an einer dunklen Straße und betrachteten die leere Fläche, die von einem eingerissenen Haus übrig geblieben war und sich zwischen zwei anderen, noch erhaltenen Häusern befand. An den nackten Mauerstücken klebten Papierfetzen, und verrostete Nägel standen hervor, an denen kein Bild mehr hing, man sah Möbelspuren und zerfaserte Stromkabel. Er musterte sie mit einem prüfenden Blick und versuchte, sich vorzustellen, was sie früher einmal enthalten hatten: Bücherregale, Nussbaum- und Mahagonimöbel, gefliese Korridore, Zimmer mit ovalen Halbfenstern oben, vergilbte Porträts, die von einer weißlichen Aura umgeben waren, was ihre phantomhafte Wirkung verstärkte. Es gab nicht mehr das Uhrengeschäft im Erdgeschoss, und auch der Kohlen- und der Kolonialwarenladen am Straßenende waren verschwunden, genauso die Kneipe mit einer Marmorfontäne in der Mitte, mit Reklamebildern für *Anís del Mono* und Stierkampfplakaten an der Wand. Wenn man dort an der Tür vorbeikam, roch es nach Wein, und an ihrer Theke sah man die Rücken schweigsamer Männer, die sich über rote Gläser beugten und die Stunden verstreichen ließen. Und den Jungen mit den kurzen Hosen, der mit einer Sodawasserflasche in jeder Hand durch dieselbe Straße gelaufen war oder die Nase staunend an die erleuchteten, mit Spielsachen für Weihnachten voll gestellten Schaufenster drückte, den hatte schon vor langer Zeit das Meer mitgenommen.

»Warum bist du fortgegangen?«, fragte Tánger.

Ihre Stimme klang sonderbar sanft. Coy betrachtete weiter die Mauerreste des verschwundenen Hauses. Er zeigte nach hinten, zum Hafen auf der anderen Stadtseite.

»Dort gab es einen Weg.« Er drehte sich langsam um. »Ich wollte das tun, wovon andere träumen.«

Sie nickte zustimmend. Sie beobachtete ihn mit jenem sonderbaren Gesichtsausdruck, den sie manchmal zeigte, als sähe sie ihn zum ersten Mal.

»Du bist weit weggefahren«, flüsterte sie.

Sie schien ihn zu beneiden, als sie das sagte. Coy zuckte die Achseln mit einem Lächeln, das von der vergangenen Zeit und von Schiffbrüchen erzählte. Eine absichtliche Grimasse, die über sich selbst Bescheid wusste.

»Da gibt es ein paar Zeilen«, sagte er und betrachtete wieder die Mauern des verschwundenen Hauses. »Eine Seite, die ich dort oben gelesen habe.«

Er erinnerte sich mühelos und rezitierte laut:

»*Komm her, gebrochenes Herz! Hier ist das andere Leben, ohne den Weg durch den Tod. Hier erschließen sich unir-*

dische Wunder, ohne dass du sterben musst. Ich schenke mehr Vergessen als die Parze. Komm her, stell deinen Leichenstein im Kirchhof auf und vermähle dich mit mir.« Aus Ost und West, bei Sonnenaufgang und beim Sinken der Nacht drang diese Stimme auf ihn ein, und die Seele des Schmiedes gab Antwort: »Ja, ich komme.« Und so ging Perth auf Walfang ...

Als er geendet hatte, zuckte er wieder die Achseln, und sie blickte ihn mit dem gleichen Gesichtsausdruck an. Ihre marineblauen Augen waren fest auf seinen Mund gerichtet.
»Du bist so geworden, wie du sein wolltest«, sagte sie.
Ihre Stimme hatte immer noch einen nachdenklichen Flüsterton. Coy hob die Handflächen etwas in die Höhe.
»Ich war Jim Hawkins und dann Ismael, und eine Zeit lang habe ich geglaubt, Lord Jim zu sein ... Später wurde mir klar, dass ich niemals einer von ihnen war. Das hat mich in gewisser Hinsicht erleichtert. Als befreite es mich von ein paar lästigen Freunden. Oder von Zeugen.«
Er warf einen letzten Blick zu den nackten Mauern hinüber. Dunkle Schatten begrüßten ihn von oben: Frauen in Trauerkleidung, die im schwindenden Abendlicht miteinander plauderten; ein Öllämpchen stand vor dem Bildnis einer Heiligen Jungfrau; Spitzenklöppel arbeiteten geruhsam; eine Zigarrentasche aus schwarzem Leder mit silbernen Initialen und ein weißer, nach Tabak riechender Schnurrbart. Abbildungen von Schiffen, die mit windgeblähten Segeln fuhren, auf dem knisternden Papier von Buchseiten. Ich bin zu einem Ort geflohen, den es nicht mehr gab, dachte er, und das von einem Ort aus, den es auch nicht mehr gibt. Er lächelte wieder und blickte ins Leere:

»Wie der Steuermann gern sagt: ›Träume nie mit der Hand am Ruder.‹«

Sie schwieg, nachdem sie das gehört hatte, und sagte überhaupt nichts mehr. Aus ihrer Handtasche hatte sie das Päckchen mit dem Bild des Helden genommen, und während sie die Schachtel noch in der Hand hielt, zündete sie sich eine Zigarette an, als tröstete sie dieses bunte Pappstück über ihre eigenen Wunschvorstellungen hinweg.

Am Abend aßen sie dicke Bohnen und Spiegeleier mit Kartoffeln in der Posada de Jamaica, auf der anderen Seite des alten Tunnels der Calle Canales. Dort schloss sich ihnen der Steuermann an. Er hatte fettverschmierte Hände und teilte ihnen mit, dass die Fischlupe eingebaut sei und gut funktioniere. Die Gaststätte war von Stimmengewirr und Tabakrauch erfüllt. Aus dem Radio kam eine Hintergrundmusik: Rocío Jurado sang *Lola zieht in die Häfen*. Man hatte das alte Gasthaus umgebaut, und anstelle der Wachstuchtischdecken, die Coy kannte, solange er zurückdenken konnte, gab es nun neues Tafelzeug und Besteck, Fliesen, Schmuck und sogar Bilder an den Wänden; die Gäste allerdings waren dieselben geblieben, vor allem in der Mittagszeit: Nachbarn aus dem Stadtviertel, Maurer, Mechaniker aus einer nahen Werkstatt, Rentner, die von der preiswerten Hausmannskost angelockt wurden. Auf jeden Fall lohnte es sich schon allein wegen des Namens der Gaststätte, dorthin zu gehen, sagte er zu Tánger, während er ihr noch einmal Rotwein mit Sodawasser einschenkte.

Beim Nachtisch, als der Steuermann eine Mandarine schälte, legten sie den Erkundungsplan fest. Sie wollten am frühen Morgen hinausfahren und gegen zehn Uhr damit beginnen, das Gebiet zu durchkämmen. Der anfängliche Suchbereich wurde endgültig zwischen 1°20' und 1°22' westlicher Länge sowie 37°31,5' und 37°32,5' nördlicher Breite bestimmt. Sie würden bei diesem eine Meile hohen und zwei Meilen breiten Rechteck im äußeren Teil beginnen, von der größeren zur geringeren Tiefe, in Bereichen, die zunächst bei fünfzig Metern lagen und danach flacher wurden. Wenn sie weit weg von der Küste anfingen und sich ihr allmählich näherten, hatte das den Vorteil, wie Coy betonte, dass die Bewegungen der *Carpanta* erst später von Land aus auffallen würden. Bei einer Geschwindigkeit von zwei bis drei Knoten ermöglichte es ihnen die Pathfinder, parallele Streifen von etwa fünfzig bis sechzig Meter Breite eingehend zu prüfen. Die Erkundungszone war in vierundsiebzig derartige Streifen eingeteilt. Es würde daher eine Stunde dauern, jeden einzelnen zu prüfen, wenn man die bei Manövern verlorene Zeit hinzurechnete; eine Kontrolle des gesamten Bereichs würde etwa achtzig Stunden dauern. Damit beliefen sich die wirklichen Arbeitsstunden auf annähernd hundert oder hundertzwanzig, sie würden also zehn bis zwölf Tage brauchen, um das ganze Erkundungsgebiet abzuarbeiten. Immer vorausgesetzt, dass das Wetter mitspielte.

»Der Wetterbericht hat gutes Wetter angekündigt«, erklärte der Steuermann. »Aber ganz sicher verlieren wir ein paar Tage.«

»Zwei Wochen«, schätzte Coy. »Das ist der Mindestzeitraum.«

»Vielleicht drei.«

»Vielleicht.«

Tánger hörte aufmerksam zu, lehnte die Ellbogen auf den Tisch und verschränkte die Finger unter dem Kinn.

»Du hast gesagt, man könnte von Land aus auf uns aufmerksam werden ... Würde das Verdacht erregen?«

»Zuerst nicht, glaube ich. Aber vielleicht, wenn wir uns immer weiter nähern. In dieser Zeit kommen schon ein paar Leute an den Strand.«

»Außerdem gibt es die Fischer«, betonte der Steuermann mit Mandarine im Mund. »Und Mazarrón ist nahe.«

Tánger sah Coy an. Sie hatte ein Stück Schale vom Teller des Steuermanns genommen und zerteilte sie in kleine Stücke. Der Duft verbreitete sich über den ganzen Tisch.

»Gibt es eine Möglichkeit, unsere Anwesenheit zu rechtfertigen?«

»Ich nehme an, ja. Wir könnten fischen oder nach etwas Verlorenem suchen.«

»Einem Motor«, schlug der Steuermann vor.

»Genau. Einem ins Meer gefallenen Außenbordmotor. Wir haben den Vorteil, dass der Steuermann und die *Carpanta* hier in der Gegend gut bekannt sind, und deshalb fallen sie nicht so sehr auf ... Wenn wir an Land gehen wollen, gibt es kein Problem. Wir können eine Nacht in Mazarrón festmachen, eine zweite in Águilas und dann ein paarmal in Cartagena, und die übrige Zeit ankern wir weit außerhalb des Gebiets. Ein Pärchen, das ein Schiff für zwei Urlaubswochen mietet, ist nichts Besonderes.«

Das hatte er in scherzhaftem Ton gesagt, aber Tánger fand diesen Kommentar offenbar überhaupt nicht lustig. Vielleicht gefiel ihr das Wort »Pärchen« nicht. Sie beugte den Kopf vor und hielt die Mandarinenschale zwischen den Fingern, während sie über die Situation nachdachte. Am Nachmittag, vor dem Landgang, hatte sie sich das Haar gewaschen, und die blonden und asymmetrischen Spitzen streiften wieder ihr Kinn.

»Gibt es hier Patrouillenboote?«, fragte sie gleichmütig.

»Zwei«, antwortete der Steuermann. »Eins von der Zollaufsicht und eins von der Guardia civil.«

Coy erklärte, dass die Hache Jota der Zollaufsicht meistens nachts unterwegs war, vor allem, um Schmuggler aufzuspüren. Die würden wohl kaum auf sie achten. Der Auftrag der Guardia civil war es, die Küste zu überwachen und die Einhaltung der Fischereigesetze zu kontrollieren. Die *Carpanta* war eigentlich nicht deren Angelegenheit; aber es bestand die Möglichkeit, dass sie herankamen und herumschnüffelten, wenn sie das Schiff eine ganze Reihe von Tagen sähen.

»Gut ist, dass der Steuermann alle kennt, selbst die Polizisten von der Guardia civil. Jetzt haben sich die Dinge geändert, aber als junger Mann hat er mit einigen zusammengearbeitet. Das kannst du dir schon vorstellen: heller Tabak, Schnaps, ein bestimmter Gewinnanteil.« Er sah den anderen voller Zuneigung an. »Er hat es immer verstanden, sich seinen Lebensunterhalt zu verdienen.«

Der Steuermann machte eine fatalistische und lebenserfahrene Geste, die uralt war wie das Meer, auf dem er fuhr, ein Erbe unzähliger Generationen, die sich mit widrigen Winden herumgeschlagen hatten.

»Leben und leben lassen«, sagte er einfach.

Früher hatte ihn Coy selbst ein paarmal begleitet. Er war als eine Art Schiffsjunge auf heimlichen Nachtfahrten beim Cabo Tiñoso oder in Richtung Cabo de Palos dabei, und in seiner Erinnerung bewahrten diese Episoden den Reiz, den ihnen die Jugendzeit verliehen hatte. Im Dunkeln, während der nahe Leuchtturm in der Nacht blinkte und sie auf die Lichter eines Handelsschiffes warteten, das seine Geschwindigkeit verringerte und so lange stoppte, bis man ein paar Frachtstücke aufs Deck der *Carpanta* heruntergelassen hatte. Kisten mit hellem amerikanischen Tabak, Whiskyflaschen, japanischer Elektronik. Dann die Rückfahrt durch die Nacht, in einer unauffälligen Bucht vielleicht das Ausladen der Schmuggelware, um sie einigen Schattengestalten zu übergeben, die ihnen entgegenkamen, das Wasser bis zur Brust. Für den jungen Mann, der Coy damals war, gab es keinen Unterschied zwischen diesen Erlebnissen und dem, was er gelesen hatte, und das reichte aus, um das Abenteuer zu rechtfertigen. Seiner Ansicht nach lieferten diese alten Seiten, *Moonfleet*, *David Balfour*, *Der goldene Pfeil* und alle übrigen – lange Zeit war es sein innigster Wunsch, im Dunkeln auf eine Schießerei zu warten – genug Vorwände. Wenn sie dann in den Hafen zurückkehrten, ein harmloses Tau an Land warfen und es um einen Poller binden wollten, tauchte jedes Mal ein Polizist oder ein Unteroffizier der Marine auf, der den Löwenanteil einkassierte; nachdem der Steuermann sein Schiff und seine Freiheit riskiert hatte, blieb ihm gerade so viel, um bis zum Monatsende durchzuhalten, während sich andere auf seine Kosten bereicherten. Leben und leben lassen: Stets gibt es jemanden, der besser lebt als man selbst. Oder auf Kosten der anderen. Als sie in der Bar Taibilla einmal Schweinebratensandwiches mit Tomate aßen, nahm jemand den Steuermann beiseite und schlug ihm vor, eine etwas schwierigere Fahrt zu machen und in einer mondlosen Nacht einen aus Marokko kommenden Fischkutter anzusteuern. »Reines Kétama-Haschisch«, sagte er. »Fünfzig Kilo.« Das könnte ihm tausendmal mehr einbringen, erklärte der Typ halblaut, als das, was er bei seinen gelegentlichen Nachtfahrten herausholte. Coy saß am Tisch mit dem Sandwich in der Hand und sah, wie der Steuermann aufmerksam zuhörte, sein Bier in aller Ruhe austrank, dann das leere Glas auf die Theke stellte, bevor er den anderen ohrfeigte und aus der Kneipe auf die Straße hinausbeförderte.

Tánger bezahlte das Abendessen, und sie gingen. Es war angenehm warm. Sie schlenderten gemütlich den Puertas de Murcia und der Altstadt entgegen. Ein Soldat der Marineinfanterie stand regungslos vor der weißen Tür des Hafenamtes: dasselbe Gebäude, erklärte Tánger, in dem man den Steuermannsjungen der *Dei Gloria* befragt hatte. An der Tür des Kinos Mariola sah man grüne Glühwürmchen, die Lichter gelangweilter Taxifahrer, und in den Straßencafés saßen Leute. Manchmal begegnete Coy einem bekannten Gesicht, und man begrüßte sich wortkarg mit einem Kopfnicken: Hallo, bis bald, wie geht's?, sagte der eine oder andere ohne jede Absicht, sich bald oder überhaupt einmal wieder zu sehen oder die Antwort zu erfahren. Es gab nichts Gemeinsames mehr, worüber man sprechen konnte. Er sah eine ehemalige Jugendfreundin, die zu einer ehrwürdigen Matrone geworden war, zwei Kinder an der Hand hielt und ein drittes im Wagen fuhr. Ein Ehemann mit grauem, schütterem Haar begleitete sie. Er erinnerte Coy vage an einen Schulkameraden. Im Licht der abscheulichen postmodernen Straßenlampen, die einem auf den Bürgersteigen den Weg versperrten, ging sie mit ausdrucksloser Miene vorüber, ohne auch nur anzudeuten, dass sie ihn wieder erkannte. Aber du hast mich doch erkannt, dachte er amüsiert. GAAAS: das Gesetz, Aus den Augen, Aus dem Sinn. Ich habe an der Puerta de San Miguel auf dich gewartet, im Café Mastia haben sich unsere Hände berührt. Dann diese Silvesterparty in der Wohnung deiner Eltern, die verreist waren: *Je t'aime, moi non plus*. Pärchen umarmten sich im Schummerlicht, während Serge Gainsbourg und Jane Birkin es auf dem Plattenteller miteinander trieben. Die dunkle Ecke, das Bett deines Bruders und der Wimpel von Atlético Madrid, der mit Reißzwecken an die Wand gepinnt war, und wie wütend dein Vater wurde, als er reinplatzte und das Fest versaute und als er uns dort erwischte, beim Doktorspiel. Na klar kennst du mich.

»Die Erkundungsphase«, erklärte er, »macht mir weniger Kopfzerbrechen als die Zeit, wenn wir die *Dei Gloria* tatsächlich gefunden haben ... Selbst wenn wir das durch Hin- und Herfahren tarnen, wird es immer verdächtiger, je mehr Tage vergehen, dass wir an derselben Stelle bleiben.« Er wandte sich an Tánger. »Ich weiß nicht, wie viel Zeit uns das kosten kann.«

»Ich auch nicht.«

Sie waren die Calle del Aire zur Taberna del Macho hochgegangen. Die Stufen der Calle Baronesa führten zu den Ruinen der ehemaligen Kathedrale und zum römischen Theater hinauf. An den Seiten mündeten schmale Gassen ein, die inzwischen fast alle verschwunden waren, deren Plan sich jedoch in Coys Gedächtnis unauslöschlich erhalten hatte. Jenseits davon lag das Armeleuteviertel der Hafenarbeiter und Fischer, das sich unterhalb des Kastells zusammendrängte. Dort hing früher Wäsche von Balkon zu Balkon, wie er sich erinnerte. Es war halb verfallen, und inzwischen bewohnten es afrikanische Einwanderer, die finster oder komplizenhaft an den Ecken lauerten. »Guter Hasch, Kumpel. Grad aus Marokko eingeführt.« Katzen glitten wie Kommandos bei einem nächtlichen Unternehmen an den Wänden entlang, unter alten Fenstergittern mit Blumentöpfen. Aus den nahen Kneipen drang Weindunst und der Geruch von gebratenen Sardellen. Eine einsame Hure spazierte in der Ferne wie ein gelangweilter Wachposten unter der kleinen Laterne, die eine Mauernische mit der Heiligen Jungfrau von der Einsamkeit beleuchtete.

»Wir müssen die Maße des Wracks feststellen und sie mit den Plänen vergleichen«, sagte Tánger. »Damit wir wissen, wo Bug und Heck sind. Und dann die Stelle ganz genau untersuchen, wo sich wahrscheinlich die Kapitänskajüte befindet ... Oder was von ihr übrig ist.«

»Und wenn sie im Sand vergraben ist?«

»Dann fahren wir los und kommen mit den geeigneten Hilfsmitteln zurück.«

»Du bestimmst.« Coy wich den Augen des Steuermanns aus, die, wie er spürte, fest auf ihn gerichtet waren. »Das musst du wissen.«

Die Taberna del Macho hieß nicht mehr so, und sie roch auch nicht mehr nach Oliven und billigem Wein; ihre alte Theke, die dunklen Eichenfässer und das Aussehen eines traditionellen Kellerlokals hatten sich jedoch erhalten. Der Steuermann trank Cognac der Marke Fundador, und die auf seinen linken Unterarm tätowierte nackte Frau bewegte sich jedesmal wollüstig, wenn er die Muskeln spannte und das Glas hob. Coy hatte mit angesehen, wie sich diese blauen Striche im Lauf der Zeit allmählich verwischten. Der Steuermann trug das Bild dieser Frau schon seit seiner frühen Jugend, seitdem die *Canarias* einmal in Marseille angelegt hatte. Danach bekam er ein dreitägiges Fieber. Coy selbst hätte sich in Beirut beinahe tätowieren lassen, während er als Dritter Offizier auf der *Otago* fuhr: Er hatte sich eine sehr hübsche geflügelte Schlange unter den Vorlagen ausgesucht, die bei dem Tätowierer an der Wand hingen. Doch als er schon den nackten Arm ausgestreckt hatte und die Nadel ihm beinahe die Haut berührte, besann er sich anders. Er legte zehn Dollar auf den Tisch und ging mit unverletztem Arm fort.

»Es gibt noch ein anderes Problem«, sagte er. »Nino Palermo. Womöglich hat er schon jemanden hier, der uns überwacht. Es würde mich nicht überraschen, wenn er nach uns suchen ließe und selber auftauchte, sobald wir das Wrack gefunden haben.«

Er nahm einen Schluck von seinem blauen Gin mit Tonic und ließ ihn durch die Kehle rinnen. Er empfand ihn als frisch und würzig. Noch immer blieb ihm der salzige Nachgeschmack von dem nächtlichen Bad.

»Mit diesem Risiko müssen wir rechnen«, sagte sie.

Zwischen Daumen und Zeigefinger hielt sie ein Glas Muskatellerwein, das sie kaum probiert hatte. Coy beobachtete sie über den Rand seines Glases hinweg. Er dachte an die 357er Magnum. Leise fluchend hatte er ihr Gepäck durchsucht, ohne die Waffe zu finden. Er wollte sie ins Meer werfen, doch er entdeckte lediglich Tángers Notizhefte, Sonnenbrille, Kleider und ein paar Bücher. Auch eine Schachtel Tampons und ein Dutzend Baumwollhöschen.

»Ich hoffe, du weißt, was du tust.«

Er hatte den Steuermann angesehen, bevor er sie ansprach. Es war besser, dass der Seemann nichts von dem Revolver erfuhr, denn er würde es nicht lustig finden, mit Waffen an Bord der *Carpanta* zu fahren. Überhaupt nicht lustig.

»Das habe ich die ganze Zeit gewusst«, antwortete Tánger in eisigem Ton. »Beschäftigt ihr euch damit, das Schiff zu finden, und Palermo überlasst ihr mir.«

Sie hat noch ein paar Asse im Ärmel, sagte sich Coy.

Diese verdammte Hündin hat noch ein paar Asse im Ärmel, die nur sie kennt, weil sie sonst nicht so selbstsicher wäre, wenn wir den beschissenen Dalmatiner aufs Tapet bringen. Ich könnte meine Augen verwetten, dass sie schon alle Voraussetzungen geprüft hat: die möglichen, die wahrscheinlichen und die gefährlichen. Das einzige Problem ist die Frage, welche Rolle ich dabei spielen soll.

»Da gibt es noch ein Problem.« Es waren nur wenige Gäste im Lokal, und der Wirt stand am anderen Ende der Theke, trotzdem sprach Coy leiser. »… Die Smaragde.«

»Was ist los mit denen?«

In den Augen des Steuermanns las Coy, dass auch sein Freund das Gleiche dachte: Wenn du eines Tages pokerst, sieh zu, nicht mit ihr zu spielen. Selbst wenn du ein erfahrener Spieler bist.

»Nehmen wir an, dass sie auftauchen«, antwortete er. »Dass wir das Kästchen finden. Stimmt das, was Palermo gesagt hat? … Dass du dich schon darum gekümmert hast, sie unterzubringen? … Man muss sie reinigen, oder was weiß ich. Das ist eine Sache für Spezialisten.«

Sie runzelte die Stirn und sah den Steuermann von der Seite an.

»Ich glaube, das ist nicht der richtige Moment …«

Coys Hand auf der Theke ballte sich zur Faust. Seine Wut nahm zu, und diesmal gab er sich keine Mühe, sie zu verbergen.

»Hör zu. Der Steuermann steckt bis zum Hals mit drin, genau wie du und ich. Er riskiert das Schiff und außerdem Ärger mit der Justiz. Man muss ihm garantieren …«

Tánger hob eine Hand. Mir würde sie manchmal zittern, dachte Coy. Tatsächlich zittern mir die Hände beinahe die ganze Zeit, verdammt noch mal. Sie dagegen …

»Die Summe, die ich bezahlt habe, rechtfertigt sein Risiko für den Augenblick. Mit den Smaragden werden wir dann alle ausreichend entschädigt.«

Sie hatte »alle« mit besonderem Nachdruck gesagt und dabei Coy finster angesehen. Während er sich wieder einmal fragte, aus wie vielen Teilen sich ihre Persönlichkeit zusammensetzte, führte sie das Muskatellerglas an die Lippen, nippte ein wenig und setzte es auf die Theke zurück. Sie neigte den Kopf vor, als überlegte sie, ob es ratsam wäre, noch etwas zu sagen oder nicht. Veronica Lake, dachte Coy und bewunderte den asymmetrischen Vorhang, der ihr halbes Gesicht zudeckte. Tánger hatte vom *Malteserfalken* gesprochen, doch das war eher Kim Basinger in *L.A. Confidential*. Diesen Film hatte er zweihundertmal auf Video in der Kajüte der *Fedallah* gesehen. Oder Jessica Rabbit in *Falsches Spiel mit Roger Rabbit*. In Wirklichkeit bin ich nicht schlecht. Sie haben mich bloß so gezeichnet.

»Zu den Smaragden kann ich euch sagen«, setzte Tánger nach einem Augenblick hinzu, »dass es einen Käufer gibt. Ich habe mit ihm gesprochen, wie Palermo erzählt hat ... Jemand kommt her und übernimmt sie, sobald wir sie aus dem Meer geholt haben. Ohne Formalitäten und Komplikationen.« Sie machte wieder eine Pause und blickte beide herausfordernd an. »Mit genug Geld für alle.«

Das würde nicht so leicht sein, ahnte Coy. Er betrachtete ihre Sommersprossen. Oder um genauer zu sein: Er wusste, dass es nicht so leicht sein würde. Sie waren weiter auf der Insel der Ritter und Knappen, und der letzte Ritter war seit Jahrhunderten tot und begraben. Sein mumifizierter Totenkopf verewigte die verblüffte Grimasse eines Tölpels.

»Geld«, wiederholte er mechanisch und wenig überzeugt.

Er fasste sich an die Nase, bevor er dem Steuermann, der scheinbar gleichgültig zuhörte, einen fragenden Blick zuwarf. Nach einer Weile sah er, dass dieser zustimmend die Augen zusammenkniff.

»Ich werde alt«, sagte der Steuermann. »Mit der *Carpanta* ist nichts mehr los, und ich habe nie in die Sozialversicherung eingezahlt ... Ich würde ein kleines Motorboot kaufen, damit ich mit meinem Enkel sonntags zum Fischen rausfahren kann.«

Er lächelte fast unmerklich und strich sich über das unrasierte, mit grauen Haaren bedeckte Gesicht. Sein Enkel war vier. Wenn sie sich an der Hand nahmen und einen Spaziergang durch den Hafen machten, zählte der Kleine auf Anordnung der Großmutter gewissenhaft die Biere, die der Alte trank, und zu Hause verpetzte er ihn dann. Zum Glück konnte er nur bis fünf zählen.

»Du wirst dir dieses Boot kaufen, Steuermann«, sagte Tánger. »Das verspreche ich dir.«

In einer spontanen Geste hatte sie eine Hand auf seinen Unterarm gelegt. Eine kameradschaftliche, beinahe männliche Geste. Genau auf die verschwommene Tätowierung mit der nackten Frau, wie Coy beobachtete.

Wie die unsicheren Töne einer verstimmten Gitarre begleiteten die ersten Noten von *Lady be Good* die Lichter der Stadt in den Reflexen des schwarzen Wassers, zwischen dem Heck der *Carpanta* und der Mole. Nach und nach wurde der archaische Swing der Basssaiten vom vielgestaltigen Einsatz der übrigen Instrumente überlagert: den Trompeten von Killian und McGhee, den Pianosoli von

Arnold Ross und dem Altsaxophon von Charlie Parker. Coy hörte sehr konzentriert zu. Er hatte die Kopfhörer aufgesetzt und betrachtete die Lichtsprenkel im Wasser, als nähmen die Noten, die seinen Kopf überfluteten, in dieser schwarzen und öligen Fläche feste Gestalt an. Das Blech Parkers, entschied er, roch nach Alkohol, nach von Tabak verräucherten Hemdsärmeln und nach Uhrzeigern, die senkrecht wie Messer in den Bauch der Nacht gerammt waren. Diese Melodie schmeckte wie alle anderen nach einem Landgang, nach einsamen Frauen am Ende einer Bar. Nach schwankenden Silhouetten neben Mülleimern und nach roten, grünen und blauen Neonlichtern, die unentschlossene, schläfrige und betrunkene Männergesichter rot, grün und blau anstrahlten. Das einfache Leben, hallo und tschüs, ohne andere Komplikationen als die Widerstandskraft des Magens und des Übrigen: Hier find' ich dich, hier nehm' ich dich. Man hatte ja nicht genug Zeit, mit der Prinzessin von Monaco zu flirten, verdammich – »wie hübsch Sie sind, mein Fräulein, darf ich Sie zu einem Tee einladen, auch ich lese Proust«. Darum hatten Rotterdam, Antwerpen oder Hamburg Pornokinos, Topless-Bars, abgetakelte Madonnen, die hinter einem Schaufenster mit Gardinen strickten, und Katzen, die mit weiser Miene zusahen, wenn die Mannschaft Sanders vorbeikam, im Zickzack von Bürgersteig zu Bürgersteig, während man Terpentin von der Sorte mit dem schwarzen Etikett erbrach und auf den Moment wartete, der sie auf die knarrenden Stahlplatten zurückbrachte, zu den zerwühlten Bettlaken einer Koje, zum aschgrauen Morgenlicht, das durch die Vorhänge am Bullauge drang. Tschingdarassa. Dong. Tschingdara. Charlie Parkers Saxophon verdeutlichte weiter, dass es keinen Kompromiss gab und die

Improvisation einen beinahe autistischen Charakter hatte. Das war wie in den Häfen Asiens, Singapur und so weiter, wenn du draußen festgemacht hattest und sich das Schiff um den Anker drehte, wenn die Küste jenseits des Schandecks lag, auf das du die Arme gestützt hattest, während du auf das Boot mit Mama San und den Mädchen Mama Sans wartetest, und dann ihr Gezwitscher wie das von geräuschvollen Vögelchen, der Dritte Offizier half ihnen, an Bord zu kommen, und Mama San notierte mit Kreide an jeder Kajütentür wie ein Kellner auf der Marmorplatte seiner Kneipe: ein Kreuz, ein Mädchen, zwei Kreuze, zwei Mädchen. Gefällige und zarte Satinhaut, geschmeidige Schenkel, gefügige Münder. Schnurps. No problem, Matrose, hallo und tschüs. »Keiner war zufrieden«, sagte Torpedo Tucumán, »bis er es nicht mit dreien zugleich gemacht hatte.« Kein Seemann zog ein unglückliches Gesicht, wenn Asien oder die Karibik vor dem Bug lag. Ganz im Gegenteil: Coy hatte gesehen, dass Männer auf dem entgegengesetzten Kurs wie Schlosshunde heulten, weil sie nach Hause zurückfuhren.

Er blickte hoch und sah etwas weiter hinaus, zur anderen Seite des Hafenpiers hinüber. Die Männer eines schwedischen Segelschiffs saßen beim Abendessen im Cockpit zusammen, im Licht einer Lampe, die von kleinen Nachtfaltern umschwärmt wurde. Ab und zu hörte er trotz der Musik einen sehr laut gesprochenen Satz oder ein Gelächter. Sie waren alle blond und riesig, Größe XXL, hatten kleine Kinder dabei, die tagsüber nackt auf Deck herumtollten und mit einem Gurt am Manntau festgebunden waren. Sie waren blond, erinnerte er sich, wie die Lotsin im Hafen Stavanger, die er kennen gelernt hatte, als die *Monte Pequeño* dort zwei Monate ohne Ladung lag. Sie war eine nordische Schönheit wie auf Fotos und in Filmen, imposant und hoch gewachsen, eine vierunddreißigjährige Norwegerin mit dem Kapitänspatent der Handelsmarine, die auf hoher See vom Boot aus über die Jakobsleiter leichtfüßig an Bord kam und alle Männer auf der Brücke in atemloses Staunen versetzte. In tadellosem Englisch gab sie den Kurs für die Einfahrt in den Fjord an und informierte die Schlepper mit einem Walkie-Talkie, das sie um den Hals gehängt hatte, während Don Agustín de la Guerra sie von der Seite ansah und der Rudergänger ihn ansah. »Stop her. Dead slow ahead. Stop her. A little push now. Stop.« Anschließend trank sie mit dem Kapitän ein Glas Whisky und rauchte eine Zigarette, bevor Coy, der damals ein zweiundzwanzigjähriger Kursant war, sie zur Fallreepstür begleitete. In der Leinenhose und dem dicken roten Anorak wirkte sie wie eine Athletin und lächelte ihm zu, bevor sie abfuhr. »So long, officer.« Er begegnete ihr drei Tage später im Ensomhet. Die Mannschaft des Tankers sehnte sich wie verrückt nach diesen skandinavischen Traumfrauen. Das Ensomhet war eine luxuriöse und trübselige Gaststätte neben den roten Häusern an der Strandkaien-Mole. Dort wimmelte es von Männern und Frauen, für die eine Sauftour bedeutete, sich stundenlang voll laufen zu lassen, ohne den Mund zu einem Wort aufzumachen, bis man geladen war wie eine 9mm-Parabellum. Er war zufällig in die Gaststätte geraten, und sie saß mit einem bärtigen und unerschütterlichen Norweger zusammen, der so aussah, als hätte er gerade von einem Drachenboot der Wikinger abgeheuert. Sie erkannte ihn als den Jungen von der Fallreepstür des Tankers wieder. »Der kleine Spanier«, sagte sie auf englisch: »The shorty spanish boy.« Dann lächelte sie, bevor sie ihn zu einem Glas einlud. Eine Stunde später lehnte der unerschütterliche Wikinger immer noch auf der Theke derselben Gaststätte, wie Coy annahm, während er selber nackt und schweißgebadet die kalte Morgenluft spürte, die durch ein zum Fjord und zu den Schneegipfeln über dem Meer geöffnetes Fenster hereindrang, und auf den massiven Körper der Frau mit den breiten Schultern und den muskulösen Schenkeln einstürmte. Ihre hellen Augen sahen ihn unablässig aus dem Halbdunkel an, und ihre Lippen ließen stets ein sonderbares Flüstern in einer barbarischen Sprache hören, wenn Coys Mund sie freigab. Sie hieß Inga Horgen, und in den zwei Monaten, in denen die *Monte Pequeño* in Stavanger blieb, verbrachte Coy, den die ganze Mannschaft vom Küchenjungen bis zum Kapitän beneidete, alle freie Zeit mit ihr. Ab und zu tranken sie Bier und Aquavit mit dem unerschütterlichen Wikinger, der nie protestierte, wenn sich die Frau in jeder Nacht mit glänzenden Augen und einem etwas unsicheren Gang von der Theke entfernte und der shorty spanish boy in der Gesellschaft der Walküre verschwand, die beinahe drei Handbreit größer war als er. Mit ihr zusammen lernte er Lysefjord und Bergen kennen, außerdem den *Koldtbord*, ein paar sehr intime Wörter auf norwegisch und manches nützliche Geheimnis über die weibliche Anatomie. Er lernte es sogar, sich für verliebt zu halten, und auch, dass sich nicht alle Frauen die Mühe machen oder so vorsichtig sind, sich vorher zu verlieben. Außerdem lernte er, dass die Frau mit dem abwesenden, maskenhaften Ausdruck, deren halb offene Augen richtungslos an der Zimmerdecke umherwandern, während du zu ihrem Innersten vorstößt, das Gesicht aller Frauen hat, die jahrhundertelang die Welt bevölkert haben. Dafür allerdings muss man nahe genug an sie herankommen und aufpassen. Schließlich, in einer Nacht, als es ein Problem an Bord gab und der shorty spanish boy später als gewöhnlich an Land ging, lief er direkt zu dem Haus aus schwarzen Baumstämmen mit weißen Fenstern. Dort entdeckte er den unerschütterlichen Wikinger, der ebenso betrunken war wie an der Theke seiner Stammkneipe, nur mit dem Unterschied, dass er diesmal nackt war. Auch sie war nackt, und sie betrachtete Coy mit einem festen, gleichmütigen, vom Alkohol getrübten Lächeln, bevor sie ein paar Worte sagte, die er nicht verstand. Vielleicht sagte sie: »Komm her!« Vielleicht auch: »Geh weg!« Da schloss er langsam die Tür und kehrte aufs Schiff zurück.

Dong, dong. Dong. Charlie Parker, der kurz darauf sterben sollte, hatte das Saxophon auf den Boden gelegt, ruhte sich aus und trank ein Glas an der Theke oder – das war am wahrscheinlichsten – zog sich auf der Herrentoilette etwas rein. Jetzt hörte man allein den Bass von Billy Hadnott heraus, der nun im letzten Teil wieder die Melodie bestimmte. In diesem Augenblick kam der Steuermann von der Kajüte nach oben und schloss sich Coy an. Er setzte sich neben ihn auf einen an der Laufplanke des Achterdecks festgeschraubten Teakholzstuhl. In der Hand hielt er die Cognacflasche, die sie aus der Taberna del Macho mitgenommen hatten, um sie an Bord auszutrinken. Er machte eine einladende Geste, und als Coy im Takt der Musik, die in seinen Ohren allmählich verklang, den Kopf schüttelte, trank der Steuermann einen Schluck, bevor er ihm die Flasche senkrecht in den Schoß stellte. Coy stöpselte den Kopfhörer ab und nahm ihn aus den Ohren.

»Was macht Tánger?«
»Sie liest in ihrer Kajüte.«

Die Leuchttürme von San Pedro und Navidad blinkten auf der anderen Seite des Piers und kennzeichneten die Hafeneinfahrt. Grün und rot, alle vierzehn und alle zehn Sekunden kamen Strahlenbündel, vertraute Lichter, die immer dort gewesen waren, solange sich Coy erinnern konnte. Er schaute nach oben, über die Schattenmauern hinaus, die den Hafen umgaben. Die erleuchteten Kastelle San Julián und Galeras auf den Bergen schienen in der Luft zu schweben, wie auf den Bildern alter Maler. Der Abglanz der Stadt überstrahlte die Sterne.

»Was meinst du, Steuermann?«

Die Rathausuhr schlug elf, bevor der andere antwortete.

»Sie weiß, was sie tut. Oder sie benimmt sich wenigstens so, als wüsste sie es ... Die Frage ist, ob du es weißt.«

Coy wickelte das Kopfhörerkabel um den Recorder. Im Widerschein der öligen Lichter auf dem Wasser deutete er ein Lächeln an.

»Sie hat mich aufs Meer zurückgebracht.«

Der Steuermann sah ihn eindringlich an.

»Wenn das eine Ausrede ist, in Ordnung«, sagte er. »Aber mir brauchst du nichts vorzumachen.«

Er trank noch einen Schluck und reichte die Flasche an Coy weiter, der sie an die Lippen setzte.

»Das habe ich dir schon einmal gesagt: Ich will ihre Sommersprossen zählen.« Er wischte sich den Mund mit dem Handrücken ab. »Ich möchte sie alle zählen.«

Der andere antwortete nicht, er nahm lediglich die Flasche zurück. Ein Nachtwächter lief über den Steg und brachte die Bretter des Schwimmpiers zum Knarren. Sie begrüßten sich, und er ging weiter.

»Hör zu, Steuermann. Wir Männer stolpern durchs

Leben, hierhin und dorthin ... Meistens werden wir alt und sterben, ohne dass wir richtig begreifen, was vor sich geht. Aber die Frauen sind anders.«

Er machte eine Pause, rekelte sich auf dem Stuhl und streckte die Arme aus. Sein Kopf streifte die Fahne, die schlaff vom Mast herabhing, neben der pilzförmigen GPS-Antenne. Die Nacht war so ruhig, dass er beinahe hören konnte, wie die Schrauben an der Laufplanke des Vordecks rosteten.

»Manchmal sehe ich sie an und denke, dass sie Dinge über mich weiß, die ich selber nicht kenne.«

Der Steuermann lachte ganz leise und hielt die Flasche in den Händen.

»Meine Frau sagt genau das Gleiche.«

»Ich meine es ernst. Frauen sind anders. Sie sind hellsichtig, als wäre die Hellsichtigkeit eine Krankheit, verstehst du?«

»Nein.«

»Das liegt an den Genen ... Das passiert selbst einer beschränkten Frau.«

Der Steuermann hörte aufmerksam und bereitwillig zu; doch die Miene, die sein etwas nach vorn gebeugtes Gesicht zeigte, war skeptisch. Hin und wieder warf er einen Blick rundum, aufs Meer und zu den Lichtern der Stadt, als suchte er jemanden, der alldem einen Sinn gab.

»Sie lassen kein Wort hören und sehen uns an«, fuhr Coy fort. »Sie sehen uns seit Jahrhunderten an, verstehst du? ... Sie haben es gelernt, uns anzusehen.«

Er verstummte, und auch der Steuermann sagte nichts. Von dem schwedischen Schiff drangen laute Stimmen herüber. Vor dem Schlafengehen räumten sie den Tisch ab. Die Rathausuhr schlug und zeigte die erste Viertelstunde an. Das Wasser war so ruhig, dass es wie ein fester Körper wirkte.

»Die hier ist gefährlich«, meldete sich endlich der Steuermann. »Wie das Meer, in dem die Schiffe stecken blieben, bis sie verfaulten ...«

»Das Sargassomeer.«

»Du hast mir gesagt, dass sie schlecht ist. Ich sage bloß, dass sie gefährlich ist.«

Er hatte ihm wieder die Cognacflasche gereicht. Coy hielt sie in der Hand, ohne zu trinken.

»Genau das hat Nino Palermo gesagt, Steuermann. Was hältst du davon? ... An dem Tag, als ich mit ihm in Gibraltar gesprochen habe.«

Der Steuermann zuckte die Achseln. Er wartete geduldig.

»Ich weiß nicht, was er dir gesagt hat.«

Coy nahm einen Schluck aus der Flasche.

»Wir Männer sind aus Dummheit schlecht, Steuermann. Weil wir schwerfällig sind. Wir sind es aus Ehrgeiz oder Geilheit oder Unwissenheit ... Verstehst du?«

»Mehr oder weniger.«

»Ich meine damit, dass Frauen anders sind.«

»Sie sind nicht anders. Sie verstehen es zu überleben.«

Coy schwieg. Er war überrascht, wie genau der Kommentar zutraf.

»Auch das hat Palermo gesagt.«

Er zeigte mit der Hand, in der er die Flasche hielt, auf den Steuermann, doch er sagte nichts weiter. Der Steuermann beugte sich vor und nahm ihm die Flasche ab:

»Zu viele Bücher.«

Nachdem er das gesagt hatte, trank er einen letzten Schluck, stöpselte die Flasche zu und stellte sie aufs Deck.

Nun blickte er Coy an und wartete darauf, dass dieser aufhörte zu lachen.

»Wogegen wehrt sie sich?«, fragte er.

Coy hob die Hände in einer ausweichenden Geste. Sie bedeutete: Wie zum Teufel soll ich dir das erklären?

»Sie kämpft für ein Mädchen«, sagte er, »das sie vor langer Zeit gekannt hat. Ein wohl behütetes, verträumtes Mädchen, das bei Schwimmwettkämpfen gewann. Das glücklich aufgewachsen ist, bis es nicht mehr glücklich war und erfuhr, dass wir alle allein sterben ... Jetzt weigert sie sich, das Mädchen verschwinden zu lassen.«

»Und was hast du bei alldem zu melden?«

»Mir wird er so steif wie jedem anderen, Steuermann.«

»Das stimmt nicht. Dafür gibt's eine Lösung, und das hat nichts mit ihr zu tun.«

Er hat Recht, sagte sich Coy. Schließlich ist er mir früher schon steif geworden, und deshalb habe ich mich niemals wie ein Idiot aufgeführt. Nicht mehr als üblich.

»Vielleicht ist es ähnlich wie bei den Schiffen, die nachts vorüberfahren«, sagte er. »Hast du das gemerkt? ... Du stehst an der Reling, und ein Schiff kommt vorbei, von dem dir alles unbekannt ist: Namen, Flagge, wohin es will ... Du siehst nur ein paar Lichter und denkst, dass es dort auch jemanden gibt, der sich an die Reling lehnt und in diesem Augenblick deine Lichter ansieht.«

»Welche Farbe haben die Lichter, die du siehst?«

»Was kommt es dabei auf die Farbe an.« Ärgerlich zuckte Coy die Achseln. »Was weiß ich ... Rote und weiße.«

»Wenn sie rot sind, hat der andere Vorfahrt. Halte nach Steuerbord.«

»Ich meine es nicht wörtlich, Steuermann ... Verstehst du?«

Der Steuermann verriet nicht, ob er es verstand oder nicht. Sein Schweigen wirkte viel sagend, als wollte er von Gleichnissen über Schiffe, Nächte und Ähnliches nichts wissen. Lenke nicht die Kompassnadel ab, wollte er in seiner wortkargen Art sagen. Du bist auf ein Weib scharf, und Schluss. Früher oder später kommt es immer dazu. Der Grund ist deine Sache, was mir aber Sorgen macht, sind die Folgen.

»Was willst du tun?«, fragte er schließlich.

»Tun?« Coy fasste sich an die Nase. »Ich habe keine Ahnung ... Ich will hier sein, nehme ich an. Sie im Auge behalten.«

»Na, dann denke an das Sprichwort: Vor Frauen und Wind soll man sich in Acht nehmen.«

Nachdem der Steuermann das gesagt hatte, versank er wieder in ein abweisendes Schweigen. Er betrachtete die Reflexe der Hafenlichter im öligen Wasser.

»Das mit deinem Schiff war schade«, setzte er nach einer Weile hinzu. »Dort war alles geregelt. Nur an Land gibt es Probleme.«

»Ich bin in sie verliebt.«

Der andere war aufgestanden. Er beobachtete den Himmel und prüfte, welches Wetter es morgen geben würde.

»Manche Frauen«, sagte er, als hätte er nichts gehört, »haben komische Sachen im Kopf, so wie andere einen Tripper haben. Womöglich stecken sie dich damit an.«

Er hatte sich gebückt und nahm die Flasche hoch. Als er sich aufrichtete, funkelten die Lichter der Stadt in seinen Augen und wirkten ganz nahe.

»Im Grunde«, sagte er, »ist es vielleicht nicht deine Schuld.«

Die Runzeln beschatteten sein Gesicht. Das kurze weiße Haar sah im Zwielicht wie Asche aus. Er wirkte wie ein erschöpfter Odysseus, gleichgültig gegenüber den Sirenen und Harpyien oder den heiratsfähigen jungen Mädchen, die ihm an verführerischen Stränden auflauerten, und den ungewissen, geringschätzigen oder teilnahmslosen Blicken, komm her oder geh. Auf einmal beneidete ihn Coy aus tiefster Seele: Wenn man sein Alter erreicht hatte, konnte eine Frau einem Mann kaum noch das Leben oder die Freiheit kosten.

XII. Südwest zu Süd

> Dieser Weg unterscheidet sich in dreifacher Hinsicht von den Landwegen: Der auf dem Lande ist fest und dieser wandelbar. Der auf dem Lande ist starr und dieser beweglich. Der auf dem Lande ist genau bezeichnet und der auf dem Meere unbekannt.
>
> MARTÍN CORTÉS, *Kurzes Handbuch der Schifffahrtskunst*

Am frühen Morgen des vierten Tages drehte der Wind, der bisher sanft aus Westen geblasen hatte, allmählich nach Süden. Beunruhigt prüfte Coy die Schwankungen auf dem Anemometer und betrachtete Himmel und Meer. Es war ein Tag mit einem am Sommeranfang üblichen Hochdruckgebiet. Alles schien ruhig, das Wasser war leicht bewegt und der Himmel blau mit einigen Kumuluswolken, doch in der Ferne schwebten, wie man sehen konnte, mittlere und hohe Zirruswolken. Auch das Barometer zeigte eine fallende Tendenz: drei Millibar in zwei Stunden. Nach dem Aufwachen war er in das kalte blaue Wasser getaucht, hatte den Wetterbericht gehört und in das Heft auf dem Kartentisch eingetragen, dass sich ein Tiefdruckgebiet bildete, das als Keil durch Nordafrika zog und einem über den Balearen festliegenden Hoch von 1012 mbar benachbart war. Wenn die Isobaren beider Gebiete zu nahe herankamen, würde ein rauer Wind von der hohen See her wehen und die *Carpanta* müsste Zuflucht in einem Hafen suchen und die Erkundungen unterbrechen.

Er schaltete den Autopiloten aus, nahm das Steuerrad in die Hand und ließ das Schiff einhundertachtzig Grad abdrehen. Der Bug zeigte wieder nach Norden, zu der sonnenbeschienenen Küste unterhalb des dunklen Berghangs des Cabezo de las Víboras. Er begann, den Sektor zu untersuchen, der auf der Erkundungskarte als Streifen Nummer 43 bezeichnet war. Das bedeutete, dass die Pathfinder schon mehr als die Hälfte des Gebiets kontrolliert hatte, ohne etwas zu entdecken. Positiv war, dass sich der Sektor mit den größten Wassertiefen, in dem lange, komplizierte Tauchgänge nötig gewesen wären, nun ausschließen ließ. Coy schaute am Backbord vorbei zu Punta Percheles hinüber, wo ein Fischer seine Netze so nahe an Land auswarf, dass es aussah, als wollte er die Muschelschalen am Strand einsammeln. Coy berechnete Richtung und Entfernung und kam zu dem Schluss, dass sich beide Schiffe nicht übermäßig nahe kommen würden, wenn man auch das sprunghafte Verhalten der Fischer nie ganz vorhersehen konnte. Dann sah er wieder hinauf zum Himmel, schaltete den Autopiloten ein und ging in die Kajüte hinunter, wo das monotone Rattern des Motors, der sich unter der Treppe befand, lauter zu hören war.

»Streifen dreiundvierzig«, sagte er. »Nordkurs.«

Die Sonne stand an der Meridianlinie, und trotz der offenen Bullaugen war es warm. Tánger saß am Kartentisch, neben der Fischlupe, dem Radar und dem Empfänger des satellitengestützten GPS-Ortungssystems. In der Haltung einer fleißigen Schülerin überwachte sie den Bildschirm und notierte stets die Länge und Breite, wenn der Meeresboden irgendeine Unregelmäßigkeit aufwies. Coy schaute auf den Lotungs- und Geschwindigkeitsanzeiger: 36 Meter und 2,2 Knoten. Während die *Carpanta* auf der vom Autopiloten vorgezeichneten Route weiterfuhr, veränderte sich auf dem Bildschirm der Pathfinder das genaue Abbild des Meeresbodens. Sie hatten sich dort oft genug abgewechselt und konnten nun schon mühelos die verschiedenen Farbtöne auseinander halten, die das Instrument den Bodenmerkmalen zuordnete: Zartes Orange waren Sand und Schlick, dunkles Orange Algen, Blassrot wies auf einzelne Steine und Geröll hin. Die Fischschwärme bildeten bewegliche, braunrote Flecke mit grünlichen Adern und bläulichen Rändern. Bedeutende Unregelmäßigkeiten, etwa große einzelne Steine, sogar die Metallreste eines untergegangenen und in den Karten verzeichneten alten Fischkutters, traten wie spitze Erhebungen in kräftigem Rot hervor.

»Nichts«, sagte sie.

Sand und Algen, zeigte der Bildschirm. Nur zweimal hatte das Echo eine blutrote Farbe mit charakteristischen Höhenzügen im Unterwasserrelief angenommen: Echos von harten Objekten in Tiefen von achtundvierzig beziehungsweise dreiundvierzig Metern. Sie konnten nicht warten; deshalb notierten sie die Positionen und kamen ganz früh am nächsten Morgen wieder, nachdem sie die Nacht wie üblich zwischen Punta Negra und der Cueva de los Lobos geankert hatten. Coy hatte noch mit den letzten Folgen einer Erkältung zu kämpfen – eine erträgliche Erinnerung an das nächtliche Bad. Sie waren jedoch stark genug, um es ihm unmöglich zu machen, den Druck in den Trommelfellen und in den Stirnhöhlen auszugleichen. Darum schlüpfte der Steuermann in seinen ausgebesserten schwarzen Neoprenanzug und ließ sich mit der Pressluftflasche auf dem Rücken, der aufblasbaren Rettungsweste, dem Messer an der rechten Wade und einem mit einem Leibknoten am Gürtel festgebundenen Hundertmetertau ins Meer fallen. Coy blieb oben und schwamm mit Flossen, Schnorchel und Maske an der Oberfläche. Er überwachte die Bläschenspur, die von dem uralten Druckminderer Snark Silver III mit den zwei Gummischläuchen aufstieg, den der Steuermann hartnäckig weiter benutzte, weil er sich nicht auf den modernen Kunststoff verließ. »Dieses Zeug von früher«, sagte er, »hat einen nie im Stich gelassen.« Die Bodenechos, erklärte er, als er auftauchte, kamen von einem riesigen Felsen, an dem sich Reste von Netzen festgehakt hatten, und von drei großen, mit Rost und Algen bedeckten Metallkanistern. Auf einem konnte man noch *Campsa* entziffern.

Coy schaute über Tángers Schulter und beobachtete das flache Abbild des Bodens, das die Fischlupe allmählich zeichnete. Tánger hatte die Augen fest auf den Flüssigkristallbildschirm gerichtet, sie hielt ihren silbernen Bleistift zwischen den Fingern und hatte die in Planquadrate eingeteilte Karte vor sich liegen. Ihre getüpfelten Arme sahen aus den kurzen Ärmeln des weißen Baumwoll-T-Shirts hervor, und ihr Rücken war schweißgebadet. Das Schlingern des Schiffes ließ wie gewöhnlich die feuchten Spitzen ihres Haars wippen, das sie mit einem Kopftuch über der Stirn zusammengebunden hatte. Sie trug eine khakifarbene kurze Hose und hatte die Schenkel unter dem Tisch übereinander geschlagen. Der Steuermann saß am hinteren Rand der Kajüte neben einem Bullauge, das einen Sonnenfleck über seine kurzen grauen Locken wandern ließ. An einer Angelschnur befestigte er einen Haken und eine bunte Pose, die er gerade aus Leinenresten hergestellt hatte. Manchmal blickte er von seiner Arbeit auf und beobachtete sie.

»Das Wetter kann sich ändern«, sagte Coy.

Tánger fragte, ohne die Augen vom Bildschirm abzuwenden, ob so etwas sie zwingen würde, die Suche zu unterbrechen. Coy antwortete: »Vielleicht.« Wenn Wind oder starker Seegang käme, würde die Lupe falsche Echos anzeigen; außerdem wäre es für sie alle sehr unbequem, da draußen auf den Wellen zu tanzen. In einem solchen Fall wäre es am besten, in Águilas oder Mazarrón auszuruhen. Oder nach Cartagena zurückzufahren.

»Cartagena ist fünfundzwanzig Meilen entfernt«, sagte sie. »Ich bleibe lieber hier.«

Sie beobachtete weiter aufmerksam die Pathfinder und die Karte mit den Planquadraten. Obwohl sie sich an der Fischlupe ablösten, saß sie die meiste Zeit dort und betrachtete die Kurven und Farben, die sich auf dem Bildschirm allmählich veränderten, bis ihre geröteten Augen blutunterlaufen waren und sie ihren Posten aufgeben musste. Als der leichte Seegang etwas lebhafter wurde, stand sie auf. Ihr verschwitztes Haar klebte an ihrem blassen Gesicht; es war ihr deutlich anzusehen, dass ihr das Schlingern und das ständige Dröhnen des Dieselmotors allzu sehr zusetzten. Doch sie sagte nie etwas und beklagte sich nicht. Sie zwang sich selbst, lustlos etwas zu essen, und dann sahen sie, dass sie im Bad verschwand, wo sie sich das Gesicht mit Wasser besprizte, bevor sie sich eine Weile in ihrer Kajüte hinlegte. Ihr Biodraminpäckchen wies immer mehr leere Felder auf, wie Coy nachprüfte. Wenn sie an anderen Tagen mit mehreren Streifen fertig waren oder wenn alle schon die Hitze und den ständigen Krach satt hatten, stoppten sie das Schiff, und Tánger sprang vom Heck aus ins Meer und schwamm eine weite und gerade Strecke mit langen, ruhigen und sicheren Kraulbewegungen. Beim Schwimmen achtete sie auf den Rhythmus und die richtige Atmung, ohne unnötig viel Wasser mit den Füßen aufzuwirbeln, und mit den Handflächen stieß sie bei jeder Armbewegung wie mit dem Messer zu. Manchmal sprang Coy ins Meer, um sie ein Stück zu begleiten, aber sie versuchte, sich von ihm entfernt zu halten, was nur scheinbar zufällig wirkte. Manchmal sah er, dass sie mit flatterndem Haar tauchte und dabei weit ausholende Armbewegungen machte, neben Fischschwärmen, die ihr auswichen. Sie schwamm in einem einteiligen, schwarzen Badeanzug mit dünnen Trägern, der ihr sehr gut stand. Er hatte hinten einen tiefen Ausschnitt, der auf ihrem kupferfarbenen Rücken in V-Form zusammenlief. Sie stieg über die Heckleiter an Bord, trocknete sich gewissenhaft ab und schüttelte das auf ihre Schultern tropfende Haar. Sie hatte lange und schlanke, vielleicht etwas zu dünne Beine – zu lang und mager, hatte der Steuermann für sich entschieden. Ihre Brüste waren nicht groß, doch ebenso stolz aufgerichtet wie sie selbst. In ihrer Kajüte zog sie den Badeanzug aus und mit noch nassem Körper das T-Shirt an, so dass die Brustspitzen feuchte Kreise auf das Hemd drückten, die eine Salzspur hinterließen, sobald sie verdunsteten. Endlich fand Coy heraus, was am Ende ihrer Halskette hing: eine Erkennungsmarke aus Stahl mit ihrem Namen, ihrer Personalausweisnummer und ihrer Blutgruppe. Null negativ. Eine Soldatenmarke.

Die Lupe registrierte eine Veränderung im rötlichen Ton des Bodens, und Tánger beugte sich vor, um Länge und Breite zu notieren. Aber es war falscher Alarm. Sie lehnte sich wieder auf ihrem Stuhl am Kartentisch zurück und hielt den Bleistift zwischen den Fingern mit den abgeknabberten Nägeln, an denen sie jetzt, während ihrer anstrengenden Wachstunden, ständig kaute. Sie bewahrte den ernsten, konzentrierten Gesichtsausdruck einer Musterschülerin, den Coy amüsiert beobachtete. Wenn er sah, dass sie sich selbstvergessen mit dem Notizblock, der Karte oder dem Bildschirm beschäftigte, versuchte er oft, sie sich mit weißen Söckchen, einer Uniform und blonden Zöpfen vorzustellen. Er war sicher: Bevor sie sich in den Waschräumen versteckte, um Zigaretten zu rauchen, und den Nonnen gegenüber frech auftrat, bevor sie vom Schatz Rackhams des Roten, von Seekarten, Kaperschiffen und ihrer Beute träumte, hatte ihr jemand das Ehrenband eines vorbildlichen Mädchens verliehen. Man konnte unschwer ihre eigensinnige Miene ahnen, wenn sie »Rosa-rosae«, »SO_4H_2«, »an einem Ort der Mancha« und alles übrige Schulwissen vortrug. Mit Blumen für Maria.

Er lehnte neben ihr am Tisch und betrachtete die Planquadrate, in die sie den auf der Karte markierten Suchbereich unterteilt hatten. Am Schott krächzte leise das auf Doppelempfang eingestellte Funkgerät: Eine Fregatte der Kriegsmarine bat um Lotsen, und die Lotsen tauchten nirgends auf. Ab und zu gaben ukrainische Matrosen oder marokkanische Fischer lange Tiraden in ihren Sprachen von sich. Der Führer eines Fischerboots beschwerte sich, dass ihm ein Handelsschiff die Langleinen durchgetrennt hätte. Ein Patrouillenboot der Guardia civil saß im Hafen Tomás Maestre wegen einer Brückenhavarie fest.

»Wir können ruhig zwei oder drei Tage verlieren«, sagte Coy. »Eigentlich haben wir mehr als genug Zeit.«

Sie notierte etwas und unterbrach sich. Der Bleistift schwebte in der Luft, ein paar Millimeter von der Karte entfernt.

»Wir haben überhaupt keine Zeit. Wir brauchen selbst die letzte Stunde, die uns zur Verfügung steht.«

Ihr Ton war streng, beinahe vorwurfsvoll. Coy fühlte sich wieder gereizt. Das Wetter kümmert sich einen feuchten Dreck darum, dass du alle verfügbaren Stunden brauchst, dachte er.

»Wenn es starken Wind gibt, können wir nicht arbeiten«, erklärte er. »Die See ist dann aufgeregt, und die Fischlupe zeigt nicht mehr genau an.«

Er sah, dass sie den Mund halb öffnete, um zu widersprechen, sich dann aber auf die Lippen biss. Nun trommelte der Bleistift auf die Karte. Am Schott hingen zwei Uhren neben dem Barometer. Sie gaben die Ortszeit und die Zeit des Greenwicher Meridians an. Tánger las auf beiden die Zeit ab, danach schaute sie auf die Stahluhr an ihrem rechten Handgelenk.

»Wann wird das eintreten?«

Coy fasste sich an die Nase.

»Das ist nicht sicher ... Vielleicht heute Nacht. Oder morgen.«

»Also machen wir hier vorläufig weiter.«

Sie konzentrierte sich erneut auf den Bildschirm der Pathfinder und erklärte die Frage damit für entschieden. Coy blickte auf und sah in die Augen des Steuermanns. Du selber, sagten die bleifarbenen Augen. Du entscheidest. In diesem Blick lag viel Spott, und Coy wich ihm unter dem Vorwand aus, an Deck zu steigen. Dort beobachtete er wieder den Himmel und schaute in die Ferne, wo die hohen Wolken faserige und zerlaufene Streifen wie die Schwänze von Schimmelstuten zeigten. Hoffentlich gibt es wirklich schlechtes Wetter, dachte er, hohen Seegang und mörderischen Ostwind, dann müssen wir schnellstens von hier abhauen, während ihr das Biodramin ausgeht und ich sie an der Reling sehen kann, wie sie sich die Seele aus dem Leib spuckt. Dieses durchtriebene Biest.

Seine Vorahnungen gingen in Erfüllung, wenigstens teilweise. Tángers Biodramin war noch nicht ganz alle; doch am nächsten Tag leuchtete die Sonne nur kurz aus einem Hof rötlicher Wolken hervor, die bald dunkelgrau wurden, und der Wind drehte nach Südosten und wirbelte kleine weiße, schäumende Wellen empor. Am Mittag wurde der Seegang unangenehm, der Luftdruck war um weitere fünf Millibar gesunken, und das Anemometer zeigte die Stärke 6 an. Nachdem sie die letzte Position – den Streifen 56 – in dem auf der Karte eingezeichneten Suchbereich sorgfältig vermerkt hatten, segelte die *Carpanta* mit einem Reff am Großsegel und einem weiteren an der Genua Backbord voraus zum Hafen von Águilas.

Coy hatte den Autopiloten ausgeschaltet und steuerte mit der Hand, Südwest zu Süd auf dem Kompass. Der große Felsen des Cabo Cope ragte am grauen Horizont auf. Mit gespreizten Beinen stemmte sich Coy gegen die Krängung und spürte an den Handspeichen des Steuerrads, mit welcher Kraft das Ruderblatt ins Wasser und der Wind auf die Segel drückte. Der Segler stampfte beträchtlich, wenn er die Sturzwellen durchschnitt. Auf dem Kompasshaus zeigte das Anemometer 22–24 Knoten wahren Wind an. Manchmal stürmte der Bug der *Carpanta* auf einen Wellenkamm los, dann sprang eine Schaumkrone bis ins Cockpit und besprtizte den Windschutz mit Gischt. Das roch nach Salz und Meer, und das Pfeifen des Windes im Takelwerk stieg um mehrere Oktaven an. Bei jedem Stampfen klatschten die Leinen an den Mast.

Tánger brauchte offensichtlich kein Biodramin. Mit den Beinen nach draußen saß sie auf der Luvseite am Süllrand des Cockpits. Sie trug die rote Seglerhose, die ihr der Steuermann geliehen hatte, und genoss die Fahrt. Zu Coys Überraschung hatte sie nicht allzu ärgerlich reagiert, als der Wind die drei zwang, ihre Suche zu unterbrechen. Anscheinend hatte sie sich in den letzten Tagen besser an die Unbeständigkeit des Meeres angepasst und sich mit der fatalistischen Haltung abgefunden, die das wechselhafte Schicksal vom Seemann verlangte. Was auf dem Meer nicht sein konnte, das durfte nicht sein – und außerdem war es unmöglich. Wie sie dort saß, mit dem weiten Oberteil der Seglerhose, den breiten Trägern, dem T-Shirt, dem um die Stirn gebundenen Kopftuch und den nackten Füßen, sah sie recht ungewöhnlich aus. Es fiel Coy schwer, die Augen von ihr abzuwenden, um auf Kurs und Segel zu achten. Der Steuermann saß geschützt im Cockpit, er hatte sich zurückgelehnt und rauchte in aller Ruhe. Wenn Coy eine Zeit lang Tánger beobachtet hatte, entdeckte er manchmal, dass die Augen seines Freundes fest auf ihm ruhten. Was soll ich dir erzählen, machte er ihm wortlos begreiflich. Die Dinge sind nun einmal, wie sie sind, und nicht so, wie man sie haben möchte.

Das Anemometer zeigte 25 bis 29 Knoten an, und ein Windstoß zwang Coy, das Ruder mit größerer Kraftanstrengung festzuhalten. Stärke 7. Das war allerhand, aber nicht zu viel. Die *Carpanta* hatte Stürme der Stärke 9 mit 46 Knoten, die im Takelwerk heulten, und sechs Meter hohe, kurze und schnelle Wellen überstanden, wie einmal, als der Steuermann und er zwanzig Meilen mit der See von achtern und mit gerefften Segeln fahren mussten, nachdem ihnen das Vorstagsegel zerrissen war: Trotz des Motors trieben sie leewärts ab und kamen ganz knapp durch die Einfahrt von Cartagena, nur fünf Meter von den Klippen entfernt, und sobald sie festgemacht hatten, kniete der Steuermann tiefernst nieder und küsste die Erde. Im Vergleich zu alldem waren neunundzwanzig Knoten nicht viel.

Aber als Coy zu dem grauen Himmel über dem schwankenden Mast hinaufblickte, sah er, dass die hohen Zirruswolken von der linken Seite her vorrückten und dass sich eine Front dunkler, bedrohlich aussehender, niedriger und kompakter Wolken allmählich in östlicher Richtung ausbildete. Von dort würde bald der Wind kommen. Darum war es besser, vorsichtig zu sein, beschloss er.

»Ich nehme das zweite Reff, Steuermann.«

Während er das sagte, sah der andere zum Großsegel, und Coy war klar, dass er das Gleiche dachte. Doch der Steuermann war der Schiffsführer, und ihm kamen derartige Entscheidungen zu; deshalb wartete Coy, bis er sah, dass der andere zustimmend nickte, die Zigarette im Windschatten wegwarf und aufstand. Sie schalteten den Motor ein, um gegen Meer und Wind zu steuern. Die Genua flatterte. Ein Drittel ihres Segeltuchs war am Stag eingerollt. Tánger übernahm das Ruder und behielt den Kurs bei. Während der Steuermann das Gieksegel in der Mitte anzog und das Tau des Großsegels abschrickte und bis zum zweiten Reff killend hinabfallen ließ, steckte sich Coy ein paar Beschlagseisinge in die Taschen, hielt noch einen zwischen den Zähnen und lief zum Mast, diesmal mit besonderer Vorsicht, damit ihn das heftige Stampfen des Schiffes nicht zum zweiten Mal in einer Woche ins Meer stürzte. Dort stemmte er sich mit den Knien gegen den Windschutz des Cockpits und steckte das Gatchen des zweiten Reffs in den Haken an der Luvseite. Als der Steuermann das Segel wieder spannte, lief Coy zum Heck, wobei er seine Bewegungen denen des Schiffes anpasste. Er steckte einen Beschlagseising durch jedes Segelgatchen und band sie unter dem Giekbaum fest, um das überschüssige Segeltuch einzuziehen. In diesem Augenblick ergoss sich ein dicker Wasserschwall aufs Deck und duchnässte seinen Rücken. Coy flüchtete mit einem Sprung ins Cockpit zu Tánger. Beide stießen zusammen, weil das Schiff schlingerte. Er musste sich am Ruder festhalten, um nicht hinzustürzen, und dabei umschlang er sie in einer unfreiwilligen Umarmung.

»Du kannst es schon in Lee bringen«, sagte er. »Lass es langsam leewärts abfallen.«

Der Steuermann schaute ihnen amüsiert zu, während er die Leine des Großsegels aufschoss. Sie drehte die Speichen des Ruders nach Steuerbord, und die Segel killten nicht mehr. Kurz bevor die *Carpanta* ihre Geschwindigkeit erhöhte, wurde sie von einer Querwelle erschüttert. Der Mast schwankte, und Tánger zuckte in den Armen und an der Brust Coys zusammen. Er half ihr, die richtige Drehung des Ruders zu erreichen. Endlich war der zwischen den niedrigen Wolken grau erscheinende Felsen des Cabo Cope wieder Backbord voraus, unter dem windgeblähten Genuasegel. Die Nadel des Logs stabilisierte sich auf fünf Knoten. Dann kam ein Wasserschwall, der stärker als die vorherigen war, und als er über sie hereinbrach, bespritzte er ihre Gesichter, Hände und Kleider. Coy entdeckte, dass die nackte Haut am Hals und an den Armen der Frau durch das kalte Wasser eine Gänsehaut bekam und dass sie sonderbar, sehr glücklich und sehr sanft lächelte, als hätte sie diesen Augenblick aus irgendeinem Grund ihm zu verdanken. Die Wasserspritzer vervielfältigten die Flecken auf ihrem Gesicht bis ins Unendliche, und ihr Mund öffnete sich halb, als wollte sie bestimmte Worte sagen, auf die manche Männer seit Jahrhunderten warteten.

Auf der Terrasse des Restaurants, eines Schuppens aus Holz, Rohr, Gips und Palmenblättern, dessen zwei Stockwerke sich über dem Strand erhoben, spielte die Kapelle brasilianische Musik. Das Orchester bestand aus zwei jungen Männern und einem Mädchen, die eine gute Imitation von Vinicius de Moraes, Toquinho und Maria Bethânia boten. Sie sangen so mitreißend, dass einige Gäste an den Tischen sich auf ihren Stühlen im Takt der Melodie wiegten. Das Mädchen, eine recht hübsche Mulattin mit großen Augen und afrikanischem Mund, schlug beim Singen rhythmisch auf die Bongos und schaute dem Gitarristen, einem bärtigen und lächelnden Jungen, in die Augen: *A tonga da mironga do kabuleté.* Auf den Tischen standen Caipirinhas und Rum. Palmen säumten das Meer, und Coy dachte, dieses Bild könnte zu Rio oder Bahia passen.

Er schaute über die Holzbalustrade, die sich zum Strand hin öffnete, und erkannte weiter hinten den Steuermann. Er entfernte sich zum Jachthafen, dessen spärlicher Mastenwald hinter einem kleinen Pier emporragte. Am Ende der Bucht, auf dem hohen Felsen, der die Molen und die Fischbörse schützte, war das Kastell Águilas von einer grauen Wolke eingehüllt, die der Abend immer dunkler werden ließ. Am anderen Rand brachen sich die Sturzwellen an der Landspitze und der Insel, nach deren Umrissen in Form eines Adlers der Hafen benannt war. Aber der Wind hatte aufgehört, und ein feiner, warmer Sprühregen ließ den dunkelgrauen Sand des Strandes funkeln, wo das Wasser still ruhte. In diesem Augenblick sah er, dass der Hauptleuchtturm aufblinkte, der, mit weißen und schwarzen Streifen angestrichen, noch im Zwielicht zu erkennen war. Coy beobachtete den Rhythmus der Lichtsignale, bis er ihn berechnet hatte: Sie blinkten alle fünf Sekunden zweimal weiß.

Als er sich wieder Tánger zuwandte, schaute sie ihn an.

Er hatte gerade begonnen, ihr eine kleine Geschichte über Musik und Meeresstrand zu erzählen. Das hatte er ohne allzu große Überzeugung getan, um ein peinliches Schweigen zu überbrücken, das eingetreten war, nachdem der Steuermann seinen Kaffee ausgetrunken und sich verabschiedet hatte, um die beiden allein zu lassen. Sie saßen einander gegenüber, während die Musik spielte und die letzte graue Helligkeit langsam über der Bucht verblasste. Tánger wartete offenbar darauf, dass er seine Geschichte fortsetzte, doch sie war schon seit einer Weile zu Ende, und Coy wusste nicht, worüber er sprechen sollte, um das Schweigen auszufüllen. Zum Glück gab es noch die Musik, die Stimmen des Mädchens und seiner Begleiter, und die Melodie wirkte besonders eindringlich, weil der Strand so nahe war und der Sprühregen leise auf die Palmblätter des Dachs tröpfelte. Er konnte schweigen, ohne dass er sich überwinden musste, und deshalb streckte er die Hand nach dem Weißweinglas aus und führte es an die Lippen. Tánger lächelte. Sie bewegte ein wenig die Schultern im Takt der Musik. Sie war schon seit einiger Zeit zu Caipirinha übergegangen, und die Spiegelung des Glases funkelte auf ihren marineblauen Iris, die sie fest auf Coy gerichtet hatte.

»Was schaust du so?«

»Ich beobachte dich.«

Unbehaglich wandte er sich wieder dem Strand zu und goss sich noch mehr Wein in sein Glas, obwohl es beinahe voll war. Die Augen gegenüber musterten ihn weiter.

»Erzähl mir«, sagte sie, »was sich auf dem Meer verändert hat.«

»So etwas habe ich nicht gesagt.«

»Doch, das hast du. Erzähl mir, warum es jetzt anders ist.«

»Das ist nicht erst seit heute. Es war schon anders, als ich zum ersten Mal hinausgefahren bin.«

Sie betrachtete ihn weiter aufmerksam. Sie schien wirklich interessiert. Sie trug den langen, weiten blauen Baumwollrock und eine weiße Bluse, die die Sonnenbräune der letzten Tage hervorhob. Ihr Haar war sauber und seidig wie ein kurzer goldener Vorhang; er hatte gesehen, dass sie es sich am Nachmittag gewaschen hatte. Sie trug jetzt statt der Männeruhr einen silbernen Schmuck, dessen sieben Ringe im Schein einer Kerze, die in einer Flasche auf dem Tisch stand, funkelten.

»Soll das heißen, das Meer wäre sinnlos geworden?«

»Darum geht es auch nicht.« Coy machte eine vage Geste. »Es hat einen Sinn. Was ich meine ... Na ja. Es ist nicht mehr leicht, sich fern zu halten.«

»Fern wovon?«

»Es gibt Telefon, Fax und Internet ... Du besuchst die Seefahrtschule, weil ... Ich weiß nicht. Weil du fortwillst. Du möchtest viele Orte kennen lernen, viele Häfen und viele Frauen ...«

Sein zerstreuter Blick blieb an der singenden Mulattin hängen. Tánger folgte seinen Augen.

»Hast du viele Frauen kennen gelernt?«

»Daran erinnere ich mich im Moment nicht.«

»Viele Huren?«

Ärgerlich starrte er sie an. Wie sehr dir dein verdammtes Spiel gefällt, dachte er. Nun hatte er zwei stahlblaue Augen vor sich, die ihn unerbittlich beobachteten. Sie wirkten belustigt, doch auch neugierig. Er fasste sich an die Nase.

»Ein paar«, antwortete er.

Tánger prüfte die Sängerin aus den Augenwinkeln.

»Negerinnen?«

Er stürzte ein halbes Glas Wein mit einem Mal hinunter. Laut klirrend stellte er es auf den Tisch zurück.

»Ja«, erklärte er. »Negerinnen. Und Chinesinnen. Mestizinnen ... Wie Torpedo Tucumán immer gesagt hat, das Gute an den Huren ist, dass sie Dollars von dir haben wollen und keine Unterhaltung.«

Tánger fühlte sich offenbar nicht getroffen. Abermals sah sie zur Sängerin hinüber. Sie lächelte nachdenklich, und er entdeckte nichts Angenehmes in diesem Lächeln.

»Und wie sind Negerinnen?«

Nun musterte sie Coys starke Unterarme, die unter den hochgekrempelten Ärmelaufschlägen nackt waren. Er betrachtete Tánger ein paar Sekunden lang, dann warf er sich nach hinten und lehnte sich an den Stuhl. Er suchte nach irgendeiner passenden Grobheit.

»Ich weiß nicht, was ich dir sagen soll. Ein paar haben eine rosa Möse.«

Er sah, dass sie blinzelte und den Mund halb aufmachte. Für kurze Zeit, wie er mit hinterhältiger Befriedigung feststellte, wirkte ihr Lächeln verunsichert. Touché, du kleines Miststück. Doch bald wieder fand er den gleichmütigen Blick, die ironische Grimasse und das marineblaue Metall, das sich im Kerzenlicht spiegelte.

»Warum spielst du dich so gern als Grobian und harter Kerl auf?«

»Ich spiele mich nicht auf.« Er trank sein Weinglas leer. Dabei ließ er sich Zeit, dann zuckte er leicht die Achseln. »Man kann ein Grobian sein, man kann ein harter Kerl sein, und außerdem kann man ein Idiot sein ... Auf deiner Insel passt das offenbar alles zusammen.«

»Hast du dich schon entschieden, ob ich ein Ritter oder ein Knappe bin?«

Er dachte nach und berührte das leere Glas.

»Du«, sagte er, »bist eine verdammte böse Hexe.«

Das war nicht als Beleidigung gemeint, sondern als Kommentar. Als die Mitteilung eines objektiven Sachverhalts, die sie verdaute, ohne einen Gesichtsmuskel zu verziehen. Sie starrte ihn so eindringlich an, dass sich Coy schließlich fragte, ob sie wirklich ihn ansah.

»Wer ist Torpedo Tucumán?«

Mein Gott, dachte er. Wie tüchtig und schlau sie ist. Wie verdammt schlau. Er legte wieder die Arme auf den Tisch und schüttelte den Kopf, lachte beinahe in sich hinein. Ein resigniertes Lachen, das seinen Ärger verscheuchte, wie der Wind den Nebel auflöste. Als er aufblickte, stellte er fest, dass sie ihn weiter beobachtete, sich ihr Gesichtsausdruck aber verändert hatte. Sie lächelte immer noch, nun war allerdings der Sarkasmus verschwunden. Es war ein freimütiges Lächeln. Das ist nichts Persönliches, Seemann. Und er wusste, im Grunde stimmte das: Es ging um nichts Persönliches. Deshalb bestellte er einen blauen Gin mit Tonic bei der Kellnerin, und dann machte er ein nachdenkliches Gesicht: wie Popeye, der bei einem Gläschen seine Erinnerungen aufwärmt. Diese Nächte mit Olivia, und so weiter. Da es genau darum ging und sie wartete, brauchte er nichts zu erfinden, weil alles in seinem Gedächtnis vorhanden war. Er blickte aufs Tischtuch, sah mühelos die Gestalt leibhaftig vor sich und ließ sie mit dem Geschmack des Tonics auf seiner Zunge entstehen. Er erzählte von Torpedo, der Mannschaft Sanders und von dem Jahrmarktspferdchen, das sie eines Nachts auf einem Rummelplatz in New Orleans gestohlen hatten, und vom Anita's in Guayaquil, dem Happy Landers in El Callao und dem südlichsten Bordell der Welt, der Bar La Turca in

Ushuaia. Und von der Schlägerei in Kopenhagen und einer anderen mit Polizisten in Triest, als Torpedo und der Galicier Neira auch davonrannten, nachdem sie einem Polizisten die Kinnlade zertrümmert hatten: Sie gaben Fersengeld, und Coy baumelte wie üblich zwischen beiden in der Luft, jeder hielt einen Arm, und er ruderte mit den Füßen, ohne den Boden zu berühren, und so kamen sie heil aufs Schiff. Außerdem berichtete er Tánger, die ganz aufmerksam zuhörte und sich über den Tisch beugte, von dem unglaublichsten Handgemenge, das man jemals in einem Hafen erlebt hatte: das auf dem Schlepper in Rotterdam, der Seeleute und Hafenarbeiter von Mole zu Mole und von Schiff zu Schiff beförderte. Sie saßen auf langen Bänken, als ein rettungslos betrunkener holländischer Schauermann auf Torpedo fiel und der Schlagabtausch wie ein Lauffeuer um sich griff. »Viva Zapata!«, schrie der Galicier Neira. Achtzig alkoholbenebelte Männer bearbeiteten sich in der großen Offizierskajüte mit Fausthieben. Coy lief an Deck, um frische Luft zu schnappen, und manchmal tauchte Torpedo an einem Bullauge auf, atmete tief ein und drängelte sich wieder nach innen durch. Alles endete damit, dass der Schlepper nach der Fahrt bewusstlose, verschwollene und nach Alkohol stinkende Seeleute und Hafenarbeiter herunterfierte. Er warf sie wie Stückgut hierhin und dorthin, jeden einzelnen auf seine Mole oder auf sein Schiff, wie der Bote eines Pizzadienstes.

»Eines Pizzadienstes«, sagte er noch einmal. Dann verstummte er, und ein unbestimmtes Lächeln umspielte seine Lippen. Tánger blieb ganz ruhig, als befürchtete sie, sie könnte ein Kartenhaus zum Einsturz bringen.

»Was hat sich verändert, Coy?«

»Alles.« Er hörte auf zu lächeln und trank noch einen

Schluck. Der aromatische blaue Gin rann ihm durch die Kehle und wirkte schmerzstillend. »Es gibt keine wirklichen Fahrten mehr, weil kaum noch richtige Schiffe übrig bleiben ... Ein Schiff ist jetzt wie ein Flugzeug: Du fährst nicht, sondern man befördert dich von Punkt A nach B.«

»Und früher war es anders?«

»Natürlich war es das. Wenn man fuhr, konnte man noch einsam sein: Du warst zwischen A und B, unerreichbar in diesem Zwischenraum, und die Strecke war lang ... Du hattest wenig Gepäck dabei, und es kam nicht darauf an, dass man sich von allem gelöst hatte.«

»Das Meer ist immer noch das Meer. Es hat seine Geheimnisse und Gefahren.«

»Aber nicht wie früher. Jetzt ist es so, als käme man zu spät an eine leere Mole und sähe, wie sich der rauchende Schornstein am Horizont entfernt ... Wenn du auf die Seefahrtschule gehst, benutzt du die richtigen Begriffe, Backbord und Steuerbord und alles Übrige. Du gibst dir Mühe, die Traditionen zu bewahren, du vertraust auf Kapitäne, wie du als Kind auf Gott vertraut hast ... Aber das funktioniert nicht mehr ... Ich habe davon geträumt, einen guten Kapitän zu haben, wie McWhirr in *Taifun*. Und so einer wollte ich auch eines Tages werden.«

»Was ist ein guter Kapitän?«

»Jemand, der weiß, was er tut. Der niemals den Kopf verliert. Der während deiner Wache auf die Brücke kommt und ein Schiff entdeckt, das dir seitlich den Weg versperrt, und der nicht sagt: ›Ruder hart Steuerbord, sonst stoßen wir zusammen!‹ – der stattdessen schweigt, dich ansieht und erwartet, dass du selber das richtige Manöver ausführst.«

»Hast du gute Kapitäne gehabt?«

Coy verzog das Gesicht. Das war eine gute Frage. Im Geist überflog er die Seiten eines alten, vom Seewasser fleckigen Fotoalbums. Darin gab es auch Scheißflecke.

»Ich habe von allem etwas gehabt«, sagte er. »Elende Kerle und Säufer und Feiglinge, aber auch großartige Männer. Ich habe ihnen immer vertraut. Mein ganzes Leben, bis vor nicht allzu langer Zeit, hat mir das Wort ›Kapitän‹ Achtung abverlangt. Ich habe dir ja schon gesagt, dass ich es mit diesem Kapitän in Verbindung brachte, den Conrad beschrieben hat: ›*Der Sturm hatte den Weg dieses schweigsamen Mannes gekreuzt und konnte ihm nur ein paar Worte entreißen ...*‹ Ich erinnere mich an einen harten Nordweststurm, den ersten meines Lebens, im Golf von Biskaya, mit Riesenwellen, die den Bug der *Migalota* bis zur Brücke überschwemmten. Wir hatten McGregor-Luken, deren Dichtungen nicht richtig schlossen. Bei jeder großen Welle drang Wasser ein, und die Ladung bestand aus Erz, das sehr leicht verrutscht, wenn es nass wird ... Immer, wenn wir mit dem Bug im Wasser versanken und es so aussah, als käme er nicht mehr hoch, murmelte Kapitän Don Ginés Sáez, der sich am Ruderhaus festhielt, ganz leise ›mein Gott‹ zwischen den Zähnen ... Auf der Brücke standen vier oder fünf Leute; aber ich war neben ihm und der Einzige, der das hören konnte. Das hat niemand sonst gemerkt. Und als er einen Blick zur Seite warf und sah, dass ich in der Nähe war, hat er den Mund nicht wieder aufgemacht.«

Die drei Künstler hatten ihren Auftritt beendet und ernteten Beifall, als sie sich verabschiedeten. Sie wurden von Konservenmusik abgelöst, die über Lautsprecher auf dem Dach übertragen wurde. Eine Gitarre machte kling, kling, kling. Ein Paar begann zu tanzen. *Du gehst, weil ich will, dass du gehst.* Ein Bolero. Eine Tausendstelsekunde lang war er versucht, sie auf die Tanzfläche zu bitten. Haha. Sie beide umarmt und Wange an Wange. *Ich will, dass dich andre Lippen küssen*, hieß es im Text. Er stellte sich vor, wie er eine Hand um ihre Taille legte und ihr wie ein Tanzbär auf die Füße trat. Außerdem gehörte sie bestimmt zu denen, die ihre Ellbogen dazwischenschoben.

»Früher«, erzählte er weiter und vergaß den Bolero, »musste ein Kapitän entscheiden. Jetzt unterschreibt er die Dokumente im Hafen. Es gibt einen Unterschied von einer halben Tonne, und schon telefoniert er mit dem Schiffseigner. ›Unterschreibe ich die Papiere oder nicht?‹ ... Und in einem Büro sitzen drei Kerle, drei Dreckstücke mit Krawatte, und die sagen ihm: ›Unterschreibe nicht.‹ Und er unterschreibt nicht.«

»Was bleibt vom Meer übrig? ... Wann fühlst du dich noch als Seemann?«

Wenn es Probleme gebe, erklärte er. Wenn man einen Verletzten an Bord hatte oder etwas kaputtging, dann verhielten sich die Männer meistens gut. Einmal, erzählte er, vor Kapstadt, hatte ein Brecher das Ruderblatt der *Palestine* weggerissen. Sie trieben anderthalb Tage vor dem Wind, bis die Schlepper kamen. Damals wirkten die Männer wieder wie richtige Seeleute. Meistens waren sie lediglich Fuhrleute auf dem Ozean und gewerkschaftlich organisierte Angestellte, aber bei einer Krise lebte die Kameradschaft wieder auf. Ein Überschießen der Ladung, eine schwere Havarie. Schlechtes Wetter und das alles. Die Stürme.

»Sturm, das klingt immer schrecklich.«

»Es gibt schlimme und ganz schlimme. Unangenehm für einen Seemann wird es, wenn er seinen Kurs und den des Sturms berechnet und es zu einem Patt kommt ... Ich meine, dass beide gleichzeitig dieselbe Stelle erreichen.«

Er machte eine Pause. Es gab Dinge, die er ihr niemals erklären könnte, entschied er. Winde der Stärke 11 vor Neufundland. Mauern aus grauem und weißem Wasser, die in einem Schaumnebel brodeln, der das Wasser mit dem Himmel verschmilzt. Die Bilge schwappt und der Rumpf knirscht. Die Männer schreien vor Angst und sind an den Kojen in ihren Kajüten festgebunden, der Funk meldet jede Menge Mayday-Rufe von Schiffen in Seenot. Ein paar haben einen klaren Kopf behalten und stehen auf der Brücke, verzurren das Stückgut in den Laderäumen oder sind unten im Maschinenraum zwischen Kesseln, Turbinen und Rohrleitungen, ohne zu wissen, was oben geschieht. Sie achten auf die Kontrollsysteme, die Alarmlichter und die Befehle, sie machen sich Sorgen, weil der Diesel in den Behältern plätschert und der Rumpf einen Riss haben könnte, durch den Wasser in den Kraftstoff fließt, oder vielleicht sind die Brenner beschädigt, was sie dem Meer ausliefern würde. Seeleute, die versuchen, das Schiff und damit ihr Leben zu retten, die in den Abwärtsfahrten beschleunigen, um die Kontrolle zu behalten, und die erst kurz vor den Wellenkämmen mit der Fahrt heruntergehen, nach freien Räumen zwischen den größten Wellen suchen, um zu wenden, wenn das Schiff nicht mehr Kurs halten kann. Und der beängstigende Moment, wenn mitten im Manöver ein mörderischer Brecher kommt, der den Rumpf querab trifft und ihn um vierzig Grad neigt, während die Männer, die sich so gut festhalten, wie sie können, einander bestürzt anstarren und sich fragen, ob sich das Schiff wohl wieder aufrichtet.

»In solchen Fällen«, schloss Coy laut, »wird alles wie früher.«

Das klang übermäßig nostalgisch, fürchtete er. Unmöglich konnte man sich nach dem Schrecken zurücksehnen.

Was er meinte, war die Sehnsucht nach dem Verhalten, das manche Männer in einer schrecklichen Lage zeigten. Aber das ließ sich nicht an einem Restauranttisch oder an irgendeinem anderen Ort erklären. Darum schnaufte er ein bisschen und sah sich unbehaglich nach beiden Seiten um. Ich rede viel zu viel, dachte er auf einmal. Reden war nicht schlecht, doch er war nicht daran gewöhnt, sein Leben auf diese Weise zu erzählen. Er merkte, dass Tánger zu denen gehörte, die einen leicht zum Plaudern brachten und deren Beitrag zum Gespräch darin bestand, die richtigen Fragen zu stellen und lange genug zu schweigen, damit der andere für den Hauptteil der Unterhaltung sorgte. Ein geschickter Trick: Du erfährst etwas, und außerdem stehst du gut da, ohne dich selbst zu verraten. Schließlich begeisterte es jeden, von sich selber zu erzählen. »Er ist ein phantastischer Plauderer«, sagten sie dann. Und der hatte gar nicht den Mund aufgemacht. Diese Idioten. Er selber war ein Schwätzer und ein Idiot von vorn nach achtern. Trotzdem, obwohl ihm das alles bewusst war, merkte er, dass es ihm gut tat, davon zu erzählen, sogar einfach bloß zu reden, während Tánger vor ihm saß und zuhörte.

»Jetzt«, sagte er etwas später, »beschränkt sich die romantische Seefahrt, von der man als Junge geträumt hat, allmählich auf diese kleinen, rostigen Schiffe mit sonderbarer Flagge, die immer noch die Küste entlangfahren und deren Name über den früheren gemalt ist, die schmierige und schlecht bezahlte Kapitäne haben ... Ich bin auf einem gewesen, als ich gerade mein Patent als Zweiter Offizier erhalten hatte, weil ich nirgendwo sonst Arbeit fand: Es hieß *Otago*, und selten bin ich so gern wie damals gefahren. Nicht einmal auf den Schiffen der Zoeline ... Aber das ist mir erst später klar geworden.«

Sie meinte, das sei vielleicht deshalb, weil Coy damals jung gewesen sei. Er dachte einen Moment nach und stimmte dann zu. Ja, bekannte er, wahrscheinlich fühlte er sich damals glücklich, weil er jung war. Aber alles war zum Teufel gegangen mit den Billigflaggen, den als Angestellten arbeitenden Kapitänen und den Schiffseignern, für die sich ein Schiff nicht allzu sehr von einem Sattelschlepper unterschied. Manche Schiffe hatten eine so kleine Mannschaft, dass sie Leute vom Land an Bord benötigten, um festzumachen. Filipinos und Inder waren jetzt Eliteseeleute, und bis über den Eichstrich mit Wodka abgefüllte russische Kapitäne ramponierten ihre Tanker hier ein bisschen und dort ein bisschen. Die einzige Chance, damit das Meer blieb, was es war, war ein Segelschiff. Dann ging es immer noch um die See und dich persönlich. Aber von einem Segelschiff konnte man nicht mehr leben, setzte er hinzu. Ein Beispiel dafür war der Steuermann.

In ihrem Glas war nur Eis übrig geblieben. Ihre Finger mit den stumpfen Nägeln spielten damit herum und ließen es klimpern. Coy winkte der Kellnerin, doch Tánger schüttelte den Kopf.

»Neulich Nacht, am Bug mit der Signalrakete, hast du mich beeindruckt.«

Nachdem sie das gesagt hatte, schwieg sie und sah ihn an. Ihr Lächeln wirkte noch lebhafter. Er lachte ganz leise: wieder über sich selbst.

»Das wundert mich nicht. Noch stärker hat es mich beeindruckt, als ich ins Wasser gefallen bin.«

»Das meine ich nicht. Ich war gelähmt, als ich diese Lichter gesehen habe, die auf uns zukamen. Ich wusste nicht, was man tun sollte ... Aber du hast die richtigen Dinge gemacht, eins nach dem andern, ohne darüber nachzudenken. So etwas wie Routine, um mit der Katastrophe fertig zu werden. Du hast nicht die Ruhe verloren, und auch deine Stimme hat sich nicht verändert. Beim Steuermann war es genauso. Ihr habt eine Art Fatalismus. Als gehörte das zum Spiel.«

Coy zuckte leicht die Achseln, ohne besonders darauf einzugehen. Er sah seine breiten und plumpen Hände an. Nie hatte er sich vorgestellt, dass er über solche Sachen mit jemandem reden müsste. In seiner Welt oder, genauer gesagt, in der Wasserwelt, aus der man ihn vor kurzem vertrieben hatte, war alles viel zu offensichtlich. Nur an Land bat man dich um Erklärungen.

»Das sind die Spielregeln«, sagte er. »Dort draußen findest du dich damit ab, dass die Katastrophe dazugehört. Natürlich nicht freiwillig. Du betest oder fluchst, und wenn du Klasse hast, kämpfst du bis zum Ende. Aber du erkennst es an. So ist das Meer. Du kannst der beste Seemann der Welt sein, und womöglich erledigt es dich trotzdem. Der einzige Trost ist, alles so gut zu machen, wie du es verstehst ... Ich denke mir, dass sich der Kapitän der *Dei Gloria* so gefühlt haben muss.«

Als er die Brigg erwähnte, verfinsterte sich Tángers Miene. Auf einmal neigte sie geistesabwesend den Kopf zur Seite. Sie hatte die Ellbogen auf den Tisch gestützt und das Kinn auf die Hände gelegt. Die Haarspitzen berührten eine Schulter.

»Das scheint kein großer Trost zu sein«, meinte sie.

»Für mich ist er etwas wert. Vielleicht war er es auch für ihn damals.«

Inzwischen brannten die Laternen und beleuchteten den Umkreis der Bucht. Das Wasser an der Küste glänzte im Sprühregen gelblich, und diese Reflexe wurden von silbernen Vibrationen durchbrochen, als bewegten sich winzige Fischschwärme nahe an der Oberfläche. Das Licht des Leuchtturms war deutlicher zu erkennen. Die Feuchtigkeit verlieh seinem längeren Strahlenbündel eine beinahe körperliche Gestalt. Es drehte sich immer wieder der dichten schwarzen Fläche zu, die sich auf dem Meer ausbreitete.

»Da draußen muss es ganz finster sein«, sagte sie.

Ihre Stimme bebte unfreiwillig, und darum beobachtete er sie aufmerksam: Sie starrte in die Nacht hinaus.

»Wenn man nachts ins Wasser stürzt«, setzte sie kurz danach hinzu, »muss das schrecklich sein.«

»Es ist nicht angenehm.«

»Du hast großes Glück gehabt.«

»Ja, das stimmt. Wenn du so ins Meer fällst, findet man dich normalerweise nicht.«

Tánger legte ihre rechte Hand auf den Tisch, und dabei klingelten ihre sieben Silberringe. Die Hand lag ganz nahe an Coys Arm, ohne ihn zu berühren. Er spürte jedoch, dass sich die Haare an seiner Haut aufrichteten.

»Das habe ich geträumt«, sagte sie. »Das habe ich jahrelang geträumt ... Ich falle in ein dichtes Dunkel, das undurchdringlich und ganz schwarz ist.«

Er musterte sie interessiert. Durch den vertraulichen Ton war er ein wenig verunsichert. Auch durch die Art, wie sie sich manchmal den Schatten zuwandte.

»Ich nehme an, dabei geht es um den Tod«, sagte Tánger leise.

Dann schwieg sie hartnäckig und blickte besorgt in den Sprühregen, über die Balustrade. Es schien, dachte er, als blickte sie über das im Schatten liegende Meer hinaus.

»Dass man allein wie Zas stirbt. Im Dunkeln.«

Sie hatte diese Worte nach einem sehr langen Schweigen

gesagt, beinahe flüsternd und kaum hörbar. Plötzlich wirkte sie tatsächlich verängstigt oder erschüttert. Coy rutschte ein paarmal verlegen auf dem Stuhl hin und her, während er über seine widersprüchlichen Gefühle nachdachte. Er hob eine Hand und wollte sie auf ihre legen, doch er ließ sie daneben auf den Tisch sinken, ohne diese Bewegung zu vollenden.

»Wenn das einmal geschehen sollte«, sagte er, »möchte ich bei dir sein und deine Hand halten.«

Er wusste nicht, welchen Eindruck das machte, aber das kümmerte ihn nicht. Er war aufrichtig. Auf einmal sah er ein Mädchen, das sich vor der Nacht fürchtete: Es erschrak, weil es allein eine Reise durch ein endloses Dunkel antrat.

»Das würde nichts nützen«, widersprach sie. »Auf dieser Reise kann niemand einen anderen begleiten.«

Sie hatte ihn aufmerksam angesehen, als er sagte, dass er bei ihr sein und ihre Hand halten wollte. Ganz ernst und gedankenversunken prüfte sie, was sie soeben gehört hatte. Nun aber schüttelte sie den Kopf, als wiese sie das schicksalsergeben oder im Gefühl der Niederlage zurück.

»Niemand.«

Nach diesen Worten verstummte sie wieder. Sie starrte Coy derart eindringlich an, dass er von neuem unbehaglich auf dem Stuhl hin und her rutschte. Er hätte alles hingegeben, was er besaß – das war eine Redensart: in Wirklichkeit besaß er ja nichts –, um ein charmanter Typ zu sein, der die nötige Klasse oder wenigstens genug Geld hatte, um selbstsicher lächeln zu können, bevor er seine Hand schützend auf ihre legte. Um ihr zu sagen, ich gebe Acht auf dich, Kleine. Ihr, dieser Frau, die er erst vor einem Moment eine verdammte Hexe genannt hatte und die ihn mit einem Mal wieder an das sommersprossige Mädchen erinnerte, das auf dem eingerahmten Foto in den Armen seines Vaters lächelte, an die Siegerin des Schwimmwettkampfes für Kinder, die Gewinnerin des Silberpokals, der nun mit Beulen und fehlendem Henkel auf einem Abstellbord schwarz wurde. Doch Coy war nur ein Paria mit einer Jacke über der Schulter und an Bord eines Segelschiffs, das ihm auch nicht gehörte. Er war so weit von ihr entfernt, dass er nicht einmal beanspruchen durfte, ihr als Tröster beizustehen, oder dass sie vor einer hypothetischen Reise ans Ende der Nacht als Letztes seine Hand drückte. Darum spürte er ein sehr bitteres Gefühl der Ohnmacht, als sie beobachtete, welcher Abstand ihre Hände auf der Tischdecke trennte. Er lächelte traurig, als richtete er sich an Schatten, Phantome und Gewissensbisse.

»Davor habe ich Angst.«

Das sagte sie. Nun streckte Coy seine Hand aus, bis er ihre berührte, ohne diesmal lange darüber nachzudenken. Sie ließ ihn nicht aus den Augen, als sie ganz langsam ihre Hand zurückzog. Er wandte das Gesicht ab, damit sie nicht merkte, dass er rot wurde, erschrocken über seinen Ausrutscher oder seine Entgleisung. Aber nach einer halben Minute dachte er, manchmal führe das Leben mit der Präzision einer unerbittlichen Choreographie oder der Böswilligkeit eines in der Ewigkeit versteckten Witzbolds zu merkwürdigen Situationen. Denn genau in dem Augenblick, als er sich zur Balustrade und zum Strand umdrehte und sich über seine ungeschickte und einsame Hand auf dem Tischtuch schämte, entdeckte er etwas, das wie gerufen kam, und er musste sich zurückhalten, um nicht laut zu jubeln: ein blinder, völlig irrationaler Drang, der auf einmal seine Arm- und Rückenmuskeln spannte und ein intensiv leuchtendes Strahlenbündel in sein Gehirn warf. Unten, bei den Lichtern, die den Strand umsäumten, unter dem Vordach einer geschlossenen Getränkebude, hatte er gerade die kleine, unverwechselbare, nun schon beinahe geliebte Silhouette von Horacio Kiskoros wieder erkannt: die des ehemaligen Unteroffiziers der argentinischen Kriegsmarine und des Messerhelden von Nino Palermo. Des melancholischen Zwergs.

Diesmal würde ihm niemand den Fisch von der Angel reißen. Darum wartete er dreißig Sekunden, entschuldigte sich unter dem Vorwand, er müsse auf die Toilette, und sprang die Stufen hinunter, wobei er immer zwei auf einmal nahm. Er lief durch die Hintertür hinaus, kam an Mülleimern vorbei und machte einen Umweg, der ihn vom Restaurant und vom Strand entfernte. Vorsichtig lief er unter den Palmen und Eukalyptusbäumen und überlegte, wie er es machen sollte: ein Gang nach Steuerbord und ein Gang nach Backbord. Der feine Sprühregen durchnässte ihm Haare und Hemd. Er frischte seine Kraft auf und stählte seinen Körper, der sich in einer bitteren Vorfreude straffte. Er überquerte die Straße, gelangte auf ein freies Feld, lief durch einen mit Fenchel bewachsenen Straßengraben und überquerte wieder die Straße, so dass er die Dunkelheit im Rücken hatte. Er stellte sich hinter einen Müllcontainer. Da drüben steckt er, sagte er sich. Er befand sich an der Luvseite seines Opfers. Dieses hatte keine Ahnung von der drohenden Gefahr, rauchte und schützte sich vor dem Nieselregen unter dem Vordach aus Brettern und Rohr. Neben dem Bürgersteig stand ein geparktes Auto: ein kleiner weißer Toyota mit einem Nummernschild aus Alicante und der Mietwagenplakette an der Heckscheibe.

Coy lief um den Wagen und sah, dass Kiskoros aufmerksam zu der erleuchteten Terrasse und dem Haupteingang des Restaurants hinüberspähte. Er trug ein leichtes Sakko und eine Fliege. Im Licht der nahen Lampe glänzte die Brillantine in seinem schwarzen, nach hinten gekämmten Haar. Das Messer, dachte Coy und erinnerte sich an den Bogen der Seekadetten. Ich muss mich vor seinem Messer in Acht nehmen. Dann schüttelte er die Hände und ballte sie zur Faust, beschwor zu seiner Unterstützung die Geister von Torpedo Tucumán, dem Galicier Neira und der übrigen Mannschaft Sanders. Die Sportschuhe erleichterten es ihm, grimmig und heimlich acht lautlose Schritte zu machen, bevor der andere ein Geräusch auf dem Sand hörte und sich langsam umdrehte, um herauszubekommen, wer sich von hinten näherte. Coy sah, wie die Augen des sympathischen Fröschleins alle Sympathie verloren und sich maßlos weit öffneten, wie die Zigarette aus dem zu einem dunklen Loch gewordenen Mund fiel und sich der letzte Rauch spiralförmig im Schnurrbart verfing. Er überwand den letzten Abstand mit einem Sprung. Der erste Faustschlag traf Kiskoros mitten ins Gesicht, klatsch, und warf seinen Kopf nach hinten, als hätte ihm Coy gerade den Hals gebrochen, während er ihn an die Wand der Bude schleuderte, genau unter das Schild: *Kiosk Costa Azul. Spezialität: Tintenfisch.*

Das Messer, dachte er zwanghaft, während er immer wieder systematisch und treffsicher zuschlug, ohne ein Wort zu sagen. Nun klang es ganz prächtig: rums und plopp und klack. Kiskoros konnte sich bei diesem Angriff nicht auf den Beinen halten, er lehnte an der Wand und rutschte ab, wollte verzweifelt in seine Tasche greifen. Aber Coy wusste, was der andere vorhatte. Darum wich er ein

Stück zurück, nahm Anlauf, und der Fußtritt, mit dem er den Arm des Argentiniers traf, entriss diesem zum ersten Mal ein längeres Schmerzensgeheul, das genau wie bei einem Hund klang, dem man auf den Schwanz getreten hatte. Nun packte er ihn an den Jackenaufschlägen und zerrte ihn äußerst heftig fort, schleppte ihn über die Fahrbahn zum Sandstrand. Er zog ihn und blieb stehen, um ihn zu verprügeln, dann zog er ihn weiter. Der andere ließ eine Reihe von dumpfen, ersterbenden Grunzlauten hören und zappelte, um seine Hand in die Nähe der Tasche zu bekommen. Bei jeder sich bietenden Gelegenheit schlug Coy aufs Neue zu. Ganz anders als Popeye brauchte er in dieser glücklichen Nacht keinen Spinat. Jetzt gehörst du wirklich mir, dachte er voller Aggression, mit jener sonderbaren Verstandesklarheit, die er sich gewöhnlich mitten in Überschwang und Gewalt bewahrte. Jetzt habe ich dich ganz und gar, und es gibt keinen Vermittler, keine Zeugen, Polizisten oder sonst jemanden, der mir sagt, was ich tun oder lassen soll. Jetzt zerquetsche ich dich, bis du zu einem beschissenen Brei wirst und dir die gebrochenen Rippen in den Leib stoßen, bis du die ausgeschlagenen Zähne im Sechserpack verschluckst und dir nicht mal so viel Puste bleibt, um einen Tango zu säuseln.

Kiskoros wehrte sich kaum noch. Die Fliege klebte ihm am Ohr. Das Messer, das er endlich aus der Tasche ziehen konnte, war ihm aus den steifen Fingern geglitten und ruhte im Sand, nachdem Coy es mit einem Fußtritt beiseite gestoßen hatte. Das Licht der nahen Lampen ließ den Sprühregen, der weiter auf sie herabrieselte, dichter wirken. Inzwischen rollte Coy mit seinen Fußtritten den mit feuchtem Sand überzogenen Argentinier zum Wasserrand. Plumps. Au. Plumps. Au. Die letzten Schläge gab er dem anderen, als der schon am Ufer plantschte, wehleidig ächzte und sich bemühte, den Mund über Wasser zu halten. Plumps. Coy stieg bis zu den Knöcheln ins Wasser, um ihm einen letzten Tritt zu versetzen, der den anderen einen Meter weiter rollen ließ und ihn vollständig in die gelblichen Reflexe des auf dem schwarzen Wasser glitzernden Sprühregens eintauchte.

Er lief zurück und setzte sich nahe am Ufer in den Sand. Seine Muskeln entspannten sich, während er verschnaufte. Ihm taten die Fußknöchel weh, weil er so viele Tritte ausgeteilt hatte, und der ganze rechte Handrücken schien bis zum Unterarm und zum Ellbogen mit den Sehnen verknotet. Nie im Leben, sagte er sich, habe ich jemanden so genüsslich zusammengeschlagen. Niemals. Er rieb sich die Finger, um sie wieder gelenkig zu machen, und streckte das Gesicht nach oben, damit ihm der feine Regen die Stirn und die geschlossenen Augen befeuchtete. Ohne sich zu rühren, mit dem weit offenen Mund tief einatmend, wartete er darauf, dass der heftige Galopp in seiner Brust nachließ. Er hörte ein Geräusch vor sich und riss die Augen auf. Wassertriefend kroch Kiskoros am Ufer entlang. Die Feuchtigkeit bedeckte ihn mit glänzenden Punkten. Coy blieb im Sand sitzen und beobachtete die mühevollen Versuche des anderen. Er hörte dessen stoßweisen Atem und das dumpfe Grunzen eines verprügelten Tiers, das unbeholfene Plantschen der Hände und Füße, denen es nicht gelang, den Körper aufzurichten.

Es war gut, sich zu schlagen, überlegte er. Das war, als pumpte man das Bilgewasser aus. Für den Blutkreislauf und die Magensäfte war es hervorragend, wenn man alles, was die Seele belastete, Angst, üble Laune und Verzweiflung, in die Fäuste legte. Es wirkte beinahe wie ein Heilverfahren, dass die Taten dem Denken kurzzeitig eine Pause gönnten und dass die atavistischen Triebe aus jener Zeit, als der Mensch zwischen Tod und Überleben wählen musste, ihren Anteil am Spiel des Lebens beanspruchten. Vielleicht ging es heute gerade deshalb so auf der Welt zu, grübelte er. Die Männer schlugen sich nicht mehr, weil das in der Öffentlichkeit schlecht angesehen war, und das trieb sie in den Wahnsinn.

Er rieb sich weiter die schmerzende Hand. Allmählich verrauchte seine Wut. Schon lange hatte er sich nicht so wohl, so sehr im Frieden mit sich selbst gefühlt. Er sah, dass der Argentinier auf allen vieren kroch, den halben Körper über den Uferrand streckte und wieder zusammenbrach, wobei ihm das Wasser bis zur Gürtellinie reichte. Das gelbliche Licht zeigte, dass sein Haar und Schnurrbart mit Sand verschmutzt waren, den dunkle blutige Rinnsale überzogen und rot färbten.

»Dreckskerl«, sagte Kiskoros vom Ufer aus mit stockendem Atem. Er ächzte, als täte ihm jeder Buchstabe weh.

»Hau ab und lass dich in den Arsch ficken.«

Beide verstummten. Coy saß und schaute zu. Der Argentinier lag auf dem Bauch, er atmete mühsam und stöhnte manchmal leise, wenn er seine Stellung wechseln wollte. Schließlich kroch er mit den Ellbogen nach vorn und hinterließ eine Spur im Sand, bis er die Beine aus dem Wasser ziehen konnte. Er sah aus wie eine Schildkröte, die gerade ihre Eier abgelegt hatte, und Coy beobachtete ihn in aller Ruhe weiter. Seine Wut war ganz oder fast ganz verschwunden. Er wusste nicht recht, was er nun tun sollte.

»Ich mache bloß meinen Job«, murmelte Kiskoros nach einer Weile.

»Dein Job ist gefährlich.«

»Ich habe bloß Acht gegeben.«

»Na, dann gib auf die Hure Acht, die dich in der Pampa geboren hat.«

Er stand auf, ohne sich zu beeilen, und schüttelte den Sand von den Jeans ab. Dann ging er zu dem Argentinier, der sich äußerst mühsam aufrichtete, und sah ihn einige Zeit an, bis er beschloss, ihm noch einen Faustschlag zu verpassen, der diesmal weniger impulsiv und gezielter ausfiel. Damit warf er ihn wieder auf den Bauch. Klein, durchnässt, verschwollen und mit Sand überzogen, glich Kiskoros einer traurigen Krokette. Coy beugte sich zu ihm hinab und hörte ihn atmen – Tausende von Signalpfeifen waren in der Lunge zu hören. Nun durchsuchte er ihn gründlich. Er trug ein Handy, ein durchtränktes Zigarettenpäckchen und die Schlüssel des Mietwagens bei sich. Coy schleuderte die Schlüssel und das Handy ins Meer. Die Brieftasche war groß und mit Geld und Papieren voll gestopft. Er ging zur nächsten Laterne, um im Lichtkegel einen Blick hineinzuwerfen: ein spanischer Personalausweis mit Foto und dem Namen Horacio Kiskoros Parodi, fremde Visitenkarten, spanisches und englisches Geld, eine Visa- und eine American-Express-Karte. Außerdem die farbige Fotokopie einer Zeitschriftenseite: Coy faltete sie vorsichtig auseinander, denn sie war schon ganz zerknittert und von Meerwasser bröselig. Unter der Schlagzeile *Unsere Froschmänner demütigen England* zeigte ein Foto mehrere englische Marineinfanteristen mit erhobenen Armen; sie wurden von drei argentinischen Soldaten mit schwarz beschmierten Gesichtern bewacht, die mit Maschinenpistolen auf sie zielten. Einer der drei war kleingewachsen, hatte Glotzäuglein wie ein Frosch und einen unverwechselbaren Schnurrbart.

»Ach ja, das hatte ich vergessen. Der Held der Falklandinseln.«

Er steckte den Ausweis und die Karten in die Brieftasche zurück, legte den Zeitungsausschnitt dazu, behielt das Geld und warf die Brieftasche über Kiskoros' Kopf.

»Erzähl mir was, na los.«

»Ich habe nichts zu sagen.«

»Was will Palermo? ... Ist er hier in der Nähe?«

»Ich habe nichts zu ...«

Er brach ab, als ihm Coy noch einen Faustschlag ins Gesicht versetzte. Das tat er in aller Ruhe, beinahe widerwillig, und er sah zu, wie sich der Argentinier die Hände vors Gesicht hielt und sich wie ein Regenwurm krümmte. Danach setzte er sich wieder in den Sand, ohne den anderen aus den Augen zu lassen. Nie hatte er jemanden derart grausam misshandelt, und es erstaunte ihn, dass er kein Mitleid empfand. Aber er wusste ja, wer der Mann dort auf dem Boden war. Er durfte nicht den vergifteten Zas auf dem Teppich vergessen, und ihm war vollkommen klar, was Frauen wie Tánger in der Gewalt des Unteroffiziers Horacio Kiskoros und seiner Komplizen erlitten hatten. Also konnte dieser Kerl seinen Zeitungsausschnitt von den Falklandinseln zusammenrollen und sich ruhig in den Arsch stecken.

»Erzähle deinem Chef, dass es mir einen Scheißdreck auf die Smaragde ankommt. Aber wenn jemand die Frau anrührt, bringe ich ihn um.«

Das sagte er auf eine ungewöhnlich direkte, beinahe bescheidene Art, und es klang nicht einmal wie eine Drohung. Das war lediglich eine Information ohne alle Übertreibungen und Untertöne. Nachrichten für Seefahrer. Jedenfalls hätte selbst der unaufmerksamste Zuhörer begriffen, dass es eine wahrheitsgemäße Mitteilung war, soweit es sich um Coy handelte. Kiskoros grunzte unverständlich, als er sich zur Seite drehte. Er suchte tastend nach der Brieftasche und steckte sie ungeschickt ein.

»Du bist ein Blödmann«, murmelte er. »Und du täuschst dich gründlich in Señor Palermo und mir ... Auch in ihr täuschst du dich.«

Er machte eine Pause und spuckte Blut. Nun starrte er Coy durch das zerzauste, feuchte und schmutzige Haar an, das ihm ins Gesicht fiel. Seine Froschäuglein waren nicht mehr sympathisch: Sie funkelten vor Hass und Rachedurst.

»Wenn ich an der Reihe bin ...«

Mit seinem verschwollenen Mund lächelte er abstoßend und ließ den drohenden und zugleich grotesken Satz in der Luft hängen, weil ihn ein Hustenanfall unterbrach.

»Blödmann«, wiederholte er ingrimmig und spuckte abermals Blut.

Coy sah ihn weiter an, ohne etwas zu sagen, bevor er von neuem langsam, beinahe zähneknirschend aufstand. Ich kann ihm nichts mehr antun, sagte er sich. Ich darf ihn jetzt nicht erschlagen, weil ich mich fürchte, ein paar Dinge zu verlieren, und noch bedeuten mir meine Freiheit und mein Leben etwas. Das hier ist kein Roman und kein Film, und in der Wirklichkeit gibt es Polizisten, Richter und solche Leute. Kein Schiff wartet auf mich, um mich danach in die Karibik mitzunehmen, damit ich mich auf Tortuga bei den Brüdern von der Küste in Sicherheit bringen und trotz des Engländers zwanzig Schiffe kapern kann. Heute sind aus den Brüdern von der Küste Immobilienhaie geworden, und den Gouverneur von Jamaika erreichen die Haftbefehle per Fax.

Er zögerte widerwillig und überlegte, ob es günstiger

wäre, Kiskoros noch einmal ins Gesicht zu schlagen oder besser nicht. In dem Moment sah er Tánger im gelben Laternenlicht an der Straße stehen. Sie war ganz ruhig und beobachtete die beiden.

Am Ende der Bucht drehte sich der Strahl des Leuchtturms horizontal und geradlinig in der lauen Nacht, die der Sprühregen mit Punkten übersäte. Die in Intervallen kommenden Lichtsignale wirkten wie schmale Dunstkegel, wenn sie immer wieder vorüberwanderten und jedesmal die schlanken Stämme und die reglosen Wipfel der mit Wasser und Reflexen bedeckten Palmen hervortreten ließen. Coy blickte zu Kiskoros hinüber, bevor er Tánger am Ufer nachlief. Der Argentinier hatte sich bis zum Wagen schleppen können, aber ihm fehlte ja der ins Meer geworfene Schlüssel. Deshalb saß er auf der Erde und lehnte sich mit dem Rücken an ein Rad. Er war völlig durchnässt und mit Sand verdreckt, und er sah ihnen hinterher. Seitdem die Frau aufgetaucht war, hatte er den Mund nicht mehr aufgemacht. Sie sagte auch nichts, sondern gab sich damit zufrieden, die beiden wortlos zu beobachten; und auch als Coy, der immer noch ein bisschen aufgeputscht war, sie fragte, ob sie nicht die Gelegenheit nutzen wollte, Nino Palermo ein paar Grüße zu bestellen, antwortete sie nicht. Oder vielleicht hätte sie Lust, setzte er hinzu, diesen Latino zu verhören. Genau das sagte er: diesen Latino zu verhören, obwohl er wusste, dass niemand Kiskoros ein halbes Wort entreißen konnte, so viele Fußtritte man ihm auch gab. Ohne ein Wort lief sie am Strand entlang und entfernte sich von dieser Stelle. Nach einem kurzen Zögern warf Coy dem übel zugerichteten Messerhelden einen letzten Blick zu und folgte ihr.

Mit wenigen Schritten erreichte er sie. Er war wütend, und das nicht mehr wegen des Argentiniers, denn dessen Auftauchen kam ihm schließlich sehr gelegen, um die Verbitterung abzureagieren, die ihm Magen und Kehle reizte, sondern wegen der Art, wie sie offenbar die Wirklichkeit ignorierte, wenn sie es für nützlich hielt. Hallo, das gefällt mir nicht, und tschüs. Alles, was nicht zu ihren Plänen passte – das unvorhergesehene Auftauchen gewisser Leute, die Schwierigkeiten, die Drohungen, das Eindringen der wirklichen Welt in den Wunschtraum ihres Abenteuers –, wurde verleugnet, hinausgeschoben, beiseite gedrängt, als hätte es nie existiert. Als störte es schon, wenn man so etwas lediglich berücksichtigte, die Harmonie eines Gesamtbildes, dessen tatsächliche Ziele sie allein kannte. Diese Frau, schloss er, während er schlecht gelaunt durch den Sand lief, schützte sich vor der Welt, indem sie sich weigerte, genau hinzusehen. Und er war nicht der Richtige, es ihr vorzuwerfen.

Trotzdem, dachte er, als er sie einholte und am Arm packte, während sie sich im trüben Licht der fernen Laternen plötzlich zu ihm umdrehte, hatte er in seinem verdammten Leben niemals Augen erlebt, die so eindringlich und so weit sehen konnten, wenn sie wollten. Er hielt Tánger beinahe übertrieben heftig fest und zwang sie anzuhalten. Er stand neben ihr und betrachtete das regenfeuchte Haar, die Reflexe in ihren Augen und die Wassertropfen, die die Flecken auf ihrer Haut vervielfältigten.

»Das alles ist Wahnsinn«, sagte er. »Wir können niemals ...«

Auf einmal stellte er überrascht fest, dass sie erschrocken zitterte. Er sah, dass sich ihre halb geöffneten Lippen bewegten und ihre Schultern zuckten, als der Strahl des

Leuchtturms an ihnen entlangglitt und sie in seinem schmalen weißen Lichtbündel hervortreten ließ. Das alles erkannte er plötzlich im Widerschein; und ein paar Sekunden später zeichnete sich im nächsten Gegenlicht der lauwarme Regen ab, der mit einem Mal dicht und kräftig wurde. Sie zitterte immer noch, während ihr das Wasser über Haar und Gesicht rann und ihr die durchnässte Bluse an den Körper klebte. Der Regen tränkte auch Coys Schultern und Arme, als er diese ausbreitete, um Tánger in ihnen schützend einzuschließen, ohne dass er lange nachgedacht hätte. Ihr warmes Fleisch, das in Nacht und Regen bebte, als wäre das funkelnde Licht ein kalter Nebel, suchte ohne Zögern, zielsicher und wohl überlegt Zuflucht an seinem Körper. Sie kam direkt zu ihm, an seine Brust. Coy hielt noch einen Moment die Arme ausgebreitet, ohne Tánger an sich zu drücken, eher überrascht als zögernd. Dann schloss er die Arme um Tánger und presste sie sanft an sich. Er spürte, wie Muskeln, Blut und Fleisch unter der nassen Bluse zuckten, er fühlte die langen und festen Schenkel, den schlanken Körper, der weiter an seinem zitterte. Der halb geöffnete Mund war ganz nahe, jener Mund, dessen Beben er lange mit seinen Lippen besänftigte, bis ihre Lippen nicht mehr erschauerten und auf einmal wohlig warm und gefügig wurden. Ihr Mund öffnete sich weiter, und nun umarmte sie ihn kräftiger und drückte Coys starken Rücken. Er hob eine Hand zum Nacken der Frau: eine breite, muskulöse Hand, die ihr Hals und Kopf stützte, während ihr Haar darüber von all dem Regen tropfte, der zunahm und deutlich hörbar auf den Sand trommelte. So suchten sich die beiden offenen Münder mit unverhoffter Begierde, als sehnten sie sich nach Speichel, Sauerstoff und Leben. Ihre Zähne stießen aneinander, und ihre feuchten

Zungen umschlangen sich und zuckten ungeduldig hin und her. Bis schließlich Tánger eine Sekunde lang und ein paar Zentimeter zurückwich, um Atem zu holen. Ihre weit aufgerissenen, ungewöhnlich verwirrten Augen starrten ihn aus nächster Nähe an. Dann stürzte sie sich mit einem unsagbar langen Seufzer nach vorn, er klang wie von einem Tier, dem eine Wunde schreckliche Schmerzen bereitete. Coy blieb unbeweglich stehen und erwartete sie, umarmte sie wieder und drückte sie so fest, dass er fürchtete, ihr einen Knochen zu brechen. Er ging los, ohne etwas zu sehen, während sie sich an seine Arme klammerte, bis er merkte, dass sie ins Meer hineingewatet waren, dass der Regen heftig und ununterbrochen rauschte und die Konturen der Landschaft auslöschte, während die Gischt brodelte, als kochte die Bucht ringsum. Ihre Körper unter der durchnässten Kleidung suchten einander stürmisch, stießen in festen Umarmungen aufeinander, mit verzweifelten Küssen, zu denen die Begierde drängte. Sie leckten sich gegenseitig das Wasser vom Gesicht, der Regen überströmte ihre Lippen, und sie schmeckten nasse Haut auf heißem Fleisch. Die Frau ließ ihre endlose Klage eines verwundeten Tieres im Mund des Mannes verströmen.

Wassertriefend liefen sie zum Schiff und wollten unbeholfen zueinander finden, bis sie in der Dunkelheit stolperten. Als sie ankamen, umarmten sie sich, küssten sich bei jedem Schritt, beeilten sich auf dem letzten Teil des Weges, hinterließen Rinnsale auf der Treppe und am Boden der Kajüte. Der Steuermann, der im Finstern rauchte, sah zu, wie sie durch die Kajütenluke hinunterstiegen und auf dem Gang zu den Heckkajüten verschwanden. Vielleicht lächelte er, als sich die beiden seiner glühenden Zigarette zuwandten und ihm gute Nacht wünschten. Coy führte Tánger weiter. Er hatte die Hände um ihre Taille gelegt, während sich die Frau bei jedem Schritt umdrehte, um ihn begierig auf den Mund zu küssen. Er stolperte über eine Sandale, die sie gerade abgestreift hatte, und gleich danach über die zweite. An der Tür zu den Kajüten blieb Tánger stehen und presste sich an ihn. Sie umarmten sich und drückten sich an das Teakholzschott. Ihre Lippen drängten wieder zueinander. Sie tasteten sich im Halbdunkel vor und erkannten ihre Körper unter der Kleidung, die sie sich gegenseitig auszogen: Knöpfe, Gürtel, der Rock fiel zu Boden, die Jeans öffneten sich an Coys Hüften, Tángers Hand glitt zwischen Hose und Haut. Die Wärme der Frau. Das weiße Baumwolldreieck wurde ihr beinahe von den Schenkeln gerissen, die Soldatenmarke aus Metall klimperte. Und die Stärke des Mannes. Fasziniert erkannten sie sich gegenseitig. Sie lächelte. Ihre Brüste waren unglaublich sanft, als sie sich glatt und aufgerichtet entblößten. Die Gesichter des Mannes und der Frau befanden sich einander gegenüber, ihr Keuchen klang nach Herausforderung. Sie stöhnte erregend, während er vorwärts drängte, durch die enge Kajüte zur Koje. Die letzten nassen Sachen fielen auf beiden Seiten herab und wurden unter den regenfeuchten, die Laken durchtränkenden Körpern zerwühlt, als sie sich ein weiteres Mal suchten und einander nahe, lächelnd, selbstvergessen und komplizenhaft betrachteten. Wenn sich jetzt jemand einmischt, bringe ich ihn um, dachte Coy. Jeden. Seine Haut, sein Speichel und sein Fleisch bahnten sich mühelos einen Weg in dem anderen Fleisch, das immer feuchter, wärmer und aufnahmebereiter wurde, drinnen, ganz tief drinnen, dort, wo der Schlüssel zu allen Rätseln ruhte und der Gang der Jahrhunderte die einzige wahre Versuchung gestiftet hatte, als Antwort auf das Mysterium von Leben und Tod.

Viel später, im Dunkeln, als der Regen oben aufs Deck klopfte, drehte sich Tánger auf die Seite. Sie verbarg ihr Gesicht ganz in Coys Schulterhöhle und steckte eine Hand zwischen seine Schenkel. Er war schläfrig und spürte, dass ihr nackter Körper an seinem klebte und die warme und ruhige Frauenhand auf seinem erschöpften, immer noch nassen Fleisch lag, das nach ihr roch. Sie hatten zueinander gefunden, als hätten sie in ihrem ganzen früheren Leben nacheinander gesucht. Es war gut, sich willkommen zu fühlen, dachte er, und nicht nur geduldet. Gut war diese unmittelbare, instinktive Komplizenschaft, die keine Worte brauchte, um das Unvermeidliche zu rechtfertigen. Jeder Einzelne legte ohne falsche Scham den Teil des Wegs zurück, der seine Sache war. Sie errieten das unausgesprochene »Komm her« des anderen: ein Zweikampf, bei dem sie sich eng, hartnäckig, keuchend, heftig umschlangen und dessen Natürlichkeit in dieser Nacht beinahe Misshandlungen einschloss. Sie waren einander ebenbürtig, ohne Vorwände oder Rechtfertigungen für irgendetwas zu benötigen. Ohne Rechenschaft zu verlangen, ohne Zweideutigkeiten oder Bedingungen. Ohne Beschönigungen oder Gewissensbisse. Es war gut, dass endlich alles genau so geschehen war, wie es geschehen musste.

»Wenn etwas passiert«, sagte sie auf einmal, »dann lass mich nicht allein sterben.«

Er blieb still, hielt die Augen in der Dunkelheit weit offen. Plötzlich hörte sich das Rauschen des Regens unheimlich an. Das störte seinen schlaftrunkenen Glückszustand, und alles wurde wieder bittersüß. Er spürte den geruhsamen und warmen Atem der Frau an seiner Schulter.

»Sprich nicht über so etwas«, murmelte er.

Er merkte, dass sie ernst den Kopf schüttelte.

»Ich habe Angst, im Dunkeln und allein zu sterben.«

»Das passiert nicht.«

»Das passiert immer.«

Ihre Hand lag weiter reglos zwischen Coys Schenkeln und ihr Gesicht an seiner Schulter. Ihre Lippen flüsterten an seiner Haut. Er fror. Er drehte das Gesicht zur Seite und versteckte es im immer noch feuchten Haar der Frau. Er konnte ihr Gesicht nicht erkennen, doch er merkte, dass es in diesem Augenblick das Gleiche wie auf dem Foto im Silberrahmen war. Alle Frauen, das wusste er nun, hatten einmal dieses Gesicht.

»Du lebst«, sagte er. »Ich spüre deinen Pulsschlag an meiner Seite. Du hast Fleisch und Blut, das durch deine Adern rinnt. Du bist schön, und du lebst.«

»Eines Tages bin ich nicht mehr da.«

»Aber noch bist du es.«

Er merkte, dass sie sich enger an ihn schmiegte. Dass sie ihren Mund an sein Ohr legte.

»Schwöre, ... dass du mich nicht ... allein sterben lässt.«

Das sagte sie ganz langsam, und ihre Stimme war nur ein Hauch. Coy rührte sich eine Weile nicht, er hielt die Augen geschlossen und hörte dem Regen zu. Dann nickte er zustimmend.

»Ich lasse dich nicht allein sterben.«

»Schwöre es.«

»Ich schwöre es dir.«

Er spürte, dass sich ihr nackter Körper rittlings auf ihn setzte; die gespreizten Schenkel lagen an seinen Hüften, ihre Brüste berührten ihn leicht, und ihr Mund suchte nach seinem Mund. Da fiel ihm eine heiße und dicke Träne ins Gesicht. Überrascht riss er die Augen auf und entdeckte ein Antlitz, das aus Schatten bestand. Während er verwirrt die halb offenen und feuchten Lippen küsste, merkte er, dass ihnen zart wie ein Seufzer wieder jene lange, schmerzerfüllte Klage einer verletzten Frau entwich.

XIII. Der Meister der Kartographie

> Es ist noch gar nicht das Schlimmste, sich bei den bedrohlichen Wechselfällen des Meeres zu irren. Andere irren sich der schlechten Unterlagen wegen, denen sie folgen.
>
> JORGE JUAN. *Leitfaden der Schifffahrt für Seekadetten*

Die *Dei Gloria* war nicht da. Zu dieser Überzeugung kam Coy immer mehr, je weiter das Rechteck auf der Karte abgesucht war, ohne dass sie etwas gefunden hatten. Bei Tiefenzahlen zwischen sechzig und zwanzig Metern hatte die Pathfinder schon beinahe das ganze Relief der zwei Quadratmeilen abgebildet, in denen sich die Trümmer der Brigg befinden sollten. Die Tage vergingen, wurden immer heißer und stiller. Die *Carpanta* fuhr mit zwei Knoten, und ihr Dieselmotor ratterte. Man durchquerte eine spiegelglatte und klare See, ein Gang nach Norden und ein Gang nach Süden, mit geometrischer Genauigkeit und ständigen Positionsbestimmungen über Satellit, während der Strahl der Fischlupe das Relief unter dem Kiel absuchte und Tánger, Coy und der Steuermann sich schweißgebadet vor dem Flüssigkristallbildschirm ablösten. Die symbolischen Bodenfarben, zartes Orange, dunkles Orange, Blassrot, folgten mit aufreizender Monotonie aufeinander: Schlick, Sand, Algen, Geröll, Steine. Sie hatten siebenundsechzig von den vierundsiebzig vorgesehenen Streifen kontrolliert und vierzehn Tauchgänge durchgeführt, um verdächtige Echos nachzuprüfen, ohne den geringsten Hinweis auf ein untergegangenes Schiff zu entdecken. In den letzten Erkundungsstunden verloren sie nun jede Hoffnung. Den unheilvollen Urteilsspruch äußerte niemand laut, aber Coy und der Steuermann warfen einander lange Blicke zu, und Tánger, die hartnäckig vor der Fischlupe ausharrte, wirkte immer finsterer und schweigsamer. Das Wort Misserfolg lag in der Luft.

Am Abend vor dem letzten Tag ankerten sie mit einer Kettenlänge von dreißig Metern in sieben Meter tiefem Wasser, zwischen der Landspitze und der Insel der Cueva de los Lobos. Als der Steuermann den Motor abstellte, der Bug der *Carpanta* sich langsam um den Anker drehte und nicht allzu zuverlässig nach Westen zeigte, verbarg sich die Sonne hinter den Zacken der graubraunen Bergkette und beleuchtete mit goldenen und rötlichen Tönen die Thymiansträucher, Zwergpalmen und Feigenkakteen. Am Fuß der Felsen war das Meer fast ganz ruhig. Zwischen den nahen Klippen und in dem spärlichen Sand, der weiß zwischen Algenfeldern hervortrat, bewegte es sich sanft.

»Es ist nicht da«, sagte Coy leise.

Er sprach niemanden direkt an. Der Steuermann hatte gerade das Großsegel um den Giekbaum geschnürt, und Tánger saß mit den Füßen im Wasser auf den Heckstufen und blickte aufs Meer hinaus.

»Es muss da sein«, widersprach sie.

Sie starrte weiter zu derselben Stelle hinüber, zu dem imaginären Rechteck, auf dem sie zwei Wochen lang beinahe ohne Pause entlanggefahren waren. Sie trug eines von Coys T-Shirts, das ihr zu groß war und bis zum Rand der Oberschenkel reichte. Sachte plätscherte sie im Wasser, wie ein Kind, das am Ufer spielt.

»Das alles ist absurd«, sagte Coy.

Der Steuermann war in die Kajüte hinabgestiegen, und

durch ein offenes Bullauge drangen die Geräusche herauf, die er beim Zubereiten des Abendessens verursachte. Als er wieder an Deck kam und den Kasten mit der Butanflasche öffnete, um das Gas für die Küche anzuschließen, traf sich sein ernster Blick mit dem Coys. Das ist deine Sache, Seemann.

»Es muss da sein«, wiederholte Tánger auf einmal.

Sie plantschte immer noch mit den Füßen im Wasser. Coy stützte sich ein wenig kräftiger auf das Kompasshaus und suchte nach den passenden Worten. Da ihm nichts einfiel, holte er eine Tauchermaske und sprang vom Bug aus ins Meer, um den Ankerhalt zu prüfen. Das Wasser war sauber und angenehm warm; das abnehmende Licht ließ die Linie der Ankerkette erkennen, die auf dem mit einigen Steinen bedeckten Sandboden lag. Der Anker, ein fünfundzwanzig Kilo schwerer CQR, befand sich in der richtigen Position. Er war frei von Algen, die sein Abtreiben bewirken konnten, wenn der Wind in der Nacht auffrischte. Er tauchte etwas tiefer, um ihn deutlich zu sehen. Dann stieg er langsam nach oben und schwamm in Rückenlage zum Segelschiff zurück. Er bewegte nur die Beine, ohne sich zu beeilen, und genoss das Wasser. Er wollte den Augenblick so lange wie möglich hinauszögern, in dem er Tánger wieder von Angesicht zu Angesicht gegenübertreten würde.

Als er an Bord kam, rieb er sich mit einem Handtuch ab und betrachtete die Küste, die sich in einem Bogen weit nach Osten erstreckte und in der untergehenden Sonne schon ganz rot aussah: der Seeweg des Marmors, der römischen Legionen und der Götter. Diesmal bereitete ihm der Anblick überhaupt kein Vergnügen. Er hängte das Handtuch zum Trocknen auf, stieg die Kajütenluke hinunter und setzte sich auf die letzten Treppenstufen. Der Steuermann hantierte mit den Kochtöpfen in der Küche. Er kochte Makkaroni, und Tánger saß in der Kajüte. Sie hatte die Seekarten auf dem großen Tisch ausgebreitet.

»Ein Irrtum ist nicht möglich«, erklärte sie, bevor Coy etwas sagen konnte.

Sie hielt ihren Bleistift in der Hand und zeigte die Längen- und Breitenkoordinaten auf den verschiedenen Karten, markierte Meilenabstände an den seitlichen Maßstäben und übertrug sie mit dem Spitzzirkel auf das eingezeichnete Rechteck des Suchgebiets, wie er es ihr beigebracht hatte.

»Du selbst hast die Berechnungen überprüft«, setzte sie hinzu. »Deckpeilungen nach Mazarrón, zum Cabezo de las Víboras, nach Punta Percheles und zum Cabo Tiñoso.« Sie beugte sich vor und zeigte ihm sehr ernst die Ergebnisse, wie eine Studentin, die ihren Professor überzeugen wollte. »37°32' nördlich des Äquators und 4°51' östlich von Cádiz auf den Seekarten Urrutias entsprechen 37°32' nördlicher Breite und 1°21' westlicher Länge in Bezug auf den Greenwicher Meridian ... Siehst du?«

Coy tat so, als kontrollierte er die Zahlen. Er hatte diese Berechnungen so oft vorgenommen, dass er sie auswendig kannte. Die Karten waren voller Notizen, die er selber geschrieben hatte.

»Die Korrekturtafeln können nicht stimmen ...«

»Das ist unmöglich.« Energisch schüttelte sie den Kopf. »Ich habe dir schon gesagt, dass sie aus Néstor Peronas *Anwendungen der Historischen Kartographie* stammen. Dort ist sogar der Fehler von siebzehn Minuten Cádizer Länge korrigiert, den die Karten Urrutias in Bezug auf Greenwich hatten. Sie sind bei jeder Minute und jeder

Sekunde genau ... Mit ihrer Hilfe hat man vor zwei Jahren die *Caridad* und die *São Rico* gefunden.«

»Der Steuermannsjunge hat vielleicht eine falsche Position angegeben. Weil die Zeit drängte, hat jemand womöglich einen Fehler gemacht.«

»Nein. Das kann nicht sein.« Tánger lehnte das weiter mit der Eigensinnigkeit eines Menschen ab, der etwas hört, was er nicht hören will. »Alle Angaben waren viel zu genau. Der Steuermannsjunge hat sogar von einem nahen Kap im Nordosten gesprochen ... Erinnerst du dich?«

Durch das offene Bullauge an der Steuerbordseite sahen sie gleichzeitig zu der rötlichen Masse hinüber, die sich am Ende des Küstenbogens abzeichnete, jenseits der Bucht von Mazarrón und des Cabo Falcó. *Als man schon das Kap gesichtet hatte ...*, hieß es dem Bericht zufolge in der Erklärung des Steuermannsjungen.

»Es kann auch so sein«, argumentierte Tánger, »dass die *Dei Gloria* sehr tief im Sand vergraben ist und wir über sie weggefahren sind, ohne sie zu entdecken ...«

Das wäre möglich, meinte Coy. Allerdings kaum wahrscheinlich. In diesem Fall, erklärte er, hätte die Fischlupe wenigstens eine unterschiedliche Dichte in der Bodenstruktur angezeigt. Aber sie hatte die ganze Zeit bis zu zwei Meter dicke Sand- und Schlickschichten angegeben; und bei einer solchen Tiefe hätte man schon irgendetwas entdecken müssen.

»Etwas müsste es dort geben«, schloss er, »und wenn es nur das Metall der Kanonen wäre. Zehn Kanonen sind zusammen eine beträchtliche Eisenmenge ... Und zu diesen zehn muss man die zwölf des Korsaren hinzurechnen, selbst wenn sie durch die Explosion weit zerstreut sind.«

Tánger trommelte mit dem Bleistift auf die Karte. Sie

hatte die andere Hand in den Mund gesteckt und kaute am Daumennagel. Auf ihrer Stirn waren jetzt Falten tief wie Narben zu sehen. Coy streckte eine Hand aus, um ihren Hals zu berühren, weil er hoffte, ihre düstere Miene aufzuheitern. Doch sie reagierte nicht auf die Liebkosung und starrte die vor ihr liegenden Karten an. Auch die Pläne der Brigg und der Schebecke befanden sich in Sichtweite, sie waren mit Klebeband an einem Kajütenschott befestigt. Sie hatten auf den Karten sogar den Streuungsbereich der Kanonen des Korsaren berechnet und dabei die Explosion, die Abtrift und die Entfernung zum Grund berücksichtigt.

»Möglicherweise«, deutete Coy an, während er die Hand zurückzog, »hat der Steuermannsjunge gelogen.«

Tánger schüttelte wieder den Kopf, und die Furchen an ihrer Stirn wurden noch tiefer.

»Er war zu jung, um sich einen derart gewaltigen Betrug auszudenken. Er hat von dem nahen Kap gesprochen, von der ein paar Meilen entfernten Küste ... Und in der Tasche hatte er die mit Bleistift notierten Längen- und Breitenangaben.«

»Also, mir fällt nichts ein ... Außer wenn Cádiz nicht der Meridian ist.«

Tánger warf ihm einen finsteren Blick zu.

»Daran habe ich auch gedacht«, sagte sie, »und zwar gleich als Erstes, unter anderem deshalb, weil Tim und Kapitän Haddock in *Der Schatz Rackhams des Roten* einen ähnlichen Fehler machen, als sie die Pariser Länge mit der Greenwicher verwechseln ...«

Manchmal frage ich mich, grübelte Coy beim Zuhören, ob sie sich nicht über mich lustig macht. Oder ob das alles nichts weiter als ein kindliches Abenteuer ist, das man sich in einer Bildgeschichte ausgedacht hat. Weil das nicht ernst ist. Oder nicht danach aussieht. Oder nicht danach aussehen würde, korrigierte er sich, wenn es nicht diesen argentinischen Zwerg mit seinem Messer gäbe, der sich uns an die Fersen geheftet hat, und außerdem den Dalmatiner, seinen Chef. Der Traum eines kleinen Mädchens, das im Spiel nach versunkenen Schiffen gesucht hat. Mit Schätzen und mit Bösen.

»Aber wir kennen alle Meridiane genau, die man damals benutzt hat«, sagte er. »Wir haben die vom Steuermannsjungen angegebene Position und können sie auf der Karte bestätigen, sogar anhand der Stelle, wo er nach dem Schiffbruch aufgefischt wurde ... Es kann sich nicht um Hierro handeln, genauso wenig um Paris oder Greenwich.«

»Natürlich nicht.« Sie zeigte auf den Maßstab im oberen Teil einer Karte. »Die Länge bezieht sich ohne den geringsten Zweifel auf Cádiz: Damit stimmt alles überein. Der Nullmeridian unserer Suche ist das Kastell der Seekadetten: Das war er schon 1767, und das blieb er bis 1798. Die alte Länge von Cádiz zum Schiffbruch: 4°51' östlich. Die heutige Länge nach der Korrektur: 5°12' östlich. Entsprechung zu Greenwich: 1°21' westlich. Kein anderer Meridian kann auf dem Urrutia und den modernen Karten die Position der *Dei Gloria* so einwandfrei angeben.«

»Das ist ja alles sehr schön. Einwandfrei, sagst du. Aber uns fehlt das Wichtigste: das Schiff.«

»Irgendetwas haben wir falsch gemacht.«

»Das ist klar. Jetzt verrate mir, was.«

Sie hatte den Bleistift auf den Tisch geworfen. Sie stand auf und starrte die Karte an. Coy betrachtete ihre bloßen Füße auf den Bodenbrettern, die langen, getüpfelten Schenkel unter dem T-Shirt, das sich an ihrer Brust spannte. Er streichelte ihr wieder den Hals, und diesmal lehnte sie sich leicht an ihn. Ihr fester und angenehm warmer Körper roch ein wenig nach Schweiß und Salz.

»Ich weiß es nicht«, sagte sie nachdenklich. »Aber wenn es einen Fehler gibt, dann haben wir ihn gemacht. Du und ich ... Wenn wir morgen die Suche ohne Ergebnis beenden, muss man wieder von vorn beginnen.«

»Wie bitte?«

»Ich weiß es nicht. Bei der Anwendung der kartographischen Korrekturen, nehme ich an. Ein Irrtum von einer halben Minute bedeutet schon beinahe eine halbe Meile. Auch wenn Peronas Tafeln sehr genau sind, müssen unsere Berechnungen es nicht sein. Eine kleine Ungenauigkeit bei der Länge und Breite, die der Steuermannsjunge genannt hat, würde ausreichen; zehn Sekunden oder ein paar Zehntelminuten, die sich mit den damaligen Positionsbestimmungssystemen nicht feststellen ließen, die aber entscheidend sind, wenn man alles auf die Karte überträgt ... Womöglich befindet sich die Brigg eine Meile weiter südlich oder östlich. Vielleicht haben wir uns geirrt, als wir den Suchbereich so eng eingegrenzt haben.«

Coy seufzte so tief er konnte. Das war vernünftig, aber es bedeutete nun einmal, von vorn anzufangen. Die Folge wäre jedenfalls, dass er bei ihr blieb. Er legte seine Arme um die Taille der Frau. Sie hatte sich ihm zugewandt und sah ihn aus größter Nähe fragend und mit halb offenem Mund an. Sie hat Angst, begriff er und widerstand der Versuchung, sie zu küssen. Sie hat Angst, dass der Steuermann oder ich sagen könnten: Es reicht.

»Wir haben nicht ewig lange Zeit«, erklärte er. »Das Wetter kann sich wieder verschlechtern ... Bisher hatten wir Glück mit der Guardia civil, aber irgendwann können sie uns Ärger machen. Fragen und immer weitere Fragen. Und dann sind da noch Nino Palermo und seine Kerle.« Er zeigte auf den Steuermann, der den Tisch abräumte, weil er das Tischtuch auflegen wollte, und der so tat, als hörte er dem Gespräch nicht zu. »Ihn muss man auch bezahlen.«

»Erdrücke mich nicht.« Sie hatte sich langsam und sanft von den Händen befreit, die ihre Taille umspannten. »Ich muss nachdenken, Coy. Ich muss nachdenken.«

Sie lächelte leicht, distanziert und verlegen, als wollte sie die Geste abmildern. Auf einmal war sie wieder meilenweit entfernt, und Coy spürte, dass eine dunkle Traurigkeit in seinen Adern pulsierte. Die marineblauen Augen blickten noch leerer, als sie sich dem zum Meer hin geöffneten Bullauge zuwandten.

»Und trotzdem ist es da, irgendwo«, murmelte sie.

Sie stützte sich mit beiden Händen auf das Bullauge, beugte sich nach draußen und drehte Coy den Rücken zu. Er fuhr sich mit einer Hand über das schlecht rasierte Gesicht, als wollte er seine eigene Trostlosigkeit fühlen. Plötzlich schien sie wieder isoliert, allein, egoistisch. Sie kehrte auf die Wolke zurück, von der alle Übrigen ausgeschlossen waren, und er konnte nichts tun, um die Lage zu ändern.

»Ich weiß, dass es da unten ist, ganz in der Nähe«, setzte sie leise hinzu. »Und auf mich wartet.«

Coy sagte nichts. Er empfand einen dumpfen, ohnmächtigen Zorn. Den eines Tieres, das in einer Falle zappelt. Er wusste, dass er diese Nacht wach in der Dunkelheit verbringen würde, neben der unüberwindlichen Mauer einer stummen Schulter.

Und nun kommt der Moment, da ich, wenn auch kurz, in dieser Geschichte auftrete. Oder da wir, um genau zu sein, zu dem mehr oder weniger entscheidenden Anteil kommen, den ich an der Lösung des Rätsels – um es irgendwie zu bezeichnen – hatte, das den Untergang der *Dei Gloria* umgab. Wie vielleicht der eine oder andere scharfsichtige Leser bemerkt hat, bin es in Wirklichkeit ich selbst, der Ihnen die ganze vorherige Geschichte erzählt hat: der Kapitän Marlow des Romans, wenn Sie den Vergleich gestatten – mit der Einschränkung, dass ich es bisher nicht für nötig gehalten habe, die bequeme Gewohnheit aufzugeben, beinahe immer in der dritten Person zu sprechen. Das sind, wie es heißt, die Regeln der Kunst. Doch jemand hat einmal darauf hingewiesen, dass Romane ebenso wie Rätsel und das Leben selbst geschlossene Umschläge sind, die weitere geschlossene Umschläge enthalten. Die Geschichte vom versunkenen Schiff, von Coy, dem aus dem Meer vertriebenen Seemann, und von Tánger, der Frau, die ihm das Meer zurückgab, hat mich außerdem seit dem Augenblick gereizt, in dem ich sie kennen lernte. Soviel ich weiß, ereignen sich kaum noch Geschichten wie diese, und es gibt noch viel weniger Leute, die sie erzählen, selbst wenn sie die ein bisschen ausschmücken, genauso, wie die alten Kartographen die noch unerforschten weißen Flecke ausmalten. Vielleicht erzählt man so etwas nicht, weil es schon keine mit Bougainvilleen überwachsenen Veranden mehr gibt, in denen es langsam dunkelt, während die malaiischen Kellner Gin servieren – natürlich saphirblauen Bombay – und ein alter Kapitän in einem Schaukelstuhl sitzt und in Pfeifenrauch gehüllt seine Erzählungen vorträgt. Die Veranden, die malaiischen Kellner, die Schaukelstühle und sogar der blaue Gin sind seit langem im

Besitz der Reiseveranstalter, und außerdem ist es nicht gestattet zu rauchen, man darf keine Pfeife oder sonst etwas anrühren, verdammt noch mal. Deshalb fällt es schwer, sich der Versuchung zu entziehen, die alten Geschichten nachzuspielen, die so erzählt werden, wie man sie immer erzählt hat. Da sich die Dinge nun so weit entwickelt haben, ist für uns der Moment gekommen, den vorletzten Umschlag aufzumachen: den, der mich bei all meiner Bescheidenheit in den Vordergrund rückt. Ohne die Stimme eines Erzählers gäbe es keine klassische Würze, das müssen Sie verstehen. Darum sagen wir als direkte Einleitung lediglich, dass das Segelschiff, das an diesem Abend in die Bucht von Cartagena einlief, ein vom Schicksal besiegtes Schiff war. Das traf so sehr zu, als wäre es nicht nur ein paar Meilen weit aus südwestlicher Richtung geschlagen zurückgekehrt, nachdem es mit großen Hoffnungen ausgefahren war, sondern als wäre es nach einem wirklichen Gefecht mit einem Korsaren heimgekehrt, der ihm alle Hoffnungen geraubt hätte. Auf dem Kartentisch war das Rechteck in der Seekarte 4631 wie ein benutzter, enttäuschender und unbrauchbarer Bingokarton mit überflüssigen Kreuzchen gefüllt. Bei dieser Ankunft sprach man wenig an Bord der *Carpanta*. Ihre Mannschaft zog wortlos die Segel ein, während sie bei den verrosteten Aufbauten des Friedhofs der Namenlosen Schiffe beilag, und dann fuhren sie mit Motorkraft zu einer Pier des Jachthafens. Gemeinsam gingen sie an Land. Sie schwankten, weil sie es nicht mehr gewohnt waren, festen Boden zu betreten. Sie kamen an der *Felix von Luckner* vorbei, dem belgischen Containerschiff der Zeeland Ship, das sich an der Mole des Handelshafens zum Ablegen bereitmachte. Sie begannen mit den Bars Valencia und Taibilla, machten weiter in der Gran Bar, der Bar Sol und der Taberna del Macho, und drei Stunden danach beendeten sie ihren Leidensweg in La Obrera, einer kleinen Hafenkneipe, die an einer Ecke hinter dem alten Rathaus lag. In dieser Nacht schienen sie, wie sich Coy später erinnern würde, drei Kameraden zu sein, drei Matrosen, die nach einer langen und gefährlichen Fahrt an Land gegangen waren. Sie tranken, bis sich ihr Blick trübte: einen und noch einen und wieder einen, was kostet es, den vorletzten, einträchtig und ohne Komplexe. Der Alkohol rückte die Dinge, die Worte und Gesten in weite Ferne. Coy wusste das, und darum nahm er an dem Abend wie auch an dem sich ihm bietenden Schauspiel selbst mit einer perversen Neugier teil, die bei ihm Erstaunen und zugleich Schuldgefühle bewirkte. Zum ersten und einzigen Mal sah er auch, dass Tánger absichtlich, hartnäckig und reichlich trank. Sie lächelte, als wäre die *Dei Gloria* plötzlich ein überwundener böser Traum, und sie lehnte ihren Kopf an Coys Schulter. Sie trank das Gleiche wie er, blauen Gin mit Eis und etwas Tonic, während sich ihnen der Steuermann mit kräftigen Schlucken Cognac Fundador anschloss, die er mit Bier verdünnte. Der Steuermann erzählte kurze und zusammenhanglose Geschichten von Häfen und Schiffen, in dem ernsten Ton und mit der sehr langsamen und deutlichen Stimme, die er bekam, wenn ihm der Alkohol die Zunge lähmte. Er kniff die lustig, schelmisch und freundlich funkelnden Augen zusammen. Manchmal lachte Tánger und küsste ihn, und der Steuermann stockte und ließ sich nicht aus der Ruhe bringen, er neigte ein wenig den Kopf oder schaute Coy an und lächelte wieder, hatte die Ellbogen auf den ramponierten Resopaltisch gelegt. Man merkte, dass er und Coy sich wohl fühlten: Coy streichelte Tángers glatte Taille und ihren schlanken Schulterbogen. Er spürte, wie sich der Körper der Frau an seinen schmiegte, wie sich ihre Lippen an sein Ohr und seinen Hals drückten. Alles hätte dort enden können, und das wäre kein schlechtes Ende für einen Misserfolg. Denn alles schien grotesk und gleichzeitig logisch, entschied er. Sie hatten die Brigg nicht gefunden, und trotzdem war es das erste Mal, dass die drei gemeinsam und offenherzig lachten, ohne Probleme, zwanglos und laut. Das wirkte tatsächlich wie eine Befreiung, und in diesem Gemütszustand tranken sie die ganze Zeit, als spielten sie Rollen, die sie selbst darstellten, und wären sich des alltäglichen Rituals bewusst, das die Umstände verlangten.

»Auf die Schildkröte«, sagte Tánger.

Sie hob ihr Glas, stieß das Coys an und trank den Rest mit einem Schluck aus. Das Eis kühlte ihre Lippen, die sie dann lange auf den seinen ruhen ließ. Sie hatten die Schildkröte am Nachmittag entdeckt, auf der Fahrt nach Cartagena, eine Meile südlich von der Isla de las Palomas: In der Ferne plätscherte etwas im Wasser. Tánger fragte, was das zu bedeuten hätte, und Coy warf einen Blick durchs Glas: Eine Seeschildkröte zappelte in einem Fischnetz. Sie waren in diese Richtung gefahren und beobachteten, wie sich das Tier anstrengte, um freizukommen. Das Netz hatte sich um den Panzer und die blutigen Flossen gewickelt. Es schnürte den Kopf ab. Das Tier stand kurz vor dem Erstickungstod und mühte sich, den Kopf über Wasser zu bekommen. Selten entdeckte man eine Schildkröte in diesen Gewässern, und ihre bedrohliche Lage zeigte auch deutlich, warum. Das Netz gehörte zu jenen riesengroßen, die man überall im Mittelmeer auswarf: Hunderte und aber Hunderte Meter, die von Plastikkanistern als Schwimmern festgehalten wurden, tödliche Labyrinthe, denen alle lebenden Tiere zum Opfer fielen. Die Schildkröte hätte sich niemals befreien können; ihr versagten die Kräfte, und im Todeskampf verkrampften sich die über ihren Glotzaugen zerfurchten Lider. Selbst wenn sie dem Netz entkam, verurteilten Erschöpfung und Verletzungen sie zum Tode. Doch das war Coy gleich. Bevor jemand ein Wort sagte, hatte er sich ins Meer gestürzt, mit dem Messer des Steuermanns in der Hand, und blind vor Zorn zerschnitt er mit grimmigen Hieben das Netz rund um das Tier. Wütend zerfetzte er die Maschen, als hätte er einen Feind vor sich, den er von ganzem Herzen hasste. Er atmete tief ein und tauchte, um weiter unten im Wasser zu schneiden, das vom Blut rosa wurde, und als er hochkam, entdeckte er ganz nahe ein weit aufgerissenes Auge des Tieres, das ihn starr anblickte. Er zerschnitt so viel vom Netz, wie er konnte, und schrie vor Wut, als er den Kopf über Wasser streckte, um einzuatmen, bevor er wieder untertauchte und das Netz so weit wie möglich zerstörte. Selbst als die Schildkröte endlich frei war und langsam davontrieb, wobei sie kraftlos die Flossen bewegte, zerschnitt er immer noch Maschen, bis ihm der Arm nicht mehr gehorchte und er aufhören musste. Nun schwamm er zur *Carpanta*, nachdem er der Schildkröte zum letzten Mal nachgeblickt hatte, deren ersterbendes Auge ihn weiter anstarrte, während sie sich entfernte. Sie würde keine großen Chancen haben, erschöpft, wie sie war, und bei dem Blut, das sie verlor und das früher oder später einen gefräßigen Hai anlocken musste. Aber es wäre wenigstens ein Ende auf der offenen See, das mit ihrer Welt und ihrer Art übereinstimmte, und nicht der erbärmliche Tod, in einem Fadengeflecht zu ersticken, das die Hand des Menschen geknüpft hatte.

In La Obrera bestellten sie noch mehr Gin, Cognac und Bier, und Tánger lehnte wieder ihren Kopf an Coys Schulter. Leise sang sie ein Lied. Manchmal unterbrach sie sich und hob den Kopf. Dann suchte er ihre eiskalten und nach Gin duftenden Lippen, um sie mit seinen zu wärmen. Keiner sprach von der *Dei Gloria*, und alles machte einen ganz normalen Eindruck, wie es die Umstände und die Rollen verlangten, die sie in dieser neuen Erscheinungsform der alten Geschichte spielten, vielleicht außer dem Steuermann – oder es konnte auch sein, dass er mitspielte, ohne es zu wissen. Sie hatten diese Szene schon hundertmal zuvor erlebt, und es wirkte beruhigend, die Partie in einer Zeit zu verlieren, in der die Menschen dazu erzogen waren, dass sich eine bestimmte Art von Erfolgen in Luft auflöste. An der Theke sah Coy den Wirt, der dort, wie sich Coy erinnerte, solange er zurückdenken konnte, mit seiner Schürze und seinem Zigarettenstummel im Mund gestanden hatte. Rotnasige Trinker, Stammgäste mit schmächtigen und tätowierten Armen, leerten Weingläser und Schnapsgläschen. Ab und zu sahen sie sich zum Tisch der drei um und lächelten ihnen verschwörerhaft zu. Sie waren alte Bekannte des Steuermanns; und manchmal schenkte der Wirt eine Runde auf Kosten der drei am Tisch ein. »Auf dein Wohl, Steuermann, und auf das deiner Begleiter.« – »Auf dein Wohl, Ginés.« – »Auf dein Wohl, Gramola.« – »Auf dein Wohl, Jaqueta.« Alles war vollkommen harmonisch, und Coy fühlte Frieden. Er fand Vergnügen an seiner Rolle, und es fehlte nur, wie er bedauerte, das Klavier, von dem aus Lauren Bacall einen schrägen Blick herüberwarf, während sie mit ihrer heiseren, etwas verschleierten Stimme sang, die in der Originalfassung zuweilen der Tángers glich. Oder umgekehrt. Wenn sie später einen gewissen Punkt erreicht hätten, würde der Alkohol dafür sorgen, die Schwarzweißbilder zu färben. Denn nach so vielen Romanen, Filmen und Schlagern gab es nicht einmal mehr unschuldige Trunkenbolde. Coy fragte sich neidisch, was wohl der Mann gefühlt hatte, der zum ersten Mal auszog, um einem Wal, einem Schatz oder einer Frau nachzujagen, ohne es vorher in irgendeinem Buch gelesen zu haben.

Sie verabschiedeten sich an der Mauer. Sie hatten das Schiff sauber gemacht und aufgeräumt. Der Steuermann wollte diese Nacht in seinem Haus im Fischerviertel Santa Lucía verbringen. Sie sahen ihm nach, als er sich mit schwankenden Schritten zwischen den Palmen und den großen Magnolien entfernte, und dann blickten sie nach unten, zum Hafen, wo die *Felix von Luckner* jenseits des Jachtklubs und des Restaurants Mare Nostrum ablegte. Ihr Deck war vollständig erleuchtet, und ihre Lichter spiegelten sich im schwarzen Wasser an der Mole. Sie hatte die Heckleinen losgemacht, und Coy wiederholte in Gedanken die Befehle, die der Lotse wohl gerade jetzt von der Brückennock aus gab. Ruder hart Steuerbord! Langsame Fahrt voraus! Halt! Ruder mittschiffs! Halbe Fahrt zurück! Mit dem Bug voran! Tánger stand neben ihm und beobachtete ebenfalls die Manöver des Schiffes. Plötzlich sagte sie: »Ich möchte duschen, Coy. Ich möchte mich ausziehen und mich ganz heiß duschen, damit alles voller Dampf ist, als wäre es Hochseenebel. Und ich möchte, dass du in diesem Nebel bist und mir nichts von Schiffen, Wracks oder sonst etwas erzählst. Heute Nacht habe ich so viel getrunken, dass ich nur einen rauen und schweigsamen Helden umarmen möchte, jemanden, der aus Troja heimkehrt und dessen Haut und Mund nach dem Rauch verbrannter Städte und nach Salz schmecken.« Als sie das gesagt hatte, sah sie ihn auf eine Weise an, wie sie es manchmal tat, still, sehr ernst und aufmerksam, als belauerte sie etwas in ihm. So betrachtete sie ihn mit dem Stahlblau ihrer Augen, das der Gin zu einem stark glänzenden, beinahe flüssigen Marineblau aufgelöst hatte. Sie öffnete halb den Mund, als hätte das Eis aller von ihr getrunkenen Gläser sie so sehr abgekühlt, dass sie stundenlang Coys Mund brauchen würde, um ihn aufzuwärmen. Da fasste er sich an die Nase und lächelte wie gewöhnlich, mit jener schüchternen Geste, die seinen Blick kindlich machte und seine harten Züge, seine zu große Nase und sein plumpes, fast immer schlecht rasiertes Gesicht sanfter erscheinen ließ. »Ein rauer und schweigsamer Held«, hatte sie gesagt. Auf jener eigenartigen Insel der Ritter und Knappen hatte niemand die Zauberworte ausgesprochen. Nur: Ich werde dich belügen und betrügen. Doch nicht einmal, wenn es ums Lügen und Betrügen ging, hatte bisher jemand gesagt: »Ich liebe dich.« Obwohl er gerade in diesem Augenblick, während die Welt rundum schwankte und der Alkohol bei jedem Herzschlag durch seine Adern rann, beinahe so vulgär gewesen wäre und es getan hätte. Er hatte sogar schon den Mund aufgemacht, um die unaussprechlichen Worte auszusprechen. Aber sie legte ihre Finger auf Coys Lippen, als ahnte sie es voraus. Das tat sie, indem sie ganz nahe an ihn herantrat. Das flüssige Blau ihrer Augen leuchtete und war gleichzeitig dunkel. Er lächelte wieder resigniert, während er die Finger küsste. Dann atmete er tief ein, als bereitete er sich vor, ins Meer zu tauchen, und blickte sich fünf Sekunden lang um, bevor er sie an der Hand nahm und gerade über die Straße lief, zur Tür des kleinen Hotels

Cartago, ein Stern, Zimmer mit Bad und Blick auf den Hafen. Sonderpreise für Offiziere der Handelsmarine.

In dieser Nacht, zwischen weißen Fliesen und dichtem Wasserdampf, regnete es an Trojas Ufern, während die Schiffe ausliefen. Tatsächlich war es ein lauwarmer, grauer oder aus Grautönen bestehender Nebel, in dem sich alle Farben jenem sanften Regen unterordneten, der auf einen menschenleeren Strand fiel. Dort entdeckte man Spuren des tragischen Endes: einen vergessenen Bronzehelm, das Stück eines zerbrochenen und halb im Sand vergrabenen Schwerts, Asche, die der Wind aus der verbrannten Stadt herübergeweht hatte. Sie selbst blieb auf diesem Bild unsichtbar; man erriet jedoch, dass sich ihre noch rauchenden Trümmer in der Nähe befanden, während die letzten Schiffe der Achäer ihre feuchten Segel setzten und in der Ferne entschwanden. Das war der *Nostos* der homerischen Helden: die Rückfahrt und die Einsamkeit der letzten Krieger, die nach der Schlacht heimkehrten, damit die Liebhaber ihrer Frauen sie ermordeten oder sie auf dem Meer zugrunde gingen, als Opfer des Zorns und der Launen der Götter. In diesem heißen Nebel suchte Tángers nackter Körper nach dem Coys, das Seifenwasser reichte ihr bis zu den Oberschenkeln, ihre getüpfelte und glatte Haut glänzte feucht. Wortlos und entschlossen, mit eindringlichem und starrem Blick suchte sie nach ihm und bedrängte ihn buchstäblich am Rand der Badewanne. Dort lehnte sich Coy an, das heiße Wasser ging ihm bis zur Taille, und der warme Regen fiel auf seinen Kopf, lief ihm über Gesicht und Schultern. Er sah, dass sie sich langsam aufrichtete, sich über ihn erhob und dann entschlossen hinabstieg, langsam, Millimeter um Millimeter, sie ließ ihm keinen anderen Ausweg als die Flucht nach vorn, zwischen ihre tiefen Schenkel, eine heftige, verzweifelte Umarmung, während die Hellsichtigkeit mit seiner Hingabe und Niederlage verschwand. Bis zu dieser Nacht hatte Coy niemals empfunden, dass eine Frau ihm Gewalt antat. Niemals fühlte er sich so gründlich und wohl überlegt an den Rand gedrängt. Denn das bin nicht ich, sagte er sich mit den letzten Resten seines Schiffbruch erleidenden Denkens. Sie umarmt nicht mich oder sonst jemanden, dem man ein Gesicht, eine Stimme, einen Mund geben kann. Nicht meinetwegen hat sie früher lange und traurig geseufzt, nicht mich sieht sie in ihrer Phantasie vor sich, sondern den rauen, mannhaften und schweigsamen Helden, nach dem sie vorher mit heiserer Stimme verlangt hat. Den Traum, den sie, alle Frauen, in der Haut und im Bauch bewahren, seitdem es die Welt gibt: den Helden, der seinen Samen in ihren Leib gesenkt hatte und dann auf einem schwarzen Schiff nach Troja segelte. Den Mann, dessen Schatten nicht einmal die zynischen Priester, die blassen Dichter, die vernünftigen Männer des Friedens und des Wortes, die den unvollendeten Teppich umlauerten, jemals ganz auslöschen konnten.

Es war noch Nacht, als Coy aufwachte, und sie lag nicht neben ihm. Er hatte von einer schwarzen Höhlung geträumt, vom Bauch eines Holzpferds, und von Gefährten in Bronzerüstungen, die im Herzen einer schlafenden Stadt mit dem Schwert in der Hand lautlos umherschlichen. Beunruhigt richtete er sich auf und entdeckte Tángers Umrisse, die im Zwielicht des Fensters hervortraten, über den Lichtern der Mauer und des Hafens. Sie rauchte eine Zigarette. Er konnte es nicht sehen, weil sie mit dem Rücken zu ihm stand, doch er nahm den Tabakgeruch wahr. Er stand auf und ging nackt zu ihr. Sie hatte Coys Hemd angezogen, es aber trotz der durchs Fenster eindringenden nächtlichen Kühle nicht zugeknöpft. Am Hals glitzerte die Silberkette mit der Soldatenmarke.

»Ich dachte, du schläfst«, sagte sie, ohne sich umzudrehen.

»Ich bin aufgewacht, und du warst nicht da.«

Tánger sagte nichts weiter, und er betrachtete sie stumm. Sie stieß den Rauch sehr langsam aus, nachdem sie ihn bei jedem Atemzug inhaliert hatte. Wenn die Glut aufleuchtete, tauchte sie ihre abgekauten und stumpfen Fingernägel in ein lebhaftes Rot. Coy legte ihr eine Hand auf die Schulter. Abwesend und zerstreut berührte sie die Hand, bevor sie wieder an der Zigarette zog.

»Was wohl aus der Schildkröte geworden ist?«, fragte sie nach einer Weile.

Coy zuckte die Achseln.

»Jetzt ist sie bestimmt schon tot.«

»Vielleicht nicht. Sie kann überlebt haben.«

»Vielleicht.«

»Vielleicht? ...« Sie beobachtete ihn einen Moment aus den Augenwinkeln. »Manchmal gibt es einen glücklichen Ausgang, Coy.«

»Selbstverständlich. Manchmal. Reserviere mir einen davon.«

Sie verstummte wieder. Abermals blickte sie zum Fuß der Mauer: zu dem Raum, den das Schiff der Zeeland Ship an der Mole freigegeben hatte.

»Hast du schon eine Lösung für die Aufgabe von den Rittern und Knappen?«, fragte sie endlich ganz leise.

»Dafür gibt es keine Lösung.«

Sie lachte sehr ruhig oder tat zumindest so. Coy konnte das nicht genau unterscheiden.

»Du irrst dich«, sagte sie. »Für alles gibt es immer eine Lösung.«

»Na, dann verrate mir, was wir jetzt tun sollen.«

Sie antwortete nicht gleich. Es schien, als wäre sie so weit von dort entfernt wie das Wrack der *Dei Gloria*. Die Zigarette war aufgeraucht. Sie beugte sich vor und drückte sie ganz behutsam auf dem Fensterbrett aus, löschte selbst das letzte Glutfünkchen. Dann warf sie die Kippe auf die Straße.

»Tun?« Sie neigte den Kopf zur Seite, als dächte sie über dieses Wort nach. »Natürlich das, was wir die ganze Zeit getan haben. Weitersuchen.«

»Wo?«

»Wieder auf dem Festland. Wenn man versunkene Schiffe finden will, muss man nicht immer auf dem Meer suchen.«

So sah ich die beiden am nächsten Tag vor meinem Büro in der Universität Murcia. Es war einer von diesen strahlend hellen Tagen, die wir hier oft haben. Die Sonne vergoldete in großen Parallelogrammen die Steine des Kreuzgangs, in den Fenstern und im Wasser der Brunnen spiegelte sich das Licht. Ich hatte die Sonnenbrille aufgesetzt, um einen Kaffee in der Eckkneipe zu trinken. Als ich in Hemdsärmeln zurückkam, die Jacke hatte ich über die Schulter gelegt, entdeckte ich Tánger Soto, die mich an der Tür erwartete: blond, hübsch, sommersprossig, in einem weiten blauen Rock. Zuerst hielt ich sie für eine Studentin, die mich bitten wollte, ihr bei der Vorbereitung ihrer Examensarbeit zu helfen. Dann achtete ich auf den Typ an ihrer Seite: Er war nahe bei ihr, wahrte jedoch einen gewissen Abstand; ich nehme an, Sie wissen, was ich meine, wenn Sie Coy inzwischen ein wenig kennen gelernt haben. Sie hatte sich eine Ledertasche über die Schulter gehängt und hielt einen Pappzylinder unter dem Arm. Nun stellte sie sich vor und holte ein Exemplar meines Buchs *Anwendungen der Historischen Kartographie* aus der Tasche. Ich konnte mich an sie als das junge Mädchen erinnern, von dem mir meine liebe Freundin und Kollegin Luisa Martín-Merás, die Leiterin der Kartographieabteilung des Madrider Marinemuseums, einmal erzählt hatte. Sie hatte das Mädchen als klug, introvertiert und tüchtig beschrieben. Wir hatten sogar, wie mir einfiel, ein paar Telefongespräche über Korrekturen zum *Atlas* Urrutias und über historische Dokumente geführt, die in der Universität archiviert waren.

Ich bat sie herein und ignorierte die finsteren Mienen der im Korridor wartenden Studenten. Es war Prüfungszeit, und die zu korrigierenden Arbeiten stapelten sich auf meinem Tisch in der Rumpelkammer, die mir als Büro dient. Ich nahm Bücher von den Stühlen, damit sich die beiden setzen konnten, und ich hörte mir ihre Geschichte an. Genauer gesagt, ich hörte der Frau zu, denn sie redete beinahe die ganze Zeit; und ich erfuhr den Teil der Geschichte, von dem sie damals glaubte, es sei richtig, ihn mir mitzuteilen. Sie kamen aus Cartagena. Die Fahrt hatte auf der Autobahn nur eine halbe Stunde gedauert. Die Geschichte ließ sich so zusammenfassen: ein untergegangenes Schiff, Unterlagen, die es ermöglichten, seinen Ort zu bestimmen, ein paar erfolglose erste Erkundungen und genaue Angaben über Längen- und Breitenkoordinaten, die sich aus irgendeinem Grund dennoch als ungenau erwiesen. Das alte Lied. Denn ich muss sagen, dass ich an solche Anfragen gewöhnt bin. Obwohl ich aus persönlichen Gründen meine Forschungsarbeiten und Bücher mit demselben Namen und dem bescheidenen Titel unterzeichne, der auf meiner Visitenkarte unter dem in meinem Beruf wohl bekannten Anagramm des T im O erscheint – *Néstor Perona, Meister der Kartographie* –, habe ich an der Universität Murcia seit langem den Lehrstuhl für Kartographie inne, meine Publikationen genießen in der wissenschaftlichen Welt einen gewissen Ruf, und recht häufig muss ich auf Zweifel und Probleme antworten, die mir Institutionen oder Privatpersonen vortragen. In einer Zeit, in der die Kartographie mit den Luftbildern, den Satellitenbildkarten und der Anwendung von Elektronik und Datenverarbeitung die größte Revolution ihrer Geschichte erlebt und sich weit von den unzulänglichen ersten Karten entfernt hat, die Entdeckungsreisende und Seefahrer gezeichnet haben, ist es einigermaßen merkwürdig, dass sich die Wissenschaftler immer stärker genötigt sehen, die schwache Nabelschnur zu bewahren, die unsere Gegenwart mit den früheren Wissenschaftsepochen vereint. Die Wissenschaft ist ja eigentlich nichts anderes als der bewiesene Mythos. Das Problem stellte sich schon im 15. und 16. Jahrhundert, als sich die damals fortschrittlichen flämischen Kartographen bemühen mussten, die widersprüchlichen Angaben der antiken Autoren mit den neuen Entdeckungen der portugiesischen und spanischen Seefahrer zu vereinbaren; bei den späteren Generationen wiederholte sich das immer wieder. So würde man jetzt ohne Leute wie mich – gewiss verzeihen Sie diese kleine, vielleicht berechtigte Eitelkeit – das Altertum aus den Augen verlieren, und im kalten Neonlicht der modernen Wissenschaft büßte vieles seinen Sinn ein. Immer, wenn jemand zurückblicken und verstehen muss, was er sieht, wendet er sich deshalb an mich. An die Klassiker. Natürlich erhalte ich Anfragen von Historikern, Bibliothekaren, Archäologen, Hydrographen und auch von Wracksuchern und Schatzjägern im Allgemeinen. Vielleicht erinnern Sie sich an die Entdeckung der Galeone *São Rico* bei Cozumel, an die Suche nach der Arche Noah auf dem Ararat oder an jene berühmte Fernsehreportage des *National Geographic* über die Ortung der *Virgen de la Caridad* vor Santoña im Golf von Biskaya und die Bergung von achtzehn ihrer vierzig Bronzekanonen: Diese drei Unternehmen – obwohl die Suche nach der Arche mit einem grotesken Misserfolg endete – wurden durch die Korrekturtafeln ermöglicht, die mein Mitarbeiterteam an der Universität Murcia entwickelt hat. Auch ein anderer alter Bekannter in dieser Geschichte, Nino Palermo, erwies mir bei einer bestimmten Gelegenheit die zweifelhafte Ehre, mich zu konsultieren, obwohl die Sache nicht weiter vorankam, als er, wie ich glaube, achtzigtausend Dukaten nachjagte, die im Jahre 1562 mit einer spanischen Galeere vor dem Turm von Vélez-Málaga untergegangen waren. Nun ja. Wenn Sie Näheres erfahren wollen, verweise ich auf meine Veröffentlichungen in der Zeitschrift *Cartographica* und auf mehrere von meinen Büchern, so etwa die bereits genannten *Anwendungen*, oder auf meine Untersuchung über die Loxodromen – *loxos* und *dromos*, Sie wissen schon – in *Die Rätsel der Mercatorprojektion*. Konsultieren können Sie auch meine Arbeit über die einundzwanzig Karten des unvollendeten Atlas von Pedro de Esquivel und Diego de Guevara oder die Biographien über Pater Ricci (*Li Mateu: der Ptolemäus Chinas*) und Tofiño (*Der Hydrograph des*

Königs), den *Antiken Hydrographischen Katalog*, den ich in Zusammenarbeit mit Luisa Martín-Merás und Belén Rivera erstellt habe, oder auch die Monographien *Jesuitische Kartographen auf dem Meer* und *Jesuitische Kartographen im Orient*. Das alles habe ich natürlich in meinem Arbeitszimmer geschrieben. Manches, wie etwa das, wovon man in der Jugend träumt, soll man nur in jungen Jahren persönlich in Augenschein nehmen. Im reiferen Alter setzen sich Postkarten und Video den unmittelbaren Sinneseindrücken gegenüber durch; und in Venedig entdeckt man dann nicht seine Pracht, sondern die Feuchtigkeit.

Aber kommen wir zur Sache. Meine beiden Besucher legten nämlich an diesem Morgen in meinem Universitätsbüro ihr Problem dar. Oder vielmehr legte sie es dar, während er zwischen den Bücherstapeln saß, die ich beiseite geräumt hatte, um ihm Platz zu machen, und diskret zuhörte. Ich muss gestehen, dass mir dieser schweigsame Seemann – es dauerte noch eine Weile, bis ich seinen Beruf erfuhr – sympathisch war, vielleicht wegen seiner zurückhaltenden Art, einfach zuzuhören, oder wegen seines plumpen, aber anständigen Aussehens und des offenherzigen Blicks, mit dem er einem ständig in die Augen sah, wegen seiner Gewohnheit, sich an die Nase zu fassen, wenn er verunsichert oder unschlüssig schien, wegen des schüchternen Lächelns, der Jeans und der Tennisschuhe, der kräftigen Arme in dem weißen, bis zu den Ellbogen hochgekrempelten Hemd. Er gehörte zu jener Art Menschen, von denen man mit oder ohne Recht ahnt, dass man ihnen vertrauen kann. Seine Rolle in diesem ganzen abenteuerlichen Hin und Her, sein Eingreifen in den Konflikt und die Lösung des Dramas, ist der Hauptgrund, warum ich gern darüber spreche. In meiner Jugend habe ich auch bestimmte Bücher gelesen. Außerdem trete ich gewöhnlich mit größter Höflichkeit auf – ein jeder hat seine persönlichen Methoden –, was ich als die höchste Form der Geringschätzung meiner Mitmenschen ansehe; und die Wissenschaft, mit der ich mich beschäftige, ist ein ebenso wirksames Mittel wie jedes andere, um eine Welt in die Schranken zu weisen, in der Leute leben, die mich im Grunde reizen und unter denen ich ohne den geringsten Gerechtigkeitssinn meine Lieblinge aussuche, wie es meinen Sympathien und Antipathien entspricht. Coy selber würde sagen, jeder kommt so gut klar, wie er kann. Aus irgendeinem sonderbaren Grund – Sie mögen das Solidarität oder Geistesverwandtschaft nennen – fühle ich also das Bedürfnis, diesen aus dem Meer verbannten Seemann zu rechtfertigen; das ist auch die Erklärung, warum ich Ihnen diese Geschichte erzähle. Wenn man Coys Abenteuer mit Tánger Soto schildert, ähnelt das schließlich ein bisschen der Mercatorprojektion von Karten: Um eine Kugel als Ebene darzustellen, muss man manchmal die Flächen in den hohen Breiten entstellen.

Jedenfalls, an diesem Morgen in meinem Büro unterrichtete mich Tánger Soto über die allgemeinen Punkte der Geschichte, und danach nannte sie ihr Problem: 37°32' Nord und 4°51' Ost auf einer Seekarte Urrutias. Dort war ein Schiff im letzten Drittel des 18. Jahrhunderts untergegangen, und das entsprach, nachdem man mit Hilfe meiner eigenen kartographischen Tabellen die erforderlichen Korrekturen vorgenommen hatte, einer modernen Position von 37°32' Nord und 1°21 West. Die Frage der beiden Besucher war nun, ob diese Umrechnung stimmte. Ich dachte einen Moment darüber nach und erklärte dann, wenn man die Tafeln richtig benutzt hätte, könnte das so zutreffen.

»Trotzdem«, sagte sie, »ist das Schiff nicht dort.«

Ich blickte sie mit gebührender Zurückhaltung an. Bei derartigen Angelegenheiten habe ich unwiderruflichen Behauptungen und hübschen oder hässlichen Frauen, die sich für überschlau halten, stets misstraut. Von denen haben viele an meinen Vorlesungen teilgenommen.

»Sind Sie sicher? ... Ich stelle mir vor, dass ein untergegangenes Schiff seine Position nicht mit lauten Schreien verrät.«

»Das weiß ich. Aber wir haben alles gründlich abgesucht, auch in dem Gebiet selbst.«

Also hatten sie sich die Füße nass gemacht, folgerte ich. Ich versuchte, das Pärchen in eine der von mir aufgestellten Kategorien einzuordnen, aber das fiel mir nicht leicht. Amateurarchäologen, wissenshungrige Historiker, Schatzjäger. Von meinem Platz hinter dem Tisch, unter der gerahmten Reproduktion von Peutingers *Tabula Itineraria* an der Wand – ein Geschenk meiner Studenten, als ich den Lehrstuhl erhielt –, musterte ich sie aufmerksam. Äußerlich passte sie in die beiden ersten Gruppen und er in die dritte. Unter der Voraussetzung, dass Archäologen, wissenshungrige Historiker und Schatzjäger ein bestimmtes Aussehen haben.

»Also, ich weiß es nicht«, antwortete ich. »Mir fällt nur das Einfachste ein: Ihre Ausgangsdaten sind falsch. Die Länge und die Breite stimmen nicht.«

»Das ist unwahrscheinlich.« Selbstsicher schüttelte sie den Kopf, so dass ihre blonden Haare, die, wie ich feststellte, sonderbar asymmetrisch geschnitten waren, ihr Kinn streiften. »Es gibt zuverlässige Unterlagen, die das bestätigen. In diesem Sinne wäre nur ein relativer Fehlerbereich annehmbar, was zu einem umfangreicheren Erkundungssektor führen würde ... Vorher wollen wir aber jede andere Möglichkeit ausschließen.«

Der Tonfall dieser Dame amüsierte mich. Derart kompetent und sicher. Seriös.

»Zum Beispiel?«

»Dass wir einen Fehler gemacht haben, als wir Ihre Tafeln angewendet haben ... Ich möchte Sie bitten, die Berechnungen zu überprüfen.«

Ich beobachtete sie erneut ein paar Augenblicke, und dann schaute ich zu dem Mann hinüber, der uns in aller Ruhe zuhörte, er saß ganz still und wohlerzogen auf seinem Stuhl, stützte die großen, plumpen Hände auf die Hosenbeine. Meine Neugier hatte ihre Grenzen; ich hatte schon viele Suchgeschichten wie die hier kennen gelernt. Aber die Studenten, die draußen warteten, gingen mir auf die Nerven, der Tag war viel zu schön, um Prüfungsarbeiten zu korrigieren, die Frau war ungewöhnlich attraktiv – ohne dass sie eine Schönheit war, wegen der Nase, die ich von der Seite ansah, oder vielleicht gerade deshalb –, und er war mir sympathisch. *Pourquoi pas?* sagte ich mir nach Art des Kommandanten Charcot. Die Sache würde mich nicht allzu viel Zeit kosten, also erklärte ich mich einverstanden. Der Pappzylinder enthielt mehrere zusammengerollte Karten, die Tánger Soto auf meinem Tisch ausbreitete. Ich entdeckte die Kopie einer Seekarte Urrutias in Originalgröße. Selbstverständlich kannte ich diese Karte, und ich betrachtete sie gerührt. Natürlich war sie weniger schön als die Tofiños. Aber eine großartige Kaltnadelradierung auf gehämmerten und brünierten Kupferplatten – und für ihre Zeit sehr genau.

»Sehen wir es uns an«, sagte ich. »Zeitpunkt des Schiffbruchs?«

»1767. Spanische Südostküste. Den Schiffsort hat man durch Peilungen zum Land bestimmt, beinahe gleichzeitig mit dem Moment des Schiffbruchs.«

»Meridian von Teneriffa?«

»Nein. Von Cádiz.«

»Cádiz.« Ermutigend lächelte ich ein bisschen, während ich den entsprechenden Längenmaßstab auf dem oberen Kartenteil suchte. »Dieser Meridian fasziniert mich. Ich meine den alten, natürlich. Er hat die traditionelle Würze des Verlorenen, wie die Insel Hierro des alten Ptolemäus ... Sie wissen ja, was ich meine.«

Ich setzte die Brille auf, um es mir genauer anzusehen, und ich begann zu arbeiten, ohne dass sie mir sagten, ob sie Bescheid wussten oder nicht. Das Erste war die Breite, die ich mühelos feststellte: Darin war sie weitgehend genau. Tatsächlich wussten die phönizischen Seefahrer schon vor dreitausend Jahren, dass sich mit der Sonnenhöhe an der Meridianlinie oder mit der Höhe der dem Nordpol nahen Sterne über dem Horizont eines Orts dessen geographische Breite messen lässt. Heute könnte das selbst ein Kind tun. Ein Kind, das Kenntnisse in der Kosmographie hat, selbstverständlich. Nicht jedes x-beliebige Kind.

»Sie haben Glück, dass Ihre Geschichte sich im Jahr 1767 abgespielt hat«, sagte ich. »Nur hundert Jahre früher hätte man zwar die Breite ebenso leicht berechnen können, aber bei der Länge wäre man zu einem Resultat gekommen, das viel zu wünschen übrig gelassen hätte. 1583 irrte sich Matteo Ricci, der einer der großen Kartographen der damaligen Zeit war, um bis zu fünf Grad, als er die Längen in Bezug auf den Meridian von Teneriffa berechnete ... Die Kugel, die Ptolemäus sich vorgestellt hatte, schrumpfte erst nach eintausendfünfhundert Jahren zusammen, und das geschah ganz allmählich ... Ich nehme an, Sie kennen den berühmten Satz Ludwigs XIV., als Picard und La Hire die Karte Frankreichs um anderthalb Grad veränderten: ›*Meine Kartographen haben mir mehr Land entrissen als meine Feinde.*‹«

Ich lachte allein über die uralte Anekdote, und Tánger war so höflich, mich mit einem Lächeln zu unterstützen. Sie ist wirklich interessant, sagte ich mir, und beobachtete sie eingehend. Eine Zeit lang versuchte ich, ihren Charakter genauer zu bestimmen, bis ich es aufgab. Die Frau ist das einzige Wesen, das sich nicht mit zwei aufeinanderfolgenden Sätzen festlegen lässt.

»Auf jeden Fall«, erklärte ich weiter, »hat Urrutia vieles exakter angegeben. Allerdings musste man das Jahrhundertende abwarten, bis dann Tofiño erreichte, dass sich die spanische hydrographische Kartographie ganz der Wirklichkeit anpasste ... Trotzdem ... Mal sehen. Nun ja. Ich meine, die von ihm geschätzte Breite ist absolut richtig, meine Liebe. Sehen Sie? ... Zweiunddreißig Minuten Nord. Anscheinend haben der Kartograph und auch der Herr, der anhand dieser Karte die Breite bestimmte, genau gerechnet.«

Ich sagte »Herr« und nicht »Dame«, weil ich vor meinen Studentinnen gern als widerlicher Macho auftrete, obwohl ich das nicht wirklich bin. Außerdem wollte ich herausbekommen, ob Tánger Soto zu denen gehörte, die genug überflüssige Zeit haben, um einen derartigen Blödsinn übel zu nehmen. Aber sie machte keinen beleidigten Eindruck. Sie drehte sich lediglich ein bisschen zu ihrem Begleiter um.

»Der betreffende Herr ist der Seemann hier.«

Mit neu erwachtem Interesse schaute ich Coy über meine Brillengläser hinweg an.

»Seemann der Handelsmarine? ... Freut mich. Ihre Berechnungen und meine stimmen im Prinzip überein.«

Er sagte nichts. Er lächelte unbestimmt und etwas gezwungen und fasste sich ein paarmal an die Nase. Tánger beugte sich über meinen Tisch und zeigte auf den oberen Maßstab der Karte.

»Schwerer ist es uns gefallen«, erklärte sie, »die Länge zu bestimmen.«

»Logisch«, ich warf mich auf meinem Professorenstuhl nach hinten. »Bis man die Seeuhren von Harrison und Berthoud verbesserte, und das geschah erst lange nach der Mitte des 18. Jahrhunderts, hat das Problem der Längenbestimmung den Seeleuten große Kopfschmerzen bereitet. Die Breite wurde von der Sonne oder den Sternen angegeben; aber die Länge, deren Berechnung uns heute jede billige Armbanduhr ermöglicht, ließ sich allein mit der ungenauen Methode der Monddistanzen ermitteln. Als Urrutia seine Karten aufnahm, war das Problem noch überhaupt nicht gelöst, wie man auf dem Meer seine Position zu einem Meridian bestimmen musste. Es gab Penduluhren und Sextanten, doch das wirklich sichere Instrument fehlte: ein zuverlässiges Chronometer, das diese fünfzehn Grad berechnet, die in jeder Stunde Unterschied zwischen der Ortszeit und der Zeit des ersten Meridians enthalten sind ... Darum irrte man sich bei der Länge weitaus beträchtlicher als bei der Breite. Bis 1700, stellen Sie sich das vor, hat man nicht die wahre Länge des Mittelmeers ermittelt: zwanzig Grad weniger als die zweiundsechzig, die ihm Ptolemäus zugeschrieben hatte.«

Ich gönnte mir eine Atempause, um die Frau zu beobachten. Sie wirkte überhaupt nicht beeindruckt. Coy genauso wenig. Womöglich wussten sie schon alles, was ich ihnen gerade erzählte; aber ich war ein Meister der Kartographie, und sie hatten mich aus eigenem Willen in meinem Büro aufgesucht. Jeder hat seine Rolle und spielt sie so gut, wie er kann. Wenn die beiden Hilfe wollten, mussten sie einen Preis dafür bezahlen. An mein Ego.

»Das scheint eine Lüge zu sein, nicht wahr?«, sprach ich im gleichen Ton weiter und erlaubte mir, eine gefühlvolle Note hinzuzufügen. »Wenn ich ein Kind sehe, das sein Geographieheft mit Buntstiften ausmalt, denke ich, die Menschen haben schon immer Triangulationen, Monddistanzen und Planeteneklipsen berechnet, die Erde und ihre Küsten erforscht, jede Geländeunebenheit beobachtet und Meter um Meter untersucht, um Karten von dem, was sie entdeckten, zu zeichnen. ›Da dieser Weg so schwierig ist‹, hat Martín Cortés geschrieben, ›wäre es mühselig, ihn mit Worten begreiflich zu machen oder mit der Feder zu schildern. Die beste Erklärung, die der menschliche Geist hierfür gefunden hat, besteht darin, ihn auf einer Karte aufzuzeichnen ...‹ Auf diese Weise hat man die Natur bezwungen, Forschungen und Reisen ermöglicht ... Mit seinem Talent und mit unzulänglichen Hilfsmitteln wie Kompass, Astrolabium, Quadrant, Jakobsstab und Alfonsinischen Tafeln hat der Mensch begonnen, die Küstenlinie zu zeichnen, er hat die Untiefen auf dem Papier angegeben, Leuchtfeuer und Leuchttürme an den geeigneten Stellen eingerichtet.« Ich deutete auf die *Tabula Itineraria* über meinem Kopf: Sie war nicht gerade ein Muster an Genauigkeit, weil sie all diese römischen Straßen darstellte und die geographische Strenge dem militärischen und verwaltungstechnischen Nutzen opferte – was aber zählte, war die Geste. »Ungeachtet der logischen Ungenauigkeiten tat er das mit solcher Klarsicht und Vorstellungskraft, dass die Satelliten noch heute Landschaften zeigen, wie sie beinahe unübertrefflich von Menschen beschrieben wurden, die sie vor Jahrhunderten erkundet und bereist haben ... Menschen, die sich vor allem mitgeteilt haben, die beobachteten und nachdachten ... Kennen Sie die Geschichte von Eratosthenes?«

Selbstverständlich erzählte ich sie ihnen. Von A bis Z und ohne ihnen die geringste Kleinigkeit zu ersparen. Ein kluger Junge, dieser Kyrenäer: Er war Direktor der Bibliothek von Alexandria, damit sie sich eine Vorstellung machen konnten. In Syene, dem heutigen Assuan, gab es einen Brunnen, dessen Boden die Sonnenstrahlen nur vom 20. bis zum 22. Juni erreichten; damit war klar, dass sich der Brunnen am Wendekreis des Krebses befand. Andererseits lag die Stadt Alexandria nördlich von diesem Punkt, in der bekannten Entfernung von 5000 Stadien. Eratosthenes hatte also den Einfallswinkel der Sonnenstrahlen am Mittag des 21. Juni gemessen und daraus geschlossen, dass der berechnete Bogen, ungefähr 7 Grad, der fünfzigste Teil des Erdmeridians war. Für den Meridian erhielt er 250 000 Stadien, das heißt etwa 45 000 Kilometer. Wenn man bedenkt, dass der tatsächliche Erdumfang 40 000 Kilometer beträgt, mussten sie doch zugeben, das war keine schlechte Leistung, nicht wahr? Ein Fehlerbereich von weniger als 14 Prozent – eine relativ hohe Genauigkeit für jemanden, der zwei Jahrhunderte vor Christus gelebt hatte.

»Deshalb«, beendete ich meine Rede, »begeistert mich mein Beruf.«

Sie zeigten sich immer noch nicht beeindruckt, doch ich

war in meinem Element. Und es stimmt, dass mich mein Beruf begeistert. Nach all diesen Erklärungen beschloss ich, mich wieder um ihre Anfrage zu kümmern.

»Gut«, sagte ich, nachdem ich die entsprechenden Berechnungen vorgenommen hatte. »Ich gratuliere Ihnen. Sie haben meine Tafeln richtig angewendet. Ich erhalte genau so wie Sie eine moderne Länge von einem Grad und einundzwanzig Minuten westlich von Greenwich ...«

»Dann haben wir ein ernstes Problem«, bekannte Tánger. »Weil es dort nämlich nichts gibt.«

Ich sah sie mitleidig an, wieder über den Rand meiner Brille, die die unangenehme Neigung hat, mir auf die Nasenspitze zu rutschen. Aus den Augenwinkeln beobachtete ich den Seemann. Es schien ihn nicht zu stören, dass ich den Ellbogen auf den Tisch stützte und die Blondine musterte. Womöglich hatte er zu ihr eine rein berufliche, auf Geben und Nehmen beruhende Beziehung. Allmählich machte ich mir einige Hoffnungen.

»Dann müssen Sie die ursprüngliche Position auf dem Urrutia überprüfen, fürchte ich. Oder den Suchbereich erweitern, wie Sie es vorhergesehen haben ... Das Schiff ist vielleicht nach der letzten bekannten Position abgetrieben oder noch etwas weiter gesegelt, bevor es unterging ... Ein Sturm?«

»Ein Kampf«, verriet sie lediglich. »Mit einem Korsaren.«

Wie hübsch und typisch das war, dachte ich. Und welch geringe Chancen hatten die beiden, ihr Ziel zu erreichen. Ich machte ein dem Anlass entsprechendes Gesicht.

»In diesem Fall«, meinte ich ernst, »könnte sich zwischen der letzten Positionsbestimmung und dem Ort des Schiffbruchs so manches ereignet haben ... An Bord waren sie sicher viel zu beschäftigt, um die Sonnenhöhe zu nehmen oder Punkte an Land anzupeilen. Ich glaube, das bringt Sie in eine schwierige Lage.«

Das musste ihnen schon klar sein, bevor sie mit mir gesprochen hatten, denn meine Worte beunruhigten sie offenbar nicht mehr, als sie es schon waren. Er warf ihr lediglich einen Blick zu, als wartete er auf eine Reaktion, die nicht kam. Tánger beobachtete mich weiter, wie man einen Arzt ansieht, der erst die Hälfte der Diagnose verraten hat. Ich betrachtete noch einmal die Karte, um nach etwas Positivem zu suchen. Sie werden an allen vier Gliedmaßen gelähmt bleiben, aber Sie können Paso doble pfeifen oder mit den Zehen des einen Fußes malen. Etwas in der Art.

»Ich nehme an, es gibt keinen Zweifel, dass die benutzten Karten die von Urrutia waren«, fuhr ich fort. »Jede andere könnte Veränderungen der theoretischen Position bedeuten, von der wir ausgehen.«

»Überhaupt keinen Zweifel.« Als ich das von dieser Dame hörte, fragte ich mich, ob sie jemals zweifelte. »Es liegen direkte Zeugenaussagen der Mannschaft vor.«

»Sind Sie sicher, dass es sich um den Meridian von Cádiz handelt?«

»Es kann kein anderer sein. Paris, Greenwich, El Ferrol, Cartagena ... Keiner von ihnen stimmt mit dem allgemeinen Gebiet des Schiffbruchs überein. Nur Cádiz.«

»Der alte Meridian, denke ich mir.« Ich führte mein fachmännisches Lächeln vor. Wie es sich gehört. »Hoffentlich haben Sie nicht den Fehler gemacht, der häufiger vorkommt, als man glaubt, ihn mit dem von San Fernando zu verwechseln.«

»Natürlich nicht.«

»Also gut. Cádiz.«
Ich dachte ernsthaft nach.
»Ich halte es für natürlich«, sagte ich nach einer Weile, »dass Sie mir nur erzählen, was Sie für zweckmäßig halten, und ich verstehe Sie. So etwas berücksichtige ich.« Sie hielt meinem Blick mit größter Kaltblütigkeit stand. »Trotzdem könnten Sie mir vielleicht noch die eine oder andere Information über das Schiff anvertrauen.«
»Es war eine Brigg, die von der andalusischen Küste kam. Mit Nordostkurs.«
»Unter spanischer Flagge?«
»Ja.«
»Wer war der Reeder?«
Ich sah, dass sie zögerte. Wenn es dabei geblieben wäre, hätte ich nicht weitergefragt und die beiden mit der vollendeten Höflichkeit verabschiedet, von der ich vorhin gesprochen habe. Man kann nicht daherkommen und einen Meister der Kartographie aushorchen, wenn man dafür nur ein hübsches Gesicht zu bieten hat und dazu noch mit der einen Hand das versteckt, was man angeblich mit der anderen zeigt. Sie las mir diesen Gedanken wohl vom Gesicht ab, weil sie den Mund aufmachte und etwas sagen wollte. Aber es war Coy, der von seinem Stuhl aus die passenden Worte hinzufügte:
»Es war ein Schiff der Jesuiten.«
Ich betrachtete ihn wohlwollend. Dieser Seemann war ein guter Junge. Ich nehme an, das genau war der Augenblick, in dem er mich für ihre Sache gewann. Ich schaute die Frau an. Sie nickte zustimmend, mit einem leichten, rätselhaften Lächeln, das halb entschuldigend und halb komplizenhaft wirkte. Nur schöne Frauen wagen es, so zu lächeln, wenn du sie beinahe bei einer Lüge ertappt hast.

»Jesuiten«, wiederholte ich.

Dann schüttelte ich ein paarmal den Kopf und verdaute die Information. Das war gut. Das war sogar großartig; und ich stelle mir vor, man wird Kartograph, um Momente wie diesen zu genießen. Ich ließ mir Zeit und betrachtete höchst aufmerksam die auf dem Tisch ausgebreitete Karte, war mir dabei bewusst, dass die Blicke der beiden auf mir ruhten. Innerlich zählte ich bis dreißig.

»Laden Sie mich zum Essen ein«, sagte ich schließlich, als die halbe Minute vorüber war. »Ich glaube, ich habe mir gerade einen guten Wein und eine fabelhafte Mahlzeit verdient.«

Ich nahm sie in die Pequeña Taberna mit, ein Restaurant mit Murcianer Küche, das hinter dem San-Juan-Bogen liegt, in der Nähe des Flusses. Dabei kostete ich mein Glück aus, wie die Toreros, die es nicht eilig haben, und ich genoss ihre Erwartung, indem ich ihnen die Geschichte tröpfchenweise servierte: Aperitif, eine mehr als anständige Flasche Marqués de Riscal Grande Réserve, Murcianer Gemüsepfanne, gebratene Blutwurst mit Zwiebeln, Grünzeug auf dem Blech. Sie rührten kaum einen Bissen an, aber ich erwies dem Ort und den Speisen die gebührende Ehre.

»Dieses Schiff«, sagte ich, nachdem eine angemessene Zeit vergangen war, »können Sie nicht bei 37°32' Breite und 1°21' östlicher Cádizer Länge entdecken, und das aus dem einfachen Grund, weil es niemals dort gewesen ist.«

Ich bestellte mehr von der Gemüsepfanne. Sie war köstlich und wirkte appetitanregend, wie sie dort in riesigen Tonschalen auf dem Büffet stand. Anregend wirkte auch, die Gesichter zu betrachten, die sie zogen, als ich ihnen nach und nach die Geschichte enthüllte.

»Die Jesuiten hatten eine lange Tradition als Kartographen«, erzählte ich weiter und tunkte Brot in die Soße. »Selbst Urrutia nutzte ihre technische Unterstützung, als er seine Seekarten aufnahm ... Schließlich stammt die hydrographische wissenschaftliche Tradition der Kirche aus alten Zeiten. Ein nautisches Instrument wird zum ersten Mal in der Apostelgeschichte erwähnt: ›*Und sie warfen das Senkblei aus und fanden es zwanzig Faden tief.*‹«

Diese gelehrte Kostprobe beeindruckte sie nicht sonderlich; natürlich verloren sie die Geduld. Er versuchte gar nicht, das zu verheimlichen, seine Hände lagen reglos an beiden Seiten des Tellers, und er starrte mich mit einer Miene an, die seinen Gedanken verriet: Wann redet dieser Schwachkopf endlich nicht mehr um den heißen Brei herum? Sie hörte mit scheinbarer Ruhe zu, die ich kühn als professionell bezeichnen möchte: Darin war sie sicher gut. Sie ließ kaum etwas anderes als äußerste Aufmerksamkeit erkennen, als wäre jede einzelne meiner vagen Andeutungen pures Gold wert. Sie verstand es, Männer zu manipulieren. Später habe ich erfahren, wie weit das ging.

»Tatsache ist«, erläuterte ich zwischen zwei Bissen und zwei Schlucken der Grande Réserve, »dass ein paar der bedeutendsten Kartographen zur Gesellschaft Jesu gehörten: Ricci, Martini, Pater Fournier, der Autor der *Hydrographie* ... Sie hatten ihre Systeme, ihre Missionen in Asien, ihre amerikanischen Reduktionen, ihre eigenen Fahrtrouten, ihre Machtbereiche aller Art. Ihre Schiffe, Kapitäne und Steuermänner. Blasco Ibáñez stellte sie in einem Roman als *Die schwarze Spinne* dar, und in gewisser Hinsicht hatte er Recht.«

Ich setzte meine Mahlzeit und die Detailangaben fort, während ich mir die Pointe für den Schluss aufsparte. »Die

Jesuiten«, fügte ich hinzu, »hatten eigene Schulen für Kosmographie, Kartographie und Nautik. Sie wussten, wie wichtig genaue geographische Kenntnisse waren; und ihre Ordensgeistlichen hatten seit der Zeit des Ignatius von Loyola den Auftrag, für die Gesellschaft Jesu nützliche Angaben auf allen Reisen zusammenzutragen. Sogar der Marqués de la Ensenada«, das unterstrich ich mit einem auf die Gabel gespießten grünen Spargel, »betraute sie in der Zeit Philipps V. mit der Aufgabe, eine moderne und detaillierte Karte Spaniens zu erarbeiten. Sie konnte nicht erscheinen, weil der Minister gestürzt wurde.« Außerdem sprach ich über ihre engen Beziehungen zu Jorge Juan und Antonio de Ulloa, den beiden Rittern des Fixpunktes, die einen Meridiangrad in Peru vermessen hatten. Kurz gesagt, auf wissenschaftlichem Gebiet waren die Jesuiten Hansdampf in allen Gassen. Weshalb sie natürlich Freunde und Feinde hatten. Darum ergriffen sie Vorsichtsmaßnahmen. Ich selbst war bei meinen Arbeiten auf Dokumente gestoßen, von denen sich einige schwer und andere überhaupt nicht interpretieren ließen. Diese Kerle hatten eine ganze Infrastruktur aufgebaut, die sich mit dem beschäftigte – ich lächelte –, was wir heute Spionageabwehr nennen würden.

»Wollen Sie damit sagen, dass sie Kodes und chiffrierte Texte benutzten?«

»Ja, meine Liebe. Dieses Schiff, das Sie interessiert, richtete sich bei seinen Fahrten nach einem System von internen Geheimkodes. Wie alle Schiffe der Gesellschaft Jesu fuhr es mit Karten durch die Welt, die, wie jene Urrutias und die anderen, die für die Schifffahrt notwendigen Maßstäbe der Meridiane und Breitengrade angaben: Cádiz, Teneriffa, Paris, Greenwich.« Ich trank einen Schluck Wein und nickte zufrieden: Der Kellner hatte gerade die zweite Flasche entkorkt. »Aber es gab etwas Besonderes. Denken Sie daran, dass der Meridian ein relativer Begriff ist, man benutzt ihn, um sich auf einer Karte zu orientieren, die die Erdoberfläche mit einer Kugelprojektion nachahmt ... Es gibt einhundertachtzig Meridiane, die im Grunde willkürlich sind. Der erste, den andere den Nullmeridian nennen, kann dort verlaufen, wo man will, denn im Himmel und auf der Erde gibt es keinen festen Punkt, der einen verpflichtet, von ihm ausgehend die Länge zu zählen. Wegen der Gestalt der Erde könnte man jeden Meridian als den ersten ansehen, jeder beliebige ist also geeignet, einen derart hervorragenden und berühmten Namen zu erhalten. Bis man Greenwich als allgemeinen Bezugspunkt anerkannte, hatte jedes Land seinen eigenen.« Ich trank noch einen Schluck Wein und schaute sie an, wischte mir die Lippen mit der Serviette ab. »... Können Sie mir folgen?«

»Natürlich.« Die dunklen stahlblauen Augen musterten mich aufmerksam, und ich konnte es mir nicht ersparen, ihre Kaltblütigkeit weiter zu bewundern. »Um es mit wenigen Worten zu sagen, die Jesuiten haben ihren eigenen Meridian benutzt.«

»Genau. Nur dass ich es nicht ausstehen kann, die Dinge mit wenigen Worten zu sagen.«

Coy nickte bedächtig mit dem Kopf, ohne den Mund aufzumachen: eine sehr langsame und sehr deprimierte bejahende Geste. Ich sah, dass er seine Hand dem Glas näherte und nun tatsächlich einen Schluck Wein trank. Einen ganz ausgiebigen Schluck.

»Dann«, meinte Tánger, »darf man die Korrekturen, die wir mit Ihren Tafeln vorgenommen haben, nicht in Bezug auf Cádiz anwenden ...«

»Natürlich nicht. Man muss sie in Bezug auf den geheimen Meridian anwenden, den die Jesuiten im Jahr 1767 benutzt haben, um Längenberechnungen an Bord ihrer Schiffe vorzunehmen.« Ich machte noch eine Pause und schaute sie lächelnd an. »Merken Sie, worauf ich hinauswill?«

»Verdammt noch mal«, stieß Coy hervor. »Packen Sie endlich aus.«

Ich warf ihm einen wohlwollenden Blick zu. Ich glaube, ich habe Ihnen schon gesagt, dass mir dieser Bursche immer besser gefiel.

»Nehmen Sie mir nicht das Vergnügen, Spannung zu erzeugen, lieber Freund. Nehmen Sie mir das nicht ... Der Meridian, den Sie suchen, entspricht den heutigen 5°40' westlicher Greenwicher Länge. Er geht genau durch die Schule für Kosmographie, Geographie und Seefahrt und die Sternwarte, die die Jesuiten bis zu ihrer Ausweisung hatten. Heute gehört dieser Ort zur Bischöflichen Universität, dem ehemaligen Königlichen Kolleg der Gesellschaft Jesu ...«

Ich legte eine letzte dramatische Pause ein, allez hopp, meine Damen und Herren, und dann zog ich das Kaninchen aus dem Zylinder. Ein weißes Kaninchen mit glänzendem Fell, das ganz unbefangen an einer Möhre knabberte.

»Ein paar Meter«, präzisierte ich, »vom Turm der Kathedrale von Salamanca entfernt.«

Es trat ein Schweigen von wenigstens fünf Sekunden ein. Zuerst schauten sie sich gegenseitig an, und dann sagte Tánger: »Das kann nicht sein.« Sie brachte es leise hervor: »Das kann nicht sein.« Und dabei starrte sie mich an, als wäre ich ein Marsmensch. Das klang nicht nach Widerspruch oder Ungläubigkeit, sondern nach einer Wehklage. Wenn man es frei übersetzte: Wie dumm ich bin.

»Ich fürchte, das kann doch sein«, stellte ich klar.

»Aber das bedeutet ...«

»Das bedeutet«, unterbrach ich sie, weil ich mir Sorgen machte, nicht mehr die Hauptrolle zu spielen, »dass es im Jahr 1767 bei dieser Breite zwischen dem Meridian von Salamanca und dem der Cádizer Schule der Seekadetten auf vielen zeitgenössischen Karten einen Unterschied von fünfundvierzig Minuten westlicher Länge gab ...«

Während ich redete, schob ich das Besteck, ein Stück Brot und ein Glas so auf dem Tisch zurecht, dass ich annähernd eine Küstenlinie nachbildete. Das Glas stand in der Mitte, es stellte Cartagena dar; und ein Gabelende bezeichnete das Cabo de Palos. Das war keine Urrutia-Karte, doch eigentlich hatte ich es gar nicht schlecht hinbekommen – das wäre ja auch noch schöner. Die Quadrate auf dem Tischtuch sahen sogar wie die Längen- und Breitengrade einer Mercatorkarte aus.

»Und Sie«, sagte ich zum Schluss, wobei ich mit dem Finger die kleinen Quadrate bis zu der rechts liegenden Gabel zählte, »haben dieses Schiff sechsunddreißig Meilen westlich von der Stelle gesucht, wo es sich tatsächlich befindet.«

XIV. Das Geheimnis der grünen Langusten

> Obwohl ich vom Mittelmeer als einem einzigen Meer
> spreche, trifft das nicht zu, denn es sind viele;
> alle Menschen oder Schiffe haben nämlich
> unterschiedliche Meridiane, jeder einzelne seinen
> besonderen.
>
> MANUEL PIMENTEL, *Schifffahrtskunde*

Sie fuhren in östlicher Richtung und durchschnitten den Morgennebel bei 37°32', wobei sie leicht nach Norden vom Kurs abwichen und eine Breitenminute weiter hinaufgelangten. Die Nadel des am Schott angeschraubten Messingbarometers neigte sich nach rechts: 1022 Millibar. Es war windstill, und das leise Stampfen des Motors ließ die Deckplanken beben. Der Nebel löste sich allmählich auf, und obwohl er in der Kielspur noch grau war, durchdrangen ihn am Bug blendende Sonnenstrahlen und Goldtöne, und an Backbord vorbei traten manchmal die gespenstischen, graubraunen, verschwommenen und sehr hohen Einschnitte der Küste hervor.

Oben im Cockpit überwachte der Steuermann den Kurs. Unten in der Kajüte beugte sich Tánger über Parallellineale, Zirkel, Bleistift und Radiergummi und teilte wie eine fleißige Schülerin, die eine schwierige Prüfung vorbereitete, die Karte 464 des Hydrographischen Marineinstituts – *Von Cabo Tiñoso bis Cabo de Palos* – in Planquadrate ein. Coy saß neben ihr, er hielt eine Tasse Kaffee mit Kondensmilch in der Hand und sah ihr zu, wie sie Linien zog und Abstände berechnete. Sie hatten die ganze Nacht durchgearbeitet; als der Steuermann aufwachte und vor dem Tagesanbruch die Taue losmachte, hatten sie schon den neuen Suchbereich auf dem Papier festgelegt. Sein Zentrum lag bei 37°33' nördlicher Breite und 0°45' westlicher Länge: das Rechteck auf der Karte, das Tánger nun geduldig und sehr behutsam – wegen der sanften Schwankungen der *Carpanta* – im Licht des Kartentisches in fünfzig Meter breite Streifen einteilte. Ein anderthalb Meilen hoher und zweieinhalb Meilen breiter Bereich südlich von Punta Seca, sechs Meilen südwestlich vom Cabo de Palos:

»... *Doch es geschah, dass der Wind hierauf nach Norden umsprang, und als man schon das Kap im Nordosten gesichtet hatte und die Segel presste, um dem Verfolger zu entkommen, traf sie das Unheil, dass die Fockstenge zerbrach und ein sehr lebhaftes Gefecht beinahe Rahe an Rahe entbrannte. Der Fockmast ging verloren, und zusammen damit kamen fast alle Leute an Deck um oder wurden kampfunfähig, weil der andere sie mit Kartätschen und von Bord zu Bord beschoss; als sich die Schebecke aber zum Anlegen und Entern bereitmachte, geriet eines ihrer Untersegel in Brand, und das Feuer, wie der Zeuge glaubt, gesehen zu haben, griff auf eine Pulverladung über, was zur Folge hatte, dass die Schebecke in die Luft flog und die Explosion unglücklicherweise auch den Großmast der Brigg umstürzte und diese in den Grund bohrte. Wie der Zeuge erklärte, gab es außer ihm keinen Überlebenden. Er habe sich gerettet, weil er schwimmen konnte und sich an Bord des Bootes befand, welches die Brigg aussetzte, als das Gefecht begann. Dort hätte er den Rest des Tages und die Nacht verbracht, bis ihn die Tartane* Virgen de los Parales *sechs Meilen südlich von diesem Ort um die elfte Stunde des folgenden Tages herausholte. Der Zeuge erklärte weiter, dass sich der Untergang der Brigg und der Schebecke zwei Meilen vor der Küste ereignete, bei 37°32' nördlicher Breite und 4°51' östlicher Länge. Diese Position stimmt mit der überein, welche auf einem halben Blatt Papier notiert ist: Als der Zeuge gerettet wurde, trug er es in der Tasche, denn der Steuermann hatte es ihm übergeben, nachdem er den Schiffsort auf einer runden Seekarte Urrutias ermittelt hatte, weil er die Position ins Bordbuch eintragen wollte und nicht genug Zeit hatte, dies zu tun, da es unverzüglich zu dem Gefecht kam. Der Zeuge wurde ins Marinehospital dieser Stadt eingewiesen und unter ärztliche Aufsicht gestellt. Dort sollte er weitere Ermittlungen abwarten. Seine Exzellenz, der Herr Admiral, verlangte am folgenden Tage weitere Nachforschungen zu gewissen Punkten dieser Ereignisse, doch wie sich ergab, hatte der Zeuge in der Nacht das Krankenhaus verlassen, ohne dass man bisher erfahren hat, wo er sich aufhält. Seine Exzellenz, der Herr Admiral, hat angeordnet, die erforderlichen Ermittlungen in dieser Sache einzuleiten, unbeschadet der Suche nach den Verantwortlichen für diesen Vorfall. Geschrieben in der Marinebehörde von Cartagena, am achten Februar eintausendsiebenhundertsiebenundsechzig. Kapitänleutnant Ricardo Dolarea.«*

Alles passte zusammen. Die Abschrift der Erklärung des Steuermannsjungen lag auf dem Tisch, und sie besprachen die Sache von vorn und hinten. Sie untersuchten jede versteckte Einzelheit dieses postumen Scherzes, mit dem sich die Phantome der auf der *Dei Gloria* untergegangenen zwei Jesuiten und der Seeleute über sie und alle anderen lustig gemacht hatten. Die Karte 464 lag ausgebreitet vor ihren Augen. Coy hielt einen Spitzzirkel in der Hand. Die Küstenlinie – Cabo Tiñoso befand sich links, Cabo de Palos rechts und der Hafen von Cartagena in der Mitte – verlief im oberen Teil der Karte. Coy hatte mühelos berechnet, wie gründlich sie sich geirrt hatten: In jener Nacht vom 3. auf den 4. Februar 1767 war die Brigg, die der Korsar hart am Heck verfolgte, viel schneller und weiter gesegelt, als sie angenommen hatten. Am Morgen befand sich die *Dei Gloria* nicht südwestlich vom Cabo Tiñoso und von Cartagena, sondern war über diese Längen bereits hinausgelangt und fuhr weiter nach Osten. Sie befand sich *südöstlich* vom Hafen, und das Kap, das sie im Nordosten vor dem Bug sichtete, war nicht Cabo Tiñoso, sondern Cabo de Palos.

Tánger hatte ihre Arbeit beendet. Sie legte den Bleistift und das Parallellineal auf die Karte und schaute Coy an.

»Deshalb haben sie achtzehn Jahre lang den Abate Gándara gefoltert ... Sie haben das Schiff an der Position gesucht, die der Steuermannsjunge angegeben hatte. Vielleicht haben sie sogar Taucher oder Taucherglocken hinuntergeschickt und nichts gefunden, weil die *Dei Gloria* nicht dort war.«

Der fehlende Schlaf hatte dunkle Ringe unter Tángers Augen gezeichnet und ließ sie älter aussehen. Weniger attraktiv und abgespannter.

»Erzähl mir jetzt, was geschehen ist«, sagte sie. »Deine endgültige Version.«

Er studierte die 464. Sie lag auf der Kopie der Urrutia-Karte und war ebenfalls mit Bleistiftstrichen und Notizen voll gekritzelt. Die braunen Umrisse der Küste und der blaue Streifen der niedrigsten Wassertiefen durchzogen sie und stiegen sanft in einer Diagonale bis zur Landspitze von Palos und den Islas Hormigas an, die am rechten oberen

Ende der Karte zu sehen waren. Alle auffälligen geographischen Punkte ließen sich von West nach Ost deutlich erkennen: Cabo Tiñoso, der Hafen von Cartagena, die Insel Escombreras, Cabo de Agua, die Bucht von Portmán, Cabo Negrete, Punta Seca, Cabo de Palos ... Vielleicht hatte in der Nacht damals ein stärkerer Südwestwind geweht, erklärte Coy. Fünfundzwanzig oder dreißig Knoten. Oder vielleicht nahm Kapitän Elezcano eher das Risiko auf sich, die Masten zu überbeanspruchen, indem er mehr Segel beisetzte. Der Wind konnte auch nach Norden umspringen und lange vor dem Morgengrauen zum Landwind werden, und der Korsar, durch den Bugsprietklüver und die Lateinsegel an seinem Fock- und Besanmast ein guter Luvhalter, hatte vielleicht Luv gewonnen und sich zwischen Cartagena und die Brigg gedrängt, um sie daran zu hindern, Zuflucht in diesem Hafen zu suchen. Es gab außerdem die Möglichkeit, dass sich die *Dei Gloria* bei einem nächtlichen Manöver, mit dem sie den Korsaren irreführen wollte, gefährlich weit von ihrem einzigen erreichbaren Schutzort entfernt hatte. Es mochte auch sein, dass der starrsinnige und rigorose Kapitän strenge Anweisungen hatte, keinen Hafen außer Valencia anzulaufen, damit die Smaragde nicht in die Gefahr gerieten, in fremde Hände zu fallen.

Er versuchte, die Stimmung beim ersten Morgenlicht zu schildern, die noch verschwommene Küstenlinie, die unruhigen Blicke des Kapitäns und des Steuermanns, die herausfinden wollten, wo sie sich genau befanden, und ihre Verzweiflung, als sie entdeckten, dass der Korsar immer noch da war, ihnen nachjagte und ständig näher herankam, ohne dass es ihnen gelungen war, ihn in der Dunkelheit zu überlisten. In diesem ersten Tageslicht blickte der Kapitän jedenfalls nach oben zu den Masten und fragte sich, ob sie so viel Segel aushalten könnten, während man beim Winde fuhr, und der Steuermann ging auf die Backbordseite und peilte Objekte an Land an, um das Besteck zu nehmen. Ganz sicher konnte er mehrere Punkte gleichzeitig anpeilen, und er ortete El Junco Grande bei 345°, Cabo Negrete bei 295° und Cabo de Palos bei 30°. Danach übertrug er gewiss den Schnittpunkt dieser drei Linien auf die Karte, um dort die Position der Brigg zu bestimmen. Man konnte sich den Steuermann mit dem Fernglas und der Alhidade oder dem Peilaufsatz auf dem Mutterkompass unschwer vorstellen, der alles ignorierte, was nichts mit den praktischen Aufgaben seines Berufs zu tun hatte. Der Steuermannsjunge neben ihm hielt Papier und Bleistift bereit, um die Ergebnisse zu notieren, während er die immer näher kommenden Segel des Korsaren, die vom Morgenlicht rot gefärbt waren, verstohlen anblickte. Dann rannten sie in größter Eile nach unten, um die Berechnungen auf der Urrutia-Karte vorzunehmen; und der Steuermannsjunge lief über die durch die Krängung geneigten Planken zum Achterdeck zurück. Er hatte das Papier mit den Ergebnissen in der Hand und zeigte es dem Kapitän gerade in dem Augenblick, als oben, ganz weit oben, die Stenge auseinander krachte und alles nach unten stürzte. Der Kapitän befahl, die übrig gebliebenen Stücke abzuhauen und über Bord zu werfen und die Kanoniere zu warnen. Dann gehorchte die *Dei Gloria* nicht mehr dem Ruder, und das sollte sie ihrem tragischen Schicksal entgegentreiben.

Coy verstummte, als er merkte, dass seine Stimme bebte. Seeleute. Diese Männer waren schließlich Seeleute wie er. Gute Seeleute. Er konnte selbst ihre verborgensten Ängste und Gefühle so genau nachempfinden, als wäre er selber an Bord der *Dei Gloria* gewesen.

Tánger blickte ihn aufmerksam an.

»Du kannst gut erzählen, Coy.«

Er fasste sich an die Nase. Durchs Bullauge beobachtete er, wie das Licht den Nebel immer weiter durchstieß, je höher die Sonne über den dunstigen grauen Kreis stieg. Er sah auch, wie der Bug des Korsaren *Chergui* allmählich vor einer offenen Geschützpforte der Brigg auftauchte.

»Das ist nicht schwer«, antwortete er. »Mehr oder weniger fällt das nicht schwer.«

Er schloss halb die Augen. Sein Mund fühlte sich trocken an, der Schweiß lief ihm über den nackten Oberkörper, und das Tuch, das er sich gerade um die Stirn gebunden hatte, war schon durchgeweicht. Denn in diesem Augenblick, als er sich im Rauch der brennenden Lunten hinter dem schwarzen Vierpfünder bückte, hörte er das Atmen seiner Gefährten, die neben der Lafette mit den bereitliegenden Kanonenstopfern, Stückwischern und Kugelziehern kauerten und sich fertig machten, um Seisinge zu lösen, das Rohr zu säubern, zu laden und wieder zu schießen.

»Jedenfalls«, setzte er nach einer Weile hinzu, »behaupte ich nicht, dass sich die Dinge so abgespielt haben.«

»Und wie erklärst du den Ort, den der Steuermannsjunge angegeben hat?«

Coy zuckte die Achseln. Allmählich verklangen der Kanonendonner und das zerkrachende Holz, die in seinem Kopf gedröhnt hatten. Nun wies er mit dem Finger auf einen Punkt der Karte, bevor er eine diagonale Linie nach Südwesten zog.

»Ebenso, wie wir das vorher erklärt haben«, antwortete er. »Mit dem Unterschied, dass der Wind, der nach dem Schiffbruch das Boot abtrieb, nicht aus Nordwesten, sondern aus Nordosten blies. Der Landwind am Morgen konnte ein paar Kompassstriche nach Osten umspringen, als die Sonne hoch stand: Dann trieb er den Steuermannsjungen aufs offene Meer hinaus und brachte ihn auf die Höhe von Cartagena, wo er am nächsten Tag gerettet wurde.«

Auch das konnte man sich ohne große Mühe vorstellen, dachte er und betrachtete die Abtriftlinie auf dem Papier, das die Tiefenzahlen angab. Der Junge, der allein und verwirrt in seinem kleinen, den Wellen preisgegebenen Boot saß und Wasser ausschöpfte. Sonne und Durst, das unermessliche Meer und die immer fernere, unerreichbare Küste. Er lag im Halbschlaf auf dem Bauch, um zu vermeiden, dass ihm die Möwen ins Gesicht pickten. Ab und zu hob er den Kopf, blickte sich um und ließ ihn bald hoffnungslos wieder sinken: Da war nur das gefühllose Meer, das tief im Inneren seine Geheimnisse hütete. Oben, auf der von der Brise gekräuselten Wasserfläche, schwamm ein neuer Ismael auf dem blauen Grab seiner Kameraden.

»Merkwürdig ist, dass er nicht die wirkliche Position der *Dei Gloria* genannt hat«, sagte Tánger. »Ein kleiner Junge wie er konnte nichts von all diesen Intrigen wissen.«

»So klein war er nicht. Ich habe dir ja schon erzählt, dass sie sehr jung an Bord gingen, und nachdem sie vier oder fünf Jahre auf dem Meer verbracht hatten, wurden sie schnell erwachsen. Das waren ganze Männer. Echte Seeleute.«

Sie nickte zustimmend.

»Selbst dann ist es erstaunlich, dass er derart hartnäckig Stillschweigen bewahrt hat ... Er war Student der Seefahrtschule: Er musste wissen, dass sich die Länge nicht auf den Cádizer Meridian bezog ... Und trotzdem konnte er den Mund halten und die Ermittler täuschen. Im Vernehmungsprotokoll gibt es nicht den kleinsten Verdacht.«

Das stimmte. Sie hatten die Dokumente durchgesehen, die Erklärung des Schiffbrüchigen, den offiziellen Bericht: kein einziger Widerspruch. Der Steuermannsjunge war bei Länge und Breite nicht von seiner Aussage abgewichen. Als Beweis hatte er den Notizzettel in der Tasche.

»Er war ein guter Kleiner«, setzte Tánger nachdenklich hinzu. »Ein ehrlicher Junge.«

»So sieht es aus.«

»Und dazu noch sehr schlau. Erinnerst du dich an seine Aussage? ... Er spricht von dem Kap, das im Nordosten liegt, aber er nennt nicht den Namen. Wegen der Position, die er angegeben hat, glaubten alle, dass es sich um Cabo Tiñoso handelte. Aber er hat sich wohl gehütet, sie zu korrigieren. Er hat schließlich nie mitgeteilt, welches Kap das war.«

Coy schaute wieder durchs Bullauge aufs Meer hinaus.

»Ich nehme an«, sagte er, »das war seine Art, den Kampf fortzusetzen.«

Inzwischen stand die Sonne hoch, und der Nebel löste sich auf. Die dunklen Umrisse der Küste traten an Backbord vorbei immer deutlicher hervor: die Punta de la Chapa mit ihrem weißen Leuchtturm östlich der Bucht von Portmán – dem antiken Portus Magnus mit dem Abraum aus den aufgegebenen Bergwerken auf der alten römischen Heerstraße. Der Schlamm hatte die Bucht zugeschüttet, in der schon vor Christi Geburt Schiffe, deren Bug mit Augen bemalt war, mit Silberbarren beladen wurden.

»Ich frage mich, was aus dem Jungen geworden ist.«

Damit meinte sie, dass er aus dem Marinehospital verschwunden war. Tánger hatte hierzu ihre eigene Theorie.

Diese trug sie nun vor und überließ Coy wie üblich die Aufgabe, die Lücken auszufüllen. Kurz gesagt: Anfang Februar 1767 verfügten die Jesuiten noch überall über viel Geld und Einfluss, selbst im Seefahrtsamt von Cartagena. Es war nicht schwer, die richtigen Leute zu bestechen und das diskrete Verschwinden des Steuermannsjungen zu arrangieren: Dafür genügten eine Pferdekutsche und Passierscheine, mit denen man die Stadttore passieren durfte. Gewiss brachten ihn Agenten der Gesellschaft Jesu einen Tag, nachdem man ihn im Meer aufgefischt hatte, aus dem Krankenhaus heraus, bevor man ihn noch einmal vernehmen konnte, und schafften ihn weit fort, in Sicherheit. Hat sich unerlaubt entfernt, stand in der Akte: etwas Ungehöriges für einen blutjungen Seemann der Handelsflotte, der bei einer Untersuchung der Kriegsmarine vernommen wurde. Doch das *Hat sich unerlaubt entfernt* wurde später von einem anonymen Schreiber verbessert und ersetzt durch *Mit offizieller Erlaubnis entlassen*. Damit verschwand er spurlos.

Das ließ sich leicht erklären, dachte Coy, als er Tángers Schilderung zuhörte. Alles passte zusammen, und auch das konnte er sich mühelos vorstellen: Nacht, die menschenleeren Korridore des Krankenhauses, das Licht einer Kerze. Posten oder Wächter, die wegsahen, weil man sie mit Gold bestochen hatte. Ein Vermummter kommt mit genauen Anweisungen. Der Junge wird von zuverlässigen Leuten umringt. Dann die leeren Straßen, eine geheime Zusammenkunft im städtischen Ordenshaus der Jesuiten. Ein ernstes, schnelles, energisches Verhör. Die Mienen heitern sich auf, als man feststellt, dass das Geheimnis vollständig bewahrt worden ist. Vielleicht tätschelt man ihm den Rücken. Hände legen sich ihm voller Bewunderung auf die Schulter. Ein guter Junge. Ein guter und tapferer Junge. Und dann wieder die Nacht und Leute, die von einer im Schatten liegenden Ecke aus ein Zeichen geben: Keine besonderen Vorkommnisse. Die Kutsche, die Stadttore, das freie Feld und der sternenübersäte Himmel. Ein fünfzehnjähriger Seemann schlummert auf dem Sitz, er ist seit seiner Kindheit an schlimmeres Schaukeln als das hier gewöhnt. Die Geister seiner toten Kameraden und der traurig lächelnde Kapitän Elezcano bewachen seinen Schlaf.

»Trotzdem«, schloss Tánger, »gibt es da noch etwas ... Das vielleicht amüsant oder merkwürdig ist. Der Steuermannsjunge hieß Miguel Palau, erinnerst du dich? ... Er war ein Neffe von Luis Fornet Palau, dem Valencianer Reeder der *Dei Gloria*. Das kann ein bloßer Zufall sein.« Sie hielt einen Finger hoch, als bäte sie einen Moment um Aufmerksamkeit. Sie wühlte in den Dokumenten, die sie in der Schublade des Kartentisches verstaut hatte. »Aber pass auf. Ich habe Namen und Daten nachgeprüft und in Viso del Marqués ein paar sehr viel spätere Marineverzeichnisse eingesehen. Damals entdeckte ich einen Hinweis auf den Kutter *Mulata* aus Valencia. Im Jahr 1784 bestand dieses Schiff in der Meerenge vor Formentera einen Kampf mit der englischen Brigg *Undated*. Die Brigg wollte den Kutter kapern, aber er verteidigte sich hartnäckig und konnte entkommen ... Weißt du, wie der spanische Kapitän hieß? ... *M. Palau*, steht in dem Bericht. Genau wie unser Steuermannsjunge. Selbst das Alter könnte stimmen: 1767 war er fünfzehn, 1784 zweiunddreißig oder dreiunddreißig ...«

Sie hatte Coy eine Fotokopie gegeben, und er las den Text: »*Mitteilung über das am Fünfzehnten dieses Monats Vorgefallene: das Gefecht, das der von Kapitän Don M.*

Palau geführte Kutter Mulata *der englischen Brigg* Undated *bei der Isla de los Ahorcados lieferte* ...«

»Wenn es derselbe Palau war«, sagte Tánger, »hat er sich beim zweiten Mal auch nicht ergeben, stimmt's?«

»*Der Hafenbehörde von Ibiza wird gemeldet, dass der spanische, mit acht Kanonen bestückte Kutter* Mulata *auf dem Wege von Valencia zu diesem Ort die Große Meerenge von Formentera ansteuerte, als er in der Nähe der Negras und der Isla de los Ahorcados von der englischen, mit zwölf Kanonen bestückten Schonerbrigg* Undated *angegriffen wurde, welche zur Täuschung die französische Flagge führte, während sie sich näherte. Sie versuchte, ihn aufzubringen. Trotz der unterschiedlichen Kanonenzahl kam es zu einer sehr heftigen Beschießung, die beiden Schiffen schwere Schäden zufügte. Die Engländer unternahmen auch einen Enterversuch, und es gelang ihnen, drei Männer auf den Kutter zu bringen, doch die drei wurden getötet und ins Meer geworfen. Die Schiffe entfernten sich voneinander, und der Kampf wurde eine halbe Stunde lang äußerst erbittert fortgesetzt, bis es der* Mulata *gelang, trotz widrigen Windes diese Seite der Meerengen zu erreichen, indem sie ein offenkundig gefährliches Manöver durchführte, das darin bestand, die mittlere Meerenge zu passieren, die in der Fahrrinne und sehr nahe am Riff La Barqueta nur vier Faden tief ist; durch dieses überaus sachkundige Manöver blieb das englische Schiff auf der anderen Seite zurück und sein Kapitän wagte es nicht, der Windverhältnisse und des unsicheren Grundes wegen weiter vorzudringen, so dass die* Mulata *hier im Hafen Ibiza einlaufen konnte. Sie hatte vier Tote und elf Verwundete zu beklagen, kam jedoch ansonsten wohlbehalten an* ...«

Coy gab Tánger die Kopie des Berichts zurück. Er lächelte. Einige Jahre zuvor war er auf einem kleinen Segelschiff mit geringem Tiefgang an derselben Stelle durch die mittlere Meerenge gefahren. Vier Faden waren nicht viel mehr als sechs Meter, und außerdem nahm die Wassertiefe von der Mitte aus an beiden Seiten rasch ab. Er erinnerte sich genau an den unheilvollen Anblick, den der Meeresboden unter dem klaren Wasser bot. Ein mit Kanonen bestückter Kutter hatte vielleicht einen Tiefgang von drei Metern, und der widrige Wind erschwerte einen geradlinigen Kurs; wer die *Mulata* führte, hatte also wirklich eiserne Nerven, ob er nun ein und derselbe Mann war, der Steuermannsjunge Miguel Palau und der Kapitän M. Palau, oder nicht.

»Vielleicht ist derselbe Name nur ein Zufall.«

»Kann sein.« Tánger las noch einmal nachdenklich den Text der Fotokopie durch, bevor sie das Papier in die Schublade zurücklegte. »Aber ich möchte gern glauben, dass er es war.«

Sie schwieg einen Augenblick. Dann drehte sie sich zum Bullauge um und betrachtete die Küstenlinie, die Backbord voraus schon rein und frei aus den Nebelschleiern hervortrat. Die Sonne beschien nun den dunklen Felsen des Cabo Negrete.

»Ich möchte gern glauben, dass dieser Steuermannsjunge aufs Meer zurückgekehrt und ein tapferer Mann geblieben ist.«

Acht Tage lang durchkämmten sie das neue Suchgebiet mit der Pathfinder, Streifen um Streifen, auf Nord-Süd-Kursen. Sie begannen im Osten, in Wassertiefen, die von 80 bis 18 Meter reichten. Der Ort war tiefer als die Bucht von Mazarrón und Winden und Strömungen stärker ausgesetzt. Unangenehme, heftige Wellen fegten über ihn hinweg, behinderten und verzögerten die Arbeit. Der Grund war unregelmäßig, er bestand aus Steinen und Sand. Der Steuermann und Coy mussten viele Tauchgänge unternehmen – die wegen der übermäßigen Tiefe nur kurz sein durften –, um die auffällige Bodenbeschaffenheit zu prüfen, die die Fischlupe festgestellt hatte. Unter anderem fanden sie einen alten, einsam daliegenden Anker, der ihre Hoffnungen weckte, bis sie ihn als einen Admiralitätsanker mit eisernem Ankerstock identifizierten: ein Modell, das erst nach dem 18. Jahrhundert aufkam. Deshalb waren sie schließlich gereizt und erschöpft; in weitgehend windstillen Nächten ankerten sie auf der Rückseite des Cabo Negrete, oder sie schützten sich vor Ostwinden und Lebeches in dem kleinen Hafen von Cabo Palos. Die Wetterberichte meldeten die Bildung eines Tiefdruckgebiets auf dem Atlantik. Wenn das Unwetter nicht nach Nordosteuropa abdrehte, würde es in weniger als einer Woche das Mittelmeer erreichen und sie zwingen, die Suche für einige Zeit zu unterbrechen. Das alles machte sie nervös und überempfindlich. Der Steuermann sagte ganze Tage lang kein einziges Wort. Tánger überwachte hartnäckig und mit finsterer Miene die Fischlupe, als entrisse ihr jeder vergehende Tag einen weiteren Bruchteil ihrer Hoffnung. An einem Nachmittag blätterte Coy in dem Heft, in dem sie die Resultate der Erkundungen notierte, und er stellte fest, dass die Blätter mit unverständlichen Kritzeleien, Spiralen und unheilvollen Kreuzen voll geschmiert waren. Er entdeckte auch ein grauenhaft verzerrtes Frauengesicht, das mit so kräftigen Strichen gezeichnet war, dass einige das Papier aufschlitzten. Eine Frau, die offenbar ins Leere hinausschrie.

Die Nächte waren nicht viel angenehmer. Der Steuermann sagte gute Nacht und schloss seine Tür am Bug. Die beiden anderen legten sich müde auf die Matten in einer Heckkabine. Ihre Haut roch nach Schweiß und Salz. Schweigend fanden sie zueinander, nachdem sie sich mit einer derart übertriebenen Hast gesucht hatten, dass sie unnatürlich wirkte; und sie vereinigten sich heftig und brutal, schnell und wortlos. Stets versuchte Coy, den Augenblick zu verlängern, Tánger in seinen Armen festzuhalten, sie ans Schott zu drängen, Körper und Geist dieser Unbekannten zu beherrschen. Doch sie sträubte sich, entzog sich und wollte den Akt beschleunigen, nur mit Atem und Fleisch dabei sein, während sie mit dem Kopf ganz woanders war und sich ihre Gedanken nicht erraten ließen. Manchmal glaubte Coy, sie endlich zu besitzen, wenn er auf ihren Atemrhythmus, auf die Küsse ihres offenen Mundes, den Druck der nackten Schenkel an seinen Lenden achtete. Er presste seine Lippen an den Hals oder die Brüste der Frau, packte sie fest und energisch, umklammerte ihre Handgelenke und spürte ihren Pulsschlag an der Zunge und Leistenbeuge, drang tief in sie ein, als wollte er zu ihrem Herzen vorstoßen und es durchtränken, bis er es so geschmeidig wie diese feuchte Höhlung und diesen Mund machen könnte. Sie aber wich zurück und wehrte sich, um der Umarmung zu entkommen; und selbst wenn er sie festhielt und sie gefangen war, verweigerte sie ihm ihre Gedanken, die er ihr entreißen wollte. Ihre funkelnden, unerreichbaren Augen, die ihn im Schatten unverwandt anstarrten, hatten einen in weite Ferne entrückten Blick, der über Coy, Schiff und Meer hinausreichte: Sie versenkten sich in ein tief verborgenes, einsames und finsteres Unheil. Da riss sie den Mund auf, um wie jene Frau zu schreien, die er auf der Zeichnung entdeckt hatte, um einen lautlosen Schrei auszustoßen, der im Inneren des Mannes wie die schmerzlichste Beleidigung nachhallte. Coy fühlte, wie dieser Klageruf durch seine Adern drang. Er biss sich auf die Lippen und bezwang eine Angst, die ihn überflutete und die er mit Brust, Nase und Mund spürte, genauso, als ginge er unter und ertränke in einem Meer undurchdringlicher Traurigkeit. Gern hätte er wie in seiner Kindheit geweint, mit vielen riesengroßen Tränen, doch er vermochte nicht, den Fieberschauer einer solchen Verlassenheit zu mildern. Das war eine zu schwere Bürde. Er hatte ja nur ein paar Bücher gelesen, war ein paar Jahre zur See gefahren und in ein paar Frauen eingedrungen. Darum glaubte er, dass ihm Worte und Gesten fehlten, und er meinte auch, dass sogar sein Schweigen plump wirkte. Trotzdem hätte er sein Leben dafür hingegeben, um in ihr Inneres vorzustoßen, durch die Gewebe ihres Fleisches hineinzugelangen und sich ihrem nackten Gehirn zu nähern, es langsam und sanft zu belecken, mit der ganzen Zärtlichkeit, deren er fähig war, um es von allem zu läutern, was dort Hunderte von Jahren, Tausende von Männern, Millionen Leben als Ballast, Schlacke, als schmerzhaften und bösartigen Tumor abgelagert hatten. Darum bemühte sich Coy jedesmal nach dem letzten Erzittern der Frau hartnäckig und selbstvergessen, von der Verzweiflung angespornt, während sie sich nicht mehr bewegte, reglos dalag und mühsam wieder nach Atem rang. Er oder seine lebenden Zellen, sein Blut und sein Gedächtnis erkannten, dass sie diese Frau mehr als jeden anderen Menschen oder jede Sache liebten. Doch sie hatte sich zu weit entfernt, und ihn gab es überhaupt nicht; er war ein Eindringling in dieser Welt und in einem solchen Augenblick. Und so würde das Ende der ganzen Geschichte sein, dachte er bekümmert: kein lauter Krach, sondern ein beinahe unmerklicher Seufzer. In dieser Minute der Gleichgültigkeit, die pünktlich wie eine Strafe kam, starb in ihr alles ab, alles blieb in der Schwebe, während ihr Pulsschlag zur Normalität zurückkehrte. Die Haut des Mannes spürte erneut, dass das Bullauge zur Nacht hin offen stand und dass die Kälte wie ein biblischer Fluch vom Meer her hochkroch. Das stürzte ihn in eine Trostlosigkeit, die steril wie eine Marmorfläche war: glatt, unermesslich, vollkommen. Ein erschreckend unbewegliches Sargassomeer, eine Seekarte, die mit solchen Namen beschriftet war, wie die alten Seefahrer sie erfunden hatten: Landspitze der Enttäuschung, Untiefe der Einsamkeit, Bittere Bucht, Insel Behüt-uns-Gott ... Danach küsste sie ihn, bevor sie ihm den Rücken zudrehte. Er blieb auf dem Bauch liegen und schwankte zwischen seinem Widerwillen gegen diesen letzten Kuss und Selbstverachtung; eine Hand ruhte auf der nahen, nackten Hüfte der Schlafenden. Er hielt die Augen in der Dunkelheit offen, hörte das Plätschern des Wassers am Rumpf der *Carpanta* und den stärker werdenden Wind im Takelwerk. Er dachte, dass es niemals ein Mann vermocht hatte, jene Seekarte zu zeichnen, mit der sich die Sphäre einer Frau durchqueren ließ. Er erkannte es genau, Tánger würde aus seinem Leben verschwinden, ohne dass er es je geschafft hätte, sie zu besitzen.

In diesen Tagen hörte ich wieder von der Gruppe. Tánger rief mich aus El Pez Rojo an, einem Restaurant in Cabo Palos. Sie bat mich um einige nähere Angaben zu einem technischen Problem, das den Fehlerbereich um eine halbe Meile östlicher Länge erweiterte. Ich klärte die Zweifelsfrage und erkundigte mich nach ihrer Arbeit. Sie sagte, alles gehe gut und vielen Dank, ich würde noch von ihnen hören. Jedenfalls vergingen mehrere Wochen, bis ich etwas erfuhr – und zwar aus den Zeitungen. Da kam ich mir ebenso dumm vor wie fast alle Personen dieser Geschichte. Doch greifen wir nicht den Ereignissen vor: Tángers Anruf erreichte mich an einem Mittag, als sie die *Carpanta* an der Mole des ehemaligen Fischerdorfes festgemacht hatten, das man inzwischen in einen Touristenort verwandelt hat. Der Sturm über dem Nordatlantik veränderte seine Lage nicht, und in den Längen und Breiten der südöstlichen Iberischen Halbinsel strahlte die Sonne. Die Barometernadel stand hoch, ohne über die gefährliche Senkrechte nach links hinauszukommen. Gerade das hatte sie diesmal paradoxerweise zu dem kleinen Hafen gebracht, der an einer breiten schwarzen Bucht lag, in der sich dicht unter der Wasseroberfläche zahlreiche Klippen verbargen. Darüber, auf einem ins Meer hineinragenden Felsen, erhob sich der Leuchtturm. Am Morgen hatte die Wärme links von der Windrichtung zur Bildung von Gewitterwolken geführt, die sich in Ambossform zusammenballten und in einem bedrohlichen Grauton nach oben anwuchsen. Der zwölf bis fünfzehn Knoten starke Wind bewegte sich in Richtung auf diese Wolken. Als Coy sie betrachtete, begriff er: Wenn der Amboss der Gewitterwolken weiter anwuchs und dabei immer näher kam, würden harte Sturmböen auf der entgegengesetzten Seite hervorbrechen, sobald sich die graue Masse über ihren Köpfen befand. Die beiden Seeleute verstanden sich ohne Worte, dafür genügte es, dass er einen stillen Blick mit dem Steuermann wechselte, dessen Runzeln um die Lider sich vertieften, als er in dieselbe Richtung sah. Dann nahm der

Steuermann Kurs auf Cabo Palos. Dort, im weiß getünchten Vorbau von El Pez Rojo, ließen sie sich gebratene Sardellen, Salat und Rotwein schmecken.

»Eine halbe Meile mehr«, erklärte Tánger, als sie sich setzte.

Ihr Ton klang gereizt. Sie nahm eine Sardelle vom Tablett, sah sie einen Moment an, als versuchte sie, ihr irgendeine Verantwortung anzulasten, und legte sie dann geringschätzig zurück.

»Eine verdammte halbe Meile mehr«, wiederholte sie.

Aus ihrem Mund war *verdammt* schon beinahe ein derbes Schimpfwort. Es wirkte sonderbar, so etwas von ihr zu hören, und noch viel mehr, wenn man sah, dass sie die Selbstbeherrschung verlor; Coy beobachtete sie deshalb neugierig.

»Das ist nicht besonders schlimm«, sagte er.

»Das heißt, noch eine Woche zu suchen.«

Sie hatte schmutzige, vom Salpeter verklebte Haare, und ihre sonnengebräunte Haut glänzte, weil ihr Wasser und Seife fehlten. Auch der Steuermann und Coy sahen nicht besser aus, nachdem sie sich mehrere Tage nicht rasiert hatten; sie waren ebenso braun gebrannt und schmutzig wie sie. Alle trugen Jeans, T-Shirts, ausgeblichene Polohemden und Turnschuhe. Die Spuren, die die auf dem Meer verbrachten Tage hinterlassen hatten, waren unverkennbar.

»Eine Woche«, betonte Tánger noch einmal. »Mindestens.«

Sie blickte finster zu der noch von der Sonne beschienenen *Carpanta* hinüber, die unten an der Mole, hinter den Klippen, vertäut war. Der graue Amboss verdunkelte nach und nach die Bucht, als zöge jemand langsam einen Vorhang zu, der die Sonnenreflexe auf den weißen Häuschen und dem kobaltblauen Wasser auslöschte. Sie verliert jetzt die Hoffnung, sagte sich Coy auf einmal. Nach so langer Zeit und so vielen Anstrengungen findet sie sich allmählich mit der Möglichkeit ab, dass es das Wort »Misserfolg« gibt. Das Erkundungsgebiet ist tiefer, und das führt vielleicht dazu, dass wir das Wrack nicht erreichen können, selbst wenn wir es finden. Außerdem gehen die für die Suche vorgesehenen Tage zu Ende, und Tángers Geld auch. Zum ersten Mal seit wer weiß wie langer Zeit lernt sie nun den Zweifel kennen.

Er beobachtete den Steuermann. Die grauen Augen des Seemanns stimmten seinen Schlussfolgerungen wortlos zu: Das Abenteuer gelangte an den Rand des Absurden. Alle Angaben waren zuverlässig und bewiesen, aber die Hauptsache fehlte: das versunkene Schiff. Niemand bezweifelte, dass es dort war, irgendwo. Vielleicht konnte man sogar von dem kleinen Hügel mit dem Restaurant die genaue Stelle sehen, an der Brigg und Korsar untergegangen waren. Womöglich waren sie mehrmals über das Wrack hinweggefahren, das unter metertiefem Schlick und Sand begraben lag. Womöglich war alles nichts weiter als eine endlose Folge von Irrtümern; und der allergrößte bestand darin, dass die Zeit der Schatzsuche nicht der Zeit des vernünftigen Erwachsenenalters standhalten konnte.

»Wir müssen noch anderthalb Meilen erkunden«, sagte Coy behutsam.

Er hatte den Satz noch nicht ganz ausgesprochen und fühlte sich schon lächerlich. Ausgerechnet er wollte anderen Mut machen. Etwas noch nie Dagewesenes. In Wirklichkeit schob er lediglich den letzten Akt hinaus. Oder wollte ihn hinausschieben, bevor er wieder allein und verwaist auf dem Meer trieb und sich an Quipegs Sarg festhielt. Am Rettungsboot der *Dei Gloria*.

»Selbstverständlich«, antwortete sie mit tonloser Stimme.

Sie stützte sich mit den Ellbogen auf den Tisch, hielt die Hände unter dem Kinn verschränkt und schaute weiter auf die Bucht hinaus. Der graue Amboss schwebte schon über der *Carpanta* und verfinsterte den Himmel über ihrem nackten Mast. Nun legte sich der Wind, das Meer an der Mole beruhigte sich, die Leinen und die Flagge des Schiffes bewegten sich nicht mehr. Dann entdeckte Coy, wie sich unten die Uferfelsen und Klippen mit weißen Streifen überzogen, mit Schaum, der allmählich hervorbrach, während sich ein dunklerer Farbton wie ein Ölfleck auf der Meeresfläche ausbreitete. Noch lag der Vorbau des Restaurants im Sonnenschein, als die erste Bö über die Bucht fegte und das Wasser kräuselte. Die Flagge auf der *Carpanta* flatterte plötzlich, die Leinen klatschten an den Mast und zischten heftig, während sich das Schiff zur Mole neigte und mit den Fendern anprallte. Die zweite Bö war stärker: wenigstens fünfunddreißig Knoten, schätzte Coy. Die Bucht war nun von weißen Kräuselwellen überzogen, und der Wind heulte in immer höheren Tönen durch die Schornsteinschächte und Dachtraufen. Plötzlich war alles ringsum düster und grau, beinahe erschreckend, und Coy freute sich, dort zu sitzen und gebratene Sardellen zu essen, anstatt auf dem offenen Meer zu sein.

»Wie lange wird das dauern?«, fragte Tánger.

»Nicht lange«, meinte Coy. »Vielleicht eine Stunde. Es kann auch etwas mehr werden. Am Nachmittag ist es zu Ende. Das ist bloß ein Sommergewitter.«

»Die Hitze«, erklärte der Steuermann.

Coy blickte seinen Freund an und lächelte heimlich. Auch er fühlt sich verpflichtet, sie zu trösten, sagte er sich. Deshalb sind wir ja hier, obwohl der Steuermann über so etwas nicht gründlich nachdenkt. Oder wenigstens nehme ich das an. In diesem Moment blickte der Steuermann Coy ruhig und gleichmütig wie immer in die Augen, und er korrigierte sich. Vielleicht denkt er doch über so etwas nach.

»Morgen müssen wir auch eine halbe Meile weiter draußen suchen«, teilte Tánger mit. »Bis siebenundvierzig Minuten westlich.«

Coy brauchte keine Karte. Er kannte die 464 auswendig, weil er sie so gründlich studiert hatte. Das galt selbst für die letzte Einzelheit im Suchbereich.

»Das Positive daran ist«, sagte er, »dass die Tiefe in dieser Richtung auf vierundzwanzig bis achtzehn Meter abnimmt. Alles wird dann leichter.«

»Wie ist der Boden dort?«

»Sand und Klippen. Nicht wahr, Steuermann? ... Mit Algenflecken.«

Der Steuermann nickte. Er holte sein Päckchen Zigaretten aus der Tasche und steckte sich eine in den Mund. Da Tánger ihn ansah, nickte er noch einmal.

»Die Algen nehmen immer mehr zu, je näher du an Cabo Negrete herankommst«, erklärte er. »Aber die Stelle da ist sauber. Steine und Sand, wie Coy es gesagt hat ... Mit ein bisschen Geröll, dort bei den grünen Langusten.«

Tánger, die gerade einen Schluck Wein trinken wollte, hielt mitten in der Bewegung inne, während sie das Glas noch an die Lippen gesetzt hatte, und blickte den Steuermann aufmerksam an.

»Was soll das bedeuten, grüne Langusten?«

Der Steuermann war mit seinem Feuerzeug beschäftigt

und zündete sich die Zigarette an. Er machte eine unbestimmte Geste.

»Na, genau das.« Als er sprach, stieg ihm der Rauch zwischen den Fingern hervor. »Grün gefärbte Langusten. Das ist die einzige Stelle, wo es die gibt. Oder gegeben hat. Dort holt niemand mehr Langusten heraus.«

Tánger ließ das Glas los. Sie hatte es behutsam auf das Tischtuch gestellt, als hätte sie Angst, etwas zu verschütten. Sie starrte den Steuermann immer noch äußerst gespannt an. Er wickelte in aller Ruhe den Docht um das Feuerzeug.

»Bist du dort gewesen?«

»Na klar. Das ist lange her. Als ich jung war, konnte man dort viel rausholen.«

Coy erinnerte sich daran. Sein Freund hatte ihm einmal von mauretanischen Langusten erzählt, die einen grünen Panzer anstelle des gewöhnlich dunkelroten oder weiß gesprenkelten hatten. Das war vor zwanzig oder dreißig Jahren, als es in diesen Gewässern noch Fische und Krustentiere gab: Garnelen, Muscheln, Thunfische und bis zu zwanzig Kilo schwere Zackenbarsche.

»Sie schmeckten gut«, erklärte der Steuermann, »aber die Farbe schreckte die Käufer ab.«

Tánger achtete aufmerksam auf seine Worte.

»Warum? ... Wie sah die Farbe genau aus?«

»Moosgrün, ganz anders als die rote oder bläuliche Farbe, die frisch gefangene Langusten sonst haben, oder als dieses Dunkelgrün der afrikanischen oder amerikanischen Langusten.« Der Steuermann lächelte fast unmerklich im Tabakrauch. »Das wirkte nicht gerade appetitlich ... Die Fischer haben sie deshalb selber gegessen oder die schon gekochten Schwänze verkauft.«

»Weißt du, wo das war?«

»Selbstverständlich.« Der Steuermann fühlte sich nun offenbar unbehaglich, weil sie sich dermaßen dafür interessierte. Er zog lange an seiner Zigarette, um immer größere Pausen zu machen und Coy anzusehen. »Quer zum Cabo de Agua und ungefähr zehn Grad nördlich vom Cabezo del Junco Grande.«

»Wie tief?«

»Nicht besonders. Ein bisschen mehr als zwanzig Meter. Langusten leben meistens tiefer, aber an der Stelle hat es immer ein paar gegeben.«

»Habt ihr dort getaucht?«

Der Steuermann warf Coy wieder einen Blick zu. Erzähle mir, worauf sie hinauswill, sagten seine Augen. Und Coy, der die Hände auf den Tisch gestützt hatte, drehte sie ein bisschen nach oben und zeigte die Handflächen. Übersetzung für Taubstumme: Ich hab keinen blassen Schimmer, verdammt noch mal.

»Damals gab es nicht so viele Tauchergruppen wie heute«, antwortete der Steuermann endlich. »Die Fischer hatten Reusen aus Rohr oder das Treibnetz ausgeworfen, und wenn die verloren gingen, blieben sie unten.«

»Unten«, wiederholte sie.

Dann sagte sie nichts mehr. Nach einer Weile streckte sie die Hand zum Weinglas aus, doch sie musste es absetzen, weil ihre Finger zitterten.

»Was ist los?«, fragte Coy.

Er verstand Tángers Haltung nicht, auch nicht, warum sie zitterte und sich plötzlich für Langusten interessierte. Sie standen sogar auf der Speisekarte des Restaurants, und wie man gesehen hatte, kümmerte sie sich überhaupt nicht darum.

Sie lachte. Auf eine eigentümliche, ruhige Art. Es war ein verstecktes, unerwartet sarkastisches Lachen, wozu sie den Kopf schüttelte, als amüsierte sie sich über einen Witz, den sie selber erzählt hatte. Sie hatte ihre Hände an die Schläfen gelegt, als täten sie ihr plötzlich weh, und sie schaute auf das Wasser der Bucht hinaus. Es war schon grau, und der Schaum der kurzen Wellen, die von den pausenlosen Windböen hochgewirbelt wurden, überzog es mit weißen Flecken. Das von außen eindringende gedämpfte Licht verstärkte den bläulichen Metallglanz ihrer geistesabwesend – oder bestürzt – blickenden Augen.

»Langusten«, murmelte sie. »... Grüne Langusten.«

Nun erschauerte sie, mit einem Lachen, das allzu sehr einem Schluchzen ähnelte. Nach einem zweiten Versuch, das Weinglas zu nehmen, hatte sie es auf dem Tischtuch ausgeschüttet. Ich hoffe, dass sie nicht den Verstand verloren hat, dachte Coy beunruhigt. Ich hoffe, sie ist wegen all dieser Scheiße nicht durchgedreht und wir müssen sie am Ende ins Irrenhaus einliefern, anstatt sie zur *Dei Gloria* zu bringen. Er wischte den verschütteten Wein mit der Serviette auf. Dann legte er ihr eine Hand auf die Schulter, und als er sie berührte, spürte er deutlich, dass sie zitterte.

»Beruhige dich«, flüsterte er.

»Ich bin ganz ruhig«, widersprach sie. »Ich war nie ruhiger in meinem Leben.«

»Was zum Teufel gibt es?«

Sie hatte aufgehört, zu lachen oder zu schluchzen – oder was es sonst war, und sie schaute weiter aufs Meer hinaus. Schließlich zitterte sie nicht mehr, sie stieß einen tiefen Seufzer aus und starrte den Steuermann mit einer sonderbaren Miene an, bevor sie sich über den Tisch beugte und dem verblüfften Seemann einen Kuss ins Gesicht drückte. Als sie sich Coy zuwandte, zeigte sie ein strahlendes Lächeln.

»Was es gibt? Genau dort ist die *Dei Gloria*. Dort bei den grünen Langusten.«

Leicht gekräuselte, beinahe glatte See und eine sanfte Brise. Keine Wolke am Himmel. Zweieinhalb Meilen vor der Küste schwankte die *Carpanta* leicht, und die Ankerkette fiel senkrecht von der Talje: quer zum Cabo de Agua, der Cabezo del Junco Grande weiter oben, zehn Grad nordöstlich. Die Sonne stand noch nicht hoch, aber sie brannte schon auf Coys Rücken, als er sich bückte, um das Manometer des Zweiflaschengeräts zu kontrollieren: sechzehn Liter Pressluft, die Reserve oben, die Bänderung bereit. Er überprüfte die Dichtung, dann schloss er den Druckminderer an. Dieser sollte ihm Luft mit einem Druck zuführen, der sich der jeweiligen Tiefe anpassen würde, um den zunehmenden Atmosphärenüberdruck auf seinen Körper auszugleichen: Ohne diesen Apparat, der den Innendruck kompensierte, würde ein Taucher zerquetscht, oder er müsste wie ein zu stark aufgeblasener Luftballon platzen. Er drehte das Ventil bis zum Anschlag auf, und danach schloss er es wieder zu drei Vierteln. Das Mundstück war eine alte Nemrod. Es schmeckte nach Gummi und Talkumpuder, als er es in den Mund steckte, um zu erproben, ob es funktionierte. Die Luft strömte geräuschvoll durch die Membranen. Alles in Ordnung.

»Eine halbe Stunde in zwanzig Metern«, erinnerte ihn der Steuermann.

Er nickte zustimmend, während er die Neoprenjacke, den Bleigürtel und die Rettungsweste anlegte. Tánger stand ihm gegenüber, sie hielt sich mit einer Hand am Backstag fest und sah ihn schweigend an. Sie trug einen schwarzen Badeanzug wie eine Olympiaschwimmerin, an den Füßen hatte sie Flossen, und sie war mit einer Tauchermaske und einem Schnorchel ausgerüstet. Beinahe den ganzen Nachmittag und einen Teil der Nacht hatte sie ihnen das mit den grünen Langusten erklärt. Sie erläuterte es immer wieder von allen Seiten, nachdem sie den Steuermann sogar nach den kleinsten Einzelheiten ausgefragt, mit dem Bleistift auf einen Zettel gezeichnet und Abstände und Tiefen berechnet hatte. »Der Panzer der Langusten«, hatte sie gesagt, »besitzt mimetische Eigenschaften: Wie vielen anderen Tierarten hat die Natur diesen Krustentieren die Fähigkeit verliehen, sich zu ihrem Schutz zu tarnen. Auf diese Weise passen sie sich an den Boden an, auf dem sie leben.« Erwiesenermaßen nahmen Langusten, die auf versunkenen Eisenschiffen lebten, häufig den rötlichen Rostton der sich zersetzenden Metallplatten an. Das Moosgrün, das der Steuermann beschrieben hatte, stimmte genau mit dem Farbton von Bronze überein, die lange auf dem Meeresboden gelegen hat.

»Welche Bronze?«, hatte Coy gefragt.

»Die von den Kanonen.«

Coy hatte einige Vorbehalte. Das klang ihm alles zu sehr nach der *Krabbe mit den goldenen Scheren* oder ähnlichen Abenteuergeschichten. Aber sie befanden sich nicht in einem *Tim*-Album. Wenigstens er nicht.

»Du selber hast gesagt, und das haben wir genau nachgeprüft, dass die Kanonen der *Dei Gloria* aus Eisen waren ... An Bord der Brigg gab es keine großen Bronzemengen.«

Sie blickte ihn ruhig und überlegen an, wie bei anderen Gelegenheiten, bei denen sie so aussah, als wollte sie ihm zu verstehen geben, dass er mit offenem Hosenlatz herumlief oder schwachsinnig war.

»Die auf der *Dei Gloria*, das stimmt«, erläuterte sie, »aber nicht die auf der *Chergui*. Die Schebecke führte zwölf Kanonen: vier lange Sechspfünder, acht Vierpfünder und außerdem vier Steinstücke, erinnerst du dich? ... Die stammten von einer alten französischen Korvette, der *Flamme*. Wenigstens die Sechs- und die Vierpfünder waren aus Bronze.« Sie hatte den Plan der Schebecke vom Schott abgemacht und warf ihn vor Coy auf den Tisch. »So steht es in den Unterlagen, die uns Lucio Gamboa in Cádiz gegeben hat. Da unten liegen beinahe fünfzehn Tonnen Bronze.«

Coy wechselte wieder einen Blick mit dem Steuermann, der sich darauf beschränkte, schweigend zuzuhören. Er widersprach nicht mehr. Alles Übrige, hatte Tánger weiter erklärt, war offensichtlich. Die beiden Schiffe gingen sehr nahe beieinander unter. Wegen der Explosion, die die *Chergui* auf den Grund schickte, war es am wahrscheinlichsten, dass die Trümmer des Korsaren rings um den Hauptteil des Wracks verstreut lagen. Als sich einer ihrer Bestandteile, das Kupfer, mit Schwefel verband, nahm die Bronze allmählich diese am Meeresboden typische Färbung an, und daran passten sich die Langusten an, die wahrscheinlich in den Wracktrümmern und den Mündungen der Kanonenrohre hausten. Außerdem gab es dabei noch etwas, das ermutigend wirkte, das Wichtigste. Wenn die Langusten mit der Bronze in Kontakt gekommen waren, so bedeutete das, dass der Streuungsbereich nicht sehr groß war und dass die Trümmer nicht von Schlick oder Sand bedeckt wurden.

Er hörte Wasser spritzen und sah, dass Tánger nicht mehr am Backstag stand. Sie hatte die Tauchermaske und den Schnorchel angelegt, war ins Meer gesprungen, schwamm um das Heck der *Carpanta* und wartete. Sie wollte nicht mit ihm hinabtauchen, aber an der Oberfläche bleiben und seine Atembläschen überwachen, um zu wissen, wo er war: Der Kreis, in dem er sich bewegen würde, machte es schwierig, ihn mit einer Sicherheitsleine am Schiff zu befestigen. Coy band sich das Messer an die rechte Wade, den Tiefenmesser und die Uhr an ein Handgelenk und den Kompass ans andere. Er ging zum Rand der Heckstufe. Dort setzte er sich, ließ die Füße ins Wasser hängen und streifte sich die Flossen über, spuckte auf die Scheibe der Maske und setzte sie auf, nachdem er sie im Meer abgespült hatte. Dann hob er die Arme, damit ihm der Steuermann die Pressluftflasche auf den Rücken hängen konnte. Er schnallte die Gurte fest und steckte das Mundstück in den Mund. Die Luft dröhnte in seinen Ohren, als sie durch den Druckminderer strömte. Er drehte sich auf eine Seite, schützte das Maskenglas mit einer Hand und ließ sich rücklings ins Meer fallen, wobei er das Gewicht der Flasche nutzte.

Das Wasser war sehr kalt, für diese Jahreszeit zu kalt. Die Stromkarten gaben dort eine schwache Strömung von Nordosten nach Südwesten an, die einen Unterschied von fünf bis sechs Grad zur allgemeinen Mindesttemperatur aufwies. Als das Wasser unter die Neoprenjacke drang, empfand er das als unangenehm und bekam eine Gänsehaut. Es würde ein paar Minuten dauern, bis die Körpertemperatur es anwärmte. Er atmete ein paarmal langsam und tief ein, um den Druckminderer zu erproben. Da sein Kopf halb aus dem Wasser herausschaute, konnte er beinahe über das Heck der *Carpanta* hinausblicken, und er sah den Steuermann dort stehen. Er tauchte ein bisschen und schaute sich in der ihn umgebenden blauen Wasserwelt um. Dicht unter der Oberfläche erhellten die Sonnenstrahlen das reine und ruhige Wasser, die Sicht war gut. Etwa zehn Meter weit, schätzte er. Er konnte den schwarzen Kiel des Seglers mit dem nach Backbord gedrehten Ruderblatt und die Ankerkette erkennen, die senkrecht in die Tiefe hinabstieg, außerdem sah er die Beine von Tánger, die mit sanften Bewegungen ihrer orangefarbenen Plastikflossen in der Nähe schwamm. Er zwang sich, nicht mehr an sie zu denken, und konzentrierte sich auf das, was er zu tun hatte. Er blickte nach unten, wo das Blau dunkler und dichter wurde, überprüfte die Stellung der Uhrzeiger und ließ sich langsam zum Grund sinken. Wenn er durch den Druckminderer einatmete, dröhnte die Luft sehr laut, ja ohrenbetäubend. Als die Nadel des Tiefenmessers fünf Meter erreichte, machte er eine Pause und hielt sich unter der Maske die Finger an die Nase, um die Druckerhöhung in seinen Ohren auszugleichen. Gluck, gluck. Dabei hob er erleichtert den Kopf und beobachtete die aufsteigenden Bläschen seines letzten Ausatmens, die Oberfläche des Meeres, die durch die Sonne wie ein glattes Silberdach wirkte, den schwarzen Rumpf der *Carpanta* dort oben und Tánger. Sie war ein Stück hinabgetaucht, schwamm neben ihm und sah ihn durch ihre Tauchermaske an. Ihr blondes Haar flatterte im Wasser, und ihre schlanken, von den Flossen verlängerten Beine bewegten sich langsam, um den Körper unten bei Coy zu halten. Er atmete wieder, und eine neue Bläschenwolke stieg zu ihr auf. Sie winkte ihm mit der Hand zu. Coy sah nach unten und setzte den gemächlichen Abstieg durch die blaue Kugel fort, die sich über seinem Kopf schloss und immer dunkler wurde, je weiter er sich dem Grund näherte. Um den Druck auszugleichen, machte er eine zweite Pause, als der Tiefenmesser vierzehn Meter angab. Das Wasser war nun schon eine lichtdurchlässige Kugel, die alle Farben außer dem Grün auslöschte. Er befand sich in jenem Zwischenbereich, wo die Taucher, die keine Bezugspunkte hatten, manchmal die Orientierung und das Gefühl für oben und unten verloren, so dass sie auf einmal die Bläschen hinabsinken sahen, und nur die Logik, falls sie sich diese bewahrt hatten, erinnerte sie daran, dass ein Luftbläschen unter allen Umständen immer nach oben steigt. Doch so weit kam es mit ihm nicht. Das Dämmerlicht am Boden zeichnete allmählich einige Formen ab, und ein paar Augenblicke später ließ sich Coy ganz behutsam auf eine Lagerstatt aus blassem, kaltem Sand sinken, nahe bei einer dichten Wiese aus Seeanemonen, Posidonien und faserförmigen Algen, zwischen denen kleine Fischschwärme schwammen. Der Tiefenmesser gab achtzehn Meter an. Coy schaute sich in dem ihn umgebenden Zwielicht um: Die Sicht war gut, denn die schwache Strömung, die er spürte, reinigte das Wasser. In einem Umkreis von fünf bis sieben Metern konnte er die Landschaft deutlich wahrnehmen. Er sah Seesterne, leere Muschelschalen, große, zweischalige, wie Schaufeln aussehende Muscheln, die senkrecht in den Sand gerammt waren, Felsgrate mit kümmerlichen Korallenkolonien, die den Rand der unterirdischen Wiese bezeichneten. Winzige, von der Strömung mitgeschleppte Mikroorganismen schwebten rings um ihn. Er wusste, wenn er eine Lampe einschaltete, würde das Licht all diesen eintönig grün wirkenden Wesen, die durch das splittersichere Glas der Maske größer erschienen, ihre natürliche Farbe zurückgeben. Er atmete mehrmals ruhig ein, um seine Lunge an den Druck anzupassen und sein Blut mit Sauerstoff anzureichern, und er orientierte sich mit dem Kompass. Er plante, sich fünfzehn oder zwanzig Meter nach Süden zu bewegen und dann den Ankergrund der *Carpanta* zu umkreisen, der weiter im Norden lag. Er schwamm langsam los, wobei er die Hände an die Seiten presste, ruhige Bewegungen mit Beinen und Flossen machte und sich einen Meter vom Grund entfernt hielt. Aufmerksam suchte er den Sand ab, achtete auf jeden Hinweis, dass etwas darunter begraben sein könnte, obwohl die Bronzekanonen, wie Tánger betont hatte, deutlich zu erkennen sein müssten. Er schwamm zum Rand der Wiese und spähte zwischen die Algen und die wogenden Fäden. Wenn es in diesem Dickicht etwas gab, würde man es schwer entdecken, und darum beschloss er, den aus reinem Sand bestehenden Teil weiter zu erkunden. Dieser sah zwar flach aus, doch er senkte sich in einer sanften Neigung nach Südwesten, wie er mit dem Tiefenmesser und dem Kompass feststellte. Die Luft dröhnte ständig, wenn er ungefähr alle fünf Sekunden ein- und ausatmete, während es in den Zwischenzeiten absolut still war. Er bemühte sich, nur langsame Bewegungen zu machen und die körperliche Anstrengung auf ein Mindestmaß zu beschränken. Je weniger man ermüdete, lautete die alte Tauchregel, einen desto geringeren Atemrhythmus und Luftverbrauch und demzufolge desto mehr verfügbare Reserven hatte man. Und das hier würde lange dauern. Eine Stecknadel im Heuhaufen, mit Langusten oder ohne.

Im Sand gab es einige dunkle Flecken, und Coy schwamm darauf zu, um sie sich anzusehen: Geröll und halb eingesunkene, oben von kleinen Algen bewachsene Steine. Etwas weiter fand er den ersten Gegenstand, der mit dem Leben über Wasser zu tun hatte: eine verrostete Konservendose. Er setzte seine Erkundung ohne Eile fort und bewegte den Kopf, um sich nach beiden Seiten umzuschauen. Er hielt an, als er schätzte, dass er die Grenze des Kreises erreicht hatte, den er am Boden ziehen wollte. Nun orientierte er sich wieder und schwamm in einem Bogen nach rechts. Er war schon beinahe zum Ende des Sandbetts gelangt und bewegte sich zu den Felsen hinüber, die die Grenze der Algenwiese bezeichneten, als er etwas weiter entfernt, beinahe am Rand seines Gesichtsfeldes, einen Schatten bemerkte. Er schwamm hin und stellte enttäuscht fest, dass es sich um einen runden Stein handelte, der mit Kalkablagerungen bedeckt war. Zu rund und zu formvollendet, dachte er auf einmal. Er bewegte ihn ein bisschen und wühlte Sand vom Boden auf. Der Stein war, wie sich herausstellte, überraschend leicht, als er in seinen Händen zerbrach und im Inneren einen graugrünen Stoff freigab, der verfaultem Holz ähnelte. Verblüfft brauchte Coy eine Weile, bis er begriff, dass es genau das war: altes, verfaultes Holz. Vielleicht das Rad einer Lafette. Er spürte, wie sein Herz unter der Neoprenjacke schneller schlug. Er atmete nicht mehr ruhig, denn nun schnappte er dreimal in fünf Sekunden nach Luft, während er den Boden aufwühlte, ohne noch etwas zu finden. Dabei wirbelte er dermaßen viel Schmutz hoch, dass er etwas nach oben steigen musste, um in sauberes Wasser zu gelangen und sich weiter umzusehen. Da entdeckte er die erste Kanone auf dem Sand.

Er schwamm und bewegte sich langsam mit den Flossen weiter, als befürchtete er, das große Bronzegeschütz könnte sich wie das Holzrad unter seinen Augen auflösen. Es war sicher zwei Meter lang und ruhte auf dem Grund, als hätte jemand es dort vorsichtig abgesetzt. Es lag beinahe ganz frei und war von grünlicher Patina und Kalkablagerungen überzogen; doch man erkannte deutlich die Delfine, die als Verzierungen der Griffe dienten, den Traubenknopf der Lafette und die dicken Schildzapfen. Sicher wog es beinahe eine Tonne.

Etwas weiter entfernt nahm er den dunklen Schatten einer zweiten Kanone wahr. Er schwamm hin und stellte fest, dass sie genauso aussah, nur anders lag: Sie war wohl fast senkrecht auf den Boden gesunken und hatte sich schräg, mit der Mündung voran, in den Grund gebohrt, und dann hatte ihr Gewicht sie bis über die Schildzapfen in den Sand gedrückt. Außerdem lagen dort sonderbare rötliche Steine. Als er sie mit dem Messer durchschnitt, zeigten sie Abdrücke im Inneren, die Gussformen glichen: die Spuren von Eisengegenständen. Sie waren verrostet, hatten jedoch ihre Formen in die Kalkablagerungen eingeprägt, mit denen sie im Lauf der Zeit bedeckt worden waren. Coy musste sich beherrschen, damit er nicht sofort zur Oberfläche hinaufstieg und laut verkündete: Er hatte die *Chergui* oder ihre Überreste gefunden. Er brauchte nur die Hand zu bewegen, um den Boden aufzuwühlen, und darunter tauchten Holzstücke und Dinge auf, die sich durch die Schutzschicht aus Sand besser erhalten hatten. Er grub eine sehr alt aussehende Flasche aus, die von der Hitze verformt und zusammengeschmolzen war. Die Korsarenschebecke, folgerte er, war genau dort explodiert: zwanzig Meter weiter oben, an der Wasseroberfläche, und ihre Trümmer hatten sich über dieses Gebiet verstreut. Etwas entfernt entdeckte er nahe beieinander noch zwei Kanonen. Auch sie hatten die grüne Farbe, die Bronze annimmt, wenn sie zweieinhalb Jahrhunderte unter Wasser liegt, und abgesehen von einigen Kalkablagerungen und der grünlichen Patina waren sie einigermaßen sauber. Nun häuften sich die Trümmer: Aus dem Sand ragten Holzteile, Metallgegenstände in verschiedenen Zerfallsstadien, halb vergrabene Kanonenkugeln, zerbrochenes Geschirr, zusammengedrückte Haufen aus Planken und Eisennägeln. Coy fand sogar einen beinahe unbeschädigten hölzernen Schiffsverband. Er grub im Sand, und es zeigte sich, dass er größer und besser erhalten war, als man auf den ersten Blick annehmen konnte. Er ähnelte einer Rüstplanke, hatte große Rackschleten und Reste von Takelwerk, das zerfiel, als er es berührte. Und noch mehr Kanonen. Er zählte insgesamt neun, die über einen Bereich von ungefähr dreißig Meter Durchmesser verteilt waren.

Ihn überraschte, wie sauber alles war; an den Trümmern hatten sich keine Sedimente abgelagert, die sonst zum größten Teil aus dünnen Sandschichten bestanden. Die schwache kalte Strömung, die in südwestlicher Richtung floss, konnte hierfür eine Erklärung sein: Sie hielt das Gebiet frei und führte die mitgeschwemmten Stoffe zu einer Senke, die sich weiter unten, hinter einem kleinen, mit Seeanemonen überzogenen Felsgrat ausbreitete. Coy schwamm dorthin, um das nachzuprüfen, und er stellte fest, dass die Senke als natürlicher Abzugsgraben wirkte und die Sedimente zu mehreren Stufen ableitete, die in größere Tiefen führten. Ein Krake, den der Störenfried in seiner Höhle aufgeschreckt hatte, entfernte sich auf dem Sand. Er breitete die Arme wie ein leicht erregbarer Stern aus und verspritzte Tintenströme, um seinen Rückzug zu sichern. Coy schaute auf die Uhr. Die Luft des Druckminderers ließ sich mühsamer atmen, darum blickte er nach oben zu der blaugrünen Helligkeit, die sich undeutlich über seinem Kopf erstreckte und von den silbern aussehenden Bläschen durchstoßen wurde. Es war Zeit aufzutauchen. Er legte die Hand an den Flaschenboden und schaltete die Reserve ein; die Luft strömte wieder normal in seine Lunge.

Er wollte gerade aufsteigen, als er einen Anker entdeckte, der genau am Rand eines zweiten verwitterten Felsgrats auf der anderen Seite des Abzuggrabens lag. Er war groß und alt, hatte gewaltige Flunken aus stark verrostetem und mit Kalkablagerungen bedecktem Eisen. Am Anker und auch an dem mit Anemonen bewachsenen Felsgrat hingen Reste von zerfetzten Netzen und Reusen: Im Lauf der Zeit hatten viele Fischer ihre Arbeitsgeräte an dieser Stelle verloren. Ihm fiel vor allem auf, dass der Anker zu denen gehörte, die einen hölzernen Ankerstock besaßen. Dieser fehlte allerdings, und es waren nur ein paar kleine Stücke unter dem Ankerring übrig geblieben. Solch einen Anker konnte die Schebecke oder die Brigg geführt haben; und das regte Coy an, die letzten Minuten seiner Luftreserve zu nutzen, um den Graben zu überqueren, den Grat zu umrunden und sich den Anker aus der Nähe anzusehen. Auf der anderen Seite der Felsen wurde der Sand von einer Geröllschicht durchzogen; das Gelände fiel stärker ab und ging von sechsundzwanzig auf achtundzwanzig Meter hinunter. Und dort, im grünen Zwielicht, in der Tiefe wie ein gespenstischer dunkler Schatten entschwindend, lag die *Dei Gloria*.

XV. Die Regenbogen des Teufels

> Alles, was man herrenlos im Meer entdeckt,
> gehört dem Finder.
> FRANCISCO COLOANE. *Der Weg des Wals*

Mit kurzen, fiebrigen Phrasen improvisierte das Altsaxophon, wie es nie zuvor jemand getan hatte. Es erklang *Ko-ko*, eines der Themen, die Charlie Parker aufgenommen hatte, als er all das erfand, was er erfinden sollte, bevor er kaputtging und an einem Lachanfall krepierte. In dieser Reihenfolge: Zuerst ging er kaputt, und dann lachte er sich beim Fernsehen tot. Das war ein halbes Jahrhundert her; und nun hörte Coy in der Pension Cartago die digitalisierte Aufnahme dieser alten Melodie, als er nackt in einem Schaukelstuhl saß, an einem Tisch, auf dem eine Obstschale stand, und neben dem Fenster eines Zimmers, das eine verregnete Sicht auf den Hafen bot. Tatara. Bum, bum. Tara. Er hielt eine Limonadenflasche in der Hand und blickte zu der schlafenden Tánger hinüber.

Es regnete auf den Hafen, die Kräne, die Molen, die Schiffe der Kriegsmarine, die paarweise im San-Pedro-Dock längsseits lagen, und auf die rostigen Rümpfe des Friedhofs der Namenlosen Schiffe, wo die *Carpanta* mit dem Heck am Hafendamm festgebunden und mit einem Anker am Bug gesichert war. Es regnete in Strömen, weil der Sturm endlich gekommen war. Sein Zentrum war das über Irland liegende Tiefdruckgebiet, von wo er bösartig konzentrische und einander benachbarte Isobaren ausschickte. Kräftige Westwinde trieben aufeinander folgende Wolkenfronten zum Mittelmeer, und die Wetterkarten füllten sich mit schwarzen Warnungen, Blitzstrahlen und Regenzeichen. Die Küsten wurden von Pfeilen mit zwei und drei Federkielen am hinteren Ende durchbohrt, die auf das Herz der unvorsichtigen Schiffe zielten. Nachdem die Mannschaft der *Carpanta* drei Tage am Wrack gearbeitet hatte, sah sie sich gezwungen, in den Hafen zurückzukehren. Obwohl Tánger es kaum erwarten konnte, meinte auch sie, dass die Pause gerade recht käme, um die letzten Schritte zu planen und die notwendigen Ausrüstungsgegenstände zu kaufen, bevor sie den letzten Sturmangriff auf die Geheimnisse des Unterwassergrabes unternahmen. Dieses Grab, das der *Dei Gloria*, befand sich, wie sie endgültig ermittelt hatten, zwei Meilen vor der Küste, bei 37°33,3' nördlicher Breite und 0°46,8' westlicher Länge; das Heck ruhte in einer Tiefe von 26 Metern und der Bug in 28 Metern.

In diesen Tagen, als sie mit dem einen Auge aufs Meer und mit dem anderen zum Barometer blickten, hatte Tánger die Operation von der Kajüte der *Carpanta* aus geleitet. Coy und der Steuermann arbeiteten hart. Sie wechselten sich unten nach einer Zeit ab, die von einer halben Stunde bis zu vierzig Minuten reichte, wobei sie genügend Pausen einlegten, um nicht zu langen Dekompressionen gezwungen zu sein. Wie sie schon bei den ersten Erkundungen feststellten, befand sich das Schiff in gutem Zustand, wenn man berücksichtigte, dass es zweieinhalb Jahrhunderte unter Wasser gelegen hatte. Es war mit dem Bug voran untergegangen und hatte einen Anker an dem Felsgrat verloren, bevor es am Boden aufsetzte. Es lag in

Nordost-Südwest-Richtung. Der Rumpf ruhte auf der Steuerbordseite. Es war bis zum Oberdeck des Vorderschiffs in Sand und Sedimenten begraben, das Deck war verfault und mit Seepflanzen überwachsen, doch am Heck noch unbeschädigt. Vorn hatten sich alle Planken, der Decksbelag und die Deckbalken aufgelöst, und aus dem Sand ragten einige Enden der Schiffsspanten hervor, die wie Rippen eines sauber abgenagten Skeletts aussahen. Als Coy und der Steuermann bei den folgenden Tauchgängen den Rest der *Dei Gloria* erkundeten, fanden sie heraus, dass ungefähr das hintere Drittel frei lag und Schäden aufwies, die in anderen Gewässern und einer anderen Lage größer gewesen wären. Das Oberdeck war eingesunken und von einem wirren Haufen aus Holzstücken, verrostetem Eisen, Sand und Sedimenten überzogen, die sich zum zerstörten und begrabenen Bug hin auftürmten. Als sich die Brigg bei ihrem Untergang geneigt hatte, waren die zehn an Bord stehenden Eisenkanonen und alle schweren Gegenstände offenbar nach vorn gerutscht, und im Lauf der Zeit hatte dieses Gewicht die Planken eingedrückt und im Sand versinken lassen. Deshalb stand das Heck etwas höher und war weniger beschädigt, obwohl viele Balken und Spanten nachgegeben hatten und sich der Sand zwischen dem verrotteten Spantenwerk häufte. Man erkannte den Stumpf des beim Gefecht zerbrochenen Großmastes, eine Pyramide aus versteinerten Planken, die wie eine Kajütenluke aussah, zwei Geschützpforten am Backbordschandeck und den Achtersteven, der immer noch an oxidierten Bronzebolzen festhing. Ihn umhüllten faserige Pflanzen und Ablagerungen, Reste des Ruderblatts hatten sich erhalten.

Sie hatten Glück gehabt, erklärte Tánger in der ersten

Nacht, als sie über dem Wrack ankerten. Das Schiff schaukelte, und sie hatten sich im spärlichen Licht der Kajütenlampe um die Urrutia-Karte und die Pläne der *Dei Gloria* versammelt. Sie feierten die Entdeckung mit einer Flasche Weißwein der Marke Blanco Pescador, die der Steuermann an Bord aufgehoben hatte. Sie hatten aus mehreren Gründen viel Glück gehabt, hauptsächlich deshalb, weil die Brigg mit dem Bug und nicht mit dem Heck voran untergegangen war, so dass die Kapitänskajüte, in der man gewöhnlich Wertgegenstände verwahrte, leichter zugänglich blieb. Wenn sich die Smaragde im Augenblick des Schiffbruchs an Bord befunden hatten, war es am wahrscheinlichsten, dass sie dort oder im angrenzenden Hellegatt lagen, zu dem der Durchgang gesperrt war. Es erleichterte also ihre Aufgabe, dass das Heck nicht vollständig eingegraben war. Hätten sie nämlich unter dem Sand suchen müssen, wären Absaugschläuche und eine kompliziertere Ausrüstung notwendig gewesen. Der nach der langen Zeit auf dem Meeresgrund immer noch ausgezeichnete Zustand war dem Felsgrat zu verdanken, hinter dem das Wrack lag, und die natürlichen Abzugsgräben und die Steine hatten es vor den Auswirkungen des Seegangs, den Meeressedimenten und den Fischernetzen geschützt. Auch die schwache kalte Strömung, die aus der Richtung von Cabo de Palos kam, hatte die Schäden gering gehalten, die die Schiffbohrer anrichteten, diese das Holz zerfressenden Meereswürmer, die in warmen Gewässern günstige Lebensbedingungen fanden. Die Arbeit, die sie vor sich hatten, erschien aus all diesen Gründen anstrengend, aber nicht unmöglich. Im Unterschied zu den Archäologen, die Wracks erforschten, mussten sie nichts schützen; sie konnten sich erlauben, alles zu zerstören, wenn es notwendig war, damit sie ihr Ziel eher erreichten. Sie hatten keine technischen Mittel und keine Zeit, um rücksichtsvoller vorzugehen. Während Tánger gleichzeitig mit den Plänen arbeitete, die sie an den Schotten und auf dem Arbeitstisch der *Carpanta* ausgebreitet hatte, benutzten Coy und der Steuermann den ganzen folgenden Tag, um bei mehreren Tauchgängen eine weiße Leine auszulegen, die auf dem untergegangenen Schiff von vorn nach achtern reichte und der scheinbaren Mittschiffslinie folgte. Sie bewegten sich vorsichtig zwischen den Holztrümmern und den oft messerscharfen Kalkablagerungen, während sie alle zwei Meter quer dazu kürzere Leinen anbrachten, die senkrecht an beiden Seiten der Längsrichtung herabhingen und an den Enden mit Bleigewichten beschwert waren. Auf diese Weise unterteilten sie das Wrack in Abschnitte, und die gleichen Abschnitte hatte Tánger mit Lineal und Bleistift auf den Plänen der Brigg eingezeichnet. So legten sie behelfsmäßige Erkennungszeichen an, um eine Übereinstimmung zwischen Wirklichkeit und Papier zu erhalten, und ermittelten unten jeden Teil des Rumpfes, wie er im Maßstab 1:55 auf den von Lucio Gamboa bereitgestellten Plänen erschien. An dem Tag, als das Barometer fiel und die Wetterberichte sie veranlassten, sich nach Cartagena zurückzuziehen, war es ihnen schon gelungen, die Lage des Hellegatts im Heck und der unter dem Achterdeck liegenden Offiziers- und der Kapitänskajüte zu berechnen. Das Hauptproblem war, dass man herausbekommen musste, in welchem Zustand sich die Kajüte von Kapitän Elezcano befand, ob das innere Plankenwerk dem Druck der Sedimente standhielt oder das Holz verfault war, ob man sich also im Inneren bewegen konnte, nachdem man einen Zugang gefunden hatte – oder ob alles so weit eingestürzt und durcheinander geworfen war, dass man sich von oben heranarbeiten, durchbrechen und den Schutt wegräumen müsste, bis man jene zwölf Quadratmeter am Heckspiegel entdeckte, die der Wohnraum des Kapitäns einnahm.

Der Regen trommelte weiter an die Scheiben, und in dieser Landschaft verstummte Charlie Parker mit seinem Saxophon, wurde auf dem Weg zum ewigen Schlaf von Dizzy Gillespies Klavier zugedeckt. Tánger hatte diese Aufnahme in einem Musikladen der Calle Mayor gekauft und sie Coy geschenkt. Sie saßen zusammen mit dem Steuermann an der Tür der Gran Bar. Vorher hatten sie einen Spaziergang zum Marinemuseum der Stadt gemacht und sich unterwegs in Läden für Schiffsmaterial, Supermärkten, Eisenwarenhandlungen und Drogerien eingedeckt. Das Geld hatte Tánger aus einem Automaten gezogen, aber erst, nachdem zwei Versuche fehlgeschlagen waren, die sie zwangen, den Betrag wegen des unzureichenden Kontostandes zu verringern. »Auch ich tauche mit der Atemreserve«, sagte sie sarkastisch, während sie die Brieftasche mit der Kreditkarte in eine Gesäßtasche ihrer Jeans steckte. Sie konnten das Notwendige besorgen, von den Werkzeugen bis zu Chemikalien, und die Einkäufe standen in Plastiktüten zwischen den Stuhlbeinen, während die Markise der Bar sie vor dem warmen Sprühregen schützte, der die Straße mit einer glänzenden Schicht überzog und den leeren Erkern der Jugendstilgebäude ein melancholisches Aussehen gab. Coy erinnerte sich, dass die Erdgeschosse früher von alten Cafés belebt waren. Nun hatte man sie zu düsteren Büros umgebaut. Die drei tranken Aperitifs und sahen zu, wie Gummimäntel und nasse Regenschirme vorüberzogen, als Tánger die Lokalzeitung auf den Tisch legte – sie hatte die Seite mit den Ankünften und Abfahrten der Schiffe aufgeschlagen, wie Coy bemerkte –, aufstand und zu dem Musikgeschäft ging, das sich neben dem Zeitschriftenladen Revistas Mayor und gegenüber der Buchhandlung Escarabajal befand. Sie kam mit einem Päckchen in der Hand zurück und legte es vor Coy hin, ohne zu sagen, hier, das ist für dich. Sie sagte überhaupt nichts. Drinnen steckten zwei Doppel-CDs mit den Originalaufnahmen der achtzig Themen, die Charlie Parker für die Labels Dial und Savoy zwischen 1944 und 1948 eingespielt hatte. Unter den jetzigen Umständen musste Coy diese Geste würdigen. Der alte Parker war einen Haufen Geld wert.

An demselben Tag glaubte Coy, aufs Neue Horacio Kiskoros zu entdecken. Mit den Einkäufen beladen liefen sie zur *Carpanta* zurück, und an den Mauern des alten Forts Navidad, beim Schiffsfriedhof, blickte er sich um. Immer, wenn er an Land war, machte er das oft und geradezu unwillkürlich. Obwohl Tánger so tat, als ließen Nino Palermos Drohungen sie kalt, nahm Coy sie weiterhin ernst, und die letzte Begegnung mit dem Argentinier am Strand von Águilas hatte er nicht vergessen. Jedenfalls lief er nun hinter Tánger und dem Steuermann zur Mole, an deren Ende die *Carpanta* vertäut war, als er Kiskoros am alten Turm sah. Oder glaubte, ihn zu sehen. Diesen Weg benutzten die Fischer, die zum Wellenbrecher wollten, doch die Gestalt, die im grauen Gegenlicht zwischen dem Turm und der zerlegten Brücke der *Korzenjowski* hervortrat, sah nicht wie ein Fischer aus: Sie war klein und tadellos gekleidet, mit etwas Ähnlichem wie einem grünen Barbour.

»Da ist Kiskoros«, sagte er.

Verunsichert blieb Tánger stehen. Sie und der Steuermann drehten sich um und schauten in die Richtung, die er angab, aber es war niemand mehr da. Immerhin, dachte Coy, galt GWFTM: das Gesetz, Weiß, Flüssig und im Tetrapack ist gewöhnlich Milch. Wenn es also um Barbour, einen Zwerg und die Gegend dort ging, konnte es sich nur um Kiskoros handeln. Sobald sich Bösewichter herumtreiben, ist es außerdem normal, dass sich früher oder später jemand verrät. Er stellte die Tüten auf die Erde. In diesem Moment regnete es nicht, und die Böen des warmen Südwestwinds, die an den Hängen von San Julián heulten und hinabfegten, kräuselten unter seinen Füßen die Pfützen, aus denen Wasser hochspritzte, als er zum Turm rannte. Dort angekommen war niemand zu sehen. Aber er wusste sicher, dass er den Helden der Falklandinseln erkannt hatte. Er fühlte sich darin bestärkt, weil der andere so plötzlich verschwunden war. Er blickte zu den mit dem Schneidbrenner zerlegten Metallplatten und den verbogenen Eisenstücken, die den Sand rostrot färbten, blieb ganz still stehen und lauschte aufmerksam. Überhaupt nichts. Das Metall gab unter seinen Schritten ein bedrohliches Knirschen von sich, als er den Aufgang zur abgewrackten Brücke des Dampfers hochstieg und sich die Hände mit Rost beschmierte. Die letzten Regentropfen fielen vom Dach und durchnässten das verfaulte Holz des Bodens. Manche Bretter gaben unter seinem Gewicht nach, darum passte er genau auf, wohin er die Füße setzte. Er stieg auf der anderen Seite zum aufgerissenen Bauch des halb verschrotteten Bulkcarriers hinunter. Dessen Innenschotten waren mit schwarzem und trockenem Fett verschmiert: Das hier war ein Labyrinth aus Alteisen und Schrott, der sich überall auftürmte. Er lief um einen Kran herum, und über eine schräge Laufplanke betrat er das Schiff, wo sich das Wasser in Pfützen an den Lukensüllen sammelte. Seine fieberhaft gereizten, auf Alarm gestellten Sinne nahmen die bedrückende Traurigkeit des trostlosen Ortes wahr, und das von außen eindringende, schmutzige Licht verstärkte noch diese Stimmung. Er lief durch eine leere und demolierte Kajüte – alle Kabel waren herausgerissen und in einer Ecke zusammengeworfen –, und am anderen Ende schaute er in die dunkle Höhle eines Laderaums. Er ließ ein Metallstück hinunterfallen. Am Boden erdröhnte ein unheimliches Echo zwischen den unsichtbaren Platten. Unmöglich, ohne eine Lampe hinabzusteigen. Da hörte er hinter sich, am Ende des Gangs, ein Geräusch. Er rannte zurück, während ihm das Herz wie rasend in der Brust pochte und er den Atem so lange anhielt, bis ihm der Kiefer wehtat: Dort stand der Steuermann. Er machte ein finsteres und verkrampftes Gesicht und hielt eine drei Spannen lange Eisenstange gepackt. Coy fluchte leise, halb enttäuscht und halb erleichtert. Tánger wartete weiter hinten, sie lehnte sich an ein Schott, hatte die Hände in die Taschen gesteckt und zog ebenfalls eine düstere Miene. Was Kiskoros betraf, wenn er es wirklich war, so hatte er sich in Luft aufgelöst.

Er nahm die Kopfhörer ab, als die ferne Rathausuhr siebenmal schlug. Das Ding-dong-dong schien die letzten Noten abzuschließen. Dong. Er trank einen Schluck Limonade und blickte weiter Tánger an, die auf dem zerwühlten Bett schlief. Die graue Helligkeit ließ schwache Schatten durch die Laken dringen, die Knie, Oberkörper und Kopf bedeckten. Sie schlief auf einer Seite, eine Hand hatte sie ausgestreckt und die andere zwischen die angewinkelten Beine gesteckt. Ihre Taille und die Oberschenkel lagen frei. Sie drehte dem schwachen Morgenlicht den

Rücken zu. Die geschwungene Linie ihrer nackten Hüften war die Stelle, an der Licht und Schatten zusammentrafen und die getüpfelte Haut, die Grübchen im Fleisch, die Spalten und Kurven hervortreten ließen. Coy saß bewegungslos im Schaukelstuhl und betrachtete die Einzelheiten dieses Bildes: das verborgene Gesicht, das Haar zwischen den zerknitterten Laken, die die festen Formen der Schultern und des Rückens abzeichneten, die unbedeckte Taille, die ausladenden Hüften und die Innenseite der von hinten gesehenen Schenkel, die schöne Zickzacklinie der gebeugten Beine, die Fußsohlen. Und vor allem diese im Schlaf ruhende Hand, deren Finger zwischen den Schenkeln eingeklemmt waren, ganz nahe bei dem andeutungsweise hervortretenden Schamhaar, das eine mit dunklen Tönen vermischte Goldfarbe hatte.

Er stand auf und ging still zum Bett, um das alles besser im Gedächtnis zu bewahren. Der Schrankspiegel im Hintergrund warf einen Teil des Bildes zurück: Tángers andere Hand, die auf dem Kopfkissen ausgestreckt lag, das Stück eines Knies, der unter dem Laken abgeformte Körper; auch Coy selbst, der mit dem vom Spiegel wiedergegebenen Teil seines Körpers einbezogen war: ein Arm und eine Hand, die Umrisse seiner nackten Hüfte, die unmittelbare Gewissheit, dass das Bild zu keinem anderen gehörte und auch kein Spiel der Spiegel seiner Erinnerung war. Er bedauerte, keinen Fotoapparat dabeizuhaben, um die Einzelheiten festzuhalten. Darum gab er sich Mühe, dieses halb entschleierte Mysterium, das ihn zwanghaft beschäftigte, diese intuitive Erkenntnis des unbeständigen, überaus kurzen Augenblicks, der vielleicht alles erklärte, auf seiner Netzhaut einzuprägen. Es gab ein Geheimnis, und das Geheimnis zeigte sich offen, verbarg sich fast überhaupt nicht im Augenscheinlichen. Etwas anderes war es, wenn man dieses Geheimnis für sich allein betrachten und verstehen wollte. Aber er wusste, dass ihm keine Zeit blieb und dass die trunkenen und launenhaften Götter, die im Traum ihre eigene Schöpferkraft nicht kannten, gleich gähnen und aufwachen würden, und dann müsste alles entschwinden, als hätte es nie existiert. Vielleicht wiederholte sich dieser flüchtige Augenblick nie mehr mit solcher Klarheit, dachte er bekümmert: diese blitzartige und tröstliche Hellsichtigkeit, die allen Dingen ihren richtigen Platz zuweisen, Leere, Schrecken und Schönheit in Einklang bringen konnte. Die den im Spiegel abgebildeten Mann mit dem Wort Leben versöhnte. In dem Augenblick bewegte sich Tánger unter den Laken; und Coy, der ahnte, dass er beinahe zur Lösung des Rätsels vorgedrungen war, spürte nun, dass sich wie bei einem schlechten Foto schon eine Zehntelsekunde zu viel oder zu wenig zwischen Bild und Betrachter drängte, als ließe sich die falsche Belichtung unmöglich berichtigen. Im Spiegel, jenseits des Teils seines eigenen Körpers und der im Bett liegenden Frau, waren die Schiffe im Regen wieder das Abbild anderer schwarzer Schiffe auf einem Jahrtausende alten Meer.

Da erwachte sie, und mit ihr erwachten alle Frauen der Welt. Als sie erwachte, war sie wohlig warm und schlaftrunken. Ihr wirres und am Gesicht klebendes Haar bedeckte ihre Augen und den halb offenen Mund. Das Laken glitt ihr an Schultern und Rücken hinab und entblößte den ausgestreckten Arm, die Linie, die von der Achselhöhle zu den Rückenmuskeln reichte, einen festen Brustansatz, den das Körpergewicht zusammenpresste. Jetzt erschien der sonnenverbrannte Rücken mit der helleren Markierung vom Badeanzug in seiner ganzen Länge, bis unter die Taille, während sie das Rückgrat bog, sich wie ein schönes und friedliches Tier reckte und ihre Augen von dem unreinen, durchs Fenster einfallenden Licht geblendet waren. Sie entdeckte Coy in ihrer Nähe, und sie reagierte mit einem unsicheren und dann herzlichen, schließlich auf einmal ernsten und zurückhaltenden Lächeln, als sie sich bewusst wurde, dass sie nackt war und er sie betrachtete. Am Ende kam die Herausforderung: Sie drehte sich langsam und wohl überlegt vor den Augen des Mannes um, schlug die Laken vollständig zurück, legte sich auf den Rücken, streckte ein Bein aus und winkelte das andere an; schamlos näherte sich eine Hand ihrem Geschlecht, ohne es ganz zu verbergen. Die Linien ihres Unterleibs liefen an der Innenseite der Schenkel wie unumkehrbare Zeichen zusammen. Die andere Hand blieb achtlos auf den Laken liegen. Unbeweglich. Ständig musterte sie mit ihrem festen und ruhigen Blick den Mann, der sie betrachtete. Nach einer Weile glitt sie auf einer Seite des Betts hinunter, bis sie vor dem Spiegel kniete und dem Mann ihren nackten Rücken und ihre Hüften von hinten zeigte. Sie brachte die Lippen an das Glas und hauchte den Atem aus, so dass der Spiegel beschlug. Ohne die Augen von Coy oder von Coys Bild abzuwenden, drückte sie die Umrisse ihres Mundes in den Dunst, der ihr Abbild verdeckte. Genau das tat sie. Dann richtete sie sich auf, zog sich unterwegs ein T-Shirt an und setzte sich an die andere Tischseite, neben die Obstschale. Sie schälte eine Apfelsine und aß sie, ohne die Spalten abzutrennen. Sie biss ins Fruchtfleisch, dessen Saft ihr über Lippen, Kinn und Hände lief. Coy stellte sich wortlos vor sie hin. Ab und zu warf ihm Tánger einen ebensolchen Blick wie den zu, mit dem sie ihn vom Bett aus angesehen hatte, während der Orangensaft von ihren

Fingern und ihrem Mund tropfte, mit dem Unterschied, dass sie nun ein wenig, kaum merklich lächelte. Sie lächelte, und dann hielt sie sich die Handgelenke an den Mund, um den Saft abzulecken, der ihr schon bis zu den Ellbogen rann. Die Apfelsine, die sie mit den Fingern zerdrückt hatte, verschwand in ihrem Mund, und ihre Zunge säuberte die Stellen zwischen den Fingern, beseitigte die Fruchtfleischreste an den Handflächen und den Handgelenken. Nun schüttelte Coy den Kopf, als verneinte er etwas. Er bewegte den Kopf von einer Seite zur anderen, bevor er seufzte, als entführe ihm ein trauriger, resignierter Klagelaut. Dann lief er um den Tisch, ohne sich zu beeilen, zog die Frau an sich, und so, wie sie da saß, mit dem nur bis zu den Hüften hochgestreiften T-Shirt und dem nach Apfelsine schmeckenden Mund, suchte er den Weg nach Ithaka am anderen Ufer jenes Meeres, das alt und grau wie die Erinnerung war.

Sie kehrten auf die *Dei Gloria* zurück, als der Sturm vorüber war und sich die letzten Wolken, die in Luv eine Spur von roten Himmelsstreifen hinterließen, am Morgen entfernt hatten. Wieder war das Meer tiefblau. Die Sonne beleuchtete die weißen Häuschen an der Küste und nahm den Wind mit, der sich in eine sanfte Brise verwandelt hatte: damit er aus einer günstigen Richtung wehte, wie der Steuermann sagte. Noch an diesem Tag, als das senkrechte Licht Coys Schatten auf die Wasserfläche warf, schnallte sich dieser abermals das Zweiflaschen-Pressluftgerät auf den Rücken und stieg an der Bake – einem der großen seitlichen Fender der *Carpanta* – hinunter. Diese hatten sie mit einem dreißig Meter langen Tau, das alle drei Meter einen Knoten trug, am Ende eines Ankers befestigt. In geringem

Abstand von der Backbordseite, in der Höhe des Oberdecks, erreichte Coy den Grund. Er schwamm am Rumpf entlang, um festzustellen, ob die Zeichen, die sie vor dem Sturm angebracht hatten, an ihrem Platz geblieben waren. Dann sah er auf dem Plan nach, den er mit einem Wachsstift auf ein Plastiktäfelchen gezeichnet hatte. Er berechnete die Entfernungen mit einem Bandmaß und räumte den Schutt von der versteinerten und mit Meeresablagerungen bedeckten Heckluke weg. Mit einem Brecheisen und einer Hacke zerschlug er die verfaulten Planken, die in einer Schmutzwolke auseinander fielen. Er arbeitete langsam und versuchte, alle Anstrengungen zu vermeiden, die seinen Luftbedarf erhöhen könnten. Manchmal zog er sich etwas zurück, um auszuruhen, während sich die Sedimente absetzten und er wieder besser sehen konnte. So riss er die Luke ab, und als das Wasser etwas klarer wurde, konnte er den Kopf hineinstecken, wie er es einen Tag zuvor im Lagerraum des Bulkcarriers getan hatte. Diesmal streckte er vorsichtig den Arm mit der Lampe hinein und beleuchtete das chaotische Innere der Brigg. Fische, vom Licht aufgestört, schwammen wie wahnsinnig umher und suchten nach einem Fluchtweg. Die Lampe gab allem seine natürliche Farbe zurück und verdrängte das monotone Grün der Tiefen. Da gab es Anemonen, Seesterne, rote und weiße Korallenbänke, bunte Algen, die sich sanft bewegten, und die Schuppen der Fische durchschnitten den Lichtstrahl wie silberne Klingen. Coy entdeckte einen offenbar gut erhaltenen Holzschemel, der an ein Schott gestürzt und mit grünlichem Schimmel bedeckt war: Er konnte die spiralförmigen, geschnitzten Verzierungen an seinen Beinen erkennen. Genau unter der Luke befand sich etwas, das wie ein mit Bewuchs überzogener Löffel aussah, und daneben tauchte das Unterteil einer Petroleumlaterne auf. Ihr Messing war dicht mit kleinen Muscheln besetzt und halb in einem Haufen aus Sand vergraben, der sich allmählich einen Weg durch die verrotteten Planken gebahnt hatte. Coy schwenkte die Lampe im Kreis und entdeckte etwas, das wohl die Überreste eines in einem Winkel zusammengedrückten Wandschranks waren. In einem Haufen zerbrochener Bretter konnte er mit graubraunen Fäden überwachsene Tauwerkrollen, Metallgegenstände und Tongeschirr erkennen: Zinnkrüge, Kannen, mehrere Teller und Flaschen. Das alles war mit einer hauchfeinen Sedimentschicht bedeckt. In anderer Hinsicht wirkte der Gesamteindruck nicht besonders ermutigend: Die Balken, die das Deck trugen, waren an vielen Stellen eingedrückt, und die Hälfte der Kajüte bestand aus einem Wirrwarr von Holzstücken und durch das zerbrochene Rippenwerk eingesickerten Sandhaufen. Der Lampenstrahl erhellte freie Räume, die ausreichten, um sich vorsichtig im Inneren bewegen zu können, vorausgesetzt, dass die Spanten und Balken, die den Rumpfverband zusammenhielten, nicht nachgaben. Er kam zu dem Ergebnis, dass es vernünftiger war, so viele Planken des Achterdecks wie möglich aufzureißen und draußen im Freien zu arbeiten, indem man das Spantenwerk mit Hilfe von luftgefüllten, den Kraftaufwand verringernden Schwimmern entfernte. Das würde die Arbeit verlangsamen, doch es war besser, als wenn der Steuermann oder er selber bei der kleinsten Unachtsamkeit drinnen festsäßen.

Vorsichtig nahm er die Pressluftflasche herunter, indem er sie nach vorn über den Kopf abstreifte. Er atmete noch einmal kräftig ein und stellte die Flasche auf das Deck, nachdem er das Mundstück unter den Ventilen festgebunden hatte. Dann steckte er den halben Körper durch die

Luke, ganz behutsam, um nirgends hängen zu bleiben. Im Lampenlicht näherte er sich der halb vergrabenen Petroleumlaterne so weit, dass er sie erreichen konnte. Sie war sehr leicht, und er zog sie mühelos aus dem Grund. In diesem Moment sah er die Augen eines großen Zackenbarsches, der sein Maul aufsperrte und ihn aus einem Loch unter einem Schott beobachtete. Coy winkte mit der Hand, um ihn zu begrüßen. Hierauf wich er langsam zurück, bis er sich wieder auf der Höhe des Decks befand. Er achtete darauf, nicht den geringsten Luftrest auszuatmen, den er brauchen würde, um das Mundstück des Druckminderers leer zu pusten und wieder einatmen zu können. Er biss auf das Mundstück, blies in den sprudelnden Druckminderer und atmete problemlos frische Luft ein. Nun legte er sich die Pressluftflasche auf den Rücken und schloss die Bänderung. An seinem Handgelenk zeigte die Seiko-Taucheruhr des Steuermanns, dass er fünfunddreißig Minuten unten verbracht hatte. Es war Zeit hochzusteigen, an dem Knoten, der die Tiefe von drei Metern bezeichnete, eine Pause zu machen und die von den Dekompressionstabellen vorgeschriebenen sieben Minuten zu warten. Deshalb zog er fünfmal hintereinander an dem Kevlar-Tau, das ihn mit einer Klüse der *Carpanta* verband, und mit der Laterne in der Hand stieg er langsam empor, weniger schnell als seine eigenen Atembläschen. Er sah, wie das Wasser heller wurde und sich vom grünlichen Halbdunkel in Grün und hierauf in Blau verwandelte. Bevor er die Oberfläche erreichte, hielt er an der Drei-Meter-Marke und packte den Tauknoten, während der schwarze Schatten des unbeweglichen Seglers über seinem Kopf schwebte, unter der Meeresfläche, deren Reflexe wie Mattglas wirkten. In diesem Augenblick zerbrach der Spiegel, weil jemand untertauchte und Schaum aufwirbelte: Tánger, die eine Taucherbrille aufgesetzt hatte und deren Haare im Wasser flatterten, schwamm mit kräftigen Armbewegungen zu Coy hinunter. Sie umkreiste ihn wie eine sonderbare Sirene, und das von oben einfallende Licht gab ihrer getüpfelten Haut eine blasse Farbe und ließ sie selbst ungewöhnlich nackt und verletzlich erscheinen. Er zeigte ihr die Laterne von der *Dei Gloria* und sah, dass sie vor Erstaunen die Augen hinter dem Glas der Tauchermaske weit aufriss.

Vier Tage lang wechselten sich Coy und der Steuermann bei den Tauchgängen ab. Sie nahmen das Deck der Brigg in der Höhe der Kapitänskajüte teilweise auseinander. Sie beseitigten den Schutt, indem sie die verrotteten Planken von oben nach unten abrissen und mit Brecheisen und Hacken zerbrachen, wobei sie darauf achteten, den Spanten- und Balkenverband, der den Rumpf unter dem Achterdeck zusammenhielt, nicht zu beschädigen. Um die großen Holzteile hochzuheben, wendeten sie das archimedische Prinzip an, indem sie eine Luftmenge einsetzten, die dem Gewicht jedes zu hebenden Gegenstands entsprach: Sobald sie diese dicken Holzstücke abgelöst hatten, benutzten sie Schwimmer, die Plastikfallschirmen mit Nylonleinen ähnelten und die sie mit Druckluft aus den Reserveflaschen füllten. Diese Flaschen hatten sie mit einem Tau an der Mittelkielplatte der *Carpanta* heruntergelassen. Es war eine langwierige und aufreibende Arbeit; manchmal wurde die aufgewühlte Sedimentwolke sehr dicht und behinderte so weitgehend die Sicht, dass sie eine Pause einlegen mussten, damit sich das Wasser wieder klärte.

Da lagen Menschenknochen. Sie tauchten zwischen dem Plankenwerk des Schiffes oder halb im Sand vergraben auf, gelegentlich zusammen mit Resten von Gürteln oder Schuhen. So etwa der Schädel mit einem durchlöcherten Scheitelbein, den Coy unter einer dünnen Sedimentschicht neben einer Geschützpforte entdeckte und den er, von atavistischer Ehrfurcht geleitet, wieder im Sand begrub. Die Seeleute der *Dei Gloria* bemannten noch immer ihr versunkenes Schiff. Wenn sich Coy zwischen den düsteren Holzteilen der Brigg bewegte und ihm nur sein Atem im Druckminderer Gesellschaft leistete, konnte er ihre Nähe in dem ihn umgebenden grünen Halbdunkel spüren.

Jeden Abend berieten sie die Lage. Sie trafen sich in der beleuchteten Kajüte, und ihre Zusammenkünfte wirkten wie ein Kriegsrat unter dem Vorsitz Tángers. Vor ihnen lagen die Pläne der Brigg. Coy und der Steuermann hatten sich trotz der erträglichen Temperatur warme Pullover angezogen, um mit der Kälte fertig zu werden, die ihnen im Inneren zusetzte, nachdem sie allzu viele Stunden getaucht waren. Später versank Coy in einen tiefen Schlaf ohne Träume oder Bilder, und am nächsten Morgen sprang er wieder ins Wasser. Er hatte eine Haut wie eingeweichte Kichererbsen.

Als er am dritten Tag emportauchte und an der Drei-Meter-Marke halten wollte, um den im Blut gelösten Stickstoff abzubauen, sah er nach oben und war bestürzt: Die dunklen Umrisse eines anderen Schiffsrumpfes schaukelten im zunehmenden Seegang neben der *Carpanta*. Er stieg an die Oberfläche, ohne die Dekompression vollständig abzuschließen. Er spürte einen beunruhigenden und stechenden Schmerz, der sich verschlimmerte, als er das Patrouillenboot der Guardia civil erkannte. Es war herangekommen, um sich ein wenig umzusehen, denn die unbeweglich daliegende *Carpanta* hatte die Neugier der Bootsbesatzung geweckt. Glücklicherweise war der Oberleutnant, der das Boot führte, ein Bekannter des Steuermanns. Als Coy auftauchte, bemerkte er als Erstes, dass dieser ihm einen beruhigenden Blick zuwarf – alles war unter Kontrolle. Der Oberleutnant und er rauchten, unterhielten sich und reichten sich den ledernen Weinschlauch von Schiff zu Schiff, während ein paar junge Polizisten, die grüne Overalls und Sportschuhe trugen, keineswegs argwöhnische Blicke auf Tánger warfen, die auf dem Achterdeck saß und las. Sie trug eine Sonnenbrille, ihren Badeanzug und einen Stoffhut, und sie ließ sich von der Szene offenbar nicht beeindrucken. Die Geschichte, die der Steuermann gerade in zusammenhanglosen Sätzen erzählt hatte, ohne ihr allzu große Bedeutung beizumessen, über ein paar Touristen, die gern tauchten und sein Schiff gemietet hätten, und über ihren angeblichen sportlichen Ehrgeiz, nach einem Fischkutter – der *Leo y Vero* aus Torrevieja – zu suchen, der vor ein paar Jahren in diesen Gewässern gesunken war, diese Geschichte hatte auf den Oberleutnant überzeugend gewirkt, vor allem, als er erfuhr, dass der Mann, der nun aus dem Wasser kam und ihnen grüßend, aber mit leicht überraschter Miene zuwinkte, nachdem er die Pressluftflasche mit ihrer Bänderung an der Heckleiter aufgehängt hatte, aus Cartagena stammte und Offizier der Handelsmarine war. Das Patrouillenboot fuhr ab, nachdem sich der Oberleutnant damit begnügt hatte, einen Blick auf Coys Taucherlaubnis zu werfen und ihn darauf hinzuweisen, dass er sie erneuern müsse, denn sie wäre seit anderthalb Jahren abgelaufen. Sobald das Boot eine halbe Meile entfernt war und nur eine gerade weiße Kielspur hinterlassen hatte, klappte Tánger das Buch zu, von dem sie nicht eine einzige Zeile hatte lesen können, und die drei sahen sich wortlos und erleichtert an. Coy sprang noch einmal mit der Pressluftflasche ins Wasser, tauchte bis zur Drei-Meter-Marke und blieb dort, von weißen und roten Quallen umgeben, die in der Strömung langsam vorüberschwebten, bis sich die Stickstoffbläschen aufgelöst hatten, die das überstürzte Auftauchen in seinem Blut gebildet hatte.

Am fünften Tag hatten sie das Achterdeck der Brigg für eine erste ernsthafte Erkundung weit genug frei geräumt. Beinahe das ganze Plankenwerk des Decks war verschwunden, und durch den nackten Verband des Rumpfs sah man am Heck einen Teil der Kapitänskajüte, die Reste eines vollständigen Schotts, eine Vorratskammer und die benachbarte Passagierkajüte. Deshalb konnte Coy nun im offenen Wasser mit der Suche beginnen und die wirr durcheinander liegenden Gegenstände, die Trümmer und Holzteile herausholen, die sich auftürmten und eine beinahe einen Meter dicke Schicht bildeten. Er grub mit den in Handschuhen steckenden Händen und einer Schaufel, die einen kurzen Stiel hatte. Er entfernte die unbrauchbaren Reste aus dem Rumpf und warf sie über Bord. Ab und zu machte er eine Pause und zog sich etwas zurück, bis sich die Sedimentwolke abgesetzt hatte. Dabei entdeckte er Sachen, die unter anderen Umständen seine Neugier geweckt hätten, nun aber legte er sie ungeduldig beiseite: verschiedene Beschläge, Zinnkrüge, einen Armleuchter, Glas- und Tonscherben. Er fand einen teilweise erhaltenen Säbel, dessen Klinge fast ganz weggerostet war; übrig geblieben waren ein großer Handgriff aus Bronze, der Stumpf einer breiten Klinge und ein gewaltiger Säbelkorb, der die Hand des Kämpfers geschützt hatte: ein Säbel, der keinem anderen Zweck gedient hatte, als beim Entern menschliches Fleisch zu zerhauen. Außerdem entdeckte er einen Block aus Musketenkugeln, den die darauf wachsenden Meerespflanzen zu einem Klumpen verschmolzen hatten und der die Form der Kiste bewahrte, in der er untergegangen war, obwohl sich das Holz längst zersetzt hatte. Er fand eine im Sand vergrabene halbe Tür, die noch ihre Beschläge und den Schlüssel im Schloss hatte, und auch runde, vierpfündige Kanonenkugeln, versteinerte Eisennägel, deren Inneres sich in Rostflecke aufgelöst hatte, dazu Bronzenägel, die sich besser erhalten hatten. Unter den zerfallenen Brettern eines Wandschranks stieß er auf große Tontassen und -teller aus Talavera, die wie durch ein Wunder unbeschädigt und so sauber überdauert hatten, dass man noch die Marken der Manufakturen lesen konnte. Er fand eine Tonpfeife, zwei mit kleinen Muscheln überwucherte Musketen, geschwärzte und zusammenklebende Scheiben, die wie Silbermünzen aussahen, das zerbrochene Glas einer Sanduhr und auch ein Parallellineal aus Messing, mit dem man früher die Kurse auf den Urrutia-Karten eingezeichnet hatte. Aus Sicherheitsgründen, und das ganz besonders nach dem Besuch der Guardia civil, hatten sie beschlossen, keinen Gegenstand auf die *Carpanta* heraufzuholen, der Verdacht erregen konnte. Coy machte jedoch eine Ausnahme, als er ein mit Kalkablagerungen bedecktes Instrument ausgrub: Ursprünglich hatte es aus Metall und Holz bestanden, letzteres zerfiel allerdings unter seinen Fingern, als er es schüttelte, um es zu säubern. Erhalten geblieben war nur ein Arm mit einzelnen Stücken, die an seinem Oberteil festhingen, und ein Bogen am unteren Teil. Mühelos und gerührt erkannte er, was es war: In der Hand hielt er die aus Messing oder

Bronze bestehenden Metallteile, die als Arm und als Gradbogen eines alten Oktanten gedient hatten: vielleicht desjenigen, den der Steuermann der *Dei Gloria* benutzt hatte, um die Breite zu bestimmen. Das war ein guter Tausch, dachte er. Ein Oktant aus dem 18. Jahrhundert für den Sextanten, den er in Barcelona verkauft hatte. Er legte ihn beiseite, damit er ihn später leicht wieder finden konnte. Was ihn aber bis ins Innerste rührte, war das, was er in einem Winkel der Vorratskammer fand, hinter den Brettern eines Kastens und mit winzigen graubraunen Fäden überwuchert: die einfache Rolle eines ordentlich aufgeschossenen Taus mit einem fest angezogenen Knoten in den beiden letzten Windungen, genau so, wie es die erfahrenen Hände eines gewissenhaften Matrosen, der etwas von seinem Beruf verstand, dort zurückgelassen hatten. Diese unbeschädigte Taurolle beeindruckte Coy mehr als alles Übrige, sogar mehr als die Gebeine der Seeleute auf der *Dei Gloria*. Er biss ins Gummimundstück, um das Gesicht nicht zu einer bitteren Grimasse zu verziehen: Dazu bewog ihn jene unermessliche Traurigkeit, die er immer schmerzhafter in Kehle und Mund spürte, je weiter er der Spur der beim Schiffbruch umgekommenen Mannschaft folgte. Zweieinhalb Jahrhunderte früher hatten Männer wie er, an das Meer und seine Gefahren gewöhnte Seeleute, diese Gegenstände in der Hand gehalten. Sie hatten Kurse mit dem Messinglineal berechnet, das Tau aufgeschossen, die Wachabteilungen berechnet, indem sie das Halbstundenglas der Sanduhr drehten, und mit dem Oktanten die Gestirnshöhe ermittelt. Sie waren an den glatten Rahen hinaufgeklettert und hatten dem Wind standgehalten, der sie mit aller Macht von den Wanten losreißen wollte. Im schwankenden Mastenwerk hatten sie ihre Angst und ihren elementaren Mut hinausgeschrien, während sie Segel mit den erstarrten Fingern einzogen und den Stürmen im Nordwestatlantik, den mörderischen Mistralen oder Lebeches des Mittelmeers trotzten. Heiser vom Schreien und grau vom Pulver hatten sie sich mit Kanonenschüssen verteidigt, bevor sie mit der Selbstverleugnung von Männern untergingen, die ihre Arbeit gut machten und ihr Leben teuer verkauften. Nun waren ihrer aller Knochen ringsum in den Trümmern der *Dei Gloria* verstreut. Coy bewegte sich langsam unter der Bläschenwolke, die in dem einem Leichentuch gleichenden Halbdunkel geradlinig aufstieg, und er fühlte sich wie ein heimlicher Plünderer, der die Grabesruhe störte.

Das durch das Bullauge eindringende Licht tastete sich gemächlich an Tángers nackter Haut entlang. Es war ein kleiner viereckiger Sonnenfleck, der mit den Bewegungen des Schiffes auf- und abstieg. Er glitt über ihre Schultern und ihren Rücken, als sie sich von Coy löste und noch atemlos von der Anstrengung wie ein Fisch auf dem Trockenen nach Luft rang. Ihr Haar, das die Tage auf See an den Spitzen so sehr gebleicht hatten, dass es beinahe weiß war, klebte verschwitzt am Gesicht. Der Schweiß strömte ihr über die Haut und ließ die Soldatenmarke am Ende der Silberkette glänzen; einzelne Rinnsale hinterließen Tröpfchen am oberen Rand der Lippen und an den Wimpern und flossen zwischen ihren Brüsten. Der Steuermann war sechsundzwanzig Meter weiter unten, weil er mit dem Tauchen an der Reihe war. Die Sonne brannte beinahe senkrecht, und deshalb herrschte in der Kajüte eine Hitze wie in einem Backofen. Coy saß angelehnt auf der Bank unter der Treppe, die zum Deck führte, und er streichelte die feuchten Hüften der Frau. Sie hatten sich gleich dort umarmt, ganz ungeplant, als er die Taucherjacke auszog und ein Handtuch holen wollte, nachdem er eine halbe Stunde im Wrack der *Dei Gloria* gearbeitet hatte. Sie war an ihm vorbeigegangen und hatte ihn ungewollt gestreift. Auf einmal, mit einem Schlag, war seine Erschöpfung verschwunden. Sie blieb ganz ruhig stehen und betrachtete ihn wortlos und nachdenklich, wie sie es manchmal tat. Einen Augenblick später hielten sie sich am Fuß der Treppe umschlungen und stürzten sich mit einem derartigen Ungestüm aufeinander, als hassten sie sich. Nun ruhte er ermattet an der Rückenlehne, und sie wich langsam und unerbittlich zurück, drehte sich zur Seite und löste sich von Coys nassem Fleisch, während der Sonnenfleck über sie hinwegwanderte. Ihr Blick war wieder metallblau, dunkelblau, marineblau, stahlblau und nach oben gerichtet, zur Helligkeit und zum Sonnenschein, die durch die Kajütenluke vom Deck hereinfielen. Coy, der immer noch angelehnt dalag, sah nun von unten, dass sie nackt die Treppe hinaufstieg, als ginge sie für immer fort. Trotz der Hitze spürte er, dass ihn genau an den Stellen, die noch ihre Spuren trugen, ein kalter Schauer überlief. Plötzlich dachte er: Eines Tages ist es das letzte Mal. Eines Tages verlässt sie mich, oder wir sterben, oder ich werde alt. Eines Tages geht sie aus meinem Leben oder ich aus ihrem fort. Eines Tages bleiben mir nur noch Bilder, an die ich mich erinnere, und dann kann ich nicht einmal mehr lange genug leben, um diese Bilder wieder zusammenzusetzen. Eines Tages wird alles ausgelöscht, und vielleicht ist schon heute das letzte Mal. Deshalb starrte er ihr die ganze Zeit nach, als sie die Treppe der Kajütenluke hinaufstieg, bis sie an Deck verschwand, während er sich selbst die geringste Kleinigkeit einprägte. Darauf konzentrierte er sich ganz, und das Letzte, was er von diesem Bild in Erinnerung behielt, war ein Spermatropfen, der langsam an einer Innenseite ihrer Oberschenkel hinabglitt, und als er zum Knie gelangte, warf er auf einmal das bernsteinfarbene Licht eines Sonnenstrahls zurück. Dann verschwand sie aus Coys Gesichtsfeld, und er hörte, dass jemand ins Meer sprang.

Diese Nacht verbrachten sie auf dem Wasser, sie ankerten über der *Dei Gloria*. Der Pfeil der Windfahne drehte sich unbeständig neben der Glühbirne, die oben am Mast brannte, und die glatte Wasserfläche strahlte wie ein Spiegel das Blinkfeuer des sieben Meilen nordöstlich liegenden Leuchtturms von Cabo de Palos zurück. Es gingen so viele Sterne auf, dass sich der Himmel scheinbar dem Meer näherte. Coy saß auf dem Achterdeck, und bis es zu viele waren, um sie leicht unterscheiden zu können, betrachtete er sie und zog zwischen ihnen imaginäre Linien, die es ihm ermöglichten, sie zu benennen. Nach Südosten hin stieg allmählich das Sommerdreieck empor, und man konnte eine Spur des Haars der Berenike beobachten, das als letzte von allen Frühjahrskonstellationen verschwand. Nach Osten zu war der Gürtel des Jägers Orion deutlich zu sehen, der über der pechschwarzen Landschaft leuchtete. Coy zog eine gerade Linie von Aldebaran über den Großen Hund zu ihm und entdeckte das Licht, das acht Jahre zuvor von Sirius ausgegangen war, dem hellsten Doppelstern des Himmels, dort, wo die Milchstraße ihren Lichtstreifen in südlicher Richtung ausdehnte, hin zu den Himmelsgegenden des Schwans und des Adlers. Diese ganze Welt aus Lichtern und mythischen Bildern bewegte sich gemächlich über seinem Kopf, und er, der sich gleichsam im Mittelpunkt einer einzigartigen Kugel befand, hatte teil an ihrem Schweigen und ihrem unendlichen Frieden.

»Du erklärst mir nicht mehr, wie die Sterne heißen, Coy.«

Er hörte erst, dass sie zu ihm kam, als sie schon neben ihm stand. Sie setzte sich ganz nahe, ohne ihn zu berühren. Ihre Füße lagen auf der Heckstufe.

»Ich habe dir alle genannt, die ich kenne.«

Das Wasser plätscherte leicht, als sie die nackten Füße hineinsteckte. In regelmäßigen Abständen ließ der Strahl des Leuchtturms die verschwommenen Umrisse aus dem Schatten hervortreten.

»Ich frage mich«, sagte sie, »was dir von mir in Erinnerung bleibt.«

Sie hatte sanft und leise gesprochen. Das war keine Frage, sondern eine vertrauliche Mitteilung. Coy dachte darüber nach.

»Es ist zu früh, um das zu wissen«, antwortete er schließlich. »Noch ist es nicht zu Ende.«

»Ich frage mich, woran du dich erinnerst, wenn es zu Ende ist.«

Coy zuckte die Achseln. Er wusste, dass sie diese Geste nicht sehen konnte. Es trat Schweigen ein.

»Ich weiß nicht, was du noch erwartest«, setzte Tánger nach einer Weile hinzu.

Er schwieg weiter. Aus der Kajüte drang das Rauschen des Radios herauf: Es war viertel nach zehn, und der Steuermann hörte den Wetterbericht für den nächsten Tag auf UKW. Der Schatten der Frau verharrte reglos:

»Es gibt Reisen«, flüsterte sie, »die wir nur allein antreten können.«

»Wie wenn wir sterben.«

»Rede nicht davon«, protestierte sie.

»Man stirbt allein, erinnerst du dich? Wie Zas ... Du hast mir einmal erzählt, dass du dich vor so etwas fürchtest.«

»Sei still.«

»Du hast mich gebeten, bei dir zu sein. Ich sollte es schwören.«

»Sei still.«

Coy ließ sich fallen und legte den Rücken auf die Deckplanken. Das Himmelsgewölbe breitete sich vor seinen Augen aus. Die dunkle Silhouette beugte sich über ihn: ein schwarzes Loch zwischen den Sternen.

»Was könntest du tun?«

»Dir die Hand geben«, antwortete Coy. »Dich auf dieser Reise begleiten, damit du nicht allein gehst.«

»Ich weiß nicht, wann das geschieht. Das weiß niemand.«

»Darum will ich bei dir sein. Und warten.«

»Das würdest du tun? ... Du möchtest bei mir bleiben und warten? ... Damit du mich nicht allein gehen lässt, wenn es so weit ist?«

»Natürlich.«

Die dunkle Silhouette verdeckte den Himmel nicht mehr. Tánger drehte sich zur Seite und entfernte sich. Sie blickte zum finsteren Wasser oder zum Firmament.

»Was für ein Stern ist das da?«

Coy schaute in die Richtung, die der schwarze Strich ihrer Hand angab.

»Regulus. Die Vorderpranke des Löwen.«

Es schien, als starrte Tánger ganz konzentriert nach oben und suchte inmitten der dort funkelnden Lichter nach dem Tier, das Coy genannt hatte. Einen Moment später plätscherte sie wieder mit den Füßen im Wasser.

»Vielleicht habe ich dich nicht verdient, Coy.«

Das sagte sie ganz leise. Er schloss die Augen, während er langsam ausatmete.

»Das ist meine Sache.«

»Du irrst dich. Das ist nicht deine Sache.«

Sie verstummte und plätscherte im Meer. Ihre Füße wühlten immer noch das schwarze Wasser auf.

»Du bist ein guter Kerl«, sagte sie plötzlich. »Das bist du wirklich.«

Coy öffnete die Augen, um die Fülle der Sterne wahrzunehmen und den Kummer zu überwinden, der in seiner Brust aufstieg. Auf einmal fühlte er sich hilflos. Er wagte es nicht, sich zu bewegen, als befürchtete er, dass der Schmerz sonst unerträglich würde.

»Besser als ich«, sagte sie weiter, »und als alle, die ich kenne. Schade, dass ...«

Sie unterbrach sich, und ihre Stimme klang anders, als sie weitersprach. Härter, rauer und entschiedener:

»Schade.«

Wieder trat Schweigen ein. Eine Sternschnuppe sank fern im Norden herab. Ein Wunsch, dachte Coy. Ich muss mir etwas wünschen. Aber der winzige Funke erlosch, bevor ihm etwas Passendes einfiel.

»Wo warst du, als ich meinen Pokal im Schwimmen gewonnen habe?«

Sie soll bei mir bleiben, wünschte er sich schließlich. Doch am starren Firmament gab es keine Sternschnuppen mehr, wie er feststellte. Es waren alles nur erbarmungslose Fixsterne.

»Ich habe gelebt«, antwortete er. »Mich darauf vorbereitet, dich kennen zu lernen.«

Das hatte er in aufrichtigem Ton gesagt, und danach

schwieg er wieder. Auf Tángers dunklem Gesicht lag ein Lichtstreifen. Ein doppelter, sehr zarter Reflex. Sie sah ihn an:

»Du bist ein guter Kerl.«

Nachdem sie das noch einmal gesagt hatte, bückte sich der Schatten weiter herunter, und er spürte den feuchten Mund der Frau auf seinem. Dann stand Tánger auf.

»Hoffentlich findest du bald ein gutes Schiff«, sagte sie.

Am Bleirahmen eines Oberlichts hatten sich noch Glasreste erhalten. Er wich ein Stück zurück, damit sich die Sedimentwolke absetzen konnte, dann arbeitete er weiter. Er war zu einer Stelle der Kajüte vorgedrungen, wo der Sand gleich wieder nachlief, sobald er eine Hand voll herausgeholt hatte, und er musste mit der kurzen Schaufel ständig hin- und herschwimmen, um den Sand über Bord zu schütten. Das strengte ihn sehr an, so dass er mehr Luft verbrauchte, als gut war. Seine Bläschen stiegen schneller als sonst empor, und deshalb legte er die Schaufel zur Seite, näherte sich den Resten eines Spants und lehnte sich daran, um auszuruhen und seine Lunge zu überzeugen, weniger anspruchsvoll zu sein. Unter seinen Füßen lag eine Kanonenkugel, die an einer Kette hing. Solche Kugeln benutzte man, um das Takelwerk des Gegners zu zerfetzen. Der Steuermann hatte sie bei seinem vorherigen Tauchgang ausgegraben. Dem Sand, der sie zweieinhalb Jahrhunderte geschützt hatte, war es zu verdanken, dass sie sich in einem recht guten Zustand befand. Vielleicht hatte der Korsar sie herübergeschleudert, und sie war hier liegen geblieben, nachdem sie einige Schäden an den Tauen und Segeln der Brigg angerichtet hatte. Er beugte sich etwas weiter nach unten, um sie sich genauer anzusehen –

was sich die Menschen alles einfallen ließen, um andere Menschen umzubringen, dachte er –, und da sah er ganz nahe durch ein Loch unten am Schott den Kopf einer Muräne auftauchen. Sie war groß und eine Handbreit dick, hatte eine unheimliche dunkle Farbe. Übellaunig riss sie den Rachen auf, weil dieses fremdartige, Bläschen von sich gebende Wesen in ihr Territorium eingedrungen war. Als Coy das aufgesperrte Maul sah, dessen Zähne ihm mit einem Biss den halben Arm abreißen konnten, wich er vorsichtig zurück und schwamm zu dem Unterwassergewehr, das zusammen mit den leeren Schwimmern und den übrigen Arbeitsgeräten am Tau hing. Er lud die Harpune, indem er die Gummibänder spannte, und kehrte zu der Muräne zurück. Er verabscheute es, Fische zu töten; aber man konnte nicht zwischen verfaulten Brettern arbeiten, wenn einen giftige Hakenzähne im Rücken bedrohten. Das Tier hielt weiter Wache unter dem Schott und schützte den Zugang zu dem Loch, das sein Zuhause war: *Home, sweet home*. Es hatte die bösartigen Augen fest auf Coy gerichtet, als dieser mit dem Gewehr in der Hand herankam und es ihm vor den aufgerissenen Rachen hielt. Das ist nichts Persönliches, Genossin. Du hast bloß kein Glück. Er drückte auf den Abzug, und die durchbohrte Muräne zappelte und biss wütend auf die Stahlstange, die ihr aus dem Maul hervortrat, bis Coy das Messer nahm und ihr das Rückenmark am Nacken durchschnitt.

Er kehrte zu seiner Arbeit zurück und räumte einen Winkel der Kajüte frei, in dem Holzstücke und Gegenstände auf einem Haufen lagen. Der Sand schüttete immer wieder die Lücken zu, die er mit den Händen grub. Die kleinen Muscheln und die Metallreste hatten seine Handschuhe zerfetzt – es war das dritte Paar, das er dort unten kaputtmachte –, und seine Finger waren übel zugerichtet, voller Schnitte und Schrammen. Er fand den Lauf einer Pistole, deren hölzernes Griffstück verschwunden war, ein Kruzifix, schwarz und mit Bewuchs überwuchert, das offenbar aus Silber war, außerdem einen beinahe unbeschädigten ledernen Schnallenschuh. Dann entfernte er einige Bretter, die unter den Hackenschlägen zerbrachen. Er stieg höher, damit sich die Sedimente absetzen konnten, und als er wieder hinunterkam, entdeckte er einen dunklen Block, der mit rötlichen und graubraunen Ablagerungen bedeckt war. Auf den ersten Blick schien er ein großer, quadratischer Ziegelstein zu sein. Er wollte ihn bewegen und hatte den Eindruck, dass er am Boden festklebte. Das ist unmöglich, sagte er sich. Ein Schatzkästchen hat einen Deckel, den man aufmacht, und wenn es sein Inneres zeigt, funkeln dort die Perlen, Juwelen und Goldmünzen. Und die Smaragde. Schatzkästchen sehen nicht so harmlos aus wie ein mit Kalk und Rost überzogener Block, und sie erscheinen auch nicht einfach so unter einem alten Schuh und ein paar Brettern. Was ich da vor mir habe, kann also unmöglich das sein, was wir suchen. Nussgroße Smaragde, Regenbogen des Teufels und solche Sachen. Das ist viel zu leicht.

Er entfernte den Sand rings um den überwachsenen Block und beleuchtete ihn mit der Lampe, um seine wahren Farben zu erkennen. Er war ungefähr zwei Spannen lang, ebenso breit und etwas weniger tief. An den Ecken hatten sich Bronzebeschläge erhalten, die die Ablagerungen und die in der Nähe wachsenden kleinen Muscheln grün färbten. Das Übrige war mit einer harten und spröden Kruste, mit verfaulten Holzresten und Rostflecken bedeckt. Bronze, Holz und rostiges Eisen, hatte Tánger vorausgesagt; und sie hatte auch erklärt, wenn er etwas entdeckte, das diese Eigenschaften aufwies, sollte er vorsichtig damit umgehen. Auf keinen Fall dürfte er es mit Schlägen bearbeiten oder im Inneren herumstochern. Die Smaragde, wenn es sich um sie handelte, wären in einem Kalkblock zusammengeklebt, den man mit Chemikalien zerlegen müsste. Und Smaragde wären sehr zerbrechlich.

Ohne große Mühe befreite er den Block vom Sand. Er schien nicht sehr schwer zu sein, wenigstens im Wasser; aber ganz sicher war das ein Kästchen. Er hielt beinahe eine Minute still inne, atmete bedächtig und ließ die Bläschen in einem immer langsameren Tempo entweichen, bis er sich etwas entspannt hatte, ihm das Blut nicht mehr in den Schläfen pochte und das Herz unter der Neoprenjacke wieder im normalen Rhythmus schlug. Bleib ruhig, Seemann. Ob es ein Kästchen ist oder nicht, bleib ganz ruhig. Sei einmal in deinem Leben kaltblütig. Wenn man sich nämlich aufregt, verträgt sich das überhaupt nicht damit, dass man Pressluft mit zweihundert Atmosphären Überdruck in sechsundzwanzig Metern Tiefe atmet. Deshalb machte er eine kurze Pause, dann holte er einen Plastikschwimmer, band ein sehr dünnes Maschennetz, das als Tasche dienen sollte, ans Ende der Taue und befestigte es mit einem Leibknoten am Schäkel. Er legte den Block ins Netz und ließ etwas Druckluft aus seinem Mundstück in den Schwimmer strömen, um diesen halb zu füllen. Obwohl Tángers Anweisungen das verboten hatten, stocherte er nun ein bisschen mit der Messerspitze in dem Block herum und trennte einen Teil der Kruste ab, ohne etwas Besonderes zu entdecken. Er stocherte noch etwas tiefer, und ein halb faustgroßer Brocken löste sich vom Übrigen. Er nahm ihn und sah ihn sich im Lampenlicht näher an, und nun platzte ein kleineres Bruchstück ab, fiel ganz langsam hinunter und landete auf dem Sand des Grundes. Es war ein durchscheinender Stein mit unregelmäßigen Formen und geraden, vielflächigen Kanten. Seine Farbe smaragdgrün.

XVI. Der Friedhof der namenlosen Schiffe

> Wie hast du diesen Unschuldigen ständig getäuscht
> und ihn mit Kunstgriffen überlistet?
> APOLLONIOS RHODIOS. *Argonautika*

Die Stadt war im Hintergrund zu sehen, sie drängte sich unter dem Kastell in einer aus weißen, graubraunen und blauen Tönen bestehenden Dunstglocke zusammen, die im Abendlicht noch stärker hervortrat. Über der dunklen Masse des Monte Roldán ging die Sonne allmählich im Westen unter, als die *Carpanta* Backbord voraus mit der beigesetzten Genua und dem einfach gerefften Großsegel auf die Bucht zwischen den beiden Leuchttürmen zusteuerte und an den Schießscharten der ehemaligen Forts vorbeifuhr, die diese Einfahrt beschützten. Coy behielt den Kurs bei, bis er am Leuchtturm von Navidad und an den Ruten der zwischen den Steinblöcken der Wellenbrecher sitzenden Angler achtern vorbei war. Dann drehte er das Steuerrad luvwärts, und die Segel killten, während das Schiff anluvte und an der Rückseite des Docks im ruhigen Wasser stoppte. Tánger drehte die Kurbel einer Winsch, um die Genua einzuziehen. Er machte inzwischen den Stopper der Großsegelleine los, und das Segel glitt am Mast hinunter. Der Steuermann schnürte es um den Großbaum. Zur gleichen Zeit schaltete Coy den Motor ein und steuerte auf die Abbruchwerft zu, den verschrotteten Rümpfen und den rostigen Aufbauten der namenlosen Schiffe entgegen.

Tánger war damit fertig, die Schoten aufzuschießen, und sie sah Coy zu. Das tat sie in aller Ruhe, als wollte sie sein Gesicht studieren. Er reagierte mit einem angedeuteten Lächeln. Sie lächelte ebenfalls. Dann stützte sie sich mit den Ellbogen auf die Kajütenluke und wandte sich zum Bug. Dort hatte der Steuermann den Ankerschacht geöffnet. Coy blickte zur Mole des Handelshafens hinüber, wo die *Felix von Luckner* neben einem großen Passagierschiff vertäut war, und er bedauerte, dass sie bei ihrer Ankunft nicht auffallen durften. Gern hätte er ein Siegeszeichen am Mast vorgeführt, ebenso wie die deutschen U-Boot-Kommandanten Flaggen mit der Angabe der versenkten Tonnenzahl am Turm hissten. Kommen von Scapa Flow zurück, Auftrag erfüllt. Ich teile mit, dass es die Schätze wirklich gibt und dass wir einen an Bord haben.

Denn die Smaragde waren an Bord der *Carpanta*. Den von Kalkablagerungen überzogenen Block, der sie enthielt, umhüllten mehrere Schutzschichten aus Schaumstoff, und er steckte in einer harmlos aussehenden Reisetasche. Bevor sie ihn einpackten, reinigten sie ihn sehr behutsam. Sie konnten beinahe nicht ihren Augen trauen, dass sie so etwas vor sich hatten, und sie staunten darüber, dass sie den Traum verwirklicht hatten – *Klerus/Jesuiten/Varia Nr. 356* –, den Tánger lange zuvor beim Studium eines alten Aktenbündels geträumt hatte. Die drei schwebten gleichsam auf einer Wolke, und das ging so weit, dass Coy es nicht wagte, dem Steuermann einigermaßen zu erklären, welchen annähernden Wert dieser schmutzige, aus dem Meer geborgene Steinblock auf dem Schwarzmarkt des internationalen Juwelenhandels erzielen würde. Der Steuermann stellte auch keine Fragen. Aber Coy kannte ihn zu gut, und er spürte, dass sich hinter dessen scheinbarer Gleichgültigkeit eine außergewöhnliche Unruhe verbarg: Die Augen des Seemanns hatten einen sonderbaren Glanz; er benahm sich anders, wenn er in langes Schweigen versank. Das Schamgefühl der Seeleute – die sich in ihrer Welt sicher fühlten, jedoch den Fallgruben und Verlockungen des Festlandes gegenüber ganz unschlüssig, gehemmt und argwöhnisch waren – hielt ihn zurück, seine Neugier zu äußern. Coy hatte Angst, ihn zu erschrecken, wenn er ihm erzählte, zweihundert Rohsmaragde brächten mindestens einen Gewinn von mehreren Millionen Dollar, und das sogar in dem Fall, dass Tánger sie zum vierten Teil ihres endgültigen Wertes verschleuderte. Der Steuermann hätte sich eine solche Summe niemals vorstellen können, selbst wenn er die hierfür notwendige Phantasie besäße. Jedenfalls hatten sie geplant, einige Zeit abzuwarten, während Tánger mit Mittelspersonen verhandelte, und danach wollten sie den Gewinn aufteilen – 70 Prozent für Tánger, 25 Prozent für Coy und 5 Prozent für den Steuermann. Um keinen Verdacht zu erregen, sollten diese Beträge so diskret wie möglich zu ihnen gelangen. Als Tánger vor einigen Monaten nach Antwerpen gefahren war, hatte sie sich darum gekümmert, die erforderlichen Verteilungswege zu erkunden. Ihr örtlicher Kontaktmann unterhielt dort Verbindungen mit Banken in der Karibik, in Zürich, Gibraltar und auf den englischen Kanalinseln. Nichts würde später den Steuermann daran hindern, eine neue *Carpanta* zu kaufen, die zum Beispiel in Jersey registriert wäre. Coy könnte ein angemessenes Gehalt von einer angeblichen, auf den Antillen beheimateten Schifffahrtsgesellschaft beziehen, bis er sein Offizierspatent zurückbekam. Was sie selber anging, so wäre das allein ihre Angelegenheit, hatte Tánger auf Coys Frage geantwortet, ohne den Pinsel aus den Augen zu lassen, den sie in diesem Moment benutzte, um den Smaragdblock von Ablagerungen zu säubern.

Während der letzten Nacht, im Licht des Kartentisches, besprachen sie alles, nachdem sie das Kästchen der Jesuiten von der *Dei Gloria* äußerst behutsam an Bord gehievt hatten. Sie wuschen es in Süßwasser ab, und in einer Plastikschüssel entfernte Tánger langsam und geduldig, mit den geeigneten Instrumenten und chemischen Lösungsmitteln und nach den Anweisungen mehrerer bereitliegender technischer Handbücher, die äußere Schicht der Kalkablagerungen, während Coy und der Steuermann ihr ehrerbietig zusahen, ohne dass sie sich getrauten, den Mund aufzumachen. Endlich war die Fläche eines Agglomerats aus Kristallen aufgetaucht, die gerade Kanten hatten und auf sechseckige Formen schließen ließen. Die Steine waren noch ungeschliffen und bewahrten ihre ursprünglichen Unregelmäßigkeiten. Im Kajütenlicht gingen von ihnen sanfte, blaugrüne Reflexe aus, und sie waren so rein und durchsichtig wie Wasser.

»Das sind makellose Smaragde«, hatte Tánger fasziniert geflüstert, ohne ihre Arbeit zu unterbrechen. Mit dem Handrücken wischte sie sich den Schweiß ab, der ihr das Haar an die Stirn klebte. Sie hatte ein Auge halb zugekniffen und sich eine Juwelierlupe ins andere geklemmt: eine kleine und schmale Lupe mit zehnfacher Vergrößerung. Sie beugte sich über den Block, um sein Inneres in einem Abstand von drei Zentimetern zu untersuchen, wobei sie ihn mit einer starken Maglite-Lampe aus verschiedenen Winkeln beleuchtete. Grün und durchscheinend, ganz genau $Be_3Al_2Si_6O_{18}$, nach Farbe, Glanz und Reinheit ideale Steine. Monatelang hatte sie studiert, gelesen und geduldig nachgefragt, damit sie nun dieses Gutachten mit gedämpfter Stimme abgeben konnte. Zwanzig- bis dreißigkarätige Smaragde im Rohzustand, ohne Einschlüsse, rein wie Öltropfen. Unter den Händen geschickter Edelsteinschleifer sollten sie einen Anschliff von vier- oder achteckigen Facetten erhalten, wofür man die Flächen mit der schönsten Farbe und Lichtbrechung nutzte, dann würden sie zu wertvollen Juwelen, die die Damen der vornehmen Gesellschaft, die Gattinnen oder Geliebten von Bankiers, Millionären, russischen Mafiabossen oder Ölscheichs als Armbänder, Diademe und Kolliers trügen, ohne nach ihrer Herkunft oder dem langen Weg zu fragen, den diese einzigartigen Formen aus Silizium, Aluminium, Beryllium, Oxiden und Wasser zurückgelegt hatten. Steine, um derentwillen Männer schon immer getötet hatten und gestorben waren und es noch immer taten. Vielleicht würde sich höchstens unter einigen wenigen Eingeweihten das Gerücht verbreiten, dass ein paar dieser Smaragde, die besten, von einem Schiff stammten, das, wie sich aus bestimmten Dokumenten ergab, zweieinhalb Jahrhunderte zuvor untergegangen wäre. Dann müsste der Preis der kostbarsten Stücke, der größten und am schönsten geschliffenen, auf den Schwarzmärkten zu wahnsinnigen Höhen hinaufschnellen. Die meisten dieser Steine würden ins Dunkel zurückkehren und wieder in einen langen Schlaf versinken, diesmal in den Panzerschränken der Banken überall auf der Welt. Und in einer unauffälligen Werkstatt an einer Antwerpener Straße hätte jemand sein Vermögen vervielfacht.

Coy drehte plötzlich ab, um dem Lotsenboot auszuweichen, das sich an der Steuerbordseite näherte und auf einen der Tanker zuhielt, die vor der Raffinerie von Escombreras warteten. Er hatte sich einen Moment ablenken lassen und spürte, dass ihn vom Bug aus der Blick des Steuermanns musterte. Tatsächlich dachte er gerade an Horacio Kiskoros. An seine Nähe, die er vorausahnte. Und vor allem dachte er an Kiskoros' Chef. Die Smaragde waren an Bord, und deshalb würde bald der Vorhang des letzten Aktes fallen. Coy konnte nicht glauben, dass Nino Palermo ein solches Ende der Geschichte zulassen würde. Er erinnerte sich an die Warnungen des Mannes aus Gibraltar, an dessen entschiedene Haltung, sich nicht aus dem Geschäft drängen zu lassen. Dieser Kerl gehörte zu denen, die ihre Drohungen wahr machten. Er beobachtete Tánger, die sich bewegungslos an die Kajütenluke lehnte und zu dem Ort hinübersah, dem sie entgegenfuhren. Sie wirkte nicht besorgt, sondern geistesabwesend; sie hatte sich ganz in die glückselige Wirklichkeit ihres grünen Traums versenkt. Doch Coy spürte eine wachsende Unruhe – wie in einem Moment, wenn das Meer still war und der Himmel rein, aber eine schwarze Wolke am Horizont auftauchte und der Wind auf einmal verdächtig laut im Takelwerk heulte. Misstrauisch betrachtete er die kleine graue Pier der Anlegestelle. Bei Palermo ging es nur darum, wie und wann er auftauchte.

Der Lebeche blies senkrecht zur Pier. Deshalb näherte sich Coy dem Ende der Pier mit langsamer Fahrt voraus und etwas luvwärts. Als er drei Schiffslängen entfernt war, schaltete er den Motor in den Leerlauf. Der Steuermann ließ den Anker ins Wasser klatschen. Coy spürte, dass der Anker Grund gefasst hatte, und beschleunigte ein bisschen, indem er das Ruder hart nach Steuerbord legte, damit sich die *Carpanta* um den Anker drehte und mit dem Heck zur Ankerstelle zeigte. Danach legte er das Ruder mittschiffs und schaltete den Rückwärtsgang ein. Während er hörte, dass die Glieder der Ankerkette an der Bugtalje abliefen, stieß er zurück, indem er die Kette zur Spitze der Pier gleiten ließ. Eine halbe Schiffslänge von der Pier stellte er den Motor ab, ging zum Heck, nahm das Ende eines an den Ankerklüsen festgebundenen Taus, und mit ihm in der Hand sprang er an Land, um die sanft und träge schaukelnde *Carpanta* an der Mole zu stoppen. Während der Steuermann am anderen Ende ein Stück der Kette anzog, um das Schiff an seinem Platz zu halten, befestigte Coy nun das Tau an einem Poller – früher einmal eine kleine und rostige Kanone, die nun bis zu den Schildzapfen im Beton steckte –, dann nahm er ein zweites Tau und schlang es um das andere. Der Segler lag jetzt still, mitten unter den alten, halb abgewrackten Rümpfen und den ihrem Schicksal preisgegebenen Aufbauten. Tánger war im Cockpit aufgestanden, und als sie Coy anblickte, entdeckte er, dass ihre Augen einen tödlichen Ernst ausstrahlten.

»Es ist zu Ende«, sagte er.

Sie antwortete nicht. Sie schaute in die Ferne, zum anderen Ende der Pier. Coy drehte sich in dieselbe Richtung um und beobachtete die Gegend. Und dort, auf den Trümmern eines zersplitterten Rettungsboots, saß Nino Palermo und schaute auf die Uhr, als wollte er sich mit seiner Pünktlichkeit bei einer gewissenhaft vorausgeplanten Verabredung brüsten.

»Ich gebe zu«, sagte der Wrackjäger, »dass Sie eine gute Arbeit geleistet haben.«

Die Sonne hatte sich gerade hinter dem Hang von San Julián versteckt, und auf dem Schiffsfriedhof wurden die Schatten länger. Palermo hatte seine Jacke ausgezogen, sie sorgfältig zusammengefaltet und auf eine zerbrochene

Bank des Rettungsboots gelegt. Bedächtig krempelte er sich die Ärmelaufschläge hoch, so dass die schwere Uhr an seinem linken Handgelenk hervorleuchtete. Die fünf bildeten unter der Brücke des alten Passagierdampfers eine kleine Gruppe, die einen beinahe herzlichen Eindruck machte, als plauderten da gute Freunde. Und sie waren insgesamt fünf, weil außer Coy, Tánger, dem Steuermann und Palermo selbst auch Horacio Kiskoros dabei war. Seine Anwesenheit erwies sich als entscheidend, denn wäre er nicht dort gewesen, hätte sich das Gespräch höchstwahrscheinlich nicht so zivilisiert abgespielt, wie es tatsächlich geschah. Vielleicht trug der Umstand dazu bei, dass Kiskoros bei dieser Gelegenheit das Messer durch eine hübsche, verchromte, mit Perlmutt verzierte Pistole ersetzt hatte, deren Anblick harmlos hätte wirken können, wenn sie nicht einen beunruhigend großen Lauf gehabt hätte, dessen Öffnung auf die Mannschaft der *Carpanta* zielte. Vor allem auf Coy, an dessen Temperamentsausbrüche sich Kiskoros und Palermo offenbar auf unangenehme Weise erinnerten.

»Ich habe nie geglaubt, dass Sie es schaffen«, sprach Palermo weiter. »Wahrhaftig ... Nun ja. Amateure, wie? ... Na, das ist gut gelungen. Eine schöne Leistung, das schwöre ich bei Gott. Eine gute Leistung.«

Er bekundete aufrichtige Bewunderung. Er nickte mit dem Kopf, um seine Worte zu unterstreichen. Er schüttelte den grauen Zopf und klimperte mit dem Gold, das an seinem Hals hing. Manchmal drehte er sich zu Kiskoros um und rief ihn als Zeugen an. Der Argentinier, klein, pomadisiert, mit seiner karierten Jacke und der Fliege tadellos gekleidet, stimmte seinem Chef zu, wobei er Coy weiter aus den Augenwinkeln beobachtete.

»Also dieses Schiff«, erklärte der Schatzjäger, »das ist

großartig. Bei den Mitteln, die Ihnen zur Verfügung stehen, heißt das ... Nun ja. Ich habe Sie unterschätzt, Señora. Und auch den Seemann hier.« Er lächelte wie ein Haifisch, der einen Köder umkreist. »Ich selbst ... Weiß Gott. Ich hätte es nicht besser gemacht.«

Coy sah den Steuermann an. Dessen bleifarbene Augen blickten ständig aufmerksam mit dem Fatalismus eines Mannes, der nur auf das richtige Zeichen wartet, um in dem einen oder anderen Sinne einzugreifen: indem er sich auf diese Typen stürzte und riskierte, eine Kugel abzubekommen, oder indem er sitzen blieb, um aufzupassen und abzuwarten, bis jemand einen Entschluss fasste. Du gibst die Karten aus, bedeutete dieser Blick. Aber Coy glaubte, dass er seinen Freund schon zu weit hineingezogen hatte. Deshalb kniff er langsam die Augen zusammen. Ruhig. Wie er sah, kniff auch der Steuermann die Augen zusammen, und als er sich zu Kiskoros umdrehte, stellte er fest, dass der sie abwechselnd beobachtete und dass der Pistolenlauf in einem Bogen kreiste, der mit seiner Blickrichtung übereinstimmte. Der Held der Falklandinseln, folgerte Coy, war nicht auf den Kopf gefallen.

»Ich fürchte«, schloss Palermo, »dass Deadman's Chest die Leitung der Operationen übernehmen muss.«

Tánger starrte ihn fest und unerschütterlich an. Kalt wie Zitroneneis, stellte Coy fest. Ihre stahlblauen Augen waren dunkler und härter als je zuvor. Er fragte sich, wo sie wohl den Revolver versteckt hatte. Leider nicht in ihren Kleidern. Nicht in den Jeans und dem T-Shirt. Schade.

»Was für Operationen?«, fragte sie.

Coy beobachtete sie erstaunt. Palermo hob ein wenig die Hände, um die ganze Szene und das Schiff zu umspannen. Es sah so aus, als umspannte er auch das Meer.

»Die Bergungsarbeiten. Seit zwei Tagen beobachte ich Sie von der Küste aus mit dem Glas ... Verstehen Sie? ... Und jetzt sind wir Partner.«

»Partner wobei?«

»Nun ja. Wobei schon ... Bei diesem Schiff. Sie haben Ihren Teil geleistet ... Das haben Sie wunderbar hingekriegt. Jetzt ... Weiß Gott. Das ist eine Sache für Profis.«

»Wir brauchen Sie für gar nichts. Das habe ich Ihnen schon einmal gesagt.«

»Das haben Sie mir gesagt, das stimmt. Aber Sie irren sich. Sie brauchen mich doch. Entweder bin ich ... Weiß Gott. Entweder bin ich mit drin, oder ich versaue Ihnen das Geschäft, Ihnen und den beiden kleinen Seebären da.«

»Das ist keine Grundlage für eine Zusammenarbeit.«

»Ich begreife Ihren Standpunkt. Glauben Sie mir, ich bedaure dieses ganze Brimborium mit der Pistole. Aber Ihr Gorilla ...« Er zeigte mit dem Daumen auf Coy. »Nun ja. Ich habe mir geschworen, dass er mich nicht zum dritten Mal überrumpelt. Auch Horacio hat keine guten Erinnerungen an diesen Herrn.« Er fasste sich unwillkürlich an die Nase, und seine zweifarbigen Augen blickten halb rachsüchtig und halb neugierig zu Coy hinüber. »Allzu angriffslustig, nicht wahr? ... Allzu angriffslustig.«

Kiskoros zwirbelte seinen Schnurrbart und zog eine Grimasse, die Gift versprühte. In seinem trübsinnigen Gesicht waren noch deutliche Spuren des Zusammenstoßes am Strand von Águilas zu sehen, und vielleicht wirkte er deshalb weniger gleichmütig als sein Chef. Die Pistole bewegte sich viel sagend in seiner Hand, und Palermo lächelte, als er diese Geste sah.

»Du merkst es ja.« Wieder das Haifischgesicht. »Er sehnt sich danach, dir eine Kugel in den Bauch zu jagen.«

»Mir wär' es lieber«, sagte Coy, »dass er der verhurten Mutter eine reinjagt.«
»Werd' nicht grob.« Der Mann aus Gibraltar machte tatsächlich einen schockierten Eindruck. »Wenn Horacio mit einer Pistole auf dich zielt, gibt dir das nicht das Recht, ihn zu beleidigen.«
»Ich habe Ihre verhurte Mutter gemeint.«
»Na, so was. Ich gestehe, dass ich selber Lust bekomme, dich abzuknallen. Das Problem ist ... Nun ja. Das macht Krach, verstehst du?« Man konnte meinen, Palermo sei aufrichtig daran interessiert, dass ihn Coy verstand. »Krach ist schlecht fürs Geschäft. Außerdem könnte er die Dame stören. Und ich habe diesen ganzen Hickhack satt. Ich möchte nur zu einer Vereinbarung kommen. Jeder soll seinen Teil abkriegen ... Kapiert? Alles soll im Guten enden.« Er hatte seine Jacke genommen und forderte die anderen mit einer Geste auf, ihm zu folgen. »Wir wollen es uns bequem machen.« Er ging zum halb verschrotteten Rumpf des Bulkcarriers, ohne dass er sich umdrehte und nachsah, ob sie ihm folgten. Kiskoros beschränkte sich darauf, mit dem Pistolenlauf zu wedeln und den anderen die angebrachte Richtung zu weisen. Darum liefen Tánger, Coy und der Steuermann los und folgten Palermo. Sie hielten nicht die Hände hoch, und die Haltung des Argentiniers wirkte auch nicht übermäßig bedrohlich – ein freundschaftlicher Spaziergang. Als sie jedoch zu der Leiter gelangt waren, die man am Achterdeck des Schiffes aufgestellt hatte, und Coy einen Augenblick unschlüssig stehen blieb, um den Steuermann anzusehen, wartete Kiskoros nur eine halbe Sekunde, bis er ihm die Pistole an die Schläfe hielt. »Gib dir Mühe, nicht jung zu sterben«, flüsterte er ganz leise im Tangoton.

Sie durchquerten feuchte und eingestürzte Gänge, wo die Kabel von der Decke hingen und die Schotten halb eingerissen waren, dann stiegen sie zwischen den verrosteten Bodenwrangen und den nackten Planken auf einer Leiter hinunter in einen Laderaum.

»Jetzt unterhalten wir uns ausführlich«, sagte Palermo. »Wir schwatzen die ganze Nacht, und morgen können wir ... Ja. Alle zusammen dorthin zurück. Ich habe ein Schiff, das in Alicante mit der entsprechenden Ausrüstung bereitliegt. Deadman's Chest steht Ihnen zu Diensten. Absolute Diskretion zugesichert. Erfolg garantiert.« Er zeigte Coy eine spöttische Grimasse. »Aber sicher: Mein Chauffeur wartet dort mit den Geräten. Er lässt dich grüßen.«

»Wohin zurück?«, fragte Coy.

Mit hündischem Gesichtsausdruck lachte Palermo über den Witz.

»Stell keine dummen Fragen.«

Coy blieb mit offenem Mund stehen, um das zu verarbeiten. Er sah Tánger an, die sich nicht beeindrucken ließ.

»Gibt es eine andere Möglichkeit?«, erkundigte sie sich, als wäre Palermo jemand, der Enzyklopädien auf Teilzahlungen verkaufte. Ihre Stimme klang nach 5° unter null.

»Doch«, antwortete der andere, während er eine Taschenlampe einschaltete. »Aber die ist unangenehmer für Sie alle ... Vorsicht mit dem Kopf. Genau so. Bitte setzen Sie die Füße dorthin. So.« Seine Stimme klang aus immer größerer Tiefe, aus den Höhlungen dieses Raums, der aus Metall bestand. »Die andere Möglichkeit ist, dass Kiskoros Sie hier auf unbestimmte Zeit einsperren kann ...«

Er machte eine Pause, während er Tángers Füße anstrahlte, damit sie leichter zum Boden des Lagerraums hinuntersteigen konnte. Es stank nach Rost und Schmutz, und das vermischte sich mit den schwachen Gerüchen der Handelsgüter, die dieser Raum früher einmal beherbergt hatte: Holz, Getreide, verfaultes Obst, Salz.

»Er kann Ihnen auch eine Kugel in den Kopf jagen«, setzte er hinzu.

Auch als alle unten angekommen waren, bewachte Kiskoros mit seiner Pistole weiter unermüdlich die drei Gäste. Der Schatzjäger zündete mit seinem goldenen Dupont-Feuerzeug den Docht einer Öllampe an, die den Raum mit einem spärlichen, rötlichen Schimmer erhellte. Dann knipste er die Taschenlampe aus, hängte die Jacke an einen Haken und steckte das Feuerzeug in die Tasche, bevor er die Anwesenden aufs Neue anlächelte.

»Gehen Sie weg von der Leiter. Alle nach hinten, genau so ... Setzen Sie sich.«

In diesem Moment begriff Coy alles. Er weiß es nicht, sagte er sich. Dieser saudumme Kerl und sein Zwerg wissen noch nicht, dass die Smaragde schon an Bord der *Carpanta* sind und dass dieses Kasperletheater überflüssig ist, weil sie bloß hingehen und die Steine holen müssten. Er sah wieder Tánger an und wunderte sich über ihre Kaltblütigkeit. Man konnte höchstens mitbekommen, dass sie sich ärgerte, als stünde sie am Schalter eines unfähigen Beamten und wartete darauf, eine Behördenangelegenheit zu erledigen. Das hier geht zu Ende, dachte er voller Bitterkeit. Ich weiß nicht, wie, verdammt noch mal, aber damit ist Schluss. Und ich staune immer noch, wie viel Mumm dieses Weib hat.

»Jetzt reden wir ein bisschen«, sagte Palermo.

Coy beobachtete, dass Tánger eine für sie ungewöhnliche Geste machte: Sie schaute auf die Uhr.

»Ich habe keine Zeit zum Reden«, widersprach sie.

Es schien, als hätte der Mann aus Gibraltar mit einem Mal den Faden verloren. Für drei Sekunden und mit verblüfftem Gesicht verstummte er. Dann lächelte er gezwungen.

»Na, so was.« Die weißen Zähne traten im schmierigen Petroleumlicht hervor. »Also, ich fürchte ...«

Schlagartig war er wieder ernst geworden und musterte sie, als sähe er sie zum ersten Mal. Hierauf betrachtete er Kiskoros, den Steuermann, und schließlich hielt er bei Coy inne.

»Erzählen Sie mir nicht, dass ...«, murmelte er. »Das ist nicht möglich.«

Er machte zwei ziellose Schritte durch den Laderaum, legte eine Hand an die Leiter und blickte zu dem schmalen hellen Rechteck, das oben an der Luke allmählich verblasste.

»Das ist nicht möglich«, wiederholte er.

Er hatte sich abermals Tánger zugewandt. Seine Stimme klang dermaßen heiser, als gehörte sie einem anderen.

»Wo sind die Smaragde? ... Wo?«

»Das geht Sie nichts an«, antwortete Tánger.

»Sparen Sie sich diese Albernheiten. Haben Sie die Steine schon? ... Erzählen Sie mir nicht, dass Sie die schon haben! ... Das ist ... Weiß Gott.«

Der Schatzjäger lachte laut; und diesmal klang sein Lachen nicht wie das Japsen eines erschöpften Hundes, sondern es war eine Lachsalve, die das Eisen der Schotten erdröhnen ließ. Ein erstauntes und verblüfftes Gelächter.

»Ich ziehe den Hut, mein Ehrenwort. Und ich nehme an, auch Horacio zieht den Hut. Verflucht soll meine Blödheit sein ... Ich schwöre Ihnen, dass ... Nun ja. Ein geschickter Schachzug.« Neugierig musterte er Tánger.

»Meine Hochachtung, Señora. Ein überraschend geschickter Schachzug.«

Er hatte ein Päckchen Zigaretten aus der Jacke genommen und steckte sich eine an. Die Gasflamme erweiterte die Pupille des braunen Auges stärker als die des grünen Auges. Offenkundig gönnte er sich eine Pause, um nachzudenken.

»Ich hoffe, Sie nehmen mir das nicht übel«, erklärte er schließlich, »aber unsere Gesellschaft hat sich soeben aufgelöst.«

Bedächtig atmete er mit halb zusammengekniffenen Augen den Rauch aus und betrachtete die Gruppe, als stellte er sich die Frage, was er mit ihnen machen sollte. Bekümmert und schicksalsergeben verstand Coy, dass der Augenblick gekommen war. Dass er nunmehr Entscheidungen treffen musste, bevor andere sie für ihn trafen, und dass, ob mit oder ohne eigene Entscheidung, für ihn die Möglichkeit bestand, in einigen Minuten auf dem Rücken und mit einem Loch in der Brust dazuliegen. Das durfte auf keinen Fall geschehen, ohne dass er sein Glück versuchte und noch eine neue Karte verlangte. Sechseinhalb. Sieben. Siebeneinhalb. GLK: das Gesetz der Letzten Karte. Bis der Rumpf an den Steinen zerschellte oder Wasser das Deck überflutete, blieb man weiter an Bord.

»Man kann nicht immer gewinnen, verstehen Sie«, kommentierte Palermo. »Manchmal gewinnt man überhaupt nie.«

Coy wechselte einen Blick mit dem Steuermann, und er erriet, dass der den gleichen schicksalsergebenen Entschluss gefasst hatte. Einverstanden. Wir sehen uns in La Obrera und trinken ein paar Glas. In La Obrera oder in irgendeiner anderen Kneipe. Für Tánger konnte er von nun an nichts mehr tun, außer dass er ihr bei dem Zoff den Weg zur Leiter freikämpfte, die an Deck führte. Nun schwamm jeder für sich allein. Schließlich müsste sie sich ohne seine Hand im Dunkeln zurechtfinden, wenn sie an der Reihe wäre. Er würde nämlich viel früher die Anker lichten. Das wollte er gleich auf der Stelle tun und sich dabei vom Steuermann unterstützen lassen, der, wie er wusste, die Muskeln spannte und zum Schlagabtausch bereit war.

»Lass dir das ja nicht einfallen!« Palermo hatte Coys Absicht erraten und wechselte einen zur Vorsicht ratenden Blick mit Kiskoros.

Coy schätzte die Entfernung, die ihn von dem Argentinier trennte. Er spürte, dass sein Herz schneller schlug und dass er ein Loch in der Magengrube hatte: Zwei Meter, das bedeutete zwei Kugeln, und er hatte keine Ahnung, ob er mit diesem ganzen Ballast im Leib bis zu Kiskoros vordringen konnte und in welchem Zustand er sein würde, wenn er das schaffte. Der Steuermann müsste sich um Palermo kümmern, und er vertraute darauf, dass dieser nicht auch eine Waffe dabeihatte; doch sobald der Moment kam, könnten der Steuermann und Palermo nicht mehr seine Sache sein. Das hatte Tánger einmal neben dem toten Zas erklärt: Wir alle sterben allein.

»Wir haben zu viel Zeit verloren«, sagte sie plötzlich.

Zur allgemeinen Verblüffung lief sie auf die Leiter zu, als hätte sie sich entschlossen, eine langweilige öffentliche Veranstaltung zu verlassen, wobei sie sich überhaupt nicht um die Pistole und Kiskoros kümmerte. Palermo, der gerade die Zigarette zum Mund führte, um daran zu ziehen, erstarrte mitten in der Bewegung zu Stein.

»Sind Sie verrückt? Sie begreifen wohl nicht, dass ... Warten Sie!«

Nun stand sie am Fuß der Leiter und stützte sich auf den Handlauf. Sie schien tatsächlich bereit, ein für allemal zu verschwinden. Sie hatte sich halb umgedreht und blickte rundum, ohne Palermo zu beachten, als fragte sie sich, ob sie etwas vergessen hätte.

»Bleiben Sie da, oder Sie werden es bereuen«, sagte der Mann aus Gibraltar.

»Lassen Sie mich in Ruhe.«

Palermo hob die Hand mit der Zigarette, um Kiskoros zu befehlen, die Pistole ruhig zu halten. Das Gesicht des Argentiniers war im Licht der Petroleumflamme eine düstere Maske. Coy sah den Steuermann an und machte sich bereit loszuspringen. Zwei Meter, erinnerte er sich. Vielleicht schafft sie es durch ihr Eingreifen, dass ich jetzt die zwei Meter hinter mich bringe, ohne eine Kugel abzukriegen.

»Ich schwöre Ihnen, dass ...«, sagte Palermo gerade.

Schlagartig verstummte er, und die Zigarette fiel ihm aus der Hand, zwischen die Füße. Coy, der sich bereit machte, nach vorn zu springen, spürte, dass ihn ein Kälteschauer lähmte, noch bevor er zu der Bewegung angesetzt hatte. Denn Kiskoros hatte die Pistole in einem exakten Halbkreis herumgedreht, und nun zielte sie auf Palermo. Dieser stieß ein paar verworrene Laute hervor, etwas in der Art: Was für eine Scheiße machst du da? Und: Was ist los, verdammt noch mal? Dabei sprach er kein einziges Wort zu Ende und starrte begriffsstutzig auf die Zigarette, die zwischen seinen Füßen qualmte, als könnte das etwas erklären. Schließlich sah er wieder zu der Pistole auf, um sich zu versichern, dass alles eine Sinnestäuschung gewesen war und die Waffe weiter in die richtige Richtung zielte. Aber das schwarze Loch des Laufs richtete sich immer noch auf den Bauch des Schatzjägers, und dieser schaute sich um, sah Coy an, den Steuermann und schließlich Tánger. Er sah sie alle nacheinander an und ließ sich Zeit, als erwartete er immerzu, dass ihn jemand ausführlich aufklärte, worum es hier ging. Endlich wandte er sich wieder Kiskoros zu.

»Darf man wissen, was zum Teufel du da treibst?«

Der wie immer elegant und tadellos gekleidete Argentinier ließ sich nicht beeindrucken. Er hielt die verchromte, mit Perlmutt verzierte Pistole reglos in der rechten Hand, und die Lampe warf seinen Schatten ans Schott. Er sah nicht wie ein Bösewicht aus, auch nicht wie ein Verräter oder Verrückter und überhaupt nicht wie jemand Besonderes. Er saß einfach da, als könnte er kein Wässerchen trüben, ganz wohlanständig und ruhig, mit seinem pomadisierten Haar und seinem Schnurrbart, zwergenhafter, typischer argentinisch und melancholischer als je zuvor. Seinem Chef gegenüber. Oder, wie alle Anzeichen nahe legten, seinem ehemaligen Chef.

Palermo hatte sich zu den Übrigen umgedreht. Diesmal blieb sein Blick jedoch längere Zeit an Tánger hängen.

»Jemand ... Weiß Gott. Kann mir jemand erklären, was hier passiert?«

Coy stellte sich dieselbe Frage, während er merkte, dass das sonderbare Loch in seiner Magengrube größer wurde. Tánger stand immer noch an der Leiter und stützte sich auf den Handlauf. Plötzlich kapierte er, dass es kein Trick war: Sie war wirklich im Begriff wegzugehen.

»Was passiert«, sagte sie ganz langsam, »ist, dass wir uns hier alle voneinander verabschieden.«

Das leere Gefühl in Coys Bauch erfasste auch seine Beine. Wenn ihm das Blut in diesem Moment überhaupt durch die Adern lief, so musste es nun derart langsam fließen, dass er keinen Puls fühlen könnte. Ohne selber zu merken, was er tat, duckte er sich nach und nach, bis er niedergekauert war und mit dem Rücken an einem Schott lehnte.

»So eine verdammte Scheiße«, fluchte Palermo.

Er starrte Kiskoros an, als wäre er hypnotisiert. Endlich erschien die Wirklichkeit auf klar verständliche Weise vor seinem geistigen Auge. Je besser die Einzelteile zusammenpassten, desto schlimmer verzerrte sich sein Gesicht.

»Du arbeitest für sie«, sagte er.

Er wirkte nicht so sehr empört, als vielmehr verblüfft, als müsste er sich vor allem seine eigene Dummheit vorwerfen. Kiskoros verharrte still und überließ es der Pistole, die weiter auf den Mann aus Gibraltar zielte, auf diese Frage mit ja zu antworten.

»Seit wann?«, erkundigte sich Palermo.

Das fragte er Tánger, die so aussah, als wollte sie sich dem rötlichen Lampenlicht entziehen und im Schatten verschwinden. Coy sah, dass sie eine vage Geste andeutete, als käme es gar nicht auf den Zeitpunkt an, zu dem der Argentinier beschlossen hatte, auf die andere Seite überzuwechseln. Noch einmal schaute sie auf die Uhr.

»Geben Sie mir acht Stunden«, sagte sie in sachlichem Ton zu Kiskoros.

Der andere nickte, ohne Palermo aus den Augen zu lassen; doch als der Steuermann eine unwillkürliche Bewegung machte, änderte die Pistole ihre Richtung und zielte nun auch auf ihn. Erstaunt sah der Seemann zu Coy hinüber, und dieser zuckte mit den Achseln. Für ihn war schon seit einer Weile klar, wo die Linie verlief, die beide Parteien trennte. Er kauerte in der Ecke und dachte an sich selbst. Zu seiner Überraschung empfand er keine Wut oder

Bitterkeit. Eine oft geahnte und dann wieder vergessene Gewissheit nahm nun feste Gestalt an; sie glich einer kalten Wasserströmung, die allmählich in sein Herz eingedrungen war und sich nun als Raureifschicht verfestigte. Alles war damit zu Ende, verstand er. Von Anfang an war alles klar durch die Zeichen auf der sonderbaren Seekarte der letzten Wochen: Wassertiefen, Küstenprofile, Sandbänke, Klippen. Sie selber hatte ihm alle Hinweise gegeben, die ihn warnen mussten; aber er konnte oder wollte diese Anzeichen nicht richtig deuten. Nun wurde es Nacht, während die Küste im Windschatten lag, und nichts könnte ihn dort herausholen.

»Sag mir eins.« Er kauerte immer noch am Schott, ohne sich um die anderen zu kümmern, und sah Tánger an. »Sag mir nur eine Sache.«

Er sprach mit einer Gemütsruhe, die ihn selbst überraschte. Tánger, die schon die Leiter hinaufsteigen wollte, hielt inne und drehte sich zu ihm um.

»Nur eine«, willigte sie ein.

Vielleicht schulde ich dir wenigstens diese Antwort, das zeigte ihre Miene deutlich. Ich habe auf andere Art bezahlt, Seemann. Doch es kann sein, dass ich dir das schuldig bin. Dann steige ich die Leiter hoch, alles geht weiter wie geplant, und wir sind quitt.

Coy zeigte auf Kiskoros.

»Hat er schon für dich gearbeitet, als er Zas umgebracht hat?«

Sie sah ihn starr und wortlos an. Das Licht der Öllampe warf Schattenlinien auf die getüpfelte Haut. Sie wandte sich nach oben, als wollte sie die Leiter hochsteigen, ohne zu antworten; doch schließlich schien sie es sich anders zu überlegen:

»Hast du schon die Lösung für das Problem mit den Rittern und den Knappen?«

»Ja«, bekannte er. »Auf der Insel gibt es keine Ritter. Alle lügen.«

Tánger dachte einen Moment nach. Nie hatte er sie so sonderbar lächeln sehen.

»Vielleicht bist du zu spät auf diese Insel gekommen.«

Dann stieg sie die Leiter hinauf und verschwand oben im Schatten. Coy begriff, dass er diese Szene schon früher erlebt hatte. Ein Sonnenstrahl und ein bernsteinfarbener Tropfen, erinnerte er sich. Er betrachtete Kiskoros' Pistole, die trostlose Miene Palermos, den schweigsamen und regungslosen Steuermann, bevor er den Kopf an das Eisenschott legte. Nun empfand er seine Gewissheit und seine Einsamkeit derart intensiv, dass sie vollkommen wirkten. Vielleicht, überlegte er, irrte er sich trotz alledem, und die Grenzen zwischen Rittern und Knappen waren nicht so offensichtlich. Auf ihre Art hatte sie ihm vielleicht die ganze Zeit die Wahrheit zugeflüstert.

Wenn man es recht bedachte, bereitete der Verrat dem Opfer eine ganz besondere Lust. Man stocherte gründlich in seiner Wunde herum und genoss seinen eigenen Todeskampf. Genau wie die Eifersucht konnte der Verrat von jemandem tiefer ausgekostet werden, der unter dessen Folgen litt, als vom Täter selbst. In der sich hieraus ergebenden eigenartigen moralischen Befreiung, in der leidvollen Erwartung, Anzeichen wahrzunehmen, oder in der perfiden Genugtuung, einen Verdacht zu bestätigen, gab es etwas abartig Angenehmes. Coy, der das alles soeben entdeckt hatte, dachte in dieser Nacht lange nach, als er ans Schott gelehnt im Laderaum des halb abgewrackten Bulk-

carriers saß, zusammen mit dem Steuermann und Nino Palermo, gegenüber der Pistole von Horacio Kiskoros. »Das ist eine Frage der Geduld«, kommentierte der Argentinier. »Wie es ein Dichter aus meiner Heimat gesagt hat: ›Wenn der Morgen kommt, findet jeder Räuber heim zu seiner greisen Mutter.‹«
Es war beinahe eine Stunde vergangen, und Kiskoros zeigte sich schließlich auf maßvolle Weise gesprächig. Als sein ehemaliger Chef aufgehört hatte, ihn zu beleidigen und ihm den Frontwechsel vorzuwerfen, entspannte sich der Held der Falklandinseln ein wenig; vielleicht im Gedenken an alte Zeiten ließ er leise einige vertrauliche Informationen durchblicken, die von dem Zwielicht der Öllampe, dem Ort und der langen Wartezeit begünstigt wurden. Er redete, das merkte Coy, nicht gerade viel, doch wie jeder Mensch empfand er ein gewisses Bedürfnis, sich zu rechtfertigen. So erfuhren sie, wie Kiskoros beim ersten Mal mit einer Botschaft Palermos zu Tánger gekommen war und wie sie mit bewundernswertem Geschick und guten Reflexen in einem langen Gespräch – von Mensch zu Mensch, erklärte Kiskoros näher – seine allgemeinen Freund-Feind-Beziehungen verändert hatte. Sie machte ihm die Vorteile einer partnerschaftlichen Zusammenarbeit begreiflich: Man könnte Palermo ausschalten, und dazu gingen dreißig Prozent der Unternehmensgewinne an den Argentinier, wenn er bereit wäre, sich als Doppelagent zu betätigen. Denn, das stellte Kiskoros klar, das Leben gliche einem Tauschgeschäft, und so weiter. Und das vor allem, weil die Knete nun einmal die Knete wäre. Abgesehen davon war das Mädchen, betonte er, eine ganze Dame. Sie erinnerte ihn an eine Kämpferin der Montoneros, die er 1976 kennen gelernt hatte, dort in dem Stadtteil, den der Silbermond der SMK erhellte: Nachdem

man sie eine Woche lang mit Elektroschocks behandelt hatte, war es ihnen immer noch nicht gelungen, ihr den zweiten Familiennamen zu entreißen. Coy fiel es nicht schwer, sich das vorzustellen, während sich der militärische Schnurrbart des ehemaligen Unteroffiziers Kiskoros in einer nostalgischen Grimasse verzog. Der Geruch des durch Stromschläge verbrannten Fleisches vermischte sich in seinen Erinnerungen mit dem Duft der blutigen Steaks an der Costanera, der Musik in El Viejo Almacén und den Mädchen in der Calle Florida.»Cashe Florida«, sagte Kiskoros und zupfte wehmütig an den Hosenträgern. Aber das wären andere Geschichten, unterbrach er sich beinahe widerstrebend. Um also zu Tánger zurückzukommen –»zu der Dame«, wie er nachdrücklich betonte -: Immer, wenn ihn Nino Palermo losschickte, um sie zu überwachen oder unter Druck zu setzen, versorgte er sie mit Informationen. Von A bis Z, mit Subjekt, Prädikat und Objekt. Das galt für Barcelona, Madrid, Cádiz, Gibraltar und Cartagena. Tánger wusste immer Bescheid, dass Kiskoros in der Nähe war, und er wurde pünktlich in alles eingeweiht, was sie zusammen mit Coy unternahm – oder in fast alles, präzisierte der Argentinier taktvoll. Palermos vermeintlicher Messerheld hatte diesen ständig mit wenig gehaltvollen Tipps irregeführt, bis der Mann aus Gibraltar die Lügenmärchen satt bekam und beschloss, sich selber umzusehen. Das hätte beinahe alles verdorben, doch zu Tángers Glück waren die Smaragde schon an Bord der *Carpanta*. Kiskoros sah keinen anderen Ausweg, als auf Palermos Absicht einzugehen. Der Unterschied bestand darin, dass Coy und der Steuermann nicht allein in diesem Laderaum steckten, sondern ihnen der Schatzjäger nun Gesellschaft leistete. So ließen sich drei Vögel mit einem Schuss erledigen. Obwohl Kiskoros zuversichtlich hoffte, dass er diesen Schuss nicht abgeben müsste.

»Dabei bleibt es nicht«, polterte Palermo. »Ich finde dich, wo ... Verdammt noch mal. Wo du dich auch immer herumtreibst. Ich finde sie, und ich finde dich.«

Kiskoros schien das nicht übermäßig zu beunruhigen. »Die Dame hat Köpfchen und kann sich in Acht nehmen«, widersprach er. »Und ich habe eine weite Reise vor ... Womöglich kehre ich mit ergrautem Haar heim ins Vaterland und kaufe mir eine Estanzia in Río Gallegos.«

»Wozu braucht sie acht Stunden?«

»Keine Frage. Um die Steine an einen sicheren Ort zu bringen.«

»Und dich lässt sie sitzen, wie uns alle.«

»Nein.« Abwehrend schwenkte Kiskoros den Pistolenlauf. »Unser Verhältnis ist klar. Sie braucht mich.«

»Dieses durchtriebene Biest braucht keinen.«

Der Argentinier war aufgestanden und runzelte die Stirn. Seine Froschäuglein warfen Palermo einen vernichtenden Blick zu.

»Reden Sie nicht so über sie.«

Der Mann aus Gibraltar starrte ihn wie einen grünen Marsmenschen an.

»Geh mir nicht auf die Eier, Horacio. Geh mir nicht ... Na, so was. Erzähl mir nicht, dass sie dich auch um den Verstand gebracht hat.«

»Halten Sie den Mund.«

»Die Sache ist faul.«

Kiskoros machte einen Schritt nach vorn. Die Pistole zielte direkt auf den Kopf seines ehemaligen Chefs.

»Ich habe gesagt, Sie sollen still sein. Sie ist eine ganze Dame.«

Der Schatzjäger kümmerte sich nicht um die Waffe und bedachte Coy mit einem sarkastischen Blick.

»Man muss anerkennen«, sagte er, »dass dieses Weib etwas hat ... Nun ja. Große Klasse. Dich und deinen Freund einzuwickeln, das war nicht schwer, nehme ich an. Was mich angeht ... Weiß Gott. Das ist schon eine beachtlichere Leistung. Aber dass sie diesen Schweinehund Horacio rumgekriegt hat ... Verstehst du? ... Das ist geradezu ein Drahtseilakt.«

Er gab einen erstaunten Seufzer von sich. Dann streckte er die Hand zu seiner Jacke aus und holte das Päckchen Zigaretten hervor. Nachdem er sich eine in den Mund gesteckt hatte, erklärte er nachdenklich:

»Allmählich glaube ich, dass sie die Smaragde wirklich verdient hat.«

Gedankenversunken suchte er nach dem Feuerzeug. Er lächelte spöttisch:

»Wir sind Idioten.«

»Reden Sie nicht in der Mehrzahl«, verlangte Kiskoros.

»Nun ja. Ich berichtige mich. Diese beiden und ich, wir sind Dummköpfe. Du bist ein Idiot.«

In diesem Moment war die Sirene eines in die Bucht einfahrenden Schiffes durch die Schotten zu hören: ein kurzer, heiserer Pfeifton, mit dem man von der Brücke aus ein kleineres Schiff aufmerksam machte, die Vorfahrt zu lassen. Als wäre dieser Pfiff der Höhepunkt eines langen Denkprozesses, der Coy in der letzten Stunde beschäftigt hatte – tatsächlich hatte er viel mehr Zeit damit verbracht, ohne es zu wissen –, sah er nun den ganzen Rest des Spiels bis zum Ende vor sich. Er sah ihn in allen Einzelheiten, so dass er den Mund aufriss und ihm beinahe ein Ausruf entfahren wäre. Jeder Hinweis, jeder Verdacht, jede Frage, auf die er in den letzten Tagen gestoßen war, bekamen schlagartig einen Sinn. Selbst die Rolle, die Kiskoros in diesem Augenblick spielte, einschließlich der achtstündigen Frist und der Wahl dieses Laderaums als eines provisorischen Gefängnisses, ließen sich mit ein paar Worten erklären. Tánger bereitete sich vor, die Insel zu verlassen, und sie, die betrogenen Knappen, blieben dort allein zurück:

»Sie haut ab«, sagte er laut.

Alle starrten ihn an. Er hatte den Mund nicht mehr aufgemacht, seitdem Tánger durch die Deckluke verschwunden war.

»Und dich lässt sie sitzen«, fügte er an Kiskoros gerichtet hinzu, »genau wie uns.«

Der Argentinier musterte ihn eine ganze Weile. Dann lächelte er skeptisch. Ein pomadisiertes und tadellos gekleidetes Fröschlein. Selbstgefällig. Ein Dandy.

»Erzähl keinen Blödsinn.«

»Gerade hab ich's begriffen. Tánger hat von dir verlangt, uns hier festzuhalten, bis es Tag wird, stimmt's? ... Danach machst du die Luke zu, lässt uns hier unten und schließt dich ihr an, nicht wahr? Um sieben oder acht Uhr morgens an einer bestimmten Stelle. Sag mir, ob ich richtig liege.« Das Schweigen und der Blick des Argentiniers verrieten, dass Coy richtig vermutete. »Aber Palermo hat Recht: Sie kommt nicht zu der Verabredung. Und ich sage dir, warum: weil sie um diese Zeit woanders ist.«

Das gefiel Kiskoros gar nicht. Seine Miene war so finster wie das schwarze Loch der Pistole.

»Du hältst dich für oberschlau, nicht wahr? ... Na, das bist du bis jetzt ganz bestimmt nicht gewesen.«

Coy zuckte die Achseln.

»Kann sein«, gab er zu. »Aber sogar ein Schwachkopf

begreift: Eine Zeitung, die auf dieser oder jener Seite aufgeschlagen ist, eine bestimmte Art von Fragen, eine Postkarte, ein paar Besuche, ein Streichholzheftchen und eine Information, die Palermo vor einiger Zeit in Gibraltar zufällig geliefert hat, das alles weist auf etwas Bestimmtes hin ... Soll ich's dir erzählen oder den Mund halten, damit wir darauf warten, bis du's allein herausbekommst?«

Kiskoros spielte mit der Sicherung der Pistole, doch es war offensichtlich, dass er mit den Gedanken woanders war. Unschlüssig verzog er den Mund.

»Rede.«

Coy ließ ihn nicht aus den Augen und lehnte wieder den Kopf ans Schott.

»Wir gehen von der Tatsache aus«, sagte er, »dass dich Tánger nicht mehr braucht. Dein Auftrag, ein doppeltes Spiel zu treiben, Palermo unter Kontrolle zu halten und mich zu überzeugen, dass sie hilflos und in Gefahr ist, dieser Auftrag endet heute Nacht, solange du uns festhältst, während sie verschwindet. Aus dir kann sie nichts mehr rausholen. Und was, glaubst du, macht sie? ... Wie soll sie mit einem Smaragdblock abhauen? ... Auf den Flughäfen durchleuchten sie das Handgepäck mit Röntgenstrahlen, und sie kann es nicht riskieren, dieses hoch empfindliche Vermögen in einem Koffer aufzugeben. Ein Mietwagen hinterlässt gefährliche Spuren. Ein Zug bedeutet, dass man über Grenzen kommt und Ärger mit dem Umsteigen hat ... Fällt dir eine andere Möglichkeit ein?«

Er schwieg und wartete auf eine Antwort. Es verschaffte ihm eine sonderbare Erleichterung, das alles laut zu sagen, als könnte er so die Beschämung und die Bitterkeit, die er immer schlimmer im Inneren spürte, mit den anderen teilen. Heute Nacht gibt es etwas für alle, dachte er.

Für deinen Chef. Für den armen Steuermann. Für mich. Und für dich geht es auch nicht ohne Schrammen ab, Blödmann.

Die Antwort kam jedoch von Palermo, bevor sich Kiskoros äußern konnte. Der Mann aus Gibraltar hatte sich gerade mit der Hand auf den Schenkel geschlagen: »Natürlich. Ein Schiff ... Ein verdammtes Schiff!«

»Genau.«

»Herrgott noch mal. Ist das ein schlaues Weibsbild.«

»Das ist mein Mädchen.«

Kiskoros stand verwirrt an der Leiter und versuchte, die Geschichte zu verdauen. Seine Froschäuglein wanderten vom einen zum anderen, und in ihnen spiegelten sich abwechselnd Geringschätzung, Argwohn und begründeter Zweifel.

»Das sind zu viele Vermutungen«, widersprach er schließlich. »Du hältst dich für ungeheuer intelligent, aber du verlässt dich ganz auf Spekulationen: Es gibt keinen einzigen vernünftigen Grund für diesen ganzen Schlamassel ... Es gibt keine Beweise. Es gibt keine einzige genaue Angabe, auf die man sich verlassen kann.«

»Du irrst dich. Die gibt es doch.« Coy sah auf seine Uhr: Sie war stehen geblieben. Er drehte sich zum Steuermann um, der weiter in seiner Ecke zuhörte, ohne sich zu rühren. »Wie spät ist es?«

»Halb zwölf.«

Mit unverhohlen spöttischer Miene beobachtete er Kiskoros. Dabei lachte er leise; und dem Argentinier, der nicht wusste, dass Coy in Wirklichkeit über sich selbst lachte, schien dieses Lachen nicht zu gefallen. Er spielte nicht mehr an der Sicherung der Pistole herum, und nun zielte er auf Coy.

»Um ein Uhr nachts«, sagte Coy, »läuft der Frachter *Felix von Luckner* der Zeeland Ship aus. Unter belgischer Flagge. Zwei Fahrten im Monat zwischen Cartagena und Antwerpen. Hat Südfrüchte geladen, glaube ich. Nimmt Passagiere an Bord.«

»Verdammich«, murmelte Palermo.

»Es wird keine Woche dauern«, sagte Coy und ließ Kiskoros nicht aus den Augen, »und sie hat die Smaragde an einer bestimmten Adresse der Rubensstraat verkauft. Das kann dein ehemaliger Chef bestätigen.« Er forderte Palermo mit einer Kopfbewegung dazu auf. »Sagen Sie's ihm.«

»Das stimmt«, gab der andere zu.

»Da siehst du's.« Coy lachte wieder unangenehm. »Womöglich ist sie so großzügig und schickt dir eine Postkarte.«

Diesmal zeigte sich Kiskoros getroffen. Sein Adamsapfel hob und senkte sich im Widerstreit komplizierter Loyalitätsgefühle. Auch Schweinehunde, dachte Coy, haben ein kleines weiches Herz.

»Sie hat nie davon erzählt.« Kiskoros starrte ihn fest an, als gäbe er ihm die Schuld. »Wir wollten ...«

»Natürlich hat sie dir nichts davon erzählt.« Palermo versuchte, die Zigarette anzuzünden, die er im Mund hatte. »Blöder Hund.«

Kiskoros ging zusehends zu Boden.

»Wir hatten einen Wagen gemietet«, murmelte er verunsichert.

»Na, dann kannst du gleich die Schlüssel zurückgeben«, schlug Palermo vor.

Sein Feuerzeug funktionierte nicht, und deshalb stand der Schatzjäger auf, weil er sich mit der Zigarette im Mund über die Flamme der Öllampe beugen wollte. Er schien sich über diesen herrlichen Spaß, bei dem jeder seinen Teil abbekommen hatte, zu amüsieren.

»Sie hat nie ...«, begann Kiskoros.

Vielleicht kommen wir rechtzeitig, dachte Coy, als sie die Leiter hochstiegen und ihm die kühle Nachtluft ins Gesicht wehte. Viele Sterne strahlten, und die Umrisse der abgewrackten Schiffe, die sich in den Lichtern des Hafens abzeichneten, hatten ein gespenstisches Aussehen. Unten, am Boden des Laderaums, wimmerte der Argentinier nicht mehr. Er war verstummt, als Palermo aufhörte, ihm den Kopf mit Fußtritten zu bearbeiten. Das Blut, das ihm aus der versengten Nase sprudelte, vermischte sich mit dem Rost des Bodens oder zischte, wenn es auf seine rauchenden Sachen tropfte. Seine Jacke brannte, er zappelte am Fuß der Leiter und schrie, nachdem Nino Palermo, der sich hinabgebeugt hatte, um seine Zigarette anzuzünden, plötzlich die Lampe auf Kiskoros geschleudert hatte: ein Flammenbogen, der durch den halbdunklen Laderaum sauste, an Coy vorbeiflog und Kiskoros an der Brust traf, gerade als dieser sagte, das hätte er nie von ihr ... Sie sollten nie erfahren, was Tánger nie getan oder gesagt hätte, denn in diesem Augenblick ergoss sich das Öl über ihn. Darum ließ er die Pistole los, als eine Stichflamme seine Kleider erfasste und über sein Gesicht fegte. Im nächsten Moment waren Coy und der Steuermann aufgesprungen; aber Palermo war viel schneller, hatte sich schon gebückt und die Pistole an sich gerissen. So standen nun die drei da und starrten einander an, ohne mit der Wimper zu zucken, während sich Kiskoros auf dem Boden wälzte und von emporschlagenden Flammen umgeben war. Er stieß Schreie aus, die einem das Blut in den Adern gerinnen ließen. Schließlich nahm

Coy Palermos Jacke und schlug damit die Flammen aus, bevor er sie über Kiskoros' Körper warf. Als er sie wieder hochnahm, rauchte Kiskoros wie ein Abfallhaufen: Die Haare auf dem Kopf und der Schnurrbart hatten sich in versengte Stoppeln verwandelt. Er schrie: »Au, au, au.« In den Pausen dazwischen brachte er ein dumpfes Geräusch hervor, als gurgelte er mit Terpentin. Nun bearbeitete Palermo systematisch seinen Kopf mit Fußtritten, beinahe, als zählte er mit. Genauso, als schleuderte er die Geldscheine seiner Entlassungsabfindung einen nach dem anderen auf den Tisch. Dann seufzte er zufrieden, mit der Pistole in der Hand, ohne jedoch auf jemanden zu zielen, während ein nicht gerade heiteres Lächeln seine Lippen umspielte, und fragte Coy, ob er drinnen oder draußen sei. Genau das sagte er: drinnen oder draußen. Mit dem Gesicht eines nachtaktiven Haifischs, der sich auf den Weg machte, um alte Rechnungen zu begleichen, beobachtete er ihn im Widerschein der letzten Flammen der zerbrochen auf dem Boden liegenden Lampe.

»Wenn du ihr etwas antust, bringe ich dich um«, antwortete Coy.

Er war es, der diese Bedingung stellte. Das sagte er, obwohl der andere die verchromte, mit Perlmutt verzierte Pistole in der Hand hielt. Palermo nahm es ihm nicht übel, sondern verzog das Gesicht noch stärker zu einer weißen Haifischfratze und erklärte: »Einverstanden, heute Nacht bringen wir sie nicht um.« Dann steckte er die Pistole in die Tasche und kletterte in aller Eile nach oben, dem von Sternen erhellten Rechteck entgegen. Nun rannten die drei, Coy, Palermo und der Steuermann, zusammen über das dunkle Deck des Bulkcarriers, während sich auf der anderen Hafenseite, unter den beleuchteten Kränen und den

Scheinwerfern an den Molen, die *Felix von Luckner* darauf vorbereitete, die Anker zu lichten.

Hinter dem Fenster der Pension Cartago brannte Licht. An Coys Seite erklang das Lachen einer erschöpften Bulldogge: Auch Palermo schaute nach oben.

»Die Dame packt ihre Koffer«, sagte der Schatzjäger.

Sie standen an der Mauer unter den Palmen. Der Hafen lag weiter unten, hinter ihnen. Am Ende der menschenleeren Allee traten die beleuchteten Gebäude der Polytechnischen Universität hervor.

»Lass mich zuerst mit ihr reden«, sagte Coy.

Palermo fasste an die Tasche, in der er Kiskoros' Pistole trug.

»Kommt überhaupt nicht in Frage. Jetzt sind wir alle Partner.« Er blickte weiter nach oben und zog eine finstere Grimasse. »Außerdem bringt sie es sicher fertig, dich wieder zu überzeugen.«

Coy zuckte die Achseln.

»Wovon?«

»Von irgendetwas. Gib ihr Zeit, und ganz sicher überzeugt sie dich von irgendetwas.«

Sie liefen über die Straße. Der Steuermann folgte ihnen. Dabei ließ Palermo das Licht im Fenster keinen Moment aus den Augen, und sobald er an der Tür der Pension war, betastete er abermals die Tasche.

»Hat sie immer noch diese Riesenpistole? Dieselbe wie in Gibraltar?«

Er blickte ihn eindringlich und fest an. Das helle Auge sah aus wie kaltes Glas.

»Ich weiß nicht. Kann sein.«

»Scheiße.«

Palermo überlegte eine Weile. Dann musterte er wieder Coy, als dächte er noch einmal über dessen Angebot nach, allein mit Tánger zu reden.

»Sie hat ihre Gründe«, erklärte Coy nachdrücklich.

Der Mann aus Gibraltar deutete ein übellauniges Lächeln an.

»Natürlich. Die haben wir alle.« Er drehte sich zum Steuermann um, der hinter ihnen stand und abwartete. »Sogar er hat die.«

»Lassen Sie mich mit ihr reden.«

Der andere dachte noch ein wenig darüber nach.

»Einverstanden.«

Die Empfangsdame der Pension begrüßte Coy und bestätigte, dass sich die Señora oben befände und die Rechnung verlangt hätte. Sie liefen durch die Halle und stiegen zur zweiten Etage hinauf, wobei sie sich bemühten, auf der Treppe keinen Lärm zu machen. An den Wänden hingen gerahmte Kupferstiche, die Schiffe zeigten, und in einer Nische stand eine Statue der Heiligen Jungfrau vom Berg Karmel. Die Zimmertür befand sich direkt am Treppenabsatz, oberhalb der letzten Stufe. Sie war geschlossen. Coy ging darauf zu, Palermo folgte ihm. Der Teppichboden dämpfte ihre Schritte.

»Versuch dein Glück«, flüsterte der Mann aus Gibraltar mit der Hand in der Tasche. »Du hast fünf Minuten.«

Coy legte die Hand an den Türgriff und drehte ihn mühelos um. Der Riegel war nicht vorgelegt. Während er die Tür aufstieß, begriff er, wie zwecklos das alles war. Dass seine Anwesenheit dort keinen Sinn hatte. Er, ein wütender Liebhaber, ein hintergangener Freund, ein betrogener Partner. Im Grunde, das wurde ihm auf einmal klar, wenn er in aller Ruhe über die Geschichte nachdachte, hatte er ihr nichts zu sagen. Sie wollte gerade verschwinden, doch in Wahrheit war sie schon viel früher fortgegangen und hatte ihn seinem Schicksal überlassen. Nichts von dem, was er sagen oder tun könnte, würde den Lauf der Dinge ändern. Und was die Smaragde betraf, so war Coy daran gewöhnt, an sie wie an ein unerreichbares Trugbild zu denken. Sie hatten ihm früher nichts bedeutet, und sie bedeuteten ihm auch jetzt nichts.

Tánger war das, was sie sein wollte. Sie wollte frei wählen, und er wusste immer, von Anfang an, dass es so kommen würde. Er hatte den alten, henkellosen Silberpokal und das Schwarzweißfoto des lächelnden Mädchens gesehen. Das genügte, um zu verstehen, dass das Wort »Betrug« unangemessen war, selbst wenn sie das nicht gewollt hätte. Coy hätte in diesem Moment kehrtgemacht und wäre weggegangen, hätte sich dem Steuermann angeschlossen und wäre zur *Carpanta* weitergelaufen, mit einem Zwischenaufenthalt in der nächsten Kneipe, wenn er nicht schon damit begonnen hätte, die Tür zu öffnen. Er verspürte keinen Groll, ja nicht einmal mehr Neugier. Doch die Tür ging immer weiter auf und gab den Blick auf das Zimmer frei, auf das Fenster im Hintergrund, das zum Hafen ging, die halb gepackte Reisetasche auf dem Tisch, das Paket mit den Smaragden. Und auf Tánger, die mit ihrem dunkelblauen Baumwollrock, der weißen Bluse und den Sandalen dastand. Auf ihr frisch gewaschenes und noch feuchtes Haar mit den asymmetrischen Spitzen, von denen es auf ihre Schultern tropfte. Und die getüpfelte Haut, die von der Sonne während all dieser Wochen auf See verbrannt war. Die vor Überraschung weit aufgerissenen blauen Augen, metallisch stahlblau wie der Stahl der 357er Magnum, die sie gerade vom Tisch genommen hatte, als sie die Tür hörte.

Nun spielte Nino Palermo seine Rolle in dieser Tragikomödie der Irrungen. Ohne die verabredeten fünf Minuten abzuwarten, schlich er hinter Coys Rücken an einer Seite vorbei. Die chrom- und perlmuttverzierte Pistole funkelte in seiner Hand. Coy riss den Mund auf, weil er schreien wollte: Nein! Halt! Genug! Spulen wir diese ganze absurde Geschichte zurück, die wir tausendmal im Kino gesehen haben! Aber sie hatte schon die Hand zusammengekrümmt, und eine Stichflamme zuckte an ihrer Hüfte auf, mit einem Krach, der Coy eine Tausendstelsekunde später als die Kugel erreichte. Sie schlug unter seinen Rippen ein, ein Knall, der schräg von vorn kam, ihn halb herumdrehte und auf Palermo warf, der nun auch schoss. Diesmal dröhnte der Schuss ganz nahe an Coys Ohren, und er wollte mit den Händen fuchteln, um den Mann aus Gibraltar daran zu hindern, noch einmal die Pistole abzudrücken. Doch in diesem Moment brach hinter ihm wieder eine Stichflamme los, und ein neuer Knall ließ die Luft vibrieren. Palermo sprang zurück, als risse man ihn aus Coys Armen; er wurde auf den Treppenabsatz und die Treppe hinab geschleudert. Es hatte nicht peng gemacht wie in Filmen, sondern dreimal und ganz schnell hintereinander bum, bum, bum. Nun füllte sich das Zimmer mit einer dichten Rauchwolke und einem beißenden, widerlichen Geruch. Es herrschte absolutes Schweigen. Als sich Coy umblickte, war Tánger nicht mehr da. Er sah schärfer hin und erkannte, dass sie nicht mehr aufrecht stand, sondern an der anderen Tischseite auf dem Boden lag. In ihrer Bluse klaffte ein Riss, und darunter trat Blut in einem tiefroten, dicken und unregelmäßigen Strahl aus, der die Bluse, den Boden und alles Übrige besudelte. Sie bewegte die Lippen, und auf einmal wirkte sie sehr jung und sehr allein.

Er lief auf die Straße hinaus und stellte fest, dass es eine wunderschöne, vollkommene Nacht war. Er sah den Polarstern genau an seinem Ort, rechts von der fünffach verlängerten Linie, die von Merak und Dubhe gebildet wurde. Er lief weiter, bis er sich schließlich auf die Mauerbrüstung stützte. Dort blieb er stehen und presste die Hand auf die blutende Wunde an seiner Hüfte. Er hatte sie unter dem Hemd betastet und festgestellt, dass es nicht die Rippen erwischt hatte, dass es ein Streifschuss war und er nicht sterben würde, nicht dieses Mal. Er zählte fünf schwache Herzschläge, während er das dunkle Dock, die Lichter an den Molen und den Widerschein der Burgen in den Bergen betrachtete. Und auch die Scheinwerfer auf der Brücke und dem Deck der *Felix von Luckner*, die gleich die Anker lichten würde.

Tánger hatte zu ihm gesprochen. Sie bewegte immer noch die Lippen, als er sich über sie beugte, während der Steuermann versuchte, das Loch in der Brust zu tamponieren, aus dem ihr Leben verströmte. Sie redete sehr leise, beinahe unhörbar, so dass er sich ganz nah zu ihrem Mund beugen musste, um zu verstehen, was sie sagte. Es kostete sie zu große Mühe, die Worte zu bilden. Sie wurde immer schwächer und verhauchte immer mehr ihr Leben, je weiter sich die rote Pfütze unter ihrem Körper auf dem Boden ausdehnte. »Gib mir die Hand, Coy«, hatte sie gesagt. »Gib mir die Hand. Du hast mir versprochen, mich nicht allein gehen zu lassen.« Ihre Stimme verklang, und es schien, als hätte sich ihr restliches Leben in die weit aufgerissenen, beinahe aus ihren Höhlen tretenden Augen zurückgezogen, und diese blickten nun auf ein trostloses Ödland hinaus, das sie mit Schrecken erfüllte. »Du hast es geschworen, Coy. Ich habe Angst, allein zu gehen.«

Er gab ihr nicht die Hand. Sie lag auf dem Boden wie Zas auf dem Teppich in der Madrider Wohnung. Tausende Jahre waren vergangen, aber das war das Einzige, was er unmöglich vergessen konnte. Er merkte, dass sie noch ein wenig die Lippen bewegte und Worte sagte, die er nicht mehr hörte, denn er hatte sich aufgerichtet und blickte sich verwirrt um: Er sah den Smaragdblock auf dem Tisch, den schwarzen Revolver auf dem Boden, die rote Pfütze, die sich immer weiter ausdehnte, den Rücken des Steuermanns, der sich über Tánger beugte. Er durchquerte sein eigenes trostloses Ödland, als er durchs Zimmer lief und die Stufen hinabstieg. Er kam an der Leiche Palermos vorbei, der mitten auf der Treppe lag, auf dem Rücken, mit den Beinen oben und dem Kopf nach unten, mit weder ganz geschlossenen noch ganz geöffneten Augen. Die Haifischgrimasse klebte ihm im Gesicht fest, und das Blut rann über die Stufen bis zu den Füßen der schreckensstarren Empfangsdame der Pension.

Die Nachtluft schärfte seine Sinne. Als er sich auf die Mauer stützte, bemerkte er, dass bei jedem Herzschlag das Blut unter seinem Hemd von der Wunde auf die Hüfte tropfte. Die Rathausuhr schlug einmal, und in diesem Moment stieß das Heck der *Felix von Luckner* langsam von der Mole ab. Er konnte den Ersten Offizier sehen, der im Licht der Halogenscheinwerfer des Decks stand und die Arbeit der Matrosen auf dem Vordeck, an den Ankerklüsen beaufsichtigte. Zwei Männer befanden sich auf der Kommandobrücke und achteten auf den Abstand, der den Rumpf von der Mole trennte: sicherlich der Lotse und der Kapitän.

Hinter sich hörte er die Schritte des Steuermanns, und er merkte, dass er sich neben ihm auf die Brüstung stützte.

Coy sagte nichts. Eine Polizeisirene erklang in der Ferne und kam aus der Unterstadt näher. An der Mole hatte man gerade die letzte Leine des Schiffes losgemacht, und es entfernte sich allmählich. Coy stellte sich die halbdunkle Brücke vor, den Rudergänger an seinem Platz, den Kapitän, der sich um die letzten Manöver kümmerte, während der Bug auf das grüne und das rote Licht der Einfahrt zuhielt. Er erriet die Silhouette des Lotsen, der an der seitlich herabhängenden Jakobsleiter zum Boot hinunterstieg. Das Schiff nahm nun Fahrt auf und glitt sanft der schwarzen, offenen See entgegen. Seine Lichter bebten, als sie sich im Kielwasser spiegelten. Wie einen Abschiedsgruß ließ es ein letztes dumpfes Signal des Nebelhorns hinter sich zurück.

»Ich habe ihre Hand genommen«, sagte der Steuermann. »Sie hat geglaubt, du wärest es.«

Die Polizeisirene heulte in größerer Nähe, und ein Blaulicht tauchte am Ende der Allee auf. Der Steuermann hatte sich eine Zigarette angezündet. Das aufflammende Feuerzeug blendete Coy und riss ihn aus seinen Vorstellungen. Als er das Bild wieder klar erkannte, fuhr die *Felix von Luckner* schon im offenen Wasser. Er empfand tiefe Wehmut, als er sah, dass sich ihre Lichter in der Nacht entfernten. Er ahnte den Duft der Tasse Kaffee der ersten Wache, die Schritte des Kapitäns auf der Brücke, das undurchdringliche Gesicht des Rudergängers, das der Kreiselkompass von unten erhellte. Er spürte das Vibrieren der Maschinen unter Deck, während sich der wachhabende Offizier über die erste Seekarte der Fahrt beugte, die er gerade auf dem Tisch ausgebreitet hatte, um einen Kurs zu berechnen: einen guten Kurs, den er mit Parallellineal, Bleistift und Spitzzirkel auf dickem Papier gezogen hatte und dessen Zeichen eine bekannte, wohl vertraute Welt darstellten. Sie wurde von Chronometern und Sextanten geregelt, die es ermöglichten, das Land auf Distanz zu halten.

Hoffentlich, dachte er, lässt man mich aufs Meer zurück. Hoffentlich finde ich bald ein gutes Schiff.

La Navata, Dezember 1999

Inhaltsverzeichnis

I.	Das Los Nummer 307	9
II.	Die Trafalgar-Vitrine	51
III.	Das verschwundene Schiff	85
IV.	Länge und Breite	125
V.	Der Nullmeridian	173
VI.	Über Ritter und Knappen	215
VII.	Ahabs Dublone	255
VIII.	Der Besteckpunkt	289
IX.	Frauen auf dem Vorschiff	335
X.	Die Korsarenküste	373
XI.	Das Sargassomeer	413
XII.	Südwest zu Süd	459
XIII.	Der Meister der Kartographie	503
XIV.	Das Geheimnis der grünen Langusten	545
XV.	Die Regenbogen des Teufels	581
XVI.	Der Friedhof der namenlosen Schiffe	615